Perl/CGI

Internet Intern

Perl/CGI

Gudrun Anna Leierer
Rolf D. Stoll

DATA BECKER

Copyright	© 2000 by DATA BECKER GmbH & Co. KG Merowingerstr. 30 40223 Düsseldorf
	1. Auflage 2000
Lektorat und Produktmanagement	Daniel Becker
Fachlektorat	Ron Nanko
Grafiken	Rolf D. Stoll, Werner Leinhos
Textmanagement	Jutta Brunemann
Textverarbeitung und Gestaltung	DTP-Studios Teuber, Herten DTP-Studios@businessnet.de
Umschlaggestaltung	Inhouse-Agentur DATA BECKER
Druck	Media-Print, Paderborn

ISBN 3-8158-2092-8

Wichtiger Hinweis

Inhaltsverzeichnis

1. Perl und CGI im Team 11

2. Die Skriptsprache Perl – Vorbereitung für den Einsatz im Internet 13

2.1 Installation unter Linux 14
2.2 Installation unter Windows 17
2.3 Ein erster Test 18
2.4 Das erste Perl-Skript 19
2.5 Exkurs: Festlegung der Zugriffsrechte im Linux-Dateisystem 22

3. Die Basis Ihrer Webanwendungen: Der Webserver 25

3.1 Der Apache-Webserver – Grundlagen und Installation 26
3.2 Installation und Basis-Konfiguration unter Linux 26
3.3 Installation und Basis-Konfiguration unter Windows . 29
3.4 Apache individuell aufsetzen: Die Apache-Module 32
3.5 Apache-Webserver mit Mod-Perl 34
3.6 Der sichere Webserver: Apache-SSL 40
3.7 Apache-/Perl-/Mod-Perl-Binärdistribution für Windows 46

4. Das Common Gateway Interface (CGI) 53

4.1 Konfiguration der CGI-Schnittstelle 54
4.2 So funktioniert die CGI-Schnittstelle 55
4.3 Die CGI-Umgebungsvariablen 58
4.4 Exkurs: Dekodierung von GET- und POST-Daten 62
4.5 CGI-Programmierung und Sicherheit 65

5. Der erste Schritt ins Internet: Grundlegende Protokolle 71

5.1 Die logische Basis des Internets: TCP/IP 71
5.2 Protokolle der Anwendungsschicht 77

6. Die Sprachelemente von Perl praktisch einsetzen 81

6.1 Variablen – Der erste Schritt zur dynamischen Website 83
6.2 Literale 140
6.3 Verknüpfen von Inhalten mit Operatoren – Kalkulationsmodell einer Website 141
6.4 Kontrollstrukturen und Bedingungen in Webanwendungen 153
6.5 Arbeiten mit regulären Ausdrücken – Praktischer Einsatz bei der automatischen Auswertung einer Website 161
6.6 Schaffen Sie Übersicht in Ihrer Webanwendung: Subroutinen 172
6.7 Problemlösungen mit komplexen Datenstrukturen: Referenzen 179
6.8 Im Hintergrund Ihrer Anwendung: Dateien und Verzeichnisse 189

7. Wichtige Perl-Funktionen im praktischen Einsatz 213

7.1 Funktionen für Datum und Zeit – Grundlage für einen Webkalender 213
7.2 Auch auf einer Website wird gerechnet: Mathematische Funktionen 225

8. Das Modul-Konzept von Perl 235

8.1 So organisieren Sie den Namensraum Ihrer Anwendung: Arbeiten mit Perl-Paketen 235
8.2 Arbeiten mit wiederverwendbaren Codebausteinen: Perl-Module 238

9. Objektorientierte Programmierung mit Perl 243

9.1 Ein modernes Paradigma – OOP 243
9.2 Einführung in Perl-Klassen und Objekte 244
9.3 OOP-Praxis im Web-Einsatzbeispiel: Dynamische Grafikobjekte auf Ihrer Website 262

10. Perl und HTML – Ein gekonntes Zusammenspiel 271

10.1 Trennung von Code und Layout: Arbeiten mit Templates – Am Beispiel der Generierung von dynamischen Tabellen 272
10.2 Einbinden von Perl-Code in HTML-Dokumente 285
10.3 Session-Management mit dem Modul HTML::Embperl 310

11. Die CGI-Schnittstelle: Interaktive und dynamische Webseiten mit Perl 325

11.1 Datenübertragung mit den HTTP-Methoden GET und POST 325
11.2 Das Modul CGI.pm 326

12. Dynamische Bilderzeugung mit Perl 343

12.1 MIME-Typen für Bilddateien 343
12.2 Die Grafikfunktionen des Moduls GD.pm 344
12.3 Praxis der Bilderstellung mit dem Modul GD.pm 346

13. Das Rückgrat dynamischer Websites: Datenbanken und -zugriffe mit Perl 353

13.1 Grundlagen der Datenbankprogrammierung 353
13.2 Realisation von Datenbankzugriffen mit Perl 361
13.3 SQL-Praxis mit MySQL und Perl 378

14. Eine E-Commerce-Anwendung mit Perl und MySQL 417

14.1 ER-Modell der Shop-Anwendung 417
14.2 Realisation der Shop-Datenbank 421
14.3 Die Struktur der Shop-Anwendung 428
14.4 Das Webinterface der Shop-Anwendung 431

15. Anhang 483

15.1 Statuscodes einer HTTP-Response 483
15.2 Apache-Konfigurationsoptionen 484
15.3 Priorität und Assoziativität der Perl-Operatoren (absteigend) 486
15.4 Reguläre Ausdrücke gemäß dem POSIX-Standard 486
15.5 Priorität von Operatoren in regulären Ausdrücken 488
15.6 Zusammenstellung der Funktionen des Moduls Date::Calc 488
15.7 Optionen der HTML::Embperl-Runtime-Konfiguration ... 491
15.8 Funktionen zur Abfrage der CGI-Umgebungsvariablen mit dem Modul CGI.pm 494
15.9 Die Funktionen von MySQL 494
15.10 Zusammenstellung der Praxis-Beispiele 498

Stichwortverzeichnis 501

1. Perl und CGI im Team

Grundlage für die Erstellung und Gestaltung von Websites ist die Seitenbeschreibungssprache HTML. Obwohl die Möglichkeiten von HTML inzwischen vielfach erweitert wurden, sind die funktionellen Möglichkeiten für die Erstellung von dynamischen und interaktiven Webanwendungen, wie sie insbesondere für E-Commerce-Anwendungen erforderlich sind, deutlich beschränkt. Zur Erstellung von dynamischen und interaktiven Webseiten werden daher weitergehende, serverseitige Mechanismen und Techniken erforderlich.

Schwerpunkte des Kapitels

- Die CGI-Schnittstelle als Grundlage für die Entwicklung interaktiver und dynamischer Anwendungen im Web
- Eine Kurzbeschreibung der Sprache Perl

Das **C**ommon **G**ateway **I**nterface (CGI) hat sich dabei als offener Standard für den Datentransfer zwischen Webserver und serverseitiger Skriptsprache durchgesetzt. Da die CGI-Schnittstelle, über die die Übergabe der Daten von Anwenderprozessen an den Webserver erfolgt, nicht auf eine bestimmte Skriptsprache festgelegt ist, kann weitgehend plattformunabhängig programmiert werden.

Was bedeutet überhaupt Common Gateway Interface?

Common	Bedeutet „gemeinschaftlich" und bringt zum Ausdruck, dass CGI mit ganz unterschiedlichen Systemen interagieren und von ebenso unterschiedlichen Skript- und Programmiersprachen verwendet werden kann.
Gateway	Bedeutet „Übergang" und bringt zum Ausdruck, dass die Leistung der CGI-Schnittstelle in der Bereitstellung von potenziellen Zugriffsmöglichkeiten auf andere Systeme, wie z. B. Datenbanken und Grafikgeneratoren, beruht.
Interface	Bedeutet „Schnittstelle". Die CGI-Schnittstelle kann von Skripten zur Interaktion mit anderen Anwendungen verwendet werden.

In Kombination mit der äußerst leistungsfähigen Skriptsprache Perl, die inzwischen im Bereich der CGI-Programmierung nicht umsonst zur meistverwendeten Sprache geworden ist, ergeben sich effiziente Möglichkeiten der Entwicklung von interaktiven und dynamischen Webanwendungen und der Webautomatisierung.

Perl ist eine Skript- und Programmiersprache, die ursprünglich für die einfache und effiziente Bearbeitung von Texten, Dateien und Prozessen optimiert wurde, darüber hinaus aber all das zur Verfügung stellt, was von einer modernen Programmiersprache erwartet wird. Seit der Version 5 unterstützt Perl auch objektorientierte Konzepte.

Einige der wichtigsten Vorteile von Perl sind:

- Perl ist frei und kostenlos verfügbar
- einfache Installation
- Plattformunabhängigkeit
- Unterstützung des objektorientierten Programmiermodells

Aufgrund der Entstehungsgeschichte von Perl hat diese Sprache fast den gesamten UNIX-Werkzeugkasten assimiliert und wer die UNIX-Werkzeuge awk, sed, tr und sort kennt, wird in Perl sofort sehr viel Bekanntes wiederfinden. Eine Besonderheit von Perl ist die Implementierung der regulären Ausdrücke, die Perl-Skripten zu einer ungeahnten Leistungsfähigkeit und Effizienz verhelfen.

Der Zugriff auf alle UNIX-Systemaufrufe sowie auf alle gängigen Operationen für UNIX-Sockets ist mit Perl auf direkte Weise möglich, was Perl auch für die System- und Netzwerkprogrammierung interessant werden lässt.

Ein weiterer Vorteil der Skriptsprache Perl ist die große Anzahl der verfügbaren Ressourcen und der über das Comprehensive Perl Archive Network (CPAN) zugänglichen Perl-Erweiterungen.

Insofern erweisen sich Perl und CGI als ideales Team für die Entwicklung und die Ausführung von dynamischen Anwendungen für das Web.

Das vorliegende Buch stellt den praktischen Einsatz von Perl im Internetumfeld, insbesondere bei der CGI-Schnittstellenprogrammierung, dar und wendet sich an alle, die sich mit der Entwicklung dynamischer, datenbankgestützter Webanwendungen und E-Commerce-Lösungen beschäftigen. Entsprechend dieser Zielsetzung basieren viele der beschriebenen Anwendungen auf einer über das Web zugänglichen Datenbank.

2. Die Skriptsprache Perl – Vorbereitung für den Einsatz im Internet

Die Entwicklung von Perl ist eng mit dem Namen Larry Wall verbunden, der die Sprache aufbauend auf den UNIX-Tools awk und sed als **P**ractical **E**xtraction and **R**eporting **L**anguage entwickelte. Diese kurz Perl genannte Sprache sollte ursprünglich in erster Linie dem Extrahieren von Informationen aus Textdateien und dem Präsentieren der Informationen in Form von Reports dienen.

Schwerpunkte des Kapitels

- Die Installation von Perl unter Linux
- Die Installation von Perl unter Windows
- Einen ersten Test des installierten Perl-Interpreters
- Das erste Perl-Skript
- Exkurs: Festlegung der Zugriffsrechte im Linux-Dateisystem

Nachdem Larry Wall seine neu entwickelte Sprache im Internet frei zugänglich machte, entwickelte diese sich sehr schnell zu der Sprache, die heute als Perl bekannt ist:

Ein universell einsetzbares Werkzeug, das einerseits für die Manipulation und Bearbeitung von Texten, Dateien oder Prozessen optimiert ist, sich andererseits aber auch hervorragend für andere Programmieraufgaben, z. B. die CGI-Schnittstellenprogrammierung, die Netzwerkadministration und die Realisation von Datenbankzugriffen auf SQL-Datenbankserver eignet.

Aufgrund dieses breiten Anwendungsspektrums erfreut sich Perl ständig wachsender Beliebtheit. Insbesondere im Bereich der CGI-Schnittstellenprogrammierung, dem Schwerpunktthema dieses Buchs, hat sich Perl als Standard und am häufigsten eingesetzte Skriptsprache durchgesetzt.

Perl ist eine interpretierende Sprache, was bedeutet, dass der Perl-Code von einem Interpreter ausgewertet und ausgeführt wird. Dies hat zur Folge, dass die Entwicklung von Perl-Code deutlich schneller erfolgen kann als bei Compiler-Sprachen wie z. B. Pascal, C oder C++.

Die Perl-Version 5.000, die Ende 1994 freigegeben wurde, brachte für Perl einen weiteren wichtigen Innovationsschub, der viele Erweiterungen mit sich brachte, z. B. die Unterstützung von komplexen Datenstrukturen, das Modulkonzept und die Unterstützung von objektorientierten Konzepten.

Die zur Zeit aktuelle stabile Version von Perl 5 ist die Version 5.6.0, die sowohl für U-NIX-Betriebssysteme als auch für viele andere Betriebssystemplattformen, z. B. MS-Windows, im Quellcode und in Form von Binärdistributionen zur Verfügung steht.

Im folgenden Abschnitt wird zunächst die Installation von Perl 5.6.0 unter Linux und anschließend für die Windows-Plattform beschrieben.

2.1 Installation unter Linux

Nachfolgend wird die Installation von Perl 5.6.0 auf einem Linux-System beschrieben. Besorgen Sie sich als Erstes eine aktuelle Perl Source Code Distribution, z. B. von www.perl.com. Auf der CD zum Buch ist die Version 5.6.0 als gepacktes Archiv *stable.tar.gz* im Verzeichnis *Linux/Perl* ebenfalls enthalten.

Für ganz Eilige

- *gunzip -c stable.tar.gz | tar xf -*
- *rm -f config.sh Policy.sh*
- *sh Configure -de*
- *make*
- *make test*
- *make install*

Entpacken Sie anschließend in einem Verzeichnis Ihrer Wahl das gepackte Archiv mit

```
gunzip -c stable.tar.gz | tar xf -
```

Es wird automatisch das Unterverzeichnis *perl-5.6.0* angelegt, das die entpackten Dateien der Perl Source Code Distribution und weitere Unterverzeichnisse enthält. Wechseln Sie als Nächstes in dieses Verzeichnis.

Sofern Sie vor dieser Installation bereits andere Installationsläufe durchgeführt haben, sollten Sie als Erstes die aus diesen Läufen eventuell übrig gebliebenen Konfigurationsdateien löschen:

```
rm -f config.sh Policy.sh
```

Der wichtigste Schritt ist das Konfigurieren von Perl mithilfe des Konfigurationsskripts *configure*. Wenn Sie das Konfigurationsskript wie im nachfolgenden Befehl ohne Parameter aufrufen, werden Sie im weiteren Verlauf mit einer ganzen Reihe von Fragen konfrontiert, die sich auf Ihre Systemkonfiguration und die von Ihnen gewünschten Installationsoptionen beziehen.

```
sh Configure
```

In den meisten Fällen ist es jedoch ausreichend, Perl mit Default-Optionen zu installieren. Das Konfigurationsskript ist dann mit den Parametern *-de* aufzurufen:

```
sh Configure  -de
```

Das Konfigurationsskript erkennt Ihre Systemkonfiguration weitgehend automatisch und legt die dafür erforderlichen Installationsoptionen per Default fest. Als Installationspfad wird dann standardmäßig */usr/local* verwendet.

Die nachfolgende Tabelle zeigt die Fragen, die Sie im interaktiven Modus (ohne die Option *-de*) beantworten müssen, und die vom Konfigurationsskript in Abhängigkeit von der erkannten Systemkonfiguration gewählten Default-Einstellungen. Diese werden bei Verwendung der Option *-de* ohne weitere Rückfragen automatisch übernommen:

Fragen zur Konfiguration	Default-Einstellung (abhängig von der Systemkonfiguration)
Would you like to see the instructions?	[n]
I see a config.sh file. Shall I use it to set the defaults?	[y]
Operating system name?	[linux]
Operating system version?	[2.2.10]
Build a threading Perl?	[n]
Build Perl for multiplicity?	[n]
Which memory models are supported?	[none]
Use which C compiler?	[cc]
Directories to use for library searches?	[/usr/local/lib /lib /usr/lib]
What is the file extension used for shared libraries?	[so]
Build Perl for SOCKS?	[n]
What libraries to use?	[-lnsl -lndbm -lgdbm -ldbm -ldb -ldl -lm -lc -lposix -lcrypt]
What optimizer/debugger flag should be used?	[-O2]
Any additional cc flags?	[-I/usr/local/include -D_LARGEFILE_SOURCE -D_FILE_OFFSET_BITS=64]
Any additional ld flags (NOT including libraries)?	[-L/usr/local/lib]
Try to use 64-bit integers, if available?	[n]
Try to use maximal 64-bit support, if available?	[n]
What is your architecture name?	[i586-linux]
Installation prefix to use?	[/usr/local]
Pathname where the private library files will reside?	[/usr/local/lib/perl5/5.6.0]
Where do you want to put the public architecture-dependent libraries?	[/usr/local/lib/perl5/5.6.0 /i586-linux]
Binary compatibility with Perl 5.005?	[y]
Other username to test security of setuid scripts with?	[none]
Does your kernel have *secure* setuid scripts?	[n]
Do you want to do setuid/setgid emulation?	[n]
Do you wish to attempt to use the malloc that comes with perl5?	[n]
Do you want to configure vendor-specific add-on directories?	[n]
Pathname where the public executables will reside?	[/usr/local/bin]
Installation prefix to use for add-on modules and utilities?	[/usr/local]
Pathname for the site-specific library files?	[/usr/local/lib/perl5 /site_perl/5.6.0]
List of earlier versions to include in @INC?	[none]
Do you want to install perl as /usr/bin/perl?	[y]
Do you wish to use dynamic loading?	[y]
Source file to use for dynamic loading	[ext/DynaLoader/dl_dlopen.xs]
Any special flags to pass to cc -c to compile shared library modules?	[-fpic]
What command should be used to create dynamic libraries?	[cc]
Any special flags to pass to cc to create a dynamically loaded library?	[-shared -L/usr/local/lib]

Fragen zur Konfiguration	Default-Einstellung (abhängig von der Systemkonfiguration)
Any special flags to pass to cc to use dynamic linking?	[-rdynamic]
Build a shared libperl.so (y/n)	[n]
Where do the main Perl5 manual pages (source) go?	[/usr/local/man/man1]
What suffix should be used for the main Perl5 man pages?	[1]
Where do the perl5 library man pages (source) go?	[/usr/local/man/man3]
What suffix should be used for the perl5 library man pages?	[3]
Your host name appears to be "rds486". Right?	[y]
What is your domain name?	[.rds.de]
What is your e-mail address?	[root@rds486.rds.de]
Perl administrator e-mail address	[root@rds486.rds.de]
Where do you keep publicly executable scripts?	[/usr/local/bin]
Pathname for the site-specific architecture-dependent library files?	[/usr/local/lib/perl5/site_perl /5.6.0/i586-linux]
Pathname where the add-on public executables should be installed?	[/usr/local/bin]
Try to use long doubles if available?	[n]
Use the experimental PerlIO abstraction layer?	[n]
What is the extension of dynamically loaded modules	[so]
Shall I ignore gethostname() from now on?	[n]
What is the size of a character (in bytes)?	[1]
Do you still want to use vfork()?	[n]
Doubles must be aligned on a how-many-byte boundary?	[4]
Use which function to generate random numbers?	[drand48]
What type pointer is the second argument to getgroups() and setgroups()?	[gid_t]
What pager is used on your system?	[/usr/bin/less]
What extensions do you wish to load dynamically?	[B ByteLoader DB_File Data /Dumper Devel/DProf Devel /Peek Fcntl File/Glob GDBM_ File IO IPC/SysV NDBM_File ODBM_File Opcode POSIX SDBM_File Socket Sys/Host name Sys/Syslog attrs re]
What extensions do you wish to load statically?	[ ]
Press return or use a shell escape (!vi config.sh) to edit config.sh	[ ]
Run make depend now?	[y]

Konfiguration von Perl 5.6.0 mit dem Konfigurationsskript configure

Nachdem im letzten Schritt der Konfiguration mit *make depend* die Abhängigkeiten zwischen den einzelnen Quelldateien erstellt wurden, kann der eigentliche Übersetzungslauf mit

- `make`

gestartet werden. Da der Übersetzungslauf einige Zeit in Anspruch nimmt, können Sie sich eine Tasse Kaffee gönnen, sollten dabei jedoch die Bildschirmausgaben weiterhin beobachten, da Sie im Falle von auftretenden Problemen anhand der Fehlermeldungen wichtige Hinweise zur Problemursache erhalten. Im Normalfall sollte der Übersetzungslauf jedoch ohne weitere Fehlermeldungen erfolgen.

Im weiteren Verlauf der Installation werden mit dem Befehl

- `make test`

mit dem soeben erstellen Perl-Interpreter eine Reihe von Testläufen durchgeführt. Wenn hierbei keine schwer wiegenden Fehler erkannt und gemeldet werden, können Sie die Installation mit

- `make install`

abschließen. Durch diesen Befehl wird das Perl-System, einschließlich aller Supportdateien und Manual-Seiten, in den dafür vorgesehenen Verzeichnissen installiert.

2.2 Installation unter Windows

Für die Windows-Plattform ist von ActiveState eine freie Binärdistribution von Perl erhältlich. Diese basiert auf Perl 5.6.0 und enthält zusätzliche, Windows-spezifische Features. Die derzeit aktuelle Version ist ActivePerl-5.6.0.616. Diese ist unter www.activestate.com in Form des sofort installierbaren Installationsarchivs *ActivePerl-5.6.0.616-MSWin32-x86-multi-thread.msi* erhältlich. Des Weiteren steht ActivePerl auch als Sourcecode zur Verfügung.

Die Installation der Binärdistribution von ActivePerl erfolgt auf der Windows-Plattform (Windows 2000, NT bzw. 9x) weitgehend automatisch. Es ist lediglich dafür zu sorgen, dass die für die entsprechende Windows-Version erforderlichen Voraussetzungen erfüllt sind.

2.2.1 Voraussetzungen

Für die Installation von ActivePerl auf der Windows-Plattform sind je nach der verwendeten Version unterschiedliche Voraussetzungen erforderlich. Diese sind in der nachfolgenden Tabelle zusammengestellt.

Alle Versionen	Intel- oder Sparc-Prozessor 60 MByte freie Festplattenkapazität während der Installation
Windows 2000	keine weiteren Voraussetzungen
Windows NT	Service Pack 5+
Windows 95/ 98	Microsoft Windows-Installer (erhältlich unter http://download.microsoft.com/download/platformsdk/wininst/1.1/W9X/EN-US/InstMsi.exe) ActiveX Scripting Host, z. B. IE 4.0+, oder Windows Scripting Host
Windows 95	*Msvcrt.dll* (erhältlich *unter* ftp://ftp.microsoft.com/ softlib/mslfiles/msvcrt.exe*)* DCOM (erhältlich unter http://www.microsoft.com/ com/resources/downloads.asp)

Voraussetzungen für die Installation von ActivePerl auf der Windows-Plattform

2.2.2 Installation

Zur Durchführung der Installation kopieren Sie das ZIP-Archiv von der CD-ROM mit der Perl-Binärdistribution in ein Verzeichnis Ihrer Wahl, z. B. *C:\Perl*, und starten den Windows-Installer durch Anklicken des Installationspakets *ActivePerl-x-x.msi*. Der Installations-Assistent leitet Sie dann im weiteren Verlauf durch den Installationsvorgang.

Standardmäßig wird ActivePerl im Verzeichnis *C:\Perl* installiert. Während der Installation ändert das Installationsprogramm selbstständig die erforderlichen Umgebungsvariablen und verschiedene Registry-Einträge.

2.3 Ein erster Test

Nachdem Sie Perl entweder unter Linux bzw. Windows oder auf beiden Plattformen installiert haben, wird es Zeit für einen ersten Test. Rufen Sie hierzu in der Kommandozeile Ihres Systems (bei Windows 9x-Systemen in einem MS-DOS-Fenster) den Perl-Interpreter mit dem Flag *-V* auf:

- `perl -V`

Sie erhalten entsprechend dem nachstehenden Beispiel für ein Linux-System eine detaillierte Anzeige mit Informationen über die installierte Perl-Version, den bei der Übersetzung verwendeten Compiler, einschließlich der zugehörigen Compiler-Flags sowie die erzeugten Bibliotheken:

```
Zusammenstellung der Perl 5-Konfiguration
(Revision 5.0 Version 6 Subversion 0):
Plattform:
    osname=linux, osvers=2.2.10, archname=i586-linux
    uname='linux rds486 2.2.10 #1 tue jul 20 16:32:24 mest 1999 i586 unknown '
    config_args='-de'
    hint=recommended, useposix=true, d_sigaction=define
    usethreads=undef use5005threads=undef useithreads=undef usemultiplicity=undef
    useperlio=undef d_sfio=undef uselargefiles=define
    use64bitint=undef use64bitall=undef uselongdouble=undef usesocks=undef
Compiler:
    cc='cc', optimize='-O2', gccversion=2.7.2.3
cppflags='-I/usr/local/include'
    ccflags ='-I/usr/local/include -D_LARGEFILE_SOURCE -D_FILE_OFFSET_BITS=64'
    stdchar='char', d_stdstdio=define, usevfork=false
    intsize=4, longsize=4, ptrsize=4, doublesize=8
    d_longlong=define, longlongsize=8, d_longdbl=define, longdblsize=12
    ivtype='long', ivsize=4, nvtype='double', nvsize=8, Off_t='off_t', lseeksize=8
    alignbytes=4, usemymalloc=n, prototype=define
Linker und Libraries:
ld='cc', ldflags =' -L/usr/local/lib'
    libpth=/usr/local/lib /lib /usr/lib
    libs=-lnsl -lndbm -lgdbm -ldbm -ldb -ldl -lm -lc -lposix -lcrypt
    libc=, so=so, useshrplib=false, libperl=libperl.a
Dynamic Linking:
```

```
dlsrc=dl_dlopen.xs, dlext=so, d_dlsymun=undef, ccdlflags='-rdynamic'
    cccdlflags='-fpic', lddlflags='-shared -L/usr/local/lib'
Eigenschaften des ausführbaren Programms (von libperl):
Compile-time options: USE_LARGE_FILES
  Built under linux
  Compiled at May 24 2000 19:05:29
@INC:
/usr/local/lib/perl5/5.6.0/i586-linux
    /usr/local/lib/perl5/5.6.0
    /usr/local/lib/perl5/site_perl/5.6.0/i586-linux
    /usr/local/lib/perl5/site_perl/5.6.0
    /usr/local/lib/perl5/site_perl
Unter Windows erhalten Sie eine entsprechende Ausgabe mit den entsprechenden,
plattformspezifischen Besonderheiten, die hier im Einzelnen nicht aufgeführt sind.
Summary of my perl5 (revision 5 version 6 subversion 0) configuration:
Platform:
osname=MSWin32, osvers=4.0, archname=MSWin32-x86-multi-thread
...
```

Perl 5-Konfiguration

2.4 Das erste Perl-Skript

Nachdem Sie sich von der Funktionstüchtigkeit Ihres Perl-Systems überzeugt haben, wird es Zeit für ein erstes Perl-Skript, eine unvermeidliche Variante des Hello Word-Programms, mit dem üblicherweise neue Programmiersprachen eingeführt werden:

```
#!/usr/bin/perl -w
# firstScript.pl
use strict;
my $in;
print <<BLOCK;
Hallo, ich bin $0
und werde vom Perl Interpreter:  $^X
Version:  $]
auf dem Betriebssystem:  $^O  ausgeführt
... und wer bist du?
BLOCK
$in = <STDIN>;
chomp $in;
print "Hallo $in, viel Spass mit Perl\n";
```

Um das Skript aufzurufen, gibt es prinzipiell zwei Möglichkeiten. Im einfachsten Fall rufen Sie den Perl-Interpreter direkt auf, wobei Sie als Parameter den Namen des Skripts angeben:

```
perl firstScript.pl
```

Das kleine Skript erzeugt die dann folgende Ausgabe:

```
Hallo, ich bin firstScript.pl
und werde vom Perl-Interpreter: perl
```

```
Version: 5.006
auf dem Betriebssystem: linux ausgeführt
... und wer bist du?
Hallo Gudrun, viel Spass mit Perl
```

Ausgabe des ersten Perl-Skripts

Eine weitere Möglichkeit zum Starten des Skripts besteht auf UNIX-Systemen darin, das Skript mit dem Befehl *chmod* ausführbar zu machen und anschließend direkt aufzurufen:

- `chmod 755 firstScript.pl`
- `firstScript.pl`

Damit dies funktioniert, muss in der ersten Zeile des Skripts der Pfad zum Perl-Interpreter Ihres Systems in der Form

- `#!/usr/bin/perl`

angegeben werden. Das Skript kann anschließend beliebig oft aufgerufen werden, der Befehl *chmod 755* muss nur einmal ausgeführt werden. Was der Befehl *chmod 755* bedeutet, können Sie im Exkurs über die Linux-Zugriffsrechteverwaltung im nächsten Kapitel nachlesen.

Das Wichtigste, was Sie dem kleinen Perl-Skript entnehmen können, ist, das Perl-Programmierer schreibfaul sind und deshalb sehr gern Abkürzungen verwenden. Des Weiteren kann man von dem Skript noch einiges mehr über die Verwendung von Perl lernen:

Die erste Zeile des Skripts, die durch die Zeichen # (Sharp) und ! (Bang) eingeleitet wird und den Pfad zum Perl-Interpreter des Systems enthält, wurde schon besprochen.

Die zweite Zeile des Skripts ist ein Kommentar. Kommentare werden mit dem Zeichen # eingeleitet.

Die dritte Skriptzeile enthält die Anweisung *use strict*. Derartige Anweisungen für den Perl-Interpreter werden auch als Pragmas bezeichnet. Die Verwendung dieser Anweisung ist zwar nicht unbedingt erforderlich, ist aber etwas, was Sie sich grundsätzlich angewöhnen sollten. Mit *use strict* erzwingen Sie nämlich, dass die Deklaration von Variablen erforderlich wird. Dies ist bei Perl zwar nicht erforderlich, hilft aber unter Umständen, schwer auffindbare Fehler zu vermeiden. In Kapitel 6.1 über Perl-Variablen erfahren Sie dazu Näheres.

In der vierten Programmzeile wird mithilfe des Schlüsselworts *my* die lokale Variable *$in* deklariert. An dem Dollarzeichen ($) vor dem Variablennamen können Sie erkennen, dass es sich um eine skalare Variable, d. h. eine einfache String-Variable, oder eine nummerische Variable handelt. Welche anderen Variablentypen Perl kennt und was der Begriff lokale Variable bedeutet, erfahren Sie ebenfalls in Kapitel 6.1.

In der fünften bis elften Zeile kommt jetzt viel Perl-Spezifisches auf Sie zu:

Zunächst enthält die fünfte Zeile den Aufruf der Funktion *print()*. Bei dem, was im Anschluss an *print()* bis zur elften Zeile des Skripts folgt, handelt es sich um ein so genanntes HERE-Dokument, d. h. einen zwischen zwei frei wählbaren Token eingeschlossenen, sich u. U. über mehrere Zeilen erstreckenden String. Im vorliegenden Fall wird das zwischen den Token *<<BLOCK* und *BLOCK* definierte HERE-Dokument, d. h. also ein String, der Funktion *print()* als Parameter übergeben und auf der Standardausgabe ausgegeben. Anstelle des HERE-Dokuments hätten Sie auch mehrere *print*-Kommandos in der Form:

- `print "Hallo, ich bin $0\n";`
- `print "und werde vom Perl-Interpreter:  $^X\n";`
- `print "Version:  $]`
- `print "auf dem Betriebssystem:  $^O  ausgeführt\n";`
- `print "... und wer bist du? \n";`

absetzen können. Die Verwendung von HERE-Dokumenten ist jedoch ergonomischer und gehört zum guten Perl-Stil.

In das HERE-Dokument sind verschiedene Variablen eingebettet, was Sie an den führenden Dollarzeichen erkennen können. Es handelt sich dabei um reservierte Perl-Variablen, die verschiedene Informationen über Ihr System und das aktuelle Programm enthalten.

In der nachfolgenden Tabelle sind einige dieser reservierten Variablen (u. a. die im Skript verwendeten) zusammengestellt. Darüber hinaus kennt Perl noch viele andere reservierte Variablen (siehe Kapitel 6.1.5, S. 131). Die Variablen können über ihre Kurzbezeichnung oder ihre lange, ausführliche Bezeichnung angesprochen werden. Im letzteren Fall muss dann vor ihrer Verwendung das Pragma *use English* gesetzt werden. Da sich, wie schon erwähnt, richtige Perl-Programmierer aber durch ihre Schreibfaulheit auszeichnen, können Sie (fast) sicher sein, dass die Langform nicht verwendet wird.

Kurzform	Langform (Pragma *use English* erforderlich)	Bedeutung
$]	$PERL_VERSION	Version des Perl-Interpreters
$^O	$OSNAME	Name des Betriebssystems
$^T	$BASETIME	Startzeit des Skripts
$^X	$EXECUTABLE_NAME	Name des Interpreters

Verschiedene reservierte Perl-Variablen

In der zwölften Skriptzeile wird mithilfe des *<STDIN>*-Operators eine Zeile von der Standardeingabe gelesen, also im Normalfall von der Tastatur, bis diese mit *ENTER* abgeschlossen wurde. Das Ergebnis wird der Variablen *$in* zugewiesen.

In der 13. Skriptzeile wird mithilfe der Perl-Funktion *chomp()* das letzte im String *$in* enthaltene Zeichen entfernt. Hierbei handelt es sich um das durch das Drücken der [Enter]-Taste erzeugte Newline-Zeichen, das dem String *$in* ebenfalls übergeben wurde und das bei der anschließenden Ausgabe mit *print()* zu einem Zeilenumbruch führen würde.

In der letzten Zeile des Skripts wird der String *$in* auf die Standardausgabe ausgegeben.

2.5 Exkurs: Festlegung der Zugriffsrechte im Linux-Dateisystem

Unter Linux werden Sie öfters mit den Zugriffsrechten auf Dateien konfrontiert. Um wie im vorherigen Beispiel ein Perl-Skript direkt als ausführbare Datei starten zu können, muss der jeweilige Benutzer die hierzu erforderliche Berechtigung haben.

Linux unterscheidet bei der Verwaltung dieser Zugriffsrechte drei Benutzergruppen:

Benutzergruppe	Kürzel
Besitzer (user)	u
Gruppe (group)	g
Andere (other)	o

Die Benutzergruppen im Linux-Dateisystem

Für jede dieser Benutzergruppen können die folgenden Zugriffsrechte vergeben werden:

Zugriffsrecht	Kürzel
lesbar (readable)	r
beschreibbar (writeable)	w
ausführbar (executable)	x

Die Zugriffsberechtigungen im Linux-Dateisystem

Für eine bestimmte Datei können die Zugriffsberechtigungen für die Benutzergruppen *Besitzer/Gruppe/Andere* mit einem Kürzel der Form *rwx/rwx/rwx* angegeben werden.

Das Kürzel *rwx/—/—* bedeutet beispielsweise, dass nur der Besitzer der Datei Lese-, Schreib- und Ausführungsrechte besitzt, während den übrigen Benutzergruppen keine Zugriffsrechte eingeräumt werden. In der Praxis werden die Zugriffsrechte aus Gründen der Vereinfachung gern als Oktalzahl dargestellt.

Um aus den Lese-, Schreib- und Ausführungsberechtigungen der einzelnen Benutzergruppen die entsprechende Oktalzahl zu ermitteln und umgekehrt, können Sie das folgende Schema verwenden:

Besitzer			Gruppe			Andere		
r	w	x	r	w	x	r	w	x
400	200	100	40	20	10	4	2	1
700			70			7		
(*rwx/rwx/rwx*) =777								
r	w	x	r	w	x	r	w	x
400	200	100	40	-	10	4	-	1
700			50			5		
(*rwx/r-x/r-x*) = 755								

Schema zur Ermittlung der Zugriffsrechte

Die maximal mögliche Zugriffsberechtigung (*rwx/rwx/rwx*) entspricht dabei der Oktalzahl 777, wie Sie aus dem Schema leicht entnehmen können. Mit der Oktalzahl 755 wird allen Benutzergruppen das Recht zum Ausführen der Datei erteilt, die Gruppe erhält zusätzlich Leseberechtigung, lediglich der Besitzer der Datei hat alle Zugriffsberechtigungen.

Mit dem Befehl:

- `chmod Oktalzahl Datei1 [Datei2..]`

können einer oder mehreren Dateien die durch die Oktalzahl repräsentierten Zugriffsrechte zugewiesen werden.

3. Die Basis Ihrer Webanwendungen: Der Webserver

Das Thema des vorliegenden Buchs ist die Entwicklung von dynamischen Anwendungen für das World Wide Web in einer CGI-Umgebung unter Verwendung der Skriptsprache Perl. Das heißt also, dass dynamische Webseiten entwickelt werden sollen, die erst zum Zeitpunkt des Aufrufs durch einen HTML-Client serverseitig generiert werden. Hierbei handelt es sich um ein durch die CGI-Schnittstelle vermitteltes, komplexes Zusammenspiel von Webserver, Datenbankserver, serverseitiger Skriptsprache und eventuell anderen Anwendungen.

Schwerpunkte des Kapitels

- Installation und Basis-Konfiguration des Apache-Webservers unter Linux
- Installation und Basis-Konfiguration des Apache-Webservers unter Windows
- Starten und Beenden des Apache-Webservers
- Die Apache-Module
- Apache-Webserver mit Mod-Perl
- Installation der SSL-Erweiterung für den Apache-Webserver
- Installation der Apache-/SSL-/Perl-/Mod-Perl-Binärdistribution für Windows

Der Webserver, auf dem Sie Ihre Anwendungen veröffentlichen, wird zwar in der Regel von Ihrem **I**nternet **S**ervice **P**rovider (ISP) betrieben, bei der Entwicklung von CGI-Anwendungen werden Sie jedoch schnell feststellen, dass hierzu ein Mindestmaß an Kenntnissen über dessen Funktionsweise und Konfiguration erforderlich ist.

Diese Kenntnisse eignen Sie sich am schnellsten an, wenn Sie selbst einen Webserver betreiben. Mit einem eigenen HTTP-Server können Sie die Möglichkeiten und Funktionsweise der CGI-Schnittstelle am besten erkunden. Dies hat darüber hinaus noch den Vorteil, dass Sie Ihre Anwendungen, bevor Sie diese über den Webserver Ihres Providers ins Netz stellen, auf Ihrem eigenen Server, gewissermaßen auf dem Trockenen, testen können.

In den folgenden Abschnitten wird daher beschrieben, wie Sie Ihren eigenen Webserver installieren. Dies erfolgt am Beispiel des Apache-Webserver, da dieser als der weltweit von Internet Service Providern am häufigsten eingesetzte und auch unter hoher Serverlast als der derzeit stabilste Webserver gilt.

3.1 Der Apache-Webserver – Grundlagen und Installation

Der Apache-Webserver basiert auf dem von Rob McCool entwickelten NCSA-Webserver, der noch bis 1995 als meistgenutzter Webserver im Internet galt. Er wurde erstmals im April 1995 als Betaversion und anschließend im Dezember 1995 in der Version 1.0 veröffentlicht.

Seinen Namen erhielt der Apache, weil er sich aus einer Reihe von Patches entwickelte, mit denen unterschiedliche Anwender den NCSA-Webserver erweiterten. Aus diesem gepatchten NCSA-Server („a patchy server") entwickelte sich dann der Apache-Webserver.

NCSA

National **C**enter for **S**upercomputing **Ap**plications, Universität von Illinois, USA

▶ http://www.ncsa.uiuc.edu/

Schon im Jahr 1996 hatte der Apache-Webserver dem NCSA-Webserver seine marktführende Position streitig gemacht und erobert sich seither immer größere Marktanteile.

Entsprechend einer Umfrage von Netcraft wurden im Mai 1999 ca. 57 % aller im Internet zugänglichen Websites von einem Apache-Webserver angeboten. Der Apache-Webserver steht für unterschiedliche UNIX-Plattformen, für Linux, für OS/2 und inzwischen auch für Microsoft-Betriebssysteme (Windows 98, Windows NT) zur Verfügung. Die aktuelle stabile Version ist derzeit die Version 1.3.12. Des Weiteren liegt bereits eine Version 2.0 Alpha vor.

The Apache Software Foundation

▶ http://www.apache.org

Der Apache-Webserver zeichnet sich vor allem durch seine Verfügbarkeit auf fast allen verbreiteten Betriebssystem-Plattformen, die hohe Performance bei geringen Hardwareanforderungen und – mit die interessanteste Eigenschaft – sein modulares Konzept aus.

Neben den diversen Modulen, die bereits in der Apache-Distribution enthalten sind, sind im Internet noch viele weitere Module für die unterschiedlichsten Anwendungen verfügbar.

3.2 Installation und Basis-Konfiguration unter Linux

Wenn Sie mit einer gängigen Linux-Distribution, z. B. SuSE, arbeiten, haben Sie den Apache-Webserver in aller Regel bereits auf Ihrem System oder können ihn mit den zur Verfügung stehenden Konfigurations-Tools, bei SuSE Linux ist dies das Programm YaST, problemlos – und ohne dass eine Übersetzung des Quellcodes erforderlich wird – installieren.

Falls Sie jedoch Wert darauf legen, immer mit der aktuellsten Version zu arbeiten und wichtige Optionen, insbesondere die einzubindenden Module, selbst auswählen zu können, sollten Sie nicht zögern und den Apache-Webserver unter Verwendung der aktuellen Source-Distribution neu übersetzen.

Die Übersetzung des Apache Sourcecodes gestaltet sich mithilfe des **Ap**ache **A**uto-**C**onf-Style **I**nterface (APACI), das ab der Version 1.3 zur Verfügung steht, denkbar einfach.

Voraussetzungen für eine erfolgreiche Installation sind, dass während der Installation temporär mindestens 12 MByte freier Festplattenspeicherplatz zur Verfügung stehen und dass Sie einen ANSI-C Compiler lauffähig installiert haben. Die beste Wahl für den Compiler ist hier der GNU C-Compiler (Version 2.7.2 oder neuer), der in der Regel auf Ihrem Linux-System bereits installiert ist. Die nachfolgende Beschreibung bezieht sich auf die Apache-Version 1.3.12.

Wichtigstes Element des APACI ist das Skript *configure*, das sich im Verzeichnis */usr /local/apache/apache_1.3.12* befindet und mit dessen Hilfe Sie den Apache-Webserver an Ihre eigenen Wünsche anpassen können.

Eine Zusammenstellung der wichtigsten Optionen, die dem Skript beim Aufruf übergeben werden können, sowie deren Default-Werte, finden Sie im Anhang 15.2.

Die Installationsschritte im Einzelnen

Abweichend von älteren Versionen des Apache und den Vorgaben einiger gängiger Linux-Distributionen (z. B. SuSE) ist seit der Apache-Version 1.3 das Standardinstallationsverzeichnis */usr/local/apache*. Dieses wurde bei der hier beschriebenen Installation beibehalten. Wenn Sie eine Installation gemäß dem SuSE-Standard vornehmen wollen, müssen Sie die Installationspfade durch Setzen der entsprechenden Optionen entsprechend anpassen (z. B. *–prefix= /usr/local/httpd*).

Für ganz Eilige

- Installationsverzeichnis anlegen
- Archiv mit Apache-Quellen dorthin kopieren
- *gunzip -c apache_1.3.12.tar.gz | tar xf -*
- *$./configure –prefix=/usr/local /apache*
- *$ make*
- *$ make install*

Der erste Schritt zur Installation des Apache besteht darin, dass Sie das Installationsverzeichnis anlegen (standardmäßig ist das */usr/local/apache*), das auf der Buch-CD im Verzeichnis *Linux/Apache* enthaltene gepackte Archiv *apache_1.3.12.tar.gz* dorthin kopieren und mit

```
gunzip -c apache_1.3.12.tar.gz | tar xf -
```

entpacken. Anschließend sollten Sie unterhalb von */usr/local/apache* das Verzeichnis *../apache_1.3.12* vorfinden.

Nach dem Entpacken der Apache-Quellen wechseln Sie in das Verzeichnis */usr/local/ apache/apache_1.3.12* und rufen dort das *configure*-Skript mit den von Ihnen gewünschten Installations- und Konfigurationsoptionen auf. Das Skript erzeugt den Makefile für den anschließenden Übersetzungslauf. Im vorliegenden Beispiel soll der Apache mit Default-Einstellungen installiert werden.

```
$   ./configure --prefix=/usr/local/apache
```

Anschließend übersetzen Sie die Apache-Quellen mit:

```
$  make
```

Ist die Übersetzung ohne Fehler verlaufen, finden Sie in */usr/local/apache/apache_1.3.12/src* die ausführbare Datei *httpd*. Durch ein abschließendes

```
$  make install
```

werden weitere, vom Webserver benötigte Verzeichnisse angelegt und die erforderlichen Dateien entsprechend kopiert. Das ausführbare Serverprogramm (Dämon *httpd*) findet sich anschließend zusammen mit einem Shell-Skript zum Starten und Beenden des Apache im Verzeichnis */usr/local/apache/bin*.

Anpassen der Konfigurationsdatei

Bevor Sie den Apache-Webserver zum ersten Mal starten, sollten Sie einige Einstellungen in der Konfigurationsdatei *httpd.conf* vornehmen. Diese befindet sich standardmäßig im Verzeichnis */usr/local/apache/conf*.

Die wichtigsten Einstellungen betreffen den Servernamen und das von Ihnen gewünschte Veröffentlichungsverzeichnis.

```
## httpd.conf - Apache http server configuration file
ServerName wwwn.rds.de
DocumentRoot  ''/usr/local/apache/htdocs"
```

Den Servernamen können Sie frei festlegen, sollten aber beachten, dass für diesen Namen ein gültiger DNS-Eintrag besteht, d. h. ein Eintrag in der Datei *hosts*, die sich bei S.u.S.E-Linux im Verzeichnis */etc/* befindet, vorliegen muss. Ein entsprechender Eintrag in der Datei *etc/hosts* wäre z. B.

```
192.168.7.1    wwwn.rds.de    rds586
```

für eine Class-C-Netzwerkadresse innerhalb des nach RFC 1597 für Intranets reservierten Adressbereichs.

Starten und Beenden des Apache-Webservers

Nun wird es Zeit für den ersten Start des Apache-Webservers. Sie können dazu das Script *apachectl* verwenden, das Sie mit dem Parameter *start* aufrufen. Das Skript befindet sich bei einer Standardinstallation im Verzeichnis */usr/local/apache/bin*.

```
$  /usr/local/apache/bin/apachectl start
```

Rufen Sie anschließend mit Ihrem Browser die Startseite des Apache auf:

```
http://Servername:Port
```

Servername ist dabei der Servername, den Sie in der Konfigurationsdatei *httpd.conf* festgelegt haben. Falls Sie dort einen von der Standardeinstellung (Port 80) abweichenden Port angegeben haben, muss dieser ebenfalls angegeben werden.

Sofern die Installation ordnungsgemäß abgelaufen ist, sollte Ihr Browser nun die Startseite des Apache-Webservers anzeigen.

Von dieser Startseite aus können Sie z. B. die Onlinedokumentation des Apache aufrufen und sich einen ersten Überblick über den nun funktionstüchtigen Apache-Webserver verschaffen.

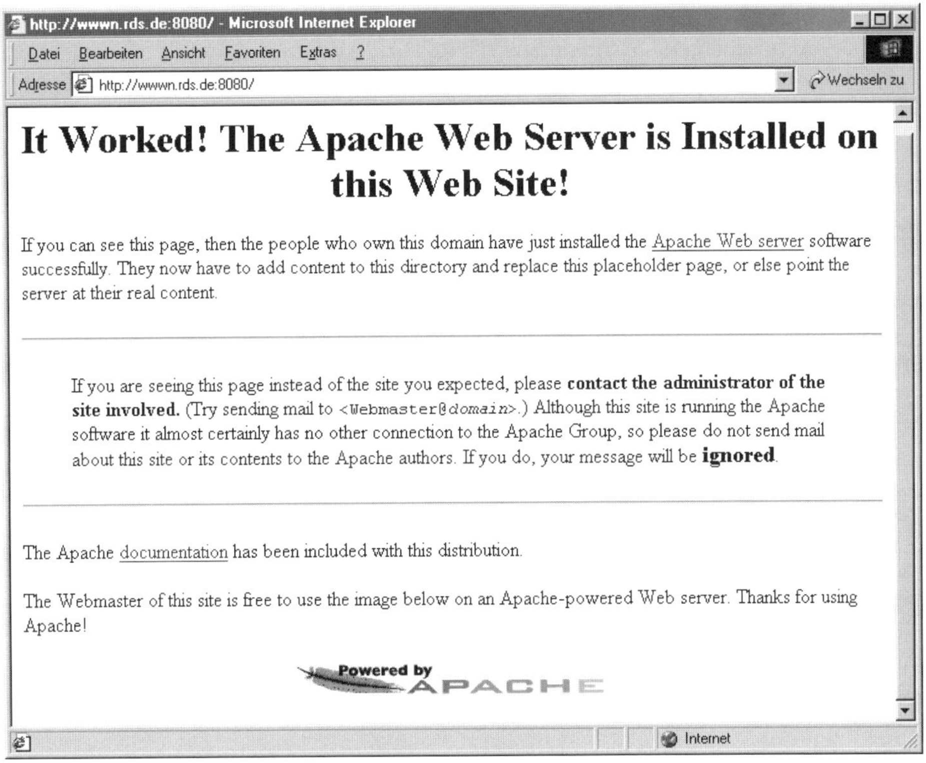

Apache-Startseite

Zum Beenden des Apache-Webservers rufen Sie das Shell-Skript *apachectl* mit dem Parameter *stop* auf.

```
$  /usr/local/apache/bin/apachectl stop
```

3.3 Installation und Basis-Konfiguration unter Windows

Für die Installation des Apache-Webservers können Sie die hier beschriebene Standardbinärdistribution verwenden, wie sie im Netz unter www.apache.org erhältlich und auf der CD zum Buch im Verzeichnis *Windows**Apache* vorhanden ist.

Falls Sie sich dazu entschließen, die in Kapitel 3.7 beschriebene Distribution von Randy Kobes zu installieren, in der der Apache-Webserver bereits für die Verwendung mit Mod-Perl und SSL vorbereitet ist, können Sie dieses Kapitel überspringen.

Die Installation des Apache-Webservers unter Windows ist denkbar einfach. Starten Sie hierzu einfach das selbstentpackende Archiv *Apache_1.3_x_win32.exe*. Der Setup-Assistent leitet Sie dann durch die Installation.

Als Erstes werden Sie nach dem von Ihnen gewünschten Installationsverzeichnis gefragt. Die vorgeschlagene Standardeinstellung ist *C:\Windows*. Darüber hinaus können Sie den von Ihnen gewünschten Setup-Typ festlegen. Voreinstellung ist *Typical*. Bei dieser Einstellung werden alle benötigten und empfohlenen Komponenten installiert.

Bei dem Setup-Typ *Custom* können Sie die zu installierenden Komponenten selbst bestimmen.

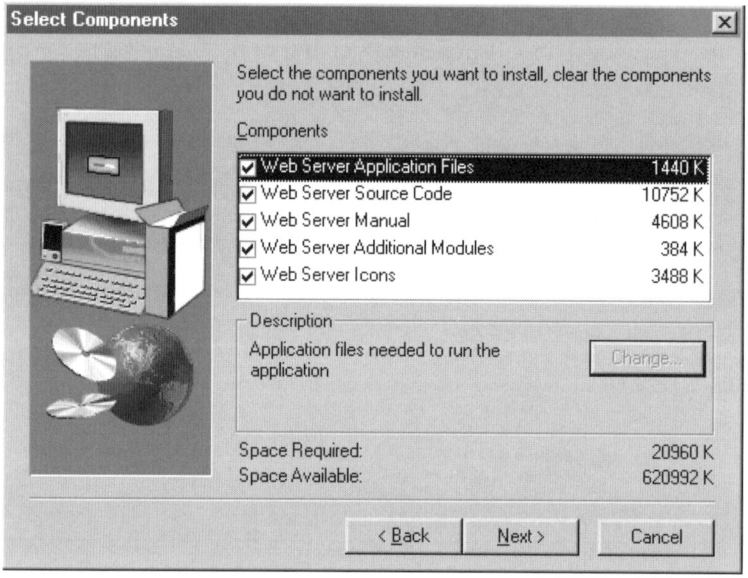

Auswahlmöglichkeiten beim Setup-Typ Custom

Die anschließende Installation läuft dann ohne Ihr weiteres Zutun automatisch ab.

Bei älteren Windows-Versionen (Windows 95) kommt es unter Umständen zu einer Fehlermeldung:

```
Unable to locate WS2_32.DLL
```

Sie müssen dann Ihr installiertes Winsock-Paket auf Winsock 2 updaten. Das entsprechende Update heißt *W95ws2setup.exe* und ist unter www.microsoft.com im Download-Bereich erhältlich. Für Windows NT benötigen Sie das Service Pack 2 oder neuer.

Anpassen der Konfigurationsdatei

Nachdem der Apache-Webserver unter Windows installiert ist, müssen Sie die Apache-Konfigurationsdatei *httpd.conf* anpassen. Diese befindet sich im Unterverzeichnis ..*conf* des von Ihnen gewählten Installationsverzeichnisses.

Um den Apache-Webserver erstmals zum Laufen zu bringen, ist zunächst lediglich ein Eintrag erforderlich, und zwar müssen Sie den Servernamen festlegen. Dies erfolgt mit der Konfigurationsanweisung *ServerName*, z. B. in der folgenden Form:

```
ServerName www.domainname.de
```

Installation unter älteren Microsoft-Betriebssystemen

Bei Windows 95 ist ein Update auf Winsock2 erforderlich.

Quelle:

▶ http://www.microsoft.com/windows95/ downloads

Bei dem hier eingetragenen Servernamen muss es sich um einen gültigen, Ihrem System bekannten DNS-Namen handeln, d. h., ein entsprechender Eintrag muss auch in der Datei *Hosts* vorhanden sein, die sich bei Windows-Systemen im Windows-Hauptverzeichnis (z. B. *C:\Windows*) befindet.

Unter Umständen befindet sich dort zunächst nur die Datei *Hosts.sam*. Hierbei handelt es sich um eine Beispieldatei, die Sie dann unter neuem Namen als *Hosts* abspeichern müssen.

In dieser Datei ist dann die Zuordnung der IP-Adresse zum gewählten Host-Namen vorzunehmen, z. B.:

```
#
127.0.0.1       localhost
192.168.7.1     www.rds.de
192.168.7.48   www1.rds.de
```

Die einzutragende IP-Adresse ist diejenige, die Sie bei der Netzwerkinstallation für Ihren Host festgelegt haben. Falls Sie den Apache-Webserver, was ohne weiteres möglich ist, auf einem Standalone-System, d. h. ohne Netzwerk, installiert haben, gilt die IP *127.0.0.1* und der zugehörige Host-Name ist *localhost*.

In der Konfigurationsdatei *httpd.conf* müssen Sie dann unter *ServerName* eintragen:

```
ServerName localhost
```

Um zu prüfen, ob der Server unter dem angegebenen Host-Namen bzw. der angegebenen IP-Adresse auch erreichbar ist, können Sie ein DOS-Fenster öffnen und im Windows-Hauptverzeichnis folgenden Befehl eingeben:

```
ping <Servername>
```

oder

```
ping <IP-Adresse>
```

In beiden Fällen muss dann die Ausgabe einer Ping-Statistik erfolgen, aus der hervorgeht, dass der angefragte Server antwortet und dass erfolgreich TCP/IP-Pakete versendet werden können.

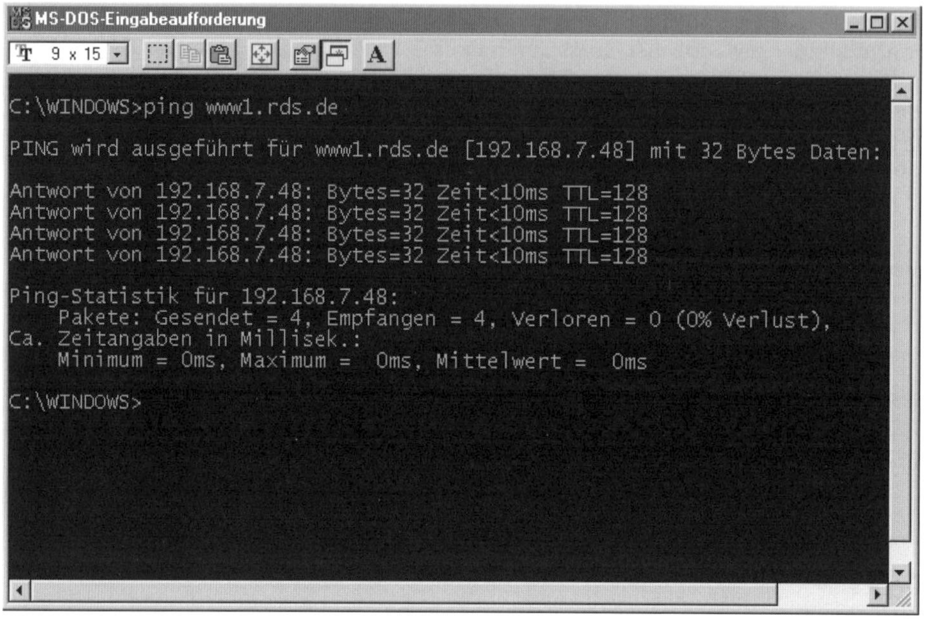

Die Erreichbarkeit des Servers können Sie durch den Aufruf des Programms ping testen

Starten und Beenden des Apache-Webservers

Der Apache-Webserver wird unter Windows durch Anklicken der ausführbaren Datei *Apache.exe* gestartet. Es öffnet sich dann ein DOS-Fenster, das bei einem erfolgreichen Start die folgende Meldung enthält:

Startmeldung des Apache-Webservers unter Windows:

```
Apache/1.3.12 (Win32) running...
```

Um den Apache-Webserver zu beenden, öffnen Sie ein weiteres DOS-Fenster und geben dort diesen Befehl ein:

- `apache -k shutdown`

3.4 Apache individuell aufsetzen: Die Apache-Module

Ein wesentlicher Vorteil, den der Apache gegenüber anderen Webservern besitzt, ist seine Modularität. Durch Einbinden oder Weglassen einzelner Module kann der Apache sehr differenziert an die eigenen Bedürfnisse angepasst werden. Welche Apache-Module Ihnen als Bestandteil der Apache-Distribution überhaupt zur Verfügung stehen, welche Funktionalität sich hinter den einzelnen Modulen verbirgt und welche Module bei der Apache-Installation standardmäßig eingebunden werden, zeigt die nachfolgende Zusammenstellung:

Modul	Default	Funktion
mod_access	Ja	Kontrolle der Zugriffe auf Basis von Host-Namen und/oder IP-Adressen
mod_actions	Ja	Zuordnung von CGI-Skripten zu MIME-Typen
mod_alias	Ja	Anlegen von virtuellen Verzeichnisnamen und Redirect auf andere URLs
mod_asis	Ja	Auslieferung von Dokumenten ohne automatisch generierten Header
mod_auth	Ja	Konfiguration von passwortgeschützten Verzeichnissen und Directories
mod_auth_anon	Nein	Anonymus-Zugang mit E-Mail-Adresse als Passwort
mod_auth_db	Nein	Authentifikation der Benutzer mittels Berkley DB-Dateien
mod_auth_dbm	Nein	Authentifikation der Benutzer mittels DBM-Dateien
mod_auth_digest	Nein	Benutzerauthentifikation
mod_autoindex	Ja	Sortierbare Verzeichnisindizes
mod_cern_meta	Nein	Ermöglicht die Verwendung von CERN Meta-Files
mod_cgi	Ja	Ermöglicht das Ausführen von CGI-Skripten
mod_digest	Nein	Authentifikation der Benutzer mittels MD5 Digest Authentication
mod_dir	Ja	Stellt die *DirectoryIndex*-Anweisung zur Verfügung
mod_env	Ja	Übergabe von Umgebungsvariablen an CGI-Skripte und SSI-Dokumente, Setzen beliebiger Variablen in der Serverkonfiguration
mod_example	Nein	Demonstration und Test der API (nur für Testzwecke)
mod_expires	Nein	Hinzufügen eines Verfallsdatums an den Header
mod_headers	Nein	Modifizieren von HTTP-Headern
mod_imap	Ja	Ermöglicht Server-Side Image-Maps
mod_include	Ja	Zur Benutzung von **S**erver-**S**ide **I**ncludes (SSI)
mod_info	Nein	Informationen über Serverinstallation
mod_log_agent	Nein	Protokollieren der Informationen über Typ und Version der verwendeten Browser
mod_log_config	Ja	Führen von ein oder mehreren gepufferten Logfiles
mod_log_referer	Nein	Informationen über Seiten, die auf den eigenen URL verweisen
mod_mime	Ja	Generieren der MIME-Header abhängig von der Dateiendung
mod_mime_magic	Nein	Generieren der MIME-Header auf der Basis des Dateiinhalts
mod_negotiation	Ja	Funktionen für Type-Maps und MultiViews
mod_proxy	Nein	Funktionen eines Proxy-Servers
mod_rewrite	Nein	Ersetzt und erweitert *mod_alias*
mod_setenvif	Ja	Setzen von Umgebungsvariablen, ersetzt Funktionalität von *mod_browser* in älteren Apache-Versionen
mod_so	Nein	Dynamisches Laden von Modulen
mod_speling	Nein	Korrektur von URL-Tippfehlern
mod_status	Ja	Informationen über den aktuellen Serverstatus
mod_unique_id	Nein	Erzeugung eindeutiger Identifier (z. B. Session-IDs)
mod_userdir	Ja	Einbinden von User-Directories
mod_usertrack	Nein	Kontrolle des User-Verhaltens mittels Cookies

Zusammenstellung der Apache-Module

3.5 Apache-Webserver mit Mod-Perl

Neben den im vorherigen Abschnitt aufgeführten Modulen der Apache-Distribution stehen für den Apache-Webserver noch weitere, von Seiten Dritter angebotene Module zur Verfügung. Das Interessanteste dieser so genannten third party-Module ist das Modul Mod-Perl, das den Apache-Webserver mit einer Perl-Runtime-Library ausstattet und die Ausführung von CGI-Skripten um ein Vielfaches beschleunigt.

Die Performance-Steigerung bei Verwendung des Apache-Moduls Mod-Perl resultiert daraus, dass Mod-Perl Perl-Skripte nur beim ersten Aufruf in den Arbeitsspeicher lädt und kompiliert. Für weitere Aufrufe wird das kompilierte Skript im Cache abgelegt und erst bei einer Veränderung erneut kompiliert.

Der Vorteil gegenüber einer CGI-Anwendung ohne Mod-Perl ist also der, dass der Perl-Interpreter nicht bei jedem Aufruf gestartet werden muss. Der so entstandene Geschwindigkeitsvorteil kann je nach Anwendungsfall mehrere Hundert Prozent betragen.

Mod-Perl steht auf den Seiten des Apache/Perl Integration-Projekts unter der Adresse http://perl.apache.org zur Verfügung. Die aktuelle Version trägt die Versionsnummer 1.24. Darüber hinaus ist Mod-Perl auf der CD zum Buch enthalten.

3.5.1 Installation von Mod-Perl unter Linux

Um Mod-Perl in den Apache-Webserver einzubinden, sind mehrere Schritte erforderlich. Grundvoraussetzung für die Installation ist, dass Sie bereits einen lauffähigen Perl-Interpreter auf Ihrem System im Einsatz haben. In Kapitel 2 (siehe S. 13) wurde bereits beschrieben, wie Sie Perl 5.6.0 auf einem Linux-System installieren.

Für ganz Eilige

- *$ gunzip -c mod_perl-1.X.tar.gz | tar xf -*
- *$ cd mod_perl-1.XX*
- *$ perl Makefile.PL *
- *APACHE_SRC=../apache_1.3.X/src *
- *DO_HTTPD=1 *
- *USE_APACI=1 *
- *PREP_HTTPD=1 *
- *EVERYTHING=1 *
- *$ cd apache_1.3.x*
- *$ ./configure *
- *–prefix=/path/to/install/of/apache *
- *–activate-module=src/modules/perl/libperl.a *
- *–[bei Bedarf Aktivierung weiterer Module]*
- *$ make*
- *$ make test*
- *$ make install*

In einem ersten Schritt sind zunächst die Mod-Perl-Quellen zu übersetzen. Anschließend ist die bei diesem Übersetzungslauf erstellte Bibliothek *libperl.a* als Modul in den Apache-Webserver einzubinden. Zu diesem Zweck ist der Apache ebenfalls neu zu konfigurieren und zu übersetzen.

Entpacken Sie hierzu zunächst das gepackte Archiv mit der Mod-Perl-Distribution in einem Verzeichnis Ihrer Wahl

```
$ gunzip -c mod_perl-1.X.tar.gz | tar xf -
```

und wechseln Sie in das bei dem Entpackvorgang angelegte Verzeichnis *mod_perl-1.xx*:

```
$ cd mod_perl-1.XX
```

Anschließend ist das Perl-Skript *Makefile.PL* aufzurufen, mithilfe dessen der für den anschließenden Übersetzungslauf erforderliche *make*-File erstellt wird:

```
$ perl Makefile.PL \
     APACHE_SRC=.../apache_1.3.X/src \
     DO_HTTPD=1 \
     USE_APACI=1 \
     PREP_HTTPD=1 \
     EVERYTHING=1 \
```

Die Option *APACHE_SRC* enthält dabei den Installationspfad Ihrer Apache-Installation. Mit der Option *USE_APACI=1* wird festgelegt, dass zur Konfiguration des später durchzuführenden Apache-Übersetzungslaufs das **Ap**ache **A**uto**C**onf-Style **I**nterface (APACI) verwendet wird. Durch die Option *PREP_HTTPD=1* wird erreicht, dass zwar eine Vorbereitung der entsprechenden Dateien im Verzeichnis *APACHE_SRC/ modules/perl*, aber kein automatischer Übersetzungslauf erfolgt. Wichtig ist die Option *EVERYTHING=1*, die dazu dient, dass alle in der nachfolgenden Tabelle aufgeführten Konfigurationsdirektiven aktiviert werden:

PerlDispatchHandler	enabled	PerlCleanupHandler	enabled
PerlChildExitHandler	enabled	PerlStackedHandler	enabled
PerlPostReadRequestHandler	enabled	PerlMethodHandlers	enabled
PerlTransHandler	enabled	PerlDirectiveHandler	enabled
PerlHeaderParserHandler	enabled	PerlTableApi	enabled
PerlAccessHandler	enabled	PerlLogApi	enabled
PerlAuthenHandler	enabled	PerlUriApi	enabled
PerlAuthzHandler	enabled	PerlUtilApi	enabled
PerlTypeHandler	enabled	PerlFileApi	enabled
PerlFixupHandler	enabled	PerlConnectionApi	enabled
PerlHandler	enabled	PerlServerApi	enabled
PerlLogHandler	enabled	PerlSections	enabled
PerlInitHandler	enabled	PerlSSI	enabled

Zusammenstellung der Konfigurationsdirektiven des Mod-Perl-Moduls

Übersetzen mit make
- *$ make*
- *$ make test*
- *$ make install*

Anschließend wird durch Aufruf von *make* der Übersetzungslauf für die Perl-Runtime-Bibliothek gestartet:

```
$ make
```

Sofern bei dem Übersetzungslauf keine Fehler aufgetreten sind, können durch den Aufruf von *make test* verschiedene Tests durchgeführt werden.

```
$ make test
```

Im weiteren Verlauf können die einzelnen Dateien in den dafür vorgesehenen Verzeichnissen der Perl-Installationshierarchie installiert werden:

```
$ make install
```

Abschließend sind die Apache-Quellen neu zu übersetzen. Wechseln Sie hierzu in Ihr Apache-Installationsverzeichnis

```
$ cd apache_1.3.X
```

und konfigurieren Sie Ihre Apache-Installation durch Aufruf des mit den erforderlichen Parametern versehenen Konfigurationsskripts:

Konfiguration mit ./configure

```
$ ./configure \
  –prefix=/path/to/install/of/apache \
  –activate-module=src/modules/perl/libperl.a \
  [– activate-module= ... - nach Bedarf weitere third-party-
        Module einbinden -
```

Durch den anschließenden Aufruf von *make, make test* und *make install* wird der Apache-Webserver schließlich mit eingebundenem Mod-Perl übersetzt, getestet und installiert.

3.5.2 Apache-Konfiguration für Mod-Perl

Nachdem der Apache-Webserver mit eingebundenem Mod-Perl neu übersetzt und installiert ist, muss die Apache-Konfigurationsdatei durch den Eintrag des entsprechenden Handlers für Mod-Perl ergänzt werden. Der Handler ist dafür verantwortlich, dass die jeweiligen Perl-Skripte an Mod-Perl übergeben und abgearbeitet werden.

Die Konfiguration des Handlers kann auf unterschiedliche Weise erfolgen: Zum einen kann der Handler mit allen Dateien eines bestimmten Verzeichnisses verknüpft werden, zum anderen kann festgelegt werden, dass alle Dateien mit einer bestimmten Dateiextension vom Handler behandelt werden.

Im ersten Fall wird in der Apache-Konfigurationsdatei *httpd.conf* mit dem Befehl

```
Alias /perl-skripts/  "/usr/local/apache/perl-skripts/"
```

ein Alias für ein Verzeichnis erstellt, in dem später alle Perl-Skripte abgespeichert werden, die vom Perl-Handler an das Perl-Modul übergeben werden sollen. Durch eine *Location*-Direktive wird anschließend die Verbindung zum Perl-Handler hergestellt:

```
<Location /perl-skripts>
SetHandler perl-script
PerlHandler Apache::Registry
Options ExecCGI
PerlSendHeader On
</Location>
```

Das Modul *Apache::Registry*, das ebenfalls Bestandteil der Mod-Perl-Distribution ist, vermittelt das Ausführen und das Cachen der Perl-Skripte durch den mit dem Modul Mod-Perl erweiterten Webserver.

Die Option *ExecCGI* bewirkt, dass alle Perl-Skripte, die in dem festgelegten Verzeichnis liegen, ausgeführt werden. Die Option *PerlSendHeader* legt fest, dass der Webserver vor Abarbeitung jedes Skripts einen HTTP-Header an den Browser sendet, damit dieser die gesendeten Daten richtig interpretieren kann.

Die zweite Möglichkeit der Konfiguration des Perl-Handlers besteht darin, diesen anzuweisen, alle Dateien mit einer bestimmten Dateiextension, z. B. **.pl*, an das Modul *Apache::Registry* weiterzuleiten.

In diesem Fall muss dann in der Apache-Konfigurationsdatei *httpd.conf* der folgende Eintrag erfolgen:

```
<Files *.pl>
SetHandler perl-script
PerlHandler Apache::Registry
Options ExecCGI
PerlSendHeader On
</Files>
```

Ein erster Testlauf unter Mod-Perl

Sie erinnern sich an das Perl-Skript, das Sie nach der Installation des Perl-Interpreters als ersten Test des Perl-Systems aufgerufen haben (siehe S. 19). Die erste Zeile dieses Skripts wurde durch die Zeichen # (Sharp) und ! (Bang) und den Pfad zum Perl-Interpreter eingeleitet. Da unter Mod-Perl die Perl-Runtime-Library fest in den Apache-Webserver eingebunden ist, ist dies jetzt nicht mehr erforderlich.

Im Übrigen können Sie das Skript von S. 19 auch unter Mod-Perl für einen ersten Test verwenden, mit dem Unterschied, dass das Skript nicht mehr von der Kommandozeile aus aufgerufen wird, sondern über den Webbrowser von dem Apache-Webserver angefordert wird. Damit der Webbrowser mit dem vom Webserver ausgelieferten Dokument zurechtkommt, muss im Skript der MIME-Typ des Dokuments angegeben werden. Da es sich um ein HTML-Dokument handelt, ist der MIME-Typ *text/html*. Was ein MIME-Typ genau ist, erfahren Sie im Abschnitt „Header und MIME-Typen" (siehe S. 57). Ein weiterer Unterschied zu dem Skript auf S. 19 besteht darin, dass das Einlesen von Daten über die Tastatur in der neuen Umgebung so nicht mehr funktioniert, also die entsprechenden Codezeilen

```
$in = <STDIN>;
chomp $in;
```

entfallen können.

Da das auszuführende Skript vom Webbrowser als HTML-Dokument interpretiert wird, können Sie jetzt auch HTML-Tags, z. B. den Tag <br>, für einen Zeilenumbruch verwenden:

```
# firstSkript.pl   unter mod_perl
print "Content-type: text/html\n\n";
use strict;
my $in;
print "Hallo, ich bin $0<br>
```

```
▪        und werde vom Perl-Interpreter: $^X
▪        Version: $]<br>
▪        auf dem Betriebssystem: $^O ausgeführt<br>
▪        ... und wer bist du?";
▪ print "<br>Hallo, viel Spass mit Mod-Perl\n";
```

Nachdem Sie mit dem Browser das Dokument unter Angabe seiner Adresse, z. B. http://www.firstSkript.pl, angefordert haben, wird das Skript von Mod-Perl interpretiert. Anschließend wird das generierte HTML-Dokument dann vom Webserver an den Webclient (Browser) ausgeliefert.

```
Hallo, ich bin /usr/local/apache/htdocs/modperl/firstScript.pl
und werde vom Perl-Interpreter: httpsd Version: 5.006
auf dem Betriebssystem: linux ausgeführt
... und wer bist du?
Hallo, viel Spass mit Mod-Perl
```

Ausgabe von firstScript.pl

Das folgende Skript können Sie verwenden, wenn Sie überprüfen wollen, ob Sie tatsächlich unter Mod-Perl arbeiten. Das Skript gibt verschiedene serverbezogene Umgebungsvariablen aus, aus denen Sie die Adresse, den Namen, den verwendeten Port, die Serversignatur und die verwendete Serversoftware ersehen können. Mit der Variablen *MOD_PERL* können Sie sich die verwendete Mod-Perl-Version anzeigen lassen.

Das Skript ist ein kleiner Vorgriff auf die folgenden Kapitel, da schon viel von dem zum Einsatz kommt, was Perl zu bieten hat: Arrays, Hashes, dynamische Generierung von Tabellen. Im Moment können Sie das Skript als Black-Box hinnehmen, da es hier zunächst nur um einen Test von Mod-Perl geht.

```
▪ # env_var1.pl   Ausgabe von Umgebungsvariablen unter mod_perl
▪ print "Content-type: text/html\n\n";
▪ print "<H2>Hallo Mod-Perl</H2>";
▪ $ENV{MOD_PERL} or die "not running under mod_perl!";
▪ @env_vars=("MOD_PERL",
▪            "SERVER_ADDR",
▪            "SERVER_NAME",
▪            "SERVER_PORT",
▪            "SERVER_PROTOCOL",
▪            "SERVER_SIGNATURE",
▪            "SERVER_SOFTWARE");
▪ print "<TABLE BORDER=0 CELLPADDING=2 CELLSPACING=2>";
▪ foreach (@env_vars) {
▪  print "<TR BGCOLOR=E0E0E0>";
▪  print "<TD><B>$_</B></TD><TD> $ENV{$_}</TD>";
▪  print "</TR>";
▪ }
▪ print "</TABLE>";
```

In der Adresszeile des Browsers sehen Sie, mit welcher Adresse das Skript aufgerufen wurde. Wie diese Adresse im Einzelnen auszusehen hat, hängt davon ab, wie Sie den Apache-Webserver konfiguriert haben. Generell müssen Sie das verwendete Protokoll, den Servernamen, der sich aus dem Host-Namen und dem Namen der Domain zusammensetzt, sowie den Namen des aufzurufenden Skripts angeben.

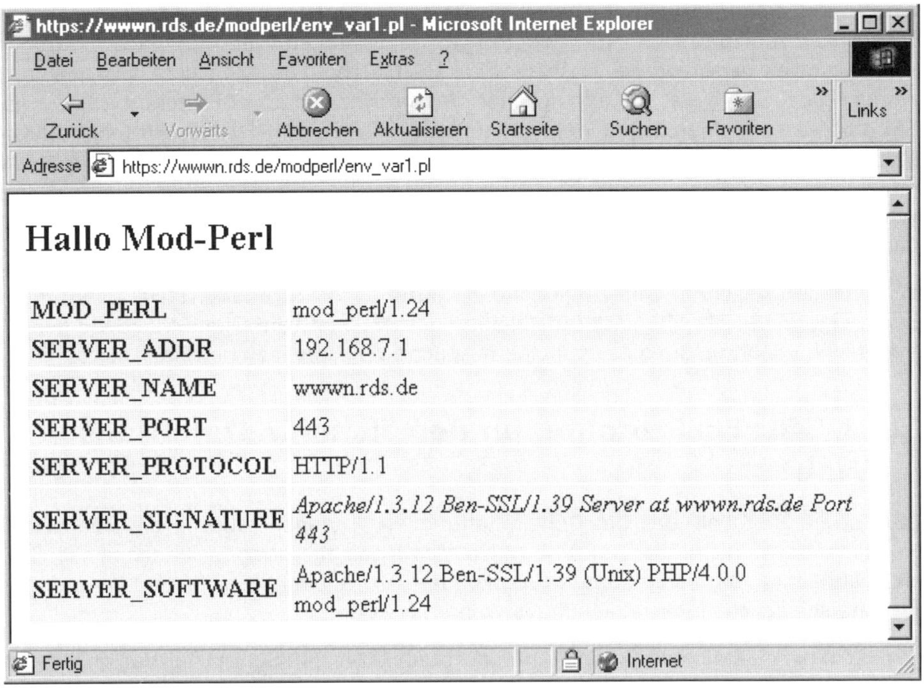

Ausgabe verschiedener serverbezogener Umgebungsvariablen unter Mod-Perl

Wenn Sie, wie im vorherigen Abschnitt gezeigt, Mod-Perl für ein bestimmtes Verzeichnis konfiguriert haben, müssen Sie den festgelegten Aliasnamen dieses Verzeichnisses sowie den Namen des Skripts angeben. Das Skript muss sich dann in dem Verzeichnis befinden, auf das der Aliasname verweist.

Falls Sie Mod-Perl für eine bestimmte Dateiendung konfiguriert haben, kann sich Ihr Skript, das dann diese Dateiendung aufweisen muss, in einem beliebigen Unterverzeichnis des Veröffentlichungsverzeichnisses des Webservers befinden, dessen Pfad Sie dann relativ zu diesem Verzeichnis angeben müssen.

Im vorliegenden Beispiel ist das Veröffentlichungsverzeichnis des Webservers das Verzeichnis */usr/local/apche/htdocs/*. Das Skript mit dem Namen *env_var1.pl* befindet sich im Verzeichnis */usr/local/apache/htdocs/modperl*. Der Servername ist *wwwn.rds.de* und das Protokoll *https://*.

Da Mod-Perl für die Verarbeitung von Skripten mit der Dateiendung *.pl* konfiguriert wurde, die sich in einem beliebigen Unterverzeichnis des Veröffentlichungsverzeichnisses des Webservers befinden können, kann das Skript also mit dem URL

- `https://wwwn.rds.de/modperl/env_var1.pl`

aufgerufen werden.

3.6 Der sichere Webserver: Apache-SSL

Eine wichtige Voraussetzung für die Entwicklung von E-Commerce-Lösungen ist die Möglichkeit zur Abwicklung von sicheren Transaktionen im Web. Um diese zu ermöglichen, gibt es verschiedene Ansätze. Eine weit verbreitete Möglichkeit ist die Verwendung des von Netscape entwickelten **S**ecure **S**ockets **L**ayer-Protokolls (SSL). Um SSL nutzen zu können, muss der verwendete HTTP-Server das SSL-Protokoll unterstützen. Bei der normalen Version des Apache-Webservers ist das leider aufgrund von restriktiven Exportbestimmungen der USA nicht der Fall. Um über den Apache-Webserver trotzdem mit SSL arbeiten zu können, ist daher ein Patch erforderlich, der den Apache-Webserver SSL-tauglich macht.

Im folgenden Abschnitt wird zunächst das Konzept von SSL erläutert. Daran anschließend folgt die Beschreibung der Installation der SSL-Software OpenSSL sowie der erforderlichen Schritte, um diese auf einem Apache-Webserver zu betreiben.

3.6.1 SSL: Ein Protokoll für den sicheren Datentausch im Web

SSL ist ein Protokoll, das die Geheimhaltung des Datenaustauschs zwischen zwei Netzteilnehmern auch über „unsichere" Netze wie das Internet gewährleisten soll. SSL ist unabhängig vom verwendeten Protokoll der Anwendungsschicht und kann daher für unterschiedliche Internetdienste verwendet werden.

SSL ist in die geläufigsten Browser integriert und kann zum Schutz der Vertraulichkeit der übertragenen Informationen, insbesondere von Kreditkartendaten, sinnvoll eingesetzt werden. Hierzu ist allerdings zu bemerken, dass bei dem in die verbreiteten Browser von Netscape und Microsoft integrierten SSL aufgrund der US-amerikanischen Exportbeschränkungen nur Verschlüsselungsverfahren mit kurzen Schlüssellängen (40 Bit) zur Anwendung kommen, die so genannten Brute-Force-Angriffen nicht standhalten.

Das SSL-Protokoll ist eine zwischen TCP und den Protokollen der Anwendungsschicht zusätzlich eingeschobene Protokollschicht.

Bei der Verwendung von SSL gibt der Client alle Daten an entsprechende SSL-Routinen weiter, die die Daten verschlüsseln und anschließend an TCP weiterreichen. Serverseitig werden die verschlüsselten Daten von entsprechenden Routinen entschlüsselt und an den Serverprozess weitergereicht.

SSL unterstützt die verschiedensten Verschlüsselungsalgorithmen. Das Freeware-SSL-Paket OpenSSL beherrscht u. a. die Verschlüsselungsalgorithmen MD5, DES, RSA, RC4, IDEA und Blowfish. Der MD5 (**M**essage **D**igest **5**)-Algorithmus ist ein von R. Rivest und S. Dusse entwickelter Kryptografie-Algorithmus. Der Algorithmus nimmt als Eingabe eine Nachricht beliebiger Länge und erzeugt als Ausgabe einen Hash-Code von 128 Bit Länge.

Der Server verschlüsselt die Antwort auf eine Anfrage mit einem privaten Schlüssel.

So funktioniert SSL

- Der Client sendet eine Anfrage an den Server.
- Der Server sendet dem Client sein signiertes Zertifikat.
- Der Client prüft die Vertrauenswürdigkeit und Echtheit des Zertifikats.
- Der Client teilt dem Server mit, welche Verschlüsselungsmethoden und Schlüssel er verwenden kann.
- Der Server bestimmt aus dieser Information den leistungsfähigsten, gemeinsamen Verschlüsselungsmechanismus und teilt seine Wahl dem Client mit.
- Der Client generiert unter Verwendung dieses Verschlüsselungsalgorithmus einen nur für diese Sitzung zu benutzenden Sitzungschlüssel.
- Der Client verschlüsselt diesen Schlüssel mit dem öffentlichen Schlüssel des Servers und sendet diesen an den Server.
- Der Server benutzt seinen privaten Schlüssel zum Entschlüsseln des Sitzungsschlüssels und teilt dem Client die Annahme mit.
- Im Anschluss daran läuft die „sichere" Datenkommunikation ab, indem der Client seine mit dem Sitzungschlüssel verschlüsselte Anfrage an den Server sendet.

Der Client kann durch Verwendung eines dazu passenden, zertifizierten, öffentlichen Schlüssels überprüfen, ob die Nachricht nicht verändert wurde und tatsächlich vom zugehörigen Server kommt. Nach dem Beenden der sicheren Verbindung verwerfen beide Parteien den Sitzungsschlüssel.

3.6.2 So machen Sie den Apache SSL-tauglich

Der erste Schritt zum sicheren Webserver besteht in der Installation der SSL-Software. Da in diesem Buch bevorzugt Open-Source-Lösungen zum Einsatz kommen sollen, wird nachfolgend die Installation von OpenSSL beschrieben.

Das OpenSSL-Projekt

▶ www.openssl.org

Bei OpenSSL handelt es sich um eine leistungsfähige und robuste Open-Source-Bibliothek zur Implementierung des **S**ecure **S**ockets **L**ayer-Protokolls (SSL v2/v3) sowie des **T**ransport **L**ayer **S**ecurity-Protokolls (TLS v1) und der zugehörigen kryptografischen Algorithmen. Die aktuelle OpenSSL-Version ist die Version 0.9.5a.

OpenSSL basiert auf der *SSLeay*-Bibliothek, die von Eric A. Young und Tim J. Hudson entwickelt wurde.

Bitte beachten

Bei der Verwendung von OpenSSL ist zu beachten, dass die Bibliothek Kryptografie-Algorithmen verwendet, deren Anwendung durch US-amerikanische Export- und Importbestimmungen reglementiert ist.

Die Ausfuhr dieser Software aus den USA bzw. die Einfuhr in andere Länder unterliegt einer Reihe von Bestimmungen und Beschränkungen, deren Beachtung der Verantwortung der Anwender anheim gestellt wird.

3.6.3 Installieren von OpenSSL unter Linux

Der erste Schritt zur Installation von OpenSSL besteht darin, dass Sie ein Installationsverzeichnis anlegen (z. B. */usr/local/openssl)*, das gepackte Archiv *openssl-0.9.5a.tar.gz* dorthin kopieren und mit dem Befehl *gunzip -c openssl-0.9.5a.tar.gz | tar xf -* entpacken.

Für ganz Eilige

- Installationsverzeichnis */usr/local/openssl* anlegen
- Archiv mit OpenSSL-Quellen dorthin kopieren
- *gunzip -c openssl-0.9.5a.tar.gz | tar xf -*
- *$ cd openssl-0.9.5.a*
- *$ ./config*
- *$ make*
- *$ make test*
- *$ make install*

Anschließend sollten Sie unterhalb des Installationsverzeichnisses das Verzeichnis *../openssl-0.9.5a* vorfinden. In der Regel wird es genügen, wenn Sie eine Standardinstallation mit den im Kasten angegebenen Installationsschritten durchführen. Das hierfür zu verwendende Konfigurationsskript *config* erkennt automatisch alle wesentlichen Merkmale Ihrer UNIX (Linux)-Variante.

Nach dem Aufruf des Konfigurationsskripts mit *./config* und dem Übersetzen der Quellen mit *make* wird durch den Aufruf von *make test* ein umfangreicher Selbsttest der Software durchgeführt. Falls hier keine Fehler gemeldet werden, kann die Software anschließend mit *make install* installiert werden.

3.6.4 Ein SSL-Patch für den Apache-Webserver

Um mit der SSL-Software arbeiten zu können, muss der Apache-Webserver entsprechend gepatcht und neu übersetzt werden.

Besorgen Sie sich dazu den zu Ihrer Apache-Version passenden Patch. Der Patch wurde von Ben Laurie, einem Mitglied der Apache Group, entwickelt. Für die Apache-Version 1.3.12 ist dies das Archiv *apache_1.3.12+ssl_1.39.tar.gz*.

Das Archiv enthält eine Reihe von Patches, Readme-Dateien und eine Beispielkonfigurationsdatei. Der Patch muss auf die Apache-Quellen angewendet werden. Hierzu kann das Skript *FixPatch* verwendet werden. Anschließend muss der Apache neu übersetzt werden.

So patchen Sie den Apache-Server

- Archiv mit Patch-Quellen in Apache-Installationsverzeichnis kopieren
- Archiv entpacken
- *./FixPatch* aufrufen
- Apache neu übersetzen

Beim Übersetzen des Apache-Webservers können Sie so vorgehen, wie dies bereits in Kapitel 3.2, siehe S. 27, beschrieben wurde.

Die erforderlichen SSL-Bibliotheken werden automatisch gelinkt, ohne dass zusätzliche Konfigurationsoptionen für den Aufruf des Konfigurationsskripts *configure* notwendig werden. Nach dem abschließenden *make install* (siehe S. 27) befindet sich im *bin*-Verzeichnis Ihrer Apache-Installation (*/usr/local/apache/bin*) die ausführbare Datei *httpsd* des Apache-SSL.

Bevor mit dem Apache-SSL gearbeitet werden kann, sind noch zwei Dinge zu erledigen. Zum einen sind in der Konfigurationsdatei *httpsd.conf*, die beim Neuübersetzen des gepatchten Apache automatisch angelegt wurde, einige Ergänzungen vorzunehmen. Zum anderen ist ein Serverzertifikat für den Apache-SSL-Server zu erstellen.

Konfiguration

In der Konfigurationsdatei *httpsd.conf*, die sich im Unterverzeichnis *../conf* Ihres Apache-Installationsverzeichnisses befindet (bei einer Standardinstallation ist das */usr /local/apache/conf*), sind einige Ergänzungen zu machen. Die wichtigsten dieser Einstellungen, ohne die sich der Apache-SSL erst gar nicht starten lässt, zeigt der nachstehende Kasten.

SSL-Konfiguration in der Datei httpsd.conf

```
...
Port 443
...
# SSL
SSLCacheServerPath
/usr/local/apache/apache_1.3.12/src/modules/ssl/gcache
SSLCacheServerPort 1234
SSLCacheServerRunDir /tmp
SSLSessionCacheTimeout 15
SSLCertificateFile
/usr/local/apache/apache_1.3.12/SSLconf/conf/httpsd.pem
```

Eine Beispielkonfiguration für den Apache-SSL ist in der Datei *.../SSLconf/conf/httpd.conf* enthalten. Diese Datei enthält jedoch nur die SSL-spezifischen Optionen einer Apache-SSL-Konfigurationsdatei, in der wichtige andere Einstellungen fehlen.

Im Gegensatz zu einem normalen Webserver ist der Standard-Port für einen SSL-Webserver nicht Port 80, sondern Port 443. Im Prinzip können Sie natürlich jeden beliebigen Port verwenden, dieser Port ist dann aber bei jedem Seitenaufruf mit anzugeben. Falls Sie von dem Apache-SSL-Webserver Seiten ohne Port-Angabe abrufen wollen, empfiehlt sich also die Verwendung des für SSL-Server standardisierten Ports 443.

Einrichten des Serverzertifikats

Die in der Konfigurationsdatei *httpsd.conf* zwingend erforderliche Angabe

- `SSLCertificateFile /usr/local/apache/apache_1.3.12/SSLconf/conf/httpsd.pem`

bezieht sich auf den Pfad zu dem Serverzertifikat des Apache-SSL. Dieses ist zunächst noch nicht vorhanden und muss daher, bevor der Apache-SSL gestartet werden kann, erzeugt werden. Ein für Testzwecke ausreichendes Serverzertifikat können Sie erstellen, indem Sie in das Unterverzeichnis *../src* Ihres Apache-Installationsverzeichnisses wechseln und dort *make certificate* aufrufen.

Einzelheiten der Konfiguration eines Apache 1.3.12-Servers mit dem Ben-SSL/1.39-Patch sind der nachfolgenden Abbildung zu entnehmen.

Variable	Value
SERVER_SOFTWARE	Apache/1.3.12 Ben-SSL/1.39 (Unix) PHP/4.0RC1
HTTPS	on
HTTPS_CIPHER	EXP-RC4-MD5
SSL_CIPHER	EXP-RC4-MD5
SSL_PROTOCOL_VERSION	SSLv3
SSL_SSLEAY_VERSION	OpenSSL 0.9.5a 1 Apr 2000
HTTPS_KEYSIZE	128
HTTPS_SECRETKEYSIZE	40
SSL_SERVER_DN	/C=DE/L=Aufkirchen/O=RDS/CN=wwwn.rds.de/ Email=Rolf-D.Stoll@t-online.de
SSL_SERVER_C	DE
SSL_SERVER_L	Aufkirchen
SSL_SERVER_O	RDS
SSL_SERVER_CN	wwwn.rds.de
SSL_SERVER_EMAIL	Rolf-D.Stoll@t-online.de
SSL_SERVER_S_DN	/C=DE/L=Aufkirchen/O=RDS/CN=wwwn.rds.de/ Email=Rolf-D.Stoll@t-online.de
SSL_SERVER_S_C	DE
SSL_SERVER_S_L	Aufkirchen
SSL_SERVER_S_O	RDS
SSL_SERVER_S_CN	wwwn.rds.de
SSL_SERVER_S_EMAIL	Rolf-D.Stoll@t-online.de
SSL_SERVER_I_DN	/C=DE/L=Aufkirchen/O=RDS/CN=wwwn.rds.de/ Email=Rolf-D.Stoll@t-online.de
SSL_SERVER_I_C	DE
SSL_SERVER_I_L	Aufkirchen
SSL_SERVER_I_O	RDS
SSL_SERVER_I_CN	wwwn.rds.de
SSL_SERVER_I_EMAIL	Rolf-D.Stoll@t-online.de
SSL_SERVER_I_DN_C	DE
SSL_SERVER_I_DN_L	Aufkirchen
SSL_SERVER_I_DN_O	RDS
SSL_SERVER_I_DN_CN	wwwn.rds.de
SSL_SERVER_I_DN_EMAIL	Rolf-D.Stoll@t-online.de
SSL_SERVER_M_SERIAL	00
SSL_SERVER_V_START	Mar 29 20:33:56 2000 GMT

Einzelheiten der Konfiguration eines Apache 1.3.12 Ben-SSL/1.39-Servers

3.6.5 So setzen Sie SSL in der Praxis ein

Beim Aufruf einer Seite von einem SSL-Server, was anstelle des gewohnten *http://* mit *https://* erfolgt, zeigt der Browser zunächst einen Sicherheitshinweis, aus dem hervorgeht, dass nun eine sichere Verbindung aufgebaut wird.

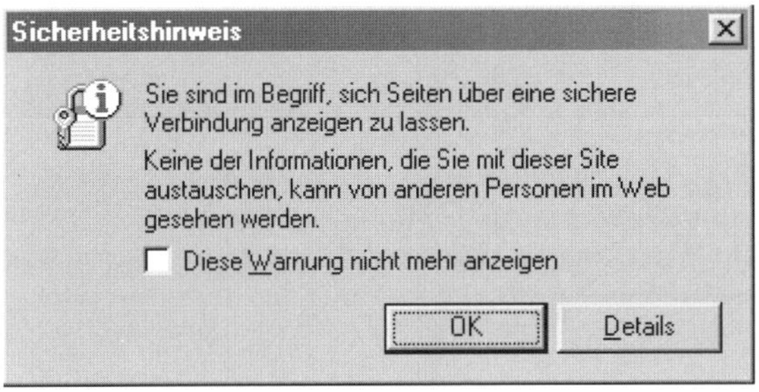

Aufbau einer sicheren Verbindung mit SSL

Nachdem der Server sein signiertes Zertifikat an den Client gesendet hat, besteht die Möglichkeit, dieses zur Prüfung im Browser anzuzeigen. Hierzu wird ein weiterer Sicherheitshinweis angezeigt, der zur Prüfung des Zertifikats auffordert, falls dieses noch nicht auf dem Rechner der Clients installiert wurde.

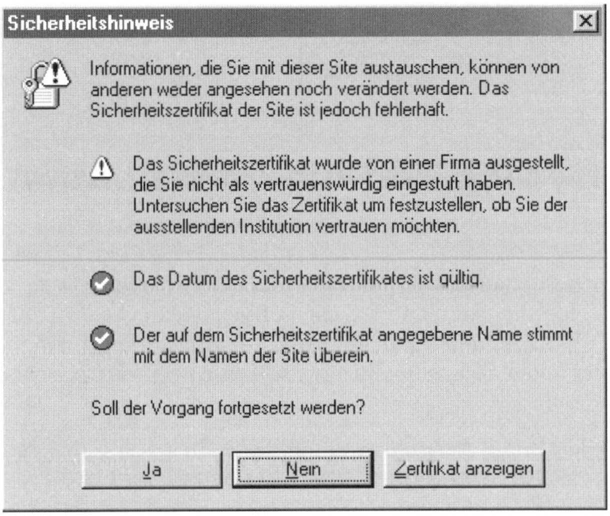

Der Browser fordert zur Prüfung des vom Server vorgelegten Zertifikats auf

Nach der Prüfung des vorgelegten Zertifikats durch den Client kann dies auf dem Rechner des Clients installiert werden.

Das dem Client vorgelegte Zertifikat wurde geprüft und kann durch Anklicken der Schaltfläche Zertifikat installieren installiert werden

3.7 Apache-/Perl-/Mod-Perl-Binärdistribution für Windows

In den vorausgegangenen Abschnitten dieses Kapitels wurde die Installation des Apache-Webservers sowie zweier für die Arbeit mit diesem Buch wichtiger Apache-Erweiterungen beschrieben. Die SSL-Erweiterung des Apache wird benötigt, wenn, wie es in Kapitel 14 (siehe S. 417) der Fall sein wird, sensible Anwenderdaten sicher übertragen werden sollen.

Die Apache-Erweiterung Mod-Perl bringt generell eine deutliche Steigerung der Performance in der Verarbeitung von CGI-Skripten und ist darüber hinaus Voraussetzung für die in Kapitel 10 vorgestellten Programmiertechniken, insbesondere der direkten Einbindung von Perl-Code in HTML unter Verwendung des Moduls *HTML::Embperl* und der Realisation des für E-Commerce-Anwendungen erforderlichen Session-Managements mit diesem Modul.

Für die Installation der beiden letztgenannten Apache-Erweiterungen ist jeweils eine Neuübersetzung des Apache-Webservers erforderlich. Unter Linux bereitet dies in der Regel keine Schwierigkeiten, da alle hierzu erforderlichen Werkzeuge, insbesondere der erforderliche C++-Compiler, Bestandteil des Betriebssystems selbst sind und die mit den zu installierenden Softwarekomponenten mitgelieferten Installationsskripte für diese Werkzeuge optimiert sind.

Dies trifft auf die Windows-Betriebssystemebene leider nicht in jedem Fall zu. Als Ausweg bietet sich daher für Windows-Anwender die Verwendung einer verfügbaren, vorkompilierten Binärdistribution an. Nachfolgend wird daher eine umfassende Binärdistribution für Windows 95/98 und NT, die alle bisher beschriebenen Softwarekomponenten enthält, vorgestellt.

3.7.1 Inhalt der Distribution

Die in diesem Abschnitt beschriebene Binärdistribution des Apache-Webservers (Version 1.3.12) für Windows 95/98/NT ist zusammen mit Doug MacEachern's Mod-Perl Package (1.23) auf der Basis von Perl 5.6.0, das ebenfalls Bestandteil der Distribution ist, kompiliert. Mit in den Apache integriert wurde Mod-SSL (2.6.3-1.3.12) auf der Basis von OpenSSL (0.9.5a).

Des Weiteren sind die für den Betrieb von Mod-Perl erforderlichen Module *libwww-perl*, *libnet* sowie weitere für die Anbindung externer Datenbanken erforderlichen Module wie z. B. *DBI* und verschiedene *DBD::**-Module (*DBD::CSV*, *DBD::ODBC*, *DBD::XBase*, *DBD::msql* und *DBD::mysql*) bereits enthalten.

3.7.2 Installation

Für die Installation wird die Datei *Msvcrt.dll* benötigt, die auf neueren Windows32-Systemen bereits vorhanden ist. Windows 95-Anwender müssen diese DLL, die unter der Adresse ftp://ftp.microsoft.com/softlib/mslfiles/msvcrt.exe erhältlich ist, nachträglich installieren.

Die Binärdistribution steht in dem selbstentpackenden Archiv *perl-win32-bin-x.x.exe* zur Verfügung. Die derzeit aktuelle Version ist *perl-win32-bin-0.6.exe.* Beim Entpacken der Datei in einem beliebigen Verzeichnis werden die folgenden Unterverzeichnisse angelegt:

- *Apache*
- *Perl*
- *openssl*
- *readmes*

Die Normalinstallation geht davon aus, dass sich nach dem Entpacken der Distribution die Verzeichnisse *Perl*, *OpenSSL* und *Apache* in den Verzeichnissen *C:\Perl*, *C:\openssl*, *C:\Apache* befinden. Das Verzeichnis *readmes* enthält verschiedene Readme-Dateien zu den installierten Komponenten.

Im Verzeichnis *C:\Perl* befinden sich u. a. die Dateien *libdb.dll* and *zlib.dll*. Diese müssen in ein Verzeichnis kopiert werden, das in der Umgebungsvariablen *PATH* enthalten ist. Hiermit ist die Installation bereits abgeschlossen. Um mit dem System arbeiten zu können, sind allerdings noch verschiedene Konfigurationen durchzuführen. Diese werden im nächsten Abschnitt beschrieben.

3.7.3 Konfiguration der einzelnen Komponenten

Für die einzelnen Komponenten des Systems sind die folgenden Konfigurationseinstellungen erforderlich:

Perl

Im Unterverzeichnis ..*Perl**5.6.0**lib**MSWin32-x86*\ des von Ihnen gewählten Installationsverzeichnisses befindet sich die Datei *Config.pm*. In dieser Datei müssen Sie sämtliche Vorkommen des Pfads *C:**Perl* durch den von Ihnen gewählten Installationspfad ersetzen, falls sich Ihr Perl-Verzeichnis nicht im Hauptverzeichnis *C:*\ befindet. Des Weiteren können Sie in dieser Datei die der Variablen *cf_email* zugewiesene E-Mail-Adresse des System-Administrators an Ihre eigene anpassen.

Apache

In der Apache-Konfigurationsdatei *httpd.conf-x* werden verschiedene Einstellungen erforderlich, wie sie auch bereits bei der Apache-Installation in Kapitel 3.3 (siehe S. 29) beschrieben wurden. Falls sich die hier beschriebene Apache-Installation im Verzeichnis *c:**Apache* befindet, handelt es sich im Wesentlichen um die Festlegung des Namens des Servers durch die Konfigurationsanweisung *ServerName*. Falls Sie den Apache in einem anderen Verzeichnis installiert haben, müssen Sie alle Pfade in der Datei *httpd.conf*, die das Installationsverzeichnis */Apache* enthalten, entsprechend anpassen.

Die hier beschriebene Distribution enthält zwei vorbereitete Apache-Konfigurationsdateien:

- *httpd.conf-perl* für den Betrieb des Apache mit Mod-Perl und
- *httpd.conf-ssl* für den Betrieb des Apache mit Mod-Perl und Mod-SSL.

Je nachdem, mit welcher Konfiguration Sie arbeiten wollen, müssen Sie die entsprechende Datei oder alle beide editieren.

Systemeinstellungen

Die Umgebungsvariable *PATH* Ihres Systems muss die Pfade *C:**Perl**5.6.0**bin* und *C:**Perl**5.6.0**bin**MSWin32-x86* enthalten. Bei der Verwendung von Mod-SSL muss darüber hinaus auch der Pfad *C:**openssl**bin* dem System bekannt gemacht werden. Des Weiteren sind die Umgebungsvariablen *HOME=C:*\, *TERM=dumb* und *NAME=IhrName* (ohne Leerzeichen) zu setzen.

3.7.4 Inbetriebnahme und erste Tests

Die prinzipielle Vorgehensweise für die Inbetriebnahme des Apache-Webservers wurde bereits in Kapitel 3.3, siehe S. 29, beschrieben. In diesem Zusammenhang sei nochmals an den oft vergessenen, aber unbedingt erforderlichen Eintrag der IP-Adresse des Servers in der *Datei C:**WINDOWS**hosts* erinnert.

Um den Apache-Webserver zusammen mit Mod-Perl zu starten, rufen Sie die ausführbare Apache-Binärdatei mit den folgenden Parametern auf:

- `Apache.exe -f conf\httpd.conf-perl`

Der Apache-Webserver meldet sich dann in einem Terminal-Fenster (DOS-Fenster) mit der Ausgabe:

```
Apache/1.3.12 (Win32) mod_perl/1.23 running...
```

In entsprechender Weise wird der Apache-Webserver mit dem folgenden, aus einem anderen Terminal-Fenster aufgerufenen Befehl wieder beendet:

- `Apache.exe -f conf\httpd.conf-perl -k shutdown`

Eine weitere vorbereitete Konfigurationsdatei dient dem Betrieb des Apache zusammen mit *mod_perl* und *mod_ssl*. Falls Sie mit dieser Konfiguration arbeiten wollen, starten Sie den Apache mit den folgenden Parametern:

- `Apache.exe -f conf\httpd.conf-ssl -D SSL`

In diesem Fall gibt der Apache beim Start die folgende Meldung aus:

```
Apache/1.3.12 (Win32) mod_ssl/2.6.3 OpenSSL/0.9.5a mod_perl/1.23 running...
```

Bei Verwendung dieser Konfigurationsdatei können dann nicht sichere Dokumente über den Standard-Port 80 mit *http://localhost/..* und sichere Dokumente über den Port 443 mit *https://localhost/...* angefordert werden. Bei den für die SSL-Konfiguration verwendeten Zertifikaten handelt es sich um lediglich für Demonstrationszwecke angelegte Dummy-Zertifikate, die Sie durch Ihre eigenen Zertifikate ersetzen sollten.

Erste Tests

Für erste Tests der soeben eingerichteten Apache-Perl/Mod-Perl/Mod-SSL-Plattform können Sie die vorbereiteten Skripte in den Unterverzeichnissen */cgi-bin*, bzw. */mod_perl* des Apache-Hauptverzeichnisses verwenden. Im Verzeichnis */cgi-bin* befinden sich normale CGI-Skripte, die ohne Mod-Perl von dem installierten Perl-Interpreter verarbeitet werden.

Eines dieser Beispiele ist das Skript *printenv*, das Sie wie folgt aufrufen können:

- `http://localhost/cgi-bin/printenv`

Das Skript gibt alle Umgebungsvariablen der normalen Apache-CGI-Umgebung aus.

Im Unterverzeichnis */mod_perl* befinden sich Skripte, die für die Verarbeitung unter *mod_perl* mit der in den Apache-Webserver integrierten Perl-Runtime-Library vorgesehen sind.

In diesem Verzeichnis befindet sich ebenfalls ein Skript namens *printenv*, das die Umgebungsvariablen in der Apache-Mod-Perl-Umgebung ausgibt und wie folgt aufgerufen werden kann:

- `http://localhost/mod_perl/printenv`

3.7.5 Dokumentation

Eine vollständige Dokumenation zum Apache-Webserver ist im Unterverzeichnis *\htdocs\manual* des Apache-Installationsverzeichnisses zu finden und kann mittels

- `http://localhost/manual`

aufgerufen werden. Falls Sie Ihren Apache-Webserver für einen anderen Servernamen konfiguriert haben, ist der anzugebende URL natürlich entsprechend zu modifizieren.

Eine Dokumentation zu *mod_perl*, die sich im Unterverzeichnis *\htdocs\modperl* des Apache-Installationsverzeichnisses befindet, kann mit dem folgenden URL aufgerufen werden:

- `http://localhost/modperl`

Eine ausführliche Dokumentation zu Mod-SSL, aus der Sie auch entnehmen können, wie Sie Ihre eigenen Zertifikate erstellen, befindet sich im Unterverzeichnis *\htdocs\modssl*.

- `http://localhost/modssl`

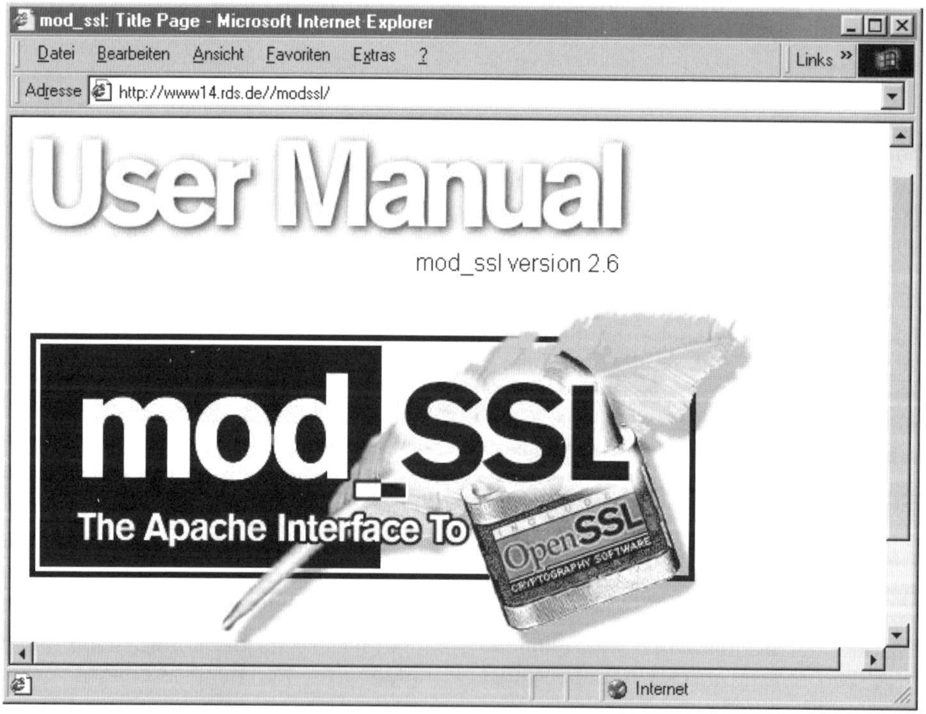

Die Dokumentation zu Mod-SSL können Sie lokal mit dem Browser aufrufen

Die Perl-Standarddokumentation, eine FAQ-Liste zu Perl, die Standarddokumentation zum Modul Mod-Perl sowie weitere Perl-Manpages können Sie aufrufen, wenn Sie in einem Terminal (DOS)-Fenster einen der folgenden Befehle eingeben:

- `perldoc perl`
- `perldoc perlfaq`
- `perldoc mod_perl`

... usw

Diese Dokumente können mit dem folgenden Befehl in HTML-Seiten umgewandelt werden:

- `podtohtml -I -S -d "/Perl/html" -i "/Perl/html/index.html"`

Der Aufruf dieser Dateien mit dem Browser erfolgt dann mit:

- `file:///C:/Perl/html/index.html.`

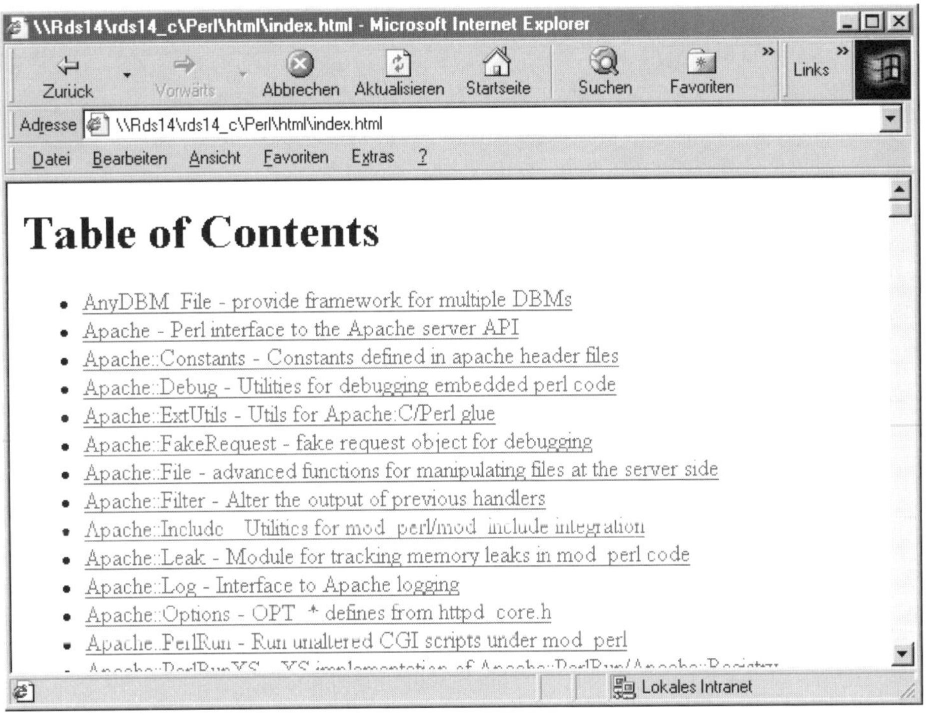

Zugriff auf die Perl-Dokumentation mit dem Webbrowser

4. Das Common Gateway Interface (CGI)

Dynamisch erzeugte Webseiten mit Formularen oder angebundenen Datenbanken erfordern in der Regel die serverseitige Ausführung von Programmen, die die Formularverarbeitung oder die Daten einer externen Datenbank zur Laufzeit in die Webseite integrieren. Die für solche Zwecke geschaffene Schnittstelle zwischen dem Webserver und den dort abgespeicherten Programmen trägt den Namen **C**ommon **G**ateway **I**nterface (CGI). CGI wird seit ca. 1993 eingesetzt.

Schwerpunkte des Kapitels

- Die Konfiguration der CGI-Schnittstelle
- So funktioniert die CGI-Schnittstelle
- Die CGI-Umgebungsvariablen
- Dekodierung von *GET*- und *POST*-Daten
- CGI-Programmierung und Sicherheit

Das Common Gateway Interface ist ein Interface, mit dem es möglich wird, externe Programme unter Steuerung eines Webservers ablaufen zu lassen.

Mit CGI kann ein HTTP-Server Informationen, die sich z. B. in einer SQL-Datenbank befinden und auf die der Webclient zunächst keinen Zugriff hat, verarbeiten und dem Client anschließend zur Verfügung stellen. Das CGI-Programm übernimmt also die Funktion eines Gateways zwischen dem HTTP-Server und dem HTTP-Client.

CGI – Das Common Gateway Interface

Spezifikation für CGI Version 1.1

- http://hoohoo.ncsa.uiuc.edu/cgi/interface.html
- cgi@ncsa.uiuc.edu

Die Einsatzmöglichkeiten der CGI-Schnittstelle

- Dynamische Generierung von Internetdokumenten
- Anbindung von Datenbanken an WWW-Server
- Dynamische Bilderzeugung
- Reaktion auf Benutzerinteraktion
- Session-Management

Das **C**ommon **G**ateway **I**nterface regelt dabei den Aufruf und die Parameterversorgung der externen Programme, die auch als CGI-Skripte oder kurz als CGIs bezeichnet werden. Diese können in einer beliebigen, auf dem jeweiligen System ausführbaren Programmiersprache erstellt werden, z. B. C/C++, Perl, TCL oder eine beliebige UNIX-Shell. Die aktuelle Version dieses Schnittstellenstandards ist CGI/1.1. Die genaue Spezifikation von CGI/1.1 können Sie unter http://hoohoo.ncsa.uiuc.edu/cgi/interface.html nachlesen.

Die Parameterübergabe erfolgt dabei in Abhängigkeit von der beim Aufruf des CGI-Programms gewählten HTTP-Methode *GET* oder *POST*. Der HTTP-Server und das aufgerufene CGI-Programm kommunizieren über eine Reihe von im CGI-Standard festgelegten Umgebungsvariablen. Diese enthalten Informationen über den HTTP-Server und die vom Client erzeugte Anfrage.

4.1 Konfiguration der CGI-Schnittstelle

Bevor die CGI-Schnittstelle des Webservers genutzt werden kann, ist diese entsprechend zu konfigurieren. Für den Apache-Webserver erfolgt dies in der schon bekannten Konfigurationsdatei *httpd.conf*.

Üblicherweise werden CGI-Skripte in ein dafür vorgesehenes Verzeichnis des Webservers, z. B. */ServerRoot/cgi-bin/*, gestellt und sind dann über den URL http://www.domain.xy/cgi-bin/my_script.cgi ansprechbar.

Die Information, dass sich in diesem Verzeichnis CGI-Skripte befinden, die beim Aufruf ausgeführt werden sollen, kann dem Apache-Webserver über die folgende Konfigurationsanweisung gegeben werden, z. B.:

```
ScriptAlias   /cgi-bin/   /usr/local/apache/cgi-bin/
```

Eine bessere Möglichkeit, ein Verzeichnis als CGI-Verzeichnis zu deklarieren, besteht jedoch darin, hierfür den internen Apache-Handler *cgi-script* zu verwenden.

Dieser kann über die Konfigurationsanweisung *SetHandler* aktiviert werden. Zusätzlich muss dann mit der Anweisung *Options ExecCGI* für das jeweilige Verzeichnis die Ausführung von CGI-Skripten gestattet werden:

```
<Directory  /usr/local/apache/cgi-bin>
AllowOverride None
Options ExecCGI
SetHandler cgi-script
</Directory>
```

Wenn CGI-Skripte mit einer bestimmten Dateiendung in unterschiedlichen Verzeichnissen genutzt werden sollen, kann der Handler *cgi-script* mit der Anweisung *AddHandler* auch für den jeweiligen Dateityp konfiguriert werden. Die Anweisung *AddHandler* weist einer Datei mit einer angegebenen Dateiendung einen bestimmten Handler zu, z. B.:

```
AddHandler cgi-script  pl
```

In diesem Fall können in allen Verzeichnissen, für die die Option *ExecCGI* gesetzt wurde, CGI-Skripte mit der Dateiendung *.pl* ausgeführt werden.

4.2 So funktioniert die CGI-Schnittstelle

Der hinter der CGI-Schnittstelle stehende Mechanismus ist nicht besonders schwierig: Ein HTTP-Client fordert eine Seite an, deren URL auf ein vom Server auszuführendes Programm verweist. Dieses befindet sich entweder in einem speziellen, dem Server aufgrund seiner Konfiguration bekannten Verzeichnis (z. B. *cgi-bin*), oder dessen Dateiendung wurde – im Falle des Apache-Webservers – dem internen Apache-Handler *cgi-script zugeordnet*.

Der Server erkennt an der Dateiendung, dass es sich um ein Programm oder Skript handelt, und führt es aus. Das Skript erzeugt einen Antwort-Header gemäß dem HTTP-Protokoll, eine Leerzeile sowie den Inhalt der Antwort. Die Ausgabe des Programms erfolgt auf die Standardausgabe, die vom HTTP-Server auf den HTTP-Client, d. h. auf den Browser, umgeleitet wird.

Ein CGI-Skript kann entweder über die HTTP-Methode *GET* oder *POST* aufgerufen werden.

Datenübertragung mit der HTTP-Methode GET unter Verwendung der Umgebungsvariablen QUERY_STRING

Wenn ein HTML-Formular die Methode *GET* verwendet, wird der Formulardatenstrom, durch ein Fragezeichen von dem URL des verarbeitenden CGI-Skripts getrennt, als Query-String angefügt. Im Client-Browser sind die Daten des Formulardatenstroms nach dem Absenden des Formulars in der URL-Zeile sichtbar.

Um die Methode *GET* in einem HTML-Formular zu verwenden, ist im einleitenden <form>-Tag die Angabe *method=get* erforderlich, z. B.:

- `<form action=test..pl method=get>`

Bei der Übertragung der im Formular zur Verfügung gestellten Daten an das CGI-Skript werden bei der Methode *GET* die zu übergebenden Parameter – durch ein Fragezeichen getrennt – an den URL der Client-Anfrage gehängt. Hierdurch wird die Umgebungsvariable *QUERY_STRING* mit dem Wert der so übergebenen Parameter belegt. Die Umgebungsvariable *QUERY_STRING* beinhaltet alles, was dem ersten ? des URL folgt, der auf das CGI-Skript verweist.

Neben der Verwendung der *GET*-Methode kann diese Information auch von einem *ISINDEX*-Dokument oder in einem <a>-Link, der auf Ihr Skript zeigt, z. B.

- `<a href = "artikel.pl?Kennung=$Kennung">Auswahl 1</a>`

erzeugt werden.

Der Inhalt von *QUERY_STRING* kann z. B. eine Informationsanfrage sein, also z. B. ein Such-String für eine Datenbank, die kodierten Informationen der Eingaben des Clients in ein Formular oder auch beliebige andere Parameter, z. B. Benutzerkennungen bei Webshop-Anwendungen.

QUERY_STRING ist standardmäßig entsprechend dem URL-Encoding-Verfahren (RFC 1738) kodiert. Dies bedeutet, dass in HTML-Eingabefeldern eingegebene Leerzeichen in + und Sonderzeichen im *QUERY_STRING* durch den hexadezimalen ASCII-Code mit einem führenden %-Zeichen ausgedrückt werden (*%xx* Hexadezimalkodierung), z. B.:

- `$ wird zu %24`
- `( wird zu %28`
- `) wird zu %29`

Alle zu übergebenden Werte werden in der Form "*Name=Wert*" eingebunden, wobei "*Name*" der im HTML-<input>-Tag angegebene Name ist, und "*Wert*" der entsprechede Eintrag im Eingabefeld. Ein *QUERY_STRING*, der einem CGI-Programm übergeben wird, kann also z. B. so aussehen:

- `$str="Hallo+diese+Zeichenfolge+muss+wieder+dekodiert+werden&zeichen1=%25&wert=1"`

Bevor der Inhalt von *QUERY_STRING* weiterverwendet werden kann, ist deshalb eine entsprechende Dekodierung erforderlich. Näheres hierzu erfahren Sie in Kapitel 4.4 (siehe S. 62).

Datenübertragung mit der HTTP-Methode POST

Die zweite Möglichkeit, Daten an ein CGI-Skript zu übergeben, erfolgt unter Verwendung der HTTP-Methode POST. Hierbei werden dem Webserver die Daten im Entity-Body übergeben und an das CGI-Skript über die Standardeingabe weitergeleitet. Der HTTP-Server sendet in diesem Fall kein *EOF*, das Ende der übertragenen Daten müssen Sie vielmehr anhand der Umgebungsvariablen *CONTENT_LENGTH* selbst ermitteln.

Um an die übertragenen Daten heranzukommen, muss das jeweilige verarbeitende CGI-Skript die Standardeingabe auslesen. In Perl kann das z. B. mit der folgenden Anweisung bewerkstelligt werden:

- `read(STDIN, $Form_Dat, $ENV{'CONTENT_LENGTH'});.`

Bei der *POST*-Methode bleibt der in *<form action="URL" method=post>* angegebene URL also unverändert, die Daten werden für den Benutzer unsichtbar an den Server übertragen, was insbesondere auch aus Datenschutzgründen von Vorteil ist.

Im Gegensatz zu *GET*-Anfragen, die z. B. als Bookmarks im Client-Browser oder auf einem Proxy-Server gespeichert werden können, ist das mit *POST*-Anfragen nicht möglich.

Datenübertragung unter Verwendung der Umgebungsvariablen PATH_INFO

CGI ermöglicht darüber hinaus den Einschluss von Informationen in den URL des aufgerufenen Skripts, um zusätzliche kontextspezifische Informationen an das Skript zu übergeben. Diese Informationen, die über die Umgebungsvariable *PATH_INFO* übertragen werden, sind als Zusatzinformationen nach dem Pfad des CGI-Skripts im URL anzugeben und werden vom Server nicht kodiert.

Die Umgebungsvariable *PATH_INFO ist in erster Linie* dazu gedacht, im URL einen Dateinamen als Parameter zu übergeben. *PATH_INFO* lässt allerdings offen, an welcher Stelle im Filesystem diese Datei zu finden ist. Diese Information ist der Umgebungsvariablen *PATH_TRANSLATED* zu entnehmen, die die relative Pfadinformation der Umgebungsvariablen *PATH_INFO* auf die Verzeichnisstruktur des Serverrechners bezieht.

Im folgenden Beispiel wird über einen <a>-Link das Perl-Skript *env_var.pl* aufgerufen, wobei dem URL als Zusatzinformation */Testverz/test* und als Query-String *wert1= 1&wert2=2 übergeben wird.*

```
<A HREF="/cgi-bin/env_var.pl/Testverz/test?wert1=1&wert2=2">Test</A>
```

Das Perl-Skript *env_var.pl* greift auf die Umgebungsvariablen *QUERY_STRING*, *PATH_INFO* und *PATH_TRANSLATED* zu und gibt diese anschließend aus.

```
#!C:\PERL\bin\perl.exe
# env_var.pl
use strict;
print "Content-type: text/html\n\n";
print "QUERY_STRING: $ENV{QUERY_STRING}<BR>\n";
print "PATH_INFO: $ENV{PATH_INFO}<BR>\n";
print "PATH_TRANSLATED: $ENV{PATH_TRANSLATED}<BR>\n";
```

Hierbei ergibt sich die folgende Ausgabe:

```
QUERY_STRING: wert1=1&wert2=2
PATH_INFO: /Testverz/test
PATH_TRANSLATED: d:\apache\www3_docs\testverz\test
```

Über die Umgebungsvariable *PATH_INFO* können außer Pfadinformationen auch andere Informationen ausgetauscht werden. Die Anzahl der Bytes, die in Umgebungsvariablen gespeichert werden kann, ist allerdings konfigurationsabhängig begrenzt (z. B. 1.024 Byte). Um größere Informationsmengen über die Umgebungsvariable *PATH_INFO* auszutauschen, kann der Name einer serverseitigen, temporären Datei angegeben werden, aus der dann die Informationen gelesen werden.

Header und MIME-Typen

Ein CGI-Skript kann Dokumente beliebigen Formats generieren, z. B. HTML-Dokumente. Damit der Client, dem das generierte Dokument gesendet wird, weiß, um welche Art von Dokument es sich handelt, erzeugt das CGI-Skript vor den eigentlichen Nutzdaten einen Header. Der Header besteht aus Textzeilen mit dem Format der schon beschriebenen HTTP-Header und wird durch eine Leerzeile abgeschlossen.

Jeder Header besteht aus mindestens zwei Zeilen, die für jedes Skript zwingend erforderlich sind. Die erste Zeile spezifiziert dabei den MIME-Typ des Dokuments, zum Beispiel:

```
Content-Type: text/html
```

MIME ist die Abkürzung von **M**ultipurpose **I**nternet **M**ail **E**xtensions. MIME-Typen bezeichnen die Art der im Internet übertragenen Dateien. Durch die Angabe des MIME-Typs erkennt der das Dokument empfangene Webclient, wie er das gesendete Dokument weiterverarbeiten kann.

Sofern das Skript einen Verweis auf ein anderes Dokument generiert, wird in der ersten Zeile die *Location* dieses Dokuments referenziert, zum Beispiel:

- `Location: http://www.leierer.de/Index.htm`

Die zweite Zeile ist eine Leerzeile, die den Header von den eigentlichen Nutzdaten abtrennt.

4.3 Die CGI-Umgebungsvariablen

Wie schon im vorherigen Abschnitt anhand der Variablen *QUERY_STRING* gezeigt, erfolgt die Kommunikation zwischen dem HTTP-Server und dem Client über die CGI-Umgebungsvariablen. Diese werden vom HTTP-Server bei jedem Aufruf eines CGI-Skripts mit den entsprechenden Informationen versorgt. Das CGI-Script kann auf die Umgebungsvariablen zugreifen und deren Inhalt für eigene Zwecke verwenden. Außer der Umgebungsvariablen *QUERY_STRING* definiert *CGI/1.1* noch eine ganze Reihe weiterer Umgebungsvariablen.

Die CGI-Umgebungsvariablen enthalten z. B. Angaben über die IP- und Domain-Adresse des Serverrechners, über den das CGI-Skript aufgerufen wurde, die URL-Adresse des aufgerufenen CGI-Skripts relativ zur Domain-Adresse oder Angaben über die beim Aufruf des Dokuments verwendete Browsersoftware.

Des Weiteren ist aus einer CGI-Umgebungsvariablen die HTTP-Methode ersichtlich, mit der das CGI-Programm aufgerufen wurde. Bei Verwendung der HTTP-Methode *GET* stehen die übertragenen Formulardaten dann ebenfalls in einer Umgebungsvariablen zur Verfügung. In der nachfolgenden Tabelle werden die verschiedenen CGI-Umgebungsvariablen zusammengestellt:

Umgebungsvariable	Bedeutung
AUTH_TYPE	Authentifikations-Methode, falls der Server die Benutzer-Authentifikation unterstützt.
CONTENT_LENGTH	Anzahl der Zeichen des mit *POST* oder *PUT* übertragenen Inhalts.
CONTENT_TYPE	MIME-Typ der mit *POST* oder *PUT* übertragenen Daten.
GATEWAY_INTERFACE	Revision der CGI-Spezifikation, der der Server entspricht. Format: *CGI/revision.*
HTTP_ACCEPT	MIME-Typen der vom Client akzeptierten Dokumente. Format: *type/subtype, type/subtype.*
HTTP_USER_AGENT	Browsersoftware des Clients. Format: Software/Version Library/Version.
HTTP_REFERER	URL-Adresse der WWW-Seite, von der aus das CGI-Skript aufgerufen wurde. Der Wert der Variablen wird nicht von allen WWW-Browsern übermittelt.
PATH_INFO	Zusätzliche Pfadinformation des Clients relativ zu dem Root-Verzeichnis des Serverrechners.
PATH_TRANSLATED	Sofern das Skript über die HTTP-Methode *GET* aufgerufen wurde, enthält die Variable Angaben zum Pfad entsprechend der Verzeichnisstruktur des Serverrechners.
QUERY_STRING	Der Teil des URI, der nach dem Fragezeichen (?) steht und im Gegensatz zum URL (der Teil des URI, der vor dem Fragezeichen steht) die mit der HTTP-Methode *GET* übertragene Information enthält.

Umgebungsvariable	Bedeutung
REMOTE_ADDR	IP-Adresse des anfragenden Hosts.
REMOTE_HOST	Name des anfragenden Hosts.
REMOTE_IDENT	Sofern auf dem Server das Protokoll *ident* für geschützte Zugriffe läuft, enthält die Variable Protokollinformation.
REMOTE_USER	User-Name, falls der Server Benutzer-Authentifikation unterstützt.
REQUEST_METHOD	Die HTTP-Methode der Anfrage.
SCRIPT_NAME	Relativer Name des ausgeführten Skripts.
SERVER_NAME	Host-Name des Servers, DNS-Alias oder IP-Adresse.
SERVER_PORT	Nummer des Ports, an den die Anfrage gesendet wurde.
SERVER_PROTOCOL	Name und Revision des Protokolls, mit dem die Anfrage erfolgte. Format: Protokoll/Revision.
SERVER_SOFTWARE	Name und Version der Serversoftware, die die Anfrage beantwortet. Format: *name/version.*

Zusammenstellung der CGI-Umgebungsvariablen gemäß CGI/1.1

Das folgende Skript gibt die Werte aller Umgebungsvariablen aus, die ein HTTP-Server einem CGI-Programm zur Verfügung stellt.

Zunächst der Code der HTML-Seite, von der aus das Skript aufgerufen wird:

```
<!--HTML-Testseite zum Aufruf eines CGI-Skripts-->
<html><head><title>HTML-Testseite</title>
<meta name="author" content="G.A.Leierer">
</head>
<body>
<form action="/cgi-bin/env_var1.pl" method="POST">
<input type="Text" name="eingabe" value="" size="10">
<input type="Submit" name="" value="OK">
</form>
</body></html>
```

Der Code des aufgerufenen Perl-Skripts, mit dem alle Umgebungsvariablen, die der Server dem Skript zur Verfügung stellt, ausgegeben werden, sieht folgendermaßen aus:

```
#!C:\PERL\bin\perl.exe -w
# env_var1.pl     Ausgabe der CGI-Umgebungsvariablen
use strict;
print "Content-type: text/html\n\n";
foreach (sort(keys(%ENV))) {
        print "$_ = $ENV{$_}<BR>\n";
}
```

Sämtliche Umgebungsvariablen sind in dem reservierten Hash *%ENV* abgespeichert. Was ein Hash genau ist und wie der Zugriff auf die in einem Hash abgespeicherten Daten im Einzelnen funktioniert, ist in Kapitel 6.1.4 (siehe S. 116) dargestellt. Im Beispielskript werden die Schlüsselwerte und Werte des Hash *%ENV* innerhalb einer *foreach*-Schleife ausgelesen. Zum Verständnis der Funktionsweise einer *foreach*-Schleife sollten Sie Kapitel 6.4.3 (siehe S. 157) zu Rate ziehen.

Die ausgegebenen Umgebungsvariablen sind je nach der verwendeten Betriebssystem-Umgebung unterschiedlich. Auf einem unter Windows laufenden Apache-Webserver erfolgt zum Beispiel die folgende Ausgabe:

```
COMSPEC ==> C:\WINDOWS\COMMAND.COM
CONTENT_LENGTH ==> 13
CONTENT_TYPE ==> application/x-www-form-urlencoded
DOCUMENT_ROOT ==> d:/apache/www3_docs
GATEWAY_INTERFACE ==> CGI/1.1
HTTP_ACCEPT ==> */*
HTTP_ACCEPT_ENCODING ==> gzip, deflate
HTTP_ACCEPT_LANGUAGE ==> de
HTTP_CONNECTION ==> Keep-Alive
HTTP_HOST ==> www3.leierer.de
HTTP_REFERER ==> http://www3.leierer.de/test.html
HTTP_USER_AGENT ==> Mozilla/4.0 (compatible; MSIE 5.0; Windows 98; DigExt)
PATH ==> D:\Apache; D:\JDK1.2.2\JRE\BIN; C:\PHP4; C:\PERL\BIN\; C: \WINDOWS; C:
\WINDOWS\ COMMAND;
QUERY_STRING ==>
REMOTE_ADDR ==> 192.168.7.48
REMOTE_PORT ==> 1053
REQUEST_METHOD ==> POST
REQUEST_URI ==> /cgi-bin/env_var1.pl
SCRIPT_FILENAME ==> d:/apache/cgi-bin/env_var1.pl
SCRIPT_NAME ==> /cgi-bin/env_var1.pl
SERVER_ADDR ==> 192.168.7.48
SERVER_ADMIN ==> you@your.address
SERVER_NAME ==> www3.leierer.de
SERVER_PORT ==> 80
SERVER_PROTOCOL ==> HTTP/1.1
SERVER_SIGNATURE ==>
Apache/1.3.9 Server at www3.leierer.de Port 80
SERVER_SOFTWARE ==> Apache/1.3.9 (Win32)
WINDIR ==> C:\WINDOWS
```

Ausgabe der CGI-Umgebungsvariablen unter Windows

Da dem verarbeitenden Skript die Formulardaten mit der HTTP-Methode *POST* übergeben wurden, enthält die Umgebungsvariable *REQUEST_METHOD* den Wert *POST*. Die Anzahl der mit *POST* übertragenen Bytes ist in der Umgebungsvariablen *CONTENT_LENGTH* enthalten. Im Beispiel waren es 13 Bytes. Der Name des verarbeitenden Skripts geht aus der Umgebungsvariablen *SCRIPT_NAME* hervor und ist im Falle des vorliegenden Beispiels der Skriptname */cgi-bin/env_var1.pl*.

Auf einem unter Linux laufenden Apache-Webserver erzeugt dasselbe Skript die folgende Ausgabe:

```
CONTENT_LENGTH ==> 13
CONTENT_TYPE ==> application/x-www-form-urlencoded
DOCUMENT_ROOT ==> /usr/local/apache/htdocs
GATEWAY_INTERFACE ==> CGI-Perl/1.1
HTTPS ==> on
HTTPS_CIPHER ==> EXP-RC4-MD5
```

```
HTTPS_KEYSIZE ==> 128
HTTPS_SECRETKEYSIZE ==> 40
HTTP_ACCEPT ==> */*
HTTP_ACCEPT_ENCODING ==> gzip, deflate
HTTP_ACCEPT_LANGUAGE ==> de
HTTP_CONNECTION ==> Keep-Alive
HTTP_HOST ==> wwwn.rds.de
HTTP_REFERER ==> https://wwwn.rds.de/test.html
HTTP_USER_AGENT ==> Mozilla/4.0 (compatible; MSIE 5.0; Windows 98; DigExt)
MOD_PERL ==> mod_perl/1.24
PATH==>
/sbin:/usr/sbin:/root/bin:/usr/local/bin:/usr/bin:/usr/X11R6/bin:/bin:/usr/openwin/bin
:/var/lib/dosemu:/usr/games/bin:/usr/games:/opt/kde/bin:/usr/local/httpd/htdocs/WebDB/
cgi-bin
PERL_SEND_HEADER ==> On
QUERY_STRING ==>
REMOTE_ADDR ==> 192.168.7.48
REMOTE_PORT ==> 1064
REQUEST_METHOD ==> POST
REQUEST_URI ==> /cgi-bin/env_var1.pl
SCRIPT_FILENAME ==> /usr/local/apache/cgi-bin/env_var1.pl
SCRIPT_NAME ==> /cgi-bin/env_var1.pl
SERVER_ADDR ==> 192.168.7.1
SERVER_ADMIN ==> root@rds486
SERVER_NAME ==> wwwn.rds.de
SERVER_PORT ==> 443
SERVER_PROTOCOL ==> HTTP/1.1
SERVER_SIGNATURE ==>
Apache/1.3.12 Ben-SSL/1.39 Server at wwwn.rds.de Port 443
SERVER_SOFTWARE ==> Apache/1.3.12 Ben-SSL/1.39 (Unix) PHP/4.0.0 mod_perl/1.24
SSL_CIPHER ==> EXP-RC4-MD5
SSL_PROTOCOL_VERSION ==> SSLv3
SSL_SERVER_C ==> DE
SSL_SERVER_CN ==> wwwn.rds.de
SSL_SERVER_DN==> /C=DE/L=Aufkirchen/O=RDS/CN=wwwn.rds.de/Email=Rolf-D.Stoll@t-
online.de
SSL_SERVER_EMAIL ==> Rolf-D.Stoll@t-online.de
SSL_SERVER_I_C ==> DE
SSL_SERVER_I_CN ==> wwwn.rds.de
SSL_SERVER_I_DN ==> /C=DE/L=Aufkirchen/O=RDS/CN=wwwn.rds.de/Email=Rolf-D.Stoll@t-
online.de
SSL_SERVER_I_DN_C ==> DE
SSL_SERVER_I_DN_CN ==> wwwn.rds.de
SSL_SERVER_I_DN_EMAIL ==> Rolf-D.Stoll@t-online.de
SSL_SERVER_I_DN_L ==> Aufkirchen
SSL_SERVER_I_DN_O ==> RDS
SSL_SERVER_I_EMAIL ==> Rolf-D.Stoll@t-online.de
SSL_SERVER_I_L ==> Aufkirchen
SSL_SERVER_I_O ==> RDS
SSL_SERVER_L ==> Aufkirchen
SSL_SERVER_M_SERIAL ==> 00
SSL_SERVER_M_VERSION ==> 3
SSL_SERVER_O ==> RDS
```

```
SSL_SERVER_S_C ==> DE
SSL_SERVER_S_CN ==> wwwn.rds.de
SSL_SERVER_S_DN==> /C=DE/L=Aufkirchen/O=RDS/CN=wwwn.rds.de/Email=Rolf-D.Stoll@t-
online.de
SSL_SERVER_S_EMAIL ==> Rolf-D.Stoll@t-online.de
SSL_SERVER_S_L ==> Aufkirchen
SSL_SERVER_S_O ==> RDS
SSL_SERVER_V_END ==> Apr 28 20:33:56 2000 GMT
SSL_SERVER_V_START ==> Mar 29 20:33:56 2000 GMT
SSL_SSLEAY_VERSION ==> OpenSSL 0.9.5a 1 Apr 2000
```

Ausgabe der CGI-Umgebungsvariablen unter Linux

Wie Sie durch Vergleich dieser Ausgabe mit der Ausgabe des Skripts mit der Ausgabe des vorherigen Beispiels sehen, enthält der Perl-Hash *%ENV* außer den in CGI/1.1 spezifizierten CGI-Umgebungsvariablen noch weitere, von der verwendeten Serversoftware abhängige Umgebungsvariablen.

So kann im vorstehenden Beispiel der Umgebungsvariablen *HTTPS* entnommen werde, dass das **S**ecure **S**ockets **L**ayer-Protokoll (SSL) verwendet wird, und eine ganze Reihe von weiteren Variablen *SSL_** beziehen sich auf das installierte Zertifikat und andere SSL-spezifische Einzelheiten.

Wird im <form>-Tag der aufrufenden HTML-Seite anstatt der HTTP-Methode *POST* die Methode *GET* angegeben, z. B.

```
...
<form action="/cgi-bin/env_var1.pl" method="GET">
...
```

kann das Perl-Skript die CGI-Umgebungsvariable *QUERY_STRING* auswerten, die die im Formular übergebenen Daten in URL-enkodierter Form enthält:

```
...
QUERY_STRING ==> eingabe=Hallo+CGI
REQUEST_METHOD ==> GET
REQUEST_URI ==> /cgi-bin/env_var1.pl?eingabe=Hallo+CGI
...
```

Ausgabe der CGI-Umgebungsvariablen QUERY_STRING

4.4 Exkurs: Dekodierung von GET- und POST-Daten

Zur Behandlung von Daten, die über die CGI-Schnittstelle übertragen wurden, insbesondere auch für das Parsen von *GET*- und *POST*-Daten, stellt das CPAN-Modul *CGI.pm* entsprechende Methoden und Subroutinen zur Verfügung. Einzelheiten dieses für die CGI-Programmierung unerlässlichen Moduls werden in Kapitel 11 (siehe S. 325) ausführlich dargestellt.

Als instruktives Beispiel für den praktischen Umgang mit der CGI-Schnittstelle wird nachfolgend gezeigt, wie die Dekodierung von *GET*- und *POST*-Daten zu Fuß, d. h. ohne Unterstützung des CGI-Moduls, durchgeführt werden kann.

In diesem Beispiel werden als Vorgriff schon einige Register der angewandten Perl-Programmierung gezogen, die im Detail erst in anderen Teilen des Buchs behandelt werden. Sie sollten zum besseren Verständnis die entsprechenden Kapitel, insbesondere die Abschnitte über Mustererkennung mit regulären Ausdrücken (siehe S. 167), über Subroutinen (siehe S. 172) und über Perl-Module (siehe S. 235) zu Rate ziehen.

Das Eindringen in eine neue Programmiersprache ist wie jedweder Umgang mit Sprache überhaupt ein hermeneutischer Zirkel und „beim Anfang anfangen ... wie ein altes Rindvieh" (Samuel Becket in Molloy) erweist sich oftmals nicht nur als fragwürdige Methode, sondern auch als schlichte Unmöglichkeit.

Der nachfolgende Algorithmus zur Dekodierung von Daten, die über die CGI-Schnittstelle an ein verarbeitendes Formular übertragen wurden, besteht aus den folgenden Schritten:

- Überprüfen, ob die HTTP-Methode *GET* oder *POST* benutzt wird. Dies erfolgt durch Auslesen des zum Schlüssel *REQUEST_METHOD* gehörigen Werts aus dem Ihnen schon bekannten assoziativen Array *%ENV:*

```
$request_method = $ENV{'REQUEST_METHOD'};
```

- Vergleich dieses Werts mit den Strings *"GET"* und *"POST"*. Sofern die Methode *GET* verwendet wurde, werden die übertragenen Daten aus der Variabeln *QUERY_STRING* gelesen.

```
if ($request_method eq "GET")   {
          $query_string = $ENV{'QUERY_STRING'};
  }
```

- Sofern die Methode *POST* verwendet wurde, wird die Anzahl der übertragenen Bytes aus der Umgebungsvariablen *CONTENT_LENGHT* gelesen und die Daten werden über die Standardeingabe eingelesen:

```
elsif ($request_method eq "POST")   {
          read (STDIN, $query_string, $ENV{'CONTENT_LENGTH'});
  }
```

- Anschließend wird der String mit den eingelesenen Daten entsprechend den enthaltenen &-Zeichen unter Verwendung der Perl-Funktion *split()* zerlegt. Die resultierenden Teil-Strings werden dem Array *@key_value_arr* zugewiesen:

```
@key_value_arr = split (/&/, $query_string);
```

- Innerhalb einer *foreach*-Schleife werden zunächst alle im Array *@key_value_arr* enthaltenen Teil-Strings der Form *key = value* mit einem weiteren Aufruf von *split()* anhand des Gleichheitszeichens = in die Schlüssel *key* und die zugehörigen Werte *value* getrennt. Die Schlüssel werden der Variablen *$key*, die zugehörigen Werte der Variablen *$value* zugewiesen:

```
 ($key, $value) = split (/=/, $key_value);
```

- Anschließend werden in der Variablen *$value* mit der Transliteration

```
$value =~ tr/+/ /;
```

- die Pluszeichen durch Leerzeichen ersetzt. Ein weiterer regulärer Ausdruck

```
$value =~ s/%(..)/pack("c", hex($1))/eg;
```

  ersetzt alle Vorkommen von Hexadezimalzahlen mit führendem %-Zeichen durch das entsprechende Sonderzeichen.

- Abschließend werden die Schlüssel und die jetzt dekodierten zugehörigen Werte in dem assoziativen Array *%formdat* abgespeichert:

```
$formdat{$key} = $value;
```

Nachfolgend der Code des Perl-Moduls *my_cgi_lib.pm* im Zusammenhang. Das Modul exportiert die Subroutine *parse_cgi()*, das die zuvor beschriebenen Aufgaben erledigt:

```
# my_cgi_lib.pm
package my_cgi_lib;
use strict;
use Exporter;
use vars qw(@ISA @EXPORT $VERSION);
@ISA = qw(Exporter);
@EXPORT = qw(parse_cgi);
$VERSION = '1.00';
sub parse_cgi
{
my %formdat;
my ($request_method, $query_string, @key_value_arr, $key_value, $key,
    $value);
    $request_method = $ENV{'REQUEST_METHOD'};
    # pruefen ob HTTP-Methode GET oder POST
    if ($request_method eq "GET") {
        $query_string = $ENV{'QUERY_STRING'};
    } elsif ($request_method eq "POST") {
# Einlesen von POST-Daten aus STDIN
read (STDIN, $query_string, $ENV{'CONTENT_LENGTH'});
    } else { die "Server benutzt unbekannte Methode"; }
    # Splitten der Schluesselwerte
    @key_value_arr = split (/&/, $query_string);
    foreach $key_value (@key_value_arr) {
        ($key, $value) = split (/=/, $key_value);
        $value =~ tr/+/ /;
        # Dekodieren der Sonderzeichen
        $value =~ s/%(..)/pack("c", hex($1))/eg;
        if (defined($formdat{$key})) {
            $formdat{$key} .= "\0" . $value;
        } else {
            $formdat{$key} = $value;
        }
    }
return %formdat;
}
1;
```

Das nachstehende Skript importiert die Subroutine *parse_cgi()* aus dem zuvor erstellten Perl-Modul *my_cgi_lib* und setzt diese Subroutine zum Dekodieren der über die CGI-Schnittstelle übertragenen Daten ein:

```
#!C:\PERL\bin\perl.exe
# decode.pl    Dekodieren von CGI-Daten mit der Subroutine parse_cgi
use strict;
use my_cgi_lib qw(parse_cgi);
my $ein;
my %form_dat;
print "Content-type: text/html\n\n";
%form_dat=&parse_cgi;
$ein = $form_dat{"eingabe"};
print $ein;
```

Die Daten stammen aus einem HTML-Formular, mit dem zu Testzwecken beliebige Zeichen an das Skript *decode.pl* übertragen werden können. Sie können in dem <form>-Tag des Formulars die HTTP-Methode *POST* zu *GET* umändern, um zu prüfen, ob das Dekodier-Modul auch mit *GET*-Daten funktioniert.

```
<!--HTML-Testseite zum Aufruf eines CGI-Skripts-->
<html><head><title>HTML-Testseite</title>
<meta name="author" content="G.A.Leierer">
</head><body>
<h2>Dekodierung von Sonderzeichen</h2><p><br></p>
<form action="/cgi-bin/decode.pl" method="POST">
<input type="Text" name="eingabe" value="" size="35">
<input type="Submit" name="" value="OK">
</form>
</body></html>
```

4.5 CGI-Programmierung und Sicherheit

Ein CGI-Skript erlaubt dem Webclient über den Browser auf dem Serversystem eine Vielzahl von interaktiven Prozessen, z. B. Datenbankzugriffe oder das Starten von Systemprogrammen.

Aus diesem Grund stellen CGI-Skripte für jedes Serversystem ein potenzielles Sicherheitsrisiko dar, das durch geeignete Maßnahmen minimiert werden sollte.

Die meisten Sicherheitslücken entstehen durch nachlässige Konfiguration der Serversoftware und durch schlecht programmierte Skripte. Beispielsweise bieten viele Webseiten Gästebücher, durch deren missbräuchliche Verwendung unter Umständen Systemfunktionen aktiviert werden können. Oft ist es hierbei ausreichend, einen Eintrag mit einem Semikolon gefolgt von einem Shell- oder Perl-Befehl abzuschließen. Ein sauber programmiertes Skript sollte daher die Eingaben oder Anfragen des Clients immer auf verdächtige Sonderzeichen wie <, >, ;, " oder | überprüfen.

4.5.1 Grundsätzliches zum Erstellen sicherer CGI-Skripte

Die wichtigsten Maßnahmen zur Absicherung des Serversystems sind, dafür zu sorgen, dass nur der Administrator Zugang zu den Konfigurationsdateien besitzt und dass dieser die volle Kontrolle über die Zugangsberechtigungen der Webclients zu seinem System behält.

Um zu vermeiden, dass CGI-Skripte im Systemverwalter-Modus ausgeführt werden, liegt zunächst der Gedanke nahe, den HTTP-Server gar nicht erst als Benutzer *Root* zu starten. Dies ist aber nicht möglich, da nur *Root* den Server starten kann, weil beim Starten gewisse Zugriffsrechte auf verschiedene Systemressourcen erforderlich sind.

Eine Lösung dieses Problems besteht darin, den HTTP-Server zwar als Root zu starten, aber die anschließend vom Webserver automatisch gestarteten Kindprozesse (die Anzahl dieser Kindprozesse wird über die Konfigurationsanweisung *StartServers* kontrolliert und liegt standardmäßig bei 5) unter einer User-ID zu fahren, die nur mit wenigen Rechten ausgestattet ist.

In der Praxis wird dafür der User *nobody* der Gruppe *nogroup* verwendet. Die erforderliche Konfiguration erfolgt in der Konfigurationsdatei *httpd.conf* mit den Konfigurationsanweisungen *User* und *Group* und sollte standardmäßig wie folgt vorgenommen werden:

- `User nobody`
- `Group nogroup`

Am einfachsten ist die Kontrolle über die auf dem System befindlichen CGI-Skripte, wenn diese zentral in ein dafür vorgesehenes Verzeichnis gestellt werden, z. B. *server-root/cgi-bin*. Um zu vermeiden, dass ein potenzieller Eindringling in dieses Verzeichnis per FTP ein für seine unter Umständen unlauteren Absichten hilfreiches Skript lädt, sollte dieses nur über Port 80 zu erreichen sein.

Die für die Ausführung der CGI-Skripte erforderlichen Interpreter, insbesondere Perl, dürfen unter keinen Umständen in einem CGI-Verzeichnis installiert werden, da sonst einer missbräuchlichen Ausführung von beliebigen Programmen Tür und Tor geöffnet wäre.

Ein weiterer wichtiger Punkt ist es, dafür zu sorgen, dass normalen Benutzern keine Schreibrechte auf die Protokolldateien des HTTP-Servers eingeräumt werden. Der Apache-Webserver speichert zum Beispiel alle Zugriffe in der Datei *access_log*. In dieser Datei wird bei einem *GET*-Request der gesamte URI einschließlich aller CGI-Parameter gespeichert, sodass für einen potenziellen Angreifer aus dieser Datei wichtige, u. U. sicherheitsrelevante Informationen ersichtlich werden können. Aus diesem Grund ist es auch ratsam, bei der Übertragung von sensiblen Informationen wie Kreditkartendaten, Bankverbindungen und Passwörtern ausschließlich die *POST*-Methode zu verwenden.

Unter dem Sicherheitsaspekt ist es besonders kritisch, wenn ein Skript ein anderes Programm ausführen soll. Zum Beispiel können durch ein Skript, das einen missbräuchlichen Aufruf des Mail-Programms ermöglicht, wichtige Daten wie z. B. Passwortdateien an einen potenziellen Angreifer übertragen werden.

Ein Beispiel hierfür ist das folgende einfache Perl-Skript, das eine E-Mail an eine via HTTP-*GET* übertragene E-Mail-Adresse sendet. Das Skript verwendet die im vorherigen Kapitel beschriebene Subroutine *parse_cgi()* zum Parsen von CGI-Daten:

```
#!/usr/bin/perl -w
# mail.pl
use strict;
use cgi_lib qw(parse_cgi);
my $mailto;
my %form_dat;
print "Content-type: text/html\n\n";
%form_dat=parse_cgi;
$mailto = $form_dat{"eingabe"};
open (MAIL, "| /usr/bin/mail $mailto");
print MAIL "Wir bedanken uns für Ihr Interesse und übersenden Ihnen
        in der Anlage zu dieser Mail die gewünschte Information\n";
close MAIL;
```

Das Skript wird von der folgenden HTML-Seite aufgerufen, in der der Webclient in einem Eingabefeld seine E-Mail-Adresse angeben kann, um eine Rückantwort per E-Mail auszulösen.

```
<!--HTML-Testseite zum Aufruf eines CGI-Skripts-->
<html><head><title>HTML-Testseite</title>
<meta name="author" content="G.A.Leierer">
</head><body>
<h2>Sie Wünschen eine Antwort?</h2><p><br></p>
Geben Sie hier Ihre E-Mail-Adresse ein:
<form action="/cgi-bin/mail.pl" method="POST">
<input type="Text" name="eingabe" value="" size="15">
<input type="Submit" name="" value="OK">
</form></body></html>
```

Solange der Client in dem Eingabefeld nichts weiter als seine E-Mail-Adresse eingibt, läuft alles wie vorgesehen. Wenn der Client aber beispielsweise seine E-Mail-Adresse mit dem folgenden Zusatz angibt, sendet ihm das Mail-Programm anstatt der vorgesehenen Kundenrückantwort die Passwortdatei des Serversystems

```
hans@hacker </etc/passwd
```

Um derartige Pannen zu vermeiden, sollte ein CGI-Skript von Anwendern übergebene Daten grundsätzlich daraufhin überprüfen, ob diese den erwarteten Daten entsprechen. Im vorliegenden Beispiel könnte das unsichere CGI-Skript dadurch entschärft werden, dass anhand eines regulären Ausdrucks die Client-Eingabe auf in einer E-Mail-Adresse unzulässige Sonderzeichen überprüft wird:

```
#!/usr/bin/perl -w
# mail1.pl
use strict;
use cgi_lib qw(parse_cgi);
my $mailto;
my %form_dat;
print "Content-type: text/html\n\n";
%form_dat=parse_cgi;
```

```
$mailto = $form_dat{"eingabe"};
if ($mailto=~tr/;*<>|&!#()[]{}:"\///) {
  print "<h2>ungültige Mail-Adresse</h2>";
  exit(1);
}
open (MAIL, "| /usr/bin/mail $mailto");
print MAIL " Wir bedanken uns für Ihr Interesse und übersenden Ihnen
        in der Anlage zu dieser Mail die gewünschte Information\n ";
close MAIL;
```

Eine sehr effektive Methode zur Absicherung von Perl-Skripten besteht darin, mit dem Parameter *-T* den Taint-Modus von Perl zu aktivieren:

```
#!/usr/local/bin/perl -T
```

Durch die Verwendung des Taint-Modus können viele der im Zusammenhang mit CGI-Skripten entstehenden Sicherheitsprobleme vermieden werden. Näheres dazu erfahren Sie im nächsten Abschnitt.

4.5.2 Sicherheitskontrolle: Der Taint-Modus bei Perl

Der Taint-Modus von Perl erlaubt bei der Ausführung eines Perl-Skripts die Verfolgung und Überwachung von Benutzereingaben sowie anderen sicherheitsrelevanten Einflussmöglichkeiten des Benutzers. Der Taint-Modus wird beim Aufruf des Perl-Interpreters durch die Option *-T* eingeschaltet:

```
#!/usr/local/bin/perl -T
```

So funktioniert der Taint-Modus

Alle Benutzereingaben und durch Benutzer beeinflussbare Variablen werden als tainted, d. h. als kontaminiert oder „verdorben", betrachtet. Wird in Abhängigkeit von einer kontaminierten Variable eine weitere Variable erzeugt, wird diese ebenfalls kontaminiert. Auf diese Weise wird von Perl überwacht, welche Variablen durch Benutzereingaben beeinflusst und somit kontaminiert sind.

Kontaminierte Variablen dürfen im Zusammenhang mit sicherheitsrelevanten Operationen, z. B. dem Aufruf der Funktion *system()*, und anderen Perl-Funktionen zur Prozessverwaltung nicht verwendet werden. Unter anderem werden die folgenden Variablen generell als kontaminiert betrachtet:

- alle Kommandozeilen-Argumente,
- alle Umgebungsvariablen und
- alle Eingaben (von Dateien, Netzwerkverbindungen oder anderen Kanälen).

In Verbindung mit kontaminierten Variablen sind die folgenden Operationen nicht erlaubt:

- Kommandos, die direkt oder indirekt eine Shell aufrufen,
- Operationen, die Dateien oder Verzeichnisse modifizieren, und
- Operationen, die Prozesse beeinflussen.

Dies bedeutet, dass es praktisch unmöglich ist, im Zusammenhang mit kontaminierten Variablen Kommandos auszuführen oder eine Datei mit einem kontaminierten Namen zum Schreiben zu öffnen.

Dagegen ist ein Lesezugriff auf eine Datei unter Angabe eines kontaminierten Dateinamens auch im Taint-Modus möglich. Der Taint-Modus von Perl dient also in erster Linie der Aufrechterhaltung der Systemsicherheit, während der Datenschutz durch andere Maßnahmen erreicht werden muss.

Dekontaminierung von Benutzereingaben

Wenn der Taint-Modus aktiviert ist, wird jede vom Anwender übergebene Information als tainted markiert. Diese vom Perl-Interpreter vorgenommene Markierung kann nur durch die Behandlung mit einem regulären Ausdruck aufgehoben werden – man spricht in diesem Zusammenhang auch von untainten –, und zwar indem die jeweilige Variable wie im folgenden Beispiel als string matching-Variable aus dem regulären Ausdruck herauskopiert wird:

```
$tainted_username =~ m/([a-zA-Z. ]*)/;
$untainted_username = $1;
```

5. Der erste Schritt ins Internet: Grundlegende Protokolle

In den vorausgegangenen Abschnitten haben Sie die Skriptsprache Perl, den Apache-Webserver mit integriertem Perl-Modul sowie die SSL-Erweiterung installiert. Des Weiteren haben Sie die CGI-Schnittstelle in den Grundzügen kennen gelernt und konfiguriert.

Schwerpunkte des Kapitels

- Die logische Basis des Internets: TCP/IP
- Die Internetschicht und das IP-Protokoll (IP)
- Die Transportschicht und das **T**ransmission **C**ontrol **P**rotocol (TCP)
- Protokolle der Anwendungsschicht

Rein technisch verfügen Sie jetzt über das erforderliche Rüstzeug, das für die Entwicklung von dynamischen Webanwendungen erforderlich ist. Sobald die Webseiten durch Interaktivität und Dynamisierung zum Leben erweckt werden, kommt man jedoch um ein Mindestmaß an Kenntnissen über die dahinter stehende Internettechnologie nicht mehr herum. Die nachfolgenden Abschnitte geben daher in gedrängter Form – und ohne dem Anspruch auf Vollständigkeit gerecht werden zu können – einen Überblick über die wichtigsten Protokolle des Internets.

5.1 Die logische Basis des Internets: TCP/IP

Die Basis für die logische Struktur des Internets bildet die TCP/IP-Protokollfamilie und das hinter diesen Protokollen stehende vierschichtige Architekturmodell zur Rechnerkommunikation, das eine vereinfachte Form des erst später von der **I**nternational **St**andardization **O**rganisation (ISO) entwickelten und noch weiter ausdifferenzierten siebenschichtigen OSI-Modells (**O**pen **S**ystems **I**nterconnection) darstellt.

In dem von Cerf und Kahn im Auftrag der US-Militärs entwickelten vierschichtigen Modell stellt jede Schicht der übergeordneten Schicht Dienste zur Verfügung und nimmt die Dienste der untergeordneten Schicht in Anspruch. Dabei verlässt sich jede Schicht auf die Dienste der darunter liegenden, und zwar ohne zu wissen, wie diese die Dienstleistung erbringt. Der Datenstrom verläuft dabei in vertikaler Richtung.

Die logische Kommunikation erfolgt zwischen den jeweils gleichen Schichten der kommunizierenden Rechner mithilfe bestimmter Regeln zur Koordination der Kommunikation. Diese werden auch Protokolle genannt.

Rechner 1			Rechner 2	
⇓ Anwendungs-Schicht	Telnet FTP SMPT HTTP	⇔	Telnet FTP SMPT HTTP	Anwendungs-Schicht ⇑
⇓ Transport-Schicht	UDP TCP	⇔	UDP TCP	Transport-Schicht ⇑
⇓ Internet-Schicht	IP	⇔	IP	Internet-Schicht ⇑
⇓ Netzzugangs-Schicht		⇒	Netzzugangs-Schicht ⇑	

Vierschichtiges Architekturmodell zur Rechnerkommunikation

Der Zusammenhang zwischen dem vierschichtigen TCP/IP-Architekturmodell und dem siebenschichtigen ISO/OSI-Modell geht aus der nachfolgenden Tabelle hervor:

Schicht	ISO/OSI	TCP/IP
7	Application	Anwendungsschicht
6	Presentation	
5	Session	
4	Transport	Transportschicht
3	Network	Internetschicht
2	Data Link	Netzzugangsschicht
1	Physical	

Zusammenhang zwischen TCP/IP-Architekturmodell und ISO/OSI-Schichtenmodell

Zwischen Anwendungen der Anwendungsschicht des Rechners 1 und der des entfernten Rechners 2 verläuft die Kommunikation wie folgt: Die Daten durchlaufen jede einzelne Schicht. Sie werden im lokalen Rechner heruntergereicht, wobei jede Schicht die empfangenen Daten als die zu übertragenden ansieht, zu denen sie ihre eigenen Kontrollinformationen als Kopfzeile (Header) voranstellt.

Im entfernten Rechner durchlaufen die Datenpakete denselben Weg von unten nach oben. Jede Schicht entfernt dabei wieder den für sie bestimmten Header und reicht die Daten an die darüber liegende weiter.

Die Netzzugangsschicht (Schicht 2 des ISO/OSI-Schichtenmodells)

Für die unterste Ebene, die Netzzugangsschicht, ist lediglich festgelegt, dass sich der Host unter Zuhilfenahme eines Protokolls mit dem Netzwerk verbinden muss, um IP-Pakete darüber zu versenden. Mögliche Protokolle sind z. B. Ethernet, FDDI und ISDN. Die physikalische Übertragung kann dabei über ganz unterschiedliche Medien, z. B. koaxiale Kupferkabel, Glasfaserkabel oder auch über Richtfunkstrecken erfolgen.

Die Internetschicht (Schicht 3 des ISO/OSI-Schichtenmodells)

Die Internetschicht hat die Aufgabe, den Hosts zu ermöglichen, Pakete in ein beliebiges Netzwerk einzuspeisen, den Adressierungsmechanismus zu regeln und eine Wegewahl zu treffen. Die Vermittlung zwischen einzelnen Netzwerken erfolgt dabei über so genannte Router. Hierbei handelt es sich um entsprechend konfigurierte Rechner, die für den Weg der Datenpakete zuständig sind.

Die einzelnen Pakete können sich ihren Weg unabhängig voneinander zum Ziel-Host suchen. Dies hat zur Folge, dass die Pakete nicht in der Reihenfolge eintreffen, in der sie verschickt wurden. In diesem Fall ist es Aufgabe der höheren Schichten, diese wieder zusammenzusetzen.

Die Transportschicht (Schicht 4 des ISO/OSI-Schichtenmodells)

Über der Internetschicht liegt die Transportschicht. Ihre Aufgabe ist es, eine Transportverbindung zwischen zwei Prozessen auf verschiedenen Rechnern zu ermöglichen. Für diese Schicht wurden zwei Protokolle als Standard definiert: das **T**ransmission **C**ontrol **P**rotocol (TCP) und das **U**ser **D**atagram **P**rotocol (UDP).

Die Anwendungsschicht (Schicht 7 des ISO/OSI-Schichtenmodells)

Die über der Transportschicht angeordnete Anwendungsschicht realisiert die Schnittstelle zum Benutzer und stellt eine ganze Reihe von anwendungsbezogenen höheren Protokollen zur Verfügung.

5.1.1 Die Internetschicht und das IP-Protokoll (IP)

Das auf der Internetschicht angesiedelte **I**nternet **P**rotocol (IP) ist verantwortlich für die Beförderung der Datenpakete von einem Host zum anderen und kann daher auch der Schicht 3 (Vermittlungsschicht, network layer) des ISO/OSI-Modells zugeordnet werden.

Die beteiligten Hosts können sich entweder im selben oder in verschiedenen, über Router verbundenen physikalischen Netzwerken befinden.

Im Gegensatz zum datenstrom- und verbindungsorientierten TCP überträgt IP die Daten mittels verbindungsloser Kommunikation in Form von Datenpaketen, die in der TCP/IP-Terminologie auch Datagramme genannt werden.

Das leistet das Internetprotokoll

IP stellt den höheren Schichten folgende Dienste zur Verfügung:

- Adressierung (IP-Addresse) der Netzknoten
- Datagramm Service
- Fragmentierung der Datenpakete
- Wahl der Übertragungsparameter

Die Daten werden in kleinen Paketen über das Netz gesendet. Im Netzwerk können die einzelnen Datenpakete, die jeweils die komplette Empfängeradresse enthalten, ihr Ziel auf ganz unterschiedlichen Wegen und innerhalb von unterschiedlichen Übertragungszeiten zurücklegen. Auf dem Weg dorthin kann es wegen unterschiedlicher Netzwerkarchitekturen vorkommen, dass Pakete wiederholt fragmentiert werden müssen.

IP bekommt die Daten von den übergeordneten Protokollschichten geliefert, die in Pakete zerteilt und mit einem IP-Header versehen werden. In diesem Header stehen alle Daten, die zum Versand der Pakete über das Internet erforderlich sind.

Das IP-Protokoll realisiert den hierzu erforderlichen einheitlichen Adressierungsmechanismus. Jeder über das Netz zugängliche Rechner muss über eine eindeutige, 32 Bit lange IP-Adresse verfügen.

Der Aufbau einer IP-Adresse

Eine IP-Adresse besteht immer aus zwei Teilen, der Netzadresse und der Rechneradresse. In der dezimalen Schreibweise besteht eine IP-Adresse aus vier, durch Punkte getrennte Oktette, wobei ein Oktett jeweils 8 Bit der 32 Bit langen Gesamtadresse entspricht. Die kleinste IP-Adresse ist 0.0.0.0 und die höchste 255.255.255.255.

Der Netzwerkanteil der IP-Adresse kennzeichnet das Netzwerk. Alle Rechner des gleichen Netzwerks haben auch den gleichen Netzwerkanteil. Die Grenze zwischen Netzwerkanteil und Host-Anteil befindet sich je nach Netzwerkklasse entweder nach dem ersten, zweiten oder dritten Oktett. Der Rechneranteil der IP-Adresse dient zur Identifikation eines bestimmten Rechners im Netzwerk.

Es werden fünf Adressklassen (Class A, B, C, D und E) unterschieden. Die Klassen D und E werden nur für Testzwecke benutzt und sind für die praktische Arbeit ohne Bedeutung.

	Klasse	1.Byte	2.Byte	3.Byte	4.Byte	Bereich
A	IP-Adresse	0-127	0-255	0-255	0-255	1.0.0.0 bis 127.0.0.0
	Netzwerke					128
	Hosts					16.777.214
	Netzwerkanteil					Hostanteil
B	IP-Adresse	128-191	0-255	0-255	0-255	128.0.0.0 bis 191.255.0.0
	Netzwerke					16.384
	Hosts					65.534
	Netzwerkanteil					Hostanteil
C	IP-Adresse	192-223	0-255	0-255	0-255	192.0.0.0 bis 223.255.255.0
	Netzwerke					2.097.152
	Hosts					256
	Netzwerkanteil					Hostanteil

Netzwerkklassen, IP-Adressen und deren Netzwerk- bzw. Rechneranteile

Da sich IP-Adressen nur schwer einprägen, wurden sowohl für die Netzwerke als auch für die darauf befindlichen Rechner symbolische Namen eingeführt. Der Namensraum ist hierarchisch strukturiert. Die Wurzel des Hierarchiebaums wird durch einen Punkt dargestellt.

Auf der nächsten Ebene befinden sich die Top Level Domains, z. B. *de* für Deutschland. Anschließend folgen, wieder durch Punkte abgetrennt, die symbolischen Namen des Netzwerks bzw. deren Subnetzwerke, im vorstehenden Beispiel ist dies *.rds*, und zum Schluss folgt auf der untersten Hierarchieebene der symbolische Rechnername, z. B. *rds586*.

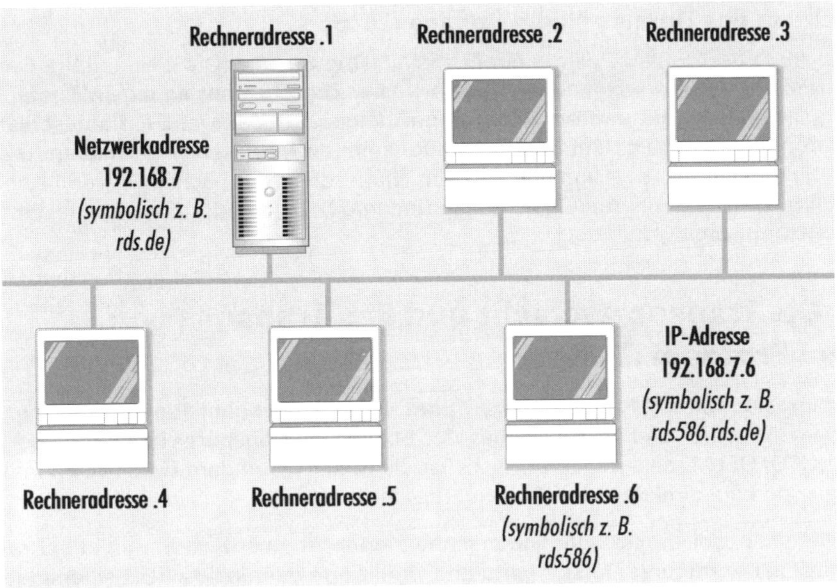

Beispiel eines Klasse C-Netzwerks in dem für Intranets reservierten Adressbereich

Die Verwaltung der Top Level Domains

Die Verwaltung der Top Level Domains wird auf Länderebene von hierfür jeweils zuständigen Organisationen wahrgenommen.

In Deutschland ist dies die DENIC eG, bei der es sich um eine eingetragene Genossenschaft handelt. Sie wurde 1997 gegründet. Die Mitglieder der DENIC eG sind **I**nternet **S**ervice **P**rovider, kurz ISP, die ihren Kunden lokale Zugänge zum Internet zur Verfügung stellen.

DENIC

http://www.denic.de

Zu den Aufgaben der DENIC eG gehören:

- Betrieb des Primary-Nameservers für die Top Level Domain *de*
- Bundesweit zentrale Vergabe von Domains unterhalb der Top Level Domain *de*
- Administration des Internets in Zusammenarbeit mit internationalen Gremien
- Bereitstellung verschiedener Datenbankdienste
- Bereitstellung verschiedener Informationen, insbesondere zu rechtlichen Fragen bei der Domain-Vergabe und -Verwaltung

Es wird zwischen geografischen und organisatorischen Top Level Domains unterschieden. Die geografischen Länderkennungen bestehen aus jeweils zwei Buchstaben, die in ISO-3166 festgelegt sind. In den USA sind darüber hinaus zusätzliche Top Level Domains für Organisationen und Institutionen im Gebrauch.

Die Funktion des Domain Name Service (DNS)

Zur Verwaltung der Domains wurde der **D**omain **N**ame **S**ervice (DNS) eingeführt. Der Domain Name Service arbeitet zonenorientiert. Eine Zone beginnt an einem Knotenpunkt im DNS-Baum und umfasst alle darunter liegenden Zweige. Ein Nameserver kann die Autorität über eine Subzone an einen weiteren Nameserver delegieren. Die Nameserver kennen die jeweilig benachbarten Nameserver der nächsthöheren beziehungsweise -tieferen Zone. Aus Sicherheitsgründen gibt es in jeder Zone mindestens zwei aktive Nameserver.

5.1.2 Die Transportschicht und das Transmission Control Protocol (TCP)

Das **T**ransmission **C**ontrol **P**rotocol (TCP) ist das verbindungsorientierte Transportprotokoll oberhalb von IP und ist als solches der Schicht 4 (Transportschicht, transport layer) des ISO/OSI-Modells zuzuordnen. Es ist als Military Standard (MIL-STD) 1778 spezifiziert und baut direkt auf dem **I**nternet **P**rotocol (IP) auf.

TCP stellt einen voll-duplex, verbindungsorientierten, sequenziellen Datenübertragungsdienst zur Verfügung. Da TCP verlorene, duplizierte oder in falscher Reihenfolge auftretende Daten entdeckt und korrigiert, wird TCP im Gegensatz zu IP auch als zuverlässiger Dienst bezeichnet.

Das leistet TCP

- Auf- und Abbau von End-zu-End-Verbindungen zwischen adressierten Anwendungen
- End-zu-End-Fehlererkennung und -behebung durch Prüfsummen
- End-zu-End-Flusskontrolle
- Sequencing
- Datenstrom-Transfer
- Datenflusssteuerung

Durch ein Programm der Anwendungsschicht wird TCP zum Herstellen einer Verbindung beauftragt. TCP erhält die Daten vom Anwenderprogramm als Datenstrom übertragen, teilt diese in maximal 64 KByte große Segmente ein und vergibt an jedes Segment einen eigenen Header.

Diese von einem TCP-Transport Protocol Port zu einem anderen beförderten, maximal 64 KByte großen Segmente sind dabei nicht mit den Datenpaketen (Datagrammen) der Internetschicht zu verwechseln. Von den Benutzerprozessen der über der Transportschicht angesiedelten Anwendungsschicht wird die Segmentstruktur der Daten als kontinuierlicher Datenstrom von Oktetten (Bytes) wahrgenommen.

Daran anschließend werden die Segmente an das **I**nternet **P**rotocol (IP) übergeben, das für die Erstellung der einzelnen Datagramme (Fragmentierung) und deren Versand zuständig ist.

Nach Ankunft der Datagramme beim Empfänger und nach dem Entfernen der Header werden diese wieder an TCP übergeben, das für die Aufarbeitung der Segmente, die Fehlerprüfung und die Übergabe in der richtigen Reihenfolge (Sequencing) als kontinuierlicher Datenstrom an ein Programm der Anwendungsschicht verantwortlich ist.

Aufbau von TCP-Verbindungen: Ports und Sockets

Das IP-Datenpaket wird mithilfe der IP-Adresse zum richtigen Empfänger geroutet und muss dort an den richtigen Anwendungsprozess übergeben werden. Mit dem Erreichen des Zielrechners wird zunächst anhand der im IP-Header ausgewiesenen Protokollnummer überprüft, an welches Transportprotokoll die Daten zu übergeben sind.

Was leisten Sockets?

- In der TCP/IP-Terminologie ist ein Socket ein aus der IP-Adresse eines Rechners und der für einen bestimmten Dienst charakteristischen Port-Nummer gebildeter Tupel der Form: *<IP-Adresse, Port>*.
- Sockets werden von einem TCP/IP unterstützenden Betriebssystem beim Aufbau der Verbindung realisiert und können von den Programmen wie beim Zugriff auf Dateien benutzt werden.
- Sockets können geöffnet und geschlossen werden.
- Von Sockets können Daten gelesen oder in sie geschrieben werden.

Die Protokollnummer 6 steht für TCP, 17 für UDP. Das Transportprotokoll muss die Daten dann an den richtigen Anwendungsprozess weiterleiten.

Dieser wird anhand der Port-Nummer, die im TCP-Segment Header steht, identifiziert. Die Kombination aus Port-Nummer und IP-Adresse heißt Socket, wobei ein kommunizierender Prozess über ein Socket-Paar eindeutig definiert wird.

Die Port-Nummern umfassen 16 Bit, sodass von einem Rechner maximal 65.535 unterschiedliche Ports realisiert sein können.

Um die Funktion von Port-Nummern besser zu verstehen, können Sie sich zum Vergleich das System des Fernsprechverkehrs bzw. eine Telefonanlage vorstellen: Die Port-Nummern entsprechen dabei den Rufnummern von Nebenstellenanlagen (Durchwahl), während die Netzadresse der Ortsvorwahl und die Host-Adresse der Rufnummer der Zentrale entspricht.

Für bestimmte, häufig benutzte Anwendungsprozesse sind feste Port-Nummern reserviert worden. So ist für WWW der Port 80, für FTP die Ports 20 und 21, für Telnet der Port 23 und für POP3 (**P**ost **O**ffice **P**rotocol) der Port 110 reserviert.

5.2 Protokolle der Anwendungsschicht

Die Anwendungsschicht bildet die Schnittstelle zum Benutzer. Sie umfasst eine ganze Reihe von höheren Protokollen. Als Standards wurden zunächst Dateitransfer (FTP), virtueller Terminal-Zugriff (Telnet) und elektronische Post (SMTP) definiert und im weiteren Entwicklungsverlauf durch weitere Protokolle (z. B. HTTP) ergänzt.

5.2.1 Austausch von Hypertext-Dokumenten mit HTTP

Das heute für die Erstellung von Webanwendungen bei weitem wichtigste Protokoll der Anwendungsschicht ist das **H**ypertext **T**ransfer **P**rotocol (HTTP).

HTTP wurde für den Austausch von Hypertext-Dokumenten entwickelt. Es gibt zwei Versionen, 1.0 und 1.1, wobei die neuere Version 1.1 inzwischen zwar von den meisten Browsern (ab Version 4) verstanden wird, allerdings noch nicht allen HTTP-Servern zur Verfügung steht.

Das HTTP-Protokoll setzt auf TCP/IP auf und regelt die Kommunikation von WWW-Server und WWW-Client. Das HTTP-Protokoll legt dabei das Format, den Inhalt und die Abfolge von Mitteilungen zwischen Client und Server fest. Da alle Mitteilungen als ASCII-Zeichenketten ausgetauscht werden, ist HTTP weitgehend plattformunabhängig.

HTTP ist ein verbindungsloses Protokoll, das bedeutet, dass Server und Client nach jedem Kommando den Prozess beenden und abhängig vom Inhalt von jeweils übermittelten Statusmeldungen im weiteren Verlauf des Kommunikationsprozesses für jedes weitere Kommando einen erneuten Prozess starten.

Die Kommunikation zwischen WWW-Client und WWW-Server erfolgt unter HTTP nach folgendem Ablaufschema: Der WWW-Client sendet eine Request-Mitteilung an den WWW-Server. Diese wird vom Server mit einer Response-Mitteilung beantwortet. Das HTTP-Protokoll regelt dabei den Aufbau dieser Mitteilungen. Grundsätzlich bestehen alle HTTP-Mitteilungen aus einer Reihe von Headern sowie, durch eine Leerzeile abgetrennt, dem eigentlichen Inhalt.

Zum Senden einer Request-Mitteilung wird eine TCP/IP-Verbindung zum WWW-Server aufgebaut. Kann der Webserver die angeforderte Seite zur Verfügung stellen, wird das Dokument über dieselbe Verbindung zurückgesendet und die Verbindung wieder geschlossen.

Die Struktur eines HTTP-Requests

Der Request besteht aus einem URL (**U**niform **R**esource **L**ocator), dem Method-Token, den Header-Informationen sowie einem Entity-Body mit den zu versendenden Daten. Der Aufbau eines Requests ist in drei Segmente unterteilt:

Segment	Beschreibung
Status-Line	enthält den Method-Token
Header	enthält die General-, Request- und Entity-Header
Entity-Body	enthält die zu übertragenden Daten

Segmente eines HTTP-Requests

Der Method-Token beschreibt die auf das Dokument anzuwendenden Methoden. Folgende Methoden sind möglich:

HTTP-Methode	Beschreibung
GET	Fordert ein durch einen URL referenziertes Dokument vom Server an.
HEAD	Veranlasst, dass nur der <HEAD>-Teil des HTML-Dokuments übertragen wird (z. B. bei Suchmaschinen).
PUT	Veranlasst eine Übertragung und Speicherung der Daten im Entity-Body unter einem angegebenem URL auf dem WWW-Server.

HTTP-Methode	Beschreibung
DELETE	Veranlasst das Löschen eines Dokuments.
POST	Reicht Informationen im Entity-Body an den Serverprozess weiter (CGI-Schnittstelle).
LINK	Stellt eine Beziehung zwischen zwei Webdokumenten her. Die Methode ist nicht genau spezifiziert und wird praktisch nicht verwendet.
UNLINK	Hebt eine mit *LINK* hergestellte Beziehung zwischen zwei Webdokumenten wieder auf. Die Methode ist nicht genau spezifiziert und wird praktisch nicht verwendet.

Zusammenstellung der HTTP-Methoden

HTTP-Requests beinhalten Header-Informationen, und zwar allgemeine Informationen (General Header) sowie weitere Informationen (Request Header und Entity Header). Die verschiedenen Header enthalten dabei die folgenden Informationen:

Header	Beschreibung
General Header	Allgemeine Informationen, z. B. Cache-Informationen (*max-age, no-cache, only-if-cached* etc.), Datum von Request und Response (inkl. Zeitzone), zwischengeschaltete Server (Forwarded-Feld).
Request Header	Informationen über Dateiformate, Zeichensätze, Sprachen (*Accept*-Felder), Angaben über Berechtigungen von Dateizugriffen (*Authorization*-Feld), Angaben für den Proxy-Cache-Server (*If-Modified-Since*-Feld) usw.
Entity Header	Informationen über die im Entity-Body übertragenen Daten, z. B. Informationen, welche Methoden auf das referenzierte Dokument angewendet werden dürfen (*Allow*-Feld), Angaben mit Informationen über Sprache, Länge, Type und Encoding der zu übertragenden Daten (*Content*-Felder), Angaben zum Änderungsdatum des Dokuments (*Last-Modified*-Feld) usw.

Header eines HTTP-Requests

Die für die Übertragung vorgesehenen Daten sind im Entity-Body enthalten. Dieser ist bei einem HTTP-Request jedoch in aller Regel leer.

Die Struktur einer HTTP-Response

Eine HTTP-Response ist ähnlich wie ein HTTP-Request aufgebaut, beinhaltet aber zusätzlich eine Status-Line und den Entity-Body, der das zu übertragende Dokument enthält.

Die Status-Line besteht bei einer HTTP-Response aus dem Statuscode und der Reason-Phrase, die eine kurze Erläuterung zum Statuscode enthält.

Die einzelnen Statuscodes und deren Bedeutung sind in einer Tabelle im Anhang zusammengestellt.

5.2.2 Weitere Protokolle der Anwendungsschicht

Dateitransfer mit FTP

FTP ist als MIL-STD 1780 spezifiziert und ermöglicht einen vom Betriebssystem unabhängigen Austausch von Dateien zwischen zwei entfernten Rechnern. FTP setzt auf TCP auf und nutzt den Port 20 für die FTP-Datenverbindung bzw. Port 21 für FTP-Steuerverbindungen. Der FTP-Client hat die Möglichkeit, zwischen verschiedenen Datenformaten zu wählen (z. B. ASCII oder Binär).

E-Mail mit SMTP, POP und IMAP

Das einfachste Protokoll für den Austausch von elektronischer Post zwischen verschiedenen Rechnern ist SMTP. Der durch das SMTP-Protokoll geregelte Austausch von E-Mails läuft dabei wie folgt ab:

Der SMTP-Client baut eine TCP-Verbindung zum Port 25 des SMTP-Servers auf und wartet auf die Reaktion des Servers. Der SMTP-Server sendet eine Textzeile, über die er sich identifiziert und mitteilt, ob er bereit ist, Post zu empfangen. Antwortet der Server nicht, wird die Verbindung vom SMTP-Client aufgelöst.

Antwortet der SMTP-Server, gibt der SMTP-Client an, von wem die Nachricht stammt und an wen sie gesendet werden soll. Falls der Empfänger existiert, gibt der Server das Signal zum Senden der E-Mail. Der Client sendet anschließend die E-Mail, was vom Server bestätigt werden muss. Nach dem Austausch der E-Mails wird die Verbindung wieder abgebaut.

Das derzeitige Standardprotokoll, mit dem E-Mail-Clients Nachrichten vom Server lesen, ist POP. Dieses Protokoll wurde bereits 1984 im Zusammenhang mit TCP/IP definiert. Aktuell ist derzeit die Version 3 (POP3).

Ein POP3-fähiger E-Mail-Client stellt die Verbindung zum POP3-Server her und löst die Übertragung der Nachrichten aus. Mit POP3 ist es möglich zu bestimmen, ob gelesene Nachrichten auf dem Server verbleiben oder nach der Übertragung gelöscht werden sollen. Die Löschung einer Nachricht ohne vorherige Übertragung ist ebenfalls möglich.

Ein erweitertes E-Mail-Protokoll, das wesentlich leistungsfähiger ist als POP3, steht in Form des IMAP-Protokolls zur Verfügung. Es wurde entwickelt, um Nachrichten nach Bedarf übertragen zu können. Unter Verwendung von IMAP kann – anders als bei POP3 – ausgewählt werden, welche Daten übertragen werden sollen. Dazu werden zunächst nur die Kopfzeilen übertragen.

Darüber hinaus können mit IMAP hierarchische Mailboxen direkt auf dem Server eingerichtet werden. Unter IMAP ist auch der Zugriff auf verschiedene Mailboxen während einer Verbindung möglich.

IMAP gestattet dem Client auch die Veränderung des Status einer Nachricht, um beispielsweise gelesene Mails als ungelesen zu markieren und umgekehrt, sowie das Speichern, Kopieren oder Löschen von Nachrichten direkt auf den Server, ohne dass diese zuvor dem Client übermittelt werden müssen. Weitere Möglichkeiten von IMAP sind Suchoptionen auf dem Server zur Selektion von Nachrichten.

Terminalsitzungen mit Telnet

Das Protokoll Telnet ist im MIL-STD 1782 spezifiziert und ermöglicht den Zugriff auf die am Netz angeschlossenen Rechner in Form einer Terminalsitzung. Hierzu wird eine TCP-Verbindung über Port 23 aufgebaut. Telnet ermöglicht den Zugriff auf die Ressourcen eines entfernten Rechners, wobei der Rechner des Clients als Terminal dient. Bei einer Telnet-Verbindung arbeitet der Client so, als wäre er direkt an den entfernten Rechner angeschlossen, dessen Rechnerleistung und dessen Programme er nutzt.

6. Die Sprachelemente von Perl praktisch einsetzen

Im vorliegenden Buch wird der Ansatz verfolgt, die Sprache Perl im praktischen Einsatz am Beispiel der Entwicklung von Webanwendungen innerhalb einer CGI-Umgebung vorzustellen. Grundlagenkenntnisse über Programmierung und Programmiertechniken werden deshalb als bekannt vorausgesetzt.

Schwerpunkte des Kapitels

- Variablen – der erste Schritt zur dynamischen Website
- Literale – statische Werte in Ihrer Anwendung
- Verknüpfen von Inhalten mit Operatoren
- Kontrollstrukturen und Bedingungen in Webanwendungen
- Arbeiten mit regulären Ausdrücken
- Schaffen Sie Übersicht in Ihrer Webanwendung: Subroutinen
- Problemlösungen mit komplexen Datenstrukturen: Referenzen
- Im Hintergrund Ihrer Anwendung: Dateien und Verzeichnisse

Obwohl Perl als relativ neue Entwicklung sehr viele Konzepte von verbreiteten, anderen klassischen Programmiersprachen wie z. B. C und Pascal übernommen hat, ist auch schon bei einer kurzen Beschäftigung mit Perl spürbar, dass die Ursprünge von Perl aus einem anderen Bereich kommen, nämlich von der Skriptprogrammierung der UNIX-Welt.

Aus diesem Grund weichen viele der mit Perl verfolgten Konzepte von dem Paradigma der klassischen Programmiersprachen ab, die vor allem Perl-Einsteigern einiges Kopfzerbrechen bereiten. Wer mit Perl programmieren will, muss daher bei manchen gewohnten Programmiertechniken umdenken.

Vor allem die Darstellung dieser Unterschiede und immer am Beispiel eines praktischen Einsatzes in einer Webserver-Umgebung ist das Anliegen dieses Buchs. Die Darstellung des kompletten Sprachumfangs von Perl und die komplette Referenz aller Perl-Funktionen kann der ausführlichen Dokumentation entnommen werden.

Diese wird zusammen mit Perl in Form der so genannten UNIX-Manpages *ausgeliefert*, die mit dem UNIX-Programm man angezeigt werden können. Mit dem Befehl

```
man perl
```

erhalten Sie einen Überblick über alle Perl-Manpages. Die Dokumentation zu Perl ist darüber hinaus auch im HTML- und PDF-Format verfügbar.

Das Onlinemanual für die Perl-Version 5 ist im Gegensatz zu früheren, eher knapp gehaltenen Versionen sehr ausführlich und übersichtlich und behandelt in einzelnen, thematisch abgeschlossenen Einheiten systematisch alle Einzelheiten der Sprache Perl.

Eine kurze Übersicht über die für Perl-Einsteiger wichtigsten Perl-Manpages gibt die nachfolgende Tabelle:

Manpage	Inhalt
perldata	Datenstrukturen von Perl
perlsyn	Syntax von Perl
perlop	Operatoren und Vorgänge
perlre	Reguläre Ausdrücke in Perl
perlrun	Aufruf von Perl aus der Kommandozeile
perlfunc	Überblick aller eingebauten Funktionen in Perl
perlvar	Vordefinierte Variablen
perlsub	Prozeduren in Perl
perlmod	Module in Perl
perlref	Zeiger in Perl
perlobj	Objekte in Perl
perlstyle	Der gute Perl-Programmierstil

Übersicht der wichtigsten Perl-Manpages

Stilfragen

An dieser Stelle sei auch ein Hinweis zum Programmierstil erlaubt. Guter Programmierstil zeichnet sich in allen Programmiersprachen durch eine einfache und effiziente Programmierweise aus. Umständliche Programmierlösungen sind meistens auch nicht effizient und deshalb schlecht. Das diesbezügliche Stilempfinden der eingefleischten Perl-Programmierer ist in diesem Punkt besonders sensibel ausgeprägt und könnte etwas ironisierend mit der folgenden Prämisse umschrieben werden: „Warum einfach und verständlich programmieren, wenn's auch noch kürzer geht".

Die Vorliebe der Perl-Programmierer, besonders kurzen und komprimierten Code zu produzieren, geht manchmal auf Kosten der Verständlichkeit und erfordert dann auch einen entsprechend höheren Dokumentationsaufwand.

In diesem Buch soll diesbezüglich ein Mittelweg gesucht werden. Ein Perl-typischer Programmierstil ist für ein Perl-Buch Pflicht. Sofern es aus didaktischer Sicht angezeigt ist, kommt nicht in jedem Fall der kürzeste Perl-Hack zur Anwendung, da die vorgeführten Beispiele ja vor allem Einsteigern in die Sprache Perl einen Zugang zu dieser leistungsfähigen Sprache vermitteln sollen.

6.1 Variablen – Der erste Schritt zur dynamischen Website

Die Erstellung von interaktiven Websites und insbesondere die CGI-Programmierung ist ohne den Einsatz von Variablen nicht denkbar und in den bisher vorgestellten Beispielen hierzu wurden Perl-Variablen der unterschiedlichsten Kategorien bereits intensiv eingesetzt und ausgewertet.

Da die Funktion von Variablen, ohne die keine Programmiersprache auskommt, bereits als hinreichend bekannt vorausgesetzt werden darf, beziehen sich die nachfolgenden Erläuterungen überwiegend auf die von anderen bekannten Programmiersprachen abweichenden Eigenschaften der Perl-Variablen.

6.1.1 Übersicht: Die Variablen-Kategorien von Perl

Perl unterscheidet drei Kategorien von Variablen: Skalare, Array und Hashes. Damit von vornherein ersichtlich wird, mit welcher Variablen-Kategorie man es zu tun hat, werden diese durch vorgestellte Kennungen oder Präfixe gekennzeichnet.

Kategorie	Kennung	Typ	Beispiel
Skalar	$	String-Variable nummerische Variable Referenz	$mystr = "Hallo Perl"; $num = 777; $ref = \$mystr;
Array	@	heterogen	@myarr = (7, "Hallo", \$num)
Hash	%	heterogen	%months (Jan => 1, Feb => 2, Mar => 3, ... Dez => 12)

Die unterschiedlichen Kategorien von Perl-Variablen

Skalare

Skalare Variablen sind die einfachsten Perl-Variablen und dienen der Speicherung eines einzigen Werts. Bei diesem Wert kann es sich um eine Zeichenkette handeln – man spricht dann von einer String-Variablen – oder um eine Zahl: Dann handelt es sich um eine nummerische Variable. Des Weiteren kann eine skalare Variable einen Verweis auf eine andere Variable enthalten, in diesem Fall handelt es sich um eine so genannte Referenz, worunter Sie sich einen Pointer in Sinne der Sprache C vorstellen können.

Arrays

Arrays sind Sammlungen von mehreren skalaren Variablen. Solche Sammlungen werden in Perl auch als Listen bezeichnet. Auf die einzelnen Elemente eines solchen Arrays kann über einen Index zugegriffen werden. Im Gegensatz zu den Arrays vieler anderer Programmiersprachen können in Perl-Arrays skalare Variablen unterschiedlichen Typs abgespeichert werden. Perl-Variablen sind also heterogen.

Hashes

Hashes sind eine besondere Form von Arrays, deren Elemente jeweils aus einem Schlüssel und einem zugehörigen Wert bestehen. Aus diesem Grund werden Hashes auch als assoziative Arrays bezeichnet. Im Gegensatz zu den Arrays, bei denen der Zugriff auf ein einzelnes Element über einen unanschaulichen Array-Index erfolgt, kann auf ein Hash-Element über den aussagekräftigen, „assoziativen" Schlüssel zugegriffen werden.

Unterschiede zu anderen Programmiersprachen

Der wichtigste Unterschied von Perl-Variablen zu Variablen anderer Programmiersprachen ist, dass diese vor ihrer Verwendung nicht deklariert werden müssen und dass keine explizite Typzuweisung erforderlich ist.

Eine Perl-Variable erhält ihren Typ durch die Zuweisung eines Werts, dessen Typ sie annimmt. Ist der einer Variablen zugewiesene Wert eine String-Konstante, z. B.

- `$var = "Hallo Perl";`

wird *$var* zu einer String-Variablen. Schon in der nächsten Skriptzeile können Sie die String-Variable *$var* mit einer weiteren Zuweisung zu einer Integervariablen machen:

- `$var =5;`

Diese Eigenschaft von Perl im Umgang mit Variablen wird als schwache Typisierung bezeichnet, im Gegensatz zu stark typisierten Programmiersprachen wie Pascal und allen von Pascal abstammenden Sprachen, in denen die Perl-typische Art des fliegenden Wechsels der Variablentypen nicht möglich wäre.

6.1.2 Aufbereitung von String-Variablen an Beispielen von einfachen CGI-Anwendungen

Formulardaten, die über die CGI-Schnittstelle mit den HTTP-Methoden *GET* oder *POST* übertragen wurden, stehen, nachdem sie aus der Standardeingabe oder aus Umgebungsvariablen eingelesen wurden, dem aufgerufenen Skript in der Regel in Form von skalaren Variablen zur Verfügung und müssen von diesem entsprechend verarbeitet werden. Hierzu werden zwei Beispiele vorgestellt.

Im ersten dieser beiden Beispiele wird gezeigt, welche Möglichkeiten der Verarbeitung für eine wichtige Gruppe von skalaren Variablen, den Strings, überhaupt zur Verfügung stehen.

In einem zweiten Beispiel wird der Einsatz einiger dieser Operationen am Beispiel einer für CGI-Anwendungen besonders typischen Problemstellung demonstriert.

Operationen mit Strings – Eine interaktive Demonstration auf einer Webseite

Strings haben in Perl verschiedene Eigenschaften, die sich von String-Variablen anderer verbreiteter Programmiersprachen unterscheiden. Die wichtigste Besonderheit ist, dass Perl-Strings Grundtypen darstellen und nicht, wie etwa in der Sprache C, als Array von Zeichen konzipiert sind. Diese Eigenschaft von Perl-Strings vereinfacht den Umgang und die Manipulation von Text erheblich, macht aber auch andere Methoden erforderlich, wenn auf ein einzelnes Zeichen eines Strings oder einen Substring zugegriffen werden soll.

Die Operationen, die mit diesem grundlegenden Perl-Datentyp möglich sind, lernen Sie am besten am konkreten Beispiel kennen. Stellen Sie sich vor, Sie hätten die Aufgabe, ein interaktives Lernprogramm über die Verwendung von String-Variablen als CGI-Anwendung für den Einsatz im Web zu erstellen.

Hierzu entwickeln Sie ein HTML-Formular, über das die wichtigsten Operationen, die mit Strings durchführbar sind, ausgewählt und getestet werden können. Die möglichen Operationen beziehen sich dabei auf einen vom Anwender einzugebenden Test-String sowie je nach Art der ausgewählten Operation auch auf weitere Parameter, die in weiteren HTML-Eingabefeldern einzugeben sind.

Die von dem HTML-Formular generierten Daten werden mit der HTML-Methode *POST* an das verarbeitende Skript übertragen. Als Übertragungsmethode könnte jedoch, ohne dass dies Einfluss auf die Funktionsweise hätte, auch die Methode *GET* verwendet werden.

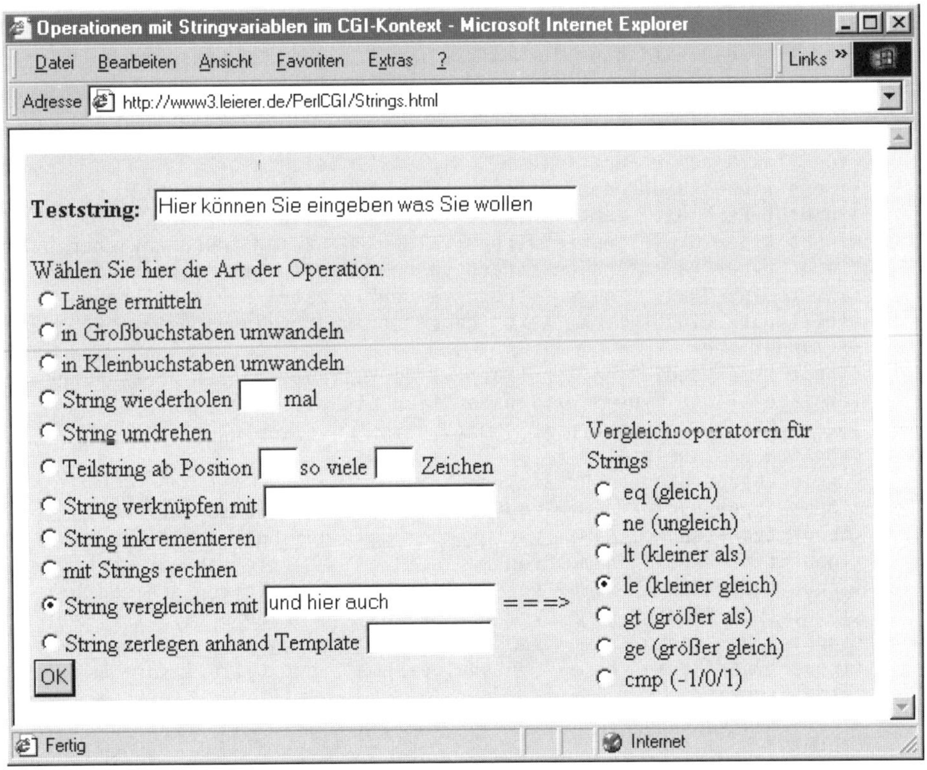

String-Operationen mit Perl: Eine interaktive Demonstration als CGI-Anwendung

Der Aufruf des verarbeitenden Perl-Skripts *stingop.pl* erfolgt im <form>-Tag der HTML-Formulardefinition unter Angabe der Methode *POST*:

```
<form action="/cgi-bin/stringop.pl" method="POST">
```

In dem Formular werden eine ganze Reihe von Optionsschaltflächen für die Auswahl der zur Verfügung stehenden Operationen und Operatoren sowie verschiedene Eingabefelder definiert. Nachfolgend der HTML-Quelltext des Formulars:

```
<html>
<head><title>Operationen mit String-Variablen im CGI-Kontext
</title></head>
<body><table border=0 bgcolor=#D0D0D0><tr><td>
<form action="/cgi-bin/stringop.pl" method="POST">
Teststring:  <input type="Text" name="teststr" value=""
size="38">
<br>Wählen Sie hier die Art der Operation:<br>
<input type="Radio" name="strop" value="1">Länge ermitteln<br>
<input type="Radio" name="strop" value="2">in Großbuchstaben
umwandeln<br>
<input type="Radio" name="strop" value="3">in Kleinbuchstaben
umwandeln<br>
<input type="Radio" name="strop" value="4">String wiederholen
<input type="Text" name="times" value="" size="2"> mal<br>
<input type="Radio" name="strop" value="5">String umdrehen<br>
<input type="Radio" name="strop" value="6">Teilstring ab Position
 <input type="Text" name="posa" value="" size="2">so viele <input
type="Text" name="anz" value="" size="2"> Zeichen<br>
<input type="Radio" name="strop" value="7">String verknüpfen mit
<input type="Text" name="stringv" value="" size="20"><br>
<input type="Radio" name="strop" value="8">String inkrementieren<br>
<input type="Radio" name="strop" value="9">mit Strings rechnen<br>
<input type="Radio" name="strop" value="10">String vergleichen
mit</input> <input type="Text" name="string2" value="" size="20"> = =
=></input><br>
<input type="Radio" name="strop" value="11">String zerlegen anhand
Template <input type="Text" name="template" value=""
size="10"><br><input type="Submit" name="" value="OK">
</td><td valign='bottom'>
Vergleichsoperatoren für Strings<br>
<input type="Radio" name="vop" value="eq"> eq (gleich)<br>
<input type="Radio" name="vop" value="ne"> ne (ungleich)<br>
<input type="Radio" name="vop" value="lt"> lt (kleiner als)<br>
<input type="Radio" name="vop" value="le"> le (kleiner gleich)<br>
<input type="Radio" name="vop" value="gt"> gt (größer als)<br>
<input type="Radio" name="vop" value="ge"> ge (größer gleich)<br>
<input type="Radio" name="vop" value="cmp"> cmp (-1/0/1)<br>
</td></form>
</tr></table></body>
</html>
```

In dem vom vorstehend beschriebenen HTML-Formular aufgerufenen Perl-Skript müssen die übertragenen Daten, je nach der verwendeten Übertragungsmethode *GET* oder *POST*, entweder aus der Umgebungsvariablen *QUERY_STRING* (bei *GET*) oder aus der Standardeingabe (bei *POST*) ausgelesen und dekodiert werden.

Diese Aufgabe übernimmt die Subroutine *parse_cgi()*, die von dem Modul *my_cgi_lib* zur Verfügung gestellt wird. Dieses Modul und die Subroutine kennen Sie bereits aus Kapitel 4.4 (siehe S. 62).

Auf die von den einzelnen Formularelementen übertragenen Daten kann dann über den in der Subroutine *parse_cgi()* definierten Hash *%form_dat* in der folgenden Form zugegriffen werden:

```
$var = $form_dat{"HTML-Elementname"};
```

wobei *HTML-Elementname* für den in dem HTML-Formular mit *name=".."* definierten Namen des jeweiligen HTML-Elements steht, dessen Daten dekodiert werden sollen. Die dekodierten Daten werden anschließend skalaren Variablen zugewiesen. Im Beispiel enthält dann die Variable *$teststring* den übertragenen Test-String und die Variable *$strop* die Optionsnummer der ausgewählten String-Operation.

```
#!C:\PERL\bin\perl.exe
# stringop.pl    String-Operationen
use strict;
use my_cgi_lib qw(parse_cgi);
my %form_dat;
print "Content-type: text/html\n\n";
%form_dat=parse_cgi;
my $teststr = $form_dat{"teststr"};
my $strop = $form_dat{"strop"};
```

Im Anschluss werden eine Reihe von bedingten Verzweigungen mit *if* der Form

```
if (Bedingung) { Anweisungen }
```

abgearbeitet, wobei in der jeweiligen Bedingung der Wert der Variablen *$strop* ausgewertet wird. Dieser Wert entspricht demjenigen, der im HTML-Formular mit dem *value*-Attribut für die jeweilige Optionsschaltfläche festgelegt wurde. Der jeweilige Anweisungsblock enthält dann den Perl-Code, mit dem verschiedene String-Operationen getestet werden sollen.

Länge eines Strings

Die Länge eines Strings kann in Perl ganz einfach mit der Funktion *length()* bestimmt werden. Diese Länge entspricht der im String enthaltenen Zeichen.

```
if ($strop==1) {  # Länge eines String bestimmen
 my $len=length $teststr;
 print "$teststr ist $len Zeichen lang";
}
```

Um das Ergebnis dieser String-Operation, das der Variablen *$len* zugewiesen wurde, anzuzeigen, wird mit der Funktion *print()* ein doppelt gequoteter String, der neben anderen Zeichen *(ist ... lang)* die Variablen *$teststr* und *$len* enthält, auf die Standardausgabe, d. h. im CGI-Kontext im Browser, ausgegeben.

Exkurs: Interpolation von Variablen und Sonderzeichen in Strings und Quoting von Strings

Innerhalb von doppelt gequoteten Strings wertet Perl den Inhalt von eingeschlossenen Variablen und Sonderzeichen aus. Perl „interpoliert" die Variablen und Sonderzeichen, eine häufige, wenn auch nicht ganz glücklich gewählte Bezeichnung. Setzen Sie einmal probehalber die Variable *$len* zwischen einfache Quote-Zeichen:

```
print "$teststr ist", ' $len Zeichen lang';
```

Als Ergebnis wird nicht mehr der Inhalt der Variablen *$len* ausgegeben, sondern die Zeichenfolge *$len*.

Als Beispiel für die Interpolation von Sonderzeichen können Sie in den doppelt gequoteten Ausgabe-String verschiedene HTML-Tags einfügen, z. B.:

```
print "<b><u>$teststr ist $len Zeichen lang</u></b>";
```

Die einzelnen HTML-Tags werden dann richtig ausgewertet, d. h., der Ausgabe-String erscheint im Browser fett und unterstrichen.

Soll in einem einfach oder doppelt gequoteten String das Quoting-Zeichen selbst dargestellt werden, muss dieses durch das Backslash-Zeichen (\) entwertet werden, z. B.:

```
print "$teststr ist $len \"Zeichen\" lang";
```

Was im Beispiel die folgende Anzeige erzeugt:

```
Hallo ist 5 "Zeichen" lang
```

Ohne das Entwerten der Quoting-Zeichen durch den Backslash hätte der Perl-Interpreter die folgende Fehlermeldung ausgegeben, da die *print*-Anweisung dann syntaktisch nicht mehr korrekt gewesen wäre:

```
[Sat Jun 24 16:49:49 2000] [error] [client 192.168.7.48] String found where operator
expected at d:/apache/cgi-bin/stringop.pl line 12, near "Zeichen" lang""
[Sat Jun 24 16:49:49 2000] [error] [client 192.168.7.48] Execution of d:/apache/cgi-
bin/stringop.pl aborted due to compilation errors.
```

Ausgabe Fehlermeldung

Im CGI-Kontext wäre diese Fehlermeldung allerdings in die Datei *error_log* des Webservers geschrieben worden und der Browser des Webclients hätte die folgende, viel weniger informative Meldung angezeigt.

Um eine nähere Beschreibung des aufgetretenen Fehlers zu erlangen, müssen Sie also die Datei *error_log* öffnen. Beim Apache-Webserver befindet sich diese auf UNIX-Systemen standardmäßig im Verzeichnis */usr/local/apache/logs*.

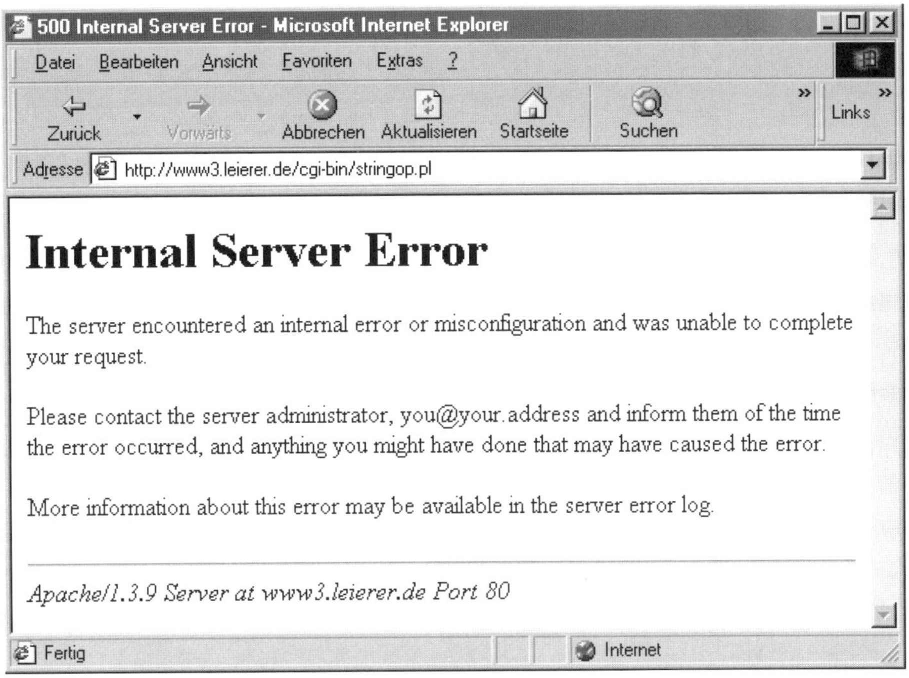

Anzeige des Server Errors 500 bei Fehlern im CGI-Skript

String in Groß- bzw. in Kleinbuchstaben umwandeln

Nach diesem Exkurs wollen wir den angefangenen Thread wieder aufgreifen und uns den weiteren String-Operationen der Demoanwendung zuwenden.

Mithilfe der Funktionen *uc()* und *lc()* können die Zeichen eines Strings auf einfache Weise in Groß- bzw. in Kleinbuchstaben umgewandelt werden. Soll nur das jeweils erste Zeichen eines Strings umgewandelt werden, müssen Sie die Funktionen *ucfirst()* und *lcfirst()* verwenden.

```
if ($strop==2) {  # in Großbuchstaben umwandeln
  print uc($teststr);
}
if ($strop==3) { # in Kleinbuchstaben umwandeln
  print lc($teststr);
}
```

Strings wiederholen

Mithilfe des *x*-Operators kann Perl einen String beliebig oft wiederholen. Dies zeigt der folgende Codeausschnitt der Demoanwendung. Der *x*-Operator erzeugt aus einem String und einer hinter dem Operator angegebenen Zahl *n* einen neuen String, der den Ausgangs-String genau *n*-mal enthält. Im Beispiel ist die gewünschte Zahl der Wiederholungen in der Variablen *$times* enthalten, deren Wert in der nun schon bekannten Art über die CGI-Schnittstelle aus dem HTML-Formular importiert wurde.

```
if ($strop==4) { # String vervielfältigen
  my $times= $form_dat{"times"};
  print $teststr x $times;
}
```

String umdrehen

Mithilfe der Funktion *reverse()* können Sie im skalaren Kontext auf einfache Weise die Umkehrung eines Strings erzeugen. Skalarer Kontext bedeutet, dass das Ergebnis einer Operation einer skalaren Variablen zugewiesen wird.

Wird das Ergebnis einer Operation dagegen einem Array, einem Hash oder einer Liste zugewiesen, handelt es sich um einen Listenkontext. Perl-Funktionen verhalten sich u. U. je nach Ausführungskontext unterschiedlich. Werden der Funktion *reverse()* in einer Liste mehrere Strings übergeben und das Ergebnis einem Array zugewiesen, wird die Funktion im Listenkontext verwendet und als Ergebnis werden nicht die Umkehrungen der einzelnen Strings erzeugt, sondern die Reihenfolge der Strings innerhalb der Liste wird invertiert.

Im nachstehenden Codeausschnitt aus unserer CGI-Demoanwendung wird die Funktion *reverse()* im skalaren Kontext aufgerufen:

```
if ($strop==5) { # String umdrehen
  my $rev= reverse($teststr);
  print $rev;
}
```

Ermitteln von Teil-Strings

Wie eingangs schon erwähnt, behandelt Perl Strings als grundständige Datentypen, sodass im Unterschied zur Sprache C auf die einzelnen Zeichen nicht über Array-Indizes zugegriffen werden kann. Das Separieren einzelner Zeichen aus einem Perl-String erfolgt über die Funktion *substr()*.

Der Funktion werden drei Argumente übergeben. Das erste Argument ist der Ausgangs-String, aus dem ein Teil-String separiert werden soll. Das zweite Argument ist die Position des ersten Zeichens des Substrings in Bezug auf den Ausgangs-String. Das dritte Argument ist die Anzahl der Zeichen, die der Substring enthalten soll.

```
if ($strop==6) { # Teilstring ermitteln
  my $posa = $form_dat{"posa"};
  my $anz = $form_dat{"anz"};
  print substr($teststr, $posa, $anz);
}
```

Strings verknüpfen

Eine insbesondere für die Generierung von dynamischen Webseiten wichtige String-Operation ist das Verknüpfen von Strings. Perl hält für diesen Zweck einen eigenen Operator, den Konkatenationsoperator . bereit.

Für Umsteiger von anderen Programmiersprachen ist wichtig, zum Verknüpfen von String-Variablen ausschließlich den dafür vorgesehenen Konkatenationsoperator . zu verwenden und nicht etwa das +-Zeichen. Durch die Verwendung des +-Zeichens wird in Perl automatisch ein nummerischer Kontext erzeugt, was zur Folge hat, dass die beteiligten String-Variablen in Zahlen mit dem Wert 0 umgewandelt werden und als Ergebnis die Zahl 0 ermittelt wird.

Im folgenden Codeausschnitt aus der Demoanwendung wird der Test-String *$teststr* mithilfe dieses Operators mit einem weiteren String *$stringv* verknüpft.

```
if ($strop==7) { # Strings verknüpfen
  my $stringv = $form_dat{"stringv"};
  print $teststr.$stringv;
}
```

Ersetzen Sie probehalber den Konkatenationsoperator . durch das +-Zeichen. Perl wird dann beide String-Variablen als Zahlen interpretieren und das Resultat dieser Operation ist ganz entgegen Ihrer Absicht 0.

Der Konkatenationsoperator kann auch mit dem Zuweisungsoperator = kombiniert werden. Durch die folgende kombinierte Zuweisung:

```
$teststr .= $stringv;
```

wird die String-Variable *$teststr* mit der Variablen *$stringv* verknüpft und das Ergebnis wird der Variablen *$teststr* zugewiesen.

Strings inkrementieren

Eine Besonderheit von Perl ist, dass der aus C bekannte Inkrementierungsoperator ++ auch auf Strings angewendet werden kann. Im Beispielcode wird ++ als Präinkrementoperator auf die String-Variable *$teststr* angewendet und anschließend auf die Standardausgabe ausgegeben. Innerhalb einer *for*-Schleife erfolgt dies genau fünfmal.

```
if ($strop==8) { # Strings inkrementieren
  for (my $i=0; $i<5; $i++) {
     print ++$teststr,"<br>";
  }
}
```

Das Beispiel erzeugt mit einem Test-String *$teststr="xxxx"* die folgende Ausgabe:

```
xxxy
xxxz
xxya
xxyb
xxyc
```

Ausgabe Teststring

Hierbei wurde das letzte Zeichen des Strings jeweils „alphabetisch" um ein Zeichen „erhöht". Nach dem Überschreiten der *z*-Grenze werden die Zeichen auf der zweitletzten Stelle des Strings ebenfalls um ein Zeichen erhöht und auf der letzten Stelle des Strings wird mit *a* fortgefahren. Eine entsprechende Dekrementierung von Strings mit dem Operator – funktioniert, wie Sie leicht selbst ausprobieren können, nicht.

Mit Strings rechnen

Der nächste Codeausschnitt aus der Demoanwendung zeigt, wie mit Strings unter Verwendung der Funktion *eval()* gerechnet werden kann.

```
if ($strop==9) {  # mit Strings rechnen
  my $erg= eval $teststr;
  print $teststr," ist ",$erg;
}
```

Der im Eingabefeld eingegebene String, der anschließend der Funktion *eval()* als Argument übergeben wird, muss syntaktisch korrekten Perl-Code enthalten, z. B.: *(100+200)/6*. Als Ergebnis wird dann der folgende String ausgegeben: *(100+200)/6 ist 50*.

Strings vergleichen

Im Unterschied zur Sprache C verwendet Perl für den Vergleich von Strings andere Operatoren als für den Vergleich von Zahlen. Perl kennt insgesamt sieben String-Vergleichsoperatoren. Während der Vergleichsoperator = = in der ersten Zeile des nachfolgenden Beispielcodes der Überprüfung der Gleichheit von nummerischen Variablen dient - ein beliebter Fehler von Umsteigern von Basic-ähnlichen Sprachen ist, hierzu fälschlicherweise den Zuweisungsoperator = zu verwenden –, muss in Perl für die Überprüfung der Gleichheit zweier Strings der Operator *eq* verwendet werden. Dies erfolgt im Beispielcode ab der sechsten Zeile und mit den übrigen String-Vergleichsoperatoren in den darauf folgenden Zeilen:

```
if ($strop==10) { # Strings vergleichen
 use locale;            # Berücksichtigt auch Umlaute
 my $vop = $form_dat{"vop"};
  my $string2 = $form_dat{"string2"};
  my $msg1="Bedingung ($vop) trifft zu";
  if ($vop eq "eq" && $teststr eq $string2) {print $msg1;}
  elsif ($vop eq "ne" && $teststr ne $string2) {print $msg1;}
  elsif ($vop eq "lt" && $teststr lt $string2) {print $msg1;}
  elsif ($vop eq "le" && $teststr le $string2) {print $msg1;}
  elsif ($vop eq "gt" && $teststr gt $string2) {print $msg1;}
  elsif ($vop eq "ge" && $teststr ge $string2) {print $msg1;}
  elsif ($vop eq "cmp") {print $teststr cmp $string2;}
  else {print "Bedingung ($vop) trifft nicht zu";}
}
```

Ähnlich wie bei der Verwendung des Plusoperators + im falschen Anwendungskontext (vgl. Abschnitt „Strings verknüpfen") würde die Verwendung der nummerischen Vergleichsoperatoren *(= =, !=, <, >, <=, >=, <=>)* im String-Kontext automatisch zu einer Umwandlung der Strings in Zahlen und in Folge davon zu unerwarteten Ergebnissen führen.

Der String-Vergleich erfolgt auf der Grundlage der ASCII-Zeichentabelle, d. h., Ziffern rangieren vor Großbuchstaben, Großbuchstaben vor Kleinbuchstaben. Ein Problem ist hierbei die Einordnung der deutschen Umlaute. Ohne weitere Maßnahmen werden diese zusammen mit anderen europäischen Sonderzeichen hinter allen anderen ASCII-

Zeichen eingeordnet. Um eine korrekte Einordnung der Umlaute zu erzwingen, muss – wie in der zweiten Zeile des vorstehenden Codeausschnitts – das Pragma *use locale* verwendet werden.

Um dieses Verhalten auszutesten, können Sie z. B. in der Testanwendung als Test-String das Zeichen *ä* und als Vergleichs-String das Zeichen *b* eingeben.

Der String-Vergleich mit eingeschaltetem Pragma *use locale* ergibt zusammen mit dem Vergleichsoperator *lt* richtigerweise: *Bedingung (lt) trifft zu.* Schalten Sie einmal zur Probe durch Auskommentieren das Pragma *use locale* aus und führen Sie den gleichen String-Vergleich aus.

Operator	Bedeutung	Beispiel
eq	gleich	*$str1 eq $str2*
ne	ungleich	*$str1 ne $str2*
lt	lexikografisch kleiner als	*$str1 lt $str2*
le	lexikografisch kleiner oder gleich	*$str1 le $str2*
gt	lexikografisch größer als	*$str1 gt $str2*
ge	lexikografisch größer oder gleich	*$str1 ge $str2*
cmp	gibt -1, 0 oder 1 zurück, je nachdem, ob *$str1* <, = oder > *$str2* ist	*$erg= $str1 cmp $str2*

Die String-Vergleichsoperatoren von Perl

Strings zerlegen

Eine häufig benötigte String-Operation ist das Zerlegen eines Strings unter Verwendung eines angegebenen Template-Strings. Hierzu wird in Perl die Funktion *unpack()* verwendet. Die Anwendung dieser Funktion demonstriert der letzte Codeabschnitt der hier vorgestellten CGI-Anwendung:

```
 if ($strop==11) {     # Strings zerlegen mit unpack()
  my $template = $form_dat{"template"};
  my @parts= unpack($template,$teststr);
  foreach $_ (@parts) {
     print "$_<br>";
  }
}
```

Die Funktion *unpack()* erwartet als erstes Argument einen so genannten Template-String, der festlegt, wie ein als zweites Argument zu übergebender String zerlegt wird. Die durch die Aufteilung entstandenen Strings werden in einer Liste zurückgegeben. Im Beispielcode wird diese Liste dem Array *@parts* zugewiesen. Innerhalb einer *foreach*-Schleife werden die in diesem Array enthaltenen Zerlegungsprodukte anschließend an die Standardausgabe ausgegeben.

Für jeden gewünschten Teil-String ist im Template-String ein Muster anzugeben, das aus einem Template für das Zeichenformat und der Anzahl der gewünschten Zeichen besteht. Der Template-String *"a5, a3, a2, a*"* würde z. B. einen Ausgangs-String in vier Teile mit fünf Zeichen, drei Zeichen, zwei Zeichen und allen restlichen Zeichen zerlegen.

Praxisbeispiel: Aufbereitung einer skalaren Variablen in einer CGI-Anwendung

Das nächste Beispiel für die Verarbeitung von skalaren Variablen in einer CGI-Anwendung beruht auf der folgenden Problemstellung:

Im Zusammenhang mit einer E-Commerce-Lösung sollte eine weitgehend formatfreie Eingabe von Bestelldaten in einem HTML-Editierfeld ermöglicht werden. Insbesondere sollten die Daten aus unterschiedlich formatierten Listen block- oder zeilenweise mit beliebigen Zwischenräumen und Leerzeilen per *Copy* und *Paste* in das Editierfeld übertragen werden können, wobei lediglich die Reihenfolge der einzelnen, mindestens durch ein Leerzeichen getrennten Felder eines Bestelldatensatzes einzuhalten sein sollte.

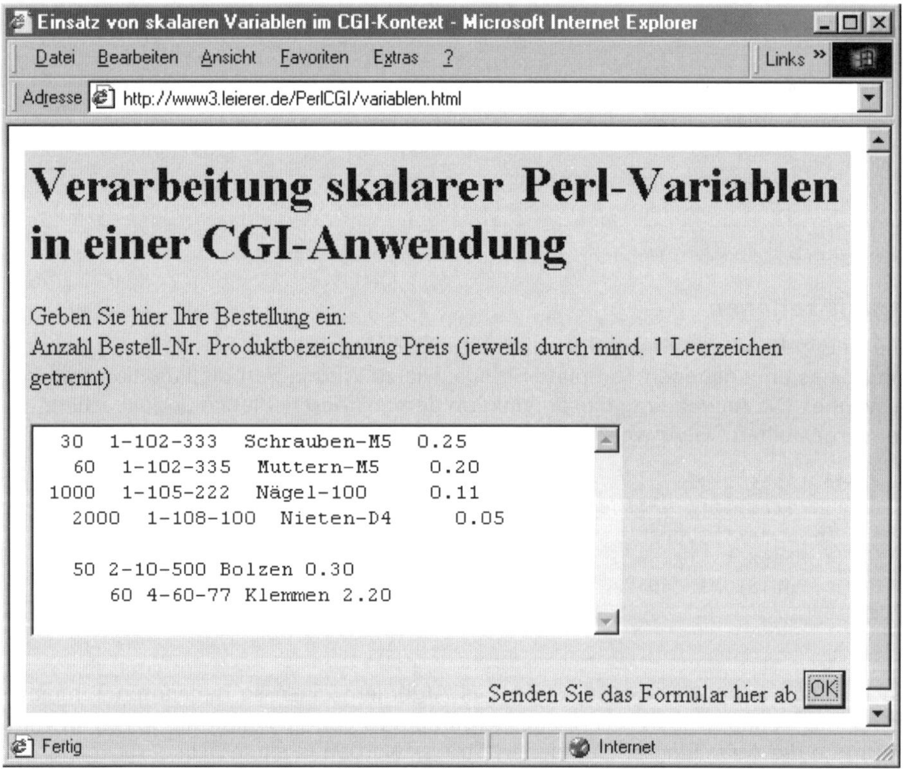

Formatfreie Eingabe von Daten in ein HTML-Editierfeld

Die Daten des HTML-Textfelds sollten dann von einem CGI-Skript weiterverarbeitet werden. Diese stehen dem verarbeitenden Skript nach der Übertragung über die CGI-Schnittstelle in Form einer einzigen String-Variablen zur Verfügung.

Bevor mit diesen Daten weitergearbeitet werden kann, muss eine entsprechende Aufbereitung der String-Variablen erfolgen, wobei einige der im vorherigen Abschnitt beschriebenen String-Operationen zum Einsatz kommen.

Das zugehörige HTML-Formular, das im Wesentlichen aus der Definition des Editierfelds besteht, weist keine Besonderheiten auf. Die Daten werden mit der Methode *POST* an das verarbeitende Skript *skalar.pl* übertragen.

```
<html>
<head><title>Einsatz von skalaren Variablen im CGI-Kontext
            </title></head>
<body text="#000000" bgcolor="#FFFFFF" link="#FF0000" alink="#FF0000"
      vlink="#FF0000">
<h1>Verarbeitung Perl-Variablen in einer Webanwendung</h1>
<form action="/cgi-bin/skalar.pl" method="POST" target="">
<p>Geben Sie hier Ihre Bestellung ein:<br>
<textarea name="input" cols="35" rows="6"></textarea>
<br><br>Senden Sie das Formular hier ab <input type="Submit"
        name="" value="OK">
</form></body>
</html>
```

Da die übertragenen Daten Client-seitig in ein einziges HTML-Editierfeld eingegeben wurden, stehen diese im verarbeitenden Skript nach dem Auslesen aus der Standardeingabe und dem Dekodieren als Inhalt einer einzigen skalaren Variablen zur Verfügung.

Das Problem besteht nun darin, den in dieser skalaren Variablen gespeicherten String so zu zerlegen und weiteren Skalaren zuzuweisen, dass eine Weiterverarbeitung der Daten, z. B. die Berechnung der Auftragssumme oder das Abspeichern der Daten in einer Datenbank, möglich wird.

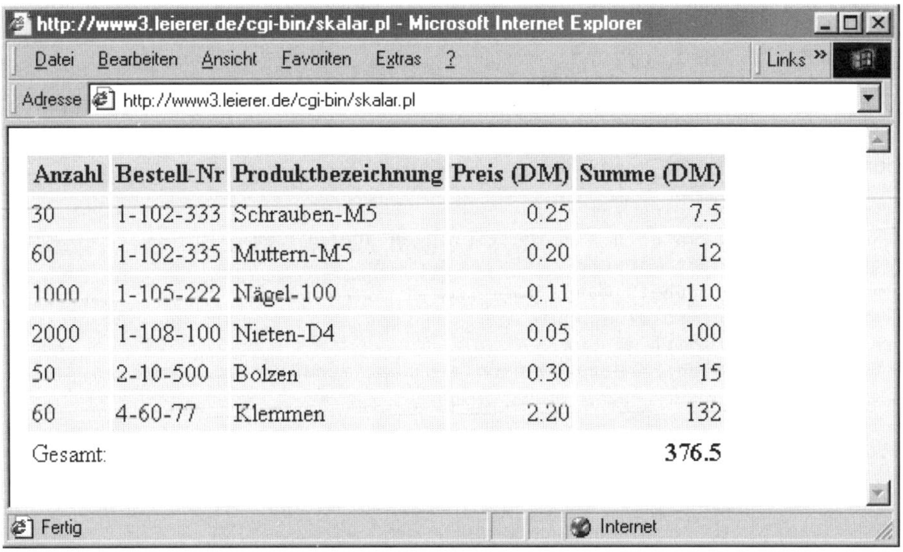

Anzahl	Bestell-Nr	Produktbezeichnung	Preis (DM)	Summe (DM)
30	1-102-333	Schrauben-M5	0.25	7.5
60	1-102-335	Muttern-M5	0.20	12
1000	1-105-222	Nägel-100	0.11	110
2000	1-108-100	Nieten-D4	0.05	100
50	2-10-500	Bolzen	0.30	15
60	4-60-77	Klemmen	2.20	132
Gesamt:				**376.5**

Übernahme der Daten durch ein CGI-Skript, Zuweisung an skalare Variablen und tabellarische Ausgabe

Im Beispielskript soll die Gesamtsumme der Bestellung ermittelt werden und eine formatierte, tabellarische Ausgabe erfolgen. Das Einlesen und Dekodieren der über die CGI-Schnittstelle übertragenen Daten erfolgt wieder mit der Subroutine *parse_cgi()*, die von dem Modul *my_cgi_lib* zur Verfügung gestellt wird.

Anschließend werden die dekodierten Daten der skalaren Variablen *$in* zugewiesen. Die Aufgabenstellung besteht nun darin, den in *$in* enthaltenen String in einzelne Teil-Strings unterschiedlicher Länge zu zerlegen, wobei als Trennzeichen ein oder beliebig viele Leerzeichen herangezogen werden.

Zur Lösung dieser Aufgabenstellung kann die Perl-Funktion *split()* verwendet werden. Diese Funktion zerlegt einen String entsprechend einem vorgegebenen Muster für einen Feldtrenner in Felder unterschiedlicher Länge und gibt diese in Form einer Liste zurück.

Die Funktion *split()* erwartet als erstes Argument ein Muster, das den zu verwendenden Feldtrenner beschreibt. Das zweite von *split()* benötigte Argument ist der zu zerlegende String. Mit einem dritten, optionalen Argument kann eine maximale Anzahl von zurückzugebenden Feldern angegeben werden (ein u. U. auftretender, nicht aufgeteilter Rest wird dann mit dem letzten Feld zurückgegeben).

Im vorliegenden Beispiel sollen als Feldtrenner *Whitespaces*, d. h. Leerzeichen, Tabs oder Newline-Zeichen fungieren. In diesem Fall kann die Funktion *split()* in der folgenden Spezialform aufgerufen werden:

```
@input= split(" ",$in);
```

wobei *@input* ein Array ist, dem die von *split()* erzeugte Liste zugewiesen wird.

Anmerkung: Normalerweise erwartet *split()* einen korrekten regulären Ausdruck als erstes Argument, z. B. in der Form */\s+/* für beliebig viele Zeichen der Klasse *Whitespaces*. In der im Beispiel verwendeten Spezialform verhält sich *split()* wie mit dem Muster */\s+/*, ignoriert aber im Gegensatz dazu führende *Whitespaces*, was für die Aufgabenstellung erforderlich ist. (Näheres zu den regulären Ausdrücken erfahren Sie in Kapitel 6.5.1, siehe S. 162.)

Anschließend müssen die im Array *@input* enthaltenen Teil-Strings an die skalaren Variablen *$anz, $pr_code, $product* und *$price* übertragen werden. Dies erfolgt mithilfe einer *while*-Schleife:

```
while (scalar @input){
  #Array-Elemente in skalare Variablen übertragen
  my $anz=shift @input;
  my $pr_code=shift @input;
  my $product=shift @input;
  my $price=shift @input;
  ... verschiedene Berechnungen mit den extrahierten Variablen
}
```

Mit dem folgenden Ausdruck in der Abbruchbedingung der *while*-Schleife

```
while (scalar @input)  {
```

wird die Anzahl der Elemente im Array *@input* ermittelt, und solange wie Array-Elemente vorhanden sind, wird mit der Funktion *shift()* das jeweils erste Array-Element aus dem Array entfernt und einer skalaren Variablen zugewiesen.

Einzelheiten über diese und andere Techniken für den Umgang mit Arrays erfahren Sie im nächsten Kapitel. Kontrollstrukturen, wie die hier verwendete *while*-Schleife werden in Kapitel 6.4 (siehe S. 153) ausführlich beschrieben.

Anschließend können dann mit den erzeugten skalaren Variablen die benötigten Berechnungen, z. B. die Ermittlung der Auftragsumme, durchgeführt und die erforderliche tabellarische Ausgabe generiert werden. Es folgt das Skript im Zusammenhang:

```
#!C:\PERL\bin\perl.exe
# scalar.pl   Auswertung von skalaren Variablen
use strict;
use my_cgi_lib qw(parse_cgi);
my (@input,$in,$total);
my %form_dat;
print "Content-type: text/html\n\n";
#CGI-Eingabedaten parsen und an String-Variable $in übergeben
%form_dat=parse_cgi;
$in = $form_dat{"input"};
# Eingabe-String zerlegen und Teil-Strings in Array einlesen
@input= split(" ",$in);
print "<table border=0 cellpadding='2' cellspacing='2'>";
#Tabellenkopf ausgeben
print "<tr bgcolor=#D0D0D0><th>Anzahl</th><th>Bestell-Nr</th>
       <th>Produktbezeichnung</th><th>Preis (DM)</th>  <th><div
       align='right'>Summe (DM)</div></th></tr>";
while (scalar @input){
  #Array-Elemente in skalare Variablen übertragen
  my $anz=shift @input;
  my $pr_code=shift @input;
  my $product=shift @input;
  my $price=shift @input;
  # Zeilensumme berechnen
  my $ges=$anz*$price;
  # Gesamtsumme berechnen
  $total += $ges;
  #Ausgabe der einzelnen skalaren Variablen im Tabellenbody
  print "<tr bgcolor=#E0E0E0><td>$anz</td><td>$pr_code</td>
         <td>$product</td><td><div align='right'>$price</div></td>
         <td><div align='right'>$ges</div></td></tr>";
}
#Gesamtsumme ausgeben
print "<tr><td>Gesamt:</td><td></td><td></td><td></td><td><div
align='right'><b>$total</b></div></td></tr>";
print "</table>";
```

6.1.3 Arrays – Container für Listen am Beispiel einer Webschnittstelle zu einer Kundendatei

In den vorausgegangenen Beispielen wurden bereits mehrfach Arrays eingesetzt. Dies liegt daran, dass es sich bei Arrays um eine Datenstruktur von so grundlegender Bedeutung handelt, dass kaum eine Programmierlösung ohne die Verwendung von Arrays auskommt. Im folgenden Abschnitt wird zunächst das Array-Konzept von Perl erläutert und die wichtigsten Unterschiede zu Arrays anderer Programmiersprachen werden aufgezeigt.

Im Anschluss daran werden dann an einem zusammenhängenden Beispiel einer Webschnittstelle zu einer Kundendatenbank die wichtigsten Techniken im Umgang mit Perl-Arrays vorgeführt.

Was sind Listen und Arrays

In Perl werden Arrays über den Begriff der Liste definiert: Arrays sind Variablen, die Listen speichern. Zur Kennzeichnung dieser speziellen Art von Variablen wird das Präfix @ verwendet, z. B.:

- `@arr`

Und was sind Listen? Listen sind geordnete Folgen von skalaren Werten. Der folgende, aus fünf Elementen bestehende Ausdruck ist eine Liste:

- `($str, "Hallo Liste", 5, $num, \@arr)`

Alle Elemente dieser Liste sind skalare Werte: String-Variablen, String-Konstanten, nummerische Konstanten, nummerische Variablen und Referenzen. Eine Liste kann einer Array-Variablen zugewiesen werden:

- `@arr = ($str, "Hallo Liste", 5, $num, \@arr);`

Auf ein einzelnes Element eines solchen Arrays kann über den Array-Index zugegriffen werden, wobei die Indizes bei Perl-Arrays mit 0 beginnen:

- `$elem= @arr[2]          # enthält "Hallo Liste"`

Mit dieser knappen Definition ist zum einen die Frage nach dem Unterschied zwischen Listen und Arrays beantwortet, zum anderen geht daraus ein wichtiger Unterschied zu Arrays anderer Programmiersprachen hervor:

Während in vielen anderen Programmiersprachen, z. B. Pascal, Arrays Sammlungen von Variablen des gleichen Datentyps, z. B. *ARRAY OF INTEGER* sind, ist das in Perl nicht erforderlich. Perl-Listen und Arrays können heterogen sein.

Hierbei gilt jedoch die schon aus der vorstehenden Definition hervorgehende Einschränkung, dass es sich bei den Elementen von Listen und Arrays um skalare Werte handeln muss.

Wird wie im folgenden Beispiel einer Liste als Element ein Array, also ein nicht skalarer Wert, zugewiesen, hat dies lediglich zur Folge, dass die Ausgangsliste um die Elemente des eingefügten Arrays erweitert wird. Hierzu das folgende Beispiel:

- `@arr2=("x","y","z");`
- `@arr1=("a","b","c","d",@arr2);`
- `print @arr1;`

Ausgabe:

```
abcdxyz
```

Ein Array von Arrays ist in Perl auf direktem Weg nicht und indirekt nur über den Umweg von Referenzen auf Arrays möglich. Referenzen können in Listen gespeichert werden, da diese, wie Sie bereits wissen, skalare Werte sind.

Ein Array mit Löchern

Ein weiterer wichtiger Unterschied zu Arrays anderer Programmiersprachen besteht darin, dass in einem Perl-Array nicht alle Elemente durchgängig definiert sein müssen: Ein Perl-Array kann Löcher enthalten. Ein Array mit Löchern erzeugen Sie z. B. durch die folgende Anweisung:

```
@arr = (1, 2, 3, undef, undef, 6, 7);
```

Im nachfolgenden Skript werden die Elemente eines derartigen mit „Löchern" versehenen Arrays ausgegeben. Wie Sie an der Ausgabe des Skripts sehen, werden die Stellen im Array, die undefinierte Werte enthalten, freigehalten. Weder die Array-Indizes noch die darauf folgenden definierten Array-Elemente rücken auf die undefinierten Plätze nach. Das Beispiel-Array enthält sieben Elemente, wovon zwei undefiniert sind.

```
#!C:\PERL\bin\perl.exe
# array1.pl  Array mit Löchern
print "Content-type: text/html\n\n";
@arr = (1, 2, 3,undef, undef, 6, 7);
$anz=@arr;
print "Anzahl der Array-Elemente: $anz<br>";
foreach (@arr) {
  print "<br>$_";
  print "Element nicht definiert" unless defined $_;
}
```

Das Beispiel erzeugt die folgende Ausgabe:

```
Anzahl der Array-Elemente: 7
1
2
3
Element nicht definiert
Element nicht definiert
6
7
```

Ausgabe Anzahl der Array-Elemente

Übersicht über die wichtigsten Techniken bei der Arbeit mit Perl-Arrays

Die Standardaufgaben, die sich bei der praktischen Arbeit mit Arrays stellen, sind der Zugriff auf einzelne Array-Elemente, auf Teillisten innerhalb des Arrays sowie das Hinzufügen oder Wegnehmen von Elementen am Anfang und am Ende des Arrays.

Darüber hinaus ist die Information erforderlich, wie viele Elemente ein Array enthält und wie der höchste Array-Index lautet. In der nachfolgenden Tabelle sind die in Perl zur Lösung dieser Probleme zu verwendenden Funktionen und Techniken zusammengestellt. In den daran anschließenden Abschnitten werden diese im Einzelnen erläutert.

Problem	Lösung
Zuweisung einer Liste an eine Array-Variable	*@arr= ($a, $b, $c);*
Zuweisen von Array-Elementen an eine Liste	*($a, $b, $c) = @arr;*
Vertauschen von *$a* und *$b*	*($a, $b) = ($b, $a);*
Anzahl der Elemente eines Arrays	*$anz = @arr;*
Höchster belegter Index eines Arrays	*$max= $#arr;*
Festlegen des höchsten Array-Index *$ind*	*$#arr= $ind;*
Zugriff auf ein Element eines Arrays	*$elem= $arr[3];*
Zugriff auf ein Element einer Liste	*$elem= ($a, $b, $c)[1];*
Zugriff auf mehrere Elemente einer Liste (Slice-Notation)	*@elements= ($a, $b, $c, $d)[0, 1,3];*
Zugriff auf eine Teilliste eines Arrays	*@subarr= @arr[$i..$j];*
Am Anfang eines Arrays ein Element einfügen	*unshift (@arr, $elem);*
Am Anfang eines Arrays mehrere Elemente einfügen	*unshift (@arr, @elements);*
Das erste Element eines Arrays wegnehmen und zurückgeben	*$elem= shift(@arr)*
Am Ende eines Arrays ein Element hinzufügen	*push (@arr, $elem);*
Am Ende eines Arrays mehrere Elemente auf einmal hinzufügen	*push (@arr, @elements);*
Das letzte Element eines Arrays wegnehmen und zurückgeben	*$elem= pop(@arr);*

Zusammenstellung der wichtigsten Array-Operationen

Anzahl der Elemente eines Arrays

Die Anzahl der in einem Array enthaltenen Elemente können Sie ermitteln, indem Sie die entsprechende Array-Variable im skalaren Kontext auswerten, d. h., wenn Sie eine Array-Variable einer skalaren Variablen zuweisen, enthält diese die Anzahl der im Array enthaltenen Elemente:

```
■ $anz= @arr;
```

Den skalaren Kontext können Sie auch durch die Funktion *scalar()* erzwingen. Die folgende Anweisung gibt die Anzahl der in einem Array enthaltenen Elemente auf die Standardausgabe aus:

```
■ print scalar @arr;
```

Höchster Index eines Arrays

Der höchste Index eines Arrays *@arr* ist in der Variablen *$#arr* enthalten, z. B.:

```
■ @arr = (1,2,3,undef,undef,6,7);
■ $max_ind=$#arr;
■ print "Höchster Index des Arrays: $max_ind";
```

Ausgabe:

```
Höchster Index des Arrays: 6
```

Der Variablen *$#<arrayname>* kann auch als *lvalue* ein Wert zugewiesen werden. Ist dieser Wert größer als der momentan tatsächlich höchste Array-Index, bewirkt dies, wie das nächste Beispiel zeigt, dass das Array entsprechend vergrößert und mit undefinierten Werten aufgefüllt wird:

```
#!C:\PERL\bin\perl.exe
# array1.pl  Array mit Löchern
print "Content-type: text/html\n\n";
@arr = (1,2,3,4,5,6,7);
$#arr=10;
$anz=@arr;
print "Anzahl der Array-Elemente: $anz<br>";
print "Höchster Index des Arrays: $#arr<br>";
print "Ausgabe der Array-Elemente:<br>";
foreach (@arr) {
  print "<br>$_";
  print "Element nicht definiert" unless defined $_;
}
```

Das Beispiel erzeugt die folgende Ausgabe:

```
Anzahl der Array-Elemente: 11
Höchster Index des Arrays: 10
Ausgabe der Array-Elemente:
1
2
3
4
5
6
7
Element nicht definiert
Element nicht definiert
Element nicht definiert
Element nicht definiert
```

Ausgabe der Array-Elemente

Durch die Zuweisung eines kleineren Werts an die Variable *$#arr*, als es dem tatsächlichen höchsten Index des Arrays *@arr* entspricht, wird *@arr* entsprechend verkleinert. Die Array-Elemente, die höhere Indizes aufweisen, als durch die Variable *$#arr* festgelegt wurde, gehen dabei verloren.

Zugriff auf Array-Elemente

Der Zugriff auf ein Element eines Arrays erfolgt über den Array-Index. Mit der Anweisung:

```
$elem =$arr[n];
```

wird auf das Element mit dem Index *n* des Arrays *@arr* zugegriffen. Wichtig bei diesem Zugriff ist das *$*-Präfix und nicht etwa das @-Präfix, da *$arr[n]* auf eine skalare Variable verweist.

Werden bei einem Zugriff auf ein Array mehrere Indizes angegeben, wird eine Liste bestehend aus den angegebenen Array-Elementen zurückgegeben, z. B.:

```
@arr = (1,2,3,4,5,6,7);
@elements = @arr[1,3,5];
print @elements;
```

Ausgabe:

```
246
```

In diesem Fall muss auf beiden Seiten der Zuweisung das @-Präfix verwendet werden, da mit *@arr[1,3,5]* eine Liste bezeichnet wird.

Hinzufügen und Entfernen von Elementen am Array-Beginn:

Ein Perl-Array kann an beiden Enden manipuliert werden. Das bedeutet, dass sowohl am Array-Beginn als auch am Array-Ende Elemente hinzugefügt oder entfernt werden können.

Syntax der Funktion shift()
- *shift ARRAY*
- *shift*

Mit der Funktion *shift()* wird das erste Element eines Arrays entfernt und zurückgegeben. Das Array ist danach um ein Element kleiner. Wenn das Array keine Elemente mehr enthält, wird der Wert *undefined* zurückgegeben, z. B.:

```
$removed_at_begin = shift(@arr);
```

Wenn kein Array angegeben wird, bezieht sich *shift()* im Kontext einer Subroutine auf die reservierte Array-Variable @_, die die der Subroutine übergebenen Parameter enthält, bzw. im Kontext von Kommandozeilenargumenten auf die reservierte Array-Variable *@ARGV, die die einem Skript beim Aufruf in der Kommandozeile übergebenen Argumente enthält.*

Die Funktion *unshift()* leistet das umgekehrte der Funktion *shift()*, indem sie einem Array an dessen Anfang ein oder mehrere Elemente hinzufügt. Die Funktion gibt die neue Anzahl der Elemente des Arrays zurück, z. B.:

Syntax der Funktion unshift()
- *unshift ARRAY,LIST*

```
@arr = (1,2,3,4,5,6,7);
$anz=unshift(@arr,8);
print "Neue Anzahl der Array-Elemente: $anz";
print @arr;
```

Ausgabe:

```
Neue Anzahl der Array-Elemente: 8
81234567
```

Weitere Möglichkeiten des Aufrufs von *unshift()* sind z. B.:

- `unshift(@arr,$new_elem1,$new_elem2); # fügt zwei neue Elemente am Anfang hinzu`
- `unshift(@arr,@new_elements); # fügt alle Elemente des Arrays @new_elements hinzu`

Hinzufügen und Entfernen von Elementen am Array-Ende:

Um das letzte Element eines Arrays zu entfernen und zurückzugeben, wird die Funktion *pop()* verwendet. Analog zur Funktion *shift()* wird das Array um ein Element verkleinert, z. B.:

Syntax der Funktion pop()
- *pop ARRAY*
- *pop*

- `$removed_at_end = pop(@arr);`

Wenn das Array keine Elemente mehr enthält, wird analog zur Funktion *shift()* der Wert *undefined* zurückgegeben. Wenn kein Array angegeben wird, bezieht sich *pop()* - ebenfalls analog zu *shift()* - je nach Ausführungskontext auf die reservierten Array-Variablen *@_ oder @ARG.*

Um am Ende eines Arrays ein oder mehrere Elemente hinzuzufügen, wird die Funktion *push()* verwendet. Die Funktion gibt die neue Anzahl der Array-Elemente zurück, z. B.:

Syntax der Funktion push()
- *push ARRAY,LIST*

- `$anz= push(@arr,$new_elem);`
- `$anz= push(@arr,$new_elem1, $new_elem2);`
- `$anz=push(@arr,@new_elements);`

Entfernen und Ersetzen von Teilen eines Arrays

Während die bisher besprochenen Array-Funktionen zum Hinzufügen oder Entfernen einzelner oder mehrerer Array-Elemente verwendet werden können, arbeitet die Funktion *splice()* mit ganzen Listen.

Syntax der Funktion splice()
- *splice ARRAY,OFFSET,LENGTH,LIST*
- *splice ARRAY,OFFSET,LENGTH*
- *splice ARRAY,OFFSET*
- *splice ARRAY*

Die Funktion *splice()* entfernt aus einem als erstem Argument anzugebenden Array ab der Position *OFFSET* eine mit dem Argument *LENGTH* anzugebende Anzahl von Array-Elementen und fügt an deren Stelle die Elemente einer anzugebenden Liste *LIST* ein.

Im Listenkontext gibt die Funktion die aus der Liste entfernten Elemente zurück. Im skalaren Kontext wird das letzte entfernte Element zurückgegeben - oder der Wert *undef*, falls kein Element entfernt wurde.

```
@arr = (0,1,2,3,4,5,6,7,8,9);
@arr_new = ("a","b","c","d");
@removed=splice (@arr,2,3,@arr_new);
$anz=@arr;
print "Neue Anzahl der Array-Elemente: $anz<br>";
print "Entfernte Array-Elemente: @removed<br>";
print "Neue Liste: @arr";
```

Ausgabe:

```
Neue Anzahl der Array-Elemente: 11
Entfernte Array-Elemente: 2 3 4
Neue Liste: 0 1 a b c d 5 6 7 8 9
```

Wird für *OFFSET* ein negativer Wert angegeben, bezieht sich dieser auf das Ende der Liste, d. h., -1 ist das letzte Element der Liste, -2 das vorletzte usw.

Wird bei fehlender Angabe einer Ersatzliste *LIST* der Parameter *LENGTH* nicht angegeben, werden ab der Position *OFFSET* alle Listenelemente entfernt.

Wenn bei fehlendem *LIST* die Parameter *OFFSET* und *LENGTH* nicht angegeben werden, werden alle Listenelemente entfernt.

Bezogen auf das vorherige Beispiel ergibt die Anweisung

- `@removed=splice (@arr,3);`

die folgende Ausgabe:

```
Neue Anzahl der Array-Elemente: 3
Entfernte Array-Elemente: 3 4 5 6 7 8 9
Neue Liste: 0 1 2
```

Komplexe Operationen für ganze Listen

Perl stellt eine Reihe von mächtigen Funktionen bereit, die auf ganze Listen angewendet werden können. So können mit der Funktion *sort()* Listen sortiert werden. Mit der Funktion *grep()* können Elemente eines Arrays gesucht werden, die bestimmte Kriterien erfüllen. Mit der Funktion *map()* kann eine bestimmte Funktion auf alle Array-Elemente angewendet werden.

Sortieren von Arrays mit der Funktion sort()

Mit der Funktion *sort()* können ganze Listen nach bestimmten Kriterien sortiert werden.

Syntax der Funktion sort()

- *sort SUBNAME LIST*
- *sort BLOCK LIST*
- *sort LIST*

Sort() erwartet als erstes, optionales Argument einen Anweisungsblock oder den Namen einer Subroutine, in dem das Suchkriterium spezifiziert wird. Wird dieses optionale Argument nicht angegeben, verwendet *sort()* standardmäßig die ASCII-Reihenfolge.

Als zweites Argument erwartet *sort()* die zu sortierenden Listen oder eine entsprechende Array-Variable, die eine Liste enthält. Die Funktion gibt eine entsprechend den Vorgaben sortierte Liste zurück.

Ein spezielles Sortierkriterium kann als Vergleichsfunktion entweder inline durch einen Vergleichsausdruck oder in Form einer Subroutine angegeben werden. Die Vergleichsfunktion, die zwei globale Variablen *$a* und *$b* vergleicht, muss entweder -1, 0 oder 1 zurückgeben, je nachdem, ob *$a* kleiner, gleich oder größer als *$b* ist.

Hierzu werden in der Regel die Operatoren *cpm* (String-Kontext) oder <=> (nummerischer Kontext) verwendet. Die folgende Zusammenstellung zeigt einige häufige Sortierprobleme und die Lösung mit der Perl-Funktion *sort():*

Sortierproblem	Lösung
Lexikalisches Sortieren einer Liste (Standard)	*@sorted = sort @arr;*
Sortieren einer Liste mit explizit angegebenem Sortierkriterium	*@sorted = sort {$a cmp $b} @arr;*
Wie zuvor, jedoch in umgekehrter Reihenfolge	*@sorted = sort {$b cmp $a} @arr;*
Sortieren einer Liste mit explizit angegebenem Sortierkriterium ohne Berücksichtigung von Groß- und Kleinschreibung	*@sorted = sort {uc($a) cmp uc($b)} @arr;*
Nummerisches Sortieren (aufsteigend)	*@sorted = sort {$a <=> $b} @arr;*
Nummerisches Sortieren (absteigend)	*@sorted = sort {$b <=> $a} @arr;*
Sortieren einer Liste mit explizit als Subroutine angegebenem Sortierkriterium (nummerischer Kontext)	*@arr=(9, 5, 3, 6, 8, 1, 7, 4, 2);* *sub by_rev {$b <=> $a}* *@sorted = sort by_rev @arr;* *print @sorted;* Ausgabe: *987654321*
Sortieren einer Liste mit explizit als Subroutine angegebenem Sortierkriterium (String-Kontext)	*@arr=("Paul ","Anne ","Udo ","Jan ","John ");* *sub by_rev {$b cmp $a}* *@sorted = sort by_rev @arr;* *print @sorted;* Ausgabe: *Udo Paul John Jan Anne*

Häufige Sortierprobleme und deren Lösung mit der Funktion sort()

Komplexe Suche in Arrays mit der Funktion grep()

Die Funktion *grep()* erlaubt eine komplexe Suche nach bestimmten Array-Elementen. Die Funktion ist besonders leistungsfähig, weil zur Beschreibung des Suchkriteriums ein regulärer Ausdruck angegeben werden kann.

Syntax der Funktion grep()
- *grep BLOCK LIST*
- *grep EXPR,LIST*

Die Funktion bewertet das in einem Block oder als Ausdruck angegebene Suchmuster für jedes Element der angegebenen Liste. Das jeweils aktuelle Element der Liste wird dem Suchmuster in Form der Standardvariablen *$_* übergeben.

Die Funktion gibt eine Liste mit den Elementen der Ausgangsliste zurück, auf die das angegebene Muster zutrifft. Im skalaren Kontext wird die Anzahl der im Array gefundenen Treffer zurückgegeben. Im nachfolgenden Beispiel werden alle Kunden gefunden, deren Name nicht mit *M* beginnt:

```
@customers=("Müller ","Maier ","Huber ","Schneider ","Haller
 ","Hirsch ");
@found = grep(!/^M/, @customers);
print @found;
```

Ausgabe:

```
Huber Schneider Haller Hirsch
```

Der folgende Aufruf von *grep()* wäre beim vorstehenden Beispiel mit demselben Resultat ebenfalls möglich gewesen:

```
@found = grep{!/^M/} @customers;
```

Modifizieren von Array-Elementen mit der Funktion map()

Die Funktion *map()* wendet eine übergebene Funktion oder einen Ausdruck auf alle Elemente einer Liste an.

Syntax der Funktion map()
- *map BLOCK LIST*
- *map EXPR,LIST*

Die Listenelemente werden der Funktion oder dem Ausdruck mit der Standardvariablen *$_* übergeben. Die Funktion gibt im Listenkontext eine Liste mit den veränderten Elementen und im skalaren Kontext die Anzahl der veränderten Elemente zurück. Wenn durch den angegebenen Ausdruck oder die aufgerufene Funktion die Standardvariable *$_* selbst nicht verändert wird, bleibt, wie das folgende Beispiel zeigt, das Ausgangs-Array unverändert:

```
print "Content-type: text/html\n\n";
@arr=(1..10);
@squares = map{$_** 2} @arr;
print "Ausgangsliste: @arr<br>";
print "Ergebnisliste: @squares<br>";
```

Ausgabe:

```
Ausgangsliste: 1 2 3 4 5 6 7 8 9 10
Ergebnisliste: 1 4 9 16 25 36 49 64 81 100
```

Verändert der übergebene Ausdruck wie in der folgenden Codezeile jedoch die Standardvariable *$_*, wird auch das Ausgangs-Array entsprechend modifiziert.

```
@squares = map{$_= $_** 2} @arr;
```

Ausgabe:

```
Ausgangsliste: 1 4 9 16 25 36 49 64 81 100
Ergebnisliste: 1 4 9 16 25 36 49 64 81 100
```

Exkurs: Bedeutung des Ausführungskontexts bei Array-Operationen – skalarer Kontext oder Listenkontext

In den vorausgegangenen Beispielen wurde bereits mehrfach auf die Unterschiede zwischen skalarem Ausführungskontext und dem Listenkontext aufmerksam gemacht. Perl bewertet Ausdrücke je nach Ausführungskontext unterschiedlich. Dies soll im Folgenden etwas ausführlicher erläutert werden:

Der Begriff „Ausführungskontext" bezieht sich auf den jeweils anderen Operanden. So ist z. B. der Wert einer Listenvariablen im Listenkontext die gesamte Liste, z. B.:

```
print @arr;
```

Während im skalaren Kontext der Wert der Anzahl der in der Liste enthaltenen Elemente entspricht. Im folgenden Beispiel wird der skalare Kontext durch die Funktion *scalar()* erzwungen:

```
print "Das Array enthält ", scalar @arr, " Elemente\n";
```

Den skalaren Kontext hätten Sie etwas umständlich auch durch die Addition einer 0

```
print "Das Array enthält ", @arr + 0, " Elemente\n";
```

oder durch Zuweisung an eine skalare Variable erzwingen können:

```
$anz = @arr;
print "Das Array enthält ", $anz, " Elemente\n";
```

Ein weiteres Beispiel für die Kontextsensitivität von Perl ist der Diamond-Operator <>, mit dem Daten aus Dateien eingelesen werden. Im skalaren Kontext liest der Operator ganze Zeilen aus der Textdatei mit dem Filehandle *<FILE>* ein:

```
$one_line = <FILE>;
```

Im Listenkontext, d. h., wenn das Ergebnis einer Liste oder einem Array zugewiesen wird, können alle Zeilen der Datei auf einmal eingelesen werden:

```
@all_lines = <FILE>;
```

Diese letztgenannte Konstruktion wird im nachfolgenden Praxisbeispiel verwendet, um den gesamten Inhalt einer Textdatei in ein Array einzulesen.

Anwendungsbeispiel: Eine Webschnittstelle zu Ihrer Kundendatei

Nachdem im vorangegangenen Abschnitt die wichtigsten Techniken im Umgang mit Arrays erläutert wurden, sollen diese bei der Realisation einer Webanwendung praktisch eingesetzt werden. Das Anwendungsbeispiel realisiert eine Webschnittstelle zu einer Kundendatei.

Über ein HTML-Formular sollen neue Kunden erfasst und in eine Kundendatei eingetragen werden können. Des Weiteren soll nach bestimmten Kundeneinträgen gesucht werden können. Die gefundenen oder auch alle vorhandenen Kunden können anschließend tabellarisch formatiert angezeigt werden.

Ein etwas anspruchsvolles Feature ist dabei die Anforderung, dass bei der Kundensuche z. B. alle Kunden aus Stuttgart mit dem Namen Müller gefunden werden oder alle Kunden, deren Name mit *Ma* beginnt und die im PLZ-Bereich 33 wohnen oder deren Telefonvorwahl mit einer bestimmten Ziffer, z. B. 089, beginnt.

Da bei der Umsetzung dieses Anwendungsbeispiels viele grundlegende Array-Techniken zum Einsatz kommen, ist es als Beispiel für das Arbeiten mit Perl-Arrays gut geeignet.

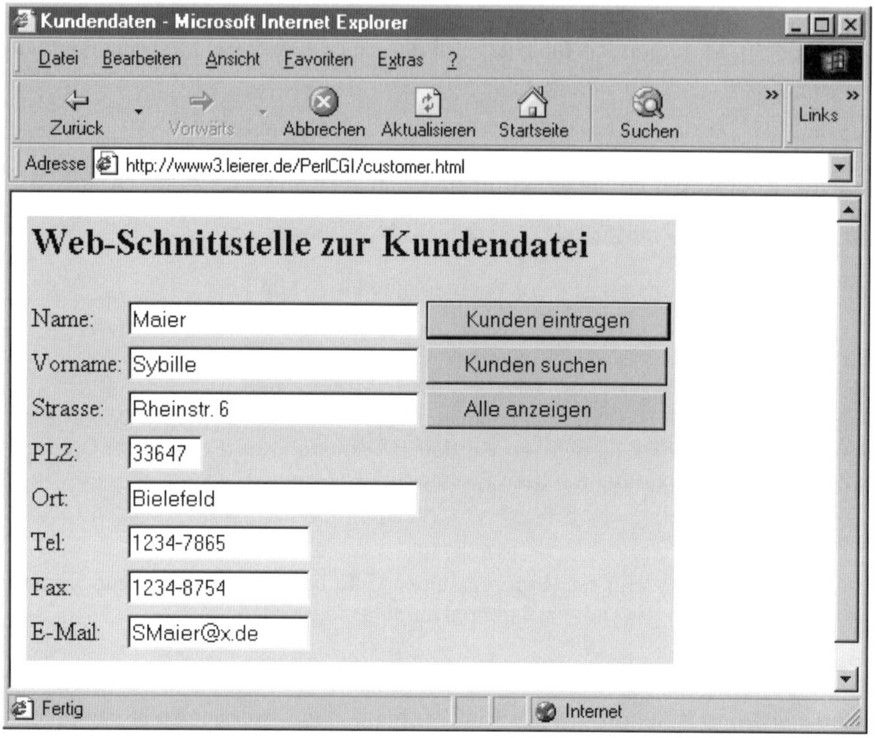

Ein Webinterface für eine Kundendatei

Die Grundlage der Webanwendung: Das HTML-Formular

Der HTML-Teil der Schnittstelle besteht aus einem Formular zur Erfassung der Kundendaten mit acht Eingabefeldern und drei Schaltflächen. Mit den Schaltflächen kann die Neuaufnahme, Suche und Ausgabe der Kunden ausgelöst werden. Als Übertragungsmethode für die Daten wird die HTTP-Methode *POST* gewählt.

```
■ <html>
■ <head><title>Kundendaten</title>
■ <meta name="description" content="customer.html">
■ </head>
■ <body><table border=0 bgcolor=#D0D0D0>
■ <tr><td colspan="8"><h2>Webschnittstelle zur Kundendatei</h2></td>
  </tr>
■ <form action="/cgi-bin/customers.pl" method="POST">
■ <tr><td>Name:</td>
  <td><input type="Text" name="name" value="" size="25"></td>
■ <td><input type="Submit" name="add" value="Kunden eintragen">
  </td></tr>
■ <tr><td>Vorname:</td><td><input type="Text" name="fname" value=""
  size="25"></td><td><input type="Submit" name="search" value="Kunden
  suchen    "></td></tr>
```

```
■ <tr><td>Strasse:</td><td><input type="Text" name="street" value=""
  size="25"></td><td><input type="Submit" name="all" value="Alle
  anzeigen       "> </td></tr>
■ <tr><td>PLZ:</td>
  <td><input type="Text" name="plz" value="" size="5"></td></tr>
■ <tr><td>Ort:</td>
  <td><input type="Text" name="city" value="" size="25"></td></tr>
■ <tr><td>Tel:</td>
  <td><input type="Text" name="phone" value="" size="15"></td></tr>
■ <tr><td>Fax:</td>
  <td><input type="Text" name="fax" value="" size="15"></td></tr>
■ <tr><td>E-Mail:</td>
  <td><input type="Text" name="mail" value="" size="15"></td></tr>
■ <tr></table><br></form></body>
■ </html>
```

Datenübertragung über die CGI-Schnittstelle

Das HTML-Formular überträgt die generierten Daten an das Perl-Skript *customers.pl*. Zum Dekodieren der über die CGI-Schnittstelle übertragenen Daten wird die schon bekannte Subroutine *parse_cgi* verwendet. Die dekodierten Daten werden im Hash *%form_dat* abgespeichert.

```
■ #!C:\PERL\bin\perl.exe
■ # customers.pl
■ # Webschnittstelle zu einer Kundendatenbank
■ use strict;
■ use my_cgi_lib qw(parse_cgi);
■ my (@input,$in,$total);
■ my %form_dat;
■ my ($i,@cust, @arr, @erg, @matching);
■ # HTML-Header ausgeben
■ print "Content-type: text/html\n\n";
■ #CGI-Eingabedaten parsen und an Array @cust übergeben
■ %form_dat=parse_cgi;
```

Übertragen der CGI-Daten an eine Array-Variable

Die Übertragung der im Hash *%form_dat* gespeicherten CGI-Daten an einzelne skalare Variablen wurde in den vorausgegangenen Beispielen bereits mehrfach durchgeführt. Der Zugriff erfolgt über den im *name*-Attribut des sendenden HTML-Elements festgelegten Namen.

Im vorliegenden Beispiel erfolgt die Zuweisung an die über Indizes angegebenen skalaren Elemente der Array-Variable *@cust*:

```
■ $cust[0]= $form_dat{"name"};
■ $cust[1]= $form_dat{"fname"};
■ $cust[2]= $form_dat{"street"};
■ $cust[3]= $form_dat{"plz"};
■ $cust[4]= $form_dat{"city"};
■ $cust[5]= $form_dat{"phone"};
■ $cust[6]= $form_dat{"fax"};
■ $cust[7]= $form_dat{"mail"};
```

Nach Durchführung der Zuweisung enthält das erste Element des Arrays *@cust* den Namen des Kunden, das zweite den Vornamen usw. bis zum letzten Element, das die E-Mail-Adresse des Kunden enthält.

Neue Kunden eingeben – Umwandlung einer Liste in einen String und Abspeichern in einer ASCII-Datei

Die erste Aufgabe der Webschnittstelle, nämlich neu erfasste Kunden in der Kundendatei abzuspeichern, ist mit Perl schnell erledigt. Hierzu wird eine Datei über ein Filehandle zum Schreiben im Append-Modus geöffnet, ein Eintrag als String abgespeichert und die Datei wieder geschlossen.

Diese dateispezifischen Operationen, die mit der Sprache Perl besonders einfach durchzuführen sind, werden im Einzelnen in Kapitel 6.8.1 (siehe S. 189) besprochen und sollen hier nicht weiter vertieft werden. Für unser derzeitiges Thema – den Umgang mit Arrays – ist jedoch das folgende Problem von Interesse:

In der Datei *customers.txt* sollen Strings, die jeweils einen kompletten Kundendatensatz enthalten, abgespeichert werden. Die vorliegenden Daten sind aber, und dafür haben wir gerade zuvor gesorgt, in der Array-Variablen *@cust* abgespeichert.

Dies bedeutet, dass der Array-Inhalt zunächst in eine String-Variable übertragen werden muss. Hierzu kann die Funktion *join()* eingesetzt werden. Diese Funktion erzeugt aus den Elementen einer Liste einen String, wobei die einzelnen Elemente der Liste im erzeugten String durch ein oder mehrere Trennzeichen getrennt werden. Diese sind der Funktion *join()* als erstes Argument in Form eines Strings zu übergeben.

Das zweite von *join()* benötigte Argument ist die Liste oder die Array-Variable, aus der die Daten entnommen werden sollen.

Im Beispiel wird als Trenner für die einzelnen Datenfelder des Strings, die den Elementen des zu konvertierenden Arrays entsprechen, der String *##* verwendet. Der von *join()* zusammengesetzte String wird anschließend der String-Variablen *$new_line* zugewiesen und in der Textdatei *customers.txt* als neue Zeile abgespeichert.

Die einzelnen Zeilen dieser Datei weisen demnach das folgende Format auf:

Name##Vorname##Strasse##PLZ##Ort##Phone##Fax##Mail

Nachstehend folgt der Code des Anweisungsblocks, der die vorstehend beschriebenen Aufgaben durchführt und der angesprungen wird, sobald vom Client die Schaltfläche *Kunden eintragen* angeklickt und von dieser Schaltfläche der Wert *„add“* über die CGI-Schnittstelle übertragen wurde:

```
# neue Kunden hinzufügen
if ($form_dat{"add"}) {
 my $new_line= join('##',@cust);
 open (FILE,">>customers.txt") ||
   die "Datei konnte nicht geöffnet werden";
 print FILE "$new_line\n";
 close FILE;
}
```

Suche in der Kundendatei – Komplexe Suche von Array-Elementen nach kombinierten Kriterien

In dem Anweisungsblock, der angesprungen wird, wenn vom Client die Schaltfläche *Kunden suchen* angeklickt und infolge dessen von dieser Schaltfläche der Wert "*search*" über die CGI-Schnittstelle übertragen wurde, wird zunächst wieder die Datei *customers.txt* geöffnet.

Mit den Anweisungen

```
my @file = <FILE>;
close FILE;
```

wird anschließend der ganze Inhalt der Datei in die Array-Variable *@file* übertragen und die Datei *customers.txt* wieder geschlossen.

Im Vorfeld des eigentlichen Suchalgorithmus werden zunächst innerhalb einer *foreach*-Schleife einige vorbereitende Operationen durchgeführt:

Als Erstes werden mit der Funktion *chomp()* alle Newline-Zeichen *(\n)* in den einzelnen Elementen des Daten-Arrays *@file*, das als Elemente die einzelnen Zeilen der Datei *customers.txt* enthält, entfernt. Anschließend müssen die in den Array-Elementen enthaltenen Strings wieder in die ursprünglichen Datenfelder zerlegt werden.

Hierzu wird die Funktion *split()* verwendet. Diese Funktion, die schon im Abschnitt über die Verarbeitung von String-Variablen vorgestellt wurde (siehe S. 96), zerlegt einen String – entsprechend einem vorgegebenen Muster für einen Feldtrenner – in Felder unterschiedlicher Länge und gibt diese in Form einer Liste zurück.

Der im Daten-String verwendete Trenner *##* wird durch das Muster */##/* beschrieben und der Funktion *split()* als erstes Argument übergeben. Der zu zerlegende String selbst steckt in der reservierten Perl-Variablen *$_*, die bei *foreach*-Schleifen als Standarditerator verwendet wird.

Durch den Operator *[ ]* wird anschließend eine Referenz auf die von *split()* zurückgegebene Liste erzeugt, die dann mithilfe der Funktion *push()* dem Array *@arr* hinzugefügt wird.

```
push @arr, [ split(/##/, $_)];
```

Die Funktion *push()* wird verwendet, wenn ein Element am Ende eines Arrays hinzugefügt werden soll. Die Funktion erwartet als erstes Argument das Array oder die Liste und als zweites Argument das hinzuzufügende Element.

Im vorliegenden Anwendungsfall wird auf diese Weise innerhalb der *foreach*-Schleife für alle Elemente des Daten-Arrays *@file* das Ziel-Array *@arr* mit Referenzen auf Listen aufgefüllt, deren Inhalt aus den einzelnen Datenfeldern der Kundendatei entnommenen ist und aus den mit der Funktion *split()* zerlegten Daten-Strings besteht.

```
# Komplexe Suche in der Kundendatei
if ($form_dat{"search"}) {
   open (FILE,"<customers.txt") ||
   die "Datei konnte nicht geöffnet werden";
   my @file = <FILE>;
```

```
close FILE;
foreach (@file) {
   #Schleifeniterator ist $_
   chomp;        # Entfernen von Newline
   #String zerlegen und abspeichern in @arr
   push @arr, [ split(/##/,$_)];
}
```

Realisation des Suchalgorithmus mit der Funktion grep()

Der daran anschließende Suchalgorithmus stellt die enorme Leistungsfähigkeit der Sprache Perl unter Beweis. Das zuvor mit den Referenzen auf die Listen mit den Datenfeldern der Kundendatei aufgefüllte Ziel-Array *@arr* wird der Funktion *grep()* zusammen mit einem Anweisungsblock übergeben, der die Suchmuster für die von *grep()* durchzuführende Suche in der Liste *@arr* enthält.

Die einzelnen Elemente der Liste *@arr* werden über die Standardvariable *$_* übergeben und müssen, da es sich um Referenzen handelt, mit *$_->[..]* dereferenziert werden. Mit *$_->[0]* kann z. B. auf das erste Element der Liste zugegriffen werden, auf die die mit *$_* übergebene Referenz verweist. Die hier eingesetzten Techniken zum Dereferenzieren von Array-Referenzen werden im Einzelnen in Kapitel 6.7 (siehe S. 179) erläutert.

Zur Durchführung der Suche kommt der Operator =~ zum Einsatz, mit dem geprüft werden kann, ob ein auf der rechten Seite als regulärer Ausdruck angegebenes Suchmuster in der Zeichenkette auf der linken Seite des Operators enthalten ist. Näheres zum Arbeiten mit regulären Ausdrücken erfahren Sie in Kapitel 6.5 (siehe S. 161).

Mit dem Ausdruck $_->[0] =~ /^$cust[0]/ wird also geprüft, ob in $_->[0] das Muster /^$cust[0]/ enthalten ist, also der Such-String, der im HTML-Eingabefeld für den Kundennamen eingegeben wurde, und ob die weiteren, durch UND-Verknüpfungen (&&) verknüpften Muster für die übrigen Felder der HTML-Suchmaske ebenfalls zutreffen. Auf diese Weise kann also z. B. geprüft werden, ob im Postleitzahlbereich 45 Kunden mit Namen Maier vorhanden sind.

```
# Suchalgorithmus mit grep()
  @matching= grep {  # Iterator ist $_
     $_->[0] =~ /^$cust[0]/ &&
     $_->[1] =~ /^$cust[1](?!\s)/ &&
     $_->[2] =~ /^$cust[2](?!\s)/ &&
     $_->[3] =~ /^$cust[3](?!\s)/ &&
     $_->[4] =~ /^$cust[4](?!\s)/ &&
     $_->[5] =~ /^$cust[5](?!\s)/ &&
     $_->[6] =~ /^$cust[6](?!\s)/ &&
     $_->[7] =~ /^$cust[7](?!\s)/
   } @arr;
```

Um einen vergleichbaren Suchalgorithmus ohne den Einsatz der Funktion *grep()* und ohne die Verwendung von regulären Ausdrücken zu programmieren, müssten Sie, wie Sie probehalber selbst ausprobieren können, einen erheblich höheren Aufwand betreiben.

Ausgabe des Suchergebnisses

Zur Ausgabe des Suchergebnisses wird zunächst mit entsprechenden *print*-Anweisungen ein HTML-Tabellengerüst und eine Tabellenkopfzeile mit den Feldüberschriften generiert.

Die im Array *@matching* enthaltenen Referenzen auf die beim vorausgehenden Suchlauf mit *grep()* gefundene Treffer werden anschließend innerhalb einer *foreach*-Schleife dereferenziert und getrennt nach einzelnen Feldern zeilenweise ausgegeben.

Als Iterator der *foreach*-Schleife wird wieder die Default-Variable *$_* verwendet, die bei jedem Schleifendurchgang jeweils das aktuelle Element des Arrays *@matching* enthält – wie gesagt, es handelt sich dabei um Referenzen auf Arrays, die mit *$_->[Arrayindex]* dereferenziert werden müssen.

```
# Tabelle mit gefundenen Einträgen generieren
print "<table border=0 cellpadding='2' cellspacing='2'>";
#Tabellenkopf ausgeben
print "<tr bgcolor=#E0E0E0><td colspan='8'><h2>Die folgenden Einträge
        wurden gefunden</h2></td></tr>";
print "<tr bgcolor=#D0D0D0><th>Name</th><th>Vorname</th>
       <th>Strasse</th><th>PLZ</th><th>Ort</th><th>Telefon</th>
       <th>Fax</th><th>E-Mail</th></tr>";
#Tabellenzeilen ausgeben
foreach (@matching) {
  # Schleifeniterator ist $_
  # Dereferenzieren der Array-Elemente mit $_->[Index]
  print qq(<tr bgcolor=#E0E0E0><td>$_->[0]</td><td>$_->[1]</td>
        <td>$_->[2]</td><td>$_->[3]</td><td>$_->[4]</td>
        <td>$_->[5]</td><td>$_->[6]</td>
        <td><A HREF="mailto:$_->[7]">$_->[7]</A></td></tr>);
  }
  print "</table>";
 }
```

Die nachfolgende Abbildung zeigt das Ergebnis einer Suche in der Kundendatei nach Kunden aus Stuttgart:

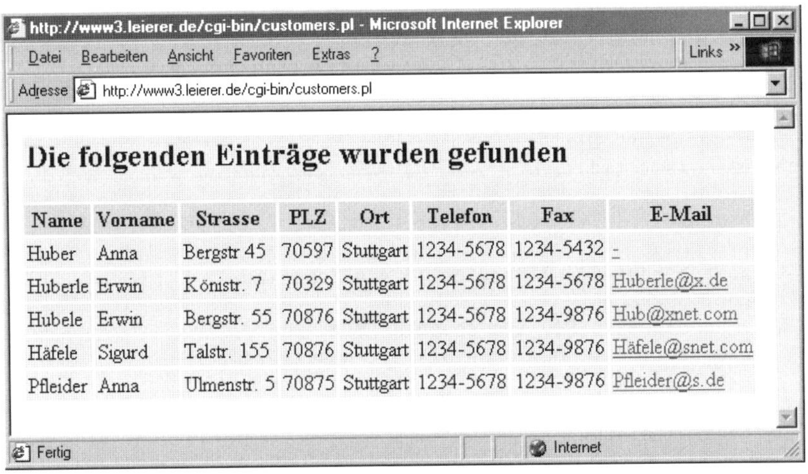

Die folgenden Einträge wurden gefunden

Name	Vorname	Strasse	PLZ	Ort	Telefon	Fax	E-Mail
Huber	Anna	Bergstr 45	70597	Stuttgart	1234-5678	1234-5432	-
Huberle	Erwin	Könistr. 7	70329	Stuttgart	1234-5678	1234-5678	Huberle@x.de
Hubele	Erwin	Bergstr. 55	70876	Stuttgart	1234-5678	1234-9876	Hub@xnet.com
Häfele	Sigurd	Talstr. 155	70876	Stuttgart	1234-5678	1234-9876	Häfele@snet.com
Pfleider	Anna	Ulmenstr. 5	70875	Stuttgart	1234-5678	1234-9876	Pfleider@s.de

Ergebnis eines Suchlaufs: Suchbegriff Ort=Stuttgart

Kundendatei sortiert ausgeben – Anwendung von Operationen auf einen ganzen Array

Zur sortierten Ausgabe der gesamten Kundendatei wird diese zunächst wie bei der Kundensuche insgesamt in das Array *@file* eingelesen. Im Unterschied zur Kundensuche sollen aber die eingelesenen Daten-Strings vor ihrer Zerlegung und vor der Umwandlung in Array-Referenzen sortiert werden. Dies erfolgt ganz einfach mit der Anweisung

```
my @sorted = sort @file;
```

Die im Rohdaten-Array *@file* unsortiert vorliegenden Daten-Strings liegen anschließend im Array *@sorted* in einer nach den Nachnamen der Kunden sortierten Reihenfolge vor.

Anschließend werden die sortierten, eingelesenen Daten-Strings innerhalb einer *foreach*-Schleife in einzelne Datenfelder zerlegt und das Ergebnis einem weiteren Array *@arr* zugewiesen. Diese Vorgehensweise und der dazu verwendete Code wurde bereits für den Skriptabschnitt „Kundensuche" erläutert.

Zur tabellarischen Ausgabe der sortierten Kundendatei wird zunächst wieder mittels *print*-Anweisungen ein HTML-Tabellengerüst und eine Tabellenkopfzeile mit den entsprechenden Spaltenüberschriften der Tabelle generiert.

Anschließend werden die im Array *@arr* enthaltenen, nach Kundennamen sortierten Referenzen auf die Ihnen schon bekannte Weise dereferenziert und getrennt nach einzelnen Feldern zeilenweise ausgegeben. Als Iterator der *foreach*-Schleife wird wieder die Default-Variable *$_* verwendet, die bei jedem Schleifendurchgang jeweils das aktuelle Array-Element von *@arr* enthält.

Es folgt der Code des Anweisungsblocks für die sortierte Ausgabe der Kundendatei im Zusammenhang:

```
# Alle Einträge sortiert ausgeben
if ($form_dat{"all"}) {
   open (FILE,"<customers.txt") ||
   die "Datei konnte nicht geöffnet werden";
   # ganze Datei in @file einlesen
   my @file = <FILE>;
   # Array @file sortieren
   my @sorted = sort @file;
   foreach $_ (@sorted) {
      chomp;
      push @arr, [ split(/##/,$_)];
   }
print "<table border=0 cellpadding='2' cellspacing='2'>";
#Tabellenkopf ausgeben
print "<tr bgcolor=#E0E0E0><td colspan='8'>
        <h2>Gesamtinhalt der Kundendatei</h2></td></tr>";
print "<tr bgcolor=#D0D0D0><th>Name</th><th>Vorname</th>
        <th>Strasse</th><th>PLZ</th><th>Ort</th><th>Telefon</th>
        <th>Fax</th><th>E-Mail</th></tr>";
```

```
# Tabellenzeilen ausgeben
foreach (@arr) {
  # Schleifeniterator ist $_
  # Dereferenzieren der Array-Elemente mit $_->[Index]
  print qq(<tr bgcolor=#E0E0E0><td>$_->[0]</td><td>$_->[1]</td>
       <td>$_->[2]</td><td>$_->[3]</td><td>$_->[4]</td>
       <td>$_->[5]</td><td>$_->[6]</td><td><A HREF="mailto:$_->
       [7]">$_->[7]</A></td></tr>);
  }
  print "</table>"; }
```

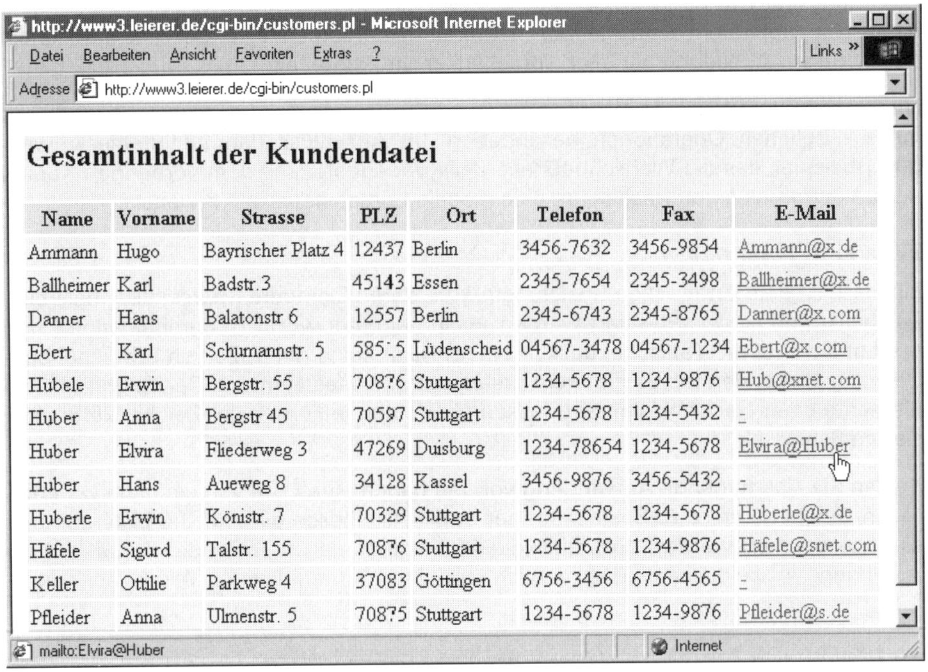

Gesamtinhalt der Kundendatei

Name	Vorname	Strasse	PLZ	Ort	Telefon	Fax	E-Mail
Ammann	Hugo	Bayrischer Platz 4	12437	Berlin	3456-7632	3456-9854	Ammann@x.de
Ballheimer	Karl	Badstr.3	45143	Essen	2345-7654	2345-3498	Ballheimer@x.de
Danner	Hans	Balatonstr 6	12557	Berlin	2345-6743	2345-8765	Danner@x.com
Ebert	Karl	Schumannstr. 5	58515	Lüdenscheid	04567-3478	04567-1234	Ebert@x.com
Hubele	Erwin	Bergstr. 55	70876	Stuttgart	1234-5678	1234-9876	Hub@xnet.com
Huber	Anna	Bergstr 45	70597	Stuttgart	1234-5678	1234-5432	-
Huber	Elvira	Fliederweg 3	47269	Duisburg	1234-78654	1234-5678	Elvira@Huber
Huber	Hans	Aueweg 8	34128	Kassel	3456-9876	3456-5432	-
Huberle	Erwin	Könistr. 7	70329	Stuttgart	1234-5678	1234-5678	Huberle@x.de
Häfele	Sigurd	Talstr. 155	70876	Stuttgart	1234-5678	1234-9876	Häfele@snet.com
Keller	Ottilie	Parkweg 4	37083	Göttingen	6756-3456	6756-4565	-
Pfleider	Anna	Ulmenstr. 5	70875	Stuttgart	1234-5678	1234-9876	Pfleider@s.de

Ausgabe der gesamten Kundendatei

6.1.4 Hashes – Einsatz von assoziativen Arrays am Beispiel einer globalen Sprachsteuerung für die Website

Im vorherigen Kapitel haben Sie Listen und Arrays als effiziente Datenstrukturen für die Arbeit mit geordneten Sammlungen von skalaren Variablen und eine auf Arrays aufbauende komplexere Anwendung – die Verwaltung einer Kundendatei – kennen gelernt.

So leistungsfähig diese Datenstrukturen auch sind, weisen sie jedoch einen Nachteil auf: Der gezielte Zugriff auf ein Array-Element ist nur über einen nummerischen Index möglich.

Dass sich hinter dem Ausdruck *$customer[2]*, mit dem auf das zweite Element des Arrays *@customer* zugegriffen werden kann, der Vorname des Kunden verbirgt, geht aus dem Ausdruck nicht hervor und muss deshalb im Programm oder Skript entsprechend dokumentiert werden.

Wünschenswert wäre jedoch eine Zugriffsmöglichkeit auf die in einem Array gespeicherten Variablen über einen in Form einer String-Variablen vorzugebenden assoziativen Schlüssel, der einen Rückschluss auf das durch ihn angegebene Array-Element erlaubt. Genau das leistet ein Hash.

Nicht umsonst war es die KI-Sprache Lisp, die schon Anfang der 50er Jahre als eine der ersten Sprachen derartige Datenstrukturen implementierte, da sich assoziative Listen gut zur Abbildung natürlich sprachlicher Strukturen eignen.

Nachfolgend werden zunächst die wichtigsten Eigenschaften von Hashes und die mit ihnen möglichen Operationen beschrieben. Im Anschluss daran folgt ein Anwendungsbeispiel, das die Webschnittstelle der Kundendatei aus dem vorherigen Kapitel unter Verwendung von Hashes um eine globale Sprachsteuerung erweitert.

Was sind Hashes?

Ein Hash ist eine Array-artige Speicherstruktur, deren Elemente (*values*) über beliebige Zeichenketten (*keys*) adressiert werden. Hash bedeutet wörtlich „durcheinander" und bezieht sich auf die Tatsache, dass in einem Hash keine durch Zahlen bezeichenbare Ordnung vorhanden ist: Es gibt kein erstes oder zweites Element. Der Zugriff auf die Elemente eines Hashs erfolgt stattdessen über einen in Form einer Zeichenkette realisierten Schlüssel.

Stellen Sie sich folgende Anwendung vor: Sie haben eine Liste von einander zugeordneten Datenpaaren, z. *B.* Bestellnummer und Artikelbeschreibung. Die Liste soll nun so abgespeichert werden, dass über die Artikelnamen auch sofort der Zugriff auf die zugehörige Artikelbeschreibung möglich wird. Sie könnten dazu ein Array verwenden, z. B.:

```
■ @articles = ("x-333-222","Briefumschläge A4-20", "x-333-225",
  " Briefumschläge A3-30", "x-333-228","Versandtaschen A3-10",
  "x-333-230","Schnellhefter A4-50");
```

Um über die Bestellnummer auf eine bestimmte Artikelbeschreibung zuzugreifen, müssten Sie bei jedem Suchvorgang das gesamte Array nach der jeweiligen Bestellnummer sequenziell durchsuchen. Die zugehörige Artikelbeschreibung wäre dann das auf eine gefundene Bestellnummer folgende Array-Element:

```
■ @articles = ("x-333-222","Briefumschläge A4-20", "x-333-225",
  " Briefumschläge A3-30", "x-333-228","Versandtaschen A3-10",
  "x-333-230","Schnellhefter A4-50");
■ $search = "x-333-228";
■ $ind =0;
■ while ($elem ne $search)   {
■   $elem = $articles[$ind];
■   $ind=$ind+1;
```

```
}
$found=$articles[$ind];
print $found;
```

Ein derartiger Algorithmus wäre nicht sehr effizient und aufgrund der erforderlichen sequenziellen Suche zudem sehr Zeit raubend.

Einfacher ist dieses Problem mit einem Hash zu lösen, da mit dieser Datenstruktur für jeden Eintrag (*value*) eine feste Zuordnung zu einem Schlüsselwert (*key*) in Form eines Strings möglich ist.

Damit Perl erkennt, dass es sich um einen Hash handelt, wird die entsprechende Variable mit dem Präfix % gekennzeichnet. Um aus der Array-Variablen *@articles* des vorherigen Beispiels einen Hash zu machen, müssen Sie also anstatt @ das Präfix % verwenden:

```
%articles = ("x-333-222","Briefumschläge A4-20", "x-333-225",
  " Briefumschläge A3-30", "x-333-228","Versandtaschen A3-10",
  "x-333-230","Schnellhefter A4-50");
```

Perl interpretiert diese Datenstruktur jetzt völlig anders. Während im Falle des Arrays der Zugriff auf einzelne Artikelbeschreibungen nur über die nummerischen Indizes möglich war, erlaubt die Hash-Struktur jetzt einen viel komfortableren Umgang mit den abgespeicherten Daten, da die Verwaltung der Zuordnung von Bestellnummer zu Artikelbeschreibung von Perl übernommen wird:

```
%articles = ("x-333-222","Briefumschläge A4-20", "x-333-225",
  " Briefumschläge A3-30", "x-333-228","Versandtaschen A3-10",
  "x-333-230","Schnellhefter A4-50");
$search = "x-333-228";
print $articles{$search};
```

Beim Zugriff auf einzelne Hash-Elemente wird wie bei Arrays die skalare Schreibweise verwendet, da es sich bei den abgespeicherten Werten ebenfalls um Skalare handelt. Im Gegensatz zu den bei Arrays verwendeten eckigen Klammern zur Kennzeichnung eines Array-Index wird der Schlüsselwert eines Hashs, über den ein Zugriff auf ein Hash-Element erfolgt, in geschweifte Klammern gesetzt.

Deutlicher wird die einem Hash zugrunde liegende Datenstruktur, wenn anstelle des Kommas zwischen *key* und *value* der syntaktisch ebenfalls erlaubte Zuweisungsoperator => verwendet wird:

```
%articles = ("x-333-222" => "Briefumschläge A4-20", "x-333-225" =>
  " Briefumschläge A3-30", "x-333-228" => "Versandtaschen A3-10",
  "x-333-230" => "Schnellhefter A4-50");
```

und zusätzlich durch Einfügen entsprechender Zeilenumbrüche für jedes *key/value*-Paar des Hashs eine eigene Zeile benutzt wird:

```
%articles = (
    "x-333-222" => "Briefumschläge A4-20",
    "x-333-225" => " Briefumschläge A3-30",
    "x-333-228" => "Versandtaschen A3-10",
    "x-333-230" => "Schnellhefter A4-50" );
```

Das Ende einer Hash-Definition wird durch eine abschließende Klammer und ein Semikolon gekennzeichnet.

Im Gegensatz zu Arrays liegt innerhalb eines Hashs keine festgelegte Reihenfolge der *key/value*-Paare vor, d. h., diese entspricht zunächst weder der Reihenfolge des Einfügens dieser Datenpaare noch einer anderen Sortierreihenfolge. Es handelt sich um unsortierte Hash-Tables.

Für die Verwaltung der unsortiert vorliegenden Schlüssel-/Wertepaare verwendet Perl intern ein spezielles Hash-Verfahren. Hash-Verfahren versuchen generell die Ermittlung eines Datensatzes in Abhängigkeit eines Schlüssels *k* mithilfe einer Hash-Funktion zu vereinfachen, indem diese einen Schlüssel *k* in eine Speicherposition *v* abbildet.

Werden die Schlüssel und Werte eines Hashs wie im folgenden Beispiel über eine *foreach*-Schleife der Reihe nach ausgegeben, entspricht die Reihenfolge der Ausgabe nicht mehr der ursprünglichen Reihenfolge der Eingabe der Hash-Elemente:

```
%articles = ("x-333-222","Briefumschläge A4-20", "x-333-225",
" Briefumschläge A3-30", "x-333-228","Versandtaschen A3-10",
"x-333-230","Schnellhefter A4-50");
foreach $key (keys %articles) {
  print "$key => $articles{$key}<br>";
};
```

Ausgabe:

```
x-333-225 => Briefumschläge A3-30
x-333-228 => Versandtaschen A3-10
x-333-230 => Schnellhefter A4-50
x-333-222 => Briefumschläge A4-20
```

Mit dieser Eigenschaft der Hashs hängt auch zusammen, dass es im Unterschied zu Arrays keine Funktionen gibt, mit denen *key/value*-Paare explizit am Anfang oder am Ende eines Hashs eingefügt werden können.

Neue *key/value*-Paare werden, ohne dass eine bestimmte Speicherstelle festgelegt werden kann, einem Hash dadurch hinzugefügt, dass man einem neuen Key einen Wert zuweist. Existiert dieser Key bereits, wird der entsprechende Wert überschrieben.

```
$articles{" x-333-232"}="Klarsichthülle A4- 50";
```

Um ein *key/value*-Paar aus einem Hash zu entfernen, wird die Funktion *delete()* verwendet:

```
delete $articles{" x-333-225"};
```

Übersicht über die wichtigsten Techniken bei der Arbeit mit Hashes

Die Standardaufgaben, die sich bei der praktischen Arbeit mit Hashes stellen, sind:

- der Zugriff auf einen oder alle Schlüssel eines Hashs,
- der Zugriff auf einen oder alle zugeordneten Werte,

- das Hinzufügen von neuen Schlüssel-/Wertepaaren,
- das Löschen einzelner Hash-Werte (values), einzelner Schlüssel-/Wertepaare oder des ganzen Hashs und
- das Sortieren von Hashes nach Schlüsseln oder Werten.

In der nachfolgenden Tabelle sind die in Perl zur Lösung dieser Probleme zu verwendenden Funktionen und Techniken zusammengestellt. In den daran anschließenden Abschnitten werden diese im Einzelnen erläutert.

Problem	Lösung
Hash definieren	*%hash = ("key1"=>"value1", "key2"=>"value2", ...);* oder: *%hash = ("key1", "value1", "key2", "value2", ...);*
Einem Hash ein neues Schlüssel-/ Wertepaar hinzufügen	*$hash{$key} = $value;*
Ein Element des Hashs	*$value = $hash{$key};*
Alle Schlüssel eines Hashs	*@all_keys = keys %hash;*
Alle Werte eines Hashs	*@all_values = values %hash;*
Gibt es den Schlüssel?	*if (exists $hash{$key}) {...}*
Ein *key/value*-Paar im Hash löschen	*delete $hash{$key}*
Einen Wert (*value*) im Hash löschen	*undef $hash{$key}*
Einen Hash löschen	*undef %hash*
Sortieren eines Hashs nach Werten	*foreach $key (sort {$hash{$a} cmp $hash{$b} } keys %hash) { print $key, '=', $hash{$key}; }*
Sortieren eines Hashs nach Schlüsseln	*foreach $key (sort (keys %hash)) { print $key, '=', $hash{$key}; }*

Zusammenstellung der wichtigsten Hash-Operationen

Zugriff auf Hash-Elemente mit der Funktion values()

Mithilfe der Funktion *values()* kann auf die in einem Hash abgespeicherten Werte zugegriffen werden.

Syntax der Funktion values()
- *values HASH*

Die Funktion gibt eine Liste aller in einem Hash gespeicherten Werte zurück. Im skalaren Kontext gibt die Funktion die Anzahl der im Hash gespeicherten Werte zurück. Versucht man auf ein Element zuzugreifen, das nicht existiert, erhält man den Wert *undef*. Die Anweisung

```
print values %articles;
```

gibt alle Werte eines Hashs an die Standardausgabe aus. Die Werte werden dabei in einer zufälligen Reihenfolge zurückgegeben.

Mit dem folgenden Code werden in allen Hash-Werten des Hashs *%articles* die Zeichen *A* durch *ISO-A* ersetzt:

```
print "Content-type: text/html\n\n";
%articles = ("x-333-222","Briefumschläge A4-20", "x-333-225",
" Briefumschläge A3-30", "x-333-228","Versandtaschen A3-10",
"x-333-230","Schnellhefter A4-50");
foreach (values %articles) {
  s/A/ISO-A/g;
  print "$_<br>";
}
```

Ausgabe:

```
Briefumschläge ISO-A3-30
Versandtaschen ISO-A3-10
Schnellhefter ISO-A4-50
Briefumschläge ISO-A4-20
```

Zugriff auf Schlüsselelemente mit der Funktion keys()

Mit der Funktion *keys()* werden alle Schlüssel eines Hashs als Liste zurückgegeben. Im skalaren Kontext wird die Anzahl der Schlüssel zurückgegeben.

Syntax der Funktion keys
- *keys HASH*

In Kapitel 4.3 (siehe S. 58) wurden unter Verwendung der Funktion *keys()* die im reservierten Hash *%ENV* gespeicherten Umgebungsvariablen ausgegeben:

```
print "Content-type: text/html\n\n";
foreach $key (sort(keys %ENV)) {
        print $key, '=', $ENV{$key}, "<br>";
}
```

Da hierbei eine zufällige Ausgabereihenfolge entsteht, wurde, um eine nach Schlüsseln sortierte Ausgabe zu erreichen, zusätzlich die Funktion *sort()* eingesetzt.

Um einen Hash nach den abgespeicherten Hash-Werten zu sortieren, kommt die folgende Vorgehensweise in Betracht:

```
print "Content-type: text/html\n\n";
foreach $key (sort {$ENV{$a} cmp $ENV{$b} } keys %ENV) {
      print $key, '=', $ENV{$key}, "<br>";
}
```

Zugriff auf Schlüssel-/Wertepaare mit der Funktion each()

Eine weitere Möglichkeit zum Zugriff auf die Schlüssel und Werte eines Hashs ist durch die Funktion *each()* gegeben.

Syntax von each
- *each HASH*

Aufeinander folgende Aufrufe von *each()* geben im Listenkontext jeweils eine Liste mit einem neuen *key/value*-Paar zurück. Sind keine Paare mehr vorhanden, gibt die Funktion *false (0)* zurück.

Im skalaren Kontext wird lediglich der Schlüssel für das nächste Hash-Element zurückgegeben. Ist kein Hash-Element mehr vorhanden, wird im skalaren Kontext der Wert *undef* zurückgegeben. Die Ausgabe aller Elemente des Umgebungsvariablen-Hashs *%ENV* kann unter Verwendung der Funktion *each()* entsprechend dem nachstehenden Skript erfolgen:

```
print "Content-type: text/html\n\n";
while (($key,$value) = each %ENV) {
        print "$key=$value<br>";
    }
```

Löschen von Hash-Elementen mit der Funktion delete

Ein Schlüssel-/Wertepaar kann aus einem Hash mittels der Funktion *delete()* gelöscht werden.

Syntax von delete
- *delete EXPR*

Die Funktion gibt entweder den Wert des gelöschten Hash-Elements oder *undef* zurück, falls kein Element mehr vorhanden war.

```
print "Content-type: text/html\n\n";
%articles = ("x-333-222","Briefumschläge A4-20", "x-333-225",
" Briefumschläge A3-30", "x-333-228","Versandtaschen A3-10",
"x-333-230","Schnellhefter A4-50");
$deleted= delete $articles{"x-333-228"};
foreach (values %articles)  {
  print "$_<br>";
}
print "gelöscht: ", $deleted;
```

Ausgabe:

```
Briefumschläge A3-30
Schnellhefter A4-50
Briefumschläge A4-20
gelöscht: Versandtaschen A3-10
```

Existiert ein Hash-Element? – Die Funktion exists()

Mit der Funktion *exists()* kann überprüft werden, ob ein bestimmtes Hash-Element vorhanden ist.

Syntax von exists()
- *exists EXPR*

Die Funktion gibt TRUE *(1)* zurück, falls das entsprechende Element initialisiert wurde, auch wenn es den Wert *undef* besitzt. Ob ein Hash-Element einen definierten Wert besitzt, kann mit der Funktion *defined()* geprüft werden.

```
print "Content-type: text/html\n\n";
%articles = ("x-333-222","Briefumschläge A4-20", "x-333-225",
" Briefumschläge A3-30", "x-333-228","Versandtaschen A3-10",
"x-333-230","Schnellhefter A4-50");
$deleted= delete $articles{"x-333-228"};
print "Element existiert nicht"    unless exists $articles{"x-333-
228"};
```

Ausgabe:

```
Element existiert nicht
```

Anstatt ein ganzes Schlüssel-/Wertepaar eines Hashs zu löschen, kann auch einem einzelnen Hash-Element der Wert *undef* zugewiesen werden. Die Prüfung mit *exists()* und *undefined()* ergibt dann das folgende Ergebnis:

```
print "Content-type: text/html\n\n";
%articles = ("x-333-222","Briefumschläge A4-20", "x-333-225","
Briefumschläge A3-30", "x-333-228","Versandtaschen A3-10","x-333-
230","Schnellhefter A4-50");
undef $articles{"x-333-228"};
print "Element existiert<br>" if exists $articles{"x-333-228"};
print "Element ist nicht definiert"    unless defined $articles{"x-
333-228"};
```

Ausgabe:

```
Element existiert
Element ist nicht definiert
```

Anbinden von Hashes an DBM-Dateien

Hashes erweisen sich bei sehr vielen Problemstellungen als effiziente Datenstrukturen. Da es sich hierbei um im Arbeitsspeicher vorgehaltene Variablen handelt, werden diese bei Programmende wie alle Variablen wieder zerstört. Wünschenswert wäre daher ein Mechanismus, mit dem Hashes durch Abspeichern in einer Datei persistent, d. h. dauerhaft, gemacht werden können.

Ein derartiger Mechanismus wird von Perl durch die Möglichkeit der Anbindung eines Hashs an eine DBM-Datei unter Verwendung der Funktion *tie()* bereitgestellt.

DBM-Dateien bieten einen schlüsselbasierten Zugriff zu Datensätzen beliebiger Zeichenfolgen und eignen sich daher besonders gut zum Abspeichern von Hashes.

Die ursprüngliche, von Ken Thompson entwickelte DBM-Implementierung, basiert auf einem Hash-Verfahren, das aus einem Dateipaar, d. h. einer Datei für die Schlüssel und einer anderen für die Nutzdaten, besteht.

Analog zur ursprünglichen DBM-Implementierung entstanden später eine Reihe ähnlicher, von Perl unterstützter Bibliotheken. Die verbreitetsten DBM-Implementierungen sind in der folgenden Tabelle zusammengestellt:

DBM-Bibliothek	Beschreibung
SDBM_File	Freie Implementierung von NDBM durch Ozan Yigit (1990). Basiert auf dem dynamischen Hash-Verfahren von P.-A. Larson. SDBM ist Bestandteil der Perl-Distribution. Die Datensätze sind auf 1 KByte begrenzt.
GDBM_File	GDBM ist die von Philip A. Nelson entwickelte GNU-Variante von DBM. Im Gegensatz zu SDBM unterstützt sie beliebig große Datensätze. GDBM wird nicht zusammen mit Perl geliefert.

DBM-Bibliothek	Beschreibung
DB_File	Unterstützt B*-Bäume, dynamische Hash-Tabellen und durchnummerierte Datensätze fester oder variabler Länge. DB_File ist nicht Bestandteil der Perl-Distribution, kann aber unter CPAN bezogen werden.
NDBM_File	BSD-Version von DBM (nicht frei verfügbar).

Zusammenstellung verbreiteter DBM-Implementierungen

Das folgende Beispiel zeigt die Vorgehensweise, wenn ein vorhandener Hash durch Abspeichern in einer DBM-Datei persistent gemacht werden soll. Im Beispiel wird die SDBM-Implementierung von DBM verwendet, da diese Bestandteil jeder Perl-Distribution ist. Hierzu wird das Perl-Modul *SDBM_File* mittels *use* eingebunden. Des Weiteren wird das Standardmodul *Fcntl.pm* benötigt, das die zum Festlegen der Zugriffsarten und Zugriffsberechtigungen auf die DBM-Datei erforderlichen Konstanten zur Verfügung stellt.

Die Anbindung des Hashs an eine DBM-Datei erfolgt durch Aufruf der Funktion *tie():*

```
▪ tie (my %articles, 'SDBM_File', $filename, O_RDWR|O_CREAT, 0640) or
  die "Hash konnte nicht an DBM-Datei angebunden werden: $!<br>";
```

Die Funktion benötigt als Parameter den Namen des anzubindenden Hashs, den Namen des verwendeten DBM-Moduls – im Beispiel ist dies *SDBM_File* –, den File-Namen der anzulegenden DBM-Datei sowie die Konstanten zum Festlegen der möglichen Zugriffsarten sowie der Zugriffsberechtigungen auf die DBM-Datei.

Einige der wichtigsten, im Modul *Fcntl.pm* definierten Zugriffskonstanten und deren Bedeutung sind in der folgenden Tabelle zusammengestellt:

Konstante	Bedeutung
O_RDONLY	Datei zum Lesen öffnen
O_WRONLY	Datei zum Schreiben öffnen
O_RDWR	Datei zum Lesen und Schreiben öffnen
O_APPEND	Schreiben nur am Ende der Datei (Anfügemodus)
O_CREAT	Nicht existierende Datei anlegen

Einige im Modul Fcntl.pm definierte Zugriffskonstanten

Im Anschluss an das Anbinden des Hashs an eine DBM-Datei kann mit diesem wie gewohnt gearbeitet werden. Im Beispiel werden zur Kontrolle die abgespeicherten Daten über eine *foreach*-Schleife ausgegeben.

Nachdem alle Hash-Operationen abgeschlossen sind, wird die Anbindung des Hashs an die DBM-Datei unter Verwendung der Funktion *untie()* wieder aufgehoben. Es folgt das Beispiel im Zusammenhang:

```
▪ #!C:\PERL\bin\perl.exe
▪ # hash10.pl, persistente Hashs
▪ print "Content-type: text/html\n\n";
▪ use strict;
▪ use SDBM_File;
▪ use Fcntl;    # stellt die benötigten O_-Konstanten zur Verfügung
▪ # Dateiname der DBM-Datei
▪ my $filename= "products.dbm";
```

```
# Anbinden des Hashs an DBM-Datei
tie(my %articles, 'SDBM_File', $filename, O_RDWR|O_CREAT, 0640) or
die "Hash konnte nicht an DBM-Datei angebunden werden: $!<br>";
%articles = (
  "x-333-222"=>"Briefumschläge A4-20",
  "x-333-225"=>"Briefumschläge A3-30",
  "x-333-228"=>"Versandtaschen A3-10",
  "x-333-230"=>"Schnellhefter A4-50",
  "x-333-232"=>"Klarsichthüllen A4-100",
  "x-333-234"=>"Dokumententaschen A4-20"
);
print "Die folgenden Daten wurden in der Datei $filename
abgespeichert: <br>";
foreach (%articles) {
  print "$_<br>";
}
untie %articles;
```

Ausgabe:

```
Die folgenden Daten wurden in der Datei products.dbm abgespeichert:
x-333-222
Briefumschläge A4-20
x-333-225
Briefumschläge A3-30
x-333-228
Versandtaschen A3-10
x-333-230
Schnellhefter A4-50
x-333-232
Klarsichthüllen A4-100
x-333-234
Dokumententaschen A4-20
```

Nachdem der Inhalt eines Hashs – wie vorstehend beschrieben – persistent gemacht wurde, können beliebige Skripte wieder auf diese Daten zugreifen und aus der angelegten DBM-Datei gezielt einzelne Hash-Elemente auslesen.

Hierzu muss lediglich eine Hash-Variable unter Verwendung der Funktion *tie()* erneut an die DBM-Datei angebunden werden. Unter Verwendung der Daten aus der DBM-Datei können dann mit dem Hash alle Ihnen bekannten Hash-Operationen durchgeführt werden. Dies zeigt das nächste Beispiel:

```
#!C:\PERL\bin\perl.exe
# hash12.pl, persistente Hashs
print "Content-type: text/html\n\n";
use strict;
use SDBM_File;
use Fcntl;   # stellt die benötigten O_-Konstanten zur Verfügung
my $key;
my $value;
# Anbinden des Hashs an DBM-Datei
my $filename= "products.dbm";
```

```
■ tie(my %articles, 'SDBM_File', $filename, O_RDWR|O_CREAT, 0640);
■ # Ausgabe alle Hash-Elemente
■ while (($key, $value)=each %articles) {
■   print "Bestellnummer: ",$key," | ","Artikel: ", $value, "<br>";
■ }
■ untie %articles;
```

Ausgabe:

```
Bestellnummer: x-333-222 | Artikel: Briefumschläge A4-20
Bestellnummer: x-333-225 | Artikel: Briefumschläge A3-30
Bestellnummer: x-333-228 | Artikel: Versandtaschen A3-10
Bestellnummer: x-333-230 | Artikel: Schnellhefter A4-50
Bestellnummer: x-333-232 | Artikel: Klarsichthüllen A4-100
Bestellnummer: x-333-234 | Artikel: Dokumententaschen A4-20
```

Anwendungsbeispiel: Globale Sprachsteuerung für eine Website

In dem folgenden Anwendungsbeispiel wird gezeigt, wie unter Verwendung von Hashes eine globale Sprachsteuerung für eine Website realisiert werden kann. Zu diesem Zweck sind Hashes aufgrund ihrer assoziativen Zugriffsstruktur besonders gut geeignet.

Das Anwendungsbeispiel beschreibt die Erweiterung der bereits im vorherigen Kapitel beschriebenen Webschnittstelle zu einer Kundendatenbank um eine entsprechende Sprachsteuerung. Das Skript basiert auf der Ablage der sprachabhängigen Bezeichnungen einzelner Website-Elemente in einzelnen, sprachspezifischen Hashes mit jeweils gemeinsamen Schlüsselwerten.

Zusätzlich werden diese sprachspezifischen Hashes durch Abspeichern in einer DBM-Datei persistent gemacht.

Definition der Hashes für die Sprachsteuerung

Im folgenden Skript werden zunächst für die deutsche, englische und französische Sprachversion der Webanwendung die Hashes *%de*, *%fr* und *%gb* definiert, die jeweils die sprachspezifischen Bezeichnungen der Schaltflächen, Feld- und Spaltenüberschriften als Hash-Elemente sowie gemeinsame Bezeichnungen für die Schlüsselwerte enthalten.

Die gemeinsamen Bezeichner der Schlüsselwerte können anschließend in den jeweiligen Skripten der Webanwendung zum Zugriff auf die in den einzelnen Hashes abgespeicherten, verschiedensprachlichen Bezeichnungen der einzelnen Website-Elemente verwendet werden.

Um die unterschiedlichen Sprachsteuer-Hashes persistent zu machen, werden diese zudem unter Verwendung der Funktion *tie()* an entsprechende DBM-Dateien angebunden.

Abweichend vom vorherigen Beispiel wird in diesem Beispiel zur Realisation der DBM-Anbindung der verwendeten Hashes das Modul *DB_File* verwendet. Dieses Modul ermöglicht die Anbindung an die leistungsfähigere Berkley-DB-Implementierung von DBM und ist, sofern nicht Bestandteil der verwendeten Perl-Distribution, über das CPAN zu beziehen.

DB_File ist die von Perl-Programmierern am häufigsten eingesetzte DBM-Bibliothek. Der wichtigste Unterschied zu der bereits verwendeten SDBM-Bibliothek besteht darin, dass die Beschränkung der maximalen Blockgröße von 1 KByte entfällt und eine bei weitem höhere Verarbeitungsgeschwindigkeit möglich ist.

```
#!C:\PERL\bin\perl.exe
# customers_1_def.pl
# Webschnittstelle zu einer Kundendatenbank mit Sprachsteuerung
# Defintion der Sprachsteuer-Hashes
print "Content-type: text/html\n\n";
use DB_File;
tie(%de, 'DB_File', 'german.dbm', O_RDWR|O_CREAT, 0666)or die "Hash
konnte nicht an DBM-Datei angebunden werden: $!<br>";
tie(%fr, 'DB_File', 'french.dbm', O_RDWR|O_CREAT, 0666) or die "Hash
konnte nicht an DBM-Datei angebunden werden: $!<br>";
tie(%gb, 'DB_File', 'gb.dbm', O_RDWR|O_CREAT, 0666)or die "Hash
konnte nicht an DBM-Datei angebunden werden: $!<br>";
%de= (
     "head"=>"Webschnittstelle zur Kundendatei",
     "name"=>"Name",
     "fname"=>"Vorname",
     "street"=>"Strasse",
     "pcode"=>"PLZ",
     "place"=>"Ort",
     "phone"=>"Tel",
     "fax"=>"Fax",
     "mail"=>"E-Mail",
     "btt_add"=>"Kunden eintragen",
     "btt_search"=>"Kunden suchen",
     "btt_show"=>"Alle anzeigen",
     "msg_found"=>"Die folgenden Einträge wurden gefunden",
     "msg_all"=>"Gesamtinhalt der Kundendatei"
     );

%fr= (
     "head"=>"interface www de banque de données des clientes",
     "name"=>"nom",
     "fname"=>"prenom",
     "street"=>"rue",
     "pcode"=>"code postal",
     "place"=>"localité",
     "phone"=>"tél",
     "fax"=>"télecopieur",
     "mail"=>"courriel",
     "btt_add"=>"nouveau client",
     "btt_search"=>"chercher des clients",
     "btt_show"=>"indiquer des clients",
     "msg_found"=>"le resultat de la recherce",
     "msg_all"=>"toute les clients"
     );

%gb= (
     "head"=>"interface to the customers database",
     "name"=>"name",
```

```
▪       "fname"=>"firstname",
▪       "street"=>"street",
▪       "pcode"=>"zip",
▪       "place"=>"place",
▪       "phone"=>"phone",
▪       "fax"=>"fax",
▪       "mail"=>"mail",
▪       "btt_add"=>"add new customer",
▪       "btt_search"=>"search customers",
▪       "btt_show"=>"show all customers",
▪       "msg_found"=>"these customers were found",
▪       "msg_all"=>"all the customers"
▪       );
▪ untie %de;
▪ untie %fr;
▪ untie %gb;
```

Das Eingabeformular der sprachabhängigen Webschnittstelle

Während in der ursprünglichen Version der Webschnittstelle das Eingabeformular als reine HTML-Seite realisiert wurde, ist es für die sprachabhängige Version erforderlich, diese in ein Perl-Skript umzuwandeln, da anstelle von String-Konstanten für die unterschiedlichen Bezeichnungen der Website-Elemente von der jeweiligen Sprachversion abhängige Variablen eingesetzt werden sollen. Diese werden aus den zuvor definierten Hashes bzw. den DBM-Dateien gelesen, in denen diese Hashes abgespeichert wurden.

Hierzu werden ein HTML-Header

```
▪ print "Content-type: text/html\n\n";
```

und alle anschließenden, für die Generierung des Formulars erforderlichen HTML-Befehle über *print*-Anweisungen an den HTML-Client ausgegeben.

Sämtliche sprachspezifischen Bezeichnungen werden aus dem Hash *%lang* gelesen. Beispielsweise wird mit der Anweisung

```
▪ print "<tr><td colspan=\"8\"><h2>$lang{head}</h2></td></tr>";
```

das aus diesem Hash gelesene Element *$lang{head}* als Überschrift in der ersten Tabellenzeile des Formulars ausgegeben. Mit der Anweisung

```
▪ tie(my %lang, 'SDBM_File', $lang_db, O_RDWR|O_CREAT, 0640) or die
  "Hash konnte nicht an DBM-Datei angebunden werden: $!<br>";
```

erfolgt die Anbindung des Hashs *%lang* an die entsprechende DBM-Datei. Die Variable *$lang_db* enthält dabei den Dateinamen dieser Datei, der je nach verwendeter Sprachversion unterschiedlich ist. Die Zuordnung dieser Variablen zu den unterschiedlichen Sprachsteuerdateien wurde dabei zuvor durch entsprechend bedingte Anweisungen vorgenommen.

```
▪ if ($language eq "de") {$lang_db="german.dbm"}
▪ elsif ($language eq "fr") {$lang_db="french.dbm"}
▪ elsif ($language eq "gb") {$lang_db="gb.dbm"}
```

Über die Variable *$language* kann auf diese Weise die in der gesamten Website zur Anwendung kommende Sprache zentral gesteuert werden.

Die Belegung dieser Variablen könnte dabei vom Client über entsprechende Schaltflächen *deutsch, englisch, französisch* auf der Eingangsseite zur Website oder auch automatisch und etwas aufwendiger durch eine Auswertung der Umgebungsvariablen *$ENV{'REMOTE_HOST'}* erfolgen.

Es folgt das Skript im Zusammenhang:

```
■ #!C:\PERL\bin\perl.exe
■ # customers_1_form.pl
■ # Webschnittstelle zu einer Kundendatenbank mit Sprachsteuerung
■ # Eingabeformular
■ print "Content-type: text/html\n\n";
■ use strict;
■ use DB_File;
■ my (%lang, $language, $lang_db);
■ $language="fr";   # globale Sprachsteuerung de:deutsch,
            fr:französisch, gb: englisch
■ if ($language eq "de") {$lang_db="german.dbm"}
■ elsif ($language eq "fr") {$lang_db="french.dbm"}
■ elsif ($language eq "gb") {$lang_db="gb.dbm"}
■
■ tie(%lang, 'DB_File', $lang_db, O_CREAT | O_RDONLY, 0666) or die
  "Hash konnte nicht an DBM-Datei angebunden werden: $!<br>";
■
■ print "<html><head><title>Kundendaten</title></head>";
■ print "<body><table border=0 bgcolor=#D0D0D0>";
■ print "<tr><td colspan=\"8\"><h2>$lang{head}</h2></td></tr>";
■ print "<form action=\"/cgi-bin/customers_1_s.pl\" method=\"POST\">";
■ print "<tr><td>$lang{name}:</td><td><input type=\"Text\"
  name=\"name\" value=\"\" size=\"25\"></td>";
■ print "<td><input type=\"Submit\" name=\"add\"
  value=\"$lang{btt_add}\"></td></tr>";
■ print "<tr><td>$lang{fname}:</td><td><input type=\"Text\"
  name=\"fname\" value=\"\" size=\"25\"></td><td><input type=\"Submit\"
  name=\"search\" value=\"$lang{btt_search}\"></td></tr>";
■ print "<tr><td>$lang{street}:</td><td><input type=\"Text\"
  name=\"street\" value=\"\" size=\"25\"></td><td><input
  type=\"Submit\" name=\"all\" value=\"$lang{btt_show}\"></td></tr>";
■ print "<tr><td>$lang{pcode}:</td><td><input type=\"Text\"
  name=\"plz\" value=\"\" size=\"5\"></td></tr>";
■ print "<tr><td>$lang{place}:</td><td><input type=\"Text\"
  name=\"city\" value=\"\" size=\"25\"></td></tr>";
■ print "<tr><td>$lang{phone}:</td><td><input type=\"Text\"
  name=\"phone\" value=\"\" size=\"15\"></td></tr>";
■ print "<tr><td>$lang{fax}:</td><td><input type=\"Text\" name=\"fax\"
  value=\"\" size=\"15\"></td></tr>";
■ print "<tr><td>$lang{mail}:</td><td><input type=\"Text\"
  name=\"mail\" value=\"\" size=\"15\"></td></tr>";
■ print "<input type=\"hidden\" name=\"l_code\" value=$language>";
■ print "<tr></table><br></form></body></html>";
■ untie %lang;
```

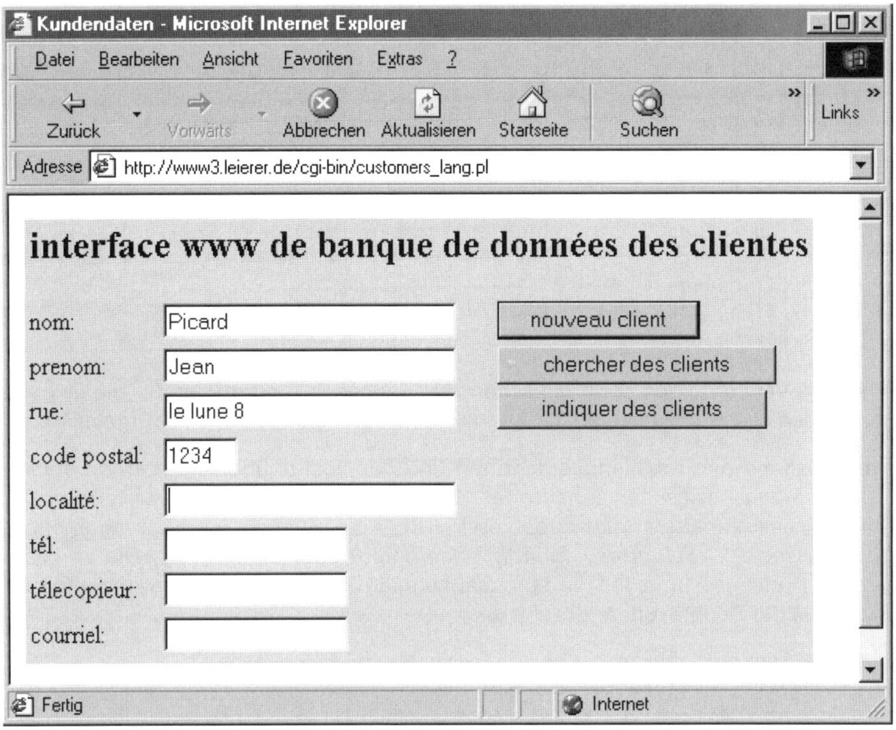

Anzeige des Webinterfaces der Kundendatei in der französischen Sprachversion

Das verarbeitende Skript bekommt die verwendete Sprachversion durch das versteckte Eingabefeld *l_code* des zuvor beschriebenen Eingabe- und Steuerungsformulars der Webschnittstelle per *HTTP-POST* übertragen. Diese steht nach dem Dekodieren der über die CGI-Schnittstelle übertragenen Daten in der Variablen *$form_dat{"l_code"}*, die ihrerseits der Variablen *$language* zugewiesen wird, zur Verfügung.

Abhängig vom Inhalt dieser Variablen, d. h. *"de"*, *"gb"* oder *"fr"*, wird wiederum der Dateiname der sprachspezifischen DBM-Datei festgelegt, die mittels der Funktion *tie()* an den im weiteren Verlauf benötigten Sprachsteuer-Hash *%lang* angebunden wird.

```
#!C:\PERL\bin\perl.exe
# customers_l_s.pl
# Webschnittstelle zu einer Kundendatenbank mit Sprachsteuerung
use strict;
use DB_File;
#use Fcntl;
use my_cgi_lib qw(parse_cgi);
my (@input,$in,$total);
my %form_dat;
my ($i,@cust, @arr, @erg, @matching);
my ($language,$lang_db);
print "Content-type: text/html\n\n";
#CGI-Eingabedaten parsen und an Array @cust übergeben
%form_dat=parse_cgi;
$cust[0]= $form_dat{"name"};
```

```
■ $cust[1]= $form_dat{"fname"};
■ $cust[2]= $form_dat{"street"};
■ $cust[3]= $form_dat{"plz"};
■ $cust[4]= $form_dat{"city"};
■ $cust[5]= $form_dat{"phone"};
■ $cust[6]= $form_dat{"fax"};
■ $cust[7]= $form_dat{"mail"};
■ $language =$form_dat{"l_code"};
■ if ($language eq "de") {$lang_db="german.dbm"}
■ elsif ($language eq "fr") {$lang_db="french.dbm"}
■ elsif ($language eq "gb") {$lang_db="gb.dbm"}
■ tie(my %lang, 'DB_File', $lang_db, O_RDONLY|O_CREAT, 0666) or die
  "Hash konnte nicht an DBM-Datei angebunden werden: $!<br>";
```

Im weiteren Verlauf folgen dann die schon beschriebenen Algorithmen für die Eingabe neuer Kunden, die Suche nach bestimmten Kriterien und die Ausgabe der Ergebnisse.

Für die Ausgabe der Tabellenüberschriften und der Spaltenüberschriften werden jeweils die sprachspezifischen Inhalte des Sprachsteuer-Hashs *%lang* verwendet. Der Zugriff auf diese Inhalte erfolgt dabei jeweils über die allen diesen Hashs gemeinsamen Schlüssel, z. B. *$lang{msg_found}*, *$lang{name}* oder *$lang{mail}*, wie im nachfolgenden Codeausschnitt für die sprachabhängige Ausgabe des Tabellenkopfes für die Ausgabe der Suchresultate gezeigt wird:

```
■ #Tabellenkopf abhängig von der Sprachversion ausgeben
■ print "<tr bgcolor=#E0E0E0><td
  colspan='8'><h2>$lang{msg_all}</h2></td></tr>";
■ print "<tr bgcolor=#D0D0D0><th>$lang{name}</th>
  <th>$lang{fname}</th><th>$lang{street}</th>
  <th>$lang{pcode}</th><th>$lang{place}</th><th>$lang{phone}</th><th>$l
  ang{fax}</th><th>$lang{mail}</th></tr>";
```

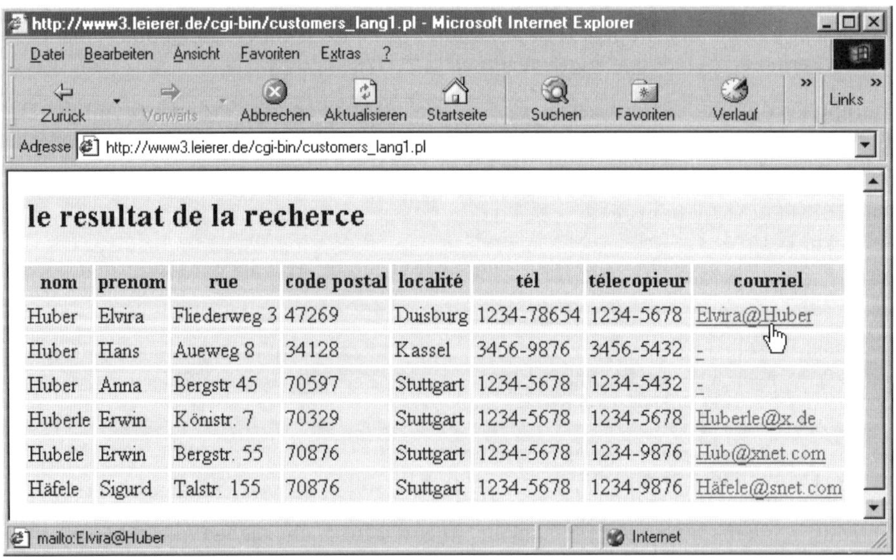

Suche in der Kundendatei, französische Sprachversion

6.1.5 Unsichtbar, aber immer präsent: Die reservierten Variablen von Perl

Perl definiert eine ganze Reihe von reservierten Variablen, die einerseits Informationen über den aktuellen Zustand des Systems enthalten, andererseits zur Steuerung unterschiedlicher Abläufe dienen. Es handelt sich dabei sowohl um skalare Variablen als auch um Arrays und Hash-Variablen.

Die reservierten Perl-Variablen werden in der Regel über ihre aus nur wenigen Zeichen bestehende Kurzbezeichner angesprochen. Sofern das Standardmodul *English.pm* mit

```
use English;
```

eingebunden wird, stehen auch Variablen-Bezeichner in Langform zur Verfügung. Diese werden jedoch von eingefleischten Perl-Programmierern so gut wie nie verwendet.

Die intensive Verwendung dieser Variablen ist einer der Gründe, weshalb Perl-Skripte für Einsteiger oft schwer verständlich sind. Nachfolgend werden die wichtigsten der reservierten Perl-Variablen und deren Anwendung beschrieben:

Die Default-Variable $_

Die Default-Variable *$_* ist die wichtigste Perl-Variable überhaupt. In vielen der bisher behandelten Beispiele hat die Variable *$_*, sei es versteckt oder offenkundig, eine wichtige Rolle gespielt.

Dies liegt zum einen daran, dass viele Perl-Funktionen die Variable *$_* als Default-Argument verwenden, wenn kein entsprechendes Argument beim Funktionsaufruf übergeben wurde, und zum anderen daran, dass *$_* in Schleifenkonstrukten wie *foreach* als Standarditerator eingesetzt werden kann.

Die Perl-Default-Variable *$_*

- *$_* wird von vielen Perl-Funktionen, z. B. *print()*, als Default-Argument verwendet.
- *$_* enthält in Suchläufen den jeweils aktuellen Wert und kann direkt in die Suche integriert werden, ohne dass eine weitere Variable erforderlich ist.
- *$_* wird von *foreach* als Standarditerator verwendet
- *$_* wird von den Funktionen *grep()* und *map()* als Iterator verwendet.
- *$_* wird von Pattern-Matching-Operatoren, z. B. *m//*, *s///*, *tr///*, ohne den =~-Operator als *lvalue* verwendet.

Die Variable $_ wird von Perl als temporärer Datenspeicher verwendet, der es ermöglicht, Funktionsaufrufe miteinander zu verketten, ohne explizite Zuweisungen der Zwischenergebnisse an weitere Variablen vornehmen zu müssen, die sonst im Programm nicht gebraucht werden.

Das nachfolgende Skript zeigt, wie die Variable *$_* in einem Skript implizit verwendet wird, ohne dass sie explizit in Erscheinung tritt:

```
#!C:\PERL\bin\perl.exe
# resvar1.pl, Verwendung der Default-Variablen $_
print "Content-type: text/html\n\n";
@arr = ("ax", "bx", "cx", "dx", "ex" );
foreach (@arr) {
  chop;
  tr/a-z/A-Z/;
  print;
}
```

Ausgabe:

```
ABC
```

Da im Beispiel der *foreach*-Schleife kein Iterator vorgegeben wurde, wird die Variable *$_* als Standarditerator verwendet. Bei jedem Schleifendurchgang wird dann zunächst bei jeder der in *$_* enthaltenen Zeichenfolge mithilfe der Funktion *chop()*, die *$_* als Default-Argument verwendet, das jeweils letzte Zeichen entfernt.

Anschließend wird auf den jeweiligen Inhalt von *$_* die Transliteration *tr/a-z/A-Z/* angewendet, durch die die Kleinbuchstaben *a-z* in die entsprechenden Großbuchstaben umgewandelt werden. Da der Funktion *print()* kein Argument übergeben wurde, wird der Inhalt von *$_* als Default-Argument herangezogen und ausgegeben.

Die reservierte Array-Variable @_

Eine ähnlich wichtige Rolle wie die Standardvariable *$_* spielt in Perl-Programmen die reservierte Array-Variable @_.

Das Array @_ enthält die Parameter, die beim Aufruf einer Subroutine übergeben wurden. Innerhalb der Subroutine sind dann die übergebenen Parameter über die Skalare *$_[0]*, *$_[1]*, *$_[1]* usw. ansprechbar. Einzelheiten hierzu werden in Kapitel 6.6 (siehe S. 172) beschrieben.

Die reservierte Array-Variable @ARGV

Das Array *@ARGV* enthält die Parameter, die beim Aufruf des Perl-Skripts in der Kommandozeile übergeben wurden. Die beim Aufruf des Skripts angegebenen Parameter stehen dann im Array *@ARGV* in der angegebenen Reihenfolge zur Verfügung und werden von dem Skript in der Regel unter Verwendung der Funktion *shift()* ausgelesen.

Wie Sie bereits aus dem Kapitel über die Funktionsweise der CGI-Schnittstelle (siehe S. 55) wissen, erfolgt die Parameterübergabe im CGI-Kontext jedoch ausschließlich durch die Übertragung von Formulardaten unter Verwendung der HTTP-Methoden *GET* und *POST*, sodass das Array *@ARGV* für die CGI-Programmierung keine große Bedeutung hat.

Die reservierte Hash-Variable %ENV

Die Hash-Variable *%ENV* enthält sämtliche, dem Perl-Interpreter bekannten Umgebungsvariablen des verwendeten Systems. Für die CGI-Programmierung sind dabei die CGI-Umgebungsvariablen von besonderer Bedeutung. Die CGI-Umgebungsvariablen wurden bereits in Kapitel 4.3 (siehe S. 58) ausführlich dargestellt.

Das folgende Beispiel zeigt, wie unter Verwendung der CGI-Umgebungsvariablen *SCRIPT_NAME* und der in dem Modul *CGI.pm* definierten Methode *redirect* der HTTP-Client angewiesen werden kann, die eigene Seite anzufordern, oder – um es anders auszudrücken – wie unter Verwendung von *SCRIPT_NAME* ein Redirect auf die eigene Seite durchgeführt werden kann.

```
#!C:\PERL\bin\perl.exe
# resvar3.pl
use strict;
use CGI;
my $q = new CGI;
my $id = "aaa-xxx-uuu";
# Zugriff auf Url-Parameter
if ($q->url_param("Kennung") eq "aaa-xxx-uuu") {
  # Header ausgeben
  print $q->header,
  $q->start_html('Sprung auf die eigene Seite'),
  $q->h3('Sprung auf die eigene Seite'),
  $q->end_html;
  }
else
  {
    print $q->redirect("$ENV{SCRIPT_NAME}?Kennung=$id")
  }
```

Vordefinierte Variablen für allgemeine Informationen

Aus einer Reihe von weiteren reservierten Variablen können Informationen über verschiedene Systemzustände entnommen werden, die für den Ablauf von Perl-Skripten von Bedeutung sein können.

Ein Beispiel hierfür ist die Variable *$0*, die den Namen des aktuell ablaufenden Skripts enthält.

Im folgenden Skript wird der Inhalt dieser Variablen auf eine HTML-Seite ausgegeben und zum Vergleich die im vorherigen Beispiel verwendete CGI-Umgebungsvariable *SCRIPT_NAME*.

```
#!C:\PERL\bin\perl.exe
# resvar2.pl
use strict;
use CGI;
my $q = new CGI;
  print $q->header,
  $q->start_html('Name des aktuell ausgeführten Skripts'),
  $q->h3('Name des aktuell ausgeführten Skripts'),
  $q->end_html;
  print "<b>Skript-Name über die reservierte Variable </b>", '<b>$0:
</b>', $0, "<br>";
  print "<b>Skript-Name über die CGI-Umgebungsvariable SCRIPT_NAME:
</b>",   $ENV{SCRIPT_NAME};
```

Ausgabe:

```
Name des aktuell ausgeführten Skripts
Skript-Name über die reservierte Variable $0: d:/apache/cgi-bin/bsp/resvar2.pl
Skript-Name über die CGI-Umgebungsvariable SCRIPT_NAME: /cgi-bin/resvar2.pl
```

In der nachstehenden Tabelle sind die für die Erlangung von allgemeinen Systeminformationen wichtigsten reservierten Perl-Variablen zusammengestellt:

Kurz	Lang	Bedeutung
$0	$PROGRAM_NAME	Name des aktuell laufenden Programms
$]	$PERL_VERSION	Version des Perl-Interpreters (z. B. 5.003)
$^D	$DEBUGGING	Wert des *-D*-Flags
$^F	$SYSTEM_FD_MAX	Höchster offener Dateideskriptor
$^I	$INPLACE_EDIT	Zeigt an, ob eine Datei direkt editiert wird (Option *-i*)
$^O	$OSNAME	Name des Betriebssystems
$^T	$BASETIME	Zeitpunkt, an dem das aktuelle Skript gestartet wurde (unter UNIX: Anzahl der Sekunden seit dem 1.1.1970)
$^P	$PERLDB	Debug-Status
$^W	$WARNING	Zeigt an, ob Warnungen ausgegeben werden sollen (z. B. durch die Option *-w*)
$^X	$EXECUTABLE_NAME	Name des Perl-Interpreters
$ARGV		Name der aktuellen Datei im Zusammenhang mit <>

Vordefinierte Variablen für allgemeine Informationen

Vordefinierte Variablen zur Steuerung der Ein- und Ausgabe

Zur Steuerung von Ein- und Ausgabeoperationen sind in Perl eine Reihe weiterer Variablen reserviert. Diese sind in der nächsten Tabelle zusammengestellt:

Kurz	Lang	Bedeutung
$.	$INPUT_LINE_NR	Enthält die aktuelle Zeilennummer der zuletzt eingelesenen Datei.
$/	$INPUT_RECORD_ SEPARATOR	Enthält den eingestellten Eingabeseparator. Kann geändert werden – auch mehrere Zeichen sind erlaubt.
$\	$OUTPUT_RECORD_ SEPARATOR	Ausgabetrenner für print() (standardmäßig leer)
$,	$OUTPUT_FIELD_ SEPARATOR	Trenner zwischen Feldern bei *print()*
$|	$OUTPUT_AUTOFLUSH	1: keine Pufferung der Ausgabe
$"	$LIST_SEPARATOR	Listenseparator bei gequoteten Listen

Vordefinierte Variablen zur Steuerung der Ein- und Ausgabe

Im folgenden Beispiel wird für die Ausgabe des verwendeten Betriebssystems auf eine HTML-Seite – hierzu wird die reservierte Variable *$^O* ausgegeben – der Feldtrenner für die Ausgabe mit *print()* über die reservierte Variable *$,* neu festgelegt.

```
#!C:\PERL\bin\perl.exe
# resvar2.pl
use strict;
use CGI;
my $q = new CGI;
  print $q->header,
  $q->start_html('Feldtrenner bei print()'),
  $q->h3('Feldtrenner bei print()'),
  $q->end_html;
  $,="------>";
  print "Name des Betriebssystems: ", $^O;
```

Ausgabe:

```
Feldtrenner bei print()
Name des Betriebssystems: ------>MSWin32
```

Vordefinierte Variablen für Suchmuster

Besonders häufig werden reservierte Perl-Variablen bei der Verarbeitung von regulären Ausdrücken verwendet. Die wichtigsten der hierzu von Perl definierten Variablen sind nachfolgend zusammengestellt. Das Arbeiten mit regulären Ausdrücken wird in einem gesonderten Kapitel (siehe S. 161) behandelt.

Kurz	Lang	Bedeutung
$<n>		*n*-ter geklammerter regulärer Ausdruck
$&	$MATCH	Enthält nach Anwenden eines regulären Ausdrucks den zuletzt ermittelten Wert, auf den das Suchmuster passte.
$'	$PREMATCH	Vor dem gematchten Ausdruck
$`	$POSTMATCH	Nach dem gematchten Ausdruck
$+	$LAST_PAREN _MATCH	Enthält nach Anwenden eines regulären Ausdrucks mit Klammern den Inhalt der letzten Klammer, die mit dem Suchmuster übereinstimmte.
$1, $2, usw.	entfällt	Enthält nach Anwenden eines regulären Ausdrucks mit Klammern die Werte der Klammern 1, 2 usw., auf die das in der jeweiligen Klammer definierte Suchmuster passte.

Vordefinierte Variablen für die Verarbeitung von regulären Ausdrücken

Vordefinierte Variablen für Prozess-, Benutzer- und Gruppen-IDs

Weitere reservierte Perl-Variablen stehen für die Identifizierung von Prozess-, Benutzer- und Gruppen-IDs zur Verfügung. Diese Variablen haben z. T. nur auf UNIX-Systemen Bedeutung.

Kurz	Lang	Bedeutung
$$	($PROCESS_ID)	Prozessnummer von Perl
$<	($REAL_USER_ID,$UID)	Benutzer-ID, unter der der Prozess gestartet wurde
$>	($EFFECTIVE_USER_ID, $EUID)	Benutzer-ID, unter der der Prozess aktuell läuft (verschieden von *$<* im Falle von Setuid-Programmen)
$(	($REAL_GROUP_ID,$GID)	Liste der Gruppen des Benutzers, unter dem der Prozess gestartet wurde
$)	($EFFECTIVE_GROUP_ID, $EGID)	Aktuelle Liste der Gruppen des Benutzers (verschieden von *$(* im Falle von Setgid-Programmen)

Vordefinierte Variablen für Prozess-Benutzer- und Gruppen-IDs

Im folgenden Beispiel werden die reservierten Variablen *$$*, *$<* und *$(*, die die Prozess-, Benutzer- und Gruppen-IDs enthalten, zunächst auf einem Windows-System und anschließend zum Vergleich auf einem Linux-System ausgegeben. Unter Windows enthalten die Variablen *$<* und *$(* keine sinnvolle Information.

```
#!C:\PERL\bin\perl.exe
# resvar5.pl
use strict;
use CGI;
my $q = new CGI;
  print $q->header,
  $q->start_html('PID, UID, GID'),
  $q->h3('PID, UID, GID'),
  $q->end_html;
  print "Prozess-Nr: ", $$, "<br>";
  print "Benutzer-ID: ", $<, "<br>";
  print "Gruppen-ID: ", $(;
```

Ausgabe:

```
PID, UID, GID
Prozess-Nr: -97272105
Benutzer-ID: 0
Gruppen-ID: 0
```

Dasselbe Skript

```
#!/usr/bin/perl -w
...
```

erzeugt dagegen auf einem Linux-System die folgende Ausgabe:

```
PID, UID, GID
Prozess-Nr: 258
Benutzer-ID: 65534
Gruppen-ID: 65534 100 65534
```

Vordefinierte Variablen für Fehlercodes

Für die Ausgabe von Fehlercodes werden die folgenden reservierten Variablen verwendet:

Kurz	Lang	Bedeutung
$?	($CHILD_ERROR)	Status-Nummer des letzten Systemaufrufs
$!	($OS_ERROR,$ERRNO)	Fehlernummer oder -meldung des letzten Systemaufrufs
$@	($EVAL_ERROR)	Fehlermeldung des letzten *eval()*-Aufrufs

Vordefinierte Variablen für Fehlercodes

Eine typische Anwendung ist der folgende Codeausschnitt, mit dem im Fehlerfall die weitere Programmausführung abgebrochen und zuvor noch unter Verwendung der Variablen *$!* eine entsprechende Fehlermeldung ausgegeben wird:

```
tie (%de, 'DB_File', 'german.dbm', O_RDWR|O_CREAT, 0666)
      or die "Hash konnte nicht an DBM-Datei angebunden werden: $!\n";
```

6.1.6 Wichtig für Umsteiger von anderen Sprachen: Die Gültigkeitsbereiche von benutzerdefinierten Perl-Variablen

Ein wichtiger Punkt für Umsteiger von anderen Sprachen sind die Sichtbarkeits- und Gültigkeitsbereiche von benutzerdefinierten Perl-Variablen. Perl verfolgt in diesem Punkt ein Konzept, das sich von anderen verbreiteten Programmiersprachen, insbesondere C und C++, deutlich unterscheidet.

Namensräume, Packages und Symboltabellen

Perl verwaltet die Variablen in so genannten Symboltabellen. Für jeden innerhalb eines Perl-Skripts definierten Namensraum existiert eine separate Symboltabelle. Namensräume werden mithilfe des Schlüsselworts *package* festgelegt.

Tritt bei der Programmausführung eine *package*-Anweisung auf, gilt ab dort der Namensraum des entsprechenden *package* mit eigenen Variablen. Solange mit dem Schlüsselwort *package* kein anderer Namensraum festgelegt ist, gilt automatisch der Namensraum *main*.

Der Sichtbarkeits- und Gültigkeitsbereich von benutzerdefinierten Perl-Variablen erstreckt sich auf das *package*, in dem sie erzeugt wurden. Sofern kein *package* explizit festgelegt wurde, erstreckt sich der Sichtbarkeits- und Gültigkeitsbereich von benutzerdefinierten Perl-Variablen auf das Default-*package main*. Derartige Variablen werden oft auch als global bezeichnet, was jedoch nicht ganz richtig ist, da sie nur in dem jeweiligen Namensraum Gültigkeit haben.

Perl kennt darüber hinaus auch lokale Variablen, die einen eingeschränkten Sichtbarkeits- und Gültigkeitsbereich aufweisen. Diese werden mit den Funktionen *my()* oder *local* deklariert (siehe nächster Abschnitt).

Zugriff auf die Symboltabelle eines package

Die Symboltabelle eines *package* ist in einem Hash abgelegt. Der Zugriff auf diesen Hash erfolgt über den Namen des *package* in der Form:

- `%packagename::`

Im Falle des *package main*

- `%main::`

oder kurz

- `%::`

Im folgenden Beispiel wird neben dem immer vorhandenen Namensraum *main* ein Namensraum *other* festgelegt. Nachdem in beiden Namensräumen Variablen erzeugt wurden, werden für beide Namensräume die Variablenbezeichner durch Zugriff auf die Hashes *%main::* und *%other::* ausgegeben.

```
#!C:\PERL\bin\perl.exe
#symtab.pl, Ausgabe der Symboltabelle des package main
print "Content-type: text/html\n\n";
$main_var1= 100;
@main_var2 = ("aaa","bbb","ccc");
package other;      ### Package "other"
$other_var=50;
package main;       ### wieder zurück in "main"
# Ausgabe der Symboltabellen
$\ = "|| ";
foreach $v (keys %main::) {
   print "main---> $v"
}
foreach $v (keys %other::) {
   print "<br><b>other--->$v</b>"
}
```

Die erzeugte Ausgabe beinhaltet auch alle von Perl vordefinierten Variablen, sodass diese recht umfangreich wird. Das Variablenpräfix wird dabei nicht angegeben.

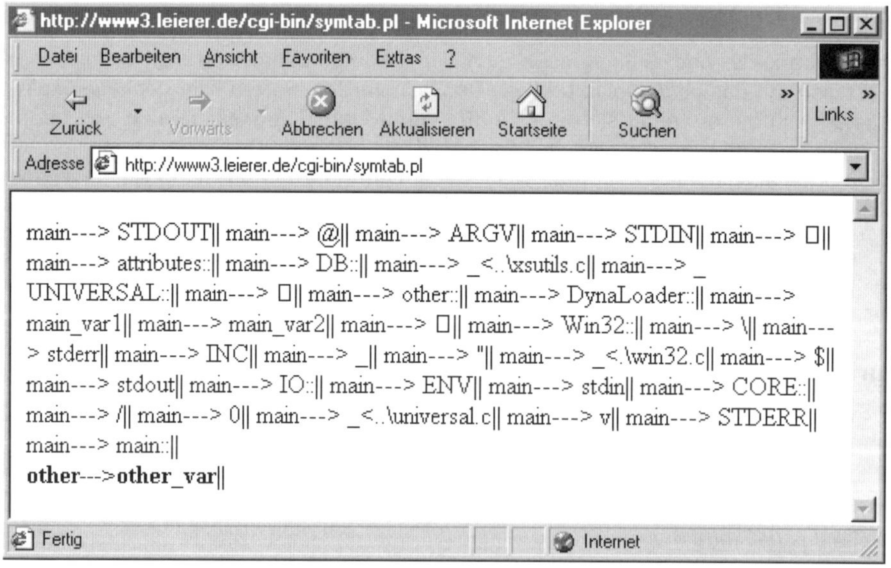

Ausgabe der Symboltabellen der Namensräume main und other

Deklarieren von lokalen Variablen mit my()

Syntax der Funktion my()

- *my $var1;*
- *my ($var1, $var2, ...);*
- *my $var3 = 100;*

Seit der Perl-Version 5 werden lokale Variablen vorzugsweise mit der Funktion *my()* erzeugt. Die mit *my()* deklarierten Variablen sind lokal zum umgebenden Block, d. h. zu einem mit geschweiften Klammern markierten Anweisungsblock, zu einer Subroutine, zu einem *eval()*-Block oder zu einer mit *require()* oder *use()* eingebundenen Datei.

Man bezeichnet solche Variablen als lexikalisch, weil deren Gültigkeitsbereich schon allein durch Untersuchung des Programmcodes feststellbar ist.

Zum Deklarieren von lokalen Variablen wird im Normalfall die Funktion *my()* verwendet. Lediglich für spezielle Problemstellungen ist es erforderlich, anstelle von *my()* die Funktion *local()* zu verwenden (siehe nächster Abschnitt).

Deklarieren von lokalen Variablen mit local()

Syntax der Funktion local()

- *local $var1;*
- *local ($var1, $var2, ...);*
- *local $var3 = 100;*

Während der Sichtbarkeits- und Gültigkeitsbereich von mit *my()* deklarierten lokalen Variablen tatsächlich ausschließlich auf den umgebenden Block beschränkt ist, kann auf Variablen, die mit *local()* deklariert wurden, auch aus anderen Subroutinen zugegriffen werden, sofern deren Aufruf innerhalb des Unterprogramms erfolgt ist, in dem die Variablen mit *local()* deklariert wurden.

Die Funktion *local()* schränkt den Gültigkeitsbereich einer Variablen auf eine andere Weise wie die Funktion *my()* ein. Wird eine Variable mithilfe der Funktion *local()* deklariert, wird zunächst ein eventuell vorhandener, aktueller Wert dieser Variablen *gesichert*. Anschließend können dieser Variablen neue Werte zugewiesen werden. Wird der Block, in dem die Deklaration mit *local()* erfolgte, verlassen, wird der ursprüngliche Wert der Variablen wiederhergestellt.

Bei der Deklaration mit *local()* wird also keine neue Variable erzeugt, wie das bei Verwendung von *my()* der Fall ist. Es wird lediglich ihr Inhalt lokal neu zur Verfügung gestellt, wobei die entsprechende Variable global mit ihrem ursprünglichen Inhalt immer noch zugänglich ist.

Dieses Verhalten von mit *local()* lokalisierten Variablen zeigt das folgende Beispiel:

```
print "Content-type: text/html\n\n";
$x = 4711;
print "Main: \$x = $x<br>";
{
    print "==============================<br>";
    print "Eintritt in lokalen Block<br>";
    local $x = 666;
    print "lokaler Block: \$x = $x<br>";
    print "Symboltabelle Package main: \$::x = $::x<br>";
    print "Subroutine wird aus lokalem Block aufgerufen<br>";
    print "==============================<br>";
    testsub();
}
print "==============================<br>";
print "Wiedereintritt in Hauptprogramm<br>";
print "Symboltabelle Package main: \$::x = $::x<br>";
print "Main: \$x = $x<br>";
# Unterprogramm testsub
sub testsub {
   print "befinde mich in testsub()<br>";
   print "Symboltabelle Package main: \$::x = $::x<br>";
   print "testsub(): \$x = $x<br>";
}
```

Ausgabe:

```
Main: $x = 4711
==============================
Eintritt in lokalen Block
lokaler Block: $x = 666
Symboltabelle Package main: $::x = 666
Subroutine wird aus lokalem Block aufgerufen
================================
befinde mich in testsub()
Symboltabelle Package main: $::x = 666
testsub(): $x = 666
===============================
Wiedereintritt in Hauptprogramm
Symboltabelle Package main: $::x = 4711
Main: $x = 4711
```

Sowohl in der Symboltabelle des *package main* als auch in der Subroutine *testsub()*, die sich außerhalb des Blocks mit der Deklaration von *$x* als *local()*-Variable befindet, wird für *$x* der Wert *666* ausgegeben. Der ursprüngliche Wert *4711* wird erst wiederhergestellt, wenn der Block verlassen wird, in dem die Deklaration mit *local()* stattfand.

Da der Gültigkeits- und Sichtbarkeitsbereich von Variablen, die mit *local()* lokalisiert wurden – wie das vorstehende Beispiel gezeigt hat – durch den Programmablauf bestimmt wird, bezeichnet man *local()*-Variablen auch als Laufzeitvariablen oder dynamische Variablen.

Die Funktion *local()* erzeugt also einen temporären Wert für eine globale Variable (*dynamic scoping*), während die Funktion *my()* eine echte lokale Variable deklariert (*lexical scoping*), die nur im umgebenden Block bekannt ist.

6.2 Literale

Wie andere Programmiersprachen kennt auch Perl Literale. Literale behalten im Gegensatz zu Variablen während der Abarbeitung eines Programms ihren Wert bei. Es werden Zahlen (numbers) und Zeichenketten (strings) unterschieden.

Zahlen

In Perl können Zahlen sowohl als Ganzzahlen als auch als Gleitkommazahlen dargestellt werden. Bei mathematischen Berechnungen werden Zahlen als Gleitkommazahlen mit doppelter Genauigkeit behandelt. Um große Ganzzahlen übersichtlicher zu schreiben, können Unterstriche _ als Tausender-Trenner eingefügt werden.

- `4711        -666        3.141        -0.009`
- `1.6e-3      3E12`
- `2_000_000`

Oktalzahlen werden mit einer führenden Null gekennzeichnet. Hexadezimalzahlen beginnen mit *0x*.

dezimal	oktal	hexadezimal
20	024	0x14
-63	-077	-0x3f

Darstellung von Dezimal-, Oktal- und Hexadezimalzahlen in Perl

Zeichenketten

Zeichenketten bestehen aus einer Aneinanderreihung von beliebig vielen einzelnen Zeichen (Buchstaben, Ziffern, Sonderzeichen).

Zeichenketten können in Perl mit einfachen Anführungsstrichen gekennzeichnet werden. Diese werden auch als quoted strings bezeichnet. Innerhalb von quoted strings wird jedes Zeichen so in die Zeichenkette übernommen, wie es geschrieben wird. Ausnahmen hiervon sind das einfache Quote-Zeichen (') selbst und der Backslash (\):

Soll in einem quoted string ein einfaches Quote-Zeichen dargestellt werden, muss ihm ein Backslash vorangestellt werden. Um einen Backslash ohne seine Sonderbedeutung darzustellen, wird er doppelt geschrieben.

Die zweite Möglichkeit zur Kennzeichnung von Zeichenfolgen ist deren Einschluss in doppelte Anführungszeichen. Solche Zeichenfolgen werden auch als interpolated strings bezeichnet. In interpolated strings werden Variablen substituiert, Steuer- und Sonderzeichen sowie – im CGI-Kontext – HTML-Tags ausgewertet, während die übrigen Zeichen der Zeichenkette unverändert bleiben.

Zeichen	Bedeutung
\"	doppeltes Quote-Zeichen "
\\	Backslash \
\n	neue Zeile (newline)
\r	Return
\f	neue Seite (form feed)
\t	horizontaler Tabulator
\v	vertikaler Tabulator
\b	Rückschritt (backspace)
\a	akustisches Signal
\e	Escape
\102	oktaler Zeichencode (hier für B)
\x43	hexadezimaler Zeichencode (hier für C)
\cC	Control-Zeichen (hier: Ctrl-C)

Darstellung von Sonderzeichen in interpolated strings

6.3 Verknüpfen von Inhalten mit Operatoren – Kalkulationsmodell einer Website

Für die Verknüpfung von Literalen und Variablen stellt Perl wie die meisten höheren Programmiersprachen nummerische Operatoren, String-Operatoren, logische Operatoren und Bit-Operatoren zur Verfügung.

Diese sind in den nachfolgenden Abschnitten zusammengestellt. Ein wichtiger Unterschied zu anderen Programmiersprachen ist in diesem Zusammenhang, dass in Perl die jeweils verwendeten Operatoren und nicht die Datentypen den Kontext, in dem ein Literal oder eine Variable verwendet wird, bestimmen.

Im Anschluss daran folgt wieder eine CGI-Anwendung, bei der nummerische Operatoren, String-Operatoren und logische Operatoren im Zusammenhang mit einem Kalkulationsmodell für eine EDV-Schule auf einer Website praktisch eingesetzt werden.

6.3.1 Die arithmetischen Operatoren von Perl

Perl kennt neben den vier elementaren arithmetischen Operatoren den Modulo-Operator zur Ermittlung des Divisionsrests, einen Operator für die Potenzierung sowie Operatoren für die Inkrementierung bzw. die Dekrementierung von Variablen. Diese sind in der folgenden Tabelle zusammengestellt:

Operator	Bedeutung
+	positives Vorzeichen (unär)
-	negatives Vorzeichen (unär)
+	Addition
-	Subtraktion
*	Multiplikation
/	Division
%	Divisionsrest (Modulo)
**	Potenzierung
++	Inkrementierung
–	Dekrementierung

Die arithmetischen Operatoren von Perl

6.3.2 Nummerische Vergleichsoperatoren

Für den Vergleich von Zahlen und nummerischen Variablen hält Perl insgesamt sieben Operatoren bereit, wie sie auch aus anderen Programmiersprachen bekannt sind. Ein wichtiger Unterschied zu anderen Sprachen ist jedoch, dass diese Operatoren nicht zum Vergleich von Zeichenfolgen geeignet sind. Für den Vergleich von Zeichenfolgen werden in Perl eigene Operatoren (siehe nächsten Abschnitt) eingesetzt.

Operator	Bedeutung
==	Gibt bei Gleichheit TRUE zurück.
!=	Gibt bei Ungleichheit TRUE zurück.
>	Gibt TRUE zurück, falls linkes Argument größer als rechtes Argument.
<	Gibt TRUE zurück, falls linkes Argument kleiner als rechtes Argument.
>=	Gibt TRUE zurück, falls linkes Argument größer oder gleich rechtem Argument.
<=	Gibt TRUE zurück, falls linkes Argument kleiner oder gleich rechtem Argument.
<=>	Gibt -1, 0 oder 1 zurück, je nachdem, ob das linke Argument kleiner, gleich oder größer als das rechte Argument ist.

Die nummerischen Vergleichsoperatoren von Perl

6.3.3 Operatoren für den Vergleich von Strings

Für den Vergleich von Strings hält Perl gesonderte Operatoren bereit, die dem einen oder anderen Leser von der Sprache FORTRAN geläufig sein werden:

Operator	Bedeutung
eq	Gibt bei Gleichheit TRUE zurück.
ne	Gibt bei Ungleichheit TRUE zurück.
gt	Gibt TRUE zurück, falls linkes Argument größer als rechtes Argument.
lt	Gibt TRUE zurück, falls linkes Argument kleiner als rechtes Argument.
ge	Gibt TRUE zurück, falls linkes Argument größer oder gleich rechtem Argument.
le	Gibt TRUE zurück, falls linkes Argument kleiner oder gleich rechtem Argument.
cmp	Gibt -1, 0 oder 1 zurück, je nachdem, ob das linke Argument kleiner, gleich oder größer als das rechte Argument ist.

Die String-Vergleichsoperatoren von Perl

Ein verbreiteter Anfängerfehler ist es, zum Vergleich von Strings, wie es in anderen Programmiersprachen üblich ist, nummerische Vergleichsoperatoren einzusetzen:

```
print "Content-type: text/html\n\n";
$a="foo";
$b="bar";
if ($a == $b) {
  print "Das  kann doch nicht wahr sein<br>";
  print "$a = = $b ????";
}
```

Ausgabe:

```
Das kann doch nicht wahr sein
foo = = bar ????
```

Das unerwartete Ergebnis des Vergleichs kommt dadurch zustande, dass die Verwendung des nummerischen Vergleichsoperators = = einen nummerischen Kontext erzeugt, bei dem sowohl *$a* als auch *$b* mit Null bewertet werden, sodass die *if*-Bedingung erfüllt ist und der darauf folgende Anweisungsblock ausgeführt wird.

6.3.4 Logische Verknüpfungsoperatoren

Die logischen Verknüpfungsoperatoren von Perl dienen der Verknüpfung von booleschen Ausdrücken und geben einen weiteren booleschen Ausdruck zurück. Die Bedeutung und Verwendung dieser Operatoren entspricht dabei der aus anderen verbreiteten Programmiersprachen, z. B. C und C++.

<table>
<tr><th>Operator</th><th>Bedeutung</th></tr>
<tr><td>!</td><td>logisches NOT</td></tr>
<tr><td>^</td><td>Exklusives ODER</td></tr>
<tr><td>&&</td><td>logisches UND</td></tr>
<tr><td>||</td><td>logisches ODER</td></tr>
</table>

Operator	Bedeutung
not	logisches NOT
and	logisches UND
or	logisches ODER
xor	logisches XOR

Die logischen Verknüpfungsoperatoren von Perl

Zu beachten ist, dass die Operatoren *!, ^, &&* und || eine höhere Präzedenz haben als die Operatoren *not, and, or* und *xor*. Das bedeutet, dass die Erstgenannten in zusammengesetzten Ausdrücken vorrangig behandelt werden. Eine Zusammenstellung der Bewertungsreihenfolge der Perl-Operatoren findet sich in Anhang 15.3.

6.3.5 Bit-Operatoren

Perl verfügt über eine Reihe von Operatoren für Bit-Manipulationen, die u. a. bei Systemaufrufen zum Setzen bestimmter Bits verwendet werden.

<table>
<tr><th>Operator</th><th>Bedeutung</th></tr>
<tr><td>&</td><td>bitweises UND</td></tr>
<tr><td>|</td><td>bitweises ODER</td></tr>
<tr><td>^</td><td>bitweises XOR</td></tr>
<tr><td>~</td><td>bitweises Komplement</td></tr>
<tr><td><<</td><td>bitweise Verschiebung des linken Arguments um eine (Ganz-) Zahl nach links (rechtes Argument)</td></tr>
<tr><td>>></td><td>bitweise Verschiebung des linken Arguments um eine (Ganz-) Zahl nach rechts (rechtes Argument)</td></tr>
</table>

Die Bit-Operatoren von Perl

Im folgenden Beispiel werden die Bits der Variablen *$a=1* (binär: *00000001*) um drei Stellen nach links verschoben. Das Ergebnis ist *8* (binär: *00001000*).

- `$a=1;`
- `$b=3;`
- `print $a << $b;`

Ausgabe:

```
8
```

6.3.6 Anwendungsbeispiel: Ein Kalkulationsmodell für eine Geschäftswebsite

Die in diesem Abschnitt beschriebene CGI-Anwendung beruht auf der automatischen Generierung eines Angebots auf einer Geschäftswebsite.

Der Betreiber einer EDV-Schule gibt in einer in Form eines HTML-Formulars realisierten Webseite die Daten der von ihm angebotenen Kurse ein. Diese beinhalten auch die für die Kalkulation des jeweiligen Kurspreises maßgebenden Kalkulationsansätze.

Die Kursdaten werden dann auf einer auf dem Server vorgehaltenen ASCII-Datei abgespeichert. Ein Perl-Skript generiert aus diesen Daten dann automatisch das Kursangebot auf der Website der EDV-Schule.

Bei der Kalkulation des Kurspreises wird – entsprechend dem Fokus dieses Kapitels – intensiver Gebrauch von den arithmetischen Operatoren und den nummerischen Vergleichsoperatoren von Perl gemacht, wenngleich wie bei jeder lauffähigen CGI-Anwendung auch andere syntaktische Perl-Elemente und CGI-Programmiertechniken zum Einsatz kommen.

Das für die Generierung der Angebotsseite verantwortliche Skript bezieht die hierfür erforderlichen Daten aus einer ASCII-Datei. In dieser Datei sind die Daten im folgenden Format abgelegt:

- `Kurs-Nr##Kurstitel##Kursbeginn(Tag)##Kursbeginn(Monat)##Kursbeginn (Jahr)##Kursende(Tag) ## Kursende(Monat)##Kursende(Jahr)##Stunden satz##Kalkulationsfaktor##Kursstunden pro Kurstag`

Die ASCII-Datei wird dabei von einem später noch zu beschreibenden Perl-Skript angelegt. Die hierzu erforderliche Datenerfassung erfolgt über das nachstehend abgebildete HTML-Formular:

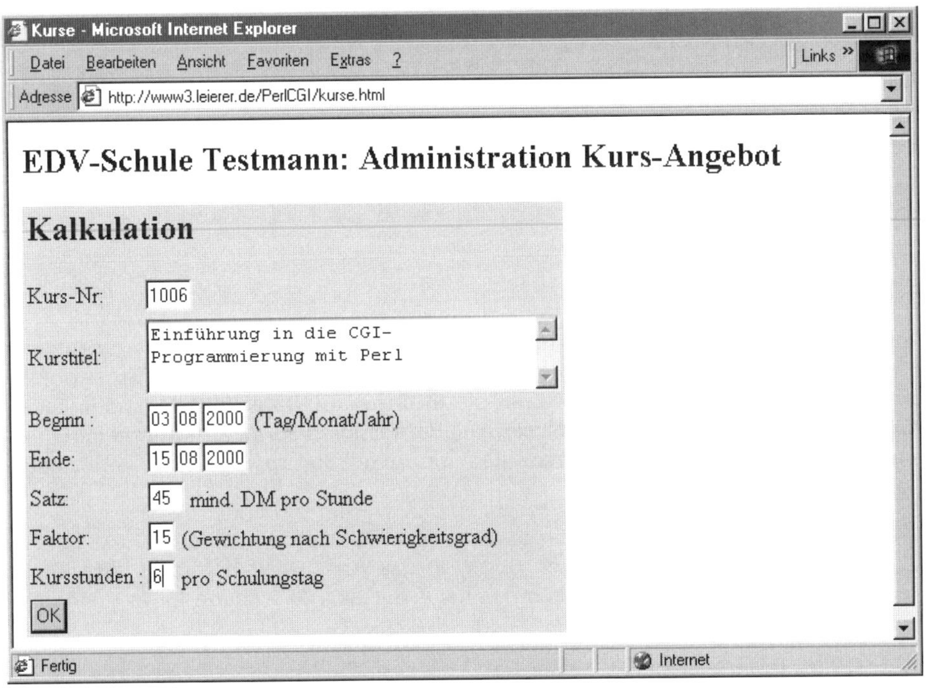

Das Kalkulations-Formular

Auf der von einem weiteren Perl-Skript generierten Angebotsseite kann der Kunde über entsprechende Schaltflächen die für die Kalkulation des Kurspreises mit herangezogene Teilnehmerzahl variieren.

Bei sämtlichen Kursen wird von einer maximalen Teilnehmerzahl von 20 Teilnehmern ausgegangen, für die auch der jeweils günstigste Kurspreis angeboten werden kann. Bei weniger als 20 Teilnehmern erhöht sich der Kurspreis pro Person entsprechend dem angewandten Kalkulationsmodell. Bei weniger als fünf Teilnehmern kann der Kurs nicht stattfinden.

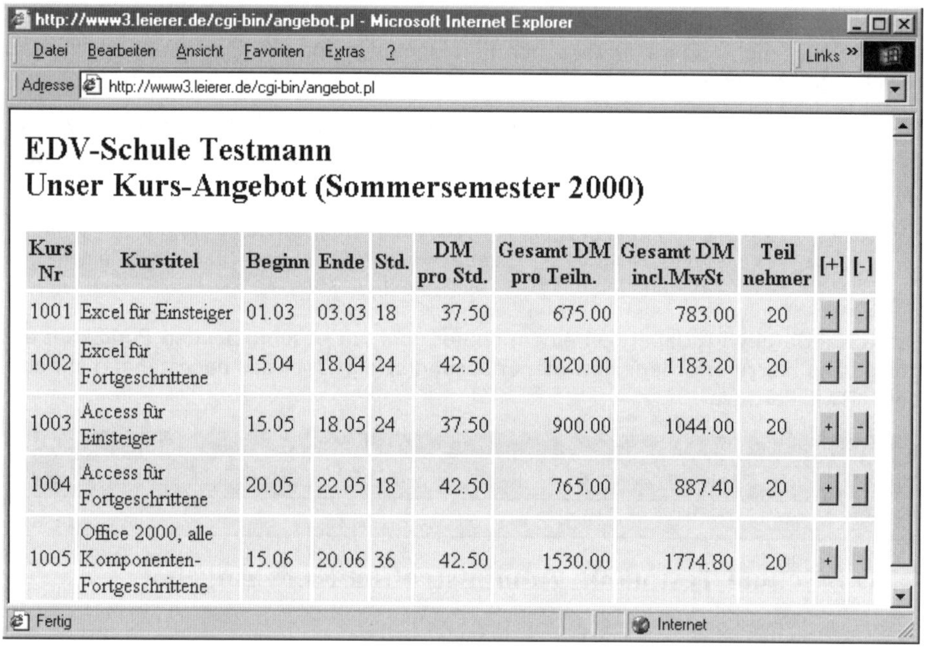

Kurs Nr	Kurstitel	Beginn	Ende	Std.	DM pro Std.	Gesamt DM pro Teiln.	Gesamt DM incl.MwSt	Teil nehmer	[+]	[-]
1001	Excel für Einsteiger	01.03	03.03	18	37.50	675.00	783.00	20	+	-
1002	Excel für Fortgeschrittene	15.04	18.04	24	42.50	1020.00	1183.20	20	+	-
1003	Access für Einsteiger	15.05	18.05	24	37.50	900.00	1044.00	20	+	-
1004	Access für Fortgeschrittene	20.05	22.05	18	42.50	765.00	887.40	20	+	-
1005	Office 2000, alle Komponenten-Fortgeschrittene	15.06	20.06	36	42.50	1530.00	1774.80	20	+	-

Das Angebot auf der Geschäftswebsite

Einlesen der Kursdaten

In dem für die Generierung der Angebotsseite zuständigen Skript werden, nachdem die erforderlichen Variablen deklariert und der für die Ausgabe von HTML erforderliche HTML-Header ausgegeben wurde, die in der ASCII-Datei *kurse.txt* enthaltenen Kursdaten in das Array *@file* eingelesen, mit der Funktion *sort()* sortiert und innerhalb einer *foreach*-Schleife für jede Datenzeile mit der Funktion *split()* in einzelne Datenfelder zerlegt.

Die Zerlegungsprodukte finden sich dann für jede Datenzeile in einer Liste, deren Referenz jeweils mithilfe der Funktion *push()* in das Array *@arr* befördert wird. Diese Technik haben Sie bereits im Zusammenhang mit der Verwaltung einer Kundendatenbank kennen gelernt.

```
# Kursdaten aus Datei lesen
open (FILE,"<kurse.txt") ||
   die "Datei konnte nicht geöffnet werden";
```

```
# ganze Datei in @file einlesen
my @file = <FILE>;
# Array @file sortieren
my @sorted = sort @file;
foreach $_ (@sorted) {
    chomp;
    push @arr, [ split(/##/,$_)];
}
```

Ermittlung der Teilnehmerzahl

Im Anschluss daran folgt dann das Parsen der über die CGI-Schnittstelle übertragenen Daten durch den Aufruf der Subroutine *parse_cgi()*, die von dem Modul *my_cgi_lib.pm* zur Verfügung gestellt wird.

Sie werden fragen, welche Daten denn überhaupt über die CGI-Schnittstelle übertragen werden, wenn doch alle erforderlichen Daten aus der Datei *kurse.txt* gelesen werden.

Es ist der Parameter *$anz*, der die Anzahl der Kursteilnehmer festlegt und den der Kunde interaktiv auf der Angebotsseite durch Anklicken der Schaltflächen + oder - verändern kann. Wurde die Schaltfläche + angeklickt, wird *$anz* um 1 erhöht. Hierzu wird der Inkrementierungsoperator ++ eingesetzt.

```
$anz++ if  $form_dat{"add"} eq "+";
```

Analog wird, falls die Schaltfläche - angeklickt wurde, *$anz* unter Verwendung des Dekrementierungsoperators – um 1 erniedrigt.

```
$anz-- if  $form_dat{"min"} eq "-";
```

Ob die jeweilige Schaltfläche angeklickt wurde, wird in beiden Fällen über eine für das Schlüsselwort *if* angegebene Bedingung geprüft. Diese Bedingung enthält jeweils einen String-Vergleich, mit dem geprüft wird, ob der über die CGI-Schnittstelle übertragene und in der Variablen *$form_dat{"add"}* bzw. *$form_dat{"min"}* enthaltene Wert dem Zeichen "+" bzw. "-" entspricht. Diese Perl-spezifische Syntaxform heißt bedingte Anweisung und wird im Kapitel über die Kontrollstrukturen von Perl (siehe S. 156) noch genauer erläutert.

Durch zwei weitere bedingte Anweisungen wird anschließend die zulässige Teilnehmerzahl auf Werte zwischen 5 und 20 begrenzt.

```
$anz=5 if $anz<6;
$anz=20 if $anz>20;
```

Kalkulation der Kurspreise und tabellarische Ausgabe

Im Anschluss daran folgt dann der Code, der für die Kalkulation der Kurspreise und die tabellarische Ausgabe des Angebots zuständig ist. Zunächst wird der Tabellenkopf der Angebotstabelle über einen *print()*-Befehl ausgegeben.

```
print qq(<table border=0 cellpadding="2" cellspacing="2">);
print qq(<tr bgcolor=#D0D0D0><th>Kurs<br>Nr</th> <th width =20%>
Kurstitel</th> <th>Beginn</th><th>Ende</th><th>Std.</th><th>DM<br>
```

```
pro Std.</th><th>Gesamt DM<br>pro Teiln.</th><th>Gesamt DM<br>
incl.MwSt</th> <th>Teil<br>nehmer</th><th>[+]</th><th>[-]
</th></tr>);
```

Danach folgt eine *foreach*-Schleife, innerhalb derer für jeden angebotenen Kurs zunächst aus Kursbeginn und Kursende die Kursdauer in Tagen ermittelt, anschließend der Kurspreis aufgrund der vom Kunden eingestellten Teilnehmerzahl neu kalkuliert und schließlich die Daten jedes Kurses in einer separaten Tabellenzeile ausgegeben werden.

Zur Ermittlung der Kursdauer werden zunächst die im Array *@arr* enthaltenen Referenzen auf Tag, Monat und Jahr des Kursbeginns bzw. des Kursendes dereferenziert und den Arrays *@begin* und *@end* zugewiesen.

```
@begin=($_->[4], $_->[3], $_->[2]);
@end= ($_->[7], $_->[6], $_->[5]);
```

Die Differenz zwischen diesen beiden Datumsangaben wird unter Verwendung der Funktion *Delta_Days()* ermittelt, die von dem eingangs eingebundenen Modul *Date::Calc* zur Verfügung gestellt wird.

```
$days=Delta_Days(@begin, @end)+1;
```

Für die anschließende Kalkulation des Kurspreises werden die im Array *@arr* enthaltenen Referenzen auf die Werte für den anzusetzenden Mindeststundensatz, den internen Kalkulationsfaktor und die vorgesehenen Kursstunden pro Kurstag den Variablen *$calc_h, $calc_f* und *$hours_day* zugewiesen.

```
my $calc_h= $_->[8];
my $calc_f= $_->[9];
my $hours_day= $_->[10];
```

Mit diesen Werten wird dann die Kalkulation des Kurspreises in Abhängigkeit von der Teilnehmerzahl für jeden angebotenen Kurs durchgeführt:

```
$price=sprintf "%5.2f",$calc_h+100*$calc_f/$anz**2;
```

Dieser ist, wie die obige Anweisung zeigt, innerhalb von zuvor festgelegten Grenzen für *(5 <= $anz >= 20)* umgekehrt proportional zum Quadrat der Teilnehmerzahl *$anz*.

Der zusätzlich in die Berechnung eingehende Faktor *$calc_f* ist der firmeninterne Kalkulationsfaktor, der sämtliche Unkosten, die sich z. B. aus dem eingesetzten Personal und den Unterhaltskosten für Kursräume ergeben, kursbezogen abbildet.

Mit den so ermittelten Stundensätzen für den Kurspreis werden dann die Kurskosten pro Teilnehmer mit und ohne Mehrwertsteuer berechnet:

```
$hours_ges=$days*$hours_day;
$ges= sprintf "%5.2f",$hours_ges*$price;
$ges_tax= sprintf "%5.2f",$ges*$MW;
```

Die Kurskosten, die von Perl intern als doppelt genaue Gleitpunktzahlen ermittelt werden, sollen bei der anschließenden tabellarischen Ausgabe mit zwei Nachkommastellen ausgegeben werden. Für die hierzu erforderliche Formatierung wird die Perl-Funktion *sprintf()* verwendet.

Exkurs: Zahlenformatierung mit der Funktion sprintf()

Mit der Funktion *sprintf()* können in unterschiedlichster Form Zahlenformatierungen durchgeführt werden. Die Funktion dürfte den C-Programmierern unter den Lesern bereits bekannt sein.

Syntax der Funktion sprintf()
- *sprintf FORMAT, LIST*

Die Syntax der Funktion *sprintf()* und die im Zusammenhang mit der Funktion zu verwendenden Formate sind in der nachfolgenden Tabelle zusammengestellt.

Format	Bedeutung
%%	Ausgabe des Prozentzeichens
%c	Das dem ASCII-Code entsprechende Zeichen
%s	String
%d	Zahl in Dezimaldarstellung
%u	Integer ohne Vorzeichen, Dezimal
%o	Wie vor, jedoch Oktal
%x	Wie vor, jedoch Hexadezimal
%e	Gleitkommazahl, Exp. Darstellung
%f	Gleitkommazahl, Festpunktdarstellung
%g	Gleitkommazahl in *%e*- oder *%f*-Notation
%X	Wie *%x*, jedoch mit Großbuchstaben A-F
%E	Wie *%e*, jedoch mit "E"
%G	Wie *%g*, jedoch mit "E"
%b	Integer ohne Vorzeichen, Binär
%p	Pointer (hexadezimale Ausgabe einer Adresse)
%i	Synonym für *%d*
%D	Synonym für *%ld*
%U	Synonym für *%lu*
%O	Synonym für *%lo*
%F	Synonym für *%f*

Zusammenstellung der Format-Kürzel der Funktionen printf und sprintf

Das erste der Funktion *sprintf()* zu übergebende Argument ist ein Format-String, der die Formatanweisung für die auszugebenden Werte enthält.

Als zweites Argument folgt der zu formatierende Wert oder eine Liste mit Werten, die formatiert werden sollen. Die Funktion gibt die formatierten Werte als String zurück.

Beispiel:

```
@list= (2,3,4);
$format = "%5.2f %5.3f %5.4f";
$erg= sprintf $format,@list;
print $erg;
```

Ausgabe:

```
2.00 3.000 4.0000
```

Ausgabe der Kursangebote

Die tabellarische Ausgabe der Kursangebote erfolgt innerhalb einer *foreach*-Schleife über entsprechende, über *print()*-Anweisungen an den Browser abgesetzte HTML-Kommandos:

```
print qq(<table border=0 cellpadding="2" cellspacing="2">);
.. Ausgabe Tabellenkopf
foreach (@arr)   {
...
print qq(<tr td bgcolor='#E8E8E8'><td>$_->[0]</td></td><td>$_->[1]</td> <td>$_->[2].$_->[3]</td><td>$_->[5].$_->[6]</td>);
print qq(<td>$hours_ges</td><td><div align="right">$price</div></td>);
print qq(<td><div align="right">$ges</div></td><td><div align="right">$ges_tax</div></td><td><div align="center">$anz</div></td>);
print qq(<td><FORM ACTION='angebot.pl' METHOD='POST'><input type='hidden' name='anz' value=$anz><input type='SUBMIT' NAME='add' value='+'></td></form>);
print qq(<td><FORM ACTION='angebot.pl' METHOD='POST'><input type='hidden' name='anz' value=$anz><input type='SUBMIT' NAME='min' value='-'></td></tr></form>);
}
print qq(</table>);
```

Erwähnenswert ist in diesem Zusammenhang der Gebrauch des Operators *qq*, mit dem ein alternatives doppeltes Quoting-Zeichen – im Beispiel runde Klammern anstatt Anführungszeichen – festgelegt werden kann, was dann den Gebrauch der Anführungszeichen auch innerhalb der so „gequoteten" Strings erlaubt.

Die Schaltflächen + und - in den beiden letzten Tabellenspalten werden über zwei „Mini-Formulare" erzeugt, die jeweils lediglich aus der Schaltfläche selbst und einem versteckten Eingabefeld *anz* bestehen. Die Schaltflächen übertragen beim Anklicken das Zeichen + bzw. -. Das versteckte Eingabefeld *anz* überträgt die von den Kunden jeweils festgelegte Teilnehmerzahl.

Beide Formulare rufen als verarbeitendes Skript das eigene, d. h. das aktuell ausgeführte, Skript auf, was zu einer Neugenerierung der Angebotstabelle führt, mit der vom Kunden festgelegten und über die CGI-Schnittstelle per HTTP-*POST* übertragenen Teilnehmerzahl, für die die Kalkulation der Kurspreise durchgeführt werden soll.

Es folgt das Skript im Zusammenhang:

```
#!C:\PERL\bin\perl.exe
#angebot.pl,  Einsatz von Perl-Operatoren
use Date::Calc qw(Delta_Days);
use my_cgi_lib qw(parse_cgi);
my $MW=1.16;
```

```
my %form_dat;
my ($days, $hours_ges, $ges, $price);
my (@begin, @end);
# HTML-Header ausgeben
print "Content-type: text/html\n\n";
# Kursdaten aus Datei lesen
open (FILE,"<kurse.txt") ||
   die "Datei konnte nicht geöffnet werden";
# ganze Datei in @file einlesen
my @file = <FILE>;
# Array @file sortieren
my @sorted = sort @file;
foreach $_ (@sorted) {
   chomp;
   push @arr, [ split(/##/,$_)];
}
# Parsen der CGI-Daten
%form_dat=parse_cgi;
my $anz= $form_dat{"anz"};
# Festlegen der Teilnehmerzahl
$anz++ if $form_dat{"add"} eq "+";
$anz-- if $form_dat{"min"}eq "-";
# Festlegen der Grenzen für $anz
$anz=5 if $anz<6;
$anz=20 if $anz>20;
# Generierung der Angebots-Seite
print qq(<h2>EDV-Schule Testmann<br>Unser Kurs-Angebot
      (Sommersemester 2000)</h2>);
# Tabellenkopf ausgeben
print qq(<table border=0 cellpadding="2" cellspacing="2">);
#Tabellenkopf ausgeben
print qq(<tr bgcolor=#D0D0D0><th>Kurs<br>Nr</th>
      <th width =20%>Kurstitel</th><th>Beginn</th>
      <th>Ende</th><th>Std.</th><th>DM<br> pro Std.</th>
      <th>Gesamt DM<br>pro Teiln.</th>
      <th>Gesamt DM<br> incl.MwSt</th>
      <th>Teil<br>nehmer</th><th>[+]</th><th>[-]</th></tr>);
# Tabellenzeilen ausgeben
foreach (@arr) {
  # Schleifeniterator ist $_
  # Ermittlung der Kursdauer in Tagen
  @begin=($_->[4], $_->[3], $_->[2]);
  @end= ($_->[7], $_->[6], $_->[5]);
  $days=Delta_Days(@begin, @end)+1;
  #Kalkulation Preis Kursstunde
  my $calc_h= $_->[8];
  my $calc_f= $_->[9];
  my $hours_day= $_->[10];
  $price=sprintf "%5.2f",$calc_h+100*$calc_f/$anz**2;
  $hours_ges=$days*$hours_day;
  $ges= sprintf "%5.2f",$hours_ges*$price;
  $ges_tax= sprintf "%5.2f",$ges*$MW;
#Tabellenzeilen
```

```
■ printf qq(<tr td bgcolor='#E8E8E8'><td>$_->[0]</td></td><td>$_->[1]
  </td> <td>$_->[2].$_->[3]</td><td>$_->[5].$_->[6]</td>);
■ print qq(<td>$hours_ges</td><td><div
  align="right">$price</div></td>);
■ print qq(<td><div align="right">$ges</div></td><td><div align=
  "right">$ges_tax</div></td><td><div align="center">$anz</div></td>);
■ print qq(<td><FORM ACTION='angebot.pl' METHOD='POST'><input
  type='hidden' name='anz' value=$anz><input type='SUBMIT' NAME='add'
  value='+'></td></form>);
■ print qq(<td><FORM ACTION='angebot.pl' METHOD='POST'><input
  type='hidden' name='anz' value=$anz><input type='SUBMIT' NAME='min'
  value='-'></td></tr></form>);
■ }
■ print qq(</table>);
```

Der Vollständigkeit halber folgt der Code des für die Eingabe der Kursdaten vorgesehenen HTML-Formulars:

```
■ <html>
■ <head>
■ <title>Kurse</title>
■ <meta name="description" content="kurse.html">
■ </head>
■ <body>
■ <h2>EDV-Schule Testmann: Administration Kurs-Angebot</h2>
■ <table border=0 bgcolor=#D0D0D0>
■ <tr ><td colspan="2"><h2>Kalkulation</h2></td></tr>
■ <form action="/cgi-bin/kurse_add.pl" method="POST">
■ <tr><td>Kurs-Nr:</td><td><input type="Text" name="knr" value=""
          size="3"></td></tr>
■ <tr><td>Kurstitel:</td><td><textarea name="ktitel" cols="35"
          rows="3"></textarea> </td></tr>
■ <tr><td>Beginn :</td>
      <td><input type="Text" name="b_day" value="" size="1">
          <input type="Text" name="b_mon" value="" size="1">
          <input type="Text" name="b_year" value="" size="3">
                  (Tag/Monat/Jahr) </td></tr>
■ <tr><td>Ende:</td>
      <td><input type="Text" name="e_day" value="" size="1">
          <input type="Text" name="e_mon" value="" size="1">
          <input type="Text" name="e_year" value="" size="3"></td></tr>
■ <tr><td>Satz:</td>
      <td><input type="Text" name="calc_h" value="" size="2">
            mind. DM pro Stunde</td></tr>
■ <tr><td>Faktor:</td>
      <td><input type="Text" name="calc_f" value="" size="1">
            (Gewichtung nach Schwierigkeitsgrad)</td></tr>
■ <tr><td>Kursstunden :</td>
      <td><input type="Text" name="hours_d" value="" size="1">
            pro Schulungstag</td></tr>
■ <tr><td><input type="Submit" name="OK" value="OK"></td></tr>
■ </table></form></body></html>
```

Das HTML-Formular, das durch den vorstehenden Code erzeugt wird, ruft als verarbeitendes Skript das Perl-Skript *kurse_add.pl* auf, das für das Abspeichern der Kursdaten in einer ASCII-Datei zuständig ist.

Der hierzu eingesetzte Algorithmus wurde in ähnlicher Form bereits im Zusammenhang mit der Webschnittstelle zu einer Kundendatenbank besprochen (siehe S. 110).

```
#!C:\PERL\bin\perl.exe
# Kurse_add.pl
# Abspeichern der Kursdaten in einer ASCII-Datei
use strict;
use my_cgi_lib qw(parse_cgi);
my %form_dat;
my @kurse;
# HTML-Header ausgeben
print "Content-type: text/html\n\n";
#CGI-Eingabedaten parsen und an Array @cust übergeben
%form_dat=parse_cgi;
$kurse[0]= $form_dat{"knr"};
$kurse[1]= $form_dat{"ktitel"};
$kurse[2]= $form_dat{"b_day"};
$kurse[3]= $form_dat{"b_mon"};
$kurse[4]= $form_dat{"b_year"};
$kurse[5]= $form_dat{"e_day"};
$kurse[6]= $form_dat{"e_mon"};
$kurse[7]= $form_dat{"e_year"};
$kurse[8]= $form_dat{"calc_h"};
$kurse[9]= $form_dat{"calc_f"};
$kurse[10]= $form_dat{"hours_d"};
# neue Kunden hinzufügen
if ($form_dat{"OK"}) {
 my $new_line= join('##',@kurse);
 open (FILE,">>kurse.txt") ||
   die "Datei konnte nicht geöffnet werden";
 print FILE "$new_line\n";
 close FILE;
}
```

6.4 Kontrollstrukturen und Bedingungen in Webanwendungen

Grundsätzlich besteht jedes Perl-Skript aus einer Reihe von Anweisungen. Eine Anweisung ist ein beliebiger, gültiger Perl-Ausdruck, auf den ein Semikolon folgt.

Und was ist ein Ausdruck? Ein Ausdruck ist ganz allgemein eine Aneinanderreihung von Zeichen unter Beachtung einer vorgegebenen Syntaxform. Ausdrücke können ganz unterschiedlich aufgebaut sein. Das wichtigste Charakteristikum von Ausdrücken ist, dass sie immer einen Wert – und sei es den Wert *undef, 0* oder "" – besitzen.

Ausdrücke und die mit ihnen konstruierten Anweisungen sind somit die wichtigsten Bausteine von Perl. Wenn Sie verstehen wollen, was in einem Perl-Skript abläuft, sollten Sie immer die in einer Anweisung konstruierten Ausdrücke identifizieren und fragen: Was ist der Wert dieses Ausdrucks? Welchem Ausdruck wird dieser Wert zugewiesen und was ist dann der Wert des Ausdrucks?

Beispiele für Anweisungen sind Zuweisungen oder Funktionsaufrufe. Die folgende Codezeile ist eine solche Anweisung, deren Resultat die Ausgabe des Zeichens *A* am Bildschirm oder im Browser darstellt.

```
print  chr(65);
```

In der Praxis bestehen Programme in den seltensten Fällen aus einfachen, unstrukturierten Aneinanderreihungen von Anweisungen. Anweisungen lassen sich vielmehr zu einzelnen Anweisungsblöcken zusammenfassen, die Abarbeitung der Anweisungen kann von Bedingungen abhängig gemacht und über spezielle Schleifenkonstruktionen gesteuert werden – kurzum, es öffnet sich ein weites Feld für das, was gemeinhin unter dem Begriff „Programmstruktur" abgehandelt wird.

Die von Perl zur Verfügung gestellten Strukturierungsmöglichkeiten werden in den nachfolgenden Abschnitten dargestellt. Die zur Verfügung stehenden *Sprachkonstrukte* orientieren sich in vielen Fällen an der Sprache C, im Einzelfall ergeben sich jedoch auch Besonderheiten und Abweichungen.

6.4.1 Der Anweisungsblock – Die syntaktische Grundeinheit von Perl-Skripten und CGI-Anwendungen

Anweisungen können in Perl mithilfe von Paaren geschweifter Klammern zu Anweisungsblöcken zusammengefasst werden. Jeder Anweisungsblock ist dabei wieder eine Anweisung. Anweisungsblöcke weisen auch einen Wert auf. Dieser Wert ist der Wert des im Anweisungsblock zuletzt ausgewerteten Ausdrucks.

```
{
   # Ein Block
   $Zeichen = chr($i);   # wandelt einen ASCII-Wert in ein Zeichen um
    print $Zeichen;      # gibt das Zeichen aus
 }
```

Anweisungsblöcke stellen nach den Anweisungen die kleinsten funktionalen Einheiten von Perl-Skripten und mit Perl realisierten CGI-Anwendungen dar. Mithilfe von Anweisungsblöcken werden Perl-Skripte strukturiert.

In Verbindung mit den Kontrollstrukturen von Perl, d. h. den Schleifen, mit deren Hilfe Anweisungen und Anweisungsblöcke im Verlauf der Programmausführung mehrfach wiederholt werden, und in Verbindung mit den Bedingungen, von denen abhängig gemacht wird, ob Anweisungsblöcke abgearbeitet werden sollen oder nicht, entsteht die logische Ablaufstruktur eines Perl-Skripts oder einer Perl-CGI-Anwendung.

Im nachfolgenden Abschnitt werden zunächst die Bedingungen, die bedingten Verzweigungen und bedingten Anweisungen von Perl dargestellt.

6.4.2 Bedingungen, bedingte Verzweigungen und bedingte Ausdrücke – Am Beispiel einer Checkliste für Ihre Kundendienst-Seite

Bedingungen zählen zu den grundlegendsten Kontrollstrukturen, die Programmiersprachen zur Verfügung stellen. Mithilfe von Bedingungen können im Verlauf des Programms logische Entscheidungen verarbeitet werden, die den Programmablauf je nach dem Ergebnis der Entscheidung verzweigen.

Bedingungen sind mithilfe von Vergleichsoperatoren und logischen Operatoren konstruierte Ausdrücke, deren Wert entweder WAHR *(1)* oder FALSCH *(0)* ist.

Bedingte Verzweigungen mit if

Perl kennt drei unterschiedliche bedingte Verzweigungen mit *if*. Diese sind im Kasten rechts zusammengestellt.

In jedem Fall wird dabei abhängig vom Wert eines der *if*-Anweisung übergebenen Ausdrucks ein Anweisungsblock entweder ausgeführt oder nicht.

Ausgeführt wird der Anweisungsblock, wenn der Wert des Ausdrucks, der als logischer Ausdruck interpretiert wird, WAHR ist.

Die *elsif*-Konstrukte und das *else*-Konstrukt sind optionale Teile der *if*-Anweisung.

Syntax der if-Anweisung

Syntaxform 1:
if (Ausdruck) { Anweisungen}

Syntaxform 2:
if (Ausdruck 1)
 {Anweisungen}
else
 {Anweisungen}

Syntaxform 3:
if (Ausdruck 1)
 {Anweisungen}
 elsif (Ausdruck2)
 {Anweisungen}
else
 {Anweisungen}

Im Unterschied zu C-Programmen, in denen bedingte Verzweigungen mit *if* grundsätzlich in vergleichbarer Form konstruiert werden, sind in Perl-Programmen die geschweiften Klammern um einen Anweisungsblock in jedem Fall erforderlich. Dies gilt auch, wenn ein Anweisungsblock nur aus einer oder auch aus gar keiner Anweisung besteht.

Bedingte Verzweigungen mit unless

Eine weitere Form von bedingten Verzweigungen kann in Perl mit der *unless*-Anweisung konstruiert werden. Im Unterschied zur *if*-Anweisung wird nur dann in den Anweisungsteil der *unless*-Anweisung gewechselt, wenn die Bedingung falsch ist. Ist die Bedingung wahr, wird der Anweisungsteil nicht ausgeführt. Die *unless*-Anweisung kann einen *else*-Zweig enthalten. Die allgemeine Form einer bedingten Verzweigung mit *unless* ist im Kasten dargestellt.

Syntax der unless-Anweisung

unless (Bedingung)
 {Anweisungsblock 1;}
else
 {Anweisungsblock2;}

Bedingte Ausdrücke mit if und unless

Perl kennt eine weitere, Perl-spezifische Form von bedingten Anweisungen, die bedingte Ausdrücke genannt werden und mit denen die Abarbeitung einer Anweisung oder eines Anweisungsblocks von einer Bedingung abhängig gemacht werden kann.

Syntax von bedingten Ausdrücken

- Anweisung *if*-Bedingung
- Anweisung *unless*-Bedingung
- do {Block} *if*-Bedingung
- do {Block} *unless*-Bedingung

Im Unterschied zu den im vorherigen Abschnitt besprochenen bedingten Verzweigungen werden dabei die jeweiligen Bedingungen ohne das runde Klammernpaar angegeben.

Bei den ersten beiden im Kasten aufgeführten Syntaxformen wird jeweils eine Anweisung abhängig davon, ob die Bedingung mit TRUE bewertet wurde, ausgeführt oder nicht. Es sind dabei keine geschweiften Klammern um die Anweisung erforderlich. Das Schlüsselwort *unless* ist syntaktisch gleichbedeutend mit *if not.*

Praxis-Beispiel: Eine Seite für Ihren Kundendienst

Im folgenden Beispiel werden bedingte Verzweigungen zur Auswertung einer Checkliste auf einer Kundendienst-Seite eingesetzt. Abhängig von den Angaben des Kunden wird dieser auf bestimmte Service-Bereiche verwiesen oder bekommt Hinweise zur Fehlereingrenzung.

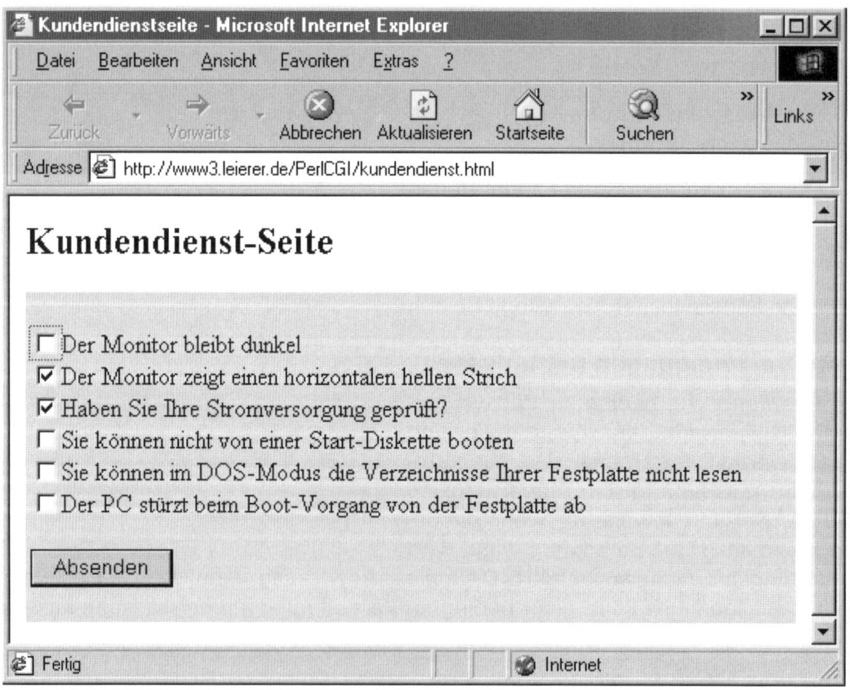

Eine Checkliste auf einer Kundendienst-Seite

Ein Perl-Skript wertet den Inhalt der Checkbox-Elemente der abgebildeten HTML-Seite aus. Die Checkbock-Elemente übertragen bei Aktivierung jeweils den Wert 1 mit der HTTP-Methode *POST*. Nach dem Parsen der über die CGI-Schnittstelle übertragenen Daten stehen diese in den Variablen *$chk1* bis *$chk6* zur Verfügung und werden mithilfe eines *if-elsif-else*-Konstrukts ausgewertet:

```
#!C:\PERL\bin\perl.exe
# kd.pl
# Auswertung der Checkliste einer Kundendienst-Seite
use strict;
use my_cgi_lib qw(parse_cgi);
my %form_dat;
# HTML-Header ausgeben
print "Content-type: text/html\n\n";
#CGI-Eingabedaten parsen und an Array @cust übergeben
my %form_dat=parse_cgi;
my $chk1= $form_dat{"check1"};
my $chk2= $form_dat{"check2"};
my $chk3= $form_dat{"check3"};
my $chk4= $form_dat{"check4"};
my $chk5= $form_dat{"check5"};
my $chk6= $form_dat{"check6"};
if (!$chk3) {
  print "Prüfen Sie zuerst die Stromversorgung Ihres Geräts";
}
elsif (!$chk4 && $chk1 || !$chk4 && $chk2)  {
   print "Wahrscheinlich ist Ihr Monitor oder Grafikkarte
              defekt<br>Unser zuständiger Service-Techniker:
              Durchwahl 1234<br>";
  }
elsif ($chk4)  {
   print "Wahrscheinlich ist die Zentraleinheit defekt<br>Unser
              zuständiger Service-Techniker: Durchwahl 1234<br><br>";
  }
elsif ($chk5 || $chk6)  {
   print "Wahrscheinlich ist die Festplatte defekt<br>Unser
              zuständiger Service-Techniker: Durchwahl 1234<br><br>";
  }
else {
   print "Dürfte eigentlich nicht vorkommen. Unser Service-Techniker:
Durchwahl 4711";
}
```

6.4.3 Die Schleifenkonstrukte von Perl – Praktisch eingesetzt bei der dynamischen Tabellengenerierung

Schleifen werden benötigt, wenn eine Anweisung oder eine Folge von Anweisungen in Abhängigkeit von einer Bedingung mehrfach abgearbeitet werden sollen. Die meisten der aus anderen Programmiersprachen bekannten Schleifenkonstrukte sind auch in Perl vorhanden. Eine Übersicht über die Schleifenkonstrukte von Perl gibt die nachfolgende Tabelle:

Pseudo-Code des Schleifenkonstrukts	Beschreibung
while (Bedingung) { Anweisung(en) }	Die Schleife wird solange ausgeführt, wie die Bedingung erfüllt ist.
until (Bedingung) { Anweisung(en) }	Die Schleife wird solange ausgeführt, bis die Bedingung erfüllt ist.
do { Anweisung(en) } while (Bedingung)	Wie oben, Schleife wird aber mindestens einmal durchgeführt.
do { Anweisung(en) } until (Bedingung)	Wie oben, Schleife wird aber mindestens einmal durchgeführt.
for (Laufvariable = Startwert ; Abbruchbedingung; Anweisungen für die Veränderung der Laufvariablen)	Die Schleife wird ausgeführt, bis die Abbruchbedingung wahr ist. Nach Ablauf eines Schleifendurchlaufs wird die Anweisung in der *for*-Klammer ausgeführt, mit der die Laufvariable erhöht bzw. erniedrigt wird.
foreach (@arr)	Die Schleife wird so oft durchlaufen, wie *@arr* Elemente hat. Mit der vordefinierten Variable *$_* kann während des Durchlaufs auf das jeweilige Element zugegriffen werden.

Zusammenstellung der Schleifenkonstrukte von Perl

Schleifen mit while

Das einfachste Schleifenkonstrukt, das Perl zur Verfügung stellt, ist die *while*-Schleife. Die Syntax von *while*-Schleifen entspricht der C-Syntax.

In einer *while*-Schleife wird die Anweisung oder ein Anweisungsblock so lange ausgeführt, solange die Bewertung des als Bedingung übergebenen Ausdrucks WAHR ergibt.

Der Wert des Ausdrucks wird dabei vor jedem weiteren Schleifendurchlauf erneut bewertet. Anschließend werden die unter *Anweisung* stehenden Anweisungen entweder erneut abgearbeitet oder, falls die Bewertung von *Ausdruck* FALSCH ergab, mit den Programmanweisungen, die im Anschluss an *Anweisung* stehen, fortgesetzt.

Im folgenden Beispiel, das die darstellbaren Zeichen der ASCII-Tabelle ausgeben soll, wird die Bedingung geprüft, ob die Variable *$i* kleiner ist als 127. Trifft dies zu, wird der Wert von *$i* in ein Zeichen umgewandelt und mithilfe der Funktion *print()* ausgegeben. Anschließend wird der Wert der Variablen *$i* um 1 erhöht.

```
#!C:\PERL\bin\perl.exe
#ablauf1.pl,  Perl-Kontrollstrukturen
print "Content-type: text/html\n\n";
$i=32;
while ($i<127) {
        $Zeichen = chr($i);     #/ wandelt einen ASCII-Wert in ein
                                #/ Zeichen um
        print $Zeichen,"|";     #/ gibt das Zeichen aus
        $i++;
}
```

Ausgabe:

```
 |!|"|#|$|%|&|'|(|)|*|+|,|-|.|/|0|1|2|3|4|5|6|7|8|9|:|;|<|=|>|?|@|A|B|C|D|E|F|G|H|I|J
|K|L|M|N|O|P|Q|R|S|T|U|V|W|X|Y|Z|[|\|]|^|_|`|a|b|c|d|e|f|g|h|i|j|k|l|m|n|o|p|q|r|s|t
|u|v|w|x|y|z|{|||}|~|
```

Die for-Schleife

Schleifen mit *for* sind das komplexeste Schleifenkonstrukt von Perl. Die Syntax der *for*-Schleife entspricht derjenigen der Sprache C.

Die Syntax der for-Schleife
- *for (Ausdruck1 [, ..]; Ausdruck2 [, ...]; Ausdruck3 [, ...]) Anweisung*

For-Schleifen unterscheiden sich von den bisher besprochenen Schleifen dadurch, dass die kontrollierenden Ausdrücke am Anfang der Schleife formuliert werden und dass diese mit Zählvariablen arbeiten. Insbesondere wenn mehrere Schleifen verschachtelt sind, kann dies aufgrund der besseren Übersichtlichkeit Vorteile bringen.

Ausdruck1 ist ein beliebiger Ausdruck, der unabhängig von einer Bedingung am Anfang der Schleife bewertet wird. Normalerweise ist *Ausdruck1* eine Zuweisung, in der eine Zählvariable auf einen bestimmten Wert gesetzt wird.

Zu Beginn eines jeden Schleifendurchlaufs wird dann *Ausdruck2*, bei dem es sich in der Regel um einen logischen Ausdruck handelt, bewertet. Ist das Ergebnis der Bewertung WAHR, werden die Anweisungen innerhalb des Schleifenblocks abgearbeitet. Ist das Ergebnis der Bewertung FALSCH, wird die nächste, auf die *for*-Schleife folgende Anweisung des Programms ausgeführt. Am Ende jedes Schleifendurchlaufs wird *Ausdruck3* bewertet. *Ausdruck3* ist in der Regel wieder eine Zuweisung, in der der Wert der Zählvariablen um 1 erhöht (oder erniedrigt) wird.

Die *for*-Schleife ist sehr variabel. Es können z. B. mehrere Zählvariablen manipuliert werden. Die entsprechenden Anfangszuweisungen, die zugehörigen Abbruchbedingungen und die abschließenden Inkrementierungen (Dekrementierungen) der Zählvariablen sind dann jeweils durch Komma zu trennen:

```
print "Content-type: text/html\n\n";
for($i=0,$j=10; $i<10,$j>0; $i++,$j--) {
    print $i,"|";
    print $j,"  ";
}
```

Ausgabe:

```
0|10  1|9  2|8  3|7  4|6  5|5  6|4  7|3  8|2  9|1
```

Jeder der Kontrollausdrücke der *for*-Schleife kann auch entfallen. Werden wie im folgenden Beispiel alle Kontrollausdrücke weggelassen, entsteht eine Endlosschleife, die dann nur mit einer *last*-Anweisung verlassen werden kann.

```
$b=24;
 for(;;) {
   print $n,"|";
   last if ($n > $b);
 $n++;
 }
```

Ausgabe:

```
|1|2|3|4|5|6|7|8|9|10|11|12|13|14|15|16|17|18|19|20|21|22|23|24|25|
```

Die foreach-Schleife

Die *foreach*-Schleife ist eine Spezialform der *for*-Schleife für die Verarbeitung von Listen bzw. Arrays. Eine skalare Variable durchläuft alle Elemente der Liste oder des Arrays in aufsteigender Indexreihenfolge.

Eine Abbruchbedingung ist nicht erforderlich, da die Schleife am Ende des Arrays verlassen wird. Falls keine Variable als Schleifeniterator angegeben wird, wird die Default-Variable *$_* als Standarditerator verwendet.

```
#!C:\PERL\bin\perl.exe
use strict;
my $elem;
print "Content-type: text/html\n\n";
my @arr = ("line1",  "line2", "line3", "line4" );
foreach $elem (@arr) {
   print "$elem<br>";
}
```

Anstelle der Iterator-Variablen *$elem* kann mit demselben Ergebnis die Default-Variable *$_* als Iterator verwendet werden:

```
foreach (@arr) {
   print "$_<br>";
}
```

Anwendungsbeispiel: Automatische Generierung einer HTML-Tabelle

Die *foreach*-Schleife wurde in den vorangegangenen Beispielen bereits mehrfach zur automatischen Tabellengenerierung verwendet. Der nachfolgende Code zeigt die hierzu erforderliche prinzipielle Vorgehensweise:

```
#!C:\PERL\bin\perl.exe
# foreach1.pl
# automatische Generierung einer HTML-Tabelle
use strict;
my @arr1 = (11,12,13,14,15,16);
my @arr2 = (21,22,23,24,25,26);
my @arr3 = (31,32,33,34,35,36);
my @arr4 = (41,42,43,44,45,46);
my @list= (\@arr1,\@arr2,\@arr3,\@arr4);
# HTML-Header ausgeben
print "Content-type: text/html\n\n";
print "<table border=0 cellpadding='2' cellspacing='2'>";
#Tabellenkopf ausgeben
print "<tr bgcolor=#E0E0E0><td colspan='8'><h2>Tabellenüberschrift
</h2></td></tr>";
print "<tr bgcolor=#D0D0D0>
<th>Spalte 1</th>
<th>Spalte 2</th>
<th>Spalte 3</th>
<th>Spalte 4</th>
<th>Spalte 5</th>
<th>Spalte 6</th>
```

```
</tr>";
# Tabellenzeilen ausgeben
foreach (@list) {
  # Schleifeniterator ist $_
  print "<tr bgcolor=#E0E0E0>
  <td>Element $_->[0]</td>
  <td>Element $_->[1]</td>
  <td>Element $_->[2]</td>
  <td>Element $_->[3]</td>
  <td>Element $_->[4]</td>
  <td>Element $_->[4]</td>
  </tr>";
  }
print "</table>";
```

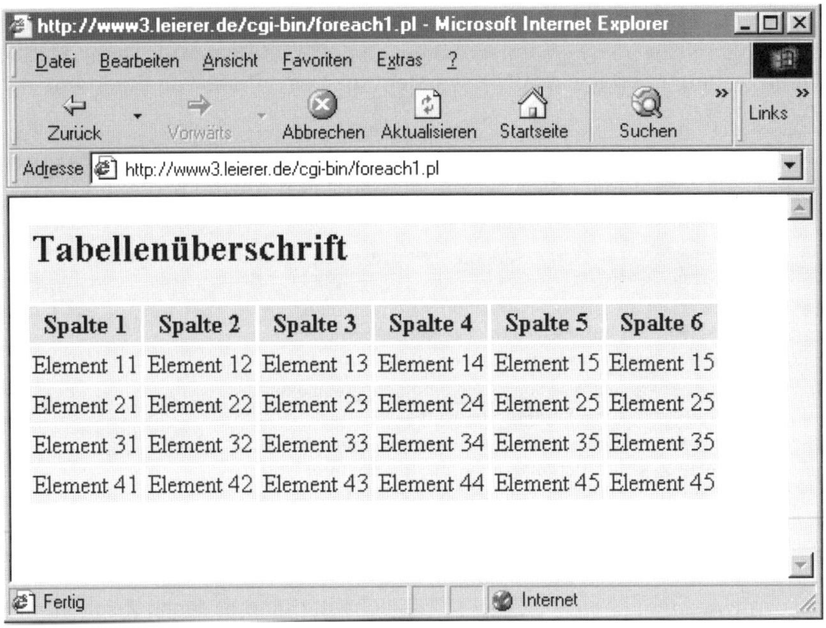

Eine mit foreach automatisch generierte Tabelle

6.5 Arbeiten mit regulären Ausdrücken – Praktischer Einsatz bei der automatischen Auswertung einer Website

Eine große Stärke von Perl ist die Unterstützung von regulären Ausdrücken. Reguläre Ausdrücke sind Muster oder Schablonen, die mit Zeichenketten verglichen werden, um bei Übereinstimmung Teile der Zeichenkette zu ersetzen, zu löschen, zu ändern oder zu zählen.

Vielen Webanwendungen machen die automatische Verarbeitung von dynamischen Daten erforderlich. Mit regulären Ausdrücken können auch umfangreiche Textdateien nach den unterschiedlichsten Kriterien durchsucht sowie Informationen extrahiert und konvertiert werden. Reguläre Ausdrücke eignen sich insbesondere auch für die Entwicklung von intelligenten Agentenprogrammen und Webrobots.

Das Praxisbeispiel zu diesem Abschnitt geht in diese Richtung und zeigt, wie mithilfe von regulären Ausdrücken eine Website automatisch nach bestimmten Inhalten durchsucht werden kann.

6.5.1 Was sind reguläre Ausdrücke?

Reguläre Ausdrücke werden verwendet, um in einem Text nach Stellen zu suchen, die zu einem vorgegebenen Muster passen.

Die regulären Ausdrücke von Perl entsprechen dem POSIX-Standard. Unter POSIX (**P**ortable **O**pen **S**ystem **I**nterface for **UNIX**) versteht man eine Reihe von Standards auf UNIX-Basis.

Ein regulärer Ausdruck steht für eine Menge von Zeichenketten. Von jeder Zeichenkette in dieser Menge sagt man, dass sie zu dem regulären Ausdruck passt. Ein oder mehrere reguläre Ausdrücke bilden ein Muster.

So arbeiten reguläre Ausdrücke

Ein regulärer Ausdruck ist eine Folge oder ein Muster von Zeichen, das beim Suchen oder Ersetzen mit einer Zeichenkette verglichen wird: Es wird entweder eine Übereinstimmung festgestellt oder keine.

Es ist auch möglich, ein übereinstimmendes Zeichenmuster festzustellen und es durch eine andere Zeichenkette zu ersetzen.

Reguläre Ausdrücke werden durch endliche Automaten realisiert, die bei deren ersten Benutzung intern generiert werden. Bei späterer Verwendung desselben Suchmusters kann der jeweils generierte und intern kompilierte Automat dann wieder angewendet werden, was zu enormen Geschwindigkeitsvorteilen führt.

Bei den Zeichen eines regulären Ausdrucks unterscheidet man einfache Zeichen und Metazeichen. Einfache Zeichen sind alle Zeichen des Zeichensatzes, außer dem Newline-Zeichen und den Metazeichen.

Einfache Zeichen in einem Muster stehen für sich selbst, z. B. passen zu dem Muster *abcd* nur diejenigen Zeichenketten, in denen die Folge *abcd* an irgendeiner Stelle enthalten ist. Metazeichen stehen nicht für sich selbst, sondern haben eine besondere Bedeutung.

Reguläre Ausdrücke sind für Einsteiger anfangs sehr ungewohnt und der Hauptgrund dafür, warum Perl-Skripte oft unverständlich erscheinen.

Wer allerdings mit dem UNIX-Befehl *grep* vertraut ist, wird auch mit den regulären Ausdrücken in Perl schnell zurechtkommen.

6.5.2 Metazeichen, Symbole und Quantifikatoren in regulären Ausdrücken

Reguläre Ausdrücke sind Ausdrücke zur Beschreibung von beliebigen Textmustern. Diese sind in Perl zwischen einheitliche Begrenzungszeichen einzuschließen. Als Begrenzungszeichen sind mit Ausnahme von alphanumerischen Zeichen und dem Backslash (\) alle Zeichen erlaubt. Wenn das gewählte Begrenzungszeichen im Ausdruck selbst benötigt wird, muss es durch ein Metazeichen, einen vorangestellten Backslash, gekennzeichnet werden.

Metazeichen

Für die Konstruktion von regulären Ausdrücken sind Metazeichen erforderlich. Metazeichen sind Zeichen mit einer Sonderbedeutung, die sich selbst nicht darstellen. Die folgenden Metazeichen sind definiert:

<table>
<tr><th>Metazeichen</th><th>Bedeutung</th></tr>
<tr><td>\</td><td>Nimmt dem nachfolgenden nicht alphanumerischen Zeichen die Sonderfunktion</td></tr>
<tr><td>^</td><td>Anfang der Zeile oder des Textes</td></tr>
<tr><td>.</td><td>Beliebiges Zeichen außer dem Zeilentrenner</td></tr>
<tr><td>$</td><td>Zeilentrenner oder Ende des Textes</td></tr>
<tr><td>|</td><td>Alternative</td></tr>
<tr><td>( )</td><td>Gruppierung</td></tr>
<tr><td>[ ]</td><td>Zeichenbereich</td></tr>
</table>

Metazeichen für reguläre Ausdrücke

Des Weiteren werden für die Konstruktion von regulären Ausdrücken Quantifikatoren benötigt. Quantifikatoren sind Zeichen, die angeben, wie oft ein bestimmtes Zeichen oder ein Teilausdruck wiederholt werden soll. Quantifikatoren stehen immer unmittelbar hinter den Zeichen oder Teilausdrücken, auf die sie sich beziehen. Sollen sich Quantifikatoren auf Teilmuster beziehen, sind diese in runde Klammern einzuschließen. In Perl stehen die folgenden „gierigen" und „nicht gierigen" Quantifikatoren zur Verfügung.

Quantifikator	Wiederholung
*	0 bis beliebig oft
+	Mindestens einmal, ansonsten beliebig oft
?	Null- oder einmal
{n}	Genau n-mal
{n,}	Mindestens n-mal
{n,m}	Zwischen n- und m-mal
* ?	Wie *, jedoch nicht gierig
+ ?	Wie +, jedoch nicht gierig
? ?	Wie *?*, jedoch nicht gierig
{n}?	Wie *{n}*, jedoch nicht gierig
{n,} ?	Wie a, jedoch nicht gierig
{n,m}?	Wie *{n,m}*, jedoch nicht gierig

Die Quantifikatoren in regulären Ausdrücken

Es wird zwischen den gierigen (greedy) und nicht gierigen (non-greedy) Quantifikatoren unterschieden. Letztere, die auch als minimale Quantifikatoren bezeichnet werden, unterscheiden sich von ihren gierigen Verwandten dadurch, dass sie sich bei der Anzahl der Wiederholungen eines Zeichens, das zu Treffern führt, mit der in der zweiten Spalte der vorstehenden Tabelle minimal angegebenen Bedingung begnügen, z. B. bei der Bedingung *mindestens einmal, ansonsten beliebig oft* mit *mindest einmal*. So zeigt im folgenden Beispiel die gierige Variante des +-Quantifikators alle vorkommenden Wiederholungen des angegebenen Musters:

```
$str="123456789";
$str =~ /[0-9]+/;
print $&;
```

Ausgabe:

```
123456789
```

Während die nicht gierige Version die nur einmalige Wiederholung des Musters zeigt:

```
print "Content-type: text/html\n\n";
$str="123456789";
$str =~ /[0-9]+?/;
print $&;
```

Ausgabe:

```
1
```

Symbole für einzelne Zeichenklassen

Bei der Arbeit mit regulären Ausdrücken können Sie auf verschiedene Symbole zurückgreifen, die für einzelne Zeichenklassen stehen. Diese sind in der folgenden Tabelle zusammengestellt:

Zeichen	Entsprechung	Bedeutung
\d	[0-9]	Ziffer
\D	[^0-9]	Gegenstück zu *\d*
\w	[a-zA-Z_0-9]	Alphanumerisches Zeichen
\W	[^a-zA-Z_0-9]	Gegenstück zu *\w*
\s	[\t\n\f\r]	Leerzeichen
\S	[^ \t\n\f\r]	Gegenstück zu *\s*

Symbole für Zeichenklassen

Im folgenden Beispiel wird eine Zeichenfolge mithilfe der Funktion *split()* in einzelne, durch Leerzeichen getrennte Teil-Strings zerlegt. Hierbei wird das Symbol *\s* für die Zeichenklasse *[\t\n\f\r]* d. h. *Whitespaces*, verwendet.

```
print "Content-type: text/html\n\n";
$str="Reguläre Ausdrücke eignen sich zur Konstruktion von
      Webautomaten";
@parts = split(/\s/,$str);
```

```
■ foreach (@parts) {
■ print "$_<br>";
■ }
```

Ausgabe:

```
Reguläre
Ausdrücke
eignen
sich
zur
Konstruktion
von
Webautomaten
```

Beispiele für einfache reguläre Ausdrücke

Nachfolgend sind einige Beispiele für einfache reguläre Ausdrücke und die auf sie passenden Zeichenfolgen zusammengestellt.

Muster	Bedeutung
ab.d	a,b, ein beliebiges Zeichen, d
67.*d	a - b - beliebige Zeichenkette (kann auch leer sein) - d
EG[abc]b	E,G, entweder a oder b oder c, b
AB[^E]D	A,B, beliebiges Zeichen außer E, D
^abcd$	Eine Zeile, die nur die Zeichenkette abcd enthält
56.+DE	5,6, beliebige Zeichenkette aus einem oder mehreren Zeichen, DE
ABC?D	A, B, C oder nichts, D
abc|123	abc oder 123
/[ab]/	a oder b
/[A-Z]/	Großbuchstaben
/[0-9]/	Ziffern
/\d/	Ziffern
/\D/	Alles außer Ziffern
/[0-9]\-/	Ziffern oder Minuszeichen
/[\[\]]/	Alles, worin eckige Klammern vorkommen
/[a-zA-Z0-9_]/	Buchstaben, Ziffern oder Unterstrich
/[\w]/	Buchstaben, Ziffern oder Unterstrich
/[\W]/	Alles außer Buchstaben, Ziffern oder Unterstrich
/[\r]/	Steuerzeichen für Wagenrücklauf
/[\n]/	Steuerzeichen für Zeilenvorschub
/[\t]/	Steuerzeichen für Tabulator
/[\f]/	Steuerzeichen für Seitenvorschub
/[\s]/	Leerzeichen sowie Steuerzeichen
/[\S]/	Alles außer Leerzeichen und Steuerzeichen
/[^äöüÄÖÜ]/	Alles, worin keine deutschen Umlaute vorkommen
/[^a-zA-Z]/	Alles, worin keine Buchstaben vorkommen
/[ab]/s	a oder b auch zeilenübergreifend

Einige Beispiele für reguläre Ausdrücke

6.5.3 Perl-Operatoren für reguläre Ausdrücke

Für die Arbeit mit den regulären Ausdrücken von Perl stehen eine Reihe von mächtigen Operatoren zur Verfügung, so z. B. für das Pattern-Matching, für Transliterationen von Zeichen oder für Substitutionen von Zeichenketten. Diese werden in den folgenden Abschnitten beschrieben.

Zuweisungsoperator für reguläre Ausdrücke

Perls reguläre Ausdrücke beziehen sich auf zu durchsuchende Zeichenketten. Hierbei kann es sich um die in einer String-Variablen abgespeicherten, die in einer Array-Variablen gespeicherten Zeichenfolgen oder auch um Zeilen einer Textdatei handeln.

Syntaxformen des Pattern-Matching-Operator m/ /

- *$str = ~ /regulärer_Ausdruck/Optionen*
- */regulärer_Ausdruck/Optionen*
- *$str =~ m/regulärer_Ausdruck/Optionen*
- *m/regulärer_Ausdruck/Optionen*

Eine zu durchsuchende Zeichenkette wird einem regulären Ausdruck mit dem Operator =~ zugewiesen. Falls keine Zuweisung mit =~ erfolgt, wertet der reguläre Ausdruck den aktuellen Inhalt der reservierten Variablen *$_* aus.

Suchen in Zeichenfolgen mit dem Pattern-Matching-Operator

Der Pattern-Matching-Operator *m/ /* prüft, ob in dem zu durchsuchenden String ein Teil-String enthalten ist, der dem angegebenen regulären Ausdruck entspricht.

Wie schon im vorherigen Abschnitt erwähnt, wird der zu durchsuchende String mit dem Operator =~ als *lvalue* zugewiesen.

Falls dies nicht erfolgt, arbeitet der Pattern-Matching-Operator mit der Default-Variablen *$_*, dessen Inhalt dann nach dem angegebenen Suchmuster untersucht wird. Das Verhalten des Pattern-Matching-Operators kann durch eine Reihe von Optionen beeinflusst werden. Diese sind in der nachstehenden Tabelle zusammengestellt.

Optionen	Bedeutung
c	Bei Fehler Suchposition nicht zurücksetzen
g	Globale Suche (findet alle Vorkommen)
i	Groß- und Kleinschreibung ignorieren
m	Strings bestehen aus mehreren Zeilen
o	Suchmuster nur einmal kompilieren
s	Strings als einzelne Zeile betrachten
x	Aktiviert erweiterte Syntax

Die Optionen des Pattern-Matching-Operators

Einfache Transliteration mit tr

Der Operator *tr///* führt eine einfache Zeichentransformation durch. Es werden die Zeichen aus *gruppe1* in der zugewiesenen Zeichenfolge gesucht und durch die *entsprechenden* Zeichen aus *gruppe2* ersetzt.

Syntax der Transliteration mit tr///

- *tr/gruppe1/gruppe2/Optionen*

Das Verhalten des *tr*-Operators kann durch die folgenden Optionen beeinflusst werden:

Optionen	Bedeutung
c	Komplement von *gruppe 1* (jedes Zeichen, das nicht in *gruppe 1* ist, wird durch das erste Zeichen aus *gruppe 2* ersetzt)
d	Entfernt nicht ersetzte Zeichen
s	Keine Duplikate erzeugen
U	Konvertiert von/nach UTF-8
C	Konvertiert von/nach 8-Bit-Zeichen

Die Optionen des tr-Operators

Im folgenden Beispiel werden alle Kleinbuchstaben in Großbuchstaben umgewandelt.

```
▪ $str=" diese zeichenfolge soll in grossbuchstaben umgewandelt
  werden";
▪ $str =~ tr/a-z/A-Z/;
▪ print $str;
```

Ausgabe:

```
DIESE ZEICHENFOLGE SOLL IN GROSSBUCHSTABEN UMGEWANDELT WERDEN
```

Ersetzen von Zeichenfolgen mit dem Substitutionsoperator

Syntax des Substitutionsoperators

- *s/Suchmuster/Ersatzstring/Optionen*

Mithilfe des Substitutionsoperators *s/ / /* können durch ein Muster beschriebene Teilzeichenfolgen durch eine andere Zeichenfolge ersetzt werden. Analog zu den zuvor beschriebenen Operatoren wird die zu behandelnde Zeichenfolge entweder mit dem =~-Operator zugewiesen oder es wird hierzu der Inhalt der Standardvariablen *$_* verwendet.

Das Verhalten des Substitutionsoperators kann durch die folgenden Optionen beeinflusst werden:

Optionen	Bedeutung
e	Evaluieren des Ersatz-Strings mit *eval()*
g	Globale Suche (findet alle Vorkommen)
i	Groß- und Kleinschreibung ignorieren
m	Strings bestehen aus mehreren Zeilen
o	Suchmuster nur einmal kompilieren
s	Strings als einzelne Zeile betrachten
x	Aktiviert erweiterte Syntax

Optionen des Substitutionsoperators s / / /

6.5.4 Anwendungsbeispiel: Automatische Auswertung einer Website

Das folgende Praxis-Beispiel zeigt, wie unter Verwendung von regulären Ausdrücken eine Website automatisch nach bestimmten Informationen durchsucht werden kann.

Für die Anwendung wird das Modul *LWP::Simple* aus der Modulbibliothek *LWP* (**L**ibraries for **WWW** **A**ccess in Perl) benötigt, um auf eine Webseite zuzugreifen und deren HTML-Code in einer String-Variablen abzuspeichern.

Die Website, auf die der Zugriff erfolgen soll, ist der unter dem Namen Heise News-Ticker bekannte Nachrichtendienst des Heise-Verlags, der tagesaktuelle Informationen aus dem Computer- und IT-Bereich zum Abruf bereitstellt.

Mithilfe eines Perl-Skripts sollen aus diesem Angebot ganz bestimmte Informationen selektiert werden.

Hierzu wird die Seite unter Verwendung der Funktion *get()* des Moduls *LWP::Simple* geladen und der String-Variablen *$dok* zugewiesen.

```
$dok=get 'http://www.heise.de/newsticker/';
```

Der HTML-Quellcode des geladenen Dokuments befindet sich anschließend in der String-Variablen *$dok*, wodurch die Voraussetzungen für den Einsatz von regulären Ausdrücken zur Suche nach bestimmten Informationen geschaffen sind.

Um zu verstehen, wie bei dieser Suche vorgegangen wird, empfiehlt es sich zunächst, einen Blick auf den HTML-Quellcode der Heise-News-Ticker-Seite zu werfen. Die für uns interessanten Informationen finden sich in Hyperlinks, die den folgenden Aufbau aufweisen:

```
<A HREF="/newsticker/data/jk-15.07.00-002/">Sch&auml;rfere
Wahrnehmung und langsameres Denken durch neue
Medien</A><BR>  
```

Die Hyperlinks sollen in der nachstehenden Beispielanwendung mithilfe von regulären Ausdrücken nach einem vorgegebenen Suchbegriff durchsucht und im Falle von Treffern in einer Ergebnisliste zusammengestellt werden.

Wie Sie sehen, handelt es sich um Links, die relativ zum Host-Namen des Heise-Servers angegeben sind, d. h., die Links müssen um den Host-Namen des Servers http://www.heise.de/ ergänzt werden, damit ein kompletter URL entsteht.

Damit die zu einem bestimmten Suchbegriff passenden Links später auch angesprungen werden können, werden diese in einem ersten Schritt entsprechend ergänzt. Hierzu wird der Substitutionsoperator *s///* eingesetzt:

```
$dok =~ s/\/newsticker\//http:\/\/www.heise.de\/newsticker\//g;
```

Hierdurch werden in der String-Variablen *$dok*, d. h. also im gesamten HTML-Quelltext der News-Ticker-Seite, die Strings */newsticker/* gesucht und durch die Strings http://www.heise.de/newsticker/ ersetzt.

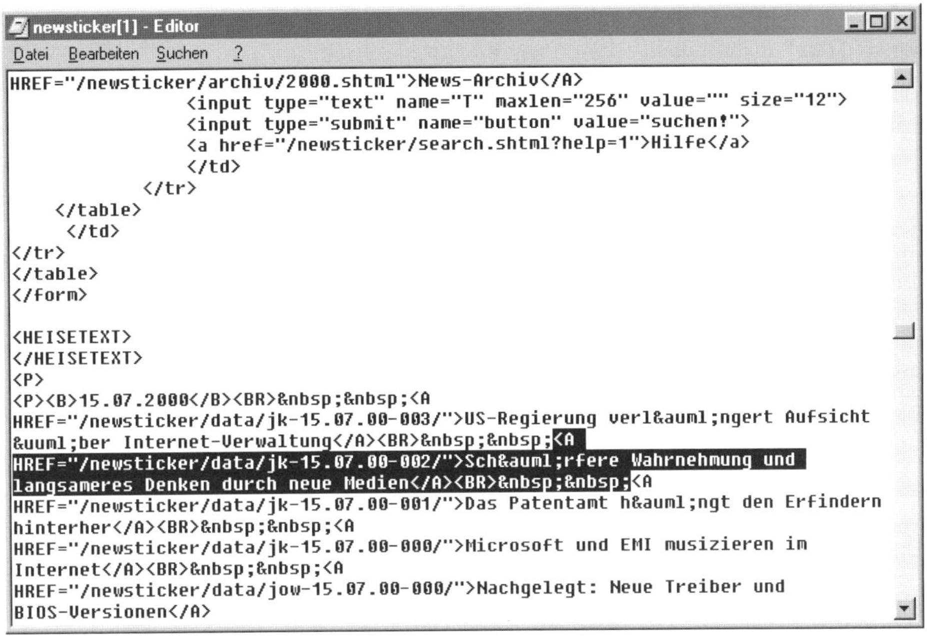


```
HREF="/newsticker/archiv/2000.shtml">News-Archiv</A>
                <input type="text" name="T" maxlen="256" value="" size="12">
                <input type="submit" name="button" value="suchen!">
                <a href="/newsticker/search.shtml?help=1">Hilfe</a>
                </td>
            </tr>
    </table>
     </td>
</tr>
</table>
</form>

<HEISETEXT>
</HEISETEXT>
<P>
<P><B>15.07.2000</B><BR>  <A
HREF="/newsticker/data/jk-15.07.00-003/">US-Regierung verl&auml;ngert Aufsicht
&uuml;ber Internet-Verwaltung</A><BR>  <A
HREF="/newsticker/data/jk-15.07.00-002/">Sch&auml;rfere Wahrnehmung und
langsameres Denken durch neue Medien</A><BR>  <A
HREF="/newsticker/data/jk-15.07.00-001/">Das Patentamt h&auml;ngt den Erfindern
hinterher</A><BR>  <A
HREF="/newsticker/data/jk-15.07.00-000/">Microsoft und EMI musizieren im
Internet</A><BR>  <A
HREF="/newsticker/data/jow-15.07.00-000/">Nachgelegt: Neue Treiber und
BIOS-Versionen</A>
```

Quellcode der News-Ticker-Seite

In einem zweiten Schritt werden mit der *while*-Schleife

```
while (/<A\sHREF.+\/newsticker\/data\/.+<\/A>/g)  {
  push (@arr, $&);
}
```

alle Fundstellen, die auf das in der Abbruchbedingung der Schleife angegebene Muster passen, in dem Array *@arr* abgespeichert.

Falls es Sie interessiert, in welcher Form die selektierten Informationen jetzt im Array *@arr* abgespeichert sind, können Sie probehalber mit *print @arr[0], print @arr[1]* usw. einige Array-Elemente ausgeben. Jedes Array-Element enthält einen String, der aus Links zu den Meldungen eines bestimmten Tags besteht. Die einzelnen Links sind dabei durch Strichpunkte (;) getrennt. Daneben sind auch noch, ebenfalls durch Strichpunkte getrennt, HTML-Sonderzeichen der Form * * (Leerzeichen) enthalten.

In einem dritten Schritt werden diese Strings in einzelne Links zerlegt und in dem Array *@lk_arr* so abgespeichert, dass jedes Array-Element einen gültigen Link enthält. Hierzu wird innerhalb einer *foreach*-Schleife mit der Funktion *split()* gearbeitet. Der Trenner, entsprechend dem die Strings zerlegt werden sollen, ist der Strichpunkt.

Da hierbei als Zerlegungsprodukte auch die Sonderzeichen * * anfallen, die, wie wir vorher gesehen haben, ebenfalls durch Strichpunkte abgetrennt sind, wird ein mit der Funktion *grep()* realisierter Filter nachgeschaltet, der mit dem Muster */<A\sHREF.+\/newsticker\/data\/.+<\/A>/* die gültigen Links aussortiert und in der Array-Variablen *@puf* zwischenspeichert.

Bei jedem Schleifendurchgang der *foreach*-Schleife wird dann der Inhalt dieses Puffers mit der Funktion *push()* dem Array *@lk_arr* hinzugefügt.

```
foreach (@arr){
  @parts = split(/;/,$_);
  @puf = grep(/<A\sHREF.+\/newsticker\/data\/.+<\/A>/g, @parts);
  push(@lk_arr, @puf);
 }
```

Im letzten Schritt wird das Array *@lk_arr*, das jetzt elementweise alle gültigen News-Ticker-Links der Heise-Seite enthält, mithilfe der Funktion *grep()* nach einem in der Variablen *$find* abgespeicherten Suchbegriff durchsucht. Die Suchergebnisse werden in der Variablen *@erg* abgespeichert und anschließend mithilfe einer *foreach*-Schleife ausgegeben.

```
my @erg = grep(/$find/g, @lk_arr);
foreach (@erg){
  print $_;
}
```

Die Variable *$find* erhält ihren Wert über die CGI-Schnittstelle aus einem HTML-Formular. Den Code dieses Formulars, das lediglich ein Eingabefeld zur Eingabe des Suchbegriffs und eine Schaltfläche zum Absenden der Daten enthält, zeigt das folgende Skript:

```
#!C:\PERL\bin\perl.exe
# hticker_form.pl
# Eingabeformular für h_ticker.pl
print "Content-type: text/html\n\n";
print qq(<html><head><title>HTicker</title></head>);
print qq(<body><table border=0 bgcolor="#D0D0D0">);
print qq(<tr><td colspan="2"><h2>Suche in News-Ticker-
          Meldungen</h2></td></tr>);
print qq(<form action="/cgi-bin/hticker.pl" method="POST">);
print qq(<tr><td>Suchbegriff:</td><td><input type="Text" name="find"
          value="" size="30"></td>);
print qq(<tr><td>Absenden:</td><td><div align="right"><input
          type="Submit" name="Go" value="Go"></div></td></tr>);
print qq(<tr></table><br></form></body></html>);
```

Die nachstehende Abbildung zeigt das Ergebnis eines Suchlaufs in den News-Ticker-Meldungen mit dem Suchbegriff „Telekom".

Aus der Statuszeile des Browsers ist ersichtlich, dass die angezeigten Fundstellen gültige Links zu den Heise-News-Ticker-Meldungen darstellen, die durch Anklicken angesprungen werden können.

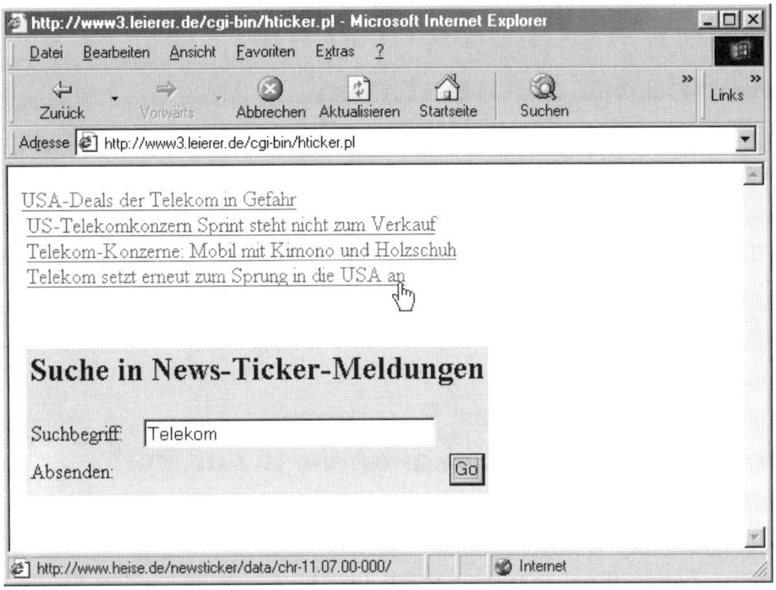

Automatische Auswertung einer Website mit regulären Ausdrücken

Abschließend folgt der Code des Skripts *hticker.pl* im Zusammenhang:

```
#!C:\PERL\bin\perl.exe
# hticker.pl
use LWP::Simple;
use my_cgi_lib qw(parse_cgi);
my %form_dat;
my ( @parts, @puf, @arr, @lk_arr);
print "Content-type: text/html\n\n";
%form_dat=parse_cgi;
$find= $form_dat{"find"};
$dok=get 'http://www.heise.de/newsticker/';
#Links ergänzen
$dok =~ s/\/newsticker\//http:\/\/www.heise.de\/newsticker\//g;
$_=$dok;
# Fundstellen in Array speichern
while (/<A\sHREF.+\/newsticker\/data\/.+<\/A>/g)  {
  push (@arr, $&);
}
foreach (@arr){
  @parts = split(/;/,$_);
  @puf = grep(/<A\sHREF.+\/newsticker\/data\/.+<\/A>/g, @parts);
  push(@lk_arr, @puf);
  }
my @erg = grep(/$find/g, @lk_arr);
foreach (@erg){
  print $_;
}
```

6.6 Schaffen Sie Übersicht in Ihrer Webanwendung: Subroutinen

Subroutinen dienen dazu, die durch das Programm zu lösende Problemstellung in kleine, abgrenzbare und für sich abgeschlossene und mehrfach verwendbare funktionale Einheiten zu zerlegen.

Die Subroutinen von Perl sind eine für Umsteiger von anderen Programmiersprachen gewöhnungsbedürftige Mischform von Prozeduren (Pascal) und Funktionen (C). Perl macht zwischen den beiden letztgenannten Begriffen keinen Unterschied, in den Perl-Manpages werden die Begriffe „Subroutine" und „Funktion" synonym verwendet.

6.6.1 Wichtig für Umsteiger: Parameter, Parameterübergabe und Rückgabewerte von Perl-Subroutinen

Im Folgenden werden zunächst die wichtigsten Unterschiede von Perl-Subroutinen zu Unterprogrammen anderer Programmiersprachen und hierbei insbesondere Pascal-Prozeduren und C-Funktionen zusammengestellt, da sich in diesem Punkt für Umsteiger von diesen Sprachen Schwierigkeiten ergeben können:

- Im Unterschied zu Pascal-Prozeduren können Perl-Subroutinen an beliebigen Stellen innerhalb eines Programms oder Skripts definiert werden. Der Aufruf einer Perl-Subroutine kann in einem Programm oder Skript, also auch vor ihrer Definition erfolgen. Es ist üblicher Perl-Stil, dass zuerst das Hauptprogramm kommt und dann erst die Subroutinen.
- Perls Subroutinen können im Unterschied zu C-Funktionen mehrere Rückgabewerte zurückgeben. Hierbei kann es sich um skalare Variablen oder um Listen bzw. Arrays handeln.
- Die Subroutinen von Perl arbeiten mit einer variablen Anzahl von schwach typisierten Argumenten. Perl kennt keine Argumentenliste im Deklarationsabschnitt (Kopf) der Subroutine, wie das bei C-Funktionen oder Pascal-Prozeduren der Fall ist.
- Sämtliche Argumente werden über das reservierte Array @_ übergeben. Die einer Subroutine beim Aufruf übergebenen Argumente stehen in diesem, zur entsprechenden Subroutine lokalen Array in der Reihenfolge zur Verfügung, in der die Argumente beim Aufruf übergeben wurden, und müssen vor ihrer Verwendung aus diesem ausgelesen werden.
- Da Perl keine Sublisten verarbeitet, kann jedoch nur eine Array-Variable oder ein Hash als Argument übergeben werden. Soll ein Array oder Hash zusammen mit mehreren skalaren Variablen übergeben werden, muss das Array oder der Hash als letztes Argument angegeben werden. Um mehrere Arrays oder Hashes zu übergeben, kann auf Referenzen zurückgegriffen werden.
- Werden die Inhalte des Arrays @_ innerhalb der Subroutine verändert, werden diese auch im Hauptprogramm geändert. Dieses Verhalten ist vor allem für C-Programmierer anfangs sehr gewöhnungsbedürftig.

- Das Array @_ enthält Referenzen auf die übergebenen Parameter. Das bedeutet, dass jede Änderung eines der Elemente von @_ sich direkt auf die aktuellen Parameter im Hauptprogramm auswirken wird. Dieses Verhalten entspricht einem Call-by-Reference.
- Ein Call-by-Value, d. h. eine Parameterübergabe als Kopie der Werte der Aufrufparameter, kann dadurch ereicht werden, dass der Inhalt der reservierten Array-Variablen @_ in der Subroutine lokalen Variablen zugewiesen wird.
- Werden in Perl-Subroutinen Variablen deklariert, haben diese normalerweise einen (bezogen auf das aktuelle *Package*) globalen Sichtbarkeits- und Gültigkeitsbereich. Dies ist ein wichtiger Unterschied zu C-Funktionen, innerhalb derer alle deklarierten Variablen lokal sind. Um in einer Perl-Subroutine mit lokalen Variablen zu arbeiten, muss das Schlüsselwort *my()* verwendet werden.

6.6.2 Arbeiten mit benutzerdefinierten Subroutinen

In Perl werden Funktionen im Funktionskopf durch das Schlüsselwort *sub*, gefolgt von dem Namen der Subroutine, deklariert.

Im Anschluss an den Funktionskopf folgt der Funktionsrumpf, der mindestens aus einem in geschweifte Klammern eingeschlossenen Anweisungsblock besteht, der seinerseits beliebig tief verschachtelt werden und selbst weitere Funktionen enthalten kann.

Der folgende Pseudo-Code zeigt das Skelett einer Subroutine in Perl:

Syntaxformen für Subroutinen

Deklarieren von Subroutinen
- *sub NAME BLOCK*

Import von Subroutinen aus Perl-Modulen
- *use MODULE qw(NAME1 NAME2 NAME3);*

Aufruf von Subroutinen
- *NAME(LIST);*
- *NAME LIST;*
- *&NAME(LIST);*
- *&NAME;*

Struktur einer Subroutine in Perl

```
sub my_sub {
#Einlesen der übergebenen Argumente und Zuweisen an lokale
# Variablen
my $local_var1=$_[0];     # liest das erste übergebene Argument
my $local_var2=$_[1];     # liest das zweite übergebene Argument
my $local_var2=$_[2];     # liest das dritte übergebene Argument
# Einlesen weiterer Argumente, falls erforderlich
# Anweisungen der Subroutine
return ($back1, $back2 ....) # Rückgabewerte
}
```

Anders als bei den Sprachen C und Pascal, bei denen bereits bei der Deklaration die genaue Zahl der zu übergebenden Argumente sowie deren Datentyp angegeben werden muss, benötigt Perl hierzu keine Angaben. Die übergebenen Argumente *werden* in dem in Bezug auf die Subroutine lokalen Array @_ in der Reihenfolge der Übergabe abgelegt, von der sie ausgelesen werden können.

In der Regel haben Subroutinen einen oder auch mehrere Rückgabewerte. Sofern nicht mit der *return*-Anweisung ein anderer Wert festgelegt wird, ist der Rückgabewert der Wert der zuletzt ausgeführten Anweisung. Mit der *return*-Anweisung kann die Subroutine an jeder Stelle verlassen werden, wobei dann die der *return*-Anweisung übergebenen Parameter den Rückgabewerten entsprechen.

Subroutine mit einer festen Anzahl von Argumenten

Die folgende Subroutine mit dem Namen *mw* berechnet aus zwei übergebenen Parametern den Mittelwert, der auch den Rückgabewert darstellt. Die Subroutine wird im Hauptprogramm mit den Argumenten *100* und *150* aufgerufen.

Innerhalb der Subroutine werden die übergebenen Argumente zunächst aus dem reservierten Array *@_* ausgelesen und den lokalen Variablen *$a* und *$b* zugewiesen. Aus diesen Variablen wird anschließend der Mittelwert berechnet, der mit der *return*-Anweisung zum Rückgabewert der Subroutine gemacht wird.

```
#!C:\PERL\bin\perl.exe
# sub1.pl  Subroutinen
print "Content-type: text/html\n\n";
print "Mittelwert:", mw(100,150);
sub mw
{
  my $a = $_[0];
  my $b = $_[1];
  return ($a+$b)/2;
}
```

Ausgabe:

```
Mittelwert: 125
```

Subroutine mit einer variablen Anzahl von Argumenten

Die Funktion *mw()* des vorherigen Beispiels kann genau zwei übergebene Argumente verarbeiten. Besser wäre natürlich eine Subroutine, die aus einer beliebigen Anzahl von übergebenen Argumenten den Mittelwert berechnet. Dass dies mit Perl kein Problem ist, zeigt das folgende Beispiel.

Der Aufruf der Funktion *mw1()* im Hauptprogramm des Skripts erfolgt diesmal mit sieben Argumenten. Diese werden in der übergebenen Reihenfolge im reservierten Array *@_* abgespeichert. Bei der verbesserten Version der Mittelwert-Funktion muss nun lediglich dafür gesorgt werden, dass eine beliebige Anzahl von übergebenen Argumenten bei der Mittelwertberechnung berücksichtigt wird.

Hierzu wird der Inhalt des reservierten Arrays *@_* zunächst der lokalen Array-Variablen *@in* zugewiesen. Innerhalb einer *foreach*-Schleife wird dann der Inhalt dieses Arrays ausgelesen und aufsummiert. Für die Berechnung des Mittelwerts wird noch die Anzahl der übergebenen Argumente benötigt. Diese wird ermittelt, indem die Array-Variable *@in* im skalaren Kontext ausgewertet, d. h. der skalaren Variablen *$anz* zugewiesen wird.

Die Funktion *mw1()* ist somit in der Lage, aus einer beliebigen Anzahl von übergebenen Argumenten den Mittelwert zu berechnen:

```
#!C:\PERL\bin\perl.exe
# sub1.pl  Subroutinen
print "Content-type: text/html\n\n";
printf ("%s %5.2f", "Mittelwert:", mw1(100, 150, 122, 134, 133, 111,
        101));
sub mw1
{
  my $sum;
  my @in =@_;
  foreach (@in) {
    $sum+=$_;
  }
  $anz=@in;
  return $sum /$anz;
}
```

Ausgabe:

```
Mittelwert: 121.57
```

Subroutine mit mehreren Rückgabewerten

Die bisherigen Versionen der Mittelwert-Subroutine hatten genau einen Rückgabewert. Perl-Subroutinen können jedoch im Gegensatz zu C-Funktionen auch mehrere Rückgabewerte zurückgeben.

Im nachfolgenden Beispiel wird die Subroutine dahingehend erweitert, dass neben dem arithmetischen Mittelwert auch der geometrische Mittelwert berechnet wird. Mit der *return*-Anweisung am Ende der Subroutine werden dann die beiden berechneten Mittelwerte sowie die für die Interpretation von Mittelwerten interessante Anzahl der Stichproben, also insgesamt drei Werte, zurückgegeben:

```
return ($sum /$anz, $geo, $anz);
```

Im Hauptprogramm wird die derart veränderte Subroutine dann einer Array-Variablen *@erg* zugewiesen, die die zurückgegebenen Werte in der Reihenfolge enthält, in der sie in der *return*-Anweisung aufgeführt wurden.

```
#!C:\PERL\bin\perl.exe
# sub3.pl  Subroutinen
use strict;
print "Content-type: text/html\n\n";
my @erg=mw2(100, 150, 122, 134, 133, 111, 101);
print "arithmetisches Mittel= ",$erg[0],"<br>";
print "geometrisches Mittel= ",$erg[1],"<br>";
print "Anzahl n= ",$erg[2],"<br>";
sub mw2
{
  my ($sum, $product);
  my @in =@_;
  my $anz=@in;
  $product=1;
  foreach (@in) {
```

```
■      $sum+=$_;
■      $product*= $_;
■    }
■    my $geo=$product**(1 / $anz);
■    return ($sum /$anz, $geo, $anz);
■ }
```

Ausgabe:

```
arithmetisches Mittel= 121.571428571429
geometrisches Mittel= 120.347197967244
Anzahl n= 7
```

6.6.3 Modular programmieren mit Subroutinen – Am Beispiel einer universell verwendbaren Funktion zur Ausgabe von HTML-Tabellen

Durch den konsequenten Einsatz von benutzerdefinierten Subroutinen können Perl-Skripte auf sinnvolle Weise in einzelne funktionale Einheiten zerlegt werden. Durch eine auf diese Weise erzielte Modularisierung der Skripte wird zweierlei erreicht: Zum einen wird der produzierte Code übersichtlicher, zum anderen sind die auf diese Weise entstandenen Code-Einheiten auch in anderen Skripten wiederverwendbar.

Bei der Erstellung von dynamisch generierten Webseiten ist z. B. häufig die Ausgabe von HTML-Tabellen erforderlich, sodass es sich anbietet, für diese Aufgabe eine Subroutine zu entwickeln, die so parametriert werden kann, dass diese sich zur Ausgabe beliebiger, tabellarisch darstellbarer Inhalte auf einer HTML-Seite eignet.

Ein Beispiel für eine derartige Funktion ist die nachfolgend beschriebene Funktion *tab_out()*.

Der Funktion werden als Parameter die Anzahl der benötigten Tabellenzeilen *$rows* sowie der Tabellenspalten *$cols* übergeben. Der Inhalt der einzelnen Tabellenzellen wird dem Array *$arr* entnommen, das der Funktion als Referenz zu übergeben ist. Weitere der Funktion zu übergebende Parameter sind die Breite der Tabelle in % des Browserfensters *$width*, die Breite der Gitternetzlinien *$border*, den Wert für das *Cellpadding* und das *Cellspacing $cs* sowie die Hintergrundfarbe des Tabellenkopfes *($head_col)* und des Tabellenkörpers *$body_col*.

Ein Aufruf dieser allgemeinen Funktion zur Ausgabe von HTML-Tabellen könnte dann z. B. so aussehen:

```
■ tab_out($rows,$cols,$width,$border,$cp,$cs,$head_col,$body_col,\@arr);
```

Die übergebenen Argumente werden innerhalb der Subroutine zunächst aus dem reservierten Array @_ ausgelesen und lokalen Variablen zugewiesen. Durch diese Vorgehensweise wird eine direkte Veränderung der per Referenz übergebenen Inhalte des Übergabe-Arrays @_ vermieden, die im aufrufenden Hauptprogramm ebenfalls zu einer Veränderung der entsprechenden Variablen führen würde. Es wird also ein call-by-value simuliert, da innerhalb der Subroutine nur mit den an lokale Variablen übergebenen Werten der Aufrufparameter gearbeitet wird:

```
my $rows=$_[0];
my $cols=$_[1];
my $width=$_[2];
my $border=$_[3];
my $cp=$_[4];
my $cs=$_[5];
my $head_col=$_[6];
my $body_col=$_[7];
my $arr_ptr=$_[8];
```

Anschließend wird dann über eine *print*-Anweisung der einleitende <table>-Tag einer HTML-Tabellendefinition ausgegeben. In dieser Anweisung werden die der Funktion als Argumente übergebenen Werte für die Tabellenbreite, die Breite der Gitternetzlinien, das *Cellpadding* und das *Cellspacing* als Variablen eingesetzt.

```
print "<table width='$width' border='$border' cellpadding='$cp'
cellspacing='$cs'>";
```

Die Ausgabe der Kopfzeile der Tabelle erfolgt dann mithilfe einer *for*-Schleife, die über die Tabellenspalten bis zum vorgesehenen Endwert *$cols* gezählt wird.

```
for (my $c=0;$c<$cols;$c++) {
      my $elem=shift @{$arr_ptr};
      print "<th width='$cellwd' bgcolor='$head_col'>$elem</th>";
}
```

Die Variable *$elem* erhält bei jedem Schleifendurchgang einen neuen Wert aus dem der Funktion als Referenz übergebenen Array *$arr*, wobei die einzelnen Array-Elemente über die Referenz *$arr_ptr* auf dieses Array unter Verwendung der Array-Funktion *shift()* aus *@arr* ausgelesen werden:

```
      my $elem=shift @{$arr_ptr};
```

Die Verwendung von Referenzen ist dabei ein kleiner Vorgriff auf das nächste Kapitel, in dem der Umgang mit Referenzen im Einzelnen erläutert wird.

Für die Ausgabe des Tabellenkörpers kommt eine doppelte *for*-Schleife zum Einsatz, wobei die äußere dieser Schleifen über die Tabellenzeilen und die innere über die Tabellenspalten bis zum jeweils vorgegebenen Endwert *$rows* bzw. *$cols* gezählt wird.

```
for (my $r=1;$r<$rows;$r++) {
   print "<tr>";
   for (my $c=0;$c<$cols;$c++) {
       my $elem=shift @{$arr_ptr};
       print "<td bgcolor='$body_col'>$elem</td>"
                                  if $elem !~ m/@.+\./;
       print qq(<td bgcolor='$body_col'><A HREF="mailto:$elem">
                                 $elem</A></td>) if $elem=~ m/@.+\./;
   }
```

In der inneren *for*-Schleife befinden sich zwei bedingte Anweisungen zur HTML-Ausgabe der Tabellenzellen. In den jeweiligen, mit *if* formulierten Bedingungen dieser bedingten Anweisungen untersucht ein regulärer Ausdruck, ob es sich bei dem auszugebenden Tabellenelement um eine E-Mail-Adresse handelt, was dann eine auf diesen Fall abgestimmte HTML-Syntax zur Ausgabe der entsprechenden Zelle als E-Mail-Link erforderlich macht:

```
... if $elem !~ m/@.+\./;     # normale Ausgabe
... if $elem=~ m/@.+\./;      #Ausgabe als E-Mail-Link
```

In entsprechender Weise könnten noch weitere Spezialfälle für die Ausgabe von Tabellenzellen durch geeignete, über reguläre Ausdrücke formulierte Bedingungen berücksichtigt werden, z. B. die Ausgabe von normalen Hyperlinks.

Es folgt der Code der Subroutine im Zusammenhang:

```
sub tab_out {
my $rows=$_[0];
my $cols=$_[1];
my $width=$_[2];
my $border=$_[3];
my $cp=$_[4];
my $cs=$_[5];
my $head_col=$_[6];
my $body_col=$_[7];
my $arr_ptr=$_[8];
my $cellwd=100/$cols."%";
print "<table width='$width' border='$border' cellpadding='$cp'
        cellspacing='$cs'>";
for (my $c=0;$c<$cols;$c++) {
my $elem=shift @{$arr_ptr};
   print "<th width='$cellwd' bgcolor='$head_col'>$elem</th>";
 }
 for (my $r=1;$r<$rows;$r++) {
   print "<tr>";
   for (my $c=0;$c<$cols;$c++) {
my $elem=shift @{$arr_ptr};
print "<td bgcolor='$body_col'>$elem</td>" if $elem !~ m/@.+\./;
print qq(<td bgcolor='$body_col'><A HREF="mailto:$elem">
      $elem</A></td>) if $elem=~ m/@.+\./;
 }
 print "</tr>";
}
print "</table>";
}
```

Anhand des folgenden Beispiels soll die Anwendung der Funktion *tab_out()* verdeutlicht werden.

Die Einträge in einem Test-Array *$arr* sollen gelesen und mithilfe der Funktion *tab_out()* in tabellarischer Form im Browser ausgegeben werden. Für die tabellarische Ausgabe des Dateiinhalts wird eine Tabelle mit vier Spalten und fünf Zeilen benötigt.

Die Ausgabe der Tabelle soll ohne Gitternetzlinien und mit grau hinterlegten Zellen erfolgen. Die Werte für das *Cellpadding* und das *Cellspacing* sollen jeweils 2 Punkte, die Breite der Tabelle bezogen auf das Browserfenster 70 % betragen.

Wie Sie sehen, sind über die Funktion alle wesentlichen Tabellenmerkmale konfigurierbar:

```
■ #!C:\PERL\bin\perl.exe
■ # sub3.pl  Subroutinen
■ use strict;
■ print "Content-type: text/html\n\n";
■ my $rows=5;
■ my $cols=4;
■ my $width="70%";
■ my $border =0;
■ my $cp=2;
■ my $cs=2;
■ my $head_col="#C0C0C0";
■ my $body_col="#E0E0E0";
■ my @arr = ("Spalte1", "Spalte 2","Spalte 3","Spalte 4", "Element
  11","Element 12","Element 13","Element 14","Element 21","Element
  22","Element 23","Element 24","Element 31","Element 32","Element
  33","Element 34","Element 41","Element 42","Element 43","RS\@t-
  online.de");
■ tab_out
  ($rows,$cols,$width,$border,$cp,$cs,$head_col,$body_col,\@arr);
■ sub tab_out {   . . . }  # Defintion der Subroutine
```

6.7 Problemlösungen mit komplexen Datenstrukturen: Referenzen

Referenzen wurden in den vorausgegangenen Praxis-Beispielen schon mehrfach eingesetzt, und zwar immer dann, wenn es darum ging, komplexere Datenstrukturen abzubilden.

Zusammengesetzte Datenstrukturen entsprechend den Records der Programmiersprache Pascal oder den Structures von C sind in Perl zunächst nicht vorgesehen. Die komplexeste Datenstruktur ist in Perl die Liste bzw. das Array oder ein Hash. Eine Schachtelung von Listen, Arrays oder Hashes, z. B. ein Array von Arrays, ist in Perl deshalb nicht möglich, weil Listen bzw. Arrays nur skalare Werte speichern können.

Wird einer vorhandenen Liste, was durchaus möglich ist, eine weitere Liste hinzugefügt, werden der ersten Liste lediglich die Elemente der zweiten hinzugefügt, deren Struktur als eigenständige (Sub-) Liste bleibt jedoch nicht erhalten.

Abhilfe schaffen hier Referenzen. Diese wurden mit der Version 5 von Perl als eigenständiger skalarer Datentyp eingeführt. Hierbei handelt es sich in erster Annäherung, aber auch mit einigen wesentlichen Unterschieden, um das, was C-Programmierern als Zeiger oder Pointer bekannt ist.

Da es sich hierbei um skalare Werte handelt, können Referenzen in Listen bzw. Arrays oder in Hashes gespeichert werden, sodass der Konstruktion von beliebig komplexen Datenstrukturen nichts mehr im Weg steht.

Wie mit Referenzen gearbeitet wird und wie Sie Referenzen mit Gewinn einsetzen, erfahren Sie in den nächsten Abschnitten.

6.7.1 Was sind Referenzen?

Referenzen sind skalare Werte, die direkt auf das einer Variablen zugrunde liegende Speicherobjekt, das Referenzziel, verweisen. Bei diesen Referenzzielen kann es sich um skalare Variablen, Arrays oder Hashes handeln. Des Weiteren sind auch Referenzen auf Subroutinen und Filehandles möglich.

Referenzen werden in Perl, entsprechend der Zusammenstellung im nebenstehenden Kasten, durch einen der Variablen, auf die die Referenz verweisen soll, vorangestellten Backslash (\ ) erzeugt.

Definition von Referenzen

Referenz auf einen Skalar
- *$v_ptr = \$var;*

Referenz auf ein Array
- *$arr_ptr = \@arr;*

Referenz auf einen Hash
- *$h_ptr = \%hash;*

Referenz auf eine Subroutine
- *$s_ptr = \&subname;*

Referenz auf ein Filehandle
- *$fh_ptr = *FHANDLE;*

Perl-Referenzen sind mehr als bloße Adressen von Speicherobjekten, da einer Referenz der Typ eines Referenzziels bekannt ist und die Anzahl der Referenzen auf ein bestimmtes Speicherobjekt in einem Referenzzähler verwaltet wird. Im Unterschied zu den Pointern der Sprache C kann mit Perl-Referenzen jedoch keine Zeigerarithmetik betrieben werden.

6.7.2 Verweise auf einfache und komplexe Datenstrukturen: Einführung in die Arbeit mit Perl-Referenzen

Eine Referenz auf ein Speicherobjekt wird in Perl mit dem Backslash-Operator erzeugt, wobei es sich bei den Referenzzielen um Skalare, Arrays, Hashes, Subroutinen und Filehandles handeln kann. Werden Referenzen auf Referenzen erzeugt, können darüber hinaus beliebig lange Referenzketten entstehen.

Referenzen auf skalare Variablen

Eine Referenz auf eine skalare Variable erfolgt mit dem Backslash-Operator in der Form:

- `$var_ptr = \$var;`

Im nachfolgenden Skript wird eine Referenz auf einen skalaren Wert erzeugt. Im Anschluss daran wird zunächst die Referenz selbst und danach das Referenzziel, also der Inhalt der Referenz, über eine *print*-Anweisung wieder ausgegeben. Um über die Referenz an den Wert des Speicherobjekts heranzukommen, auf das die Referenz verweist, muss diese dereferenziert werden. Dies erfolgt dadurch, dass die Referenz in geschweifte Klammern gesetzt und dieser so entstandene „Block" mit einem für Skalare erforderlichen *$*-Präfix versehen wird:

```
${$var_ptr};
```

Diese Schreibweise wird auch als Block-Notation bezeichnet.

Eine vereinfachte Schreibweise zur Dereferenzierung von Skalaren ist in der folgenden Form möglich:

```
$$var_ptr;
```

Der auf diese Weise über die Referenz zurückgewonnene skalare Wert kann anderen Skalaren zugewiesen oder wie im Beispiel mit einer *print*-Anweisung ausgegeben werden.

```
#!C:\PERL\bin\perl.exe
# ref1.pl  Referenzen auf Skalare
use strict;
print "Content-type: text/html\n\n";
my $var="100_000";
my $var_ptr = \$var;
printf "So sieht die Referenz aus: %s<br>
       und das ist der Wert, auf den sie zeigt: %s",
       \$var,
       ${$var_ptr};
```

Ausgabe:

```
So sieht die Referenz aus: SCALAR(0x87624b4)
und das ist der Wert, auf den sie zeigt: 100_000
```

Die Ausgabe der Referenz selbst zeigt, dass die Referenz neben der Adresse des Speicherobjekts (in Klammern angegeben) auch den Typ des Speicherobjekts kennt, auf das sie verweist. Im Beispiel ist das *SCALAR*.

Referenzen auf Listen und Arrays

Die Erzeugung einer Referenz auf eine Liste bzw. auf ein Array erfolgt analog zu den Referenzen auf Skalare mit dem Backslash-Operator:

```
$arr_ptr = \@arr;
```

Die Dereferenzierung einer Array-Referenz kann, wie das folgende Beispiel zeigt, ebenfalls in Block-Notation erfolgen:

```
@{$arr_ptr};
```

Wobei im Gegensatz zu der Dereferenzierung von Skalaren als Variablen-Präfix das Array-Präfix @ zu wählen ist, da der bei dieser Operation zurückgegebene Wert ein Array oder eine Liste ist.

```
#!C:\PERL\bin\perl.exe
# ref1.pl Referenzen
```

```
use strict;
print "Content-type: text/html\n\n";
my @arr= (0,1,2,3,4,5,6,7,8,9);
my $arr_ptr = \@arr;
printf "So sieht die Referenz aus: %s<br>", \@arr;
print "und so der Inhalt: ";
foreach (@{$arr_ptr}) {
  print $_. " ";
}
```

Ausgabe:

```
So sieht die Referenz aus: ARRAY(0x8762544)
und so der Inhalt: 0 1 2 3 4 5 6 7 8 9
```

Die Ausgabe des Beispiels zeigt, dass die Referenz auch in diesem Fall den Typ des Speicherobjekts, auf das sie verweist - *ARRAY* -, kennt.

Zugriff auf Array-Elemente über den Pfeiloperator

Um über eine Array-Referenz auf ein Element des Arrays zuzugreifen, kann der Pfeiloperator -> verwendet werden, z. B.:

```
$arr_ptr->[1];
```

Der Inhalt des Arrays aus dem vorherigen Beispiel kann unter Verwendung dieser Technik mithilfe einer *for*-Schleife wie folgt ausgegeben werden:

```
my $anz = @{$arr_ptr};
for (my $i=0;$i<$anz;$i++) {
    print $arr_ptr->[$i];
}
```

Die Anzahl der Array-Elemente wird in diesem Fall durch die Auswertung von *@{$arr_ptr}* im skalaren Kontext ermittelt.

Realisation von Matrix-Strukturen mit Referenzen auf Arrays

Das folgende Beispiel zeigt, wie mithilfe von Referenzen auf Arrays Matrix-ähnliche Strukturen erzeugt werden können:

```
#!C:\PERL\bin\perl.exe
# ref4.pl Referenzen
use strict;
print "Content-type: text/html\n\n";
my @z1 = (11,12,13);    # Zeile 1
my @z2 = (21,22,23);    # Zeile 2
my @z3 = (31,32,33);    # Zeile 3
my @matrix =(\@z1,\@z2,\@z3);  # Matrix
printf "1.Element der 2. Zeile: %s<br>",  $matrix[1]->[0];
printf "2.Element der 3. Zeile: %s<br>",  $matrix[2]->[1];
print "alternative Zugriffsmöglichkeit: <br>";
printf "1.Element der 2. Zeile: %s<br>",  $matrix[1][0];
printf "2.Element der 3. Zeile: %s<br>",  $matrix[2][1];
```

Ausgabe:

```
1.Element der 2. Zeile: 21
2.Element der 3. Zeile: 32
```

Referenzen auf Hashes

Die Erzeugung einer Referenz auf eine Hash-Variable erfolgt ebenfalls mit dem Backslash-Operator.

```
$h_ptr = \%hash;
```

Die Dereferenzierung einer Hash-Referenz erfolgt wie bei Referenzen auf Arrays in Block-Notation,

```
%{$h_ptr}
```

wobei als Variablen-Präfix das Präfix *%* zu wählen ist. Im folgenden Beispiel wird auf diese Weise eine Referenz auf den Hash *%hash* erzeugt, dessen Inhalt anschließend innerhalb einer *foreach*-Schleife mit einer *print*-Anweisung wieder ausgegeben wird.

Der Zugriff auf die einzelnen Hash-Elemente erfolgt dabei über die Hash-Referenz unter Verwendung des Pfeiloperators:

```
#!C:\PERL\bin\perl.exe
# ref1.pl Referenzen
use strict;
print "Content-type: text/html\n\n";
my %hash= ("eins" => "Januar",
           "zwei" => "Februar",
           "drei" => "März");
my $h_ptr = \%hash;
printf "So sieht die Referenz aus: %s<br>", \%hash;
print "und so der Inhalt: <br>";
foreach my $key (keys %{$h_ptr}) {
  printf "Schlüssel: %s / Wert: %s<br>",
  $key, $h_ptr->{$key};
}
```

Ausgabe:

```
So sieht die Referenz aus: HASH(0x8762548)
und so der Inhalt:
Schlüssel: eins / Wert: Januar
Schlüssel: zwei / Wert: Februar
Schlüssel: drei / Wert: März
```

Referenzen auf Subroutinen

Neben den bisher besprochenen Referenzen auf die verschiedenen Variablen-Typen sind in Perl auch Referenzen auf Subroutinen möglich.

Eine Referenz auf eine Subroutine wird dabei analog zu den Referenzen auf Variablen durch den Backslash-Operator erzeugt. Vor dem Namen der Subroutine, auf die die Referenz erfolgen soll, ist das Präfix *&* zu setzen.

```
$sub_ptr = \&sub;
```

Der Aufruf der Subroutine über die Referenz kann dann wie folgt erfolgen:

```
&{$sub_ptr}($arg1,...);
```

Im nachfolgenden Beispiel wird die Subroutine *mw()*, die den arithmetischen und geometrischen Mittelwert sowie die Anzahl der übergebenen Argumente zurückgibt, über eine Referenz aufgerufen:

```
#!C:\PERL\bin\perl.exe
# ref4.pl Referenzen
use strict;
print "Content-type: text/html\n\n";
my $mw_ptr = \&mw;
my @erg= &{$mw_ptr}(100, 150, 122, 134, 133, 111, 101);
print "arithmetisches Mittel= ",$erg[0],"<br>";
print "geometrisches Mittel= ",$erg[1],"<br>";
print "Anzahl n= ",$erg[2],"<br>";
sub mw
{
  my ($sum, $product);
  my @in =@_;
  my $anz=@in;
  $product=1;
  foreach (@in) {
    $sum+=$_;
    $product*= $_;
  }
  my $geo=$product**(1 / $anz);
  return ($sum /$anz, $geo, $anz);
}
```

Ausgabe:

```
arithmetisches Mittel= 121.571428571429
geometrisches Mittel= 120.347197967244
Anzahl n= 7
```

Anonyme Referenzen

Neben den Referenzen auf benannte Variablen und Subroutinen sind auch Referenzen auf Speicherobjekte möglich, die keinen Namen haben. Diese werden als anonyme Referenzen bezeichnet.

Eine Referenz auf eine anonyme Liste wird durch den *[ ]*-Operator erzeugt, d. h., dieser Operator gibt eine Referenz zurück, die einer Variablen zugewiesen werden kann. Referenzen auf anonyme Hashes werden durch geschweifte Klammern und Referenzen auf anonyme Subroutinen durch das Schlüsselwort *sub* ohne Angabe eines Namens für die Subroutine gekennzeichnet.

Die nachfolgende Zusammenstellung gibt einige Beispiele für anonyme Referenzen und die Zugriffsmöglichkeiten auf diese Datenstrukturen:

Speicherobjekt	Erzeugen einer anonymen Referenz	Zugriff bzw. Aufruf
Array	$arr_ptr = ["Maier", "Huber", "Müller", . . .];	print $arr_ptr->[1]; # Huber
	$vec_ptr = [[1,0,0], [0,1,0], [0,0,1]];	$vec_ptr[0][2]= 5; # [[1, 0, 5], . . .]
Hash	$h_ptr = { "Müller" => "1234-5678", "Maier" => "1234-5436" };	print ${$h_ptr}->{"Müller"}; # 1234-5678
Subroutine	$s_ptr = sub { . . . };	&$s_ptr( );

Beispiele für Referenzen auf anonyme Speicherobjekte

Übersicht

In der nachfolgenden Tabelle sind die wichtigsten der in den vorausgegangenen Abschnitten beschriebenen Operationen mit Referenzen zusammengestellt.

Operation	Bedeutung
\$var	Referenz auf eine skalare Variable
${$var_ptr}	Dereferenzierung einer Referenz auf eine skalare Variable
$arr_ptr = \@arr	Referenz auf ein Array
[$elem1, $elem2, ...]	Referenz auf eine neu erzeugtes Array
@{$arr_ptr}	Dereferenzierung einer Array-Referenz
$arr_ptr->[$index]	Zugriff auf ein Array-Element über eine Referenz
$arr_ptr->[$i][$j] $arr_ptr->[$i]->[$j]	Zugriff auf ein Element einer mit Referenzen realisierten Matrix
$h_ptr = \%hash	Referenz auf einen Hash
%{$h_ptr}	Dereferenzierung einer Hash-Referenz
{$key1 => $val1, ...}	Referenz auf einen neu erzeugten Hash
$h_ptr->{$index}	Zugriff auf ein Element eines Hash über eine Referenz
$sub_ptr = \&sub	Referenz auf eine benannte Subroutine
&{sub_ptr}(arg1, ...);	Aufruf einer Subroutine über eine Referenz
$sub_ptr = sub { ... }	Referenz auf eine anonyme Subroutine
&{$sub_ptr}($arg1, ...)	Aufruf einer anonymen Subroutine über eine Referenz

Zusammenstellung der wichtigsten Operationen mit Referenzen

6.7.3 Konstruktion von komplexen Datenstrukturen am Beispiel einer Mitarbeiterverwaltung

Mithilfe von Referenzen auf anonyme Hashes können komplexe Datenstrukturen konstruiert werden, die dem von C bekannten *struct*-Datentyp oder einem Record der Sprache Pascal entsprechen.

Die hierzu erforderliche Vorgehensweise wird am Beispiel einer Datenstruktur erläutert, die sich zum Aufbau einer Mitarbeiterverwaltung eignet.

Mit dieser Datenstruktur, die auf einer Referenz auf einen anonymen Hash beruht, sollen zum Aufbau einer Mitarbeiterverwaltung eines Unternehmens sämtliche Personaldaten erfasst werden.

Im Beispiel besteht dieser anonyme Hash aus den Schlüsseln *Name*, *Vorname*, *Abt*, *Alter*, *Gehalt*, *Adresse* und *Connect*. Während die ersten fünf dieser Schlüssel auf Variablen verweisen, die die den Schlüsseln zugehörigen Werte direkt enthalten, verweisen die beiden letzten jeweils auf weitere anonyme Hashes, die die zur Erfassung der Adresse und der Kommunikationsverbindungen erforderlichen Schlüssel-/Wertepaare enthalten. Durch die Anweisung:

```
my $employee = {
Name => $name,
Vorname => $vname,
. . .
}
```

wird eine Referenz auf diesen anonymen Hash erzeugt. Wie Sie bereits im vorherigen Abschnitt erfahren haben, wird der anonyme Hash durch den geschweifte-Klammern-Operator *{}* erzeugt, der seinerseits eine Referenz auf diese anonyme Struktur zurückgibt.

Wie Sie sehen, ist auf diese Weise eine zusammengesetzte Datenstruktur entstanden, die mit einer structure der Sprache C (*struct*) oder einem Pascal-Record vergleichbar ist.

In dieser Datenstruktur können jetzt die Personaldaten von genau einem Mitarbeiter abgelegt werden. Da jedoch die Daten aller Mitarbeiter des Unternehmens erfasst werden sollen, liegt die weitere Vorgehensweise nahe, nämlich die Referenzen auf viele dieser Strukturen in einer einzigen Hash-Variablen *% employees* abzuspeichern. Dies erfolgt mit der folgenden Anweisung:

```
$employees{ $employee->{Name}} = $employee;
```

Hierbei werden dem Hash *%employees* als Schlüssel die mit *$employee->{Name}* dereferenzierten Namen der Mitarbeiter und als zugehörige Werte die Referenzen auf die gesamte anonyme Struktur zugewiesen. Diese Vorgehensweise beruht auf der bereits im Kapitel über die Hashes (siehe S. 119) vorgestellten Methode

```
$hash{$key} = $value;
```

mit der einem Hash *%hash* ein neues Schlüssel-/Wertepaar hinzugefügt werden kann.

In der Beispielanwendung werden die Daten der Mitarbeiter aus einer Textdatei gelesen, die für jeden Mitarbeiter eine Zeile mit Datenfeldern enthält, die durch Strichpunkte abgegrenzt sind.

Innerhalb einer *while*-Schleife werden diese Daten zeilenweise eingelesen, mit der Funktion *split()* entsprechend dem vorgegebenen Trenner (Strichpunkt) zerlegt und einer Liste mit explizit aufgeführten Variablen zugewiesen. Diese Variablen werden anschließend als *values* des anonymen Hashes eingesetzt, auf den die Referenz *$emploee* verweist.

Bei jedem Schleifendurchgang wird dann der Hash-Variablen *%employees* ein neues Schlüssel-/Wertepaar mit dem Namen eines Mitarbeiters als Schlüssel und der Referenz auf die zugehörigen Personaldaten als Wert hinzugefügt, und zwar so lange, bis alle Daten der Textdatei eingelesen wurden.

In welcher Form die Daten jetzt in der Hash-Variablen *%employees* vorliegen, können Sie erkennen, wenn Sie zu Testzwecken den Inhalt des Hashs mit einer *foreach*-Schleife auslesen:

```
foreach my $key (keys %employees) {
  print "$key ==> $employees{$key}<br>";
}
```

Sie erhalten dann die folgende Ausgabe:

```
Maier ==> HASH(0x8765288)
Huber ==> HASH(0x8765108)
...
```

Das heißt, der Hash enthält tatsächlich die Namen der Mitarbeiter als Schlüssel und als zugehörige Werte Hash-Referenzen auf die zugehörigen Personaldaten.

Der Zugriff auf die Daten der einzelnen Mitarbeiter kann nun über deren Namen als Schlüssel erfolgen. An die zugehörigen Daten kommt man über die folgenden Referenzen und Referenzketten ...

```
my $m_ptr= $employees{"Maier"};
```

... sowie ...

Name	$m_ptr->{Name}
Vorname	$m_ptr->{Vorname}
PLZ	$m_ptr->{Adresse}->{Plz}
Ort	$m_ptr->{Adresse}->{Ort}
Straße	$m_ptr->{Adresse}->{Strasse}
Abteilung	$m_ptr->{Abt}
Alter	$m_ptr->{Alter},
Gehalt	$m_ptr->{Gehalt}
E-Mail	$m_ptr->{Connect}->{EMail}
Tel	$m_ptr->{Connect}->{Tel}

Zugriff auf die Datenelemente des Hashs %employees

... wie das im Anwendungsbeispiel in der abschließenden *print*-Anweisung zur Ausgabe der Daten eines Mitarbeiters erfolgt.

Es folgt der Code des Skripts im Zusammenhang:

```
#!C:\PERL\bin\perl.exe
# mitarbeiter.pl
use strict;
```

```
my %employees;   # Hash zum Speichern aller Mitarbeiter-Daten
my ($name,$vname,$plz,$ort,$str,$AbtNr,$age,$sal,$tel,$mail);
print "Content-type: text/html\n\n";
my $filename = "mitarbeiter.txt";
open(FILE, "<$filename") ||
   die "Cannot open $filename\n";
while (<FILE>) {
   chomp;
   ($name,$vname,$plz,$ort,$str,$AbtNr,$age,$sal,$tel,$mail)=
    split(/:/);
   # Referenz auf zusammengesetzten neuen Datentyp
   my $employee = {
     Name => $name,
     Vorname => $vname,
     Abt => $AbtNr,
     Alter => $age,
     Gehalt => $sal,
     Adresse => {
             Plz => $plz,
             Ort => $ort,
             Strasse => $str
             },
     Connect => {
             Tel => $tel,
             EMail => $mail
            }
 };
 $employees{ $employee->{Name}} = $employee;   # Hash Mitarbeiter
 }
 close(FILE);

 my $m_ptr= $employees{"Maier"};
 printf "<b>Name: </b>%s<br> <b>Vorname: </b> %s<br><b>PLZ:
</b>%s<br><b>Ort: </b>%s<br><b>Strasse: </b>%s<br><b>Alter:
</b>%s<br><b>Abteilung: </b>%s<br><b>Gehalt: </b>%s<br><b>Tel:
</b>%s<br><b>E-Mail: </b>%s<br>",
        $m_ptr->{Name},
        $m_ptr->{Vorname},
        $m_ptr->{Adresse}->{Plz},
        $m_ptr->{Adresse}->{Ort},
        $m_ptr->{Adresse}->{Strasse},
        $m_ptr->{Abt},
        $m_ptr->{Alter},
        $m_ptr->{Gehalt},
        $m_ptr->{Connect}->{EMail},
        $m_ptr->{Connect}->{Tel};
```

In Kapitel 6.1.3 (siehe S. 97) wurde bereits eine CGI-Anwendung vorgestellt, in der in ähnlicher Form der Inhalt einer Kundendatei mit einem Array von Referenzen verwaltet wurde. Dieses Anwendungsbeispiel könnte jetzt unter Verwendung der hier vorgestellten komplexen Datenstruktur entsprechend erweitert werden.

6.8 Im Hintergrund Ihrer Anwendung: Dateien und Verzeichnisse

Perl unterstützt den Zugriff auf das Dateisystem des Serverbetriebssystems durch eine Vielzahl von Funktionen.

Die Möglichkeiten des Zugriffs auf das Dateisystem des Servers sind dabei nur durch die verschiedenen Zugriffsrechte für Eigentümer, Besitzergruppen und die übrigen Systembenutzer des verwendeten Serverbetriebssystems sowie eventuell entsprechende Zugriffsbeschränkungen des Webservers reglementiert.

6.8.1 Arbeiten mit Dateien – Am Beispiel eines textbasierten Counters

Die von Perl unterstützten elementaren Dateioperationen beziehen sich auf das Öffnen, Anlegen, Löschen, Kopieren, Lesen und Schreiben von Dateien, sowohl im Binär- als auch im ASCII-Modus, und verschiedene damit im Zusammenhang stehende Hilfsfunktionen, z. B. das gezielte Bewegen des Dateizeigers oder die Prüfung, ob das Ende einer Datei erreicht ist.

Dateien und Filehandles

Der Zugriff auf eine Datei erfolgt in Perl über ein so genanntes Datei-Handle, d. h. einen Verweis auf die entsprechende Datei. Ein solches Datei-Handle, das beim Öffnen einer Datei durch die Funktion *open()* erzeugt wird, dient den meisten anderen Perl-Dateifunktionen als Parameter.

Ein Filehandle ist keine Variable, sondern der Name für eine Ein-/Ausgabe-Verbindung zwischen einem Perl-Prozess und einer Datei. Üblicherweise werden für die Bezeichnung der Filehandles Großbuchstaben verwendet.

Perl definiert automatisch die folgenden drei Standard-Filehandles:

STDIN	Eingabe von Tastatur
STDOUT	Ausgabe auf Terminal
STDERR	Ausgabe von Fehlermeldungen (i. A. auch Terminal)

Die Standard-Filehandles von Perl

Mit diesen haben Sie, vielleicht ohne sich dessen bewusst zu sein, schon immer gearbeitet, wenn Sie Daten von der Standardeingabe gelesen oder Daten auf die Standardausgabe gesendet haben.

Die beiden nachfolgenden *printf*-Anweisungen bedeuten dasselbe und geben die Zeichenfolge *$str* auf die Standardausgabe aus:

```
#!C:\PERL\bin\perl.exe
# file1.pl
use strict;
print "Content-type: text/html\n\n";
my $str= "Diese Ausgabe erfolgt auf die Standardausgabe";
```

```
printf "%s<br>", $str;
printf STDOUT "%s<br>", $str;
```

Wird bei den Ein- und Ausgabebefehlen von Perl explizit kein Filehandle angegeben, wird automatisch über das Standard-Filehandle *STDIN* von der Standardeingabe gelesen oder auf die Standardausgabe *STDOUT* geschrieben. Die Standardeingabe ist, falls diese nicht vor dem Start des Programms umgelenkt wurde, normalerweise mit der Tastatur, die Standardausgabe mit dem Bildschirm verbunden.

Im CGI-Kontext wird die Standardausgabe an den HTTP-Server umgeleitet, der seinerseits den Datenstrom an den Client-Browser weiterleitet.

Öffnen einer Datei mit der Funktion open()

Eine der wichtigsten Funktionen im Umgang mit dem Dateisystem ist *open()*. Diese öffnet eine mit dem Ausdruck *EXPR* angegebene Datei in Abhängigkeit von einem anzugebenden Modus zum Lesen, Schreiben oder zum Lesen und Schreiben und erstellt das von anderen Funktionen für die weitere Arbeit mit dieser Datei benötigte Datei-Handle. Der Modus der Operation kann als separater Parameter *MODUS* oder als Bestandteil von *EXPR* angegebenen werden.

Syntax der Funktion open()

- *open FILEHANDLE, MODE, LIST*
- *open FILEHANDLE, EXPR*
- *open FILEHANDLE*

MODE:

- < Öffnen zum Lesen
- > Öffnen zum Schreiben
- >> Öffnen zum Anhängen"

Wird der Parameter *EXPR* nicht angegeben, muss eine mit dem Filehandle gleichnamige, skalare Variable *$FILEHANDLE* definiert sein, die Modus und Dateinamen der zu öffnenden Datei enthält. Diese Variable darf nicht mit *my()* lokalisiert sein.

Öffnen einer Datei zum Schreiben

In dem nachfolgenden Codeausschnitt wird die Datei *Testdatei.txt* zum Schreiben geöffnet. Dabei wird das Filehandle *FH* erzeugt. Der Dateiname kann entweder relativ zum aktuellen Verzeichnis oder auch absolut angegeben werden. Im letzten Fall muss dann die komplette Pfadinformation angegeben werden.

Als Kennung für den Modus „Schreiben" wird vor den anzugebenen Dateinamen das Zeichen > gesetzt. In diesem Modus wird eine eventuell schon vorhandene Datei vor dem Schreibvorgang geleert. Ist die Datei noch nicht vorhanden, wird sie angelegt.

Anschließend erfolgt mit einer *printf*-Anweisung die Ausgabe der in *$str* enthaltenen Zeichenfolge über dieses Filehandle in die Datei.

```
#!C:\PERL\bin\perl.exe
# file1.pl
use strict;
print "Content-type: text/html\n\n";
my $str= "Dateioperationen mit Perl";
open (FH, ">Testdatei.txt") ||
     die "Datei konnte nicht geöffnet werden: $!\n";
printf FH "%s", $str;
```

Wichtig ist hierbei, dass das Filehandle kein Variablen-Präfix erhält. Es handelt sich bei dem Filehandle wie gesagt um keine Variable.

Da der Versuch, eine Datei zu öffnen, fehlschlagen kann, z. B. weil keine ausreichende Zugriffsberechtigung vorliegt und der Versuch, auf ein nicht geöffnetes Filehandle zu schreiben oder von diesem zu lesen, ohne weitere Fehlermeldungen ignoriert wird, sollte der Rückgabewert der Funktion *open()* in jedem Fall geprüft werden. Da die Funktion im Fehlerfall den Wert *undef* zurückgibt, kann dies z. B. wie folgt erfolgen:

```
if (not open (FH, ">Testdatei.txt")){
   die "Datei konnte nicht geöffnet werden: $!\n";
}
```

Der Fehlercode des Fehlers, der zum Scheitern der Operation führte, kann dabei der reservierten Variablen *$!* entnommen werden.

Eine elegantere und deshalb bevorzugt angewendete Form der Überprüfung des Rückgabewerts der Funktion *open()* ist mit dem booleschen Operator || *(or)* möglich:

```
open (FH, ">Testdatei.txt") ||
     die "Datei konnte nicht geöffnet werden: $!\n";
```

Öffnen einer Datei zum Anhängen von Daten

Falls einer schon vorhandenen Datei Daten hinzugefügt werden sollen, muss die Datei im Modus zum Anhängen von Daten geöffnet werden. Die Kennung für diesen Modus ist das Zeichen >>.

```
#!C:\PERL\bin\perl.exe
# file3.pl
use strict;
print "Content-type: text/html\n\n";
my $str= "eine weitere Zeile";
open (FH, ">>Testdatei.txt") ||
     die "Datei konnte nicht geöffnet werden: $!\n";
printf FH "%s\n", $str;
```

Öffnen einer Datei zum Lesen

Das Öffnen einer Datei zum Lesen erfolgt mit der Funktion *open()* unter Angabe des Zeichens < als Kennung für den Lese-Modus. Mithilfe des Operators <> kann anschließend satzweise über das angegebene Filehandle aus der Datei gelesen werden.

```
#!C:\PERL\bin\perl.exe
# file4.pl
use strict;
print "Content-type: text/html\n\n";
open (FH, "<Testdatei.txt") ||
     die "Datei konnte nicht geöffnet werden: $!\n";
my $in=<FH>;
printf "%s", $in;
```

Ausgabe:

```
Dateioperationen mit Perl
```

Wie Sie sehen, wurde die erste Textzeile der Datei *Testdatei.txt* gelesen und ausgegeben. Um den Inhalt der ganzen Datei zu lesen, gibt es mehrere Möglichkeiten. Die einfachste besteht darin, die Lese-Operation mit dem Operator <> im Listenkontext durchzuführen, d. h. das Ergebnis des Lesevorgangs wie im folgenden Beispiel einer Liste bzw. einem Array zuzuweisen:

```
#!C:\PERL\bin\perl.exe
# file5.pl
use strict;
print "Content-type: text/html\n\n";
my $str= "Weitere Daten wurden hinzugefügt";
open (FH, "<Testdatei.txt") ||
     die "Datei konnte nicht geöffnet werden: $!\n";
my @in=<FH>;
chomp @in;   # entfernt \n
foreach (@in) {
    printf "%s<br>", $_;
}
```

Ausgabe:

```
Dateioperationen mit Perl
eine weitere Zeile
eine weitere Zeile
eine weitere Zeile
```

Diese Vorgehensweise ist jedoch nur dann sinnvoll, wenn die zu lesende Datei nicht zu groß ist. Da das Einlesen im Listenkontext sehr speicherintensiv ist, sollten größere Dateien zeilenweise innerhalb einer *while*-Schleife eingelesen werden. Der folgende Code führt zu einem identischen Ergebnis:

```
#!C:\PERL\bin\perl.exe
# file6.pl
use strict;
print "Content-type: text/html\n\n";
my $str= "Weitere Daten wurden hinzugefügt";
open (FH, "<Testdatei.txt") ||
     die "Datei konnte nicht geöffnet werden: $!\n";
while (<FH>) {
  chomp;
  printf "%s<br>", $_;
}
```

Mithilfe der Funktion *chomp()* werden in den beiden letzten Beispielen jeweils die in der Regel unerwünschten Zeichen für das Zeilenende (*n*) entfernt, die von der Lese-Operation ebenfalls zurückgegeben werden. Wie Sie gesehen haben, kann *chomp()* sowohl auf eine Liste als auch auf einen einzelnen gelesenen String angewendet werden. Da *chomp* mit der Standardvariablen *$_* arbeitet, kann auf die explizite Zuweisung eines zu verarbeitenden Strings verzichtet werden.

Lesen aus einem Programm

Eine weitere Möglichkeit der Verwendung des Befehls *open()* besteht darin, die Standardausgabe eines Programms über ein Filehandle zu lesen.

Wird vor dem auszuführenden Programm keine Pfadangabe gesetzt, wird nach dem Pfad des Programms in der Umgebungsvariablen *PATH* gesucht.

Im folgenden Skript wird das Programm netstat gestartet und die erzeugte Ausgabe durch das Filehandle *FH* aufgefangen:

```
open (FH, "netstat  |") ||
     die "Programm konnte nicht gestartet werden: $!\n";
my @in=<FH>;
```

Die Ausgabe des Programms netstat, das alle relevanten Informationen des Linux- oder Windows-Netzwerk-Subsystems anzeigt, ist anschließend in dem Array *@in* enthalten. Dieser Inhalt kann dann, wie das nachstehende Skript demonstriert, mithilfe der benutzerdefinierten Subroutine *tab_out* als HTML-Tabelle ausgegeben werden:

```
#!/usr/bin/perl -w
# file10.pl
use strict;
my $rows;
my $cols=1;
my $width="70%";
my $border =0;
my $cp=2;
my $cs=2;
my $head_col="#E0E0E0";
my $body_col="#E0E0E0";
print "Content-type: text/html\n\n";
open(NET, "netstat| ")    || die "Programm kann nicht gestartet
     werden: $!";
my @in = <NET>;
my $rows=@in;
close(NET);
print "<u><b>Ausgabe des Programms netstat<br><br></b></u>";
tab_out($rows,$cols,$width,$border,$cp,$cs,$head_col,$body_col,\@in);

sub tab_out {
 my $rows=$_[0];
 my $cols-$_[1];
 my $width=$_[2];
 my $border=$_[3];
 my $cp=$_[4];
 my $cs=$_[5];
 my $head_col=$_[6];
 my $body_col=$_[7];
 my $arr_ptr=$_[8];
 my $cellwd=100/$cols."%";

 print "<table width='$width' border='$border' cellpadding='$cp'
        cellspacing='$cs'>";
```

```
for (my $c=0;$c<$cols;$c++) {
     my $elem=shift @{$arr_ptr};
     print "<td width='$cellwd' bgcolor='$head_col'><font size='-
            1'>$elem</font></td>";
}
for (my $r=1;$r<$rows;$r++) {
  print "<tr>";
  for (my $c=0;$c<$cols;$c++) {
     my $elem=shift @{$arr_ptr};
     print "<td bgcolor='$body_col'><font size='-
1'>$elem</font></td>" if $elem !~ m/@.+\./;
     print qq(<td bgcolor='$body_col'><A HREF="mailto:$elem">$elem
           </A></td>) if $elem=~ m/@.+\./;
  }
 print "</tr>";
}
print "</table>";
}
```

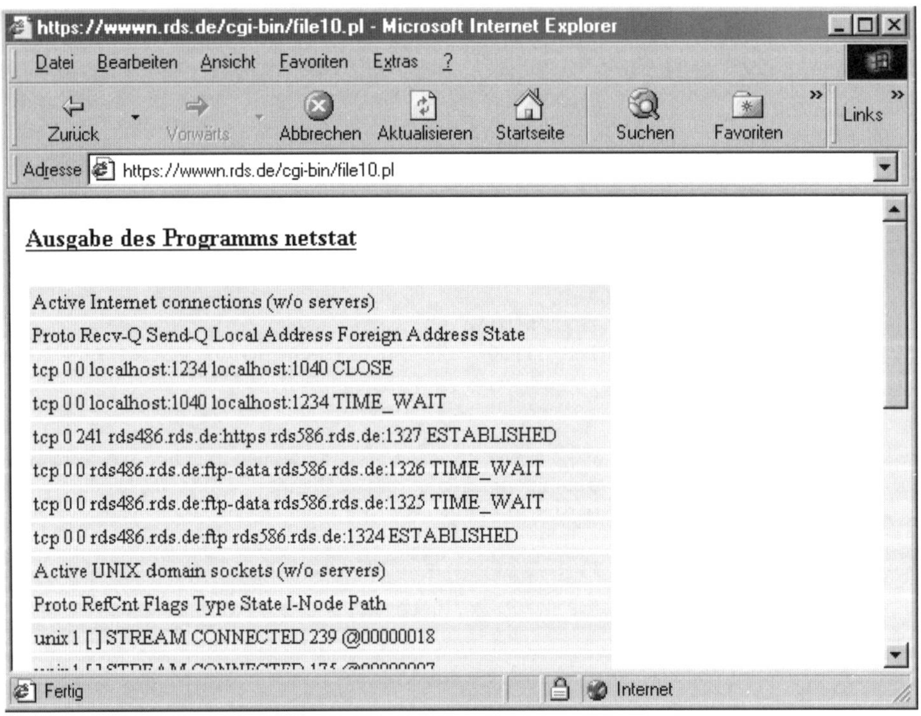

Lesen der Ausgabe des Programms netstat über ein Filehandle

Systemnahes Öffnen einer Datei mit der Funktion sysopen()

Neben den bisher beschriebenen Standardein- und -ausgabeoperationen kennt Perl auch einen systemnahen Modus, der sich durch eine höhere Flexibilität der Parametrierung auszeichnet.

Syntax der Funktion sysopen()

- *sysopen FH, fname, MODE*
- *sysopen FH, fname, MODE, PERMS*

Im systemnahen Modus sind z. B. differenziertere Angaben bezüglich der Zugriffsrechte und des Zugriffsmodus möglich.

Mithilfe der Funktion *sysopen()* kann eine Datei in einem systemnahen Modus geöffnet und ein zugehöriges Filehandle erzeugt werden. Die Funktion erwartet den Namen eines Filehandles, einen Dateinamen, eine oder mehrere Konstanten, die den Modus des Öffnens spezifizieren, sowie, falls eine neue Datei erzeugt werden soll, eine Angabe über die Dateizugriffsrechte als Parameter.

Die hierbei zu verwendenden Modi sind in der folgenden Tabelle zusammengestellt:

Modus	Bedeutung
O_RDONLY	Datei zum Lesen öffnen
O_WRONLY	Datei zum Schreiben öffnen
O_RDWR	Datei zum Lesen und Schreiben öffnen
O_APPEND	Schreiben am Ende der Datei
O_CREAT	Nicht vorhandene Datei anlegen
O_EXCL	Datei nur erzeugen, wenn nicht vorhanden
O_NONBLOCK	Nicht blockierendes Öffnen
O_TRUNC	Datei auf Länge 0 setzen

Zusammenstellung wichtiger Modi zum Öffnen von Dateien mit sysopen()

Im nachfolgenden Beispiel wird die Datei *demo.txt* im Schreib-/Lesemodus geöffnet und, falls sie nicht bereits vorhanden ist, neu angelegt:

```
#!C:\PERL\bin\perl.exe
#file 15.pl
print "Content-type: text/html\n\n";
use Fcntl;
use strict;
my $file = "demo.txt";
my $line = "Zeile 1";
sysopen (FILE, $file, O_RDWR|O_CREAT) ||
  die  "Datei konnte nicht geöffnet werden!";
  print FILE $line;
  seek (FILE,0,0) || "kann nicht positionieren";
  my $in =<FILE>;
  printf "Dieser Text wurde in die Datei geschrieben und anschließend
         gelesen: %s <br>", $in;
close (FILE);
```

Nachdem in die neue Datei eine Textzeile geschrieben wurde, wird der Dateizeiger wieder auf den Dateianfang positioniert und der Inhalt der ersten Zeile gelesen.

Syntax der Funktion seek()

- *seek FH, Offset, Start*

Das Positionieren des Dateizeigers erfolgt mithilfe der Funktion *seek()*. Diese Funktion erwartet als Argumente ein Filehandle *FH*, die Position *Offset* des Dateizeigers in Bytes sowie eine Konstante *Start*, die angibt, ob die Position absolut in Bezug zum Dateianfang (Start= *0*), relativ zur aktuellen Position des Dateizeigers (Start= *1*) oder absolut zum Dateiende (Start= *2*) angegeben wird.

Anstatt der Integerkonstanten *0-2* können für das Argument *Start* auch die in der folgenden Tabelle zusammengestellten Konstanten verwendet werden. Diese Konstanten sind in dem Modul *Fcntl.pm* definiert, das, falls diese Konstanten verwendet werden sollen, mit einer *use*-Anweisung einzubinden ist.

Konstante zur Festlegung des Arguments *Start*	Bedeutung
SEEK_SET	Angabe der Positionierung absolut in Bezug zum Dateianfang
SEEK_CUR	Angabe der Positionierung relativ zur aktuellen Position des Dateizeigers
SEEK_END	Angabe der Positionierung absolut zum Dateiende

Konstanten zur Steuerung der Positionierung bei der Funktion seek()

Dateien mit der Funktion close() schließen

Syntax der Funktion close()

- *close FILEHANDLE*

Alle von einem Prozess geöffneten Dateien werden beim Beenden des Prozesses automatisch geschlossen. Um eine Datei explizit zu schließen, wird die Funktion *close()* verwendet. Diese Funktion schließt die Datei mit dem angegebenen Filehandle *FILEHANDLE*.

Da die von einem Prozess maximal zu öffnende Anzahl von Dateien betriebssystembedingt beschränkt ist, ist es sinnvoll, Dateien so früh wie möglich mit der Funktion *close()* wieder zu schließen und hierzu nicht das Ende des Prozesses abzuwarten.

Verwendung von Filehandles in Subroutinen

Filehandles, die als Übergabeparameter in einer Subroutine verwendet werden sollen, müssen in der so genannten Typeglob-Notation mit dem Präfix * angegeben werden.

Dies zeigt das nachstehende Listing der Subroutine *wr_open()*, die einen Dateinamen als Argument erwartet, diese Datei öffnet, die Fehlerbehandlung durchführt und ein Filehandle für diese Datei zurückgibt.

```
#!C:\PERL\bin\perl.exe
# file9.pl
use strict;
print "Content-type: text/html\n\n";
*FH=wr_open(">>demo.txt");
my $line = "Diese Zeile wird geschrieben";
printf FH "%s \n", $line;


sub wr_open {
  my $filename = shift;
  local *FILEHANDLE;
  open (FILEHANDLE, $filename) ||
     die "Datei konnte nicht geöffnet werden: $!\n";
return *FILEHANDLE;
}
```

Übersicht über die Perl-Dateioperationen

In der nachfolgenden Tabelle sind die wichtigsten elementaren Dateioperationen von Perl zusammengestellt:

Dateioperation		Beschreibung
Öffnen	open(FH, "<filename");	Öffnet die Datei *filename* zum Lesen.
	open(FH, ">filename");	Öffnet die Datei *filename* zum Schreiben.
	open(FH, ">>filename");	Öffnet die Datei *filename* zum Schreiben, der alte Inhalt bleibt erhalten.
	open(FH, "prog |");	Startet das Programm prog und öffnet eine Pipe zum Lesen der Standardausgabe dieses Programms.
	open(FH, "| prog ");	Startet das Programm prog. Die Standardeingabe des Programms liest Daten vom angegebenen Filehandle.
	sysopen (FH, $filename, MODE, PERMS)	Systemnahes Öffnen einer Datei im Modus *MODE* mit den Zugriffsberechtigungen *PERMS*.
Lesen	$line = <FH>;	Die Variable *$line* enthält eine Zeile inklusive dem Newline-Zeichen.
	@lines = <FH>;	Das Array *@lines* enthält die ganze Datei. Die Array-Elemente sind die Zeilen der Datei.

	while (<FH>) {
	    print $_;
	}
		Datei wird zeilenweise ausgelesen. Über die vordefinierte Variable *$_* kann auf die einzelnen Zeilen zugegriffen werden. Der am Ende jeder Zeile befindliche Wagenrücklauf wird mit in die Variable *$_* übertragen.

	getc (FH)	Liest ein Zeichen aus der mit dem angegebenen Datei-Handler geöffneten Datei. Am Dateiende wird ein Leer-String (hexadezimal 0) zurückgegeben.
Schreiben	print Ausgabedaten	Schreibt die Ausgabedaten auf die Standardausgabe *STDOUT*.
	print(FH, Ausgabedaten);	Schreibt die Ausgabedaten in die mit dem Filehandle *FH* geöffnete Datei.
	print FH Ausgabedaten	Schreibt die Ausgabedaten in die mit dem Filehandle *FH* geöffnete Datei.
Dateizeiger positionieren	seek FH, Offset, Start	Positioniert den Dateizeiger auf die mit *Offset* angegebene Position in Bytes relativ vom Anfang der Datei (*Start* = *0*), vom augenblicklichen Standpunkt (*Start* = *1*) oder vom EOF (*Start* = *3*) aus.
Schließen der Datei	close (FH)	Die Datei, auf die das Filehandle *FH* verweist, wird geschlossen.

Zusammenstellung der wichtigsten Perl-Dateioperationen

Eigenschaften von Dateien

Die Eigenschaften von Dateien, d. h. ihre Größe, ihre Les-/Beschreib- und Ausführbarkeit (symbolisiert durch eine definierte UID/GID), und viele andere Eigenschaften sind durch eine Reihe von so genannten Dateitestoperatoren abrufbar. Die wichtigsten dieser Operatoren sind in der nachfolgenden Tabelle zusammengestellt:

Dateitestoperator	Bedeutung
-r	Datei kann durch UID/GID gelesen werden
-w	Datei kann durch UID/GID beschrieben/gelöscht werden
-x	Datei kann durch UID/GID ausgeführt werden
-o	Datei gehört der UID
-e	Datei existiert
-z	Datei hat die Länge Null, d. h., die Datei ist leer
-s	Länge der Datei in Bytes
-f	Datei ist eine reguläre Datei
-d	Datei ist ein Verzeichnis
-l	Datei ist ein symbolischer Link (Symlink)
-S	Datei ist ein Socket
-T	Datei ist eine Textdatei
-B	Datei ist eine Binärdatei
-M	Alter der Datei in Tagen seit Programmstart
-A	Letzter Zugriff in Tagen seit Programmstart
-C	Letzte Änderung in Tagen seit Programmstart

Wichtige Dateitestoperatoren für Perl-Dateien

Die Dateitestoperatoren arbeiten mit der Standardvariablen *$_*, d. h., sie prüfen einen in *$_* enthaltenen Dateinamen. Alternativ kann ein offenes File- oder Verzeichnis-Handle angegeben werden. Anstatt der Standardvariablen *$_* kann, wie der nachfolgende Codeausschnitt zeigt, auch der Inhalt einer beliebigen anderen skalaren Variablen geprüft werden:

```
my $testfile = "demo.txt";
print "Datei ist lesbar<br>" if -r $testfile;
```

Das folgende Programm prüft einen der Standardvariablen *$_* zugewiesenen Dateinamen auf verschiedene Eigenschaften:.

```
#!C:\PERL\bin\perl.exe
# file12.pl
use strict;
print "Content-type: text/html\n\n";
$_ = "demo.txt";
print "Datei ist lesbar<br>" if -r;
print "Datei ist beschreibbar<br>" if -w;
print "Datei ist ausführbar<br>" if -x;
print "Datei ist eine reguläre Datei<br>" if -f;
print "Datei ist eine Textdatei<br>" if -T;
```

Ausgabe:

```
Datei ist lesbar
Datei ist beschreibbar
Datei ist eine reguläre Datei
Datei ist eine Textdatei
```

Funktionen zum Arbeiten mit Dateien

Zum Arbeiten mit Dateien gibt es folgende Funktionen. Abhängig vom Betriebs- und Filesystem stehen nicht immer alle zur Verfügung:

Funktion	Beschreibung	Beispiel	Betriebssystemspezifische Besonderheiten
rename()	Änderung des Namens	rename ("alter_name", "neuer_name");	
unlink()	Löschen einer Datei	unlink("dateiname");	
mkdir()	Erzeugen eines Verzeichnisses	$permissions = 0777; mkdir("dirname",$permissions);	
rmdir()	Löschen eines leeren Verzeichnisses	rmdir("dirname");	
link()	Hard-Link	link("filename","linkname");	Win32 nur unter dem Filesystem NTFS
symlink()	Soft-Link erzeugen	symlink("filename","linkname");	Nicht unter Win32
chmod()	Ändern der Zugriffsrechte	$permissions = 0755; chmod($permissions,"prog_1","prog_2","prog_3");	Unter Win32 kann nur das *owner*-Bit geändert werden.

chown()	Ändern des Besitzers (nur UNIX/Linux)	$uid = 4987; # Benutzer-ID
		$gid = 33; # Gruppen-ID
		chown($uid,$gid,"datei");
			Nicht unter Win32

utime()	Ändern der Zeitdaten. Die Zeiten sind hierbei in Sekunden seit dem 1.1.1970 anzugeben.	$access = 812_000_000; # letzter Zugriff $modif = 822_000_000; # letzte Aenderung utime($access,$modif,"datei");	Unter Win32 nicht bei FAT-Filesystemen

Zusammenstellung wichtiger Dateifunktionen

Praxis-Beispiel: Ein textbasierter Zugriffszähler für eine Website

Im folgenden Praxis-Beispiel wird ein einfacher textbasierter Zugriffszähler für eine Website realisiert. Das Beispiel zeigt eine Besonderheit, die bei der Arbeit mit Dateien in einer CGI-Umgebung, wie es bei einem Zugriffszähler für eine Website der Fall ist, beachtet werden muss.

Das Prinzip des Zählers ist einfach: Jeder Zugriff auf die mit dem Zähler ausgerüstete Seite startet ein Perl-Skript. Das Skript liest zunächst den aktuellen Zählerstand aus der Textdatei *zugriff.txt*, erhöht diesen Wert um 1 und schreibt diesen wieder in die Datei zurück.

Der Besucher der Website kann sich den aktuellen Zählerstand durch Anklicken einer entsprechenden Schaltfläche anzeigen lassen.

Probleme treten bei einem derartigen Verfahren dann auf, wenn mehrere Besucher gleichzeitig auf die Website zugreifen und infolge dessen mehrere Prozesse gleichzeitig lesend und/oder schreibend auf die Datei *zugriff.txt* zugreifen wollen.

Zur Vermeidung von daraus resultierenden Problemen, die im schlimmsten Fall zum Versagen des Zählers führen, ist es ratsam, eine Synchronisation der beteiligten Prozesse durchzuführen.

Dies kann mithilfe der Funktion *flock()* erfolgen. Die Funktion *flock()* sperrt eine Datei für den Zugriff durch andere Prozesse, solange der Prozess, der die Sperre beantragt hat, kritische Operationen durchführt und währenddessen die Sperre aufrecht erhält. Im Falle einer Schreib-Operation wird der schreibende Prozess hierzu einen exklusiven Lock anfordern. Der anfordernde Prozess wird dann vom Betriebssystem so lange angehalten, bis alle anderen bestehenden Locks freigegeben wurden.

Syntax der Funktion flock()

- *flock FILEHANDLE, OPERATION*

OPERATION:

- *LOCK_SH (1):* Shared Lock
- *LOCK_EX (2):* Exklusiver Lock
- *LOCK_NB (4):* Nonblocking Lock
- *LOCK_UN (8):* Lock aufheben

Ist dies der Fall, wird dem anfordernden Prozess der Lock zugewiesen und er kann seine Schreib-Operation durchführen, wobei sichergestellt ist, dass währenddessen kein anderer Prozess auf die Datei zugreift. Während ein exklusiver Lock ausschließlich von einem Prozess gehalten werden kann, können shared Locks mehreren Prozessen gleichzeitig zugeteilt werden.

Hinweis

Die Funktion *flock()* arbeitet auf Windows 9x-Systemen nicht.

Im nachfolgenden Skript wird zunächst unter Verwendung der systemnahen Funktion *sysopen()* mit der Anweisung

```
sysopen (FILE, $file, O_RDWR) ||
      die "Lesezugriff nicht moeglich!";
```

die Zählerdatei *$datei* im Schreib-/Lese-Modus geöffnet. Die zugehörige Konstante *O_RDWR* wurde aus dem mittels *use()* eingebundenen Modul *Fcntl* importiert.

Anschließend wird durch den Aufruf der Funktion *flock()* mit der Konstanten *LOCK_EX* eine exklusive Dateisperre beantragt:

```
flock(FILE, LOCK_EX) || die "error in flock: $!<br>";
```

Diese wird so lange aufrechterhalten, bis die Aktualisierung der Zählerdatei erfolgt ist. Hierzu wird zunächst der aktuelle Zählerstand ausgelesen, der gelesene Wert um 1 erhöht und dieser anschließend an die alte Position zurückgespeichert. Dazu wird der Dateizeiger unter Verwendung der Funktion *seek()* wieder auf den Anfang der Datei positioniert.

Nachdem auf diese Weise der Zählerstand aktualisiert wurde, kann die Dateisperre wieder abgegeben werden:

```
flock(FILE, LOCK_UN) || die "error in flock: $!<br>";
```

Abschließend wird die Zählerdatei über das zugehörige Filehandle geschlossen.

```
#!/usr/bin/perl -w
#text_counter.pl
```

```
print "Content-type: text/html\n\n";
use Fcntl qw(:DEFAULT :flock);
use strict;
my $zaehler;
my $file = "zugriff.txt";
sysopen (FILE, $file, O_RDWR) ||
      die  "Lesezugriff nicht moeglich!";
      flock(FILE, LOCK_EX) || die "error in flock: $!<br>";
      $zaehler = <FILE>;
      $zaehler++;
      seek (FILE,0,0) || "kann nicht positionieren";
      print FILE $zaehler;
      flock(FILE, LOCK_UN) || die "error in flock: $!<br>";
close (FILE);
```

Die Installation des Zählers auf der HTML-Seite erfolgt durch die Angabe des ausführbaren Perl-Skripts *text_counter.pl* als Grafikreferenz in einem HTML-<img>-Tag.

```
<img src="/cgi-bin/text_counter.pl" width="2" height="2">
```

Des Weiteren enthält die Seite ein kleines Formular mit einer Schaltfläche, bei deren Anklicken das Skript *text_counter_ausg.pl* aufgerufen wird, dessen Aufgabe darin besteht, den aktuellen Zählerstand abzufragen und anzuzeigen.

```
<html>
<head>
<title></title>
</head>
<body>
<h2>Test-Seite</h2>
<p><br></p><p><br></p><p><br></p><p><br></p>
<form action="/cgi-bin/text_counter_ausg.pl" method="POST">
<table bgcolor = "#D8D8D8" border =0>
<tr><td>Zähler lesen</td>
<td><input type="Submit" name="" value="OK"></td>
<td><img src="/cgi-bin/text_counter.pl" width="2"
height="2"></td></tr>
</table>
</form>
</body>
</html>
```

In dem Skript *text_counter_ausg.pl* zur Ausgabe des Zählerstands wird zum Lesen des aktuellen Zählerstands auf die Datei *zugriff.txt* lesend zugegriffen. Hierzu wird ein shared Lock beantragt, der nach Beendigung des Zugriffs wieder abgegeben wird:

```
flock(FILE, LOCK_SH) || die "error in flock: $!<br>";
...
flock(FILE, LOCK_UN) || die "error in flock: $!<br>";
```

Des Weiteren wird der Inhalt verschiedener CGI-Umgebungsvariablen, aus denen zusätzliche Informationen über den Besucher der Website hervorgehen, ausgelesen und angezeigt.

```
■ #!/usr/bin/perl
■ # text_counter_ausg.pl
■ use Fcntl qw(:DEFAULT :flock);
■ print "Content-type: text/html\n\n";
■ print qq(<html><head><title>Seitenzähler</title>);
■ print qq(<h2>Seitenzähler</h2>);
■ print qq(</head>);
■ print qq(<body>);
■ print qq(<table border=0 cellpadding=2 cellspacing=2 width= 60%>);
■ my $file = "zugriff.txt";
■ open (FILE, "<" . $file)||
■       die "Lesezugriff nicht moeglich! ";
■       flock(FILE, LOCK_SH) || die "error in flock: $!<br>";
■       my $zaehler = <FILE>;
■       flock(FILE, LOCK_UN) || die "error in flock: $!<br>";
■ close (FILE);
■ if ($ENV{'HTTP_REFER'}) {
■     print  qq(<tr bgcolor= #E0E0E0><td>Das Script wurde von folgender
              Seite aufgefufen</td>
■     <td>$ENV{'HTTP_REFER'}</td></tr>);
■ }
■ if ($ENV{'REMOTE_ADDR'}) {
■     print  qq(<tr bgcolor= #E0E0E0><td>Die Seite wurde von folgendem
              Server aufgerufen</td>
■     <td>$ENV{'REMOTE_ADDR'}</td></tr>);
■ }
■ if ($ENV{'REMOTE_HOST'}) {
■     print  qq(<tr bgcolor= #E0E0E0><td>Der Domain-Name des
              aufrufenden Servers lautet</td>
■     <td>$ENV{'REMOTE_HOST'}</td></tr>);
■ }
■ if ($ENV{'REMOTE_USER'}) {
■     print  qq(<tr bgcolor= #E0E0E0><td>Der Benutzer-Name des
              Aufrufers lautet</td>
■     <td>$ENV{'REMOTE_USER'}</td></tr>);
■ }
■ if ($ENV{'HTTP_USER_AGENT'}) {
■     print  qq(<tr bgcolor= #E0E0E0><td>Sie verwenden die folgende
              Serversoftware</td>
■     <td>$ENV{'HTTP_USER_AGENT'}</td></tr>);
■ }
■ print qq(<tr bgcolor= #E0E0E0><td>Sie sind Besucher-
         Nr.:</td><td>$zaehler</td></tr>);
■ print qq(</table>);
■ print qq(</body>);
■ print qq(</html>);
```

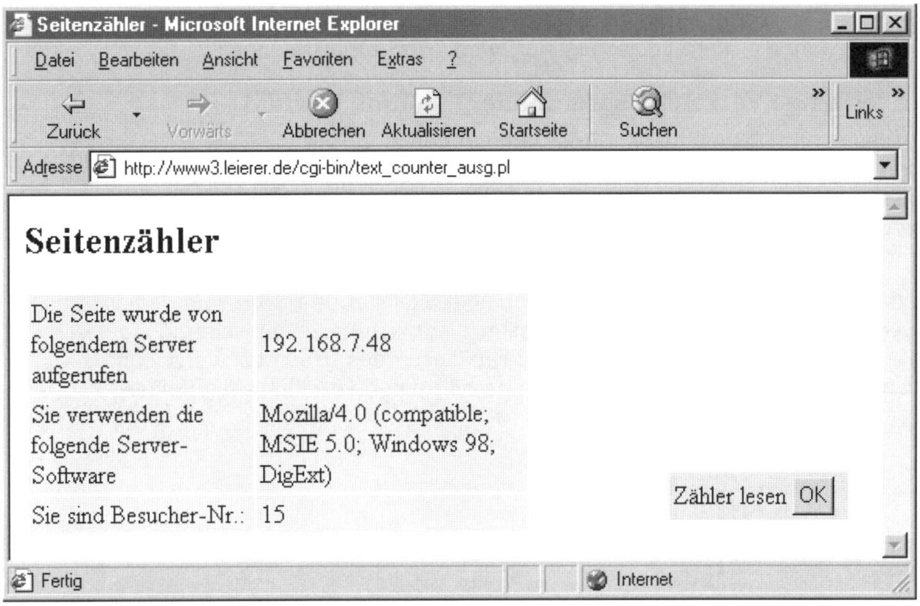

Ein einfacher textbasierter Zähler auf einer Webseite

6.8.2 Arbeiten mit Verzeichnissen – Am Beispiel eines dynamischen Menüs

Um mit dem Dateisystem arbeiten zu können, sind Mechanismen zum Zugriff auf die Dateiverzeichnisse des jeweiligen Betriebssystems und die hierin enthaltenen Informationen erforderlich. Welche der von Perl zur Verfügung gestellten Operationen zum Einsatz kommen können, hängt dabei vom verwendeten Betriebs- und Filesystem ab. Viele der für UNIX-Systeme wichtigen Datei- und Verzeichniseigenschaften sind auf Windows 9x-Systemen bedeutungslos.

Eine für UNIX- oder Win32-Systeme mit NTFS-Filesystem (Windows NT/2000) wichtige Information ist z. B. das Zugriffsrecht auf ein Verzeichnis oder eine Datei, während diese Informationen für Windows 9x-Systeme mit FAT-Filesystem ohne Belang sind.

Der Zugriff auf das Verzeichnissystem erfolgt mit Perl analog dem Zugriff auf Dateien über ein Verzeichnis-Handle.

Zugriff auf Verzeichnisse mit opendir()

Mit der Funktion *opendir()* wird ein Verzeichnis geöffnet. Das erste von dieser Funktion erwartete Argument *DIRHANDLE* ist hierbei der Name des Verzeichnis-Handles, über das das Verzeichnis geöffnet werden soll. Hierzu werden üblicherweise Großbuchstaben gewählt.

Syntax der Funktion opendir()

- *opendir DIRHANDLE, EXPR*

Das zweite, der Funktion zu übergebende Argument *EXPR* ist der Pfadname des zu öffnenden Verzeichnisses. Der Rückgabewert der Funktion *opendir()*, der im Fehlerfall *undef* ist, sollte genauso wie beim Öffnen von Dateien überprüft und ausgewertet werden. War die Operation erfolgreich, wird *TRUE* zurückgegeben.

Lesen eines Verzeichnisses mit der Funktion readdir()

> **Syntax der Funktion readdir()**
> - *readdir DIRHANDLE*

Nachdem ein Verzeichnis geöffnet und ein gültiges Verzeichnis-Handle erzeugt wurde, kann der Inhalt des Verzeichnisses mit der Funktion *readdir()* gelesen werden. Sie können mit dieser Funktion sowohl im skalaren Kontext als auch im Listenkontext arbeiten.

Wird der Rückgabewert von *readdir()* einem Skalar zugewiesen, wird lediglich der jeweils nächste Verzeichniseintrag gelesen. Liegt kein Verzeichniseintrag mehr vor, gibt die Funktion den Wert *undef* zurück. Das Lesen des gesamten Verzeichnisses kann dann wie im nachfolgenden Beispiel innerhalb einer *while*-Schleife erfolgen:

```
#!C:\PERL\bin\perl.exe
#file 17.pl
print "Content-type: text/html\n\n";
use strict;
my $fd = "d:/apache/cgi-bin/bsp";
my $fd_item;
opendir (DIRH, $fd) ||
  die "Verzeichnis konnte nicht geöffnet werden: $!\n";
  while (defined ($fd_item = readdir(DIRH))) {
    printf "%s <br>", $fd_item;
  }
close (DIRH);
```

Wird der Rückgabewert von *readdir()* einer Liste oder einem Array zugewiesen, enthält die Liste oder das Array nach einem erfolgreichen Lesevorgang alle Verzeichniseinträge. Im nachfolgenden Beispiel wird ein Verzeichnis auf diese Weise gelesen und anschließend als HTML-Tabelle im Browser ausgegeben.

```
#!C:\PERL\bin\perl.exe
#file 16.pl
print "Content-type: text/html\n\n";
use strict;
my $rows;
my $cols=5;
my $width="70%";
my $border =0;
my $cp=2;
my $cs=2;
my $head_col="#E0E0E0";
my $body_col="#E0E0E0";
my $fd = "d:/apache/cgi-bin/bsp";
opendir (DIRH, $fd) ||
  die "Verzeichnis konnte nicht geöffnet werden: $!\n";
  my @in =readdir(DIRH);
close (DIRH);
my $anz= @in;
$rows =int($anz/$cols)+1;
printf "<u><b>Verzeichnis: %s <br><br></b></u>", $fd;
tab_out($rows,$cols,$width,$border,$cp,$cs,$head_col,$body_col,\@in);
```

```
sub tab_out {
 my $rows=$_[0];
 my $cols=$_[1];
 my $width=$_[2];
 my $border=$_[3];
 my $cp=$_[4];
 my $cs=$_[5];
 my $head_col=$_[6];
 my $body_col=$_[7];
 my $arr_ptr=$_[8];
 my $cellwd=100/$cols."%";
print "<table width='$width' border='$border' cellpadding='$cp'
cellspacing='$cs'>";
 for (my $c=0;$c<$cols;$c++) {
      my $elem=shift @{$arr_ptr};
      print "<td width='$cellwd' bgcolor='$head_col'>$elem</td>";
 }
 for (my $r=1;$r<$rows;$r++) {
   print "<tr>";
   for (my $c=0;$c<$cols;$c++) {
      my $elem=shift @{$arr_ptr};
      print "<td bgcolor='$body_col'>$elem</td>" if $elem !~
             m/@.+\./;
      print qq(<td bgcolor='$body_col'><A
HREF="mailto:$elem">$elem</A></td>) if $elem=~ m/@.+\./;
   }
 print "</tr>";
}
print "</table>";
}
```

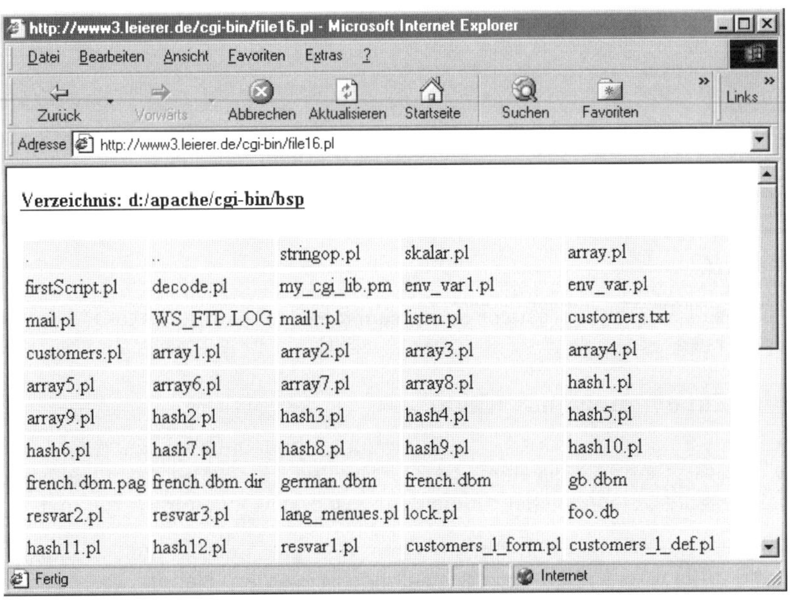

Ausgabe des Inhalts eines Verzeichnisses mit den Funktionen opendir() und readdir()

Schließen eines Verzeichnisses mit der Funktion closedir()

Alle von einem Prozess geöffneten Verzeichnis-Handles werden beim Beenden des Prozesses automatisch geschlossen. Um ein Verzeichnis explizit zu schließen, wird die Funktion *closedir()* verwendet. Diese Funktion schließt das Verzeichnis mit dem angegebenen Verzeichnis-Handle. Da die von einem Prozess maximal zu öffnenden Verzeichnisse beschränkt sind, sollten nicht mehr benötigte Verzeichnis-Handles so früh wie möglich wieder freigegeben werden.

Syntax der Funktion closedir()

- *closedir DIRHANDLE*

Bestimmen des aktuellen Verzeichnisses

Das aktuelle Verzeichnis kann auf UNIX-Systemen durch Aufruf des Programms *`pwd`* ausgegeben werden. Zu beachten sind hier die so genannten Backticks (` `). Diese bewirken, dass die eingeschlossene Zeichenkette als Kommando der Shell an das Betriebssystem weitergegeben und das Ergebnis des Kommandos zurückgegeben wird.

```
#!/usr/local/bin/perl -w
#file 18.pl
print "Content-type: text/html\n\n";
use strict;
my $current_fd = `pwd`;
printf "aktuelles Verzeichnis: %s<br>", $current_fd;
```

Wechseln des aktuellen Verzeichnisses

Ein Verzeichniswechsel ist durch die Funktion *chdir()* möglich. Bei der Angabe der Trennsymbole zwischen den Verzeichnis- und Dateinamen in dem als Argument *EXPR* zu übergebenden Pfad sind die betriebssystembedingten Besonderheiten zu beachten.

Syntax der Funktion chdir()

- *chdir EXPR*

```
#!/usr/local/bin/perl -w
#file 19.pl
print "Content-type: text/html\n\n";
use strict;
my $new_fd = "/usr/local/";
my $current_fd = `pwd`;
printf "aktuelles Verzeichnis: %s<br>", $current_fd ;
chdir($new_fd);
$current_fd = `pwd`;
printf "Habe Verzeichnis gewechselt, neues Verzeichnis: %s<br>",
        $current_fd ;
```

Praxisbeispiel: Ein dynamisches Menü

Im folgenden Praxis-Beispiel soll der Einsatz der Verzeichnisfunktionen von Perl am Beispiel eines dynamischen Menüsystems gezeigt werden. Hierbei wird das Dateisystem des Webservers als Datenspeicher für die dynamischen Menüeinträge genutzt.

Die Skriptsteuerung der Menüstruktur besteht aus den drei Perl-Skripten *menue.pl*, *submenue.pl* und *sites.pl*, die nachfolgend beschrieben werden. Neben der Verwendung der Perl-Verzeichnisfunktionen wird aus diesem Beispiel deutlich, wie die Interaktion und der Datentausch von drei unterschiedlichen Skripten über die CGI-Schnittstelle erfolgt.

Zum Initialisieren der Menüstruktur müssen Sie zunächst in einem Verzeichnis des Webservers, für das Sie die erforderlichen Zugriffsrechte besitzen, Unterverzeichnisse anlegen, die Sie entsprechend den von Ihnen gewünschten Menüeinträgen benennen. In diesen Verzeichnissen legen Sie dann entsprechende Unterverzeichnisse an, die schließlich die auf der Webseite zu veröffentlichenden HTML-Seiten enthalten.

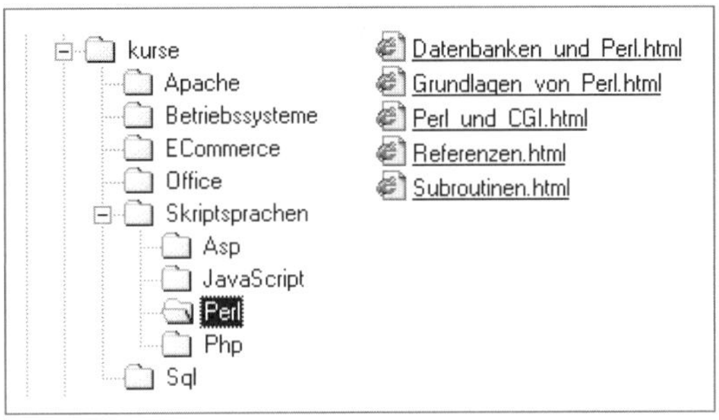

Anlage der Unterverzeichnisse im Verzeichnissystem des Webservers

Im Beispiel sind dies die Verzeichnisse der von einer EDV-Schule angebotenen Kursgruppen sowie deren Unterkategorien und die in diesen Verzeichnissen enthaltenen HTML-Seiten mit den zugehörigen Kursbeschreibungen.

Ein Perl-Skript generiert aus dieser Verzeichnisstruktur auf einer Webseite eine dynamische Menüstruktur, mit deren Hilfe der Besucher der Seite im Kursangebot der EDV-Schule navigieren kann. Die Pflege dieses Menüs kann in einfacher Weise dadurch erfolgen, dass zusätzliche Unterverzeichnisse angelegt, vorhandene umbenannt und Dateien zu den entsprechenden Unterverzeichnissen hinzugefügt werden.

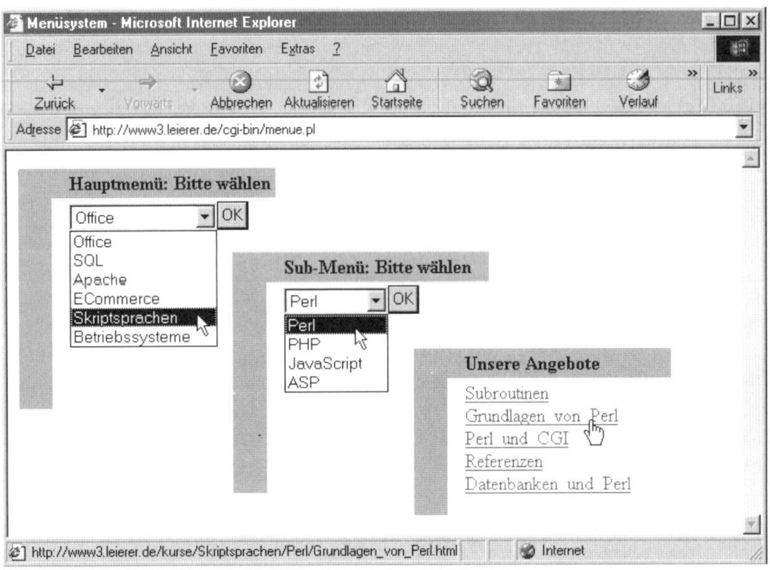

Ein dynamisches Menü auf der Basis des Verzeichnissystems des Webservers

Im nachfolgenden Skript *menue.pl* wird zunächst der Inhalt des Basisverzeichnisses der Menüstruktur über ein mit *opendir()* erzeugtes Verzeichnis-Handle mit der Funktion *readdir*() in das Array *@in* eingelesen.

```
opendir (DIRH, $basis) ||
  die  "Verzeichnis konnte nicht geöffnet werden: $!\n";
my @in =readdir(DIRH);
close (DIRH);
```

Im nächsten Teil des Skripts wird mit mehreren *print()*-Befehlen ein HTML-Formular mit einer Auswahlliste erzeugt. Im einleitenden <form>-Tag dieser Formulardefinition wird dem Attribut *action* der Name des Skripts *submenue.pl* zugewiesen, das für die Erstellung des Untermenüs auf der Basis der generierten Formulardaten verantwortlich ist. Zur Übergabe der Daten an das Skript *submenue.pl* wird die HTTP-Methode *POST* vereinbart. Das Formular enthält eine mit <select> ... </select> definierte Auswahlliste, mehrere versteckte Eingabefelder sowie eine Schaltfläche zum Senden der Daten.

Der Kernalgorithmus dieses Codeabschnitts besteht aus einer *foreach*-Schleife, innerhalb der für jeden Verzeichniseintrag des Arrays *@in* ein <option ...>-Attribut ausgegeben wird, das jeweils einen Eintrag der Auswahlliste festlegt:

```
foreach (@in)  {
   if ($_ ne "." && $_ ne "..") {
   print qq(<option value="$_">$_\n);
   }
}
```

Ein ausgewählter Listeneintrag wird nach dem Anklicken der Schaltfläche *OK* zusammen mit den Werten der versteckten Eingabefelder *basis* und *web_bas*, die das Basisverzeichnis der Menüstruktur sowie das Basisverzeichnis des Webservers enthalten, mittels der HTTP-Methode *POST* an das verarbeitende Skript *submenue.pl* gesendet.

```
#!C:\PERL\bin\perl.exe
#file menue.pl
print "Content-type: text/html\n\n";
#=====================================================================
my $basis = "d:/apache/www3_docs/kurse/"; # Basisverzeichnis des
Menüs
my $web_bas= "http://www3.leierer.de/kurse/";# Basisverzeichnis des
Servers
#=====================================================================
print qq(<html><head><title>Menüsystem</title></head>);
print qq(<body>);
print qq(<table border="0" cellpadding="3" cellspacing="0"
width="95%">);
print qq(<tr> <td bgcolor="#00A0FF" valign="top" width="5%"></td>
 <td bgcolor="#00A0FF" valign="top" width="2%"></td>
 <td bgcolor="#00A0FF" valign="top" width="30%"><b>Hauptmemü: Bitte
            wählen</b></td>
 <td valign="top" width="60%"><b><u></b></u></td></tr>);
print qq(<tr><td bgcolor="#00A0FF"><p> </p><p> </p>
        <p> </p><p> </p><p> </p></td><td></td>
        <td valign="top">);
```

```
# Lesen des Basisverzeichnisses
opendir (DIRH, $basis) ||
  die  "Verzeichnis konnte nicht geöffnet werden: $!\n";
my @in =readdir(DIRH);
close (DIRH);
# Dynamische Menü-Generierung
print qq(<form action="submenue.pl" method="post">);
print qq(<select name="popupl">);
foreach (@in)  {
   if ($_ ne "." && $_ ne "..") {
   print qq(<option value="$_">$_\n);
   }
}
print qq(</select>);
print qq(<input type="hidden" name="basis" value="$basis">);
print qq(<input type="hidden" name="web_bas" value="$web_bas">);
print qq(<input type=submit value="OK"></form>);
print qq(</td><td></td></tr></table></body></html>);
```

Das Untermenü der Menüstruktur hat prinzipiell den gleichen Aufbau und die gleiche Funktionsweise wie das Hauptmenü, mit dem Unterschied, dass die zu verarbeitenden Verzeichnispfade entsprechend angepasst werden müssen.

Das Skript erzeugt auf die schon bekannte Weise eine neue Auswahlliste, diesmal mit den Verzeichnisinformationen des selektierten Unterverzeichnisses des Basisverzeichnisses.

Die Auswahl eines Listeneintrags und das Anklicken der *OK*-Schaltfläche führt zum Aufruf des Skripts *sites.pl*, an das die neuen Formulardaten übertragen werden.

Da das Skript *sites.pl* neben den aktuell ausgewählten Formulardaten zum korrekten Zusammenstellen des Gesamtpfads auch die Information über die im Hauptmenü getroffene Auswahl benötigt, wird diese über ein verstecktes Eingabefeld

```
print qq(<input type="hidden" name="new" value="$new">);
print qq(<input type="hidden" name="basis" value="$fd">);
print qq(<input type="hidden" name="web_bas" value="$web_bas">);
```

ebenfalls übertragen. Die weiterhin benötigte Information über das Basisverzeichnis der Menüstruktur sowie das Basisverzeichnis des Webservers wird ebenfalls über versteckte Eingabefelder zum Skript *sites.pl* durchgereicht.

```
#!C:\PERL\bin\perl.exe
#submenue.pl
use my_cgi_lib qw(parse_cgi);
print "Content-type: text/html\n\n";
print qq(<html><head><title>submenue</title></head>);
print qq(<body><table border="0" cellpadding="3" cellspacing="0"
        width="95%">);
print qq(<tr>
 <td bgcolor="#00A0FF" valign="top" width="5%"></td>
 <td bgcolor="#00A0FF" valign="top" width="2%"></td>
 <td bgcolor="#00A0FF" valign="top" width="30%"><b>Sub-Menü: Bitte
            wählen</b></td>
```

```
■  <td valign="top" width="60%"><b><u></b></u></td>
■ </tr>);
■ print qq(<tr><td bgcolor="#00A0FF"><p> </p><p> </p>
          <p> </p><p> </p><p> </p></td> <td> </td>
          <td valign="top">);
■ # Parsen der CGI-Daten
■ my %form_dat;
■ %form_dat=parse_cgi;
■ my $popup1= $form_dat{"popup1"};
■ my $fd = $form_dat{"basis"};
■ my $web_bas = $form_dat{"web_bas"};
■ my $new= $popup1."/";
■ my $path_new =$fd.$new;
■ chdir($path_new);
■ my $fd1 = $path_new;
■ #Verzeichnis lesen
■ opendir (DIRH, $fd1) ||
■   die  "Verzeichnis konnte nicht geöffnet werden: $!\n";
■ my @in =readdir(DIRH);
■ close (DIRH);
■ # Sub-Menü generieren
■ print qq(<form action="sites.pl" method="post">);
■ print qq(<select name="popup1">);
■ foreach (@in)  {
■      if ($_ ne "." && $_ ne "..") {
■      print qq(<option value="$_">$_\n);
■      }
■ }
■ print qq(</select></font>);
■ print qq(<input type="hidden" name="new" value="$new">);
■ print qq(<input type="hidden" name="basis" value="$fd">);
■ print qq(<input type="hidden" name="web_bas" value="$web_bas">);
■ print qq(<input type=submit value="OK"></form>);
■ print qq(</td><td></td></tr></table></body></html>);
```

Im Skript *sites.pl* werden schließlich die Links erzeugt, die auf die von den Kunden ausgewählten HTML-Seiten der Kursbeschreibungen verweisen. Hierzu wird zunächst der komplette Pfad zu den von den Kunden ausgewählten Dokumenten aus den von den Auswahllisten der Skripte *menue.pl* und *submenue.pl* gesendeten Informationen und dem Basisverzeichnis der Menüstruktur zusammengesetzt:

```
■ my $fd=$basis.$new.$popup1."/";
```

Anschließend wird wieder der Inhalt des Verzeichnisses, auf das dieser Pfad verweist, gelesen und der Array-Variablen *@in* zugewiesen:

```
■ opendir(DIRH, $fd) ||
■   die  "Verzeichnis konnte nicht geöffnet werden: $!\n";
■ my @in =readdir(DIRH);
■ close (DIRH);
```

In der darauf folgenden *foreach*-Schleife werden dann die Links erzeugt, die auf die ausgewählten Dokumente verweisen sollen:

```
foreach (@in)  {
    if ($_ ne "." && $_ ne "..") {
        $link=$web_bas.$new.$popup1."/".$_;
        $lnkname=$_;
        $lnkname=~ s/\.html/ /;
        print qq(<a href="$link">$lnkname</a><br>);
        }
    }
```

Durch die *if-Struktur* wird zunächst verhindert, dass die Zeichen . sowie .., die Bestandteil jedes Verzeichnisinhalts sind, mit verarbeitet werden.

Für die Erzeugung der funktionsfähigen Links wird jetzt zusätzlich zu den über die Popup-Menüs ausgewählten Teilpfade die Information über das Basisverzeichnis des Webservers benötigt, die vom Skript *menue.pl* über das Skript *submenue.pl* zu dem aktuellen Skript *sites.pl* durchgereicht wurde und nach dem Parsen der CGI-Daten in der Variablen *$web_bas* enthalten ist.

Der auf der Webseite angezeigte Name der Links wird dem Array *@in* entnommen. Da die Anzeige der Dateikennung *.html* nicht erwünscht ist, wird diese mithilfe des Substitutionsoperators *s///* entfernt.

Es folgt das Skript im Zusammenhang:

```
#!C:\PERL\bin\perl.exe
#sites.pl
use my_cgi_lib qw(parse_cgi);
print "Content-type: text/html\n\n";
print qq(<html><head><title>Sites</title></head>
<body><table border="0" cellpadding="3" cellspacing="0"
      width="95%">);
print qq(<tr>
 <td bgcolor="#00A0FF" valign="top" width="5%"></td>
 <td bgcolor="#00A0FF" valign="top" width="2%"></td>
 <td bgcolor="#00A0FF" valign="top" width="30%"><b>Unsere
      Angebote</b></td>);
print qq(<td valign="top" width="60%"><b><u></b></u></td></tr>);
print qq(<tr><td
bgcolor="#00A0FF"><p> </p><p> </p><p> </p><p> </p
><p> </p></td> <td> </td><td valign="top">);
#Parsen der CGI-Daten
my %form_dat;
%form_dat=parse_cgi;
my $popup1= $form_dat{"popup1"};
my $basis= $form_dat{"basis"};
my $new= $form_dat{"new"};
my $web_bas = $form_dat{"web_bas"};
my $fd=$basis.$new.$popup1. "/";
# Verzeichnis lesen
chdir($fd);
opendir(DIRH, $fd) ||
  die  "Verzeichnis konnte nicht geöffnet werden: $!\n";
my @in =readdir(DIRH);
close (DIRH);
```

```
foreach (@in)  {
    if ($_ ne "." && $_ ne "..") {
        $link=$web_bas.$new.$popupl."/".$_;
        $lnkname=$_;
        $lnkname=~ s/\.html/ /;
        print qq(<a href="$link">$lnkname</a><br>);
        }
    }
print qq(</td><td></td></tr></table></body></html>);
```

7. Wichtige Perl-Funktionen im praktischen Einsatz

Perl stellt eine Reihe von integrierten Funktionen und Subroutinen zur Verfügung, die ohne weitere Deklaration verwendet werden können. Viele dieser Funktionen wurden bereits in den vorausgegangenen Kapiteln im Zusammenhang mit spezifischen Perl-Datentypen eingesetzt, so z. B. Funktionen zur String-Bearbeitung oder Array-Funktionen.

Schwerpunkte des Kapitels

- Funktionen zum Auslesen und zur Verarbeitung von Datum und Zeit kommen gerade bei dynamischen Webseiten häufig zum Einsatz. Hierzu werden sowohl Perl-Standardfunktionen als auch die Funktionen des CPAN-Moduls *Date::Calc* vorgestellt.
- Weitere wichtige Perl-Funktionen sind die mathematischen Funktionen, die sowohl als integrierte Funktionen als auch in einer Reihe von Perl-Erweiterungen, u. a. dem POSIX-Modul, zur Verfügung stehen.

Die Datums- und Zeitfunktionen sowie die mathematischen Funktionen von Perl bzw. von Perl-Erweiterungen werden anhand der Praxisbeispiele Webkalender und Biorhythmus-Berechnung auf einer Website vorgestellt.

7.1 Funktionen für Datum und Zeit – Grundlage für einen Webkalender

Viele Anwendungen und hierbei auch insbesondere dynamische Webanwendungen sind in der einen oder anderen Form auf die korrekte Behandlung von Datum und Zeit angewiesen.

Perl stellt hierzu einige grundlegende Funktionen zur Verfügung. Für weitergehende Datums- und Zeitberechnungen kann auf verschiedene Perl-Module, so z. B. die Module der Modulsammlung *Date,* zurückgegriffen werden, von denen das Modul *Date::Calc* mit über 45 Funktionen zur Datums- und Kalenderberechnung auf der Grundlage des gregorianischen Kalenders das bekannteste ist.

Die UNIX-Epoche und die Perl-Funktion time()

Syntax der Funktion time

- *$time_in_sec = time;*

Alle Datums- und Zeitberechnungen beziehen sich in Perl auf den Beginn der UNIX-Epoche am 1.1.1970, 00:00:00. Ein Datum ist in Perl der Zeitraum in Sekunden, der seit dem Beginn der UNIX-Epoche bis zu diesem Datum vergangen ist. Eine derartige Angabe in Sekunden wird auch als UNIX-Timestamp bezeichnet. Diese Vorgehensweise hat den Vorteil, dass mit den so behandelten Datums- und Zeitangaben auf unkomplizierte Art arithmetische Berechnungen durchgeführt werden können.

Aufgrund der Verwendung des UNIX-Timestamps hatten mit Perl erstellte Anwendungen auch kein Jahr-2000-Problem. Allerdings wird der UNIX-Timestamp im Jahre 2038 für 32-Bit-Systeme zu groß, sodass derartige Systeme dann den Timestamp nicht mehr verarbeiten können. Dies bereitet jedoch deshalb kaum jemandem Kopfzerbrechen, da davon ausgegangen werden kann, dass bis zu diesem Zeitpunkt 32-Bit-Systeme durch solche mit größerer Wortbreite ersetzt sein werden.

Um die aktuelle Systemzeit als UNIX-Timestamp in Sekunden seit dem Beginn der U-NIX-Zeitepoche zurückzugeben, wird die Perl-Funktion *time* verwendet:

```
#!C:\PERL\bin\perl.exe
# datum1.pl  Datums- u. Zeitfunktionen
use strict;
print "Content-type: text/html\n\n";
my $akt_dat =time;
printf "Aktuelles Datum seit dem Beginn der UNIX-Epoche: %s
Sekunden<br>", $akt_dat;
my $sec_per_year = 60*60*24*365;
my $years_ago = $akt_dat /$sec_per_year;
printf "Das sind grob geschätzt %5.1f Jahre<br>", $years_ago;
```

Ausgabe:

```
Aktuelles Datum seit dem Beginn der UNIX-Epoche: 964509923 Sekunden
Das sind grob geschätzt 30.6 Jahre
```

Das vorstehende Skript wurde am 25.07.2000 ausgeführt. Eine überschlägige Berechnung, in der Einfachheit halber ein Jahr mit 365 Tagen angenommen wurde, zeigt, dass die Größenordnung stimmt: Seit dem 1.1.1970 sind tatsächlich ca. 30,6 Jahre vergangen.

Der auf diese Weise ermittelte UNIX-Timestamp wird als Argument für eine Reihe weiterer Perl-Funktionen benötigt, die in den folgenden Abschnitten beschrieben werden.

Ausgabe eines Datums mit den Funktionen localtime() und gmtime()

Um einen UNIX-Timestamp in ein lesbares Datum umzuwandeln, kann die Funktion *localtime()* verwendet werden.

Im skalaren Kontext gibt diese Funktion einen String mit einem dem übergebenen Timestamp entsprechenden Datum (lokale Zeit) im Format D M Y H:M:S zurück:

Syntax der Funktion localtime()

- *$dat_str= localtime ($timestamp);*
- *@dat_list= localtime ($timestamp);*
- *($sec, $min, $hours, $mday, $month, $year, $wday, $isdst) = localtime ($timestamp);*

```
#!C:\PERL\bin\perl.exe
# datum2.pl  Datums- u. Zeitfunktionen
use strict;
```

```
print "Content-type: text/html\n\n";
my $dat = localtime(time);
printf "aktuelles Datum: %s<br>",$dat;
```

Ausgabe:

```
aktuelles Datum: Tue Jul 25 10:30:28 2000
```

Im Listenkontext, d. h., wenn der Rückgabewert der Funktion einer Liste oder einem Array zugewiesen wird, gibt *localtime()* eine aus neun Elementen bestehende Liste mit Datumsangaben zurück.

Variable	Bedeutung	Bereich
$sec	Sekunden	0-60
$min	Minuten	0-59
$hours	Stunden	0-23
$mday	Tag des Monats	1-31
$month	Monat	0-11 (Jan=0)
$year	Jahr seit 1900	1-138 (bei 32-Bit)
$wday	Wochentag	0-6 (So=0)
$isdst	TRUE/FALSE	TRUE wenn Sommerzeit

Zusammenstellung der Rückgabewerte der Funktion localtime()

In der vorstehenden Tabelle sind die Rückgabewerte der Funktion *localtime()* zusammengestellt. Hierbei ist zu beachten, dass zwar die Werte für Sekunden, Minuten, Stunden, Wochentag und Monat beginnend mit 0 zurückgeben werden, die Zählung der Tage für den Tag des Monats aber bei 1 beginnt. Der Bereich 0-60 bei den Sekunden (also 61 Sekunden) erklärt sich durch eine eventuell zu berücksichtigende Schaltsekunde.

Das Jahr wird als Wert seit dem Jahr 1900 zurückgegeben, d. h., zu dem entsprechenden Rückgabewert ist ein Offset von 1900 zu addieren, um auf die tatsächliche Jahreszahl zu kommen.

```
#!C:\PERL\bin\perl.exe
# datum3.pl  Datums- u. Zeitfunktionen
use strict;
print "Content-type: text/html\n\n";
my $akt_dat =time;
my ($sec,$min,$hours,$mday,$month,$year,$wday,$isdst) =
  localtime($akt_dat);
# Ausgabe der zurückgegebenen Listenelemente
printf "Sekunden: %s<br>",$sec;
printf "Minuten: %s<br>",$min;
printf "Stunden: %s<br>",$hours;
printf "Tag des Monats: %s<br>",$mday;
printf "Monat: %s<br>",$month;
printf "Jahr: %s<br>",$year;
printf "Wochentag: %s<br>",$wday;
if ($isdst){print "Sommerzeit"} else {print "Normalzeit"};
```

Ausgabe:

```
Sekunden: 18
Minuten: 47
Stunden: 10
Tag des Monats: 25
Monat: 6
Jahr: 100
Wochentag: 2
Sommerzeit
```

Ausgabe von Datums- und Zeitangaben

Die Funktion gmtime()

Die Funktion *gmtime()* entspricht der Funktion *localtime()*, mit dem Unterschied, dass die Zeit bezogen auf **G**reenwich **M**ean **T**ime (GMT) zurückgegeben wird.

Ermittlung des UNIX-Zeitstempels für ein beliebiges Datum

Die Perl-Funktion *time* ermittelt den UNIX-Zeitstempel für die aktuelle Systemzeit. Um für ein beliebiges Datum den UNIX-Zeitstempel zu ermitteln, können Sie die Funktionen *timelocal()*, bzw. *timegm()* des Standardmoduls *Time::Local* verwenden. Es handelt sich um die Umkehrfunktionen zu *localtime()* und *gmtime()*.

Syntax der Funktionen timelocal() und timegm()

- *$stamp = timelocal ($sec, $min, $hours, $mday, $mon, $year);*
- *$stamp = timegm ($sec, $min, $hours, $mday, $mon, $year);*

Beide Funktionen erwarten eine aus sechs Elementen bestehende Liste mit Variablen, die entsprechenden Variablen der Rückgabeliste der Funktionen *localtime()* bzw. *gmtime()* entsprechen, und geben den zu diesem Datum gehörenden Timestamp zurück. Für das Arbeiten mit dieser Funktion ist wichtig, dass alle sechs Listenelemente übergeben werden, auch wenn nicht allen Elementen Werte zugewiesen wurden.

Im folgenden Beispiel wird der UNIX-Zeitstempel für den 01.07.2000 berechnet:

```
#!C:\PERL\bin\perl.exe
# datum4.pl  Datums- u. Zeitfunktionen
use strict;
use Time::Local;
print "Content-type: text/html\n\n";
my ($sec,$min,$hours,$wday,$isdst);
my $mday=1;       # für dieses Datum wird der Zeitstempel berechnet
my $month=6;      # 01.07.2000
my $year=100;     #
my @dat_list=($sec,$min,$hours,$mday,$month,$year);
my $stamp = timelocal(@dat_list);
printf "UNIX-Zeitstempel: %s<br>", $stamp;
my $dat_str=localtime($stamp);
printf "und das zugehörige Datum: %s<br>", $dat_str;
```

Ausgabe:

```
UNIX-Zeitstempel: 962402400
und das zugehörige Datum: Sat Jul 1 00:00:00 2000
```

Die Funktion *timegm()* arbeitet entsprechend, aber bezieht sich auf **G**reenwich **M**ean **T**ime (GMT).

Datums- und Kalenderberechnungen mit dem Modul Date::Calc

Für kompliziertere Datums- und Kalenderberechnungen stellt das CPAN-Modul über 45 Funktionen bereit. In diesem Abschnitt werden einige ausgewählte Funktionen dieses Moduls beschrieben. Im Unterschied zu den im vorherigen Abschnitt behandelten Funktionen beginnt bei den Funktionen des Moduls *Date::Calc* die Zählung aller als Argumente zu übergebenden Argumente mit 1, d. h., der erste Tag der Woche, des Monats usw. hat den Wert 1.

Eine Zusammenstellung aller Funktionen des Moduls *Date::Calc* findet sich im Anhang.

Differenz zwischen zwei Datumsangaben in Tagen

Die Funktion *Delta_Days()* berechnet die Differenz in Tagen zwischen zwei angegebenen Daten. Der Rückgabewert ist positiv, wenn das zweite angegebene Datum chronologisch nach dem zuerst angegebenen liegt.

Syntax der Funktion Delta_Days()
- *use Date::Calc qw(Delta_Days);*
- *$diff = Delta_Days ($Y1, $M1, $D1, $Y2, $M2, $D2);*

```
#!C:\PERL\bin\perl.exe
# datum5.pl  Datums- u. Zeitfunktionen
use strict;
use Date::Calc qw(Delta_Days);
print "Content-type: text/html\n\n";
my $Y1= 2000;
my $M1= 4;
my $D1= 2;
my $Y2= 2000;
my $M2= 5;
my $D2= 29;
my $diff = Delta_Days ($Y1, $M1, $D1,  $Y2, $M2, $D2);
printf "Die Differenz zwischen dem %s.%s.%s und dem %s.%s.%s beträgt
  %s Tage", $D1,$M1,$Y1,$D2,$M2,$Y2,$diff;
```

Ausgabe:

```
Die Differenz zwischen dem 2.4.2000 und dem 29.5.2000 beträgt 57 Tage
```

Differenz zwischen zwei Datumsangaben in Tagen, Stunden, Minuten und Sekunden

Die Funktion *Delta_DHMS()* berechnet die Differenz zwischen zwei angegebenen Daten in Tagen, Stunden, Minuten und Sekunden. Die Funktion gibt eine Liste mit den Werten für die Tage, Stunden, Minuten und Sekunden der Differenz zurück. Diese Werte sind positiv, wenn das zweite angegebene Datum chronologisch nach dem zuerst angegebenen liegt.

Syntax der Funktion Delta_DHMS
- *use Date::Calc qw(Delta_DHMS);*
- *($Dd, $Dh, $Dm, $Ds) = Delta_DHMS ($Y1, $M1, $D1, $h1, $min1, $sec1, $Y2, $M2, $D2, $h2, $min2, $sec2);*

```
#!C:\PERL\bin\perl.exe
# datum6.pl  Datums- u. Zeitfunktionen
use strict;
use Date::Calc qw(Delta_DHMS);
print "Content-type: text/html\n\n";
my $Y1=   2000;
my $M1=   4;
my $D1=   2;
my $h1=   12;
my $min1= 30;
my $sec1= 30;
my $Y2=   2000;
my $M2=   5;
my $D2=   29;
my $h2=   8;
my $min2= 10;
my $sec2= 41;
my ($Dd, $Dh, $Dm, $Ds) = Delta_DHMS ($Y1, $M1, $D1,$h1, $min1,
    $sec1, $Y2, $M2, $D2, $h2, $min2, $sec2);
printf "Die Differenz zwischen dem <b>%s.%s.%s %s:%s:%s</b> und dem
    <b>%s.%s.%s %s:%s:%s</b> beträgt <b>%s Tage</b> <b>%s Stunden</b>
    <b>%s Minuten</b> und <b>%s Sekunden</b>", $D1,$M1,$Y1,$h1,$min1,
    $sec1,$D2,$M2,$Y2,$h2,$min2,$sec2,$Dd,$Dh,$Dm,$Ds;
```

Ausgabe:

```
Die Differenz zwischen dem 2.4.2000 12:30:30 und dem 29.5.2000 8:10:41 beträgt 56 Tage
19 Stunden 40 Minuten und 11 Sekunden
```

Ermitteln des Wochentags

Die Ermittlung des Wochentags für ein gegebenes Datum erfolgt mithilfe der Funktion *Day_of_Week()*. Diese Funktion gibt die Zahl des Wochentags des angegebenen Datums zurück. Die Funktion erwartet ein gültiges Datum in Form der Parameter $Y,$M, $D für Jahr, Monat und Tag und gibt eine Zahl zwischen 1 und 7 für den entsprechenden Wochentag zurück (Montag = 1).

Syntax der Funktion Day_of_Week()
- *use Date::Calc qw(Day_of_Week);*
- *$DOW = Day_of_Week ($Y, $M, $D);*

Um diese Zahl in den zugehörigen Wochentagnamen umzuwandeln, kann die Funktion *Day_of_Week_to_Text()* verwendet werden. Einen möglichen Einsatz beider Funktionen zeigt das folgende Skript:

Syntax der Funktion Day_of_Week_to_Text()
- *$weekday_name = Day_of_ Week_to_Text ($DOW);*

```
#!C:\PERL\bin\perl.exe
# datum8.pl  Datums- u. Zeitfunktionen
use strict;
use Date::Calc qw( :all);
print "Content-type: text/html\n\n";
my $Y= 2000;
my $M= 4;
my $D= 2;
my $DOW = Day_of_Week ($Y, $M, $D);
my $day_name = Day_of_Week_to_Text($DOW);
printf "The %s.%s.%s is the %s. day of week and a
%s",$D,$M,$Y,$DOW,$day_name;
```

Ausgabe:

```
The 2.4.2000 is the 7. day of week and a Sunday
```

Ausgabe eines Kalenders

Als Vorbereitung für das Praxis-Beispiel im nächsten Kapitel soll als letzte Funktion des Moduls *Date::Calc* die Funktion *Calendar()* vorgestellt werden. Die Funktion erwartet als Parameter das Jahr und den Monat, für den der Kalender ausgegeben werden soll, und gibt einen Kalender des angegebenen Monats für das angegebene Jahr in Form eines formatierten Strings zurück.

Syntax der Funktion Calendar()
- *use Date::Calc qw(Calendar);*
- *$str = Calendar ($Y, $M);*

Die Funktion erzeugt einen formatierten Text, aber leider keine HTML-Ausgabe. Wenn Sie dennoch einen formatierten Output auf dem Browser sehen wollen, können Sie, wie im folgenden Beispiel, statt eines *text/html*-Headers einen *text/plain*-Header senden.

```
#!C:\PERL\bin\perl.exe
# cal1.pl
print "Content-type: text/plain\n\n";
use Date::Calc qw(Calendar);
my $year ="2000";
my $month ="7";
my $str =Calendar($year, $month);
print $str;
```

Das Skript erzeugt mit dem Header *Content-type: text/plain\n\n* die folgende Ausgabe:

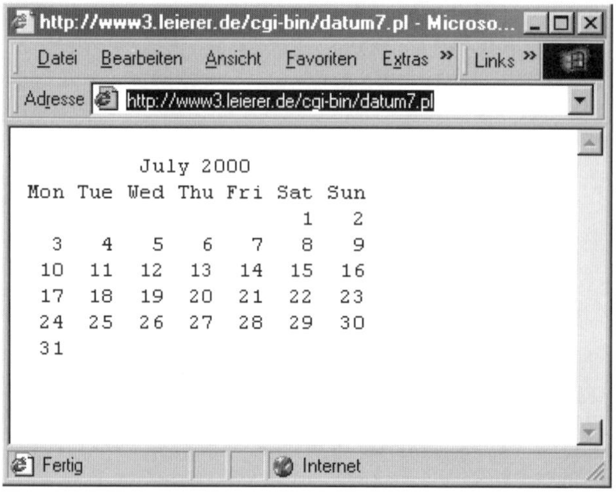

Ausgabe der Funktion Calendar des Moduls Date::Calc

Wenn Sie stattdessen den für HTML-Ausgaben erforderlichen Header *"Content-type: text/html\n\n"* senden, sehen Sie nur die folgende Ausgabe:

Ausgabe:

```
July 2000 Mon Tue Wed Thu Fri Sat Sun 1 2 3 4 5 6 7 8 9 10 11 12 13 14 15 16 17 18 19
20 21 22 23 24 25 26 27 28 29 30 31
```

Um das Ergebnis der Funktion *Calendar()* zusammen mit HTML auf einer Webseite auszugeben, können Sie den folgenden Trick anwenden: Ersetzen Sie unter Verwendung des *s///*-Operators die Text-Zeilenumbrüche durch die entsprechenden HTML-Tags <br> und die Text-Leerzeichen, die Sie mit dem Muster *\s* für *Whitespaces* beschreiben können, durch das HTML-Sonderzeichen * *. Als Ergebnis erhalten Sie eine formatierte HTML-Ausgabe.

```
#!C:\PERL\bin\perl.exe
# cal1.pl
print "Content-type: text/html\n\n";
use Date::Calc qw(:all);
my $year ="2000";
my $month ="7";
my $str =Calendar($year, $month);
$str =~ s/\n/<br>/g;
$str =~ s/\s/  /g;
print $str;
```

Obwohl wir auf diese Weise eine HTML-Ausgabe bekommen haben, handelt es sich natürlich immer noch um einen einzigen String.

Für eine Kalenderanwendung auf einer Website wäre es jedoch wünschenswert, die Ausgabe in einzelne Elemente aufzulösen und beispielsweise die angezeigten Kalendertage als Hyperlinks darzustellen, die dann auf entsprechende, für die einzelnen *Tage* geltenden Memos verweisen könnten. Wie Sie hierzu vorgehen müssen, erfahren Sie im Praxis-Beispiel des nächsten Abschnitts.

Praxis-Beispiel: Ein Webkalender

Im vorherigen Abschnitt wurde die Verwendung der Funktion *Calendar()* des Moduls *Date::Calc* beschrieben, mit der eine formatierte Textausgabe eines Monats-Kalenders erzielt werden kann. Die Funktion gibt einen durch Zeilenumbrüche und Leerzeichen formatierten String zurück.

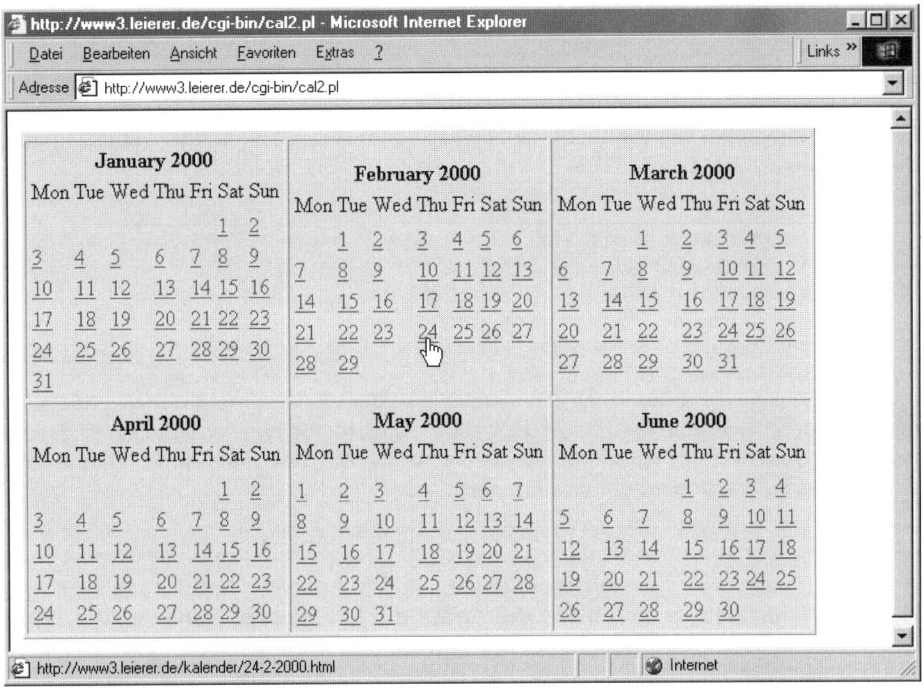

Ein aktiver Halbjahres-Kalender

Um diese Funktion für die Ausgabe eines Kalenders zu nutzen, dessen angezeigte Kalendertage wie in der vorstehenden Abbildung aus Hyperlinks bestehen, die auf entsprechende, den Kalendertagen zugeordnete HTML-Seiten verweisen, ist die folgende Vorgehensweise möglich:

Zunächst wird der von der Funktion *Calendar()* ausgegebene String in seine Einzelteile zerlegt. Hierzu wird die Funktion *split()* verwendet. Anschließend werden die Zerlegungsprodukte, jedoch ohne die enthaltenen Leerzeichen unter Verwendung der Array-Funktion *push()*, in einem Array abgespeichert:

```
my $str =Calendar($year, $month);
my @days =split(/\s/,$str);
foreach (@days) {
   push (@m,$_) if $_ ne "";
}
```

Alle für den Aufbau des Webkalenders relevanten Informationen befinden sich jetzt in dem Array *@m*. Was jetzt noch fehlt, ist die formatierte HTML-Ausgabe.

Im Prinzip ist das kein Problem: Man gibt den Inhalt des Arrays wieder elementweise in einer HTML-Tabelle aus, wandelt dabei die Kalendertage-Strings in Hyperlinks um und wechselt bei jedem Wochenwechsel die Tabellenzeile.

Und woher kommt die Information, bei welchem Kalendertag ein Wechsel der Tabellenzeile erforderlich ist? Dies kann man mit der Funktion *Day_of_Week()* ermitteln. Immer wenn der Rückgabewert dieser Funktion 1 ist (Montag), erfolgt der Zeilenwechsel mit:

```
if ($wota[$i]==1) {print qq(</tr><tr>); }
```

Die Information über die Wochentage steckt in dem Array *@wota*, das mit der folgenden Schleife erzeugt wird:

```
my $anz = @m;
 for ($i=0; $i < $anz; $i++) {
    if ($m[$i] == 0) {
      $wota[$i]=0;
      } else {
    $wota[$i] = Day_of_Week($year,$month,$m[$i]); }
 }
```

In dieser Schleife wird der Inhalt des Arrays *@m*, der die Nummern der Kalendertage enthält, elementweise abgearbeitet. Parallel dazu werden einem zweiten Array *@wota* neue Elemente hinzugefügt, deren Werte die zu den Kalendertagnummern des Arrays *@m* zugehörigen Wochentagnummern sind:

```
$wota[$i] = Day_of_Week($year,$month,$m[$i]); }
```

Hierbei tritt noch die folgende Besonderheit auf: Das Array *@m* enthält auch Nullwerte. Diese wurden immer am Anfang des Arrays *@m* hinzugefügt, wenn der Monatsbeginn nicht mit dem Wochenbeginn zusammenfiel:

```
for (my $i=0;$i<$days_before;$i++) {
   unshift @m, 0;
 }
```

Der 1. März 2000 war beispielsweise ein Mittwoch. Um zu verhindern, dass bei der tabellarischen Ausgabe dieses Monats der erste Wert in der ersten Tabellenzeile mit dem Mittwoch beginnt, wurden im Array *@m* für den noch zum Vormonat gehörenden Montag und Dienstag Nullwerte eingefügt, die bei der anschließenden tabellarischen Ausgabe als Leer-Strings ausgegeben werden. In der obigen Schleife zur Erzeugung des Wochentag-Arrays *@wota* wurden diese Nullwerte ebenfalls entsprechend berücksichtigt, indem ihnen die Wochentagnummer 0 zugewiesen wurde:

```
...
if ($m[$i] == 0) {
          $wota[$i]=0;
          }
```

Bleibt noch zu klären, woher denn die Information kommt, wie viele Nullwerte bei einem bestimmten Aufruf aufzufüllen sind. Die Anzahl *$days_before* der jeweils erforderlichen Nullwerte wurde mit der folgenden Codezeile ermittelt:

```
my $days_before = Day_of_Week ($year,$month,1) -1;
```

Hierbei wurde mit der Funktion *Day_of_Week()* die Wochentagnummer des ersten Tags des Monats ermittelt. Die Anzahl der zum Vormonat gehörenden Tage bis zum davor liegenden Wochenbeginn ist dann dieser ermittelte Wert minus 1. Die formatierte HTML-Ausgabe der Kalendertage kann jetzt mithilfe der folgenden Schleife erfolgen:

```
print qq(<tr>);
 for (my $i=0; $i<$anz;$i++) {
   if ($wota[$i]==1) {print qq(</tr><tr>); }
   print qq(<td>);
   if ($m[$i]==0) {
     print "";
   } else {
     print qq(<a href=$basis$m[$i]-$month-$year.html>$m[$i]</a><br>)
   }
   print qq(</td>);
```

Immer wenn ein Kalendertag den Wert 0 besitzt, wird ein Leer-String ausgegeben. Diese Tage der ersten Woche des jeweiligen Monats gehören zum Vormonat. Dann werden die Kalendertage des Monats als Hyperlinks ausgegeben. Bei jedem Montag erfolgt dabei ein Zeilenwechsel. Die Schleife wird für alle Tage des entsprechenden Monats abgearbeitet.

Die Hyperlinks werden in der folgenden Codezeile erzeugt:

```
print qq(<a href=$basis$m[$i]-$month-$year.html>$m[$i]</a><br>);
```

Die Variable *$basis* enthält dabei die Adresse des Webserver-Veröffentlichungsverzeichnisses für den Kalender. Die weiteren Bestandteile der Link-Adresse werden aus den entsprechenden Werten für Tag, Monat und Jahr zusammengesetzt. Die angezeigten Link-Namen entsprechen der Nummer des jeweiligen Kalendertags.

Der vorstehend beschriebene Code wurde im Skript in der Subroutine *show_month()* zusammengefasst. Diese gibt für die übergebenen Argumente *$month* und *$year* den entsprechenden Monat als HTML-Tabelle mit den Kalendertagen als Hyperlinks aus.

Mithilfe dieser Subroutine wird dann ein Kalender für ein Halbjahr erstellt. Hierzu wird noch eine Subroutine *show_quart()* definiert. Diese erwartet als Parameter eine Zahl für das darzustellende Quartal (1 bis 4) und gibt den Kalender des zugehörigen Quartals aus.

Durch zweimaligen Aufruf dieser Subroutine wird dann im Hauptprogramm des Skripts ein Kalender für das erste Halbjahr 2000 in einer HTML-Tabelle erstellt:

```
print qq(<table border=1 bgcolor=#D0D0D0><tr><td>);
show_quart(1,2000);
show_quart(2,2000);
print qq(</table>);
```

Es folgt das Skript im Zusammenhang:

```
#!C:\PERL\bin\perl.exe
# cal2.pl
print "Content-type: text/html\n\n";
use Date::Calc qw(:all);
print qq(<table border=1><tr><td>);
```

```
■ show_quart(1,2000);
■ show_quart(2,2000);
■ print qq(</table>);
■ sub show_quart {
■ my $quart = $_[0];
■ my $year = $_[1];
■ my $ start;
■ print qq(<tr>);
■ if ($quart==1) {$start = 1;}
■ elsif ($quart==2) {$start = 4;}
■ elsif ($quart==3) {$start = 7;}
■ elsif ($quart==4) {$start = 10;}
■ my $end = $start+3;
■ for (my $i=$start;$i<$end;$i++) {
■   print qq(<td>);
■   show_month($i,$year);
■   print qq(</td>);
■ }
■ print qq(</tr>);
■ }
■ sub show_month {
■  my $month = $_[0];
■  my $year  = $_[1];
■  my (@m,@ wota, %mh);
■  my $basis="http://www3.leierer.de/kalender/";
■  my $str =Calendar($year, $month);
■  my $days_before = Day_of_Week ($year,$month,1)-1;
■  my @days =split(/\s/,$str);
■  foreach (@days) {
■    push (@m,$_) if $_ ne "";
■  }
■  print qq(<table border=0>);
■  my $m=shift @m;
■  my $y=shift @m;
■  print qq(<tr><th colspan =7><div align="center">
        $m $y</div></th></tr>);
■  print qq(<tr>);
■  for (my $i=0;$i<7;$i++) {
■    $_=shift @m;
■  print qq(<td>$_</td>);
■  }
■  print qq(<tr>);
■  for (my $i=0;$i<$days_before;$i++) {
■    unshift @m, 0;
■  }
■  my $anz = @m;
■  for ($i=0; $i < $anz; $i++) {
■     if ($m[$i] == 0) {
■       $wota[$i]=0;
■       } else {
■     $wota[$i] = Day_of_Week($year,$month,$m[$i]); }
■  }
■  print qq(<tr>);
■  for (my $i=0; $i<$anz;$i++) {
```

```
    if ($wota[$i]==1) {print qq(</tr><tr>); }
    print qq(<td>);
    if ($m[$i]==0) {
      print "";
    } else {
      print qq(<a href=$basis$m[$i]-$month-$year.html>$m[$i]</a><br>)
    }
    print qq(</td>);
  }
  print qq(</tr></table>);
}
```

7.2 Auch auf einer Website wird gerechnet: Mathematische Funktionen

In den Funktionsumfang von Perl sind einige wichtige mathematische Funktionen integriert. Im folgenden Abschnitt wird die Verwendung dieser sowie weiterer, in ergänzenden Modulen enthaltenen Funktionen anhand von Testbeispielen beschrieben.

Im Praxis-Beispiel dieses Abschnitts wird gezeigt, wie einige dieser Funktionen zur Durchführung von Biorhythmus-Berechnungen verwendet werden können.

Die integrierten mathematischen Funktionen von Perl

Die nachfolgende Tabelle gibt eine Übersicht über die integrierten mathematischen Funktionen von Perl.

Mit Ausnahme der Funktion *atan2()*, die zwei Argumente erwartet, können alle anderen Funktionen auch ohne die explizite Angabe eines Arguments verwendet werden. In diesem Fall wird dann der Inhalt der Default-Variablen *$_* als Argument verwendet.

Funktion	Anwendung	Bedeutung
abs	$erg = abs($x)	Absolutwert von *$x*.
atan2	$erg = atan2 ($x,$y)	Arcus Tangens der Argumente.
cos	$erg = cos($x)	Cosinus des Arguments.
exp	$erg = exp($x)	Potenz zur Basis *e*.
hex	$erg = hex $x	Interpretiert das Argument als Hexadezimalzahl und gibt den dezimalen Wert zurück.
int	$erg = int ($x);	Gibt den ganzzahligen Anteil des Arguments zurück.
log	$erg = log($x);	Natürlicher Logarithmus von *$x*.
oct	$erg = oct($x);	Interpretiert das Argument als Oktalzahl und gibt den dezimalen Wert zurück.
rand	$erg =rand($x);	Gibt eine Zufallszahl zwischen und dem angegebenen Argument oder, falls kein Argument angegeben ist, zwischen *0* und *1* zurück.
sin	$erg = sin($x);	Sinus des Arguments.
sqrt	$erg = sqrt($x);	Quadratwurzel des Arguments.
srand	srand($x);	Setzt den Startwert für den Zufallszahlengenerator.

Die mathematischen Funktionen von Perl

Weitere mathematische Funktionen sind in dem Modul POSIX enthalten. Das POSIX-Modul, das bei weitem mehr als nur mathematische Funktionen zu Verfügung stellt, exportiert die meisten der im POSIX-Standard 1003.1 definierten Bezeichner in den Namensraum. Speziellere trigonometrische Funktionen sind darüber hinaus in dem CPAN-Modul *Math::Trig* enthalten. Dort ist auch die häufig benötigte Konstante *pi (= 3,1415 ...)* definiert.

Im folgenden Skript werden die integrierten mathematischen Funktionen von Perl getestet und das Ergebnis wird in einer HTML-Tabelle an den Browser ausgegeben.

Neben der Verwendung der mathematischen Funktionen, die jeweils mit unterschiedlichen Testparametern aufgerufen werden, geht aus dem Skript auch noch einmal der Umgang mit anonymen Strukturen und Referenzen hervor.

Zur Erleichterung der tabellarischen Ausgabe der Ergebnisse der Funktionsaufrufe wird ein Hash *%m_test* aufgebaut, dessen Schlüssel aus den jeweiligen Funktionsnamen und dessen Werte aus Referenzen auf anonyme Arrays bestehen, die die zugehörigen Funktionsbeschreibungen, Beispiel-Strings für den Funktionsaufruf und die Funktionsaufrufe selbst enthalten.

```
#!C:\PERL\bin\perl.exe
#math1.pl  integrierte mathematische Funktionen von Perl
print "Content-type: text/html\n\n";
use strict;
use Math::Trig qw( pi);
my %m_test = (
    "abs" => ["Absolutbetrag","abs(102)",abs(-102)],
    "atan2" => ["Arcustangens y/x","atan2(0.4,0.6)",atan2(0.4,0.6)],
    "cos" => ["Cosinus","cos(pi/2)",cos(pi/2)],
    "exp" => ["Exponentialfunktion","exp(2)",exp(2)],
    "hex" => ["Umwandlung Hexadezimal->Dezimal","hex('FF')",hex('FF')],
    "int" => ["Ganzzahl","int(12.56)",int(12.56)],
    "log" => ["Natürlicher Logarithmus","log(2.71828)",log(2.71828)],
    "oct" => ["Umwandlung Oktal->Dezimal","oct(400)",oct(400)],
    "rand" => ["Zufallswert","rand(100)",rand(100)],
    "sin" => ["Sinus","sin(pi/2)",sin(pi/2)],
    "sqrt" => ["Quadratwurzel","sqrt(25)",sqrt(25)]
);
print qq(<table  width =90% border=0 cellpadding=2 cellspacing=2>);
print qq(<tr bgcolor=#C0C0C0><th colspan=4>Die integrierten
        mathematischen Funktionen von Perl</th></tr>);
print qq(<tr bgcolor=#E0E0E0>);
print qq(<th width=15%>Funktion</th><th>Beschreibung</th>
        <th width=20%>Beispiel</th><th width=20%>Ergebnis</th></tr>);
foreach my $key (sort keys %m_test) {
  my $val_ptr = $m_test{$key};
  print qq(<tr bgcolor=#E0E0E0><td>);
  printf "%s", $key;              #Schlüssel=Funktionsname
  print qq(</td><td>);
  printf "%s", $val_ptr->[0];     #Beschreibung
  print qq(</td><td>);
  printf "%s", $val_ptr->[1];     #Beispiel
  print qq(</td><td>);
  printf "%5.2f", $val_ptr->[2];  #Ergebnis
```

```
▪   print qq(</td></tr>);
▪   }
▪ print qq(</table>);
```

Das Skript erzeugt die folgende Ausgabe:

Die integrierten mathematischen Funktionen von Perl			
Funktion	**Beschreibung**	**Beispiel**	**Ergebnis**
abs	Absolutbetrag	abs(102)	102.00
atan2	Arcustangens y/x	atan2(0.4,0.6)	0.59
cos	Cosinus	cos(pi/2)	0.00
exp	Exponentialfunktion	exp(2)	7.39
hex	Umwandlung Hexadezimal->Dezimal	hex('FF')	255.00
int	Ganzzahl	int(12.56)	12.00
log	Natürlicher Logarithmus	log(2.71828)	1.00
oct	Umwandlung Oktal->Dezimal	oct(400)	256.00
rand	Zufallswert	rand(100)	4.40
sin	Sinus	sin(pi/2)	1.00
sqrt	Quadratwurzel	sqrt(25)	5.00

Test der mathematischen Standardfunktionen von Perl

Im nachfolgenden Beispiel werden analog zu dem vorherigen Skript die mathematischen Funktionen des POSIX-Moduls getestet und die Ergebnisse tabellarisch ausgegeben:

```
▪ #!C:\PERL\bin\perl.exe
▪ #math2.pl  mathematische Funktionen POSIX-Modul
▪ print "Content-type: text/html\n\n";
▪ use strict;
▪ use POSIX;
▪ use Math::Trig qw( pi);
▪ my %m_test = (
▪     "acos" => ["Arcuscosinus","acos(-1)", acos(-1)],
▪     "asin" => ["Arcussinus","asin(1)",asin(1)],
▪     "atan" => ["Arcustangens","atan(pi/2)",atan(pi/2)],
▪     "ceil" => ["kleinste Ganzzahl >= Argument
                 x","ceil(12.33)",ceil(12.33)],
▪     "cosh" => ["Cosinus Hyperbolicus","cosh(pi)", cosh(pi)],
▪     "floor" => ["größte Ganzzahl <= Argument x","floor(12.33)",
                                  floor(12.33)],
▪     "fmod" => ["Gleitpunktrest von x/y","fmod(7.5,3)",fmod(7.5,3)],
▪     "frexp" => ["Mantisse und Exponent zur Basis 2","frexp(pi)" ,
                                  frexp(pi)],
▪     "ldexp" => ["x* 2 ^ y ","ldexp(10,2)",ldexp(10,2)],
▪     "log10" => ["Logarithmus zur Basis 10","log10(100)",log10(100)],
▪     "modf" =>  ["Ganzzahl und Rest","modf(12.33)",modf(12.33)],
▪     "pow" =>  ["Exponentialfunktion","pow(2,3)",POSIX::pow(2,3)],
▪     "sinh" => ["Sinus Hyperbolicus","sinh(pi/2)",sinh(pi/2)],
```

```
    "tan" =>   ["Tangens","tan(pi/4)",tan(pi/4)],
    "tanh" => ["Tangens Hyperbolicus","tanh(pi/4)",tanh(pi/4)],
    "pi" => ["Konstante pi","pi",pi]
 );
print qq(<table  width =90% border=0 cellpadding=2 cellspacing=2>);
print qq(<tr bgcolor=#C0C0C0><th colspan=4>Die mathematischen
      Funktionen des POSIX-Moduls</th></tr>);
print qq(<tr bgcolor=#E0E0E0>);
print qq(<th width=15%>Funktion</th><th>Beschreibung</th> <th
width=15%>Beispiel</th><th width=15%>Ergebnis</th></tr>);
foreach my $key (sort keys %m_test) {
  my $val_ptr = $m_test{$key};
  print qq(<tr bgcolor=#E0E0E0><td>);
  printf "%s", $key;    #Schlüssel=Funktionsname
  print qq(</td><td>);
  printf "%s", $val_ptr->[0];   #Beschreibung
  print qq(</td><td>);
  printf "%s", $val_ptr->[1];   #Beispiel
  print qq(</td><td>);
  printf "%5.2f", $val_ptr->[2];   #Ergebnis
  print qq(</td></tr>);
  }
print qq(</table>);
```

Das Skript erzeugt folgende Ausgabe:

Die mathematischen Funktionen des POSIX-Moduls			
Funktion	**Beschreibung**	**Beispiel**	**Ergebnis**
acos	Arcuscosinus	acos(-1)	3.14
asin	Arcussinus	asin(1)	1.57
atan	Arcustangens	atan(pi/2)	1.00
ceil	kleinste Ganzzahl >= Argument x	ceil(12.33)	13.00
cosh	Cosinus Hyperbolicus	cosh(pi)	11.59
floor	größte Ganzzahl <= Argument x	floor(12.33)	12.00
fmod	Gleitpunktrest von x/y	fmod(7.5,3)	1.50
frexp	Mantisse und Exponent zur Basis 2	frexp(pi)	0.79
ldexp	x* 2 ^ y	ldexp(10,2)	40.00
log10	Logarithmus zur Basis 10	log10(100)	2.00
modf	Ganzzahl und Rest	modf(12.33)	0.33
pi	Konstante pi	pi	3.14
pow	Exponentialfunktion	pow(2,3)	8.00
sinh	Sinus Hyperbolicus	sinh(pi/2)	2.30
tan	Tangens	tan(pi/4)	1.00
tanh	Tangens Hyperbolicus	tanh(pi/4)	0.66

Test der mathematischen Funktionen des POSIX-Moduls

Bei zwei Funktionen, nämlich der Funktion *frexp()* und *modf()*, die jeweils eine Liste mit zwei Werten zurückgeben, ist in der Ergebnistabelle nur ein Rückgabewert enthalten. Das folgende Skript gibt die fehlenden Ergebnisse aus:

```
#!C:\PERL\bin\perl.exe
#math3.pl  mathematische Funktionen POSIX-Modul
print "Content-type: text/html\n\n";
use strict;
use POSIX;
use Math::Trig qw( pi);
my ($mant, $exp) = frexp(pi);
printf "Mantisse: %5.2f Exponent: %5.2f<br>",$mant,$exp;
my ($r, $i)= modf(12.33);
printf "Ganzzahlanteil: %5.2f Rest: %5.2f<br>",$i,$r;
```

Ausgabe:

```
Funktion frexp ---> Mantisse: 0.79 Exponent: 2.00
Funktion modf ---> Ganzzahlanteil: 12.00 Rest: 0.33
```

Praxis-Beispiel: Biorhythmus-Berechnungen

Da Mathematik erst durch die grafische Darstellung der Berechnungen richtig anschaulich wird, werden die Ergebnisse der Biorhythmus-Berechnungen in grafischer Darstellung auf dem Browser ausgegeben. Zu diesem Zweck werden einige Funktionen der Grafikbibliothek *GD* eingesetzt, zu der über das Modul *GD.pm* eine hervorragende Perl-Schnittstelle besteht.

Das Modul *GD.pm*, das Funktionen der Grafikbibliothek *GD* für Perl implementiert, wird im Einzelnen in Kapitel 12 (siehe S. 343) erläutert.

Das Beispiel basiert auf einer Lebenszyklus-Berechnung gemäß der von Wilhelm Fließ (1858-1928) entwickelten „Biorhythmus-Theorie“, die von langfristigen, sinusförmigen Rhythmizitäten des aufgrund von unterschiedlichen Periodenlängen gegeneinander phasenverschobenen, physischen, emotionalen und intellektuellen Zustands bei einem Einsatz der „Schwingungen“ zur Stunde der Geburt ausgeht.

Obwohl die Bioryhthmus-Theorie aus wissenschaftlicher Sicht aufgrund ihrer allzu vereinfachenden Annahmen, die der Komplexität nachgewiesener langfristiger Rhythmizitäten nicht annähernd gerecht werden, bedeutungslos ist, ist sie eine amusante mathematische Spielerei, zu deren Durchführung einerseits Datumsberechnungen, wie sie im vorherigen Kapitel vorgestellt wurden, und andererseits trigonometrische Funktionen erforderlich sind.

Grundlage der Berechnung ist die Ermittlung der seit dem Tag der Geburt bis heute vergangenen Tage. Dies erfolgt unter Verwendung der Funktion *Date_to_Days* des CPAN-Moduls *Date::Calc*, die die Anzahl der Tage eines angegebenen Datums seit dem 1.1 des Jahres 1 n. Chr. zurückgibt.

Für ein gegebenes Geburtsdatum ergibt sich die Anzahl der bis heute vergangenen Tage als Differenz *$delta_days* zwischen der Anzahl der Tage seit dem 1.1. 0001 bis heute *($days_to_now)* und der Anzahl der Tage seit dem 1.1.0001 bis zu dem für die Berechnung angenommenen Geburtsdatum *($days_to_birth)*:

```
my $born_m = 8;
my $born_d = 11;
my $born_y = 1965;
...
my ($Y, $M, $D) =Today();
my $days_to_now=Date_to_Days($Y, $M, $D);
my $days_to_birth=Date_to_Days($born_y, $born_m, $born_d);
my $delta_days = $days_to_now - $days_to_birth;
```

Gemäß der Biorhythmus-Theorie werden nun für die so ermittelte Lebenszeit in Tagen drei verschiedene sinusförmige Kurven mit den Perioden 23 Tage (für den physischen Zustand), 28 Tage (für den emotionalen Zustand) und 33 Tage (für den intellektuellen Zustand) errechnet und anschließend grafisch dargestellt.

Die Berechnung der Kurven erfolgt dabei für einen gewählten Ausschnitt innerhalb einer *for*-Schleife anhand des folgenden Algorithmus:

```
for (my $x = 0; $x <= $chart_days; $x++)  {
    #Berechnung der Bio-Kurve
    my $d_norm = (($day_start + $x)%$bio_cycle)/$bio_cycle*2*pi;
    my $d_sin = 1-sin($d_norm)*$scale_plot+$center_plot;
    #Linie vom vorherigen zum aktuellen Punkt
    if($x > 0){
      $image->line($x_save,$y_save,$x*$d_x, $d_sin,$bio_col);
    }
    #aktuelle x/y-Werte sind Startpunkte für die folgende Linie
    $x_save = $x * $d_x;
    $y_save = $d_sin;
  }
```

Hierbei enthält die Variable *$bio_cycle* die für die jeweilige Kurve charakteristische Periodenlänge in Tagen.

Die jeweilige Kurve wird ausgehend von einem Startwert *$day_start* durch die lineare Verbindung jeweils zweier berechneter, benachbarter Kurvenkoordinaten bis zu dem durch die vorgegebene Anzahl *$chart_days* der darzustellenden Tage mithilfe der *GD*-Funktion *line()* unter Verwendung der für die jeweilige Kurve charakteristischen Farbe *$bio_col* gezeichnet:

```
$image->line($x_save,$y_save,$x*$d_x, $d_sin, $bio_col);
```

Die Variable *$d_x* gibt dabei die von der gewählten Skalierung abhängige Länge eines Tags in Pixeln auf der x-Achse des Diagramms vor.

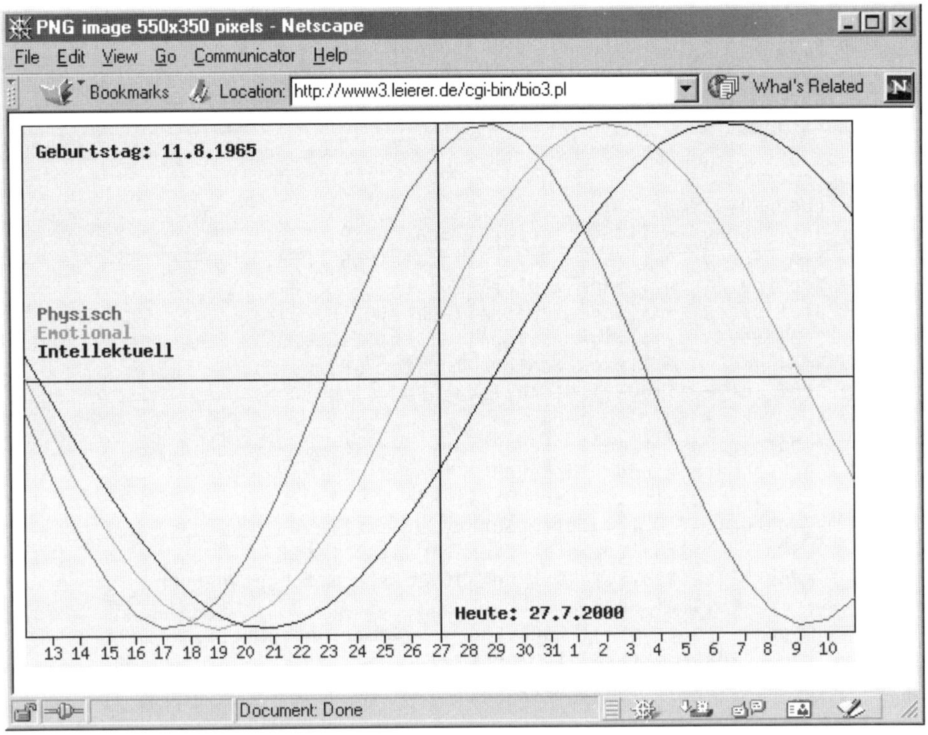

Ausgabe der berechneten Biorhythmus-Kurven im Browser

Es folgt das Skript zur Biorhythmus-Berechnung im Zusammenhang:

```
#!C:\PERL\bin\perl.exe
# bio.pl
use strict;
use Date::Calc qw(:all);
use Math::Trig;
use GD;
use CGI;
my $q=new CGI;
# Header ausgeben
print $q->header(-type=>"image/png");
my $born_m = 8;
my $born_d = 11;
my $born_y = 1965;
my $chart_width = 550;
my $chart_height = 350;
my $chart_days = 30;
my $d_x = $chart_width/$chart_days;
#Neues Bild erzeugen
my $image = new GD::Image($chart_width, $chart_height);
my ($Y, $M, $D) =Today();
```

```
my $days_to_now=Date_to_Days($Y, $M, $D);
my $days_to_birth=Date_to_Days($born_y, $born_m, $born_d);
my $delta_days = $days_to_now - $days_to_birth;
#Diagramm zeichnen
chart();

sub chart {
#Farben zuweisen
my $col_backgr = $image->colorAllocate(230, 230, 230);
my $col_foregr = $image->colorAllocate(255, 255, 255);
my $col_net    = $image->colorAllocate(0, 0, 0);
my $col_black  = $image->colorAllocate(0, 0, 0);
my $col_phys   = $image->colorAllocate(0, 0, 255);
my $col_emo    = $image->colorAllocate(255, 0, 0);
my $col_int = $image->colorAllocate(0, 0, 0);
my $sec_day = 60 * 60 * 24;
my $chart_timest=time()-($chart_days/2*$sec_day)+$sec_day;
# x-Achsenmarkierung und Beschriftung
for (my $i = 1; $i < $chart_days; $i++)  {
  my @date_list = localtime($chart_timest);
  my $ko_x = ($chart_width / $chart_days) * $i;
  $image->line($ko_x,$chart_height-20,$ko_x,$chart_height -
          15,$col_net);
  $image->string(gdSmallFont,$ko_x-5,$chart_height-16,
          $date_list[3],$col_net);
  $chart_timest += $sec_day;
  }
#Diagramm-Rahmen
$image->rectangle(0,0,$chart_width-1,$chart_height-20,$col_net);
#Gitternetz
$image->line(0,($chart_height-20)/2,$chart_width,  ($chart_height-
             20)/2,$col_black);
$image->line($chart_width/2,0,$chart_width/2,$chart_height-
             20,$col_black);
#Diagramm-Legende
$image->string(gdMediumBoldFont, 10, 10,  "Geburtstag:
               $born_d.$born_m.$born_y", $col_black);
$image->string(gdMediumBoldFont, $chart_width/2+10, $chart_height-40,
               "Heute: $D.$M.$Y", $col_black);
$image->string(gdMediumBoldFont,10,$chart_height/2-36,
               "Intellektuell",$col_int);
$image->string(gdMediumBoldFont,10,$chart_height/2-48,
               "Emotional",$col_emo);
$image->string(gdMediumBoldFont,10,$chart_height/2-60,
               "Physisch",          $col_phys);
#Biorhythmus-Kurven zeichnen
show_bio($delta_days, 23, $col_phys);
show_bio($delta_days, 28, $col_emo);
show_bio($delta_days, 33, $col_int);
#PNG-Bild ausgeben
print $image->png;
```

```
}# chart

sub show_bio  {
  my $live_days = $_[0];
  my $bio_cycle = $_[1];
  my $bio_col = $_[2];
  my ($x_save, $y_save);
  #Startwert (Tag)  ermitteln
  my $day_start = $live_days - ($chart_days / 2);
  #Diagramm-Skalierung
  my $scale_plot = ($chart_height - 25) / 2;
  my $center_plot = ($chart_height - 25) / 2;
  #Biorythmus-Kurve zeichnen
  for(my $x = 0; $x <= $chart_days; $x++)  {
    #Berechnung der Bio-Kurve
    my $d_norm = (($day_start + $x)%$bio_cycle)/$bio_cycle*2*pi;
    my $d_sin = 1-sin($d_norm)*$scale_plot+$center_plot;
    #Linie vom vorherigen zum aktuellen Punkt
    if($x > 0){
      $image->line($x_save,$y_save,$x*$d_x, $d_sin,$bio_col);
    }
    #aktuelle x/y-Werte sind Startpunkte für die folgende Linie
    $x_save = $x * $d_x;
    $y_save = $d_sin;
  }
}
```

8. Das Modul-Konzept von Perl

Die Erstellung von wiederverwendbarem und leicht zu pflegendem Code ist das Ideal aller Programmiersprachen. Perl hat zu diesem Zweck ein äußerst leistungsfähiges Konzept zu bieten, das es ermöglicht, auch umfangreiche Softwareprojekte modular und arbeitsteilig umzusetzen.

Einerseits stehen über das **C**omprehensive **P**erl **A**rchive **N**etwork (CPAN) eine Vielzahl von gut dokumentierten Softwaremodulen für die unterschiedlichsten Zwecke zur Verfügung, andererseits können eigene Softwarelösungen, z. B. häufig benötigte Subroutinen, als Module verpackt und nach Bedarf in den unterschiedlichsten Skripten wieder eingesetzt werden.

Schwerpunkte des Kapitels

- Organisation des Namensraums durch Perl-Pakete
- Modularisierung von Perl-Anwendungen durch Perl-Module

8.1 So organisieren Sie den Namensraum Ihrer Anwendung: Arbeiten mit Perl-Paketen

Ein für das Verständnis des Modulkonzepts von Perl wesentlicher Begriff ist der Namensraum. Unter dem Namensraum wird der Gültigkeits- und Sichtbarkeitsbereich von Perl-Variablen verstanden.

Im Zusammenhang mit benutzerdefinierten Perl-Variablen wird oft der Begriff „global" verwendet. Im Unterschied zu anderen Programmiersprachen hat dieser Begriff in Perl eine eingeschränkte Bedeutung: Global bedeutet global im jeweiligen Namensraum. Da innerhalb eines Perl-Skripts unterschiedliche Namensräume definiert werden können, wird klar, dass es – abgesehen von einigen, von Perl definierten Standardvariablen, wie z. B. *$_* – globale, benutzerdefinierte Variablen in Perl gar nicht gibt.

Namensräume werden in Perl mit dem Schlüsselwort *package* definiert. Für jeden Namensraum existiert eine eigene Symboltabelle, in der alle Bezeichner des jeweiligen Namensraums in einem Hash verwaltet werden.

Der Name des aktuellen Namensraums kann mit der Anweisung:

```
print __PACKAGE__;
```

ausgegeben werden.

Der Namensraum-Hash enthält die Namen der Bezeichner als Schlüssel und so genannte Typeglobs als Wert. Hierbei handelt es sich um interne Datenstrukturen, die Zeiger auf die unterschiedlichen Variablen und Subroutinen enthalten.

Tritt bei der Programmausführung eine *package*-Anweisung auf, gilt ab dort der Namensraum des entsprechenden *package* mit eigenen Variablen. Die *package*-Anweisung gilt bis zum Beginn einer weiteren *package*-Anweisung, bis zum Ende des die *package*-Anweisung einschließenden Blocks oder bis zum Ende der Datei.

Hierzu das folgende Skript als Beispiel:

```
#!C:\PERL\bin\perl.exe
# modul1.pl  Perl-Module
use strict;
print "Content-type: text/html\n\n";
package first;
printf "aktuelles package: %s<br>",__PACKAGE__;
{
package second;
 printf "aktuelles package: %s<br>",__PACKAGE__;
 {
 package third;
 printf "aktuelles package: %s<br>",__PACKAGE__;
 }
}
printf "aktuelles package: %s<br>",__PACKAGE__;
```

Ausgabe:

```
aktuelles package: first
aktuelles package: second
aktuelles package: third
aktuelles package: first
```

Solange mit dem Schlüsselwort *package* kein anderer Namensraum festgelegt wurde, gilt automatisch der Standardnamensraum *main*.

Bereits in Kapitel 6.1.6 (siehe S. 137) wurde gezeigt, wie der Zugriff auf die Symboltabelle eines bestimmten Namensraums über den Namen des *package*, das diesen Namensraum definiert, erfolgen kann:

```
print %packagename::
```

Oder im Falle des *package main* mit der Anweisung:

```
print %::
```

Im folgenden Skript werden zunächst im Namensraum *main*, der nicht explizit angegeben werden muss, einige Variablen und eine Subroutine definiert. Anschließend wird über eine *foreach*-Schleife die Symboltabelle dieses Namensraums ausgegeben:

```
#!C:\PERL\bin\perl.exe
# modul2.pl  Perl-Module
print "Content-type: text/html\n\n";

printf "aktuelles package: %s<br>",__PACKAGE__;
my $erg= my_sub(a,b,c,d);
sub my_sub {
```

```
  @args = @_;
}
foreach $key (sort keys %::) {
  printf "%s = => %s<br>",$key, $::{$key};
}
print "<br>";
```

Mithilfe des Schlüsselworts *package* wird dann im selben Skript das aktuelle *package* gewechselt. Auch hier werden verschiedene Variablen und eine Subroutine definiert.

```
package my_package;
printf "aktuelles package: %s<br>",__PACKAGE__;
my $other_erg= my_other_sub (1,2,3,4);

sub my_other_sub {
  @other_args = @_;
}
foreach $key (sort keys %my_package::) {
  printf "%s = => %s<br>",$key, $my_package::{$key};
}
```

Die Ausgabe der Symboltabellen für beide Namensräume zeigt das folgende Ergebnis:

Ausgabe:

```
aktuelles package: main
" = => *main::"
$ = => *main::$
/ = => *main::/
0 = => *main::0
@ = => *main::@
ARGV = => *main::ARGV
CORE:: = => *main::CORE::
DB:: = => *main::DB::
DynaLoader:: = => *main::DynaLoader::
ENV = => *main::ENV
INC = => *main::INC
IO:: = => *main::IO::
STDERR = => *main::STDERR
STDIN = => *main::STDIN
STDOUT = => *main::STDOUT
UNIVERSAL:: = => *main::UNIVERSAL::
Win32:: = => *main::Win32::
_ = => *main::_
_<..\universal.c = => *main::_<..\universal.c
_<..\xsutils.c = => *main::_<..\xsutils.c
_<.\win32.c = => *main::_<.\win32.c
_ *main::_args = => *main::args
attributes:: = => *main::attributes::
key = => *main::key
main:: = => *main::main::
my_package:: = => *main::my_package::
my_sub = => *main::my_sub
stderr = => *main::stderr
```

```
stdin = => *main::stdin
stdout = => *main::stdout
aktuelles package: my_package
key = => *my_package::key
my_other_sub = => *my_package::my_other_sub
other_args = => *my_package::other_args
```

Ausgabe der Symboltabellen beider Namensräume

Wie Sie sehen, enthält der Namensraum *main* bereits eine ganze Reihe vordefinierter Bezeichner, auf die innerhalb dieses Namensraums zugegriffen werden kann, ohne den jeweiligen Namen weiter qualifizieren zu müssen. Insbesondere wird ersichtlich, dass reservierte Perl-Variablen wie *$_*, *$,* \ oder *0* und Bezeichner wie *STDIN, STDOUT, ARGV* und *ENV* im Namensraum des *package main* liegen, sofern diese nicht vollständig qualifiziert werden.

Um beispielsweise die Perl-Default-Variable *$_* unabhängig vom Namensraum *main* im Namensraum *my_package* zu verwenden, muss sie dort lokalisiert werden.

8.2 Arbeiten mit wiederverwendbaren Codebausteinen: Perl-Module

Module sind Dateien mit der Dateinamenserweiterung *.pm*, einer speziellen Schnittstellen-Definition und einem eigenen Namensraum, die ausführbaren Perl-Code enthalten und häufig verwendete Subroutinen oder Klassen zur Verfügung stellen. Die Namen von Modulen beginnen per Konvention mit einem Großbuchstaben.

Einbinden von Modulen in ein Skript

Module werden mit den Anweisungen *uses* oder *require* in ein Skript eingebunden. Die im Anschluss an diese Schlüsselwörter angegebenen Module werden in allen Verzeichnissen gesucht, die in dem reservierten Array *@INC* enthalten sind. Dazu gehören alle Bibliotheksverzeichnisse von Perl und das aktuelle Verzeichnis.

Der wichtigste Unterschied der beiden genannten Methoden, ein Modul einzubinden, ist, dass die mit *use* eingebundenen Module bereits während des internen Kompiliervorgangs eingebunden werden, während dieses bei *require* erst zur Laufzeit erfolgt.

Syntaxformen der Funktion use()

- *use Module VERSION LIST*
- *use Module VERSION*
- *use Module LIST*
- *use Module*
- *use VERSION*

Mit der Funktion *use* kann ein als Argument anzugebendes Modul in das Hauptprogramm eines Perl-Skripts eingebunden werden. Beim Einbinden eines Moduls mit der *use*-Anweisung können die in der Liste *LIST* angegebenen Namen, d. h. Variablen, Subroutinen bzw. Methoden, in den Namensraum des Hauptprogramms importiert werden, in dem sie so verwendet werden können, als wären sie direkt im Hauptprogramm deklariert worden.

Die zu importierenden Bezeichner sind in Form einer Liste *LIST* in einer der beiden nachstehenden Formen anzugeben:

- `('name1', 'name2', 'name3', . . .)`

oder kürzer:

- `qw(name1 name2 name3 . . .)`

Werden beim Einbinden eines Moduls keine Bezeichner importiert, müssen diese mit dem jeweiligen Modulnamen voll qualifiziert werden, um verwendet werden zu können.

Des Weiteren kann der *use*-Anweisung eine Versionsnummer *VERSION* des einzubindenden Moduls übergeben werden. Perl nimmt dann eine Versionskontrolle in der Form vor, dass ein einzubindendes Modul mit einer kleineren Versionsnummer als das angeforderte den Abbruch des Prozesses mit einer entsprechenden Fehlermeldung bewirkt.

Wird der Funktion *use* lediglich eine Versionsnummer *VERSION* übergeben, bedeutet dies, dass eine Versionskontrolle des verwendeten Perl-Interpreters durchgeführt wird. Falls die verwendete Perl-Version älter als die angeforderte Versionsnummer ist, wird der Übersetzungsvorgang mit einer Fehlermeldung abgebrochen.

Syntax der Funktion require
- *require VERSION*
- *require EXPR*
- *require*

Mithilfe der Funktion *require* kann ebenfalls eine mit dem Argument *EXPR* benannte Datei in das Hauptprogramm eines Perl-Skripts eingebunden werden. Hierbei kann es sich sowohl um ein Perl-Modul *(.pm)*, eine Bibliotheksdatei oder auch um eine andere Datei, die ausführbaren Perl-Code enthält, handeln.

Die *require*-Anweisung ist in gewisser Hinsicht mit einer *#include*-Anweisung eines C- bzw. C++-Präprozessors vergleichbar.

Im Unterschied zu der Funktion *use* kann unter Verwendung der Funktion *require* kein Import von Bezeichnern aus einem angeforderten Modul durchgeführt werden. Der Funktion ist das einzubindende Modul als Argument *EXPR* anzugeben. Wird *EXPR* nicht angegeben, wird der in der Default-Variablen *$_* aktuell enthaltene Name verwendet.

Wird lediglich eine Versionsnummer *VERSION* übergeben, bedeutet dies, dass eine Versionskontrolle des verwendeten Perl-Interpreters durchgeführt wird. Falls die verwendete Perl-Version älter ist als die angeforderte Versionsnummer, wird der Übersetzungsvorgang mit einer Fehlermeldung abgebrochen.

Definition einer Modulschnittstelle

Der Export-Mechanismus eines Moduls wird von dem Modul *Exporter* zur Verfügung gestellt. Um diese Funktionalität einem eigenen Modul hinzuzufügen, muss das Modul *Exporter* zum einen mit *use* eingebunden werden, zum anderen muss das eigene Modul von dem Modul *Exporter* abgeleitet werden. Dies erfolgt, indem das Modul *Exporter* in das reservierte Array *@ISA* eingetragen wird.

- `@ISA = ( 'Exporter' );`

Näheres zum Vererbungsmechanismus und zur Verwendung des Arrays *@ISA* erfahren Sie in Kapitel 9 (siehe S. 253).

In dem Modul *Exporter.pm* werden einige Arrays definiert, die dem Exportieren von Namen dienen. Die beiden wichtigsten dieser Arrays sind *@EXPORT* und *@EXPORT_OK*. Darüber hinaus wird die Methode *import* definiert.

Alle in das Array *@EXPORT* eingetragenen Namen werden automatisch in das aufrufende Programm exportiert, während diejenigen Namen, die in *@EXPORT_OK* stehen, nur nach expliziter Anweisung in das aufrufende Programm importiert werden.

Namen, die sich nicht in einem der beiden genannten Arrays befinden, können nur zusammen mit dem Namen der *package* verwendet werden, in denen diese Namen definiert sind.

Im nachfolgenden Beispiel wird das Modul *My_Func.pm* erstellt, das zwei unterschiedliche Subroutinen zur Berechnung von Mittelwerten bereithält.

Um diesem Modul einen in *Exporter.pm* implementierten Export-Mechanismus zu verleihen, wird es zunächst von *Exporter* abgeleitet, indem der Name des Moduls *Exporter* in das reservierte Array *@ISA* eingetragen wird.

Anschließend können die zu exportierenden Bezeichner in das Array *@EXPORT* eingetragen werden. Darüber hinaus wird zur Versionskontrolle der Variablen *$VERSION* die aktuelle Versionsnummer des Moduls zugewiesen.

```
# modul3.pl  Module
package my_func;
use strict;
use Exporter;
use vars qw(@ISA @EXPORT $VERSION);
@ISA = qw(Exporter);
@EXPORT = qw(mw mw1);
$VERSION = '1.00';
```

Im Anschluss an die Definition der Modulschnittstelle folgt dann der Code von den im Modul zur Verfügung gestellten Subroutinen:

```
sub mw
{
  my $sum;
  my @in =@_;
  foreach (@in) {
    $sum+=$_;
  }
  my $anz=@in;
return $sum /$anz;
}

sub mw1
{
  my ($sum, $product);
```

```
    my @in =@_;
    my $anz=@in;
    $product=1;
    foreach (@in) {
      $sum+=$_;
      $product*= $_;
    }
    my $geo=$product**(1 / $anz);
  return ($sum /$anz, $geo, $anz);
  }
  1;
```

Ein beliebiges anderes Perl-Skript kann jetzt die von dem Modul *My_Func.pm* bereitgestellten Subroutinen nutzen, indem es dieses mit einer *use*-Anweisung einbindet.

Da alle Subroutinen des Moduls *My_Func.pm* in das Array *@EXPORT* eingetragen wurden, werden diese nun automatisch in das Skript importiert und können ohne weitere Definition aufgerufen werden.

```
#!C:\PERL\bin\perl.exe
#  modul4.pl Module
use strict;
use My_Func;
print "Content-type: text/html\n\n";

my $erg=mw(100, 150);
printf "arithmetisches Mittel: %s<br>",$erg;

my @erg1 = mw1(100, 150, 122, 134, 133, 111, 101);
printf "arithmetisches Mittel: %5.2f<br>",$erg1[0];
printf "geometrisches Mittel: %5.2f<br>",$erg1[1];
printf "Anzahl n: %s<br>",$erg1[2];
```

Ausgabe:

```
arithmetisches Mittel: 125
arithmetisches Mittel: 121.57
geometrisches Mittel: 120.35
Anzahl n: 7
```

9. Objektorientierte Programmierung mit Perl

Objektorientierte Konzepte haben erst relativ spät Einzug in die Sprache Perl gehalten. Vor der Version 5 war es in Perl nicht möglich, benutzerdefinierte Klassen zu erstellen und davon Objekte abzuleiten. Perl ist aus diesem Grund auch keine objektorientierte Sprache im strengen Sinne, da alle Perl-Programme und -Skripte nach wie vor auf konventionelle imperative Weise erstellt werden können.

Die Verwendung der objektorientierten Programmierweise wird von Perl in keiner Weise erzwungen, und die Mehrzahl der in Form von Modulen vorliegenden Perl-Erweiterungen sind neben den objektorientierten Schnittstellen mit konventionellen Schnittstellen ausgestattet.

Insbesondere für kurze Skripte mag dem einen oder anderen Anwender der Aufwand, der mit der objektorientierten Programmierweise verbunden ist, zu aufwendig erscheinen und ihn veranlassen, konventionell zu programmieren.

Dass es sich dennoch lohnt, sich auch im Zusammenhang mit der Anwendungsentwicklung für die CGI-Schnittstelle näher mit den objektorientierten Konzepten von Perl zu beschäftigen, wird in den folgenden Abschnitten dargestellt.

Schwerpunkte des Kapitels

- Grundlagen der objektorientierten Programmierung mit Perl
- Einführung in Perl-Klassen und -Objekte
- OOP-Praxis im Web am Beispiel dynamischer Grafikobjekte

9.1 Ein modernes Paradigma – OOP

Die objektorientierte Programmierweise (OOP) entstand im Zusammenhang mit Bemühungen der Designer von Computersprachen, die Möglichkeiten der Mensch-Maschine-Kommunikation zu verbessern und leicht zu wartenden und wiederverwendbaren Code zu erstellen.

Erste objektorientierte Konzepte wurden bereits in der Programmiersprache SIMULA 67 verwendet. Eine Reihe weiterer Programmiersprachen wie Modula-2, Oberon und Ada verwirklichten in einer quasi evolutionären Entwicklung nacheinander verschiedene Stufen der Objektorientierung, an deren Ende dann zunächst Smalltalk-80 mit einem erstmals ausgereiften objektorientierten Konzept stand.

Die Weiterentwicklung der OOP-Sprachen kam mit Smalltalk-80 jedoch nicht zum Stillstand, sodass heute eine Reihe moderner, effizient einsetzbarer objektorientierter Programmiersprachen zur Verfügung stehen, als deren bekanntester und quasi zum Industriestandard avancierten Vertreter die Sprache C++ gilt.

Eine weitere aktuelle Programmiersprache mit einem ausgeprägt objektorientierten Konzept ist die speziell für Webanwendungen konzipierte Sprache Java. Im Gegensatz zu Perl handelt es sich bei Java jedoch um eine reine Compilersprache, was für die Implementierung von OOP von Vorteil ist.

Konzepte der objektorientierten Programmierweise

Wesentliche Konzepte der OOP sind Kapselung, Vererbung und Polymorphie. Unter Kapselung wird die Kombination von Daten und Methoden (Funktionen) innerhalb einer einheitlichen und vor dem Zugriff von außen geschützten Datenstruktur bezeichnet.

Konzepte der OOP

- Kapselung
- Vererbung
- Polymorphie

Das Konzept der Vererbung bedeutet, dass Klassen bei ihrer Definition in eine Hierarchie eingegliedert werden, wobei jede Kindklasse den gesamten Code und alle Daten der Elternklasse übernimmt.

Polymorphie bedeutet, dass eine Funktion eine einzige Bezeichnung erhält, die in der gesamten Objekthierarchie Verwendung findet, die Funktion selbst aber von jeder Klasse innerhalb der Hierarchie auf unterschiedliche Weise implementiert wird. Dabei werden Return-Typ und Parametertypen der Methode als Bestandteil des Funktionsnamens betrachtet, sodass ein und dieselbe Funktion z. B. einmal mit Integerparametern und ein anderes Mal mit Array-Parametern aufgerufen werden kann.

9.2 Einführung in Perl-Klassen und Objekte

Die objektorientierte Programmierweise (OOP), die sich stark daran anlehnt, wie wir in der Alltagswelt Probleme lösen, stellt die Daten und die mit diesen möglichen Operationen in den Mittelpunkt der Betrachtung.

Durch das Modellieren von Objekten, die die Realität abbilden sollen, und durch deren Abstraktion entstehen Klassen als abstrakte Objektbeschreibungen.

Das wesentlichste Merkmal der OOP ist die Möglichkeit, Eigenschaften und Methoden einer Klasse an eine andere Klassen zu vererben.

Eine Klasse bezeichnet die Sammlung aller Eigenschaften und Methoden der Objekte einer Klasse. Die Klasse bezeichnet somit eine abstrakte Darstellung eines tatsächlichen Objekts. Superklassen entstehen durch die Abstraktion ähnlicher Verhaltensweisen von Subklassen.

Dabei werden in der abgeleiteten Klasse Daten und Funktionen aus der Superklasse übernommen. Ein Objekt der Subklasse enthält ein Objekt der Superklasse. Weitere Daten und Funktionen können beliebig hinzugefügt werden.

Wichtige Begriffe der OOP

- **Klasse:** Eine Vorlage für ein Objekt. Diese beinhaltet Variablen, um die Eigenschaften des Objekts zu beschreiben, und Methoden, um festzulegen, wie sich das Objekt verhält. Klassen können von anderen Klassen Variablen und Methoden erben.
- **Objekt:** Eine Instanz einer Klasse.
- **Methode:** Eine Gruppe von Anweisungen in einer Klasse, die definieren, wie sich Objekte dieser Klasse verhalten.
- **Klassenvariable:** Eine Variable, die ein Attribut einer ganzen Klasse anstatt einer bestimmten Instanz einer Klasse beschreibt.
- **Instanzvariable:** Eine Variable, die ein Attribut einer Instanz einer Klasse beschreibt.
- **Subklasse:** Eine Klasse, die sich in der Klassenhierarchie weiter unten befindet als eine andere Klasse, ihre Superklasse.
- **Superklasse:** Eine Klasse, die sich in der Klassenhierarchie weiter oben befindet als eine oder mehrere andere Klassen. Eine Klasse kann nur eine Superklasse direkt über sich haben.

Außerdem dürfen Funktionen aus der Superklasse in der Subklasse neu definiert werden und überschreiben dann die allgemeinere Version.

Klassen in Perl

Im Gegensatz zu den meisten anderen objektorientierten Programmiersprachen kennt Perl kein eigenes Schlüsselwort für die Definition von Klassen. Eine Klasse ist in Perl nichts anderes als ein *package*, innerhalb dessen eine Reihe von Subroutinen, die in der OOP-Terminologie auch Methoden genannt werden, definiert sind. Der Name des *package* ist der Name der Klasse.

Definition einer Klasse

Im folgenden Skript wird eine Klasse *my_class* mit der in ihr enthaltenen Methode *my_method()* definiert. Die Methode *my_method()* soll die ihr übergebenen Argumente durchnummerieren und anzeigen:

```
#!C:\PERL\bin\perl.exe
# oop0.pl
print "Content-type: text/html\n\n";
use strict;

package my_class;     # eine Klasse

  sub my_method {     # eine Methode
    my $i;
    foreach (@_) {
       $i++;
       printf "Das %s. übergebene Argument: %s<br>", $i, $_;
    }
   print "-------------------------<br>";
  }            #my_method
1;
```

Anschließend kann die Methode *my_method* wie folgt aufgerufen werden:

```
# jetzt wird die Methode my_method aufgerufen
my_method("my_class","Arg1","Arg2","Arg3");

# dieser Aufruf leistet dasselbe:
my_class->my_method("Arg1","Arg2","Arg3");
```

Bei der ersten Art des Aufrufs werden der Methode vier Argumente übergeben, der Klassenname und drei weitere Argumente. Die Übergabe der Argumente erfolgt dabei über das Array @_, wie Sie es von Subroutinen gewohnt sind. In der nachfolgenden Ausgabe werden die übergebenen Argumente auch wie erwartet angezeigt.

Bei der zweiten Art des Aufrufs mit

```
my_class->my_method("Arg1","Arg2","Arg3");
```

werden der Methode zwar nur die drei Argumente *Arg1 ... Arg3* übergeben, wie Sie an der Ausgabe sehen, werden aber trotzdem wie beim vorherigen Aufruf vier Argumente ausgegeben. Dies leistet die verwendete Pfeilnotation, bei der der vor dem Pfeil stehende Klassennamen automatisch als erstes Argument in das Array @_ übernommen wird.

Beim Aufruf von Klassen- und Objektmethoden wird normalerweise immer die zweite Form des Aufrufs, d. h. die Pfeilnotation, verwendet.

Ausgabe:

```
Das 1. übergebene Argument: my_class
Das 2. übergebene Argument: Arg1
Das 3. übergebene Argument: Arg2
Das 4. übergebene Argument: Arg3
------------------------
Das 1. übergebene Argument: my_class
Das 2. übergebene Argument: Arg1
Das 3. übergebene Argument: Arg2
Das 4. übergebene Argument: Arg3
------------------------
```

Konstruktoren

Die Klasse des vorherigen Beispiels erlaubt lediglich den Aufruf der in ihr implementierten Klassenmethode. Objekte, d. h. mehrere voneinander unabhängige Instanzen dieser Klasse, konnten von *my_class* nicht abgeleitet werden. Hierzu ist es erforderlich, dass die Klasse mit einem Konstruktor ausgerüstet wird.

Konstruktoren, bei denen es sich ebenfalls um ganz normale Perl-Subroutinen handelt, werden dazu verwendet, eine Instanz einer Klasse zu initialisieren und diese mit passenden Startwerten zu versorgen.

Konstruktoren erhalten üblicherweise den Bezeichner *new()*, was aber nicht zwingend erforderlich ist.

Ein Konstruktor erwartet als erstes Argument den Namen seiner Klasse (die dem Namen des *package* entspricht) und anschließend weitere, dem Konstruktor je nach Erfordernis zur Initialisierung von Objekteigenschaften explizit zu übergebenden Argumente.

Im nachfolgenden Skript wird unsere Test-Klasse *my_class* mit dem Konstruktor *new()* ausgerüstet:

```
sub new {   # ein Konstruktor
    my $class_name = shift;
    my @args = @_;
    my $this = {"property1" => $args[0],
                      "property2" => $args[1]};
    return bless($this, $class_name);
}
```

Der dem Konstruktor als erstes Argument übergebene Klassenname wird mit der Funktion *shift* aus dem Übergabe-Array *@_* ausgelesen und der lokalen Variablen *$class_name* zugewiesen. Anschließend werden die übrigen, dem Konstruktor beim Aufruf übergebenen und jetzt in *@_* enthaltenen Argumente der Liste *@args* zugewiesen. Durch die Codezeile

```
my $this = {"property1" => $args[0],
                  "property2" => $args[1]};
```

wird eine Referenz auf einen anonymen Hash erstellt, der die dem Konstruktor übergebenen Argumente als den Schlüsseln *property1* und *property2* zugeordnete Hash-Values enthält. Diese Referenz wird dem Objektzeiger *$this* zugewiesen. Für den Objektzeiger wird häufig auch der Bezeichner *$self* gewählt.

Syntax der Funktion bless()

- *bless REF, CLASSNAME*
- *bless REF*

Nun kommt die Funktion *bless()* ins Spiel. Diese Funktion erwartet als ersten Parameter eine Referenz *REF*, die zu einem Objekt gemacht werden soll, und als zweiten Parameter den Namen *CLASSNAME* der Klasse, der das zu erstellende Objekt zugeordnet ist. Wird *CLASSNAME* nicht angegeben, wird der Name des aktuellen *package* angenommen.

Die Funktion *bless()* versieht den übergebenen Zeiger mit der zusätzlichen Information über die Zugehörigkeit zur angegebenen Klasse und gibt den auf diese Weise „gesegneten" (to bless, engl.: segnen) Objektzeiger zurück.

```
return bless($this, $class_name);
```

Der von der Funktion *bless()* zurückgegebene Objektzeiger wird gleichzeitig mit der *return*-Anweisung zum Rückgabewert des Konstruktors gemacht.

Instanzierung von Objekten

Nach dieser Vorbereitung können von der Klasse *my_class* beliebig viele Objekte abgeleitet werden. Mit den zwei nachfolgenden Anweisungen werden durch Aufruf des Konstruktors *new()* der Klasse *my_class* z. B. zwei neue *my_class*-Objekte mit den Namen *$my_obj1* und *$my_obj2* instanziert.

```
my $my_obj1 = my_class->new("100","200");
my $my_obj2 = my_class->new("foo","bar");
```

Da wir bei der Konstruktion der Klasse zwei Eigenschaften, nämlich *property1* und *property2*, vorgesehen haben, können wir nun über den Konstruktor der Klasse den abgeleiteten Objekten Werte für diese Eigenschaften zuweisen, indem wir diese dem jeweiligen Konstruktor als Argumente übergeben. Im vorherigen Abschnitt haben Sie gesehen, dass der Konstruktor als erstes Argument den Namen der Klasse erwartet, auf der er arbeiten soll. Wenn Sie wie im Beispiel mit der Pfeilnotation arbeiten, ist dies durch die Angabe des Klassennamens vor dem Pfeil bereits automatisch erfolgt. Der Aufruf des Konstruktors könnte mit dem gleichen Ergebnis auch in der Form

```
my $my_obj3 = new("my_class","pi","pa");
```

erfolgen, was aber nicht üblich ist und nur der Vollständigkeit halber angemerkt sei.

Definition und Aufruf von Objektmethoden

Nachdem die Klasse *my_class* einen Konstruktor erhalten hat, mit dessen Hilfe nun von der Klasse beliebig viele, mit jeweils unterschiedlichen Eigenschaften ausgestattete Objekte abgeleitet werden können, soll auch die Methode *my_method* so abgewandelt werden, dass mit ihrer Hilfe die Eigenschaften der jeweiligen Objekte angezeigt werden können:

```
sub my_method {
   my $this = shift;
   my $property  = shift;
   return $this->{$property};
}
```

Das erste der Methode zu übergebende Argument ist wieder der Klassenname. Es wird mit *shift* aus dem Array *@_* gelesen und der lokalen Variablen *$this* zugewiesen. Das zweite Argument ist der Name der Eigenschaft, die ausgegeben werden soll. Über diesen Namen als Schlüssel wird auf den zugehörigen Wert im Attribut-Hash des Objekts zugegriffen. Der entsprechende Wert ist zugleich der Rückgabewert der Methode.

```
return $this->{$property};
```

Anschließend kann dann die Methode *my_method()* z. B. zur Ausgabe der Eigenschaften des Objekts *$my_obj1* aufgerufen werden:

```
printf "Die Eigenschaften von Objekt1: %s %s<br>",
         $my_obj1->my_method("property1"), $my_obj1->
         my_method("property2");
```

Es folgt das Skript mit der Klassendefinition der Klasse *my_class*, dem Instanzieren der Objekte und dem Aufruf der Objektmethoden im Zusammenhang:

```
#!C:\PERL\bin\perl.exe
# oop1.pl
print "Content-type: text/html\n\n";
use strict;

package my_class;  # eine Klasse
sub new {    # ein Konstruktor
   my $class_name = shift;
   my @args = @_;
```

```
    my $this = {"property1" => $args[0], "property2" => $args[1]};
    return bless($this, $class_name);
}

sub my_method {
    my $this = shift;
    my $property  = shift;
    return $this->{$property};
}
1;

# jetzt werden von dieser Klasse zwei neue Objekte instanziert
my $my_obj1 = my_class->new("100","200");
my $my_obj2 = my_class->new("foo","bar");

# und anschließend die Methoden dieser Objekte aufgerufen
printf "Die Eigenschaften von Objekt1: %s %s<br>",
        $my_obj1->my_method("property1"),$my_obj1->
         my_method("property2");
printf "Die Eigenschaften von Objekt2: %s %s<br>",  $my_obj2->
        my_method("property1"),$my_obj2->my_method("property2");
```

Ausgabe:

```
Die Eigenschaften von Objekt1:   100  200
Die Eigenschaften von Objekt2:   foo   bar
```

Ein verbesserter Konstruktor

Der Konstruktor der Klasse *my_class* des vorherigen Beispiels verwendet zum Speichern der Objekteigenschaften bereits einen anonymen Hash. Mit diesem Konstruktor konnten zwei fest vorgegebene Objekteigenschaften initialisiert werden. Das folgende Beispiel zeigt die darauf aufbauende allgemeinere Lösung für einen Konstruktor, mit dem beliebig viele Objekteigenschaften initialisiert werden können.

```
sub new {
     my $class_name = shift;
     my $this = {};              # Referenz auf Eigenschaften-Hash
     bless($this, $class_name);
     $this->_init(@_);
     return $this;
}
```

Hilfsfunktion zum Initialisieren der Datenelemente

Der Konstruktor verwendet zum Initialisieren der Datenelemente die Hilfsfunktion *_init()*. Das erste dieser Funktion übergebene Argument ist die Referenz *$this* auf den anonymen Eigenschaften-Hash, der zur Aufnahme der Objekteigenschaften bestimmt ist.

Die weiteren Argumente sind alle übrigen, dem Konstruktor übergebenen Objekteigenschaften, die in dem Hash *%properties* abgespeichert werden. Auf diesen Hash verweist die Referenz *$this*, über die somit der Zugriff auf die im Eigenschaften-Hash abgespeicherten Datenelemente möglich ist.

```
sub _init {
    my $this     = shift;
    my %properties = @_;
    %{$this} = %properties;
}
```

Methoden zum Zugriff auf die Objekteigenschaften

Ein wesentliches Konzept der OOP ist die Datenkapselung. Das bedeutet, dass die in Objekten abgespeicherten Daten von der Welt außerhalb abgeschirmt sind und der Zugriff auf diese Daten nur über eigens für diesen Zweck geschaffene Schnittstellen erfolgen kann.

Hierzu werden der Klassendefinition geeignete Methoden, die auch als Akzessor-Methoden bezeichnet werden, hinzugefügt.

Für unsere Beispielklasse *my_class* sind zu diesem Zweck zumindest die folgenden Methoden erforderlich:

Eine Methode, nennen wir sie *getProperty()*, dient zum Auslesen des aktuellen Werts einer bestimmten Objekteigenschaft.

```
sub getProperty {
    my $this     = shift;
    my $property  = shift;
    return $this->{$property};
}
```

Die Methode erwartet als ersten Parameter die Referenz auf das jeweilige Objekt. Wird die Pfeilnotation verwendet, ist dies der vor dem Objekt stehende Objektname. Innerhalb der Methode wird diese Referenz der lokalen Zeigervariablen *$this* zugewiesen.

Das zweite der Methode zu übergebende Argument ist der Name der Objekteigenschaft, deren Wert ausgegeben werden soll. Dieses Argument wird nach dem Auslesen aus dem Übergabe-Array @_ der lokalen Variablen *$property* zugewiesen. Über die Referenz *$this* und den Inhalt der Variablen *$property* als Schlüssel wird anschließend mit

```
return $this->{$property};
```

auf den zugehörigen Wert im Eigenschaften-Hash des Objekts zugegriffen. Dieser Wert wird dann mit der *return*-Anweisung zum Rückgabewert der Methode gemacht.

Eine weitere Methode, *setProperty()*, ist erforderlich, um den aktuellen Wert einer bestimmten Eigenschaft zu verändern.

Die Funktionsweise dieser Methode ist analog zur vorher beschriebenen, mit dem Unterschied, dass der Methode mit dem Wert der zu verändernden Eigenschaft ein weiteres Argument zu übergeben ist und dass mit diesem Wert der Wert überschrieben wird, der bisher den als Schlüssel angegebenen Namen der Objekteigenschaft enthielt.

```
sub setProperty  {
    my $this   = shift;
    my $property  = shift;
    my $new_value = shift;
    $this->{$property} = $new_value;
}
```

Darüber hinaus ist eine weitere Methode *getPropertyNames()* von Vorteil, mit der die Namen aller im jeweiligen Objekt abgespeicherten Eigenschaften ausgegeben werden können.

In dieser Methode, die als Argument lediglich den Objektnamen erwartet, der bei Verwendung der Pfeilnotation beim Methodenaufruf bereits vor dem Pfeil steht, werden mithilfe der Funktion *keys* alle Schlüssel des Eigenschaften-Hashs ausgegeben, auf den die Referenz *$obj_ptr* zeigt. Diese Schlüssel entsprechen den Namen der Objekteigenschaften.

```
sub getPropertyNames {
    my $this  = shift;
    return keys %{$this};
}
```

Es folgt die gesamte Klassendefinition der verbesserten Klasse *my_class:*

```
#!C:\PERL\bin\perl.exe
# oop2.pl Implementierung von Objekten mit anonymem Hash als
  Attribut-Speicher.
print "Content-type: text/html\n\n";

package my_class;
sub new {
    my $class_name = shift;
    my $this = {};
    bless($this, $class_name);
    $this->_init(@_);
    return $this;
}
sub _init {
    my $this    = shift;
    my %properties = @_;
    %{$this} = %properties;
}
sub getPropertyNames {
    my $this  = shift;
    return keys %{$this};
}
sub getProperty {
    my $this    = shift;
    my $property  = shift;
    return $this->{$property};
}
sub setProperty {
    my $this  = shift;
    my $property  = shift;
    my $new_value = shift;
    $this->{$property} = $new_value;
}
1;
```

So arbeiten Sie mit der neuen Klasse

Um mit der neuen Klasse zu arbeiten, ist es zunächst wieder erforderlich, von dieser Objekte abzuleiten:

```
package main;
# zwei neue Objekte
$whorf =my_class->new(my_name => "Whorf", my_age => "32",
        my_profession => "Philosoph");
$ada =my_class->new(my_name => "Ada", my_age => "28",
      my_profession => "Mathematikerin");
```

Im Beispiel sind dies die Objekte *$whorf* und *$ada*, denen durch Aufruf des Konstruktors *new()* der Klasse *my_class* jeweils die drei Eigenschaften *my_name*, *my_age* und *my_profession* zugewiesen werden.

Anschließend können Sie mit diesen Objekten experimentieren, indem Sie die vorhandenen Objektmethoden aufrufen.

Interessant ist es auch, sich mithilfe der Funktion *ref()* den Klassennamen der Objekte anzeigen zu lassen oder die jeweilige Objektreferenz selbst, z. B. *$worf*, mit einer *print*-Anweisung auszugeben:

```
# alles über Worf
printf "Klasse: %s<br>",ref($whorf);
printf "Objekt: %s<br>",$whorf;
```

Hier zunächst einige Methodenaufrufe, die sich auf das Objekt *$whorf* beziehen:

```
@property_names= $whorf->getPropertyNames;
foreach (@property_names) {
  printf "Eigenschaft: %s | ", $_;
}
printf "<br>Name: %s, Alter: %s, Beruf: %s<br>", $whorf->
       getProperty('my_name'),$whorf->getProperty('my_age'),$whorf->
       getProperty('my_profession');
print "<br>";
```

In entsprechender Weise werden mit den folgenden Anweisungen die Methoden des Objekts *$ada* aufgerufen. Mithilfe der *setProperty()*-Methode kann z. B. die Eigenschaft *my_age* des Objekts verändert werden:

```
# Ada soll zwei Jahre altern
$ada->setProperty("my_age", 30);
printf "Klasse: %s<br>",ref($ada);
printf "Objekt: %s<br>",$ada;
@property_names= $ada->getPropertyNames;
foreach (@property_names) {
  printf "Eigenschaft: %s | ", $_;
}
printf "<br>Name: %s, Alter: %s, Beruf: %s<br>", $ada->
       getProperty('my_name'),$ada->getProperty('my_age'),$ada->
       getProperty('my_profession');
```

Ausgabe:

```
Klasse: my_class
Objekt: my_class=HASH(0x876f134)
Eigenschaft: my_age | Eigenschaft: my_profession | Eigenschaft: my_name |
Name: Whorf, Alter: 32, Beruf: Philosoph

Klasse: my_class
Objekt: my_class=HASH(0x876f1f4)
Eigenschaft: my_age | Eigenschaft: my_profession | Eigenschaft: my_name |
Name: Ada, Alter: 30, Beruf: Mathematikerin
```

Vererbung von Methoden

Das Arbeiten mit Klassen und Objekten gewinnt dadurch an Attraktivität, dass es mithilfe des Mechanismus der Vererbung möglich wird, den für die Methoden einer bestimmten Klasse entwickelten Code anderen, von dieser Klasse abgeleiteten Klassen zu vererben.

Durch diese Möglichkeit zahlt sich der Aufwand, der bei der Implementierung der Klassen erforderlich wird, sehr schnell aus, da der in den Basisklassen implementierte Code in abgeleiteten Klassen weiterverwendet werden kann.

Das reservierte Array @ISA

Der Vererbungsmechanismus von Perl-Klassen wird über das reservierte Array *@ISA* verwaltet. Der Name dieses Arrays leitet sich von der für die Vererbung maßgebenden „is a"-Beziehung ab.

Das Array *@ISA* ist global zum jeweiligen *package*. In dieses Array kann eine Klasse eine Liste seiner Basisklassen eintragen. Immer wenn eine Objektmethode aufgerufen wird, die in der Klassendefinition dieses Objekts nicht definiert ist, wird das reservierte Array *@ISA* durchsucht. Enthält die erste dort aufgeführte Klasse die gesuchte Methode ebenfalls nicht, wird das *@ISA*-Array jener Klasse durchsucht usw.

Eine Klasse (ein *package)* kann also Methoden von anderen Klassen erben, indem sie die Namen dieser Klassen in dem reservierten Array *@ISA* angibt.

```
package sub_class;
use vars qw( @ISA );
@ISA = qw(base_class);

sub new {...}
```

Vererbung der Datenelemente

Durch den Vorgang der Vererbung über das reservierte Array *@ISA* werden lediglich die Methoden einer Basisklasse auf eine Subklasse vererbt, während die Datenelemente einer Basisklasse nicht automatisch weitergegeben werden.

Die Weitergabe der Datenelemente einer Basisklasse an eine Subklasse kann jedoch dadurch bewerkstelligt werden, dass letztere den Konstruktor der Basisklasse aufruft.

Das folgende Beispiel enthält die Klassendefinition der Klasse *Einzeller* mit dem zugehörigen Konstruktor *new()* und der Methode *structure()*.

```
#!C:\PERL\bin\perl.exe
# oop3.pl Vererbung
print "Content-type: text/html\n\n";

package Einzeller;
sub new {
    my ($class_name, $this) = (shift, {});
    $this->{'structure'} = shift;
    return bless($this, $class_name);
}

sub structure {
    my $this = shift;
    my $msg= "Ich bin vom Typ: ";
    printf "%s %s<br>", $msg, $this->{'structure'};
 }
```

Von der Klasse *Einzeller* wird anschließend die Klasse *Mehrzeller* abgeleitet. Hierzu wird in das reservierte Array *@ISA* die Klasse *Einzeller* als Basisklasse eingetragen. Die Klasse *Mehrzeller* erbt somit alle Methoden der Klasse *Einzeller*.

Zur Übertragung der in der Klasse *Einzeller* initialisierten Datenelemente auf die Klasse *Mehrzeller* erhält diese einen neuen Konstruktor *new()*, innerhalb dessen der Konstruktor der Basisklasse *Einzeller* aufgerufen wird. Dies erfolgt durch diese Anweisung:

```
my $this  = $class_name->SUPER::new( shift );
```

Der Name der Basisklasse *Einzeller* wird hierbei nicht direkt angegeben, sondern stattdessen der Name der speziellen Klasse *SUPER*, mit der immer die jeweilige Superklasse bezeichnet werden kann.

Da für die Objekte der abgeleiteten Klasse *Mehrzeller* die zusätzliche Eigenschaft *'count'* zu initialisieren ist, wird der Konstruktor der Klasse entsprechend erweitert.

```
$this->{'count'} = shift;
```

Die Funktion *bless()* muss im Konstruktor der abgeleiteten Klasse nicht mehr aufgerufen werden, da dies bereits in der Basisklasse erfolgt ist.

```
package Mehrzeller;
use vars qw( @ISA );
@ISA = qw( Einzeller );

sub new {
    my $class_name = shift;
    my $this  = $class_name->SUPER::new( shift );
    $this->{'count'} = shift;
    return $this;
}
```

Zusätzlich zum erweiterten Konstruktor wird die Klasse *Mehrzeller* noch mit einer weiteren Methode ausgestattet:

```
sub develop {
  my $this = shift;
  my $msg= "So habe ich mich als Mehrzeller weiterentwickelt";
  printf "%s %s<br>", $msg, $this->{'structure'} x $this->{'count'};
}
```

Anschließend wird von der neuen Klasse *Mehrzeller* das Objekt *$Wesen* abgeleitet. Diesem Objekt stehen dann die Methoden *structure()* und *develop()* zur Verfügung. Die Methode *structure()* ist in der Klassendefinition von *Mehrzeller* nicht enthalten, kann aber trotzdem aufgerufen werden, da sie von der Klasse *Einzeller* geerbt wurde.

```
package main;
my $Wesen = Mehrzeller->new('-A-', '4');
$Wesen->structure;
$Wesen->develop;
```

Ausgabe:

```
Ich bin vom Typ: -A-
So habe ich mich als Mehrzeller weiterentwickelt -A--A--A--A-
```

Mehrfach-Vererbung

Normalerweise enthält eine Klasse nur einen Eintrag in ihrem *@ISA*-Array. In diesem Fall liegt dann eine einfache Vererbung von einer Basisklasse auf eine Reihe von jeweils voneinander abgeleiteten Subklassen vor.

Enthält das Array *@ISA* mehrere Einträge, liegt eine Mehrfach-Vererbung vor. Wurde eine Objektmethode aufgerufen, die in der zugehörigen Klassendefinition nicht definiert ist, wird, wie schon beschrieben, rekursiv die Reihe der *@ISA*-Arrays durchsucht, auf die die erste der eingetragenen Basisklassen *base_class1* zurückgeht.

```
package sub_class;
use vars qw( @ISA );
@ISA = qw( base_class1, base_class2 );

sub new {...}
```

Bleibt die Suche erfolglos, wird in der Klasse *UNIVERSAL* gesucht, die den Ausgangspunkt der Perl-Klassenhierarchie darstellt und von der alle übrigen Klassen abstammen (siehe hierzu den nächsten Abschnitt). Wenn auch dort die gesuchte Methode nicht gefunden werden kann, wird das *@ISA*-Array der zweiten angegebenen Basisklasse *base_class2* und die Reihe aller von dieser Klasse ausgehenden nachrangigen Einträge durchsucht, bis die gesuchte Methode schließlich gefunden wird.

Die Klasse UNIVERSAL

Die Klasse *UNIVERSAL* wird von Perl automatisch definiert. Es handelt sich um die Basisklasse aller übrigen Perl-Klassen, die einige grundlegende Methoden zur Versionskontrolle und zur Überprüfung der Klassenzugehörigkeit und der Existenz von Methoden bereitstellt. Ein Eintrag dieser Klasse in das Array *@ISA* ist nicht erforderlich.

Die Klasse *UNIVERSAL* definiert die folgenden drei Methoden:

- *isa()*: Mithilfe dieser Methode kann geprüft werden, ob das aufrufende Objekt zu der als Argument angegebenen Klasse oder einer ihrer Subklassen gehört. Ist dies der Fall, liefert die Methode den Wert TRUE.
- *can()*: Mit der Methode *can()* kann überprüft werden, ob eine als Argument angegebene Methode für das aufrufende Objekt definiert ist und aufgerufen werden kann.
- *Version()*: Wenn die Methode *Version()* ohne Argumente aufgerufen wird, entspricht der Rückgabewert dieser Methode dem Wert der Variablen *$VERSION* des *package*, in dem die Klasse des aufrufenden Objekts definiert ist. Falls *$VERSION* nicht definiert ist, wird *undef* zurückgegeben. Wenn die Methode *Version()* mit einer Versionsnummer als Argument aufgerufen wird, wird der aktuelle Prozess mit *die()* beendet, falls der aktuelle Inhalt der Variablen *$VERSION* kleiner ist als die übergebene Versionsnummer.

Im nachfolgenden Beispiel werden die Methoden der Klasse *UNIVERSAL* auf ein Objekt der Klasse *mehrzeller* angewendet.

Die Klassendefinition der Klasse *mehrzeller* findet sich im Modul *mehrzeller.pm* (siehe unten). Dieses Modul wird unter Angabe der Versionsnummer 2.0 mit einer *use*-Anweisung eingebunden.

```
■ #!C:\PERL\bin\perl.exe
■ # oop6.pl Klasse UNIVERSAL
■ print "Content-type: text/html\n\n";
■ use mehrzeller 2.0;
```

Durch Aufruf des Konstruktors *new()* dieser Klasse wird ein Objekt *$Wesen* erzeugt:

```
■ # Ableiten eines Objekts
■ my $Wesen = mehrzeller->new('-A-', '4');
```

Zunächst soll mithilfe der Methode *isa()* der Klasse *UNIVERSAL* geprüft werden, ob das Objekt zur Basisklasse *einzeller* gehört. Hierzu wird der Methode *isa()* der entsprechende Klassenname als Argument übergeben.

```
■ my $base_class = "einzeller";
■ my $class = ref($Wesen);
■ # Prüfen der Klassenzugehörigkeit
■ print "Das Objekt gehört zur Klasse $base_class<br>"
        if $Wesen->isa($base_class);
```

Durch den Aufruf der Methode *VERSION()* kann die Version der Klasse des Objekts *$Wesen* abgefragt werden:

```
■ # Version
■ printf "Version der Klasse $class: %s<br>", $Wesen->VERSION();
```

Anschließend wird die Methode *can()* aufgerufen, um zu überprüfen, ob die Methode *develop()* eine Objektmethode des Objekts *$Wesen* darstellt.

```
■ # Prüfen, ob Methode vorhanden
■ $meth_name = "develop";
```

```
print "Methode $meth_name vorhanden<br>" if $Wesen->can($meth_name);
# Rückgabewert ist eine Referenz auf die angefragte Methode:
$meth_ptr=$Wesen->can($meth_name);
printf "Methode $meth_name: %s<br>", $meth_ptr;
```

Das Skript erzeugt die folgende Ausgabe:

Ausgabe:

```
Das Objekt gehört zur Klasse einzeller
Version der Klasse mehrzeller: 2.00
Methode develop vorhanden
Methode develop: CODE(0x878bae0)
```

Der Versuch, die Klasse *mehrzeller* unter Angabe der Versionsnummer 3.0 einzubinden,

```
use mehrzeller 3.0;
```

hätte zu der folgenden Fehlermeldung geführt:

```
[error] [client 192.168.7.48] mehrzeller version 3 required
--this is only version 2.00 at d:/apache/cgi-bin/bsp/oop6.pl line 4.
```

Ausgabe der Fehlermeldung bei Programmausführung

Nachstehend der Code der Module *einzeller.pm* und *mehrzeller.pm*, auf die sich das vorstehende Beispiel bezieht.

Das Modul *einzeller.pm* enthält die Klassendefinition der gleichnamigen Klasse und exportiert die Methode *structure*. Die Versionsnummer des Moduls wird mit 1.0 angegeben.

```
# einzeller.pm
package einzeller;
use strict;
use Exporter;
use vars qw(@ISA @EXPORT $VERSION);
@ISA = qw(Exporter);
@EXPORT = qw(structure);
$VERSION = '1.00';

sub new {
    my ($class_name, $this) = (shift, {});
    $this->{'structure'} = shift;
    return bless($this, $class_name);
}

sub structure {
    my $this = shift;
    my $msg= "Ich bin vom Typ: ";
    printf "%s %s<br>", $msg, $this->{'structure'};
 }
1;
```

Die in dem Modul *mehrzeller.pm* definierte Klasse *mehrzeller* ist von der Klasse *einzeller* abgeleitet und stellt die Methode *develop* zur Verfügung. Das Modul weist die Versionsnummer 2.0 auf.

```
# mehrzeller.pm
package mehrzeller;
use strict;
use Exporter;
use einzeller qw(structure);
use vars qw(@ISA @EXPORT $VERSION);
@ISA = qw(einzeller);
@EXPORT = qw(develop);
$VERSION = '2.00';

sub new {
    my $class_name = shift;
    my $this  = $class_name->SUPER::new( shift );
    $this->{'count'} = shift;
    return $this;
}
sub develop {
  my $this = shift;
  my $msg= "So habe ich mich als Mehrzeller weiterentwickelt";
  printf "%s %s<br>", $msg, $this->{'structure'} x $this->{'count'};
}
1;
```

Erzeugung von Datenstrukturen mit der Klasse Class::Struct

In Kapitel 6.7.3 (siehe S. 185) wurde gezeigt, wie mithilfe von Referenzen auf anonyme Hashes komplexe Datenstrukturen konstruiert werden können, die dem von C bekannten *struct*-Datentyp entsprechen.

Mithilfe der Klasse *Class::Struct* können vergleichbare Strukturen in Form von Objekten realisiert werden.

Syntax der Funktion struct()

- *struct (CLASS_NAME =[LIST]);*
- *struct (CLASS_NAME => { LIST });*
- *struct (LIST);*

Die einzige, von der Klasse *Class::Struct* exportierte Funktion ist die Funktion *struct()*. Die Funktion erwartet einen Klassennamen *CLASS* (optional) sowie eine Liste *LIST* von Elementnamen als Parameter und erzeugt daraus eine Perl-Klasse, die eine Datenstruktur ähnlich der von C bekannten *struct* implementiert. Wird kein Klassenname angegeben, wird der Name des aktuellen *package* übernommen.

Für jede definierte Klasse wird ein Konstruktor *new()* und für jedes Element der angegebenen Elementliste eine Akzessor-Methode mit dem Namen des Datenelements implementiert.

Mithilfe der Akzessor-Methoden kann auf die Werte der Datenelemente zugegriffen werden. Der Wert eines Datenelements kann abgerufen werden, indem die zugehörige Akzessor-Methode ohne Argument aufgerufen wird. Der entsprechende Wert wird dann von der Methode zurückgegeben. Wird die Akzessor-Methode mit einem Argument aufgerufen, wird dem entsprechenden Datenelement der Wert des Arguments zugewiesen.

Die standardmäßig vorhandenen Akzessor-Methoden können mit benutzerdefinierten Methoden überschrieben und so an die jeweiligen Bedürfnisse angepasst werden.

Bei den einzelnen Elementen der Datenstruktur kann es sich um Skalare, Arrays, Hashes oder Klassen handeln. Während die erste und dritte der oben aufgeführten Syntaxformen auf einem Array basieren, wird bei der zweiten Form ein Hash verwendet.

Komplexe Datenstruktur für eine Mitarbeiterverwaltung

Im nachfolgenden Beispiel wird eine Datenstruktur für die Mitarbeiterverwaltung einer Firma aufgebaut. Hierzu werden die drei Klassen *person*, *mitarbeiter* und *firma* definiert. Die Klasse *person* enthält insgesamt acht skalare Datenelemente zur Aufnahme von personenbezogenen Daten. Die Klasse *mitarbeiter* enthält neben skalaren Datenelementen auch ein zusammengesetztes Datenelement des Typs *person*. Die Klasse *firma* enthält ausschließlich zusammengesetzte Datenelemente des Typs *mitarbeiter*.

```
#!C:\PERL\bin\perl.exe
# oop4.pl
print "Content-type: text/html\n\n";
use strict;
use Class::Struct;
struct person       => {
          name      => '$',
          vorname   => '$',
          plz       => '$',
          ort       => '$',
          strasse   => '$',
          tel       => '$',
          fax       => '$',
          mail      => '$'
          };
struct mitarbeiter  => {
          pers    => 'person',
          funktion  => '$',
          abt       => '$',
          alter     => '$',
          gehalt    => '$',
          };
struct firma => {
          chef   => 'mitarbeiter',
          mitarb  => '@'
          };
```

Um mit den definierten Klassen arbeiten zu können, müssen von diesen zunächst Objekte abgeleitet werden. Dies geschieht durch Aufruf des Konstruktors *new()*.

Anschließend können den definierten Datenelementen durch Aufruf der entsprechenden Akzessor-Methoden Werte zugewiesen werden.

```
my $person1 = person->new();
$person1->name("Macher");
$person1->vorname("Harry");
$person1->plz("89765");
$person1->ort("Mittelhausen");
```

```
$person1->strasse("Ulmenweg 3");
$person1->tel("1234-4567");
$person1->fax("1234-7654");
$person1->mail("h.macher\@tnet.net");

my $person2 = person->new();
$person2->name("Huber");
$person2->vorname("Elsa");
$person2->plz("88765");
$person2->ort("Eschenberg");
$person2->strasse("Uferstr. 3");
$person2->tel("3456-2341");
$person2->fax("3456-9876");
$person2->mail("elsa\@huber.de");

my $person3 = person->new();
$person3->name("Maier");
$person3->vorname("Hans");
$person3->plz("87654");
$person3->ort("Wiesenbach");
$person3->strasse("Hauptstr. 7");
$person3->tel("5432-8765");
$person3->fax("5432-9854");
$person3->mail("maierq\@comcom.de");

my $mitarb1 = mitarbeiter->new();
$mitarb1->pers($person1);
$mitarb1->funktion("Chef");
$mitarb1->abt("100");
$mitarb1->alter("45");
$mitarb1->gehalt("");

my $mitarb2 = mitarbeiter->new();
$mitarb2->pers($person2);
$mitarb2->funktion("Abteilungsleiterin");
$mitarb2->abt("101");
$mitarb2->alter("40");
$mitarb2->gehalt("9500");

my $mitarb3 = mitarbeiter->new();
$mitarb3->pers($person3);
$mitarb3->funktion("Sachbearbeiter");
$mitarb3->abt("101");
$mitarb3->alter("35");
$mitarb3->gehalt("7500");

my $firma1 = firma->new();
$firma1->chef($mitarb1);
@{$firma1->mitarb} =($mitarb2,$mitarb3);
```

Mithilfe der nachstehenden *printf*-Anweisungen können nun einzelne Werte der angelegten Datenstruktur gezielt wieder ausgegeben werden:

```
■ printf "Chef: %s<br>", $firma1->chef->pers->name;
■ printf "Abteilung: %s<br>", $firma1->chef->abt;
■ printf "%s<br>","------------------";
■ printf "Mitarbeiter: %s<br>", $firma1->mitarb->[0]->pers->name;
■ printf "Funktion: %s<br>", $firma1->mitarb->[0]->funktion;
■ printf "Abteilung: %s<br>", $firma1->mitarb->[0]->abt;
■ printf "Gehalt: %s<br>", $firma1->mitarb->[0]->gehalt;
■ printf "%s<br>","------------------";
■ printf "Mitarbeiter: %s<br>", $firma1->mitarb->[1]->pers->name;
■ printf "Funktion: %s<br>", $firma1->mitarb->[1]->funktion;
■ printf "Abteilung: %s<br>", $firma1->mitarb->[1]->abt;
■ printf "Gehalt: %s<br>", $firma1->mitarb->[1]->gehalt;
```

Ausgabe:

```
Chef: Macher
Abteilung: 100
------------------
Mitarbeiter: Huber
Funktion: Abteilungsleiterin
Abteilung: 101
Gehalt: 9500
------------------
Mitarbeiter: Maier
Funktion: Sachbearbeiter
Abteilung: 101
Gehalt: 7500
```

Ausgabe von Datenstrukturen mit der Klasse Data::Dumper

Um den Inhalt einer Datenstruktur, wie sie im vorherigen Abschnitt entwickelt wurde, anzuzeigen, ohne dafür eigens eine Ausgaberoutine entwickeln zu müssen, kann die Funktion *Dumper()* des Moduls *Data::Dumper* verwendet werden.

Syntax der Funktion Dumper()

- *$str = Dumper(LIST)*

Die Funktion *Dumper()* erwartet eine Liste mit Referenzen auf die auszugebenden Strukturen und gibt einen String *$str* zurück, der die aktuellen Werte der Strukturen enthält. In diesem String werden die zurückgegebenen Werte den Bezeichnern *$VAR1* bis *$VARn* zugewiesen. Der zurückgegebene String ist mithilfe der Funktion *eval()* ausführbar.

Im Listenkontext gibt die Funktion eine Liste mit Strings zurück, die den referenzierten Strukturen entsprechen.

Das im vorherigen Abschnitt erzeugte Objekt *$firma1* kann auf diese Weise mit den folgenden Anweisungen angezeigt werden:

```
■ #use Data::Dumper;
■ #print Dumper($firma1);
```

Die vorstehenden Anweisungen erzeugen mit dem Objekt *$firma1* die nachstehende Ausgabe. Es handelt sich hierbei um ausführbaren Perl-Code, der z. B. mithilfe der Funktion *eval()* abgearbeitet werden könnte:

```
$VAR1 = bless( { 'firma::mitarb' => [ bless( { 'mitarbeiter::gehalt' => '9500',
'mitarbeiter::funktion' => 'Abteilungsleiterin', 'mitarbeiter::abt' => '101',
'mitarbeiter::alter' => '40', 'mitarbeiter::pers' => bless( { 'person::fax' => '3456-
9876', 'person::vorname' => 'Elsa', 'person::tel' => '3456-2341', 'person::mail' =>
'elsa@huber.de', 'person::plz' => '88765', 'person::ort' => 'Eschenberg',
'person::name' => 'Huber', 'person::strasse' => 'Uferstr. 3' }, 'person' ) },
'mitarbeiter' ), bless( { 'mitarbeiter::gehalt' => '7500', 'mitarbeiter::funktion' =>
'Sachbearbeiter', 'mitarbeiter::abt' => '101', 'mitarbeiter::alter' => '35',
'mitarbeiter::pers' => bless( { 'person::fax' => '5432-9854', 'person::vorname' =>
'Hans', 'person::tel' => '5432-8765', 'person::mail' => 'maierq@comcom.de',
'person::plz' => '87654', 'person::ort' => 'Wiesenbach', 'person::name' => 'Maier',
'person::strasse' => 'Hauptstr. 7' }, 'person' ) }, 'mitarbeiter' ) ], 'firma::chef'
=> bless( { 'mitarbeiter::gehalt' => '', 'mitarbeiter::funktion' => 'Chef',
'mitarbeiter::abt' => '100', 'mitarbeiter::alter' => '45', 'mitarbeiter::pers' =>
bless( { 'person::fax' => '1234-7654', 'person::vorname' => 'Harry', 'person::tel' =>
'1234-4567', 'person::mail' => 'h.macher@tnet.net', 'person::plz' => '89765',
'person::ort' => 'Mittelhausen', 'person::name' => 'Macher', 'person::strasse' =>
'Ulmenweg 3' }, 'person' ) }, 'mitarbeiter' ) }, 'firma' );
```

Ausgabe der Daten des Objekts $firma1

9.3 OOP-Praxis im Web-Einsatz: Dynamische Grafikobjekte auf Ihrer Website

Objektorientierte Programmiertechniken lassen sich sehr gut anhand von grafischen Objekten veranschaulichen, wie sie z. B. für die Realisation eines Computerspiels benötigt werden.

Im folgenden Praxis-Beispiel, das sich für die „Spiele-Ecke" Ihrer Website eignet, kann auf einem simulierten Spielfeld ein Ball beliebig positioniert und anschließend mit der Vorgabe eines Schusswinkels und einer Distanz durch zwei Torpfosten geschossen werden.

Zur Darstellung wird wieder die Perl-Implementierung der *GD*-Grafikbibliothek benötigt, deren Routinen im Einzelnen in Kapitel 12.2 (siehe S. 344) beschrieben werden.

In dem Modul *My_Game.pm* werden die zwei Klassen *field* und *game* definiert, die die für das Spiel erforderlichen Methoden zur Verfügung stellen.

Der Konstruktor *new()* der Klasse *field* initialisiert ein neues *GD*-Grafikobjekt *$image* und speichert dieses sowie dessen Abmessungen *$lenght* und *$width* in einem anonymen Hash.

```
package field;
sub new {  # ein Konstruktor
   my $class_name = shift;
   my @args = @_;
   my $lenght = $args[0];
   my $width = $args[1];
   my $image = new GD::Image($lenght, $width);
   my $this = {"im" => $image,
               "len" => $lenght,
```

```
                "wid" => $width
                };
    return bless($this, $class_name);
}
```

Dessen Referenz wird dem Objektzeiger *$this* zugewiesen, der seinerseits mithilfe der Funktion *bless()* mit dem Namen der Klasse *field* verbunden wird.

Innerhalb der Klasse *field* wird die Methode *make_field()* definiert:

```
sub make_field {
  my $this = shift;
  my $image = $this->{"im"};
  my $black = $image->colorAllocate(0,0,0);
  my $white = $image->colorAllocate(255, 255, 255);
  my $orange = $image->colorAllocate(255, 200, 0);
  $image->fill(10,10,$orange);
}
```

Diese Methode erfüllt lediglich die Aufgabe, durch Aufruf der *GD*-Funktion *colorAllocate()* verschiedene Farben festzulegen und das erstellte Grafikobjekt mit einer bestimmten Farbe – im Beispiel ist dies die Farbe Orange – zu füllen.

Eine weitere Methode der Klasse *field* ist die Methode *show_all()*. Diese Methode erzeugt durch Aufruf der *GD*-Methode *png* eine Grafik im PNG-Format und speichert diese in einer Datei mit dem Namen *bild.png* ab.

```
sub show_all {
  my $this = shift;
  my $image = $this->{"im"};
  my $png= $image->png;
  open (PNG, ">bild.png") || die "can't open outputfile: $!\n";
  binmode PNG;
  print PNG $png;
  close PNG;
}
```

Die bisherigen Methoden können Sie bereits mit dem folgenden Testprogramm aufrufen. Mit den Variablen *$field_x* und *$field_y* werden die Abmessungen des Spielfelds festgelegt.

Durch den Aufruf des Konstruktors *new()*, dem diese Abmessungen übergeben werden, wird ein neues Grafikobjekt *$my_obj* erstellt. Dieses wird durch den Aufruf der Methode *make_field()* mit einer Hintergrundfarbe belegt und anschließend durch die Methode *show_all()* als PNG-Grafik in der Datei *bild.png* abgespeichert.

Anschließend wird die erstellte Grafik durch das Erstellen einer HTML-Grafikreferenz mit dem <img>-Tag in die aktuelle Seite eingebunden:

```
#!C:\PERL\bin\perl.exe
#oop8.pl
use strict;
use My_Game 1.0;
# HTML-Header ausgeben
```

```
■ print "Content-type: text/html\n\n";
■ my $field_x=450;
■ my $field_y=300;
■
■ # Grafik erzeugen
■ my $my_obj = field->new($field_x,$field_y);
■ $my_obj->make_field;
■ $my_obj->show_all;
■ # Bild anzeigen
■ print qq(<td><img src="d:/apache/cgi-bin/bsp/bild.png" alt=""
  border="0"></td>);
```

Das erzielte Ergebnis ist, wie Sie an der nachfolgenden Abbildung sehen können, noch nicht weiter spektakulär. Es wird eine orangefarbene Fläche mit vorgegebenen Abmessungen dargestellt.

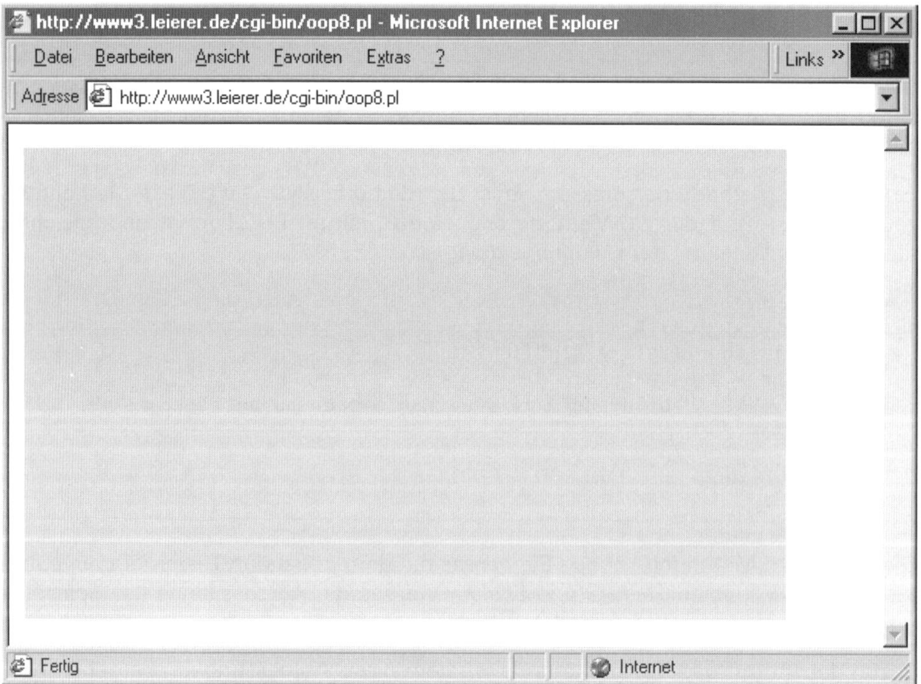

Ein einfaches grafisches Objekt der Klasse field

Um die Funktionalität der Klasse *field* zu erweitern, definieren wir eine neue Klasse *game* und vererben dieser die bisherigen Methoden der Klasse *field*. Dies erfolgt durch Eintrag der Klasse *field* in das reservierte Array *@ISA*.

Im Konstruktor *new()* dieser neuen Klasse wird zunächst der Konstruktor der Basisklasse *field* aufgerufen. Zusätzlich werden vier neue Datenelemente initialisiert, mit denen jeweils die x/y-Koordinaten des linken oberen Eckpunkts von zwei darzustellenden Rechtecken angegeben werden können, mit denen das Spielfeld um zwei stilisierte Torpfosten erweitert werden soll.

```
■ package game;
■ use vars qw( @ISA );
■ @ISA = qw(field);
■ sub new {
■     my $class_name = shift;
■     my $this  = $class_name->SUPER::new(shift, shift );
■     $this->{'recx1'} = shift;
■     $this->{'recy1'} = shift;
■     $this->{'recx2'} = shift;
■     $this->{'recy2'} = shift;
■     return $this;
■ }
```

Mithilfe der Methode *add_goal()* werden die Torpfosten dann dargestellt. Dies erfolgt durch den zweimaligen Aufruf der *GD*-Methode *filledRectangle()* mit den dem Konstruktor dieser Klassen zusätzlich übergebenen Koordinaten.

```
■ sub add_goal {
■   my $this = shift;
■   my $image = $this->{"im"};
■   my $red = $image->colorAllocate(255, 0, 0);
■   my $r1_lox= $this->{recx1};
■   my $r1_loy= $this->{recy1};
■   my $r2_lox= $this->{recx2};
■   my $r2_loy= $this->{recy2};
■   $image->filledRectangle
          ($r1_lox,$r1_loy,$r1_lox+20,$r1_loy+20,$red);
■   $image->filledRectangle
          ($r2_lox,$r2_loy,$r2_lox+20,$r2_loy+20,$red);
■ }
```

Zur Vervollständigung des Inventars des Spielfelds fehlt noch ein Ball. Dieser wird durch die Methode *add_ball()* realisiert, in der die *GD*-Methode *arc()* zur Darstellung eines Kreises an den Bildschirmkoordinaten *$x* und *$y* aufgerufen wird.

```
■ sub add_ball {
■   my $this = shift;
■   my $x = shift;
■   my $y = shift;
■   my $image = $this->{"im"};
■   my $green = $image->colorAllocate(0, 255, 0);
■   $image->arc($x,$y,20,20,0,360,$green);
■   $image->fillToBorder($x,$y,$green,$green);
```

Um den Ball bei Bedarf wieder verschwinden lassen zu können, wird noch eine Methode *delete_ball* benötigt.

```
■ sub delete_ball {
■   my $this = shift;
■   my $x = shift;
■   my $y = shift;
■   my $image = $this->{"im"};
■   my $white = $image->colorAllocate(255, 255, 255);
■   my $green = $image->colorAllocate(0, 255, 0);
```

```
   my $orange = $image->colorAllocate(255, 200, 0);
   $image->arc($x,$y,20,20,0,360,$white);
   $image->fillToBorder($x,$y,$white,$orange);
   $image->arc($x,$y,20,20,0,360,$orange);
}
```

Hierzu wird an derselben Stelle mit übereinstimmendem Radius ein Kreis mit der Zeichenfarbe Weiß gezeichnet und der so umgrenzte Bereich mit der Hintergrundfarbe Orange der Grafik gelöscht.

Es folgt das Listing des Moduls *My_Game* im Zusammenhang:

```

# My_Game.pm
package My_Game;
use strict;
use vars qw($VERSION);
$VERSION = '1.0';
use GD;

package field;
sub new {   # ein Konstruktor
    my $class_name = shift;
    my @args = @_;
    my $lenght = $args[0];
    my $width = $args[1];
    my $image = new GD::Image($lenght, $width);
    my $this = {"im" => $image,
                "len" => $lenght,
                "wid" => $width
                };
    return bless($this, $class_name);
}
sub make_field {
   my $this = shift;
   my $image = $this->{"im"};
   my $black = $image->colorAllocate(0,0,0);
   my $white = $image->colorAllocate(255, 255, 255);
   my $orange = $image->colorAllocate(255, 200, 0);
   $image->fill(10,10,$orange);
   #print $image->png;
}
sub show_all {
   my $this = shift;
   my $image = $this->{"im"};
   my $png= $image->png;
   open (PNG, ">bild.png") || die "can't open outputfile: $!\n";
   binmode PNG;
   print PNG $png;
   close PNG;
}
package game;
use vars qw( @ISA );
@ISA = qw(field);
```

```
sub new {
    my $class_name = shift;
    my $this  = $class_name->SUPER::new(shift, shift );
    $this->{'recx1'} = shift;
    $this->{'recy1'} = shift;
    $this->{'recx2'} = shift;
    $this->{'recy2'} = shift;
    return $this;
}
sub add_goal {
  my $this = shift;
  my $image = $this->{"im"};
  my $red = $image->colorAllocate(255, 0, 0);
  my $r1_lox= $this->{recx1};
  my $r1_loy= $this->{recy1};
  my $r2_lox= $this->{recx2};
  my $r2_loy= $this->{recy2};
  $image->filledRectangle
          ($r1_lox,$r1_loy,$r1_lox+20,$r1_loy+20,$red);
  $image->filledRectangle
          ($r2_lox,$r2_loy,$r2_lox+20,$r2_loy+20,$red);
}
sub add_ball {
  my $this = shift;
  my $x = shift;
  my $y = shift;
  my $image = $this->{"im"};
  my $green = $image->colorAllocate(0, 255, 0);
  $image->arc($x,$y,20,20,0,360,$green);
  $image->fillToBorder($x,$y,$green,$green);
}
sub delete_ball {
  my $this = shift;
  my $x = shift;
  my $y = shift;
  my $image = $this->{"im"};
  my $white = $image->colorAllocate(255, 255, 255);
  my $green = $image->colorAllocate(0, 255, 0);
  my $orange = $image->colorAllocate(255, 200, 0);
  $image->arc($x,$y,20,20,0,360,$white);
  $image->fillToBorder($x,$y,$white,$orange);
  $image->arc($x,$y,20,20,0,360,$orange);
}
1;
```

Das nachfolgende Skript arbeitet mit den im Modul *My_Game* definierten Klassen. Da, wie schon erwähnt, zur Bewegung des Balls ein Schusswinkel und eine Distanz vorgegeben werden soll, wird zunächst ein entsprechendes Formular mit zwei HTML-Eingabefeldern, die die Namen *ang* und *dist* erhalten, zur Eingabe dieser Daten erzeugt:

```
# Tabelle und Formular zur Erfassung der Eingabedaten
print qq(<table border=1><tr>);
print qq(<td><img src="d:/apache/cgi-bin/bsp/bild.png" alt="
         " border="0"></td>);
```

```
▪ print qq(<td bgcolor ='#E0E0E0' valign="top">);
▪ printf "Distanz: %s<br>", $distance;
▪ printf "Winkel: %s<br>", $angle;
▪ printf "x: %5.2f<br>", $x_neu;
▪ printf "y: %5.2f<br>", $y_neu;
▪ #Formular-Definition
▪ printf qq(<form action="" method="POST">
▪ Distanz <input type="Text" name="dist" value="" size="3"
          maxlength=""><br>
▪ Winkel <input type="Text" name="ang" value="" size="3"
          maxlength=""><br><br>
▪ <div align="right"><input type="Submit" name="Go" value="Go"> </div>
▪ <br><div align="right"><input type="Submit" name="Start"
          value="Reset"></div>
▪ </form>
▪ </td></tr></table>);
```

Das Formular wird in die rechte Zelle einer aus zwei Zellen bestehenden Tabelle eingebunden. Die linke Zelle dient der Aufnahme der *GD*-Grafik des Spielfelds. Diese wird als Grafikreferenz mit einem <img>-Tag eingebunden. Das *action*-Attribut des <form>-Tags bleibt leer, sodass das Formular seine Daten an sich selbst sendet. Zur Anwendung kommt dabei die HTTP-Methode *POST*.

Die an das Formular gesendeten Daten werden durch den Aufruf der von der Bibliothek *my_cgi_lib* zur Verfügung gestellten Funktion *parse_cgi()* dekodiert. Um aus den im Formular angegebenen Daten zu Schusswinkel und Distanz die zur Positionierung des Balls erforderlichen x/y-Koordinaten zu berechnen, kommt etwas Mathematik in Gestalt der Winkelfunktionen *sin()* und *cos()* ins Spiel. Die hierzu ebenfalls benötigte Konstante *pi* wird, da diese in Perl nicht standardmäßig definiert ist, aus dem Modul *Math::Trig* importiert.

```
▪ #CGI-Eingabedaten parsen
▪ %form_dat=parse_cgi;
▪ my $angle= $form_dat{"ang"};
▪ my $distance= $form_dat{"dist"};
▪ my $start= $form_dat{"Start"};
▪ . . .
▪ # x/y-Koordinaten berechnen
▪ my $dy= $distance * sin (2*pi*$angle/360);
▪ my $dx= $distance * cos (2*pi*$angle/360);
```

Die Grafik des Spielfelds, die bei jedem Anklicken einer der Schaltflächen des Formulars aktualisiert wird, wird durch die folgenden Aufrufe der Methoden der Klassen *game*, die von dem Modul *My_Game* zur Verfügung gestellt werden, erzeugt:

```
▪ # Grafik erzeugen
▪ my $my_obj = game->new($field_x,$field_y,"300","100","300","180");
▪ $my_obj->make_field;
▪ $my_obj->add_goal;
▪ $my_obj->add_ball(10,140);
▪ $my_obj->add_ball($x_neu,$y_neu);
▪ $my_obj->show_all;
```

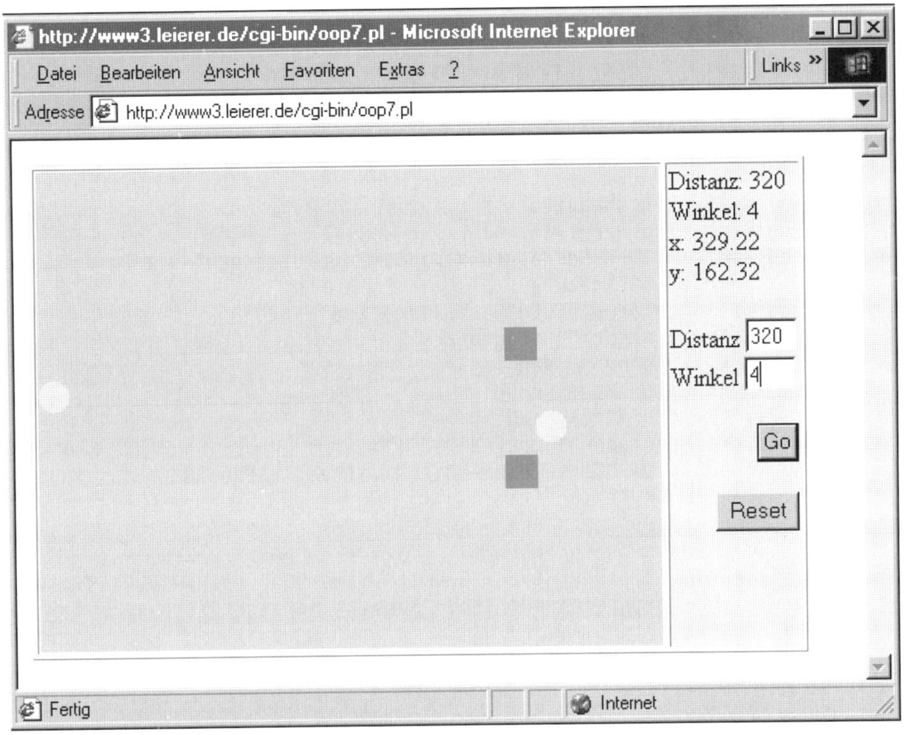

Ein Spiel mit grafischen Objekten

Nachstehend folgt das gesamte Skript zur Darstellung des Spielfelds und zur Realisierung des Eingabeformulars unter Verwendung der Klassen des Moduls *My_Game*:

```
#!C:\PERL\bin\perl.exe
#oop7.pl
use strict;
use my_cgi_lib qw(parse_cgi);
use Math::Trig qw( pi);
use My_Game 1.0;
my %form_dat;
# HTML-Header ausgeben
print "Content-type: text/html\n\n";
#CGI-Eingabedaten parsen
%form_dat=parse_cgi;
my $angle= $form_dat{"ang"};
my $distance= $form_dat{"dist"};
my $start= $form_dat{"Start"};
my $field_x=400;
my $field_y=300;
# x/y-Koordinaten berechnen
my $dy= $distance * sin (2*pi*$angle/360);
my $dx= $distance * cos (2*pi*$angle/360);
my $x_start= 10;
my $y_start= 140;
my $x_neu= $x_start+ $dx;
```

```
■ my $y_neu= $y_start+ $dy;
■ $x_neu= $field_x-10 if ($x_start+ $dx) > ($field_x-10);
■ $y_neu= $field_y-10 if ($y_start+ $dy) > ($field_y-10);
■ if ($start) {
■   $x_neu= $x_start;
■   $y_neu= $y_start;
■ }
■ # Formular für Eingabedaten
■ print qq(<table border=1><tr>);
■ print qq(<td><img src="d:/apache/cgi-bin/bsp/bild.png" alt="
         " border="0"></td>);
■ print qq(<td bgcolor ='#E0E0E0' valign="top">);
■ printf "Distanz: %s<br>", $distance;
■ printf "Winkel: %s<br>", $angle;
■ printf "x: %5.2f<br>", $x_neu;
■ printf "y: %5.2f<br>", $y_neu;
■ printf qq(<form action="" method="POST">
■ Distanz <input type="Text" name="dist" value="" size="3"
          maxlength=""><br>
■ Winkel <input type="Text" name="ang" value="" size="3"
          maxlength=""><br><br>
■ <div align="right"><input type="Submit" name="Go" value="Go"> </div>
■ <br><div align="right"><input type="Submit" name="Start"
      value="Reset"></div>
■ </form>
■ </td></tr></table>);
■ # Grafik erzeugen
■ my $my_obj = game->new($field_x,$field_y,"300","100","300","180");
■ $my_obj->make_field;
■ $my_obj->add_goal;
■ $my_obj->add_ball(10,140);
■ $my_obj->add_ball($x_neu,$y_neu);
■ $my_obj->show_all;
```

10. Perl und HTML – Ein gekonntes Zusammenspiel

Die Erstellung von dynamischen Webanwendungen ist ohne die Verwendung von HTML nicht denkbar. In vielen der bisher vorgestellten CGI-Anwendungen wurde gezeigt, wie die Interaktion von HTML-Formularen mit steuernden bzw. auswertenden Perl-Skripten unter Verwendung der CGI-Schnittstelle des Webservers erfolgt.

In vielen dieser Anwendungen wurde HTML-Code direkt in den Perl-Skripten generiert und über *print*-Anweisungen an den Webclient gesendet. Diese Vorgehensweise führt zwangsläufig zu einer engen Verquickung von HTML- und Perl-Code – mit der Folge, dass die Wartung derartiger Seiten durch Nicht-Perl-Fachleute erschwert oder gar unmöglich gemacht wird.

Eine der möglichen Lösungen für dieses Problem ist die strikte Trennung von Code und Layout, d. h. von Perl-Code und HTML, wie sie durch die Verwendung von Templates ermöglicht wird.

Hierzu stehen eine ganze Reihe von Perl-Erweiterungen zur Verfügung. Bei dem im folgenden Abschnitt beschriebenen CPAN-Modul *HTML::Template* handelt es sich um eine schlanke und deshalb sehr schnelle Implementierung vom HTML-Templates, die aufgrund der zur Verfügung gestellten Schleifenkonstrukte und logischen Kontrollstrukturen die Erstellung von sehr leistungsfähigen Template-Anwendungen erlaubt.

Das andere Extrem des Umgangs mit HTML ist die Möglickeit, unter Verwendung des Moduls *HTML::Embperl* Perl-Code direkt in HTML-Seiten einzubinden. Perl wird auf diese Weise zur in HTML eingebetteten Skriptsprache, wie dies z. B. auch bei der sich in immer größerem Umfang für die Erstellung von Webanwendungen durchsetzenden Sprache PHP 4 der Fall ist.

Damit dies funktioniert, ist der Webserver entsprechend zu konfigurieren. Wird zudem noch mithilfe des Apache-Moduls *mod_perl* Perl als Modul in den Webserver eingebunden, eröffnen sich ganz neue Möglichkeiten der Erstellung von dynamischen Webanwendungen mit in HTML eingebettem Perl-Code.

Schwerpunkte des Kapitels

- Arbeiten mit Templates am Beispiel der Generierung von dynamischen Tabellen mit dem Modul *HTML::Template*
- Einbinden von Perl-Code in HTML-Dokumente mit dem Modul *HTML::Embperl*
- Session-Management und Zustandserhaltung mit dem Modul *HTML::Embperl*

10.1 Trennung von Code und Layout: Arbeiten mit Templates – Am Beispiel der Generierung von dynamischen Tabellen

Je intensiver die Verquickung von Perl-Code und HTML, desto schwieriger wird in der Regel eine Layout-Änderung und kann von einem Webdesigner ohne Programmierkenntnisse unter Umständen nur noch sehr erschwert durchgeführt werden.

Eine Lösung für dieses Problem kann in einer konsequenten Strukturierung und Modularisierung der Anwendung durch den Einsatz der in Perl vorhandenen Strukturierungsmöglichkeiten, z. B. der konsequenten Verpackung des Perl-Codes in einzelne Funktionen, bestehen, was bis zu einem gewissen Grad automatisch zu einer Trennung von Code (Perl) und Design (HTML) führt. Eine andere Möglichkeit, das Problem zu lösen, besteht in der Verwendung von Templates.

Hierzu stehen eine ganze Reihe von Perl-Erweiterungen, z. B. das CPAN-Modul *HTML::Template*, zur Verfügung.

10.1.1 Das Modul HTML::Template

Das Modul CPAN-*HTML::Template* erweitert HTML um eine Reihe von HTML-ähnlichen Tags, mit deren Hilfe Template-Dateien erstellt werden können. Diese werden in der Regel getrennt von dem steuernden Skript abgespeichert. Das steuernde Perl-Skript versorgt die in der Template-Datei enthaltenen Variablen mit Werten.

Auf diese Weise wird eine Trennung von HTML- und Perl-Code erreicht. Webdesigner können das Layout der generierten Seiten in der HTML-Template-Datei ändern, ohne sich um den dahinter stehenden Perl-Code kümmern zu müssen.

Einer der Vorteile des Moduls *HTML::Template* ist, dass es auf einfache Weise möglich wird, im HTML-Code mit Schleifen und logischen Konstrukten zur Ablaufsteuerung zu arbeiten. Auf diese Weise kann z. B. der erforderliche Code zur Generierung von Tabellen minimiert werden.

10.1.2 Die Methoden der Klasse HTML::Template

Die Klasse *HTML::Template* stellt Methoden zum Erzeugen eines neuen Template-Objekts, zum Zuweisen von Werten an Template-Variablen, zum Löschen der Werte von Template-Variablen und zur Ausgabe des Template-Inhalts zur Verfügung.

Die Methoden des Moduls HTML::Template

- *new()*: Erzeugen eines neuen Template-Objekts
- *param()*: Zuweisen von Werten an Template-Variablen
- *clear_params()*: Löschen von Werten von Template-Variablen
- *output()*: Ausgabe des Template-Inhalts

Die Methode new()

Mit der Methode *new()* wird ein neues Template-Objekt erzeugt. Sie muss mindestens mit einem Schlüssel-/Wertepaar aufgerufen werden, mit dem der Zugriff auf den Template-Text spezifiziert wird. Im einfachsten Fall wird mit *filename => "file.tmpl"* der File-Name der zu verwendenden Template-Datei angegeben. Sofern der angegebene File-Name ohne ein Dateinamen-Trennsymbol (/) angegeben wird und die Umgebungsvariable *HTML_TEMPLATE_ROOT* gesetzt ist, wird dieser relativ zu dem in *HTML_TEMPLATE_ROOT* angegebenen Pfad interpretiert.

Falls erforderlich, kann auf die Templates auch mit Skalar- oder Array-Referenzen verwiesen werden.

Syntax der Methode new()

- *my $template = HTML::Template->new(filename => 'file.tmpl', option => 'value');*

Alternativ sind die folgenden Aufrufformen möglich:

- *my $t = HTML::Template->new(scalarref => $ref_to_template_text, option => 'value');*
- *my $t = HTML::Template->new(arrayref => $ref_to_array_of_lines , option => 'value');*

Alternativ können die folgenden drei Aufrufmethoden verwendet werden:

- *my $t = HTML::Template->new_file('file.tmpl', option => 'value');*
- *my $t = HTML::Template->new_scalar_ref($ref_to_template_text, option => 'value');*
- *my $t = HTML::Template->new_array_ref($ref_to_array_of_lines, option => 'value');*

Eine weitere Variante des Aufrufs der Methode *new()*, die auf alle der drei vorstehend aufgeführten Syntaxformen angewendet werden kann, ist nach dem folgenden Schema möglich:

- *my $t = HTML::Template->new(type => 'filename', source => 'file.tmpl');*

Optionen der Methode new()

Das Verhalten eines Template-Objekts kann durch die folgenden Optionen beeinflusst werden. Die Optionen können beim Aufruf der Methode *new()* in der Form *option => 'value'* angegeben werden.

Option	Bedeutung
die_on_ bad_params	Falls *0*, kann ein Aufruf der Form *$template->param(param_name => 'value')* erfolgen, auch wenn der Name *'param_name'* im Template nicht definiert ist. Default-Einstellung ist *1*.
strict	Falls *0*, werden verschiedene Syntaxfehler ignoriert. Default-Einstellung ist *1*.
cache	Falls *1*, wird der Cache zur Speicherung der geparsten Templates aktiviert. Default-Einstellung ist *0*.
shared_cache	Falls 1, wird für den Cache Shared Memory unter Verwendung des CPAN-Moduls *IPC::SharedCache* aktiviert.
double_cache	Falls *1*, wird eine Kombination von normalem Cache und Shared Cache verwendet. Default-Einstellung ist *0*.
blind_cacheif	Falls *1*, verhält sich das Modul wie beim normalen Caching, berücksichtigt aber nicht bei jedem Request eventuelle Dateiänderungen.
associate	Ermöglicht das Vererben von Parameterwerten von anderen Objekten. Hierzu ist es erforderlich, dass das Objekt eine Methode entsprechend der Methode *param()* der *HTML::Template*-Klasse aufweist. In Frage kommt hierfür z. B. ein *CGI.pm*-Query-Objekt.

Option	Bedeutung
loop_context_ vars	Falls TRUE, werden innerhalb von Schleifen drei Kontextvariablen zur Verfügung gestellt: *__FIRST__*, *__LAST__* und *__INNER__*. Diese können zusammen mit den <TMPL_IF>-, <TMPL_UNLESS>- und <TMPL_ELSE> -Tags verwendet werden, um die Schleifenausgabe zu kontrollieren. Default-Einstellung ist FALSE.
path	Dieser Variablen kann eine Liste mit Pfadangaben zugewiesen werden. Die angegebenen Pfade werden als Suchpfade für den der Methode *new()* mit der Option *filename* übergebenen Dateinamen bzw. für die Dateinamen, die im Zusammenhang mit dem <TMPL_INCLUDE>-Tag zur Spezifizierung von einzubindenden Template-Dateien angegeben wurden, verwendet. Diese Liste wird nur dann verwendet, wenn es sich bei den angegebenen Dateinamen um relative Angaben, d. h. ohne führenden Slash (/), handelt. Falls die Umgebungsvariable *HTML_TEMPLATE_ROOT* existiert, wird allerdings dort zuerst nach den jeweiligen Dateien gesucht.
max_includes	Mit dieser Variablen wird die maximale Verschachtelungstiefe von mit dem <TMPL_INCLUDE>-Tag verschachtelten Templates angegeben. Default-Einstellung ist *10*.
vanguard_ compatibility_ mode	Falls *1*, müssen die Namen von Template-Variablen in der Form *%NAME%* angegeben werden. Zusätzlich wird die Option *die_on_bad_params => 0* gesetzt. Default-Einstellung ist 0.
debug	Falls *1*, wird Debugging-Information auf *STDERR* ausgegeben. Default-Einstellung ist *0*.
stack_debugif	Falls 1, wird die Klasse *Data::Dumper* verwendet, um den Inhalt des Parse-Stacks auf *STDERR* auszugeben. Default-Einstellung ist *0*.
cache_debug	Falls 1, werden Cache-bezogene Informationen auf *STDERR* ausgegeben. Default-Einstellung ist *0*.
shared_cache_debug	Falls *1*, wird die Debug-Option des Moduls *IPC::SharedCache* aktiviert. Default-Einstellung ist *0*.
memory_debug	Falls *1*, werden Informationen über die Cache-Speicherauslastung auf *STDERR* ausgegeben. Default-Einstellung ist *0*.

Optionen der Methode new()

Die Methode param()

Die Methode *param()* dient dem Zuweisen bzw. der Rückgabe von Werten von Template-Variablen. Die Methode *param()* kann in unterschiedlicher Weise aufgerufen werden:

Rückgabe einer Liste von Template-Variablen

- *my @parameter_names = $template->param();*

Rückgabe des Werts einer Template-Variablen

- *my $value = $template->param('PARAM');*

Zuweisen des Werts einer Template-Variablen

- *$template->param(PARAM => 'value');*

Zuweisen der Werte von Template-Variablen für mehrere Template-Variablen:

- *$self->param(PARAM => 'value', PARAM2 => 'value', ...);*

Die Methode clear_params()

Mithilfe der Methode *clear_params()* können die Werte aller Template-Variablen auf den Wert *undef* gesetzt werden.

Die Methode output()

Mithilfe der Methode *output()* wird der Textersatz durchgeführt und der Inhalt des Templates ausgegeben.

Syntax der Methode output()
- *print $template->output();*

Beim Aufruf der Methode wird jedes Auftreten des Tags *<TMPL_VAR NAME = name>* mit dem Wert ersetzt, der dem jeweiligen Namen *name* mittels der Methode *param()* zugewiesen wurde.

10.1.3 Die Tags des Moduls HTML::Template

Das Modul *HTML::Template* stellt mehrere Tags in HTML-ähnlicher Syntax zur Verfügung, mit deren Hilfe Template-Dateien erstellt werden können, die Variablen enthalten, die von einem steuernden Perl-Skript mit Werten versorgt werden.

Die Tags des Moduls *HTML::Template* und deren Syntax sind nachfolgend zusammengestellt:

Die Tags des Moduls HTML::Template
- *<TMPL_VAR ?ESCAPE=1? NAME=``PARAMETER_NAME">*
- *<TMPL_LOOP NAME=``LOOP_NAME"> </TMPL_LOOP>*
- *<TMPL_INCLUDE NAME=``filename.tmpl">*
- *<TMPL_IF NAME=``CONTROL_PARAMETER_NAME"> </TMPL_IF>*
- *<TMPL_ELSE>*
- *<TMPL_UNLESS NAME=``CONTROL_PARAMETER_NAME"> </TMPL_UNLESS>*

Die Tags weisen zwar eine HTML-ähnliche Syntax auf, unterscheiden sich aber von richtigen HTML-Tags in einigen Punkten.

Der wichtigste Unterschied ist, dass bei Standard-HTML der Inhalt eines Tags zur besseren Übersicht auf mehrere Zeilen verteilt werden kann, z. B.:

```
<TABLE
    width='90%'
    border='0'
    width ='80%'
    cellpadding-'2'
    cellspacing='2'
>
```

während ein Template-Tag insgesamt innerhalb einer Zeile stehen muss.

Einfacher Textersatz

Mit dem <TMPL_VAR>-Tag wird der grundlegende Textersatz-Mechanismus des Moduls *HTML::Template* zur Verfügung gestellt. Jeder <TMPL_VAR>-Tag des Templates bewirkt den Aufruf der Methode *param()* des entsprechenden Template-Objekts im steuernden Perl-Skript, durch den den Template-Variablen entsprechende Werte zugewiesen werden. Durch den anschließenden Aufruf der Methode *output()* des Template-Objekts wird dann der Textersatz durchgeführt.

Syntax des Tags <TMPL_VAR>
- *<TMPL_VAR ESCAPE=1 NAME= "PARAMETER_NAME">*

Das folgende Template

```
<HTML>
<HEAD><TITLE>Test Template</TITLE>
  <BODY>
  Mein Name ist <TMPL_VAR NAME=NAME><BR>
  Ich wohne in <TMPL_VAR NAME=ORT>
  </BODY>
</HTML>
```

erzeugt mit diesem Perl-Skript

```
#!C:\PERL\bin\perl.exe
#html1.pl
print "Content-Type: text/html\n\n";
use HTML::Template;
  # Template-Objekt erzeugen
  my $template = HTML::Template->new(filename => 'test.tmpl');
  # Parameter zuweisen
  $template->param(
      Name => "Harry Redlich",
      Ort => "Porto Foo",
  );
#Template ausgeben
print $template->output;
```

die folgende Ausgabe:

```
Mein Name ist Harry Redlich
Ich wohne in Porto Foo
```

Sämtliche Formatierungen der HTML-Ausgabe, z. B. Zeilenwechsel, Farben, Schriften, Textorientierung usw., können unabhängig von dem steuernden Perl-Skript, das lediglich für die Zuweisung der Werte an die Template-Variablen und den nachfolgenden Textersatz verantwortlich ist, durchgeführt werden.

Optional kann die Option *ESCAPE* angegeben werden, durch die das Escaping-Verhalten festgelegt werden kann. *ESCAPE =HTML* (oder *ESCAPE=1*) bedeutet, dass der entsprechende Wert vor der Ausgabe HTML-bereinigt werden soll, dass also die HTML-Sonderzeichen *``*, *<*, *>*, und *&* in die Zeichenfolgen *"*, *<*, *>* und *&* umgewandelt werden. Dies ist z. B. erforderlich, wenn Template-Variablen in HTML-Eingabefeldern zur Übertragung über die CGI-Schnittstelle verwendet werden sollen.

Mit der Option *ESCAPE=URL* wird der Inhalt einer Template-Variablen URL-bereinigt, d. h., Leerzeichen werden mit + und Backslashes (/) durch die Zeichenfolge *%2F* ersetzt.

Realisierung von Schleifen in Templates

Mithilfe des Tags <TMPL_LOOP> können Schleifen innerhalb der Template-Definitionen realisiert werden. Dies ist insbesondere für die dynamische Generierung von Tabellen ein wichtiges Feature, das von Standard-HTML nicht zur Verfügung gestellt wird.

Syntax des Tags <TMPL_LOOP>

- *<TMPL_LOOP NAME= "LOOP_NAME">*
  ...
- *</TMPL_LOOP>*

Ein Template für eine dynamische Tabelle

Im nachfolgenden Template wird unter Verwendung des <TMPL_LOOP>-Tags eine HTML-Tabelle mit sechs Spalten und einer beliebigen Anzahl von Zeilen erzeugt.

Innerhalb der Schleife werden die angegebenen Template-Variablen bei jedem Schleifendurchlauf durch die Elemente einer Liste ersetzt, auf die mit dem Attribut *NAME=...* verwiesen wird und die in dem zugehörigen steuernden Perl-Skript definiert ist.

```
<HTML>
<HEAD><TITLE>Template Test</TITLE>
<BODY>
<TABLE width='90%' border='0' cellpadding='2' cellspacing='2'>
<TR bgcolor='#C0C0C0'>
 <TH>Name</TH>
 <TH>Vorname</TH>
 <TH>PLZ</TH>
 <TH>Ort</TH>
 <TH>Strasse</TH>
 <TH>E-Mail</TH>
</TR>
<TMPL_LOOP NAME=ADRESSEN>
<TR bgcolor='#E0E0E0'>
 <TD><TMPL_VAR NAME=NAME></TD>
 <TD><TMPL_VAR NAME=VNAME></TD>
 <TD><TMPL_VAR NAME=PLZ></TD>
 <TD><TMPL_VAR NAME=ORT></TD>
 <TD><TMPL_VAR NAME=STR></TD>
 <TD><TMPL_VAR NAME=MAIL></TD>
</TR>
</TMPL_LOOP>
</TABLE>
</BODY>
</HTML>
```

Die Template-Variablen bekommen ihren Wert von dem folgenden Perl-Skript zugewiesen. In diesem Skript wird zunächst wieder ein neues Template-Objekt *$template* erzeugt.

Anschließend wird der Methode *param()* dieses Objekts eine Liste (eine Array-Referenz) mit verschiedenen Hash-Referenzen, die auf die zu ersetzenden Parameter und deren Werte verweisen, übergeben.

```
#!C:\PERL\bin\perl.exe
#html2.pl
print "Content-Type: text/html\n\n";
use HTML::Template;
# neues Template-Objekt erzeugen
my $template = HTML::Template->new (filename => 'test1.tmpl');
# Zuweisen von Werten
$template->param (ADRESSEN => [
  { name  => 'Müller',
    vname => 'Gabi',
    plz   => '45678',
    ort   => 'Teststadt',
```

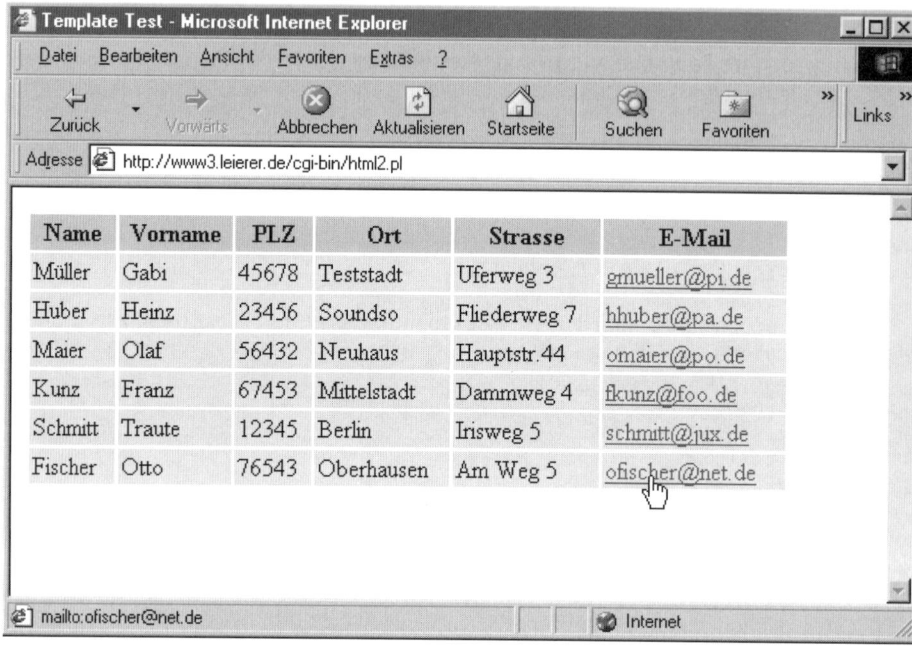

Diese Tabelle wurde mit einem HTML-Template erzeugt

```
    str    => 'Uferweg 3',
    mail => '<A HREF="mailto:gmueller@pi.de">gmueller@pi.de</A>' },
  { name     => 'Huber',
    vname    => 'Heinz',
    plz      => '23456',
    ort      => 'Soundso',
    str      => 'Fliederweg 7',
    mail => '<A HREF="mailto:hhuber@pa.de">hhuber@pa.de</A>' },
  { name     => 'Maier',
    vname    => 'Olaf',
    plz      => '56432',
    ort      => 'Neuhaus',
    str      => 'Hauptstr.44',
    mail => '<A HREF="mailto:omaier@po.de">omaier@po.de</A>' },
  { name     => 'Kunz',
    vname    => 'Franz',
    plz      => '67453',
    ort      => 'Mittelstadt',
    str      => 'Dammweg 4',
    mail => '<A HREF="mailto:fkunz@foo.de">fkunz@foo.de</A>' },
  { name    => 'Schmitt',
    vname   => 'Traute',
    plz     => '12345',
    ort     => 'Berlin',
    str     => 'Irisweg 5',
    mail => '<A HREF="mailto:schmitt@jux.de">schmitt@jux.de</A>' },
  { name     => 'Fischer',
```

```
    vname   => 'Otto',
    plz     => '76543',
    ort     => 'Oberhausen',
    str     => 'Am Weg 5',
    mail => '<A HREF="mailto:ofischer@net.de">ofischer@net.de</A>' },
  ]);
print $template->output();
```

Das Skript erzeugt zusammen mit dem dazugehörenden Template die oben gezeigte Ausgabe.

Verschachtelte Template-Schleifen

Template-Schleifen können beliebig verschachtelt werden. Das nachfolgende Template beschreibt eine HTML-Tabelle, die aus zwei ineinander verschachtelten Tabellen besteht, die mit zwei verschachtelten Template-Schleifen realisiert werden.

```
<HTML>
<HEAD><TITLE>Verschachtelte Template-Schleifen</TITLE>
<BODY>
<TABLE width='100%' border='1' cellpadding='2' cellspacing='2'>
<TR bgcolor=#A0A0A0>
   <TH><FONT SIZE="+1">Name</FONT></TH>
   <TH><FONT SIZE="+1">Adresse</FONT></TH>
</TR>
<TMPL_LOOP NAME=NAMEN>
 <TR bgcolor='#E0E0E0'>
 <TD bgcolor=#A0A0A0><TMPL_VAR NAME=NAME></TD>
 <TD>
   <TABLE border='0' cellpadding='2' cellspacing='2'>
     <TR><TH ><FONT SIZE="-1">Vorname</FONT></TH>
     <TH>PLZ</TH>
     <TH width ='25%'><FONT SIZE="-1">Ort</FONT></TH>
     <TH width ='25%'><FONT SIZE="-1">Strasse</FONT></TH>
     <TH width ='30%'><FONT SIZE="-1">E-Mail</FONT></TH></TR>
     <TMPL_LOOP NAME=ADR>
        <TR bgcolor='#FFFF00'>
        <TD><TMPL_VAR NAME=VNAME></TD>
        <TD><TMPL_VAR NAME=PLZ></TD>
        <TD><TMPL_VAR NAME=ORT></TD>
        <TD><TMPL_VAR NAME=STR></TD>
        <TD><TMPL_VAR NAME=MAIL></TD>
        </TR></TABLE>
      </TMPL_LOOP>
    </TD>
</TMPL_LOOP>
</TABLE>
</BODY>
</HTML>
```

Im zugehörigen Perl-Skript wird jeder der mit dem Tag <TMPL_LOOP> realisierten Schleife eine Array-Referenz mit verschiedenen Hash-Referenzen zugewiesen, die auf die einzelnen Schlüssel-/Wertepaare eines Schleifendurchgangs verweisen.

```
#!C:\PERL\bin\perl.exe
#html3.pl
print "Content-Type: text/html\n\n";
use HTML::Template;
# Template-Objekt erzeugen
my $template = HTML::Template->new(filename => 'test3.tmpl');
# Parameter zuweisen
$template->param('NAMEN', [
  { name  => 'Müller',
    adr => [
        { vname => 'Gabi',
        plz    => '45678',
        ort    => 'Teststadt',
        str    => 'Uferweg 3',
        mail => '<A
HREF="mailto:gmueller@pi.de">gmueller@pi.de</A>'},
        ]
    },
   { name  => 'Huber',
    adr => [
        { vname => 'Erwin',
        plz    => '34678',
        ort    => 'Mittelstadt',
        str    => 'Dammweg 33',
        mail => '<A HREF="mailto:huber@pa.de">huber@pa.de</A>'},
        ]
    },
   { name  => 'Stremme',
    adr => [
        { vname => 'Mattias',
        plz    => '87654',
        ort    => 'Eschenborn',
        str    => 'Westweg 133',
        mail => '<A
HREF="mailto:stremme@jux.de">stremme@jux.de</A>'},
        ]
    },
   { name  => 'Kunz',
    adr => [
        { vname => 'Franz',
        plz    => '12345',
        ort    => 'Seedorf',
        str    => 'Hauptstr 13',
        mail => '<A HREF="mailto:fkunz@po.de">fkunz@po.de</A>'},
        ]
    },
   ],
);
print $template->output();
```

Das Template erzeugt zusammen mit dem steuernden Perl-Skript die folgende Ausgabe:

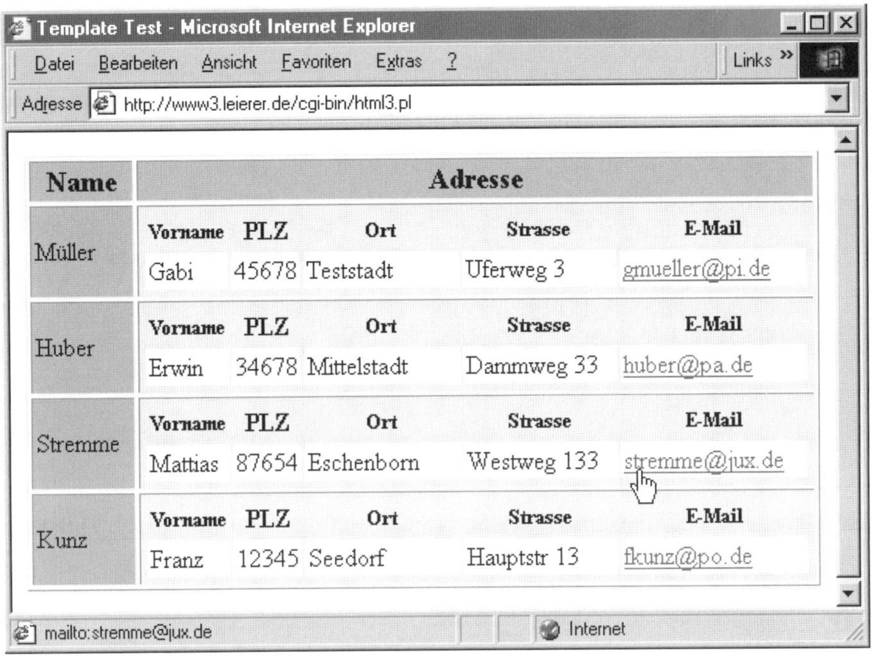

Ausgabe einer HTML-Tabelle mit verschachtelter Template-Schleife

Verschachteln von Templates mit dem <TMPL_INCLUDE>-Tag

Syntax des Tags <TMPL_INCLUDE>

- <TMPL_INCLUDE NAME= "filename.tmpl">

Mithilfe des <TMPL_INCLUDE>-Tags können Templates bis zu einer festgelegten Verschachtelungstiefe verschachtelt werden. Ein namentlich zu benennendes Sub-Template wird dabei direkt anstelle des Tags in das Master-Template eingebunden. Die maximal zulässige Verschachtelungstiefe kann mit der Option *max_includes* der Methode *new()* des Template-Objekts festgelegt werden. Die Standardeinstellung der Option *max_includes* beträgt 10.

Das einzubindende Template kann mit dem kompletten Pfadnamen angegeben werden. Wird kein kompletter Pfad angegeben, wird der Pfad des übergeordneten Templates angenommen und, falls dort das entsprechende Template nicht gefunden wird, der Pfad in der Umgebungsvariablen *HTML_TEMPLATE_ROOT*, falls diese existiert.

Im nachfolgenden Beispiel wird eine HTML-Tabelle aus drei verschiedenen Templates aufgebaut. Das Master-Template *tab1.tmpl* enthält eine HTML-Tabellendefinition für eine Tabelle mit zwei Spalten. In der ersten Spalte dieser Tabelle sollen die in einer Adressdatei enthaltenen Namen eingetragen werden.

Die zweite Spalte der Tabelle enthält die nachgeordneten Templates *tab2.tmpl* für den Spaltenkopf sowie *tab3.tmpl* für die Tabellenzellen. Die nachgeordneten Templates werden jeweils mit dem <TMPL_INCLUDE>-Tag eingebunden. Die Werte der Template-Variablen werden innerhalb einer Schleife mit <TMPL_LOOP> zugewiesen.

```
<!--tab1.tmpl-->
<HTML>
<HEAD><TITLE>Verschachtelte Templates</TITLE>
<BODY>
<TABLE width='90%' border='0' cellpadding='2' cellspacing='2'>
<TR bgcolor='#C0C0C0'>
  <TH>Name</TH>
  <TMPL_INCLUDE NAME= "tab2.tmpl">
</TR>
<TMPL_LOOP NAME=NAMEN>
  <TR bgcolor=#E0E0E0>
     <TD><TMPL_VAR NAME=NAME></TD>
     <TMPL_INCLUDE NAME= "tab3.tmpl">
  </TR>
</TMPL_LOOP>
</TABLE>
</BODY>
</HTML>
```

Das Template *tab2.tmpl* beschreibt die Spaltenüberschriften für die zweite Tabellenspalte des Master-Templates:

```
<!--tab2.tmpl-->
<TH>Vorname</TH>
<TH>PLZ</TH>
<TH>Ort</TH>
<TH>Strasse</TH>
<TH>E-Mail</TH>
```

Das Template *tab3.tmpl* beschreibt das Format der Tabellenzellen der zweiten Spalte des Master-Templates. Die Werte der Template-Variablen werden innerhalb einer Schleife mit <TMPL_LOOP> zugewiesen.

```
<!--tab3.tmpl-->
<TMPL_LOOP NAME=ADR>
   <TD bgcolor=#FFFF00><TMPL_VAR NAME=VNAME></TD>
   <TD bgcolor=#FFFF00><TMPL_VAR NAME=PLZ></TD>
   <TD bgcolor=#FFFF00><TMPL_VAR NAME=ORT></TD>
   <TD bgcolor=#FFFF00><TMPL_VAR NAME=STR></TD>
   <TD bgcolor=#FFFF00><TMPL_VAR NAME=MAIL></TD>
</TMPL_LOOP>
```

In dem steuernden Perl-Skript werden zunächst die in der HTML-Tabelle dazustellenden Daten aus der Textdatei *adressen.txt* in das Array *@file* eingelesen, nach Namen sortiert, entsprechend dem vorgegebenen Trennzeichen # in einzelne Datenfelder zerlegt und für jede Datenzeile die Listen mit den Zerlegungsprodukten dem Array *@arr* als Array-Referenzen zugewiesen.

```
#!C:\PERL\bin\perl.exe
#html5.pl
print "Content-Type: text/html\n\n";
use strict;
use HTML::Template;
```

```
my (@list, @arr);
open (FILE,"<adressen.txt") ||
    die "Datei konnte nicht geöffnet werden";
# ganze Datei in @file einlesen
my @file = <FILE>;
# Array @file sortieren
my @sorted = sort @file;
foreach $_ (@sorted) {
    chomp;
    push @arr, [ split(/#/,$_)];
}
```

Im Anschluss daran wird dann ein neues Template-Objekt *$template* erzeugt. Innerhalb einer *foreach*-Schleife werden die in dem Array *@arr* enthaltenen Array-Referenzen dereferenziert und die einzelnen Array-Elemente jeder dereferenzierten Array-Referenz den Datenelementen der Liste *@puf* zugewiesen. Bei jedem Schleifendurchgang der *foreach*-Schleife wird dann mithilfe der Funktion *push()* der Zielliste *@list* ein neues Listenelement *@puf* hinzugefügt, und zwar so lange, bis alle Elemente des Daten-Arrays *@arr* abgearbeitet wurden.

```
# Template-Objekt erzeugen
my $template = HTML::Template->new(filename => 'tab1.tmpl');
# Parameter zuweisen
foreach (@arr) {
my @puf = {
    name  => $_->[0],
    ADR => [
      { vname => $_->[1],
        plz   => $_->[2],
        ort   => $_->[3],
        str   => $_->[4],
        mail  => $_->[5]},
        ]
      };
push (@list,@puf);
};
```

Die Liste *@list* enthält schließlich die gesamte, für die Steuerung der Templates benötigte Datenstruktur, die der Methode *param()* des Template-Objekts als Referenz übergeben werden kann.

```
$template->param('NAMEN', [ @list ]);
```

Anschließend kann mit der Methode *output()* die Textersetzung in den Templates durchgeführt und das Ergebnis in Form einer HTML-Tabelle ausgegeben werden.

```
# Template ausgeben
print $template->output();
```

Das Skript erzeugt zusammen mit den Templates *tab1.tmpl*, *tab2.tmpl* und *tab3.tmpl* sowie den in der Textdatei *adressen.txt* enthaltenen Daten die folgende Ausgabe:

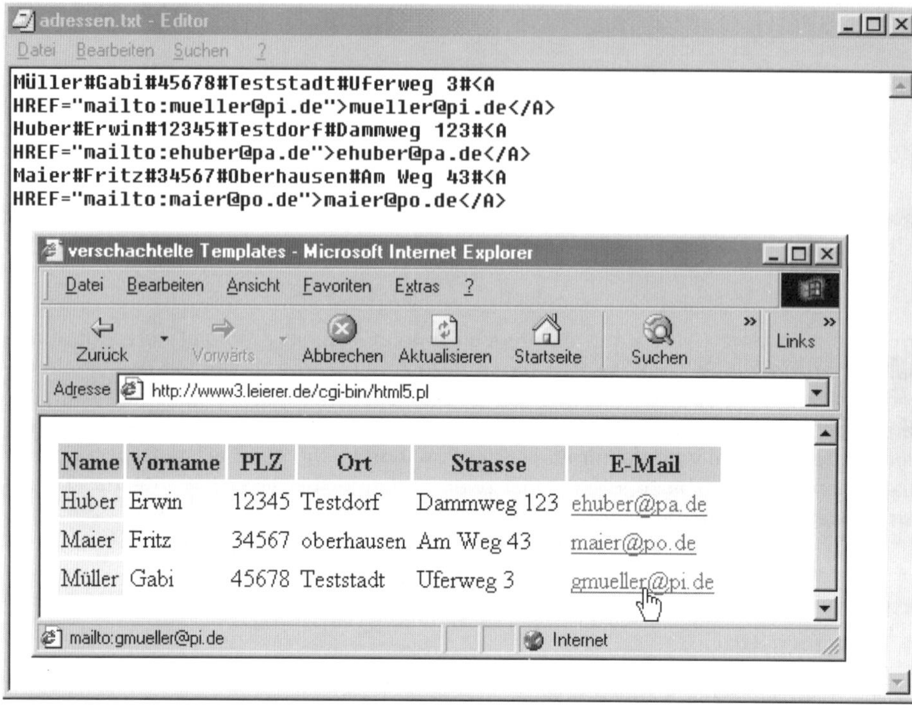

Ausgabe des Inhalts einer Textdatei als HTML-Tabelle unter Verwendung von verschachtelten Templates

Bedingungen mit dem Tag <TMPL_IF>

Mithilfe des <TMPL_IF>-Tags können innerhalb eines Templates Blöcke definiert werden, die abhängig vom Wert eines Kontrollparameters in die Ausgabe eingebunden werden oder nicht. Ist der Kontrollparameter WAHR (1), wird der Block eingebunden, andernfalls nicht.

> **Syntax des Tags <TMPL_IF>**
> - *<TMPL_IF NAME= "CONTROL_PARAMETER_NAME">*
>   ...
> - *</TMPL_IF>*

Der Wert des Kontrollparameters wird im steuernden Perl-Skript mit der *param()*-Methode festgelegt.

Blöcke mit <TMPL_IF> können beliebige gültige *HTML::Template*-Konstrukte wie z. B. Schleifen mit <TMPL_LOOP> oder andere <TMPL_IF>-Blöcke einschließen.

Das folgende Template zeigt ein einfaches Beispiel für die Verwendung des <TMPL_IF>-Tags:

```
<HTML>
<HEAD><TITLE>Template Test 4</TITLE>
<BODY>
<TMPL_IF NAME="COND1">
         Dieser Text wird angezeigt, wenn die Bedingung1 zutrifft
</TMPL_IF>
<TMPL_IF NAME="COND2">
        Dieser Text wird angezeigt, wenn die Bedingung2 zutrifft
```

```
</TMPL_IF>
</BODY>
</HTML>
```

Im steuernden Perl-Skript wird der Wert der Kontrollvariablen *COND2* mithilfe der Methode *param()* des erzeugten Template-Objekts festgelegt.

```
#!C:\PERL\bin\perl.exe
#html4.pl
print "Content-Type: text/html\n\n";
use HTML::Template;
# Template-Objekt erzeugen
my $template = HTML::Template->new(filename => 'test4.tmpl');
$template->param(COND2 => 1);
print $template->output();
```

Das Template erzeugt zusammen mit dem vorstehenden Perl-Skript die folgende Ausgabe:

```
Dieser Text wird angezeigt, wenn die Bedingung2 zutrifft
```

Alternative Blöcke mit dem <TMPL_ELSE>-Tag

Alternative Blöcke können mit dem <TMPL_ELSE>-Tag an einen mit <TMPL_IF> definierten Block angeschlossen werden. Das gesamte Konstrukt wird mit dem </TEMPL_IF>-Tag abgeschlossen.

Syntax des <TMPL_ELSE>-Tags

- *<TMPL_IF NAME= "CONTROL_PARAMETER_NAME">*

  ...
- *<TMPL_ELSE>*

  ...
- *</TMPL_IF>*

UNLESS-Blöcke mit dem Tag <TMPL_UNLESS>

Mithilfe des <TMPL_UNLESS>-Tags können *UNLESS*-Blöcke definiert werden. Diese verhalten sich umgekehrt wie Blöcke mit <TMPL_IF>. Ebenso wie bei <TMPL_IF> können alternative Blöcke mit <TMPL_ELSE> angeschlossen werden.

Syntax von <TMPL_UNLESS>

- *<TMPL_UNLESS NAME= "CONTROL_PARAMETER_NAME">*

  ...
- *<TMPL_ELSE>*

  ...
- *</TMPL_UNLESS>*

Der eingeschlossene Block wird bei der Ausgabe berücksichtigt, solange der Kontrollparameter *FALSE (0)* oder nicht definiert ist

10.2 Einbinden von Perl-Code in HTML-Dokumente

Während bei der Verwendung von HTML-Templates eine Trennung von HTML-Code und Perl-Code angestrebt wird, besteht eine andere Strategie im Umgang mit HTML-Code darin, den steuernden Perl-Code direkt in die HTML-Dokumente einzubinden. Hierfür stehen ein Reihe von Perl-Erweiterungen zur Verfügung, von denen im nachfolgenden Abschnitt das Modul *HTML::Embperl* detaillierter beschrieben wird.

10.2.1 Das Modul HTML::Embperl

Mithilfe des CPAN-Moduls *HTML::Embperl* kann bei entsprechender Konfiguration des Webservers Perl-Code direkt in HTML-Dokumente eingebettet werden. Der Perl-Code wird auf dem Webserver ausgeführt und das Ergebnis zum Browser gesendet.

Perl wird auf diese Weise zur serverseitigen, in HTML eingebetteten Skriptssprache, wie dies auch bei den aktuellen Sprachen ASP und PHP 4 zur Erstellung von dynamischen Webanwendungen der Fall ist. *Embperl* arbeitet hervorragend mit dem Apache-Modul *mod_perl* zusammen, das die Sprache Perl in den Webserver integriert, kann aber auch als normales CGI-Skript ausgeführt werden.

Mithilfe des Moduls *Embperl* können z. B. auf einfache Weise dynamische Tabellen aus Arrays, Hashes oder in Zusammenarbeit mit dem Modul *DBI* Datenbankabfragen erstellt werden.

Die Auswertung von Formularen kann auf einfache Weise erfolgen, da alle an ein *Embperl*-Dokument übermittelten Formulardaten in einem speziellen Hash zur *Verfügung* stehen. Umgekehrt werden die in dem Formular-Hash abgelegten Formulardaten automatisch in HTML-Input-, Textarea- und Select-Tags eingefügt.

Des Weiteren wird ein sehr effizientes Session-Handling unter Verwendung von serverseitigen Speichermechanismen und Client-seitiger Zustandserhaltung über Cookies ermöglicht.

Embperl ermöglicht eine modulare Programmierweise durch die Möglichkeit der Definition von Komponenten und der Erstellung von Bibliotheken aus oft benutzten Elementen, die in Form von Modulen zur Verfügung gestellt werden können.

In Verbindung mit dem Module *DBIx::Recordset* kann ein einfach zu handhabender Datenbankzugriff realisiert werden.

10.2.2 Installation und Konfiguration

Das Modul *HTML::Embperl* ist aus dem CPAN zu beziehen und steht dort in der Modulkategorie *WWW HTML HTTP CGI* zur Verfügung. Die derzeit aktuelle Version ist die Version 1.3b5. Um das Modul auf einem UNIX-System zu installieren, muss das gepackte Archiv *HTML-Embperl-1.3b5.tar.gz* zunächst entpackt werden. Ein mögliches Verzeichnis hierfür ist z. B. */usr/local/perl*. Das Entpacken erfolgt mit dem Befehl:

Für ganz Eilige

- *gunzip -c HTML-Embperl-1.3b5.tar .gz | tar xf -*
- *perl Makefile.PL*
- *make*
- *make test*
- *make install*

```
gunzip -c HTML-Embperl-1.3b5.tar.gz | tar xf -
```

Die entpackten Dateien befinden sich anschließend im Unterverzeichnis *../HTML-Embperl-1.3b5* des gewählten Installationsverzeichnisses. Wechseln Sie anschließend in dieses Verzeichnis.

Zunächst muss mit dem Befehl:

- `perl Makefile.PL`

der Makefile für den anschließenden Übersetzungslauf erstellt werden. Sie werden dabei gefragt, ob *Embperl* für *mod_perl* oder für die Verwendung als CGI-Programm zu übersetzen ist. Aufgrund der hohen Performance von *Embperl* unter *mod_perl* empfiehlt sich die Installation für *mod_perl*. In diesem Fall werden Sie dann nach dem Pfad der Apache-Quellen gefragt. Anschließend ist der Übersetzungslauf mit den Befehlen

- `make`
- `make test`
- `make install`

zu starten und abzuschließen. Voraussetzung für die Installation unter *mod_perl* ist natürlich, dass Sie das Apache-Modul *mod_perl* bereits installiert haben. Die Installation von *mod_perl* wird in Kapitel 3.5 (siehe S. 34) beschrieben.

Installation unter Windows

Unter Windows können Sie auf die von Randy Kobes vertriebene Binärdistribution für Windows 95/98/NT zurückgreifen, die derzeit den Apache-Webserver 1.3.12, Perl 5.6.0, *mod_perl 1.23*, *mod_ssl 2.6.3-1.3.12* und neben verschiedenen DBD-Modulen und der Grafikbibliothek *GD* auch das Modul *Embperl* in der Version 1.3.b3 enthält.

Die Installation dieser umfassenden und für Windows-Anwender sehr zu empfehlenden Binärdistribution wird in Kapitel 3.7 beschrieben.

Konfiguration des Moduls HTML::Embperl

Um das Modul *HTML::Embperl* als content handler unter *mod_perl* zu betreiben, sind die folgenden Einträge in der Apache-Konfigurationsdatei *httpd.conf* erforderlich:

- `SetEnv EMBPERL_DEBUG 2285`
- `<Location /embperl/x>`
- `SetHandler  perl-script`
- `PerlHandler HTML::Embperl`
- `Options     ExecCGI`
- `</Location>`

Mit dieser Konfiguration wird erreicht, dass *mod_perl* das Modul *Embperl* als content handler aufruft, wenn Dokumente, die im Unterverzeichnis vorhanden sein müssen, mit dem URI */embperl/x* angefordert werden.

Embperl bearbeitet dann das angeforderte Dokument entsprechend und sendet das Ergebnis über das Apache-Modul *mod_perl* zum Browser.

Des Weiteren ist es möglich, alle Dateien mit einer bestimmten Dateiendung für die Bearbeitung durch *Embperl* vorzusehen. Hierzu sind dann die folgenden Einträge in der Apache-Konfigurationsdatei *httpd.conf* zu machen:

- `PerlModule HTML::Embperl`
- `SetEnv EMBPERL_DEBUG 2285`
- `<Files *.epl>`

```
▪ SetHandler  perl-script
▪ PerlHandler HTML::Embperl
▪ Options     ExecCGI
▪ </files>
▪ AddType text/html .epl
```

Embperl als CGI-Programm

Um das Modul *Embperl* als CGI-Skript zu betreiben, muss die Datei *embpcgi.pl* (bei Windows-Systemen *embpcgi.bat*) in das CGI-Verzeichnis des Webservers kopiert werden. *Embperl* kann dann mit dem folgenden URL aufgerufen werden:

```
▪ http://www.domain.de/cgi-bin/embpcgi.pl/dokument.epl
```

Die Pfadinformation für das aufzurufende Dokument wird dabei dem Skript *embpcgi.pl* als zusätzliche Angabe übergeben.

Für den Apache-Webserver kann das Skript *embpcgi.pl* mit den folgenden Konfigurationsanweisungen in der Datei *httpd.conf* auch als Handler eingerichtet werden:

```
▪ <Directory /pfad/zu/den/embperl/dokumenten>
▪ Action text/html /cgi-bin/embperl/embpcgi.pl
▪ </Directory>
```

Aus Sicherheitsgründen empfiehlt es sich darüber hinaus, mittels der Umgebungsvariablen *EMBPERL_ALLOW* den Zugriff zu beschränken. Ist diese Umgebungsvariable vorhanden, werden von *Embperl* nur Dateien bearbeitet, die dem als Wert angegebenen regulären Ausdruck entsprechen. Die Bearbeitung anderer Dateien wird mit dem Fehlercode *FORBIDDEN* verweigert. Dies ist insbesondere im CGI-Modus eine nützlich Maßnahme zur Erhöhung der Serversicherheit. Die Umgebungsvariable kann mit der Konfigurationsanweisung

```
▪ SetEnv <var> <wert>
```

in der Webserver-Konfigurationsdatei gesetzt werden. Beim Apache-Webserver mit *mod_perl* können Sie auch die folgende Konfigurationsanweisung verwenden:

```
▪ PerlSetEnv <var> <wert>
```

10.2.3 Embperl-Befehle zum Einbetten von Perl-Code

Das Modul *HTML::Embperl* kennt eine ganze Reihe von speziellen Befehlen zur Steuerung des in den HTML-Quellcode eingebetteten Perl-Codes. Darüber hinaus sind einige HTML-Tags unter *Embperl* mit Sonderfunktionen versehen.

Zur Kennzeichnung der *Embperl*-Befehle werden diese in eckige Klammern *([...])* eingeschlossen. Falls das Zeichen *[* im HTML-Quelltext ohne diese Sonderbedeutung verwendet werden muss, wird eine weitere eckige Klammer *([[)* davor gestellt.

Hinweis

Wenn zur Erstellung der HTML-Dokumente ein ASCII-Editor verwendet wird, kann die oben beschriebene, von *Embperl* vorgenommene Quelltext-Vorbearbeitung durch Setzen der Option *opt RawInput* verhindert werden.

Da innerhalb des mit eckigen Klammern gekennzeichneten Perl-Codes von *Embperl* automatisch alle HTML-Tags entfernt und alle HTML-kodierten Zeichen in ihre ASCII-Äquivalente umgewandelt werden, müssen HTML-Tags und HTML-kodierte Zeichen durch einen vorgestellten Backslash (\) gekennzeichnet werden, falls diese innerhalb des Perl-Codes erhalten bleiben sollen.

Einbinden von Perl-Code mit dem Befehl [- ... -]

Mit dem Befehl *[- ... -]* können beliebige gültige Perl-Anweisungen in den HTML-Quellcode eingebettet werden. Der auf diese Weise eingebettete Perl-Code wird von *Embperl* ausgeführt, in der HTML-Ausgabe treten die eingebetteten Perl-Anweisungen jedoch nicht in Erscheinung. Hierzu das nachfolgende Beispiel:

```
[-
$var1 = "ein erster Test ";
$var2 = "mit ";
$var3 = "Embperl ";
$var4 = $var1.$var2.$var3;
-]
<HTML>
<BODY>
<h1>Überschrift</h1>
</BODY>
</HTML>
```

Einbinden von Perl-Code mit dem Befehl [+ ... +]

Mit dem Befehl *[+ ... +]* können beliebige gültige Perl-Anweisungen in den HTML-Quellcode eingebettet werden. Im Gegensatz zu der Einbindung mit *[- Perl Code -]* werden Perl-Anweisungen von *Embperl* im HTML-Code durch das Ergebnis ihrer Ausführung ersetzt und in der HTML-Ausgabe angezeigt.

Im nachfolgenden Beispiel werden die Variablen *$var1* bis *$var4* von *Embperl* zunächst entsprechend dem mit der Kennzeichnung *[- ... -]* eingebetteten Perl-Code ausgewertet. Anschließend werden diese Variablen mit der Kennzeichnung *[+ ... +]* in den HTML Quelltext eingebunden und mit verschiedenen HTML-Formatierungen zur Anzeige gebracht.

```
[-
$var1 = "ein erster Test ";
$var2 = "mit ";
$var3 = "Embperl ";
$var4 = $var1.$var2.$var3;
-]
<HTML>
<BODY>
<h1>[+$var4+]</h1>
<LI>Inhalt der Variable $var1: <B>[+$var1+]</B></LI>
<LI>Inhalt der Variable $var2: <B>[+$var2+]</B></LI>
<LI>Inhalt der Variable $var3: <B>[+$var3+]</B></LI>
<LI>Inhalt der Variable $var4: <B>[+$var4+]</B></LI>
</BODY>
</HTML>
```

Das Resultat des eingebetteten Perl-Codes wird in der HTML-Ausgabe angezeigt

Einbinden von Perl-Code mit dem Befehl [! ... !]

Perl-Anweisungen, die mit dem Befehl *[! ... !]* eingebunden werden, werden nur beim ersten Aufruf des Dokuments ausgeführt. Dies wird z. B. erforderlich, wenn Perl-Subroutinen definiert oder einmalige Initialisierungen durchgeführt werden sollen. Entsprechend dem Befehl *[- .. -]* wird der auf diese Weise eingebettete Perl-Code von *Embperl* zwar ausgeführt, tritt aber in der HTML-Ausgabe nicht in Erscheinung.

Einbinden von Perl-Code mit dem Befehl [* ... *]

Im Unterschied zu der Einbettung von Perl-Code-Blöcken mit dem Befehl *[- .. -]*, die jeweils ihren eigenen Gültigkeitsbereich haben, weisen alle mit dem Befehl *[* ... *]* eingebundenen Blöcke denselben Gültigkeitsbereich auf. Diese Art der Einbindung kann z. B. genutzt werden, um Perl-Befehle wie *if*, *while* oder *for* über mehrere *[* .. *]*-Blockgrenzen zu verwenden, was bei der Verwendung von *[- ... -]*-Blöcken nicht möglich wäre. Hierbei ist jedoch zu beachten, dass mit *[* ... *]* eingebundenen Blöcke in jedem Fall mit öffnenden *{* oder schließenden *}* geschweiften Klammern abgeschlossen werden müssen.

Darüber hinaus können mit *[* ... *]* eingebundene Blöcke nicht innerhalb eines von *Emperl* interpretierten HTML-Tags verwendet werden.

Während das folgende Beispiel erwartungsgemäß funktioniert,

```
<!--embp3.epl-->
[* for ($i=0; $i<10; $i++)  { *]
  aktueller Wert des Schleifenzählers [+ $i +]<br>
[* } *]
```

würden die auf die folgende Weise eingebundenen Code-Blöcke

```
<!--embp3.epl-->
[- for ($i=0; $i<10; $i++)  { -]
  aktueller Wert des Schleifenzählers [+ $i +]<br>
[- } -]
```

zu einer Fehlermeldung führen, da in den beiden mit *[- ... -]* eingebundenen Perl-Code-Blöcken ohne die Expansion über die Blockgrenzen hinweg, wie dies bei der Einbindung mit *[* ... *]* erfolgt, jeweils die schließende bzw. die öffnende geschweifte Klammer fehlen würde.

```
[-970383]ERR: 24: Line 2: Error in Perl code: Missing right curly or square bracket
at /apache/htdocs/embp3.epl line 4, at end of line
    syntax error at /apache/htdocs/embp3.epl line 4, at EOF
[-970383]ERR: 24: Line 4: Error in Perl code: Unmatched right curly bracket at
/apache/htdocs/embp3.epl line 5, at end of line
    syntax error at /apache/htdocs/embp3.epl line 5, near "#line 4
"/apache/htdocs/embp3.epl"
      }
     }"
Apache/1.3.12 (Win32) mod_perl/1.23 HTML::Embperl 1.3b3 [Fri Aug 11 02:10:32 2000]
```

Internal Server Error

Einfügen von Kommentaren mit dem Befehl [# ... #]

Mit dem Befehl *[# ... #]* können beliebige Blöcke mit Kommentaren in das HTML-Dokument eingebettet werden. Diese werden von *Embperl* vor dem Versenden an den Webclient entfernt. Der Befehl *[# ... #]* kann auch verwendet werden, um ganze Dokumententeile auszukommentieren, da alles zwischen den Zeichen *[#* und *#]* zum Kommentar wird. Eine Ausnahme hiervon sind Blöcke, die mit *[* ... *]* eingebunden wurden. Diese werden auch innerhalb von Kommentarblöcken ausgewertet.

10.2.4 Die Meta-Kommandos von Embperl

Syntax eines Embperl-Meta-Kommandos

- *[$ Kommando Argument $]*

Die Meta-Kommandos von *Embperl* dienen der Ablaufsteuerung, der Definition von Variablen, Subroutinen sowie von versteckten Eingabefelder innerhalb der in den HTML-Code eingebetteten Perl-Code-Blöcke. Die Meta-Kommandos von *Embperl* weisen alle den folgenden Aufbau auf:

Definition von Variablen mit dem Meta-Kommando var

Mithilfe des Meta-Kommandos *var* können für eine *Embperl*-Seite eine oder mehrere Variablen definiert werden. Gleichzeitig mit der Definition der Variablen wird das Pragma *strict* gesetzt.

Im nachfolgenden Beispiel werden die drei Variablen *$var1*, *$var2* und *@arr* definiert.

```
<!--embp9.epl-->
[$ var $var1 $var2 @arr $]
<HTML>
<TITLE>Definition von Variablen</TITLE>
<BODY>
<H1>Definition von Variablen</H1>
[+ $var1="eine skalare Variable" +]<BR>
[- @arr=("a","b","c")-]
ein Arrayelement: [+ $arr[0]; +]
</BODY>
</HTML>
```

Der Gültigkeitsbereich von Embperl-Variablen

Der Gültigkeitsbereich von lokalen Variablen, die mit *my* oder *local* definiert wurden, endet mit der letzten Zeile des umschließenden *[+/- ... -/+]*-Blocks. Globale Variablen werden nach jeder Seitenanforderung automatisch gelöscht.

Dies gilt jedoch nur für Variablen innerhalb des *package* der aktuell ausgeführten *Embperl*-Seite. Variablen in anderen *packages* bleiben davon unberührt.

Sofern Variablen nach dem Seitenaufruf nicht gelöscht werden, können sie in den Hash *%CLEANUP* (siehe Kapitel 10.2.6, S. 306) eingetragen werden.

Das automatische Löschen der Variablen nach einer Seitenanforderung kann durch Belegen der Umgebungsvariablen *EMBPERL_OPTIONS* mit dem Wert *optDisableVarCleanup=1* abgeschaltet werden.

Bedingungen mit if ... elsif ... else ... endif

Mit den Meta-Kommandos *[$ if ...$]*, *[$ elseif ...$]*, *[$ else $]* und *[$ endif $]* kann die Ausgabe von HTML-Blöcken in Abhängigkeit von den den Meta-Kommandos als Argumente übergebenen Bedingungen abhängig gemacht werden. Ein HTML-Block zwischen *[$ if ...]* und *[$ if ...]* oder zwischen *[$ elseif ...$]* und *[$ else $]* bzw. *[$ endif $]* wird nur dann ausgegeben, wenn die jeweils angegebene Bedingung WAHR ist.

Im nachfolgenden Beispiel wird in Abhängigkeit von der in der Auswahlliste getroffenen Auswahl ein bestimmter Text ausgegeben. Für das Verständnis dieses Skripts ist noch wichtig, dass *Embperl* alle an das Dokument gesendeten Formulardaten unabhängig von der gewählten Übertragungsmethode *GET* oder *POST* in dem Hash *%fdat* verwaltet, sodass mit *$fdat{name}* auf den aktuellen, im Formular generierten Wert des Elements *name* zugegriffen werden kann. Im vorliegenden Fall werden die Formulardaten an das eigene Dokument gesendet.

```
<!--embp4.epl-->
<HTML>
<TITLE>Bedingungen mit if</TITLE>
<BODY>
<H1>Bedingungen mit if ... elsif ... else ... endif</H1>
<H3>Treffen Sie Ihre Wahl:</H3>
<FORM ACTION="" METHOD="GET">
<SELECT NAME="Auswahl">
```

```
<OPTION VALUE="rot">rot
<OPTION VALUE="gruen">grün
<OPTION VALUE="blau">blau
</SELECT> 
<INPUT TYPE="Submit" NAME="OK" VALUE="OK"><p><BR><BR></p>
[$ if $fdat{Auswahl} eq 'rot' $]
      <H3>rot wurde ausgewählt  </H3>
[$ elsif $fdat{Auswahl} eq 'gruen' $]
      <H3>grün wurde ausgewählt  </H3>
[$ elsif $fdat{Auswahl} eq 'blau' $]
      <H3>blau wurde ausgewählt   </H3>
[$ endif $]
</FORM>
</BODY>
</HTML>
```

Das Skript erzeugt die nachfolgende Ausgabe:

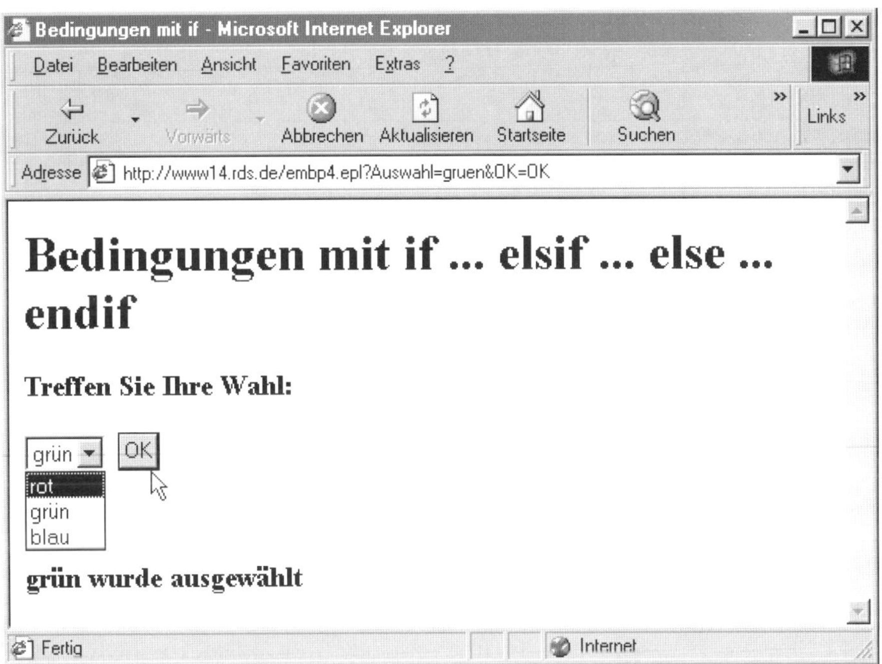

Auswerten von Bedingungen mit if

Schleifen mit while ... endwhile

Mithilfe der Meta-Kommandos *[$ while Bedingung $]* und *[$ endwhile $]* können *while*-Schleifen realisiert werden. Die zwischen den beiden Meta-Kommandos liegenden Anweisungen werden ausgeführt, solange der als Bedingung angegebene Ausdruck WAHR ist.

Im nachfolgenden Beispiel wird eine *while*-Schleife zur Berechnung der Fakultät *F=1*2*3..*n* der in einem HTML-Eingabefeld eingegebenen Zahl *n* verwendet.

```
<!--embp5.epl-->
<HTML>
<TITLE>Schleifen mit while</TITLE>
<BODY>
<H1>Schleifen mit while...endwhile</H1>

<FORM ACTION="" METHOD="GET">
<FONT SIZE="+1">Berechnung der Fakultät von:</FONT> 
<INPUT TYPE="Text" NAME="zahl" VALUE="" SIZE="2">
<INPUT TYPE="Submit" NAME="OK" VALUE="OK">
</FORM>
[- $i = 1; $erg=1; -]
[$ while ($i < $fdat{zahl}+1) $]
     [+$i+] Fakultät= [+ $erg=$erg*$i +]<BR>
     [- $i++ -]
     [$ endwhile $]
</BODY>
</HTML>
```

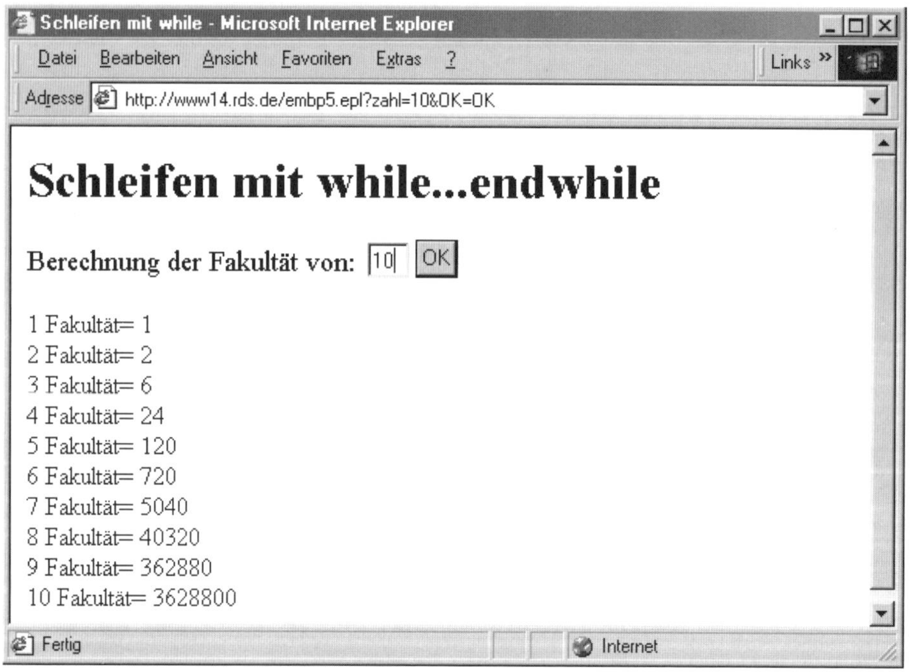

Verwendung des Meta-Kommandos while...endwhile

Schleifen mit do ... until

Unter Verwendung der Meta-Kommandos *[do] ... [until Bedingung]* kann eine Schleife ausgeführt werden, bis die bei *[until ...]* angegebene Bedingung WAHR ist.

Die Fakultätsberechnung des vorherigen Beispiels kann mit einer *do ... until*-Schleife wie folgt realisiert werden. Im Unterschied zur *while*-Schleife wird die Berechnung in jedem Fall zumindest einmal durchgeführt, d. h. im Beispiel für den Startwert 1.

```
<!--embp6.epl-->
<HTML>
<TITLE>Schleifen mit do...until</TITLE>
<BODY>
<H1>Schleifen mit do...until</H1>

<FORM ACTION="" METHOD="GET">
<FONT SIZE="+1">Berechnung der Fakultät von:</FONT> 
<INPUT TYPE="Text" NAME="zahl" VALUE="" SIZE="2">
<INPUT TYPE="Submit" NAME="OK" VALUE="OK">
</FORM>
[- $i = 1; $erg=1; -]
[$ do $]
     [+$i+] Fakultät= [+ $erg=$erg*$i +]<BR>
     [- $i++ -]
[$ until $i > $fdat{zahl} $]
</BODY>
</HTML>
```

Schleifen mit foreach und endforeach

Das Meta-Kommando *[foreach] ... [endforeach]* ist entsprechend der Perl-Anweisung *foreach* für die Ausgabe von Listen vorgesehen. Eine als Argument anzugebende skalare Variable durchläuft dabei die Liste und enthält bei jedem Schleifendurchgang das aktuelle Listenelement.

Im nachfolgenden Beispiel wird der Inhalt des Arrays *@arr* in einer *foreach*-Schleife ausgegeben:

```
<!--embp7.epl-->
<HTML>
<TITLE>Schleifen mit foreach</TITLE>
<BODY>
<H1>Schleifen mit foreach</H1>
[- @arr=("rot","grün","blau","gelb","lila","weiß");-]
[$ foreach $elem @arr $]
     [+ $elem +] <BR>
[$ endforeach $]
</BODY>
</HTML>
```

Definition von versteckten Eingabefeldern mit dem Meta-Kommando hidden

Das Meta-Kommando *[$ hidden $]* generiert versteckte Eingabefelder für alle Werte, die in dem ersten, in Form eines Hashs zu übergebenden Parameter, aber nicht in einem als zweiter Parameter zu übergebenden Hash enthalten sind.

Default-Variablen für den ersten und zweiten Parameter des *[$ hidden $]*-Kommandos sind die Hashes *%fdat* und *%idat* (siehe hierzu , S. 306). Ein optional als drittes Argument zu übergebendes Array gibt die Reihenfolge der Felder an.

Wenn keine Parameter angegeben werden, erzeugt *Embperl* für alle an ein Dokument gesendeten Werte verstecke Eingabefelder, dies aber nur, wenn hierfür nicht bereits andere Eingabefelder existieren.

Im nachfolgenden Beispiel werden mit dem *[$ hidden $]*-Kommando drei versteckte Eingabefelder für die Übergabe von Werten an das Dokument *dok1.epl* erzeugt.

```
<!--embp8.epl-->
<HTML>
<TITLE>versteckte Eingabefelder</TITLE>
<BODY>
<H1>versteckte Eingabefelder</H1>
<FORM ACTION="dok1.epl" METHOD="GET">
  [-$hdat{wert1}=22-]
  [-$hdat{wert2}=33-]
  [-$hdat{wert3}=44-]
  [$ hidden %hdat $]
<INPUT TYPE="Submit" NAME="OK" VALUE="OK">
</FORM>
</BODY>
</HTML>
```

Mit der Option *Quelltext anzeigen* des Browsers können Sie sich davon überzeugen, dass für das Dokument *embp8.pl* tatsächlich drei versteckte Eingabefelder erzeugt wurden:

Quelltext des Dokuments embp8.epl

```
<!–embp8.epl–>
<HTML>
<TITLE>versteckte Eingabefelder</TITLE>
<BODY>
<H1>versteckte Eingabefelder</H1>
<FORM ACTION="dok1.epl" METHOD="GET">

<input type="hidden" name="wert1" value="22">
<input type="hidden" name="wert2" value="33">
<input type="hidden" name="wert3" value="44">
<INPUT TYPE="Submit" NAME="OK" VALUE="OK">
</FORM>
</BODY>
</HTML>
```

Die übertragenen Werte können im aufgerufenen Dokument *dok1.eps* durch den folgenden eingebetteten Perl-Code angezeigt werden:

```
<!--dok1.eps-->
<HTML>
<TITLE>versteckte Eingabefelder</TITLE>
<BODY>
<H1>versteckte Eingabefelder</H1>
wert1: [+$fdat{wert1}+]<BR>
wert1: [+$fdat{wert2}+]<BR>
```

```
wert1: [+$fdat{wert3}+]<BR>
</BODY>
</HTML>
```

```
versteckte Eingabefelder

wert1: 22
wert1: 33
wert1: 44
```

Ausgabe im Dokument dok1.epl

Definition von Subroutinen mit dem Meta-Kommando sub

Mit den Meta-Kommandos *[$ sub ... $]* ... *[$ endsub $]* wird eine *Embperl*-Funktion definiert. Diese kann entweder wie eine normale Perl-Funktion oder unter Verwendung der Funktion *HTML::Embperl::Execute* aufgerufen werden.

```
Aufruf einer Embperl-Funktion
[- subname -]
[- Execute ('#subname')  -]
[- Execute ({ sub => 'subname'})  -]
```

Das nachfolgende Beispiel zeigt eine Funktionsdefinition mit anschließendem Aufruf der Funktion. Der Funktion können beliebig viele Parameter zur Berechnung des Mittelwerts übergeben werden.

Zur Parameterübergabe wird wie bei normalen Perl-Funktionen das Array @_ verwendet. Im Gegensatz zu normalen Perl-Funktionen müssen *Embperl*-Funktionen vor ihrem Aufruf definiert werden.

```
<!--embp10.epl-->
<HTML>
<TITLE>Subroutinen</TITLE>
<BODY>
<H1>Subroutinen</H1>

<!--Definition der Subroutine-->
[$ sub mw $]
  [- @in = @_ -]
  [$ foreach $elem @in $]
      [- $sum+=$elem; -]
  [$ endforeach $]
  [-  $anz=@in;
  $erg = $sum /$anz; -]
  Anzahl der Werte: [+ $anz+]
  <p> Mittelwert: [+ $erg +]</p>
[$ endsub $]

<!--Aufruf der Subroutine-->
[- mw(10,8,6,10,12) -]
</BODY>
</HTML>
```

Ausgabe:

```
Subroutinen
Anzahl der Werte: 5
Mittelwert: 9.2
```

10.2.5 Verwendung von HTML-Tags mit Sonderbedeutung

Die Verwendung einer Reihe von HTML-Tags ist in Verbindung mit dem Modul *HTML::Embperl* mit verschiedenen Besonderheiten verbunden, die in den nachfolgenden Abschnitten erläutert werden.

Generierung von dynamischen Tabellen

Im Zusammenhang der Definitionen von Tabellen mit den Tags <TABLE> ... </TABLE> und <TR> ... </TR> und <TH> ... </TH> stellt das Modul *HTML::Embperl* eine Reihe von Erweiterungen zur Verfügung, mit deren Hilfe die Generierung von dynamischen Tabellen zum Kinderspiel wird. Das Modul *HTML::Embperl* stellt für die Generierung von Tabellen die „magischen" Variablen *$row*, *$col* als Zeilen- und Spaltenzähler sowie *$cnt* als Zähler für die Anzahl der Tabellenzellen zur Verfügung. *Embperl* überprüft zunächst automatisch, ob diese Variablen verwendet werden. Falls dies nicht der Fall ist, wird die Tabelle entsprechend der vorgegebenen HTML-Tabellendefinition ausgegeben.

Falls die magischen Variablen verwendet werden, werden diese automatisch inkrementiert, bis der Block in dem diese Variablen enthalten sind, den Wert *undef* zurück gibt. Dabei wird jeweils der gesamte Text zwischen den Tags <TABLE> und </TABLE>, <TH> ... </TH> oder <TR> ...</TR> entsprechend oft wiederholt.

Der Rückgabewert ist dabei immer der Wert des letzten ausgewerteten Ausdrucks des entsprechenden Blocks. Durch Belegen der Variablen *$maxrow*, *$maxcol* und *$tabmode* kann das Kriterium für das Erreichen des Tabellenendes beeinflusst werden. Die verschiedenen Belegungsmöglichkeiten der Variablen *$tabmode* sind in der folgenden Tabelle zusammengestellt:

Wert	Bedeutung
$tabmode = 1	Das Tabellenende ist erreicht, wenn ein Block, der die Variable *$row* enthält, den Wert *undef* zurückgibt. Die Tabellenzeile, die den undefinierten Ausdruck enthält, wird nicht mehr angezeigt.
$tabmode = 2	Das Tabellenende ist erreicht, wenn ein Block, der die Variable *$row* enthält, den Wert *undef* zurückgibt. Die Tabellenzeile, die den undefinierten Ausdruck enthält, wird angezeigt.
$tabmode = 4	Das Tabellenende ist erreicht, wenn *$maxrow* Tabellenzeilen angezeigt wurden.
$tabmode = 16	Das Tabellenende ist erreicht, wenn ein Block, der die Variable *$col* enthält, den Wert *undef* zurückgibt. Die Tabellenspalte, die den undefinierten Ausdruck enthält, wird nicht mehr angezeigt.
$tabmode = 32	Das Tabellenende ist erreicht, wenn ein Block, der die Variable *$col* enthält, den Wert *undef* zurückgibt. Die Tabellenspalte, die den undefinierten Ausdruck enthält, wird angezeigt.
$tabmode = 64	Das Tabellenende ist erreicht, wenn *$maxcol* Tabellenspalten angezeigt wurden.

Zusammenstellung der möglichen Belegung der vordefinierten Variablen $tabmode

In entsprechender Weise können die Variablen *$row* und *$maxrow* auch bei der automatischen Generierung von Listen, Menüs und Listboxen eingesetzt werden. Die Variablen *$col* und *$maxcol* werden bei Listen und Menüs ignoriert.

Im nachfolgenden Beispiel soll der Inhalt der Umgebungsvariablen *%ENV* tabellarisch dargestellt werden. Das Beispiel enthält eine HTML-Tabellendefinition mit drei fest vorgegebenen Spalten und einer variablen Anzahl von Tabellenzeilen, deren Aufbau durch die Verwendung der magischen *Embperl*-Variablen *$row* automatisiert wird.

Zunächst werden mithilfe der Funktion *keys()* alle Schlüssel des Umgebungsvariablen-Hashs *%ENV* in das Array *@keys* eingelesen.

Anschließend wird der Inhalt der magischen Variablen *$row* der Variablen *$i* zugewiesen. Die Variable *$row* wird automatisch so lange inkrementiert, bis der Ausdruck *$key[$row]*, der einen Schlüssel des Hashs *%ENV* enthält, nicht mehr definiert ist.

Gleichzeitig wird die Ausgabe der zwischen den Tags <TR> und </TR> definierten Tabellenzeile zur Anzeige gebracht. Innerhalb dieser Tabellenzeile finden Sie die jeweils aktuellen Werte von *$i* mit der Nummer der Umgebungsvariablen *$key[$row]*, mit dem aktuellen Schlüssel und *$ENV{$key[$i]}*, mit dem aktuellen zugehörigen Wert des Hashs *%ENV*.

Durch die in dem Codeblock

```
[- $ENV{$key[$i]}=~s/;/; /g -]
```

definierte Substitutions-Operation werden zudem in allen aktuellen Werten von *$ENV{$key[$i]}* Strichpunkte durch Strichpunkte gefolgt von einem Leerzeichen ersetzt, um in der generierten Tabelle automatische Zeilenumbrüche entsprechend der mit dem *width*-Attribut vorgegebenen Spaltenbreite der Spalte "*Wert*" zu ermöglichen.

```
<!--embp11.epl-->
<HTML>
<TITLE>Dynamische Tabellen</TITLE>
<BODY>
<H2>Inhalt des Hashs %ENV (Umgebungsvariablen)</H2>

[- @key = keys %ENV -]
<TABLE BORDER=0 CELLSPACING=2 CELLPADDING=2>
<TR BGCOLOR=#B0B0B0>
<TH width=5%>Nr</TH><TH width=20%>Variable</TH><TH
width=60%>Wert</TH>
</TR>
<TR BGCOLOR=#E0E0E0>
    <TD><FONT SIZE="-1">[+ $i=$row +]</FONT></TD>
    <TD><FONT SIZE="-1">[+ $key[$row] +]</FONT></TD>
    [- $ENV{$key[$i]}=~s/;/; /g -]
    <TD><FONT SIZE="-1">[+ $ENV{$key[$i]} +]</FONT></TD>
 </TR>
</TABLE>
</BODY>
</HTML>
```

Inhalt des Hashs %ENV (Umgebungsvariablen)

Nr	Variable	Wert
0	QUERY_STRING	
1	SERVER_ADDR	192.168.7.2
2	HTTP_ACCEPT_LANGUAGE	de
3	SERVER_PROTOCOL	HTTP/1.1
4	HTTP_CONNECTION	Keep-Alive
5	SERVER_SIGNATURE	<ADDRESS>Apache/1.3.12 Server at www14.rds.de Port 80</ADDRESS>
6	COMSPEC	C:WINDOWSCOMMAND.COM
7	PATH_TRANSLATED	/apache/htdocs/embp11.epl
8	REMOTE_PORT	1089
9	HTTP_USER_AGENT	Mozilla/4.0 (compatible; MSIE 5.0; Windows 98; DigExt)
10	HTTP_ACCEPT	image/gif, image/x-xbitmap, image/jpeg, image/pjpeg, application/msword, application/vnd.ms-excel, application/vnd.ms-powerpoint, */*
11	HTTP_HOST	www14.rds.de
12	GATEWAY_INTERFACE	CGI-Perl/1.1
13	WINDIR	C:WINDOWS
14	SERVER_SOFTWARE	Apache/1.3.12 (Win32) mod_perl/1.23
15	SERVER_ADMIN	you@your.address
16	REMOTE_ADDR	192.168.7.48
17	SCRIPT_NAME	/embp11.epl
18	SERVER_NAME	www14.rds.de
19	HTTP_ACCEPT_ENCODING	gzip, deflate
20	DOCUMENT_ROOT	/apache/htdocs
21	REQUEST_URI	/embp11.epl
22	MOD_PERL	mod_perl/1.23
23	REQUEST_METHOD	GET
24	SCRIPT_FILENAME	/apache/htdocs/embp11.epl
25	EMBPERL_DEBUG	2285
26	PATH	C:WINDOWS; C:WINDOWSCOMMAND; C:ADABASBIN; C:ADABASPGM; C:PERL5.6.0BIN; C:PERL5.6.0BINMSWIN32-X86; C:OPENSSLBIN;
27	SERVER_PORT	80

Diese Tabelle wurde mithilfe des Moduls HTML::Embperl automatisch generiert

Automatische Ausgabe einer Matrix

Im vorherigen Beispiel wurde für die Ausgabe des Inhalts des Umgebungsvariablen-Hashs die Anzahl der darzustellenden Tabellenspalten fest vorgegeben. Wird zusätzlich die magische Variable *$col* als Spaltenzähler verwendet, kann z. B. der Inhalt einer als Referenzen auf Arrays organisierten Liste – in anderen Worten: einer Matrix – unabhängig von der enthaltenen Anzahl der Zeilen und Spalten automatisch generiert werden.

Die hierzu erforderliche Vorgehensweise zeigt das folgende Beispiel:

```
<!--embp12.epl-->
<HTML>
<TITLE>Dynamische Tabellen</TITLE>
<BODY>
<H2>Eine mit dem Modul HTML::Embperl automatisch generierte
    Tabelle</H2>
 [-
@z1 = ("Spalte 1","Spalte 2","Spalte 3","Spalte 4","Spalte 5");
@z2 = ("Z1S1","Z1S2","Z1S3","Z1S4","Z1S5");
@z3 = ("Z2S1","Z2S2","Z2S3","Z2S4","Z2S5");
@z4 = ("Z3S1","Z3S2","Z3S3","Z3S4","Z3S5");
@z5 = ("Z4S1","Z4S2","Z4S3","Z4S4","Z4S5");
@z6 = ("Z5S1","Z5S2","Z5S3","Z5S4","Z5S5");
@matrix =(\@z1,\@z2,\@z3,\@z4,\@z5,\@z6);
-]
<TABLE WIDTH=80% BORDER=0 CELLSPACING=2 CELLPADDING=2>
<TR bgcolor=#A0A0A0>
  <TH WIDTH=20%>[+ $matrix[0]->[$col] +] </TH>
</TR>
<TR bgcolor=#E0E0E0>
<TD>[+ $matrix[$row+1]->[$col] +]</TD>
</TR>
</TABLE>
</BODY>
</HTML>
```

Das *Embperl*-Skript erzeugt die folgende Ausgabe:

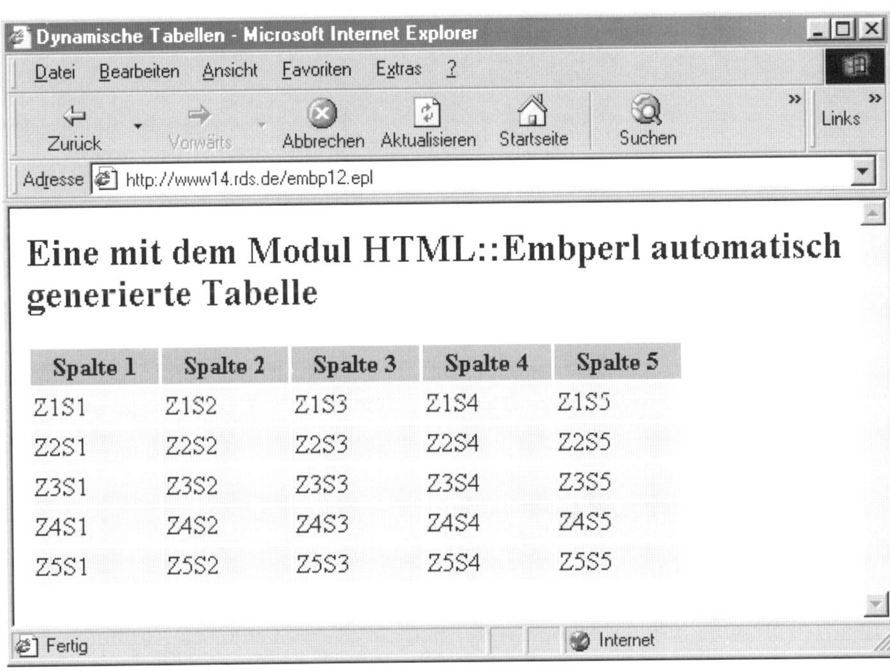

Automatische Tabellengenerierung aus dem Inhalt einer als Matrix organisierten Liste

Verwendung des INPUT-Tags mit Embperl

Der <INPUT>-Tag arbeitet in der folgenden Weise mit den Hashes *%idat* und *%fdat* zusammen:

Die Werte aller <INPUT>-Tags einer *Embperl*-Seite werden in dem Hash *%idat* mit dem Namen des <INPUT>-Tags als Schlüssel und mit dem im *VALUE*-Attribut festgelegten Wert als Wert gespeichert. Bei Radiobuttons und Checkboxen wird das *CHECKED*-Attribut gesetzt, wenn das *VALUE*-Attribut mit dem entsprechenden Wert im Hash *%fdat* übereinstimmt.

Wenn das *VALUE*-Attribut eines <INPUT>-Tags fehlt, aber im Hash *%fdat* ein Element mit dem entsprechenden Namen vorhanden ist, erzeugt *Embperl* automatisch ein *VALUE*-Attribut mit dem entsprechenden Wert aus dem Hash *%fdat*. Das folgende Skript verdeutlicht dieses Verhalten:

```
<!--embp13.epl-->
<HTML>
<TITLE>HTML-Eingabeelemente</TITLE>
<BODY>
<H2>HTML-Eingabeelemente</H2>
<FORM ACTION="" METHOD="GET" TARGET="">
[- $fdat{"field1"}= "Eingabe1"; -]
[- $fdat{"field2"}= "Eingabe2"; -]
[- $fdat{"field3"}= "Eingabe3"; -]
[- $fdat{"radio1"}= 1; -]
[- $fdat{"check2"}= 1; -]
<INPUT TYPE="Text" NAME="field1"  SIZE="" ><BR>
<INPUT TYPE="Text" NAME="field2"  SIZE="" ><BR>
<INPUT TYPE="Text" NAME="field3"  SIZE="" ><BR>
<INPUT TYPE="Radio" NAME="radio1" VALUE="1">
<INPUT TYPE="Radio" NAME="radio2" VALUE="v"><BR>
<INPUT TYPE="Checkbox" NAME="check1" VALUE="v">
<INPUT TYPE="Checkbox" NAME="check2" VALUE="1">
<BR>
<INPUT TYPE="Submit" NAME="OK" VALUE="OK">
<INPUT TYPE="reset">
</FORM>
</BODY>
</HTML>
```

Da die HTML-Eingabefelder *field1* bis *field3* kein *VALUE*-Attribut aufweisen, werden die entsprechenden Werte aus dem Hash *%fdat* übernommen. Diesem Hash wurden mit den Anweisungen

```
[- $fdat{"field1"}= "Eingabe1"; -]
[- $fdat{"field2"}= "Eingabe2"; -]
[- $fdat{"field3"}= "Eingabe3"; -]
```

entsprechende Werte zugewiesen.

Bei den Radiobuttons und Checkboxen der Seite wird das *CHECKED*-Attribut jeweils im Falle der Übereinstimmung zwischen dem bei dem jeweiligen <INPUT>-Tag angegebenen *VALUE*-Attribut und dem entsprechenden Wert im Hash *%fdat* gesetzt.

Das Skript zeigt nach seinem Aufruf die folgende Ausgabe:

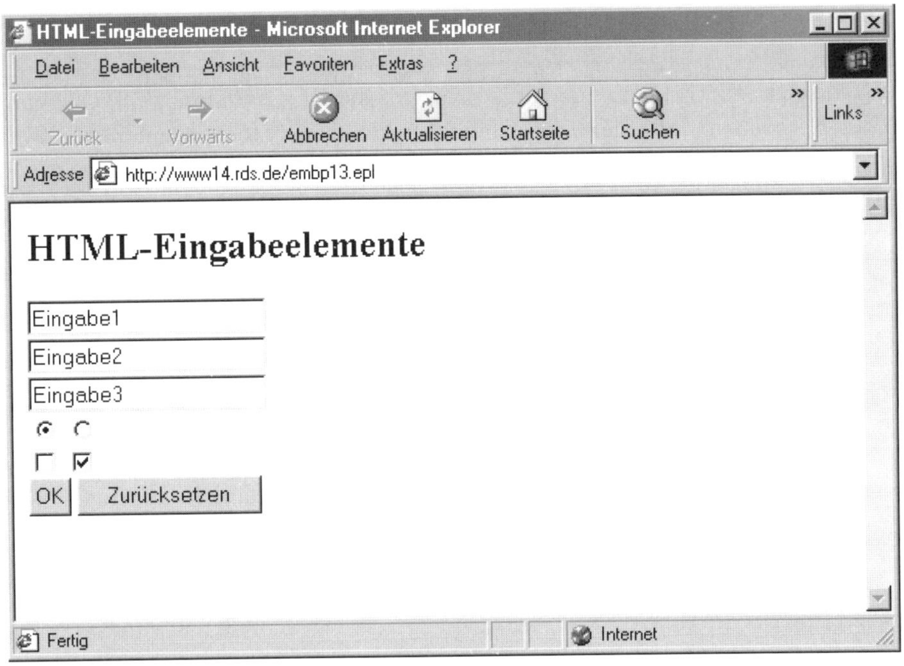

Verwendung des <INPUT>-Tags mit dem MODUL HTML::Embperl

Senden von HTTP-Headern

Im Hash *%http_headers_out* können HTTP-Header eingetragen werden, die vor dem Dokument gesendet werden sollen. Im Falle eines *Location*-Headers wird z. B. automatisch der HTTP-Status *301* (Moved Permanently) gesetzt.

Das nachfolgende Skript generiert ein HTML-Formular zur Eingabe des Namens und der E-Mail-Adresse. Die Formulardaten werden mittels der HTTP-Methode *GET* an ein auswertendes *Embperl*-Dokument gesendet.

```
<!--embp21.epl Senden von HTTP-Headern-->
<HTML>
<TITLE>HTTP-Header</TITLE><BODY>
<H3>Ihre Eingabe:</H3>
<FORM ACTION="embp22.epl" METHOD="GET">
<TABLE BORDER=0 BGCOLOR=#E0E0E0>
<TR><TD>Name:</TD><TD><INPUT TYPE="Text" NAME="name"
        SIZE="12"></TD></TR>
<TR><TD>Vorname:</TD><TD><INPUT TYPE="Text" NAME="vname"
        SIZE="12"></TD></TR>
<TR><TD>E-Mail:</TD><TD><INPUT TYPE="Text" NAME="mail" SIZE="12">
        </TD></TR>
<TR><TD>Senden:</TD><TD ALIGN='RIGHT'><INPUT TYPE="Submit"
        NAME="send" VALUE="OK"></TD></TR>
</TABLE></FORM></BODY></HTML>
```

In dem auswertenden *Embperl*-Dokument wird zunächst mit

```
[$ if (!$fdat{name} || !$fdat{mail}) $]
```

geprüft, ob im Eingabeformular Name und E-Mail-Adresse eingegeben wurden. Ist dies nicht der Fall, wird ein *Location*-Header gesendet und der Webclient angewiesen, den dort angegebenen URL zur Vervollständigung der Daten erneut anzufordern.

```
<!--embp22.epl Senden des Location-Headers-->
<HTML>
<HEAD>
<TITLE>Bestätigung</TITLE>
</HEAD>
<BODY>
<H3>Bestätigung</H3>
[$ if (!$fdat{name} || !$fdat{mail}) $]
[-
  $http_headers_out{location} = "http://www14.rds.de/embp21.epl";
  exit ;
-]
[$ else $]
Ihre Daten: <br>
  Name: [+ $fdat{name} +] <br>
  Vorname: [+ $fdat{vname} +] <br>
  E-Mail: [+ $fdat{mail} +] <br>
[$endif$]
</BODY>
</HTML>
```

Senden von Cookies mit Embperl

Der Hash *%http_headers_out* kann, wie das folgende Beispiel zeigt, auch zum Versenden eines Set-Cookie-Headers verwendet werden. Das Beispiel bezieht sich auf das Eingabeformular des vorherigen Abschnitts. Sofern die Eingabe der erforderlichen Daten unvollständig ist, wird wie schon im vorherigen Skript durch Versenden des entsprechenden *Location*-Headers das Eingabeformular zur Vervollständigung der Daten erneut angefordert. Sind die erforderlichen Daten vorhanden, wird mit der *Embperl*-Befehlszeile

```
[- $http_headers_out{'Set-Cookie'}= "$cookie=$value" -]
```

ein HTTP-Set-Cookie-Header gesendet. Die Variable *$cookie* enthält den Namen des Cookies, die Variable *$value* den zugehörigen Wert.

Dieser wird unter Verwendung des *MD5*-Moduls zur Berechnung einer Signatur nach dem MD5-Algorithmus (**M**essage **D**igest Nr. **5**) aus den eingegebenen Daten und der von *localtime()* zurückgegebenen aktuellen Zeit ermittelt.

Was ist MD5?

Der Message Digest 5-Algorithmus (MD5) ist ein von R. Rivest und S. Dusse entwickelter Kryptografie-Algorithmus. Der Algorithmus nimmt als Eingabe eine Nachricht beliebiger Länge und erzeugt als Ausgabe einen Hash-Code von 128 Bit Länge.

```
<!--embp22.epl Senden von Cookies-->
<HTML>
<HEAD>
```

```
<TITLE>Bestätigung</TITLE>
</HEAD>
<BODY>
<H3>Bestätigung</H3>
[$ if (!$fdat{name} || !$fdat{mail}) $]
[-
  $http_headers_out{location} = "http://www14.rds.de/embp21.epl";
  exit ;
-]
[$ else $]
[- use Digest::MD5 qw(md5_hex) -]
[- $cookie= "cook1" -]
[- $value= md5_hex(localtime().$fdat{name}.$fdat{mail}) -]
[- $http_headers_out{'Set-Cookie'}= "$cookie=$value" -]
Ihre Daten: <br>
  Name: [+ $fdat{name} +] <br>
  Vorname: [+ $fdat{vname} +] <br>
  E-Mail: [+ $fdat{mail} +] <br>
[$endif$]
</BODY>
</HTML>
```

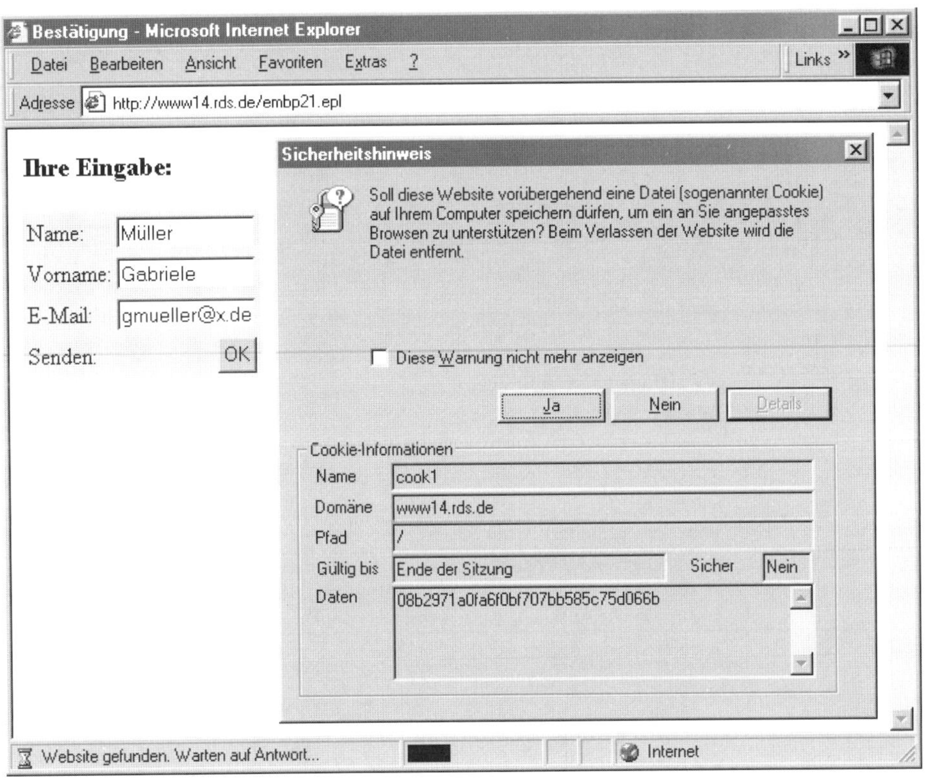

Setzen eines Cookies mit Embperl

10.2.6 Die vordefinierten Variablen des Moduls HTML::Embperl

Das Modul *HTML::Embperl* definiert verschiedene Variablen mit einer vorgegebenen Bedeutung. Diese sind in der nachfolgenden Tabelle zusammengestellt:

Variable	Bedeutung
%ENV	Der Hash *%ENV* enthält alle Umgebungsvariablen.
%fdat	Der Hash *%fdat* enthält unabhängig von der gewählten HTTP-Übertragungsmethode *GET* oder *POST* alle Formulardaten, die an das Dokument gesendet wurden. Das Attribut *NAME* bildet den Schlüssel und das Attribut *VALUE* den zugehörigen Wert des jeweiligen Hash-Elements.
@ffld	Das Array *@ffld* enthält die Namen aller Formularelemente in der Reihenfolge, wie sie im Formular erscheinen.
%idat	Der Hash *%idat* enthält die Werte aller <INPUT>-, <TEXTAREA>- und <SELECT/OPTION>-Tags, die in der Seite vorangehen.
%udat	Der Hash *%udat* wird zum Speichern von Benutzerdaten einer Seite verwendet. Sobald Daten in den Hash *%udat* geschrieben werden, erzeugt *Embperl* eine Session-ID und sendet diese mithilfe eines Cookies zum Browser. Daten, die in dem Hash *%udat* abgelegt wurden, werden mithilfe des Moduls *Apache::Session* gespeichert. Wenn derselbe Benutzer die nächste *Embperl*-Seite aufruft, sendet der Webclient das zugehörige Cookie, das die Session-ID enthält, zurück und Daten im Hash *%udat* werden wiederhergestellt.
%mdat	Der Hash *%mdat* wird zum Speichern von Seitendaten verwendet. Der Vorgang entspricht dem Speichern von Benutzerdaten, mit dem Unterschied, dass statt der Session-ID eine Seiten-ID erzeugt wird. Wenn ein Benutzer dieselbe *Embperl*-Seite aufruft, werden die Daten im Hash *%mdat* wiederhergestellt.
$row, $col	Zeilen- und Spaltenzähler für dynamische Tabellen.
$maxrow, $maxcol	Maximale Anzahl von Zeilen und Spalten einer dynamischen Tabelle. Der Default-Wert für *$maxrow* beträgt 100, für *$maxcol* 10.
$cnt	Anzahl der angezeigten Tabellenzellen.
$escmode	Steuert die HTML- und URL-Kodierung der Ausgabe. *$escmode = 3:* Das Resultat von Perl-Ausdrücken wird HTML-kodiert. Innerhalb von <A>-, <EMBED>-, <IMG>-, <IFRAME>-, <FRAME>- und <LAYER>-Tags wird URL-kodiert. *$escmode = 2:* Das Resultat von Perl-Ausdrücken wird nur URL-kodiert. *$escmode = 1:* Das Resultat von Perl-Ausdrücken wird nur HTML-kodiert. *$escmode = 0:* Weder HTML- noch URL-Kodierung. Default-Einstellung ist *$escmode = 3*.
$req_rec	Die Variable *$req_rec* ist nur unter *mod_perl* vorhanden und enthält eine Referenz auf den Request Record des Apache-Webservers, mit dessen Hilfe die internen Funktionen des Apache genutzt werden können.
LOG	Datei-Handle der *Embperl*-Logdatei.
OUT	Datei-Handle des *Embperl*-Ausgabekanals.
@param	Die Inhalte dieses Arrays können zur Übergabe von Parametern an andere Dokumente genutzt werden und werden durch den Parameter *param* der Funktion *Execute* gesetzt.
%http_headers_out	In den Hash *%http_headers_out* können HTTP-Header eingetragen werden, die vor dem Dokument gesendet werden sollen.

Variable	Bedeutung
%CLEANUP	Standardmäßig werden nur Variablen aufgeräumt, die innerhalb der Seite definiert wurden. Sofern weitere Variablen aufgeräumt werden sollen, müssen diese in den Hash *%CLEANUP* eingetragen werden. Der Variablenname entspricht dabei dem Schlüssel, der zugehörige Wert muss auf 1 gesetzt werden. Setzt man den Wert auf *0*, wird das Aufräumen der Variablen verhindert.

Zusammenstellung der vordefinierten Variablen des Moduls HTML::Embperl

Auswertung von Formularen mit dem Modul HTML::Embperl

Im folgenden Beispiel wird zur Verdeutlichung der Verwendung der vordefinierten *Embperl*-Hashes *%idat* und *%fdat* ein Formular definiert, das die generierten Formulardaten mit der HTTP-Methode *POST* an sich selbst sendet, d. h., das *ACTION*-Attribut des <form>-Tags bleibt leer. Da sämtliche Formularelemente mit einem Wert vorbelegt sind, werden die entsprechenden Werte beim Aufruf des Formulars angezeigt. Der vordefinierte *Embperl*-Hash *%idat* enthält diese Werte bereits vor dem Absenden des Formulars. Zur Veranschaulichung werden im folgenden Beispielskript alle Elemente des Hashs *%idat* innerhalb einer *foreach*-Schleife ausgegeben:

```
[- @i = keys (%idat) -]
[$ foreach $elem (@i) $]
<TR BGCOLOR=#E0E0E0>
 <TD>[+ $elem +]</TD>
 <TD>[+ $idat{$elem} +]</TD>
</TR>
[$ endforeach $]
```

Demgegenüber sind im Hash *%fdat* alle Informationen enthalten, die an ein Formular gesendet werden. Vor dem Versenden der Daten ist, wie die nachfolgende Abbildung zeigt, dieser Hash also leer.

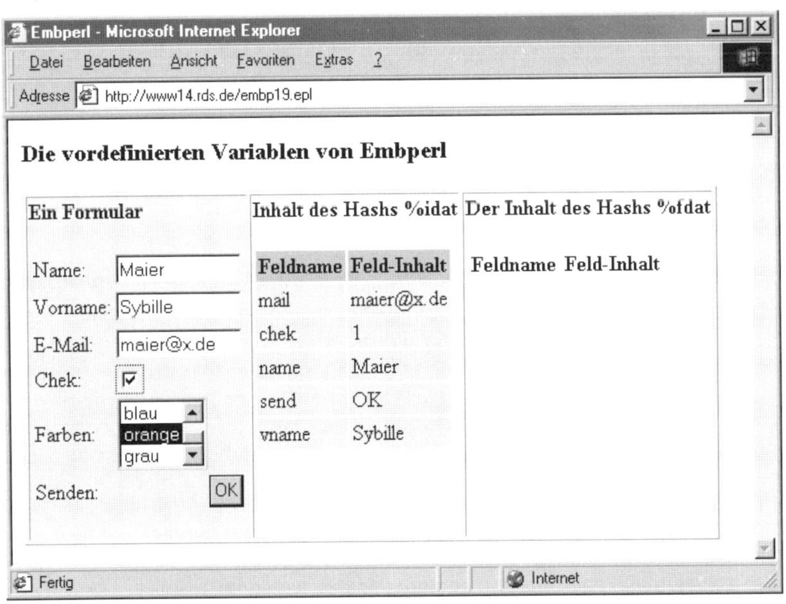

Der Inhalt der Embperl-Hashes %idat und %fdat vor dem Absenden des Formulars

Nach dem Versenden der Daten durch Anklicken der *OK*-Schaltfläche wird der Inhalt beider Hashs erneut ausgegeben. Während *%idat* wieder die vorbelegten Werte des Eingabeformulars enthält, sind jetzt in *%fdat* die an das Formular gesendeten Daten enthalten. Für den Fall, dass die vorbelegten Werte vor dem Absenden des Formulars nicht verändert wurden, stimmen die Werte in *%idat* und *%fdat* überein, ansonsten enthält *%fdat* die aktuell an das Formular gesendeten Daten und *%idat* die Werte der Vorbelegung.

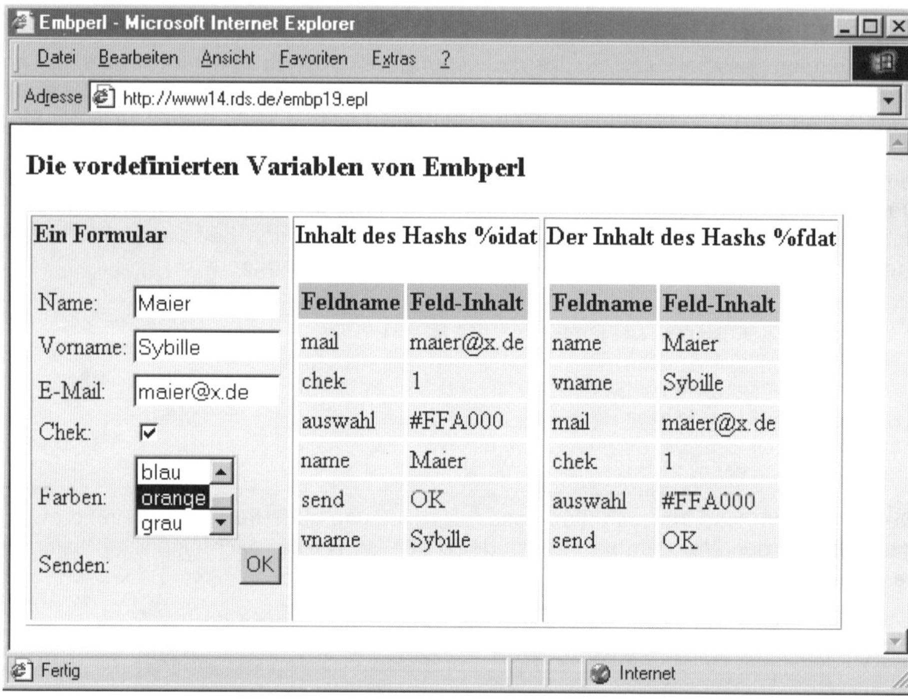

Der Inhalt der Embperl-Hashes %idat und %fdat nach dem Absenden des Formulars

Wie Sie sehen, liegen die Schlüssel-/Wertepaare im Hash *%idat* in unsortierter, zufälliger Reihenfolge vor, wie das bei Hashs aufgrund des verwendeten Hash-Algorithmus immer der Fall ist.

Bei der Ausgabe des Inhalts des Hashs *%fdat* wurde demgegenüber eine Sortierreihenfolge erzwungen, die dem Auftreten der Elemente im Formular entspricht. Hierzu wurde das vordefinierte *Embperl*-Array *@ffld* verwendet. Dieses Array enthält die Feldnamen der an ein Formular gesendeten Daten in der Reihenfolge des Auftretens der zugehörigen Felder im sendenden Formular. Der Inhalt dieses Arrays kann demzufolge zur Steuerung einer *foreach*-Schleife verwendet werden:

```
[$ foreach $elem (@ffld) $]
<TR BGCOLOR=#E0E0E0>
 <TD>[+ $elem +]</TD>
 <TD>[+ $fdat{$elem} +]</TD>
</TR>
[$ endforeach $]
```

Der Schleifeniterator *$elem* enthält hierbei jeweils den aktuellen Feldnamen. Mittels *[+ $fdat{$elem} +]* wird der zu diesem Feldnamen gehörende Wert aus dem Hash *%fdat* gelesen, in dem die Schlüssel-/Wertepaare genauso unsortiert vorliegen wie im Hash *%idat*. Es folgt das Beispielskript im Zusammenhang:

```
<!--embp19.epl vordefinierte Embperl-Variablen-->
<HTML>
<TITLE>Embperl</TITLE>
<BODY>
<H3>Die vordefinierten Variablen von Embperl</H3>
<FORM ACTION="" METHOD="POST">
<TABLE BORDER=1>
<TR><TD BGCOLOR=#E0E0E0 VALIGN='TOP'>
<H4>Ein Formular</H4>
<TABLE BORDER=0 >
<TR><TD>Name:</TD><TD><INPUT TYPE="Text" NAME="name" VALUE="Maier"
SIZE="12"> </TD></TR>
<TR><TD>Vorname:</TD><TD><INPUT TYPE="Text" NAME="vname"
        VALUE="Sybille" SIZE="12"></TD></TR>
<TR><TD>E-Mail:</TD><TD><INPUT TYPE="Text" NAME="mail"
        VALUE="maier@x.de" SIZE="12"> </TD></TR>
<TR><TD>Chek:</TD><TD><INPUT TYPE="Checkbox" NAME="chek"
        VALUE="1"></TD></TR>
<TR><TD>Farben:</TD><TD><SELECT NAME="auswahl" SIZE="3">
  <OPTION VALUE="#FF0000">rot
  <OPTION VALUE="#00FF00">grün
  <OPTION VALUE="#0000FF">blau
  <OPTION VALUE="#FFA000" SELECTED>orange
  <OPTION VALUE="#B0B0B0">grau
</SELECT><BR></TD></TR>
<TR><TD>Senden:</TD><TD ALIGN='RIGHT'><INPUT TYPE="Submit"
        NAME="send" VALUE="OK">  </TD></TR>
</TABLE>
</FORM>
</TD>
<TD VALIGN='TOP'>
<H4>Inhalt des Hashs %idat </H4>
<TABLE BORDER=0  CELLPADDING='2' CELLSPACING='2'>
<TR BGCOLOR="#B0B0B0">
<TH>Feldname</TH><TH>Feld-Inhalt</TH></TR>
[- @i = keys (%idat) -]
[$ foreach $elem (@i) $]
<TR BGCOLOR=#E0E0E0>
 <TD>[+ $elem +]</TD>
 <TD>[+ $idat{$elem} +]</TD>
</TR>
[$ endforeach $]
</TABLE>
</TD>
<TD VALIGN='TOP'>
<H4>Der Inhalt des Hashs %fdat</H4>
<TABLE BORDER=0  CELLPADDING='2' CELLSPACING='2'>
<TR BGCOLOR="[+ $fdat{auswahl} +]">
<TH>Feldname</TH><TH>Feld-Inhalt</TH></TR>
```

```
▪ [$ foreach $elem (@ffld) $]
▪ <TR BGCOLOR=#E0E0E0>
▪  <TD>[+ $elem +]</TD>
▪  <TD>[+ $fdat{$elem} +]</TD>
▪ </TR>
▪ [$ endforeach $]
▪ </TABLE>
▪ </TD>
▪ </TR></TABLE>
▪ </BODY></HTML>
```

10.3 Session-Management mit dem Modul HTML::Embperl

Das Modul *HTML::Embperl* stellt Mechanismen zur Verfügung, um unterschiedliche Anfragen desselben Clients über einen gewissen Zeitraum hinweg miteinander in Beziehung zu setzen.

Da es sich bei HTTP um ein verbindungsloses Protokoll handelt, bedeutet dies, dass Server und Client nach jedem Kommando den Prozess beenden und im weiteren Verlauf der Kommunikation für jedes weitere Kommando einen neuen Prozess starten. Hierbei besteht zwischen verschiedenen Anfragen desselben Clients keine Beziehung.

Für die Abwicklung von Geschäftsprozessen ist dieses Verhalten von HTTP zunächst sehr hinderlich, wie Sie am Beispiel eines Webshops leicht nachvollziehen können:

Nehmen wir an, ein Kunde ruft die Startseite eines Webshops auf und erhält dort eine Kennnummer, über die er im Verlauf des ganzen Prozesses der Onlinebestellung identifiziert werden soll.

Anschließend begibt er sich in den Katalogbereich und füllt seinen Einkaufskorb. Möchte der Kunde nun die ausgewählten Artikel bestellen, wechselt er auf die entsprechende Seite und gibt dort Name, Anschrift und Bankverbindung an.

Im Verlauf dieses Prozesses hat der Kunde somit wenigstens drei bis vier verschiedene Seiten vom Webserver angefordert, der aber, wenn nicht besondere Maßnahmen getroffen werden, aufgrund des verbindungslosen HTTP-Protokolls die für den Bestellvorgang relevanten Informationen der jeweils zuvor besuchten Seite wieder vergessen hat.

An dieser Stelle tritt das Session-Management des Moduls *HTML::Embperl* auf den Plan. In Zusammenarbeit mit dem Perl-Modul *Apache::Session* sind dort die grundlegenden Funktionen, die für die Behandlung solcher über mehrere HTTP-Requests hinweg zusammenhängenden Transaktionen erforderlich sind, implementiert.

Das Modul *HTML::Embperl* erstellt dabei in Zusammenarbeit mit dem Modul *Apache::Session* automatisch die für die Behandlung von Sessions erforderliche Session-ID, kümmert sich um den Versand der erforderlichen Cookies zur Client-seitigen Zustandserfassung und um die serverseitige Speicherung der Anwender- und Seitendaten, die im einfachsten Fall in einer Textdatei, aber auch in einer serverseitigen Datenbanktabelle erfolgen kann. Im letzteren Fall kann z. B. unter Verwendung von *Apache::Session::DBIStore* eine Tabelle in einer MySQL-Datenbank verwendet werden.

10.3.1 Konfiguration des Embperl-Session-Managements

Um das Session-Management zu aktivieren, muss das CPAN-Modul *Apache::Session* (mindestens Version 1.00) installiert sein. Außerdem müssen verschiedene *Embperl*-Umgebungsvariablen mit Werten belegt werden. Dies kann über die Konfigurationsanweisung

- `PerlSetEnv <var> <wert>`

in der Datei *httpd.conf* des Apache-Webservers erfolgen.

Über die Umgebungsvariable *EMBPERL_SESSION_CLASSES* wird festgelegt, welcher Speicher- und Locking-Mechanismus genutzt werden soll. Die nachstehenden Speichermechanismen stehen zur Verfügung:

Option	Bedeutung
DBIStore	Verwendet die Klasse *Apache::Session::DBIStore* zur Speicherung in einer DBI-Datenbanktabelle.
FileStore	Verwendet die Klasse *Apache::Session::FileStore* zur Speicherung in einer serverseitigen Datei.
Shared-Memory	Verwendet die Klasse *Apache::Session::MemoryStore* zur Speicherung im serverseitigen Shared-Memory.

Die verschiedenen Speichermechanismen des Embperl-Session-Managements

Sofern auf dem System, wie dies in einer UNIX-Umgebung in der Regel der Fall ist, mehrere *httpd*-Prozesse gleichzeitig ablaufen, ist es erforderlich, die Zugriffe auf die gemeinsame Speicherressource zu synchronisieren. Die Synchronisation erfolgt unter Verwendung der Synchronisationsobjekte des *Apache::Session*-Moduls. Die folgenden Optionen stehen zur Verfügung:

Option	Bedeutung
SysVSemaphoreLocker	Verwendet die Klasse *Apache::Session::SysVSemaphoreLocker* zur Synchronisation von Prozessen mittels Semaphoren auf einer einzelnen Maschine (Semaphoren sind Variablen zur Inter-Task-Kommunikation, in denen Signale abgelegt bzw. aus denen Signale entnommen werden können.)
PosixFileLocker	Verwendet die Klasse *Apache::Session::PosixFileLocker* zur Synchronisation mit POSIX-Aufrufen.
DaemonLocker	Verwendet die Klasse *Apache::Session::DaemonLocker* zur Realisierung eines netzwerkweiten Locking-Daemons zur Synchronisation von Prozessen auf mehreren Maschinen.
NullLocker	Verwendet die Klasse *Apache::Session::NullLocker*. Hierbei erfolgt keine Synchronisation (z. B. in einer single-threaded Betriebssystemumgebung wie DOS/Windows 9x).

Zusammenstellung der Locking-Mechanismen des Embperl-Session-Managements

Über die *Embperl*-Umgebungsvariable *EMBPERL_SESSION_ARGS* können zusätzliche Parameter für das Modul *Apache::Session* spezifiziert werden. Mit der Option *"Directory=/Pfad/"* wird das Verzeichnis angegeben, in dem im Falle der Verwendung von *FileStore* die zur Speicherung der Benutzer- bzw. Seitendaten angelegten, serverseitigen Dateien angelegt werden.

Über die Umgebungsvariable *EMBPERL_COOKIE_NAME* kann der Name des von *Embperl* gesendeten Cookies festgelegt werden.

Mit *EMBPERL_COOKIE_DOMAIN* wird der Domain-Name des Cookies, mit *EMBPERL_COOKIE_PATH* der Pfad des gesendeten Cookies angegeben. Mit der Variablen *EMBPERL_COOKIE_EXPIRES* kann der Ablaufzeitpunkt des gesendeten Cookies bestimmt werden.

Konfiguration für die Klasse FileStore

In der nachfolgenden Beispielkonfiguration für ein Windows 9x-System wird als Speicherobjekt ein Objekt der Klasse *FileStore* angegeben, was bedeutet, dass die serverseitige Datenablage in einer einfachen Textdatei erfolgt. Als Lock-Manager wird *NullLocker* angegeben, da Windows 9x keine Semaphoren unterstützt. Unter Linux würde hier z. B. zur Synchronisation der Speicherzugriffe der Lock-Manager *SysVSemaphoreLocker* angegeben.

Die serverseitige Datei soll im Unterverzeichnis */tmp* des Apache-Installationsverzeichnisses angelegt werden. Darüber hinaus wird die Cookie-Domain und der Ablaufzeitpunkt des Cookies festgelegt.

Konfiguration der Embperl-Sessions mit der Klasse FileStore

Konfigurationsanweisungen in der Webserver-Konfigurationsdatei *httpd.conf*:

- *PerlSetEnv EMBPERL_DEBUG 1*
- *PerlSetEnv EMBPERL_LOG /Apache/logs/embperl.log*
- *PerlSetEnv EMBPERL_SESSION_CLASSES "FileStore NullLocker"*
- *PerlSetEnv EMBPERL_SESSION_ARGS "Directory=/Apache/tmp/"*
- *PerlSetEnv EMBPERL_COOKIE_DOMAIN "rds.de"*
- *PerlSetEnv EMBPERL_COOKIE_EXPIRES 'Monday, 22-Aug-2000 10:30:00 GMT'*
- *PerlModule HTML::Embperl*

Damit die Konfigurationsanweisungen wirksam werden, muss der Apache-Webserver neu gestartet werden. Die Betriebsbereitschaft des *Embperl*-Session-Managements sehen Sie an der nachfolgenden Ausgabe beim Start des Apache-Webservers:

```
C:\Apache>apache.exe -f conf\httpd.conf-perl
[-107799]SES:  Embperl Session management enabled (1.xx)
Apache/1.3.12 (Win32) mod_perl/1.23 running...
[-932367]SES:  Embperl Session management enabled (1.xx)
```

Der Apache-Webserver beim Start

Konfiguration für die Klasse DBIStore

In der folgenden Beispielkonfiguration wird zur Speicherung der persistenten Daten die Klasse *Apache::Session::DBIStore* verwendet, d. h. die serverseitige Datenablage in einer Datenbank, auf die unter Verwendung des Moduls *DBI* zugegriffen wird. Im Beispiel kommt eine MySQL-Datenbank zum Einsatz. Prinzipiell kann aber jede beliebige Datenbank verwendet werden, sofern für diese ein *DBI*-Treiber vorhanden ist.

Die Verwendung der Klasse *Apache::Session::DBIStore* setzt eine Datenbanktabelle mit Namen *sessions* mit der folgenden Struktur voraus:

Feldname	Typ
id	char(16)
length	int(11)
a_session	text

Erforderliche Struktur der Tabelle sessions

Im Beispiel wird die Tabelle *sessions* auf einem MySQL-Datenbankserver in einer frei wählbaren Datenbank, z. B. *session*, angelegt. Um zunächst eine neue MySQL-Datenbank und anschließend in dieser Datenbank die Tabelle *sessions* anzulegen, können Sie z. B. mit einem beliebigen MySQL-Client die folgenden SQL-Befehle absetzen:

- `create database apachesessions`
- `create table sessions(id char(16) primary key, length int(11), a_session text)`

Im Beispiel wird dazu der MySQL-Client *MySQLManager.exe* verwendet, der Bestandteil der MySQL-Binärdistribution für Windows ist. Näheres zum Umgang mit MySQL und den für die Administration von SQL-Datenbanken zur Verfügung stehenden Tools erfahren Sie in Kapitel 13.3 (siehe S. 378).

Konfiguration der Embperl-Sessions mit der Klasse DBIStore

Konfigurationsanweisungen in der Webserver-Konfigurationsdatei *httpd.conf*:

- *PerlSetEnv EMBPERL_SESSION_CLASSES "DBIStore NullLocker"*
- *PerlSetEnv EMBPERL_SESSION_ARGS "DataSource= DBI:mysql:apachesessions: rds586 UserName=embperl Password=embperl"*
- *PerlSetEnv EMBPERL_COOKIE_DOMAIN "rds.de"*
- *PerlSetEnv EMBPERL_COOKIE_EXPIRES 'Monday, 27-Aug-2000 10:30:00 GMT'*
- *PerlModule HTML::Embperl*

Nachdem die Tabelle *sessions* in einer MySQL-Datenbank, im Beispiel ist dies die Datenbank *apachesessions*, angelegt wurde, sind noch einige Konfigurationsanweisungen in der Apache-Konfigurationsdatei *httpd.conf* einzufügen.

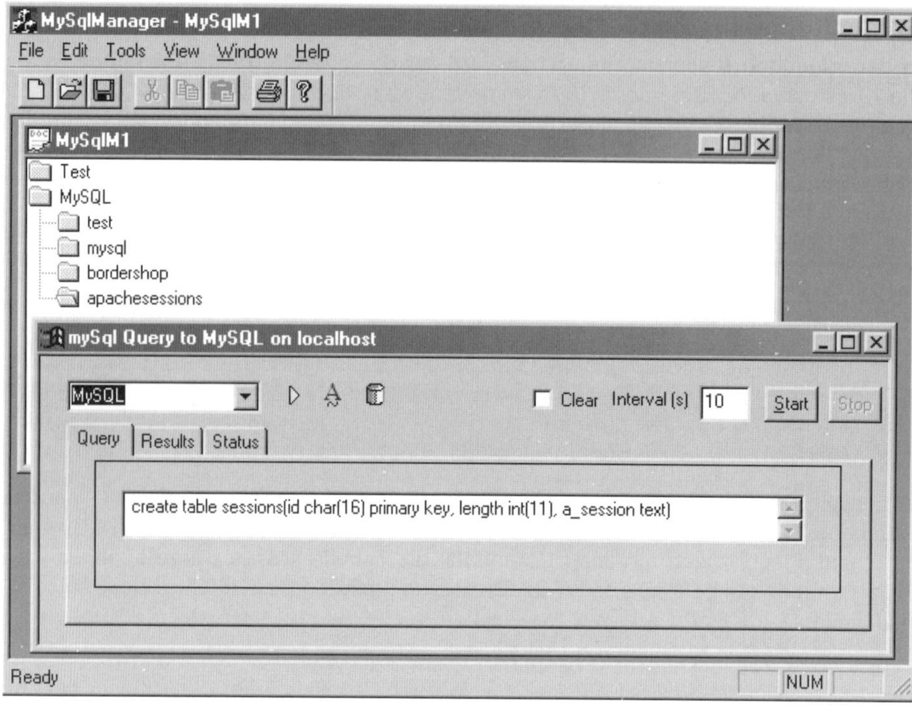

Anlegen der Tabelle sessions mit dem MySQL-Client MySQLManage.exe

Mit der Anweisung

- `PerlSetEnv EMBPERL_SESSION_CLASSES "DBIStore NullLocker"`

wird die Verwendung der Klasse *DBIStore* zur Speicherung der persistenten Daten und des Locking-Handlers *NullLocker* (kein Locking) festgelegt. Durch den Eintrag:

- ```
  PerlSetEnv EMBPERL_SESSION_ARGS
  "DataSource=DBI:mysql:apachesessions:rds586 UserName=embperl
  Password=embperl"
  ```

wird der **D**ata**S**ource-**N**ame (DSN) für den Zugriff auf die MySQL-Datenbank über das Modul *DBI* als Parameter übergeben. Dieser besteht aus dem Namen des verwendeten DBI-Datenbanktreibers (*mysql*), dem Namen der Datenbank mit der Tabelle *sessions* (*apachesessions*) und dem Host-Namen (*rds586*) des verwendeten MySQL-Datenbankservers. Des Weiteren sind User-Name und ein Passwort anzugeben, wobei sichergestellt sein muss, dass unter diesen Zugangsdaten ein Zugriff auf den Datenbankserver möglich ist.

Die weiteren Anweisungen dienen, wie schon bei der Konfiguration für die Klasse *FileStore*, der Angabe der Cookie-Domain und des Ablaufzeitpunkts des Cookies.

Mit diesen Anweisungen sind *Embperl* und *Apache::Session* für das Session-Handling konfiguriert. Wie mit der *Embperl*-Session-Verwaltung gearbeitet wird, erfahren Sie im nächsten Abschnitt.
  ```

10.3.2 So arbeiten Sie unter HTML::Emberl mit Sessions

Das Modul *HTML::Emberl* realisiert die für das Session-Management erforderliche Zustandserhaltung über die vordefinierten Hash-Variablen *%udat* und *%mdat*. Immer wenn Daten in den Hash *%udat* geschrieben werden, macht *Embperl* dieselben Daten wieder verfügbar, wenn derselbe Benutzer eine weitere Seite aufruft.

In entsprechender Weise werden Daten, die in dem Hash *%mdat* abgelegt wurden, wieder verfügbar, wenn ein beliebiger Benutzer dieselbe Seite aufruft.

Beim ersten Zugriff auf eine der beiden vordefinierten Hash-Variablen *%udat* oder *%mdat* erzeugt das Modul *Apache::Session* eine Session ID. Bei benutzerbezogenen Sessions wird die ID anhand eines Cookies zum Webclient gesandt. Die zu erhaltenden Daten werden serverseitig in Abhängigkeit von dem gewählten Speicherverfahren in einer Textdatei, einer Datenbank oder im Shared-Memory gespeichert. Auf diese Weise wird eine benutzerbezogene oder seitenbezogene Zustandserhaltung über Rechnergrenzen hinweg möglich.

Die nachfolgende Abbildung zeigt die Meldung, die ein entsprechend konfigurierter Webbrowser ausgibt, wenn *Embperl* beim Zugriff auf die Hashes *%udat* oder *%mdat* beabsichtigt, zur Client-seitigen Ablage der Session-ID auf dem Rechner des Webclients ein Cookie zu setzen.

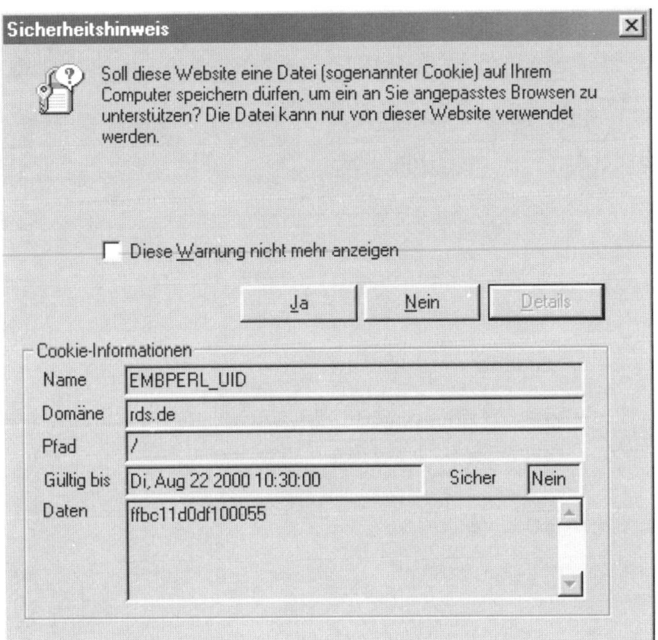

Beim Zugriff auf die reservierten Hashs %udat und %mdat setzt Embperl auf dem Rechner des Webclients ein Cookie

10.3.3 Benutzerbezogenes Session-Management am Beispiel eines Kunden-Empfangsformulars

Im nachfolgenden Anwendungsbeispiel wird für eine E-Commerce-Lösung ein Formular zur Erfassung von Kundendaten, z. B. Anschrift, Kommunikations- und Bankverbindungen sowie speziellen Kundeninteressensgebieten, generiert. Die erfassten Daten werden dann mittels HTTP-*POST* an ein weiterverarbeitendes *Embperl*-Dokument weitergeleitet.

Damit derselbe Kunde bei einem erneuten Besuch dieselben Daten nicht noch einmal eingeben muss, werden diese dem Hash *%udat* übergeben und somit persistent gemacht:

```
[$ foreach $elem (@ffld) $]
   [- $udat{$elem} = $fdat{$elem} -]
[$ endforeach $]
```

Dies erfolgt innerhalb der vorstehenden *foreach*-Schleife für die Inhalte aller an das verarbeitende Dokument gesendeten HTML-Eingabeelemente, deren Namen im Array *@ffld* enthalten sind. Diese werden für jeden Durchgang dem Schleifeniterator *$elem* übergeben, wobei mittels *$fdat{$elem}* auf die gesendeten Daten zugegriffen wird und gleichzeitig eine Zuweisung dieses Werts an einen entsprechenden Schlüssel des Hashs *%udat* erfolgt.

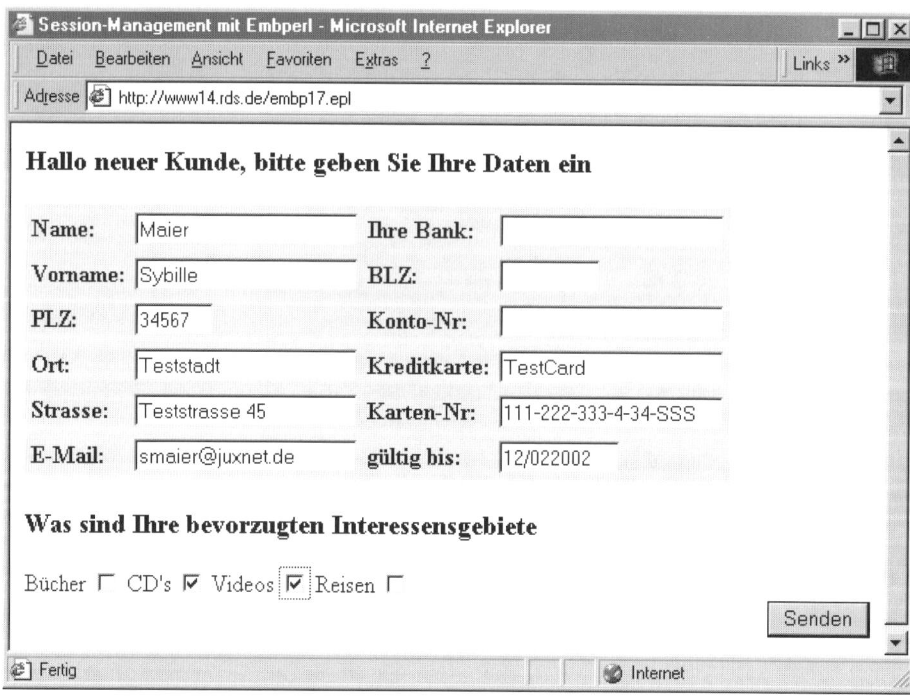

Eingegebene Kundendaten werden mithilfe der Embperl-Session-Verwaltung persistent gemacht

Bei einem erneuten Besuch desselben Kunden auf der für die Erfassung der Kundendaten angelegten Seite kann der Besucher durch Rückgriff auf die persistenten Daten im Hash *%udat* namentlich begrüßt werden:

```
<H2>Hallo   [+ $udat{vname} +] [+ $udat{name} +] Stimmen
Ihre Daten noch ?</H2>
```

Auch die übrigen relevanten Kundendaten können angezeigt, vom Kunden geprüft und gegebenenfalls verbessert werden, z. B.:

```
<td><b>Name:</b></td><td><input type="text" name="name" value=[+
$udat{name} +]></td>
```

Die Verbindung zwischen den serverseitig abgespeicherten Kundendaten und der Identität des jeweiligen Kunden wird über das bei einem schon erfolgten Besuch Client-seitig abgelegte Cookie mit der jeweiligen Session-ID hergestellt.

Für neue Kunden, für die keine einer Session-ID zuzuordnenden Daten im Hash *%udat* vorliegen, kann dagegen nach der folgenden Überprüfung dieses Sachverhalts die normale Datenerfassung erfolgen:

```
[$if  !defined($udat{name}) $]
     <H3>Hallo neuer Kunde, bitte geben Sie Ihre Daten ein</H3>
     . . .
```

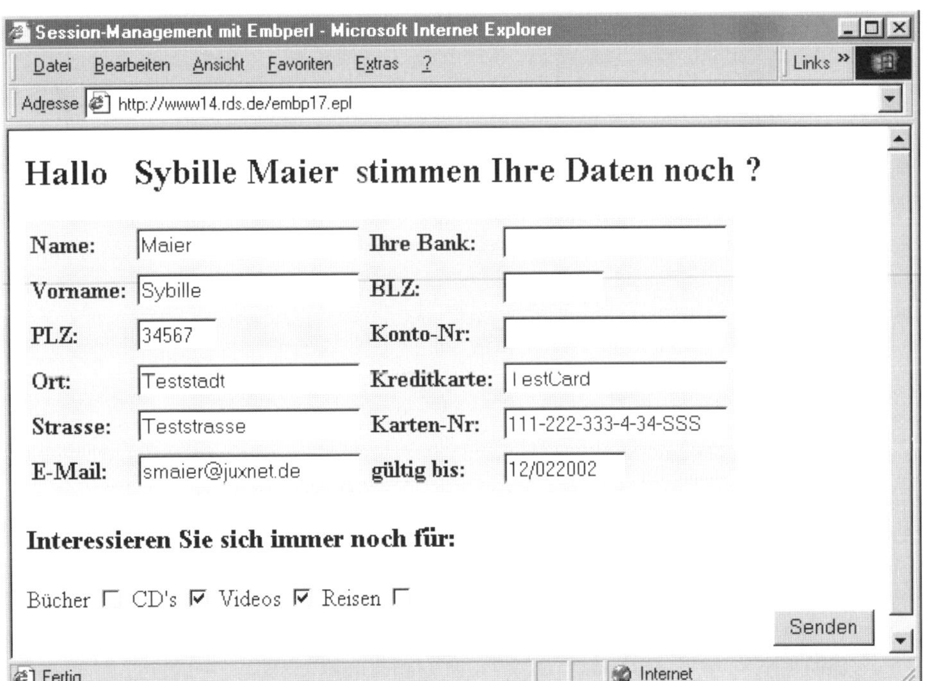

Bei einem erneuten Besuch eines bestimmten Kunden kann auf die diesem Kunden zugeordneten und serverseitig abgespeicherten Daten zurückgegriffen werden

Es folgen die beiden *Embperl*-Dokumente des Beispiels zur Session-Verwaltung im Zusammenhang.

Das erste der beiden Dokumente dient der Definition des Formulars zur Datenerfassung und -anzeige:

```
<!--embp17.epl-->
<HTML>
<TITLE>Session-Management mit Embperl</TITLE>
<BODY>

[$if !defined($udat{name}) $]

<H3>Hallo neuer Kunde, bitte geben Sie Ihre Daten ein</H3>
<form action="embp18.epl" method="POST">
<table border=0 cellspacing =2 cellpadding=2 bgcolor=#E0E0E0>
<tr><td><b>Name:</b></td><td><input type="text"
        name="name"></td><td><b>Ihre Bank:</b><td><input type="Text"
        name="bank"  ></td></tr>
<tr><td><b>Vorname:</b></td><td><input type="text"
        name="vname"></td><td><b>BLZ:</b></td> <td><input type="Text"
        name="blz" size="8"></td></tr>
<tr><td><b>PLZ:</b></td> <td><input type="text" name="plz"
        size="6"></td><td><b>Konto-Nr:</b></td> <td><input
        type="Text" name="knr"></td></tr>
<tr><td><b>Ort:</b></td><td><input type="text"  name="ort"></td>
        <td><b>Kreditkarte:</b></td><td><input type="Text"
        name="kkname"></td></tr>
<tr><td><b>Strasse:</b></td><td><input type="text"
        name="str"></td><td><b>Karten-Nr:</b></td> <td><input
        type="Text" name="kknr" ></td></tr>
<tr><td><b>E-Mail:</b></td><td><input type="Text"
        name="mail"></td><td><b>gültig bis:</b></td> <td><input
        type="Text" name="kkdat" size="10"></td></tr>
</table>
<H3>Was sind Ihre bevorzugten Interessensgebiete</H3>
Bücher <input type="Checkbox" name="book" value="1">
CD's <input type="Checkbox" name="cd" value="1">
Videos <input type="Checkbox" name="vid" value="1">
Reisen <input type="Checkbox" name="trav" value="1">
<div align="right"><input type="submit" name="send"
        value="Senden"></div>
</form>

[$ else $]

<H2>Hallo   [+ $udat{vname} +] [+ $udat{name} +], stimmen
         Ihre Daten noch?</H2>
<form action="embp18.epl" method="POST">
<table border=0 cellspacing =2 cellpadding=2 bgcolor=#E0E0E0>
<tr><td><b>Name:</b></td><td><input type="text"  name="name" value=[+
         $udat{name} +]></td><td><b>Ihre Bank:</b><td><input
         type="Text" name="bank" value=[+ $udat{bank} +]></td></tr>
```

```
■ <tr><td><b>Vorname:</b></td><td><input type="text" name="vname"
          value=[+ $udat{vname} +]> </td><td><b>BLZ:</b></td>
          <td><input type="Text" size="8" name="blz" value=[+
          $udat{blz} +]></td></tr>
■ <tr><td><b>PLZ:</b></td> <td><input type="text" size="6" name="plz"
          value=[+ $udat{plz} +]> </td><td><b>Konto-Nr:</b></td>
          <td><input type="Text" name="knr" value=[+ $udat{knr} +]>
          </td></tr>
■ <tr><td><b>Ort:</b></td><td><input type="text" name="ort" value=[+
          $udat{ort} +]> </td><td><b>Kreditkarte:</b></td><td><input
          type="Text" name="kkname" value=[+ $udat{kkname} +]>
          </td></tr>
■ <tr><td><b>Strasse:</b></td><td><input type="text" name="str"
         value=[+ $udat{str} +]></td><td><b>Karten-Nr: </b></td>
         <td><input type="Text" name="kknr" value=[+ $udat{kknr} +]>
         </td></tr>
■ <tr><td><b>E-Mail:</b></td><td><input type="Text" name="mail"
         value=[+ $udat{mail} +]> </td><td><b>gültig bis:</b></td>
         <td><input type="Text" size="10" name="kkdat" value=[+ $udat
         {kkdat} +]> </td></tr>
■ </table>
■ <H3>Interessieren Sie sich immer noch für:</H3>
■ Bücher <input type="Checkbox" name="book"
■ [$if $udat{book}==1 $]
■ checked="1"
■ [$ endif $] value="1">
■ CD's <input type="Checkbox" name="cd"
■ [$if $udat{cd}==1 $]
■ checked="1"
■ [$ endif $] value="1">
■ Videos <input type="Checkbox" name="vid"
■ [$if $udat{vid}==1 $]
■ checked="1"
■ [$ endif $] value="1">
■ Reisen <input type="Checkbox" name="trav"
■ [$if $udat{trav}==1 $]
■ checked="1"
■ [$ endif $] value="1">
■ <div align="right"><input type="submit" name="send" value="Senden">
      </div>
■ </form>
■
■ [$ endif $]
■ </BODY></HTML>
```

In dem folgenden auswertenden *Embperl*-Dokument werden die an das Dokument gesendeten Benutzerdaten durch Übergabe an den Hash *%udat* persistent gemacht. Anschließend können dann beliebige weitere, von der jeweiligen Anwendung abhängige Anweisungen folgen.

```
■ <!--embp18.epl-->
■ <HTML>
■ <TITLE>Session-Management mit Embperl</TITLE>
```

```
<BODY>
[$ foreach $elem (@ffld) $]
       [-
      $udat{$elem} = $fdat{$elem}
      -]
[$ endforeach $]
<!-- . . . -->
<!-- weitere anwendungsbezogene Anweisungen-->
<!-- . . . -->
<H2>Vielen Dank für Ihren Besuch</H2>
</BODY>
</HTML>
```

Nachdem Sie sich durch mehrfachen Aufruf des Dokuments von der Persistenz der eingegebenen Daten überzeugt haben, können Sie auch einen Blick auf die serverseitig in der MySQL-Datenbank *apachesessions* angelegte Tabelle *sessions* werfen. Wie aus der nachfolgenden Abbildung hervorgeht, enthält die Tabelle Datensätze mit der von *HTML::Embperl* bzw. *Apache::Session* angelegten Session-ID sowie den dem Hash *%udat* übergebenen Daten.

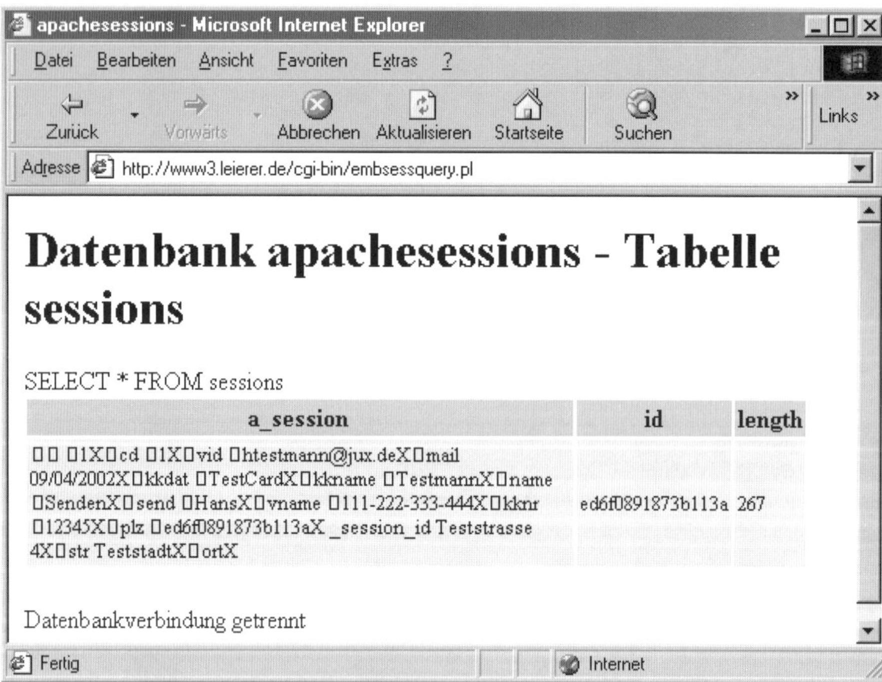

Ein Datensatz der serverseitigen Datenbanktabelle sessions

Die Abfrage der Tabelle *sessions* der MySQL-Datenbank *apachesessions* gemäß der vorstehenden Abbildung können Sie mit dem folgenden Perl-Skript durchführen:

```
#!C:\PERL\bin\perl.exe -w
# embsessquery.pl  Abfrage der Datenbank apachesessions
```

```
use strict;
use db_lib;
use CGI;
my $db="apachesessions";
#
my $q = new CGI;
# Header ausgeben
print $q->header,
 $q->start_html('apachesessions'),
 $q->h1('Datenbank apachesessions - Tabelle sessions'),
#
my $q="SELECT * FROM sessions";
#
my $dbh=connect_db($db);
my $sth=query_result($q,$dbh);
tab_out($sth);
print "<br>Datenbankverbindung getrennt" if disconnect_db($dbh);
print $q->end_html;
```

Einzelheiten zu den in diesem Skript angewendeten Techniken erfahren Sie in Kapitel 13.2 (siehe S. 361).

10.3.4 Seitenbezogenes Session-Management am Beispiel eines Zugriffszählers und einer Webstatistik

Im vorhergehenden Abschnitt wurde ein benutzerbezogenes Session-Management durch Übergabe der Benutzerdaten an den vordefinierten *Embperl*-Hash *%udat* realisiert. Hierdurch wurde das Versenden eines Cookies mit der User-ID an den Webclient und das serverseitige Abspeichern der Benutzendaten in einer MySQL-Datenbank ausgelöst.

Durch Abspeichern von Seitendaten in dem Hash *%mdat* kann auch ein seitenbezogenes Session-Management betrieben werden. In diesem Fall entfällt das Versenden eines Cookies, die Seitendaten werden aber zusammen mit einer Seiten-ID in der serverseitigen Datenbank abgespeichert und somit persistent gemacht.

Hierzu dient das folgende *Embperl*-Dokument, in dem ein einfacher Zugriffszähler und eine statistische Auswertung der Interaktionen der Seitenbesucher realisiert wurde, als Beispiel.

Der Zugriffszähler befindet sich am Ende der Seite in Form einer einzeiligen HTML-Tabelle, die den folgenden *Embperl*-Code enthält:

```
<TABLE BORDER=1 CELLSPACING=2 CELLPADDING=2><TR>
 <TD>Diese Seite wurde seit dem </TD>
 <TD BGCOLOR=#FFC000>[+ $mdat{date} ||= localtime +]</TD>
 <TD BGCOLOR=#FFC000>[+  ++$mdat{counter} +]</TD>
 <TD>mal abgerufen</TD>
</TR>
</TABLE>
```

Die Funktionsweise des Zählers ist denkbar einfach: Bei jedem Seitenzugriff wird der zum Schlüssel *counter* gehörende, im Hash *%mdat* abgespeicherte Wert inkrementiert und anschließend angezeigt. Der zum Schlüssel *date* gehörige Wert im Hash *%mdat* entspricht dem Datum des Beginns der Seitenzählung.

Des Weiteren wird auf der Seite eine HTML-Auswahlliste definiert, aus der die Seitenbesucher ihre bevorzugte Farbe auswählen können.

```
<SELECT NAME="wahl" SIZE="5">
  <OPTION VALUE="1">rot
   ...

[$ if  $fdat{wahl} == 1 $]
             [- $mdat{rot}++ -]
 ...
```

Abhängig von der getroffenen Wahl werden die den einzelnen Farben (Schlüssel) zugeordneten Werte im vordefinierten *Embperl*-Hash *%mdat* inkrementiert, sodass mit

```
[- $sum= $mdat{rot}+$mdat{gruen}+$mdat{blau}+$mdat{weiss}+
   $mdat{schwarz}+ $mdat{gelb} -]
```

und

```
[+ sprintf "%5.2f", 100 * $mdat{gelb}/ $sum  +]%
[+ sprintf "%5.2f", 100 * $mdat{rot}/ $sum +]%
[+ sprintf "%5.2f", 100 * $mdat{gruen}/$sum  +]%
[+ sprintf "%5.2f", 100 * $mdat{blau}/ $sum  +]%
[+ sprintf "%5.2f", 100 * $mdat{weiss}/$sum  +]%
[+ sprintf "%5.2f",100 * $mdat{schwarz}/$sum  +]%
```

eine Statistik der von den Seitenbesuchern getroffenen Farbwahl errechnet werden kann, die bei jeder neuen Farbwahl durch beliebige Seitenbesucher aktualisiert und persistent gehalten wird.

Es folgt die Seitendefinition des *Embperl*-Dokuments mit dem eingebetteten Perl-Code im Zusammenhang:

```
<!--embp15.epl persistente Seitendaten -->
<HTML>
<TITLE>Session-Management mit Embperl</TITLE>
<BODY>
<H3>Seitenbezogenes Session-Management mit dem Modul HTML::Embperl
    </H3>
<TABLE BORDER=0 CELLSPACING=10 CELLPADDING=10>
<TR BGCOLOR=#B8B8B8>
 <TD VALIGN='TOP'><H4>Wählen Sie Ihre Lieblingsfarbe</H4>
<FORM ACTION="" METHOD="GET">
<SELECT NAME="wahl" SIZE="5">
  <OPTION VALUE="1">rot
  <OPTION VALUE="2">grün
  <OPTION VALUE="3">blau
  <OPTION VALUE="4">weiss
  <OPTION VALUE="5">schwarz
  <OPTION VALUE="6">gelb
```

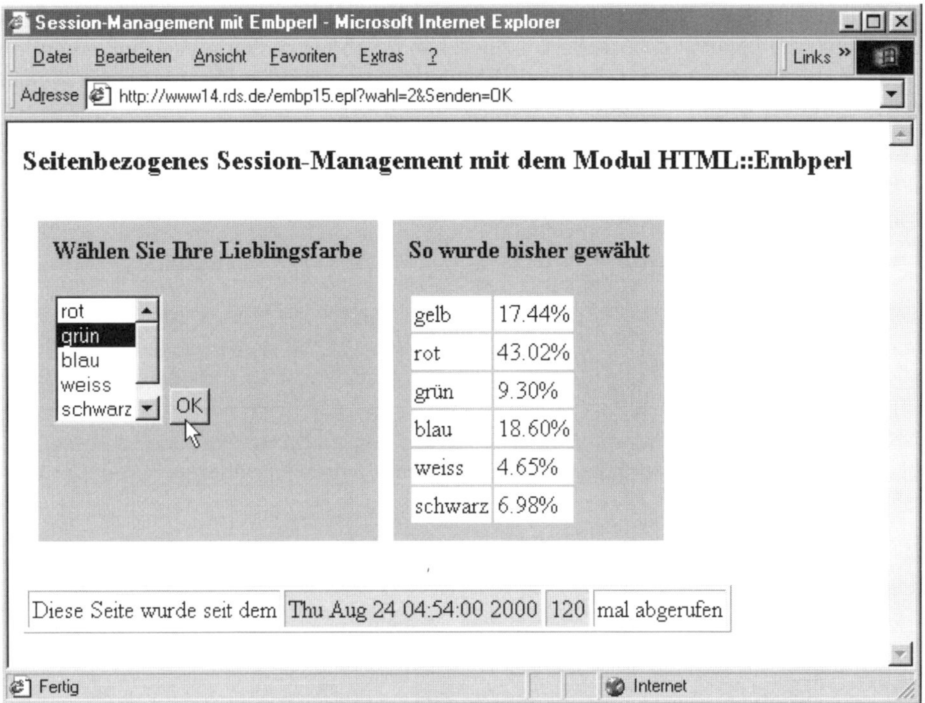

Session-Management mit seitenbezogenen Daten

```
</SELECT>
<INPUT TYPE="Submit" NAME="Senden" VALUE="OK">
</FORM> </TD>
 <TD VALIGN='TOP'><H4>So wurde bisher gewählt</H4>
[$ if  $fdat{wahl} == 1 $]
  [- $mdat{rot}++ -]
[$ elsif  $fdat{wahl} == 2 $]
  [- $mdat{gruen}++ -]
[$ elsif  $fdat{wahl} == 3 $]
  [- $mdat{blau}++ -]
[$ elsif  $fdat{wahl} == 4 $]
  [- $mdat{weiss}++ -]
[$ elsif  $fdat{wahl} == 5 $]
  [- $mdat{schwarz}++ -]
[$ elsif  $fdat{wahl} == 6 $]
  [- $mdat{gelb}++ -]
[$ endif $]
[- $sum= $mdat{rot}+$mdat{gruen}+$mdat{blau}+$mdat{weiss}+$mdat
              {schwarz}+ $mdat{gelb} -]
<TABLE BORDER=0 CELLSPACING=2 CELLPADDING=2>
<TR BGCOLOR=#FFFFFF><TD>gelb</TD><TD>[+ sprintf "%5.2f", 100 *
         $mdat{gelb}/ $sum  +]%</TD>
</TR><TR BGCOLOR=#FFFFFF><TD>rot</TD><TD>[+ sprintf "%5.2f", 100 *
         $mdat{rot}/ $sum +]%</TD>
```

```
■ </TR><TR BGCOLOR=#FFFFFF><TD>grün</TD><TD>[+ sprintf "%5.2f", 100 *
          $mdat{gruen}/$sum  +]%</TD>
■ </TR><TR BGCOLOR=#FFFFFF><TD>blau</TD><TD>[+ sprintf "%5.2f", 100 *
          $mdat{blau}/ $sum  +]%</TD>
■ </TR><TR BGCOLOR=#FFFFFF><TD>weiss</TD><TD>[+ sprintf "%5.2f", 100 *
          $mdat{weiss}/$sum  +]%</TD>
■ </TR><TR BGCOLOR=#FFFFFF><TD>schwarz</TD><TD>[+ sprintf "%5.2f",100 *
          $mdat{schwarz}/$sum  +]%</TD>
■ </TR></TABLE></TD></TR></TABLE><BR>
■ <TABLE BORDER=1 CELLSPACING=2 CELLPADDING=2><TR>
■  <TD>Diese Seite wurde seit dem </TD>
■  <TD BGCOLOR=#FFC000>[+ $mdat{date} ||= localtime +]</TD>
■  <TD BGCOLOR=#FFC000>[+ $mdat{counter}++ +]</TD>
■  <TD>mal abgerufen</TD>
■ </TR></TABLE></BODY></HTML>
```

11. Die CGI-Schnittstelle: Interaktive und dynamische Webseiten mit Perl

Im vorherigen Kapitel wurden zwei unterschiedliche Strategien der Kombination von HTML und Perl-Code durch die Perl-Module *HTML::Template* bzw. *HTML::Embperl* vorgeführt. Ob dabei im letzteren Fall das Modul *HTML::Embperl* unter Mod-Perl betrieben und somit in den Apache-Webserver integriert oder lediglich als normales CGI-Programm betrieben wird, hat zwar enorme Auswirkungen auf die Performance der Anwendungen, nicht aber auf die generelle Vorgehensweise bei der Applikationserstellung.

Die folgenden Abschnitte vertiefen das bereits aufgegriffene Thema der Kombination von Perl und HTML, wobei speziell auf Perl-Erweiterungen zur komfortablen Programmierung der CGI-Schnittstelle und zur Erstellung von dynamischen Webseiten eingegangen wird.

Schwerpunkte des Kapitels

- Datenübertragung mit den HTTP-Methoden *GET* und *POST*
- Die Programmierung der CGI-Schnittstelle und Praxis der Formularerstellung mit dem Modul *CGI.pm*
- Arbeiten mit Cookies

11.1 Datenübertragung mit den HTTP-Methoden GET und POST

Die für die serverseitige Ausführung von Programmen, z. B. zur Formularverarbeitung oder zum Zugriff auf eine externe Datenbank, geschaffene CGI-Schnittstelle wurde bereits in Kapitel4 (siehe S. 53) beschrieben.

Die Einsatzmöglichkeiten der CGI-Schnittstelle sind vielfältig. Einige der wichtigsten, bei der Erstellung von dynamischen Webseiten immer wieder erforderlichen Aufgaben sind insbesondere:

- die dynamische Generierung von Webseiten
- die Anbindung von Datenbanken an WWW-Server
- die dynamische Bilderzeugung
- das Auswerten von Benutzerinteraktionen
- die Zustandserhaltung beim Wechsel zwischen unterschiedlichen Webseiten und das Session-Management

Das **C**ommon **G**ateway **I**nterface regelt dabei den Aufruf und die Parameterversorgung der externen CGI-Skripte. Die Parameterübergabe erfolgt in Abhängigkeit von der beim Aufruf des CGI-Programms gewählten HTTP-Methode *GET* oder *POST*. Der HTTP-Server und das aufgerufene CGI-Programm kommunizieren, wie bereits in Kapitel 4.3 (siehe S. 58) dargestellt, über eine Reihe von im CGI-Standard festgelegten Umgebungsvariablen.

Das HTTP-Protokoll definiert mehrere Methoden, mit denen ein Webclient Anfragen an einen Webserver richten kann. Die wichtigsten dieser Methoden sind die Methoden *GET* und *POST*. In Kapitel 4.2 (siehe S. 55) wurden beide bereits ausführlich dargestellt.

Bei Verwendung der Methode *GET* wird der Formulardatenstrom, getrennt durch ein Fragezeichen, an den URL des verarbeitenden CGI-Skripts als Query-String angefügt. Hierdurch wird die Umgebungsvariable *QUERY_STRING* mit dem Wert der so übergebenen Parameter belegt. Die Umgebungsvariable *QUERY_STRING* beinhaltet also alles, was dem ersten Fragezeichen (?) des URL folgt, der auf das CGI-Skript verweist, im nachstehenden Beispiel also *kennung=100*.

- `http://www.irgendwo.de?kennung=100`

Im Browser des Webclients sind die Daten des Formulardatenstroms nach dem Absenden des Formulars in der URL-Zeile sichtbar. Bei *GET*-Abfragen sind die Parameter also Bestandteil des URL. Die Länge der Parameterliste ist dabei in Abhängigkeit vom verwendeten Browser auf ca. 2 KByte beschränkt. Bei größeren Datenmengen sollte daher die Methode *POST* verwendet werden.

Der Inhalt der Umgebungsvariablen *QUERY_STRING* ist entsprechend dem URL-Encoding-Verfahren (RFC 1738) kodiert (vgl. S.56). Dies bedeutet, dass in HTML-Eingabefeldern eingegebene Leerzeichen in + und Sonderzeichen durch den hexadezimalen ASCII-Code mit einem führenden %-Zeichen ausgedrückt werden.

Bevor der Inhalt von *QUERY_STRING* weiterverwendet werden kann, ist deshalb eine entsprechende Dekodierung erforderlich.

Die zweite Möglichkeit, Daten an ein CGI-Skript zu übergeben, erfolgt unter Verwendung der HTTP-Methode *POST*. Hierbei werden dem Webserver die Daten im Entity-Body übergeben und an das CGI-Skript über die Standardeingabe weitergeleitet. Das Ende der übertragenen Daten muss dabei anhand der Umgebungsvariablen *CONTENT_LENGTH* ermittelt werden. Bei der *POST*-Methode bleibt der angegebene URL unverändert, die Daten werden für den Benutzer unsichtbar an den Server übertragen.

11.2 Das Modul CGI.pm

In Kapitel 4.4 (siehe S. 62) wurde ein einfaches Verfahren für den praktischen Umgang mit der CGI-Schnittstelle und die erforderliche Dekodierung von *GET*- und *POST*-Daten vorgestellt. Für kleine CGI-Skripts ist dieses Verfahren durchaus ausreichend und wurde deshalb auch schon bei mehreren einführenden CGI-Beispielen dieses Buchs praktisch eingesetzt.

Für ein komfortableres Programmieren der CGI-Schnittstelle stehen im CPAN eine ganze Reihe von leistungsfähigen Modulen zur Verfügung. Das bekannteste dieser Module ist *CGI.pm*, das eine objektorientierte Schnittstelle zur Generierung von dynamischen Webformularen und für das Parsen der von diesen Formularen übertragenen Inhalte implementiert.

CGI.pm
- *http://stein.cshl.org/WWW/software/CGI/cgi_docs.html*
- *Lincoln D. Stein, lstein@cshl.org*

Darüber hinaus stellt *CGI.pm* eine Vielzahl von Funktionen, z. B. zur Generierung von HTTP-Headern unterschiedlicher Typen, zur Erzeugung von HTML-Elementen, zum Upload von Dateien oder zum Versenden von Cookies, zur Verfügung.

CGI.pm liegt den Perl-Distributionen ab der Version Perl-5.004_04 bei. Die aktuelle Version von *CGI.pm* ist die Version 2.74. Darüber hinaus ist eine Betaversion 3.01 verfügbar.

Im folgenden Abschnitt wird eine praktische Einführung in die Arbeit mit dem Modul *CGI.pm* gegeben.

CGI.pm kann auf zwei verschiedene Arten benutzt werden. Zum einen können Sie einen klassischen, funktionsorientierten Programmierstil verwenden. Hierbei werden die einzelnen Funktionen in den Namensraum des Skripts importiert und können anschließend aufgerufen werden.

Die andere Möglichkeit der Verwendung des Moduls besteht in der Verwendung der objektorientierten Schnittstelle, die den gesamten Funktionsumfang des Moduls als Methoden eines zu erzeugenden CGI-Objekts zur Verfügung stellt.

Im Vergleich zur funktionsorientierten Verwendung erfordert die objektorientierte Schnittstelle einen geringfügig größeren Schreibaufwand, bringt aber letztendlich eine größere Flexibilität und erfordert weniger Hauptspeicher. Bei den nachfolgenden Beispielen und Experimenten mit dem Modul *CGI.pm* wird daher der objektorientierten Verwendung der Vorzug gegeben.

11.2.1 Erzeugen eines CGI-Objekts

Um mit der objektorientierten Schnittstelle des Moduls *CGI.pm* arbeiten zu konnen, muss zunächst ein neues CGI-Objekt erzeugt werden.

Dies erfolgt durch Aufruf des Konstruktors *new*. Im nachstehenden Beispiel wird dadurch das neue CGI-Objekt *$q* erzeugt.

```
$q = new CGI;
```

Der Aufruf des Konstruktors bewirkt unter anderem, dass die dem Skript übergebenen *GET*- und *POST*-Daten analysiert (geparst) und in dem initialisierten CGI-Objekt abgespeichert werden.

Sämtliche *CGI.pm*-Routinen können anschließend als Methoden dieses Objekts aufgerufen werden. Zum Beispiel kann mit dem Methodenaufruf

```
$q->header;
```

ein HTTP-Header ausgegeben werden. Wird diese Methode, die den content-type-Header zurückgibt, ohne Argumente aufgerufen, wird der content-type *text/html* angenommen, wie es bei einem Skript, das eine HTML-Ausgabe erzeugen soll, erforderlich ist.

11.2.2 HTML-Ausgabe mit dem Modul CGI.pm

Das nachfolgende Skript erstellt ein einfaches HTML-Dokument. Zunächst wird, wie im vorausgegangenen Abschnitt gezeigt, ein Standard-HTTP-Header generiert. Mit dem Methodenaufruf

```
print $q->start_html(), ...
```

wird anschließend ein HTML-Dokument-Header erzeugt. Dieser generiert den Seitenanfang des HTML-Dokuments mit den <HTML>-, <HEAD> ... </HEAD>-, <TITLE> ... </TITLE>-Tags, einschließlich des sich öffnenden <BODY>-Tags.

Die anschließenden Methodenaufrufe der Form

```
$q->h1('...'), ...
```

dienen der Erzeugung von HTML-Überschriften. Durch den abschließenden Methodenaufruf

```
$q->end_html;
```

wird der schließende </BODY>- und </HTML>-Tag erzeugt und das HTML-Dokument abgeschlossen.

Jeder dieser Methodenaufrufe gibt einen String mit einem entsprechenden HTML-Tag zurück und muss mit einem Ausgabebefehl an den Browser übermittelt werden. Im Beispiel werden diese durch Kommata getrennt mit einem einzigen *print*-Befehl übertragen.

```
#!C:\PERL\bin\perl.exe
# cgipm2.pl
use CGI;
use strict;
my $q = new CGI;
print $q->header,
      $q->start_html('Hallo-Skript'),
      $q->h1('Hallo Perl/CGI-Welt'),
      $q->h2('Hallo Perl/CGI-Welt'),
      $q->h3('Hallo Perl/CGI-Welt'),
      $q->h4('Hallo Perl/CGI-Welt'),
      $q->h5('Hallo Perl/CGI-Welt'),
      $q->h6('Hallo Perl/CGI-Welt'),
      $q->end_html;
```

Das Skript erzeugt die folgende Ausgabe:

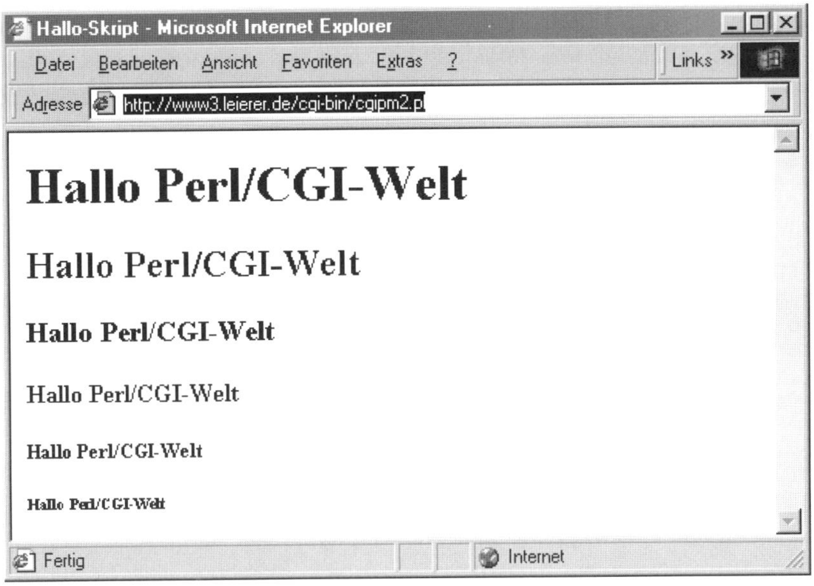

HTML-Ausgabe mit dem Modul CGI.pm

Wie die *CGI.pm*-Methodenaufrufe in HTML-Code umgesetzt werden, können Sie nachvollziehen, indem Sie sich vom Browser den von dem Skript erzeugten HTML-Code anzeigen lassen:

```
<!DOCTYPE HTML PUBLIC "-//IETF//DTD HTML//EN">
<HTML>
<HEAD>
<TITLE>Hallo-Skript</TITLE>
</HEAD>
<BODY>
<H1>Hallo Perl/CGI-Welt</H1>
<H2>Hallo Perl/CGI-Welt</H2>
<H3>Hallo Perl/CGI-Welt</H3>
<H4>Hallo Perl/CGI-Welt</H4>
<H5>Hallo Perl/CGI-Welt</H5>
<H6>Hallo Perl/CGI-Welt</H6>
</BODY>
</HTML>
```

11.2.3 Arbeiten mit HTML-Kurzformen

Bei den Aufrufen des vorstehenden Beispiels handelt es sich zum einen, wie z. B. bei der Methode *header()*, um explizit definierte Methoden des CGI-Objekts sowie zum anderen um Aufrufe so genannter HTML-Kurzformen, wie dies z. B. bei den Aufrufen der Form

```
print $q->h2('..');
```

der Fall ist. Die meisten, in HTML 3 und HTML 4 definierten Tags können dabei in Form dieser HTML-Kurzformen aufgerufen werden.

Um beispielsweise einen Hyperlink zu erzeugen, steht die HTML-Kurzform *a* zur Verfügung, die Sie mit

```
$q->a(....)
```

entsprechend dem nachfolgenden Beispiel aufrufen können:

```
#!C:\PERL\bin\perl.exe
# cgipm3.pl, Hyperlink erzeugen
use CGI;
use strict;
my $q = new CGI;
print $q->header,
      $q->a({href=>"http://www.leierer.de"},"Gudrun Leierer"),
      $q->end_html;
```

Um hierbei zwischen den in der Form *attribut=wert* angegebenen Argumenten eines HTML-Tags und dessen Inhalt zu unterscheiden, verwendet *CGI.pm* für HTML-Kurzformen die Konvention, nach der zunächst das HTML-Argument in Form einer Hash-Referenz übergeben wird, auf die der Tag-Inhalt als weiteres Argument folgt.

Die folgende Tabelle verdeutlicht die Aufrufkonvention für HTML-Kurzformen des Moduls *CGI.pm*:

CGI.pm	HTML
$q->Tag({-attribut=>wert}, 'Inhalt');	<Tag attribut=wert> Inhalt </Tag>
$q->h3({-align=>right},'dieser Text wird rechts ausgerichtet');	<H3 ALIGN="right">dieser Text wird rechts ausgerichtet</H3>

Aufrufkonvention für HTML-Kurzformen

11.2.4 Erstellung von Formularen

Mithilfe weiterer Methoden des Moduls *CGI.pm* können auf einfache Weise HTML-Formularelemente erzeugt werden. Jeder Aufruf einer dieser Methoden gibt einen String mit HTML-Tags zurück, der das entsprechende Formularelement erzeugt. Die erzeugten Strings müssen, wie schon im vorherigen Abschnitt beschrieben, mit einem oder mehreren Ausgabebefehlen (*print*) an den Browser übermittelt werden.

Die wichtigsten Methoden zum Erzeugen von Formularelementen sind in der nachfolgenden Tabelle zusammengestellt:

Methode	Beispiel	Beschreibung
isindex	print $query->isindex(-action=>$action);	Erzeugung eines Isindex-Tags
startform	print $query->startform(-method=>$method, -action=>$action, -encodingtype =>$encoding);	Anfang eines Formulars
endform	print $query->endform;	Ende eines Formulars
textfield	print $query->textfield(-name=>'feldname', -default=>'startwert', -size=>35, -maxlength=>80);	Erzeugung eines Textfelds

Methode	Beispiel	Beschreibung
textarea	print $query->textarea(-name=>'foo', -default=>'startwert', -rows=>10, -columns=>50);	Erzeugung eines großen Textfelds
password_field	print $query->password_field(-name=>'topsecret', -value=>'start', -size=>35, -maxlength=>80);	Erzeugung eines Passwortfelds
filefield	print $query->filefield(-name=>'uploaded_file', -default=>'startwert', -size=>35, -maxlength=>80);	Erzeugung eines Datei-Upload-Felds
popup_menu	print $query->popup_menu ('menu_name', ['pi', 'pa', 'po'], 'pa');	Erzeugung eines Popup-Menüs
scrolling_list	print $query->scrolling_list ('list_name', ['pi', 'pa', 'po', 'foo'], ['pi', 'foo'], 5, 'true');	Erzeugung einer Scroll-Liste
checkbox_group	print $query->checkbox_group(-name=>'group_name', -values=>['pi', 'pa', 'po', 'foo'], -default=>['pi', 'foo'], -linebreak=>'true', -labels=>\%labels);	Erzeugung einer Gruppe zusammengehöriger Kontrollkästchen
checkbox	print $query->checkbox(-name=>'checkbox_name', -checked=>'checked', -value=>'AN', -label=>'hier klicken');	Erzeugung eines eigenständigen Kontrollkästchens
radio_group	print $query->radio_group(-name=>'group_name', -values=>['pi', 'pa', 'po'], -default=>'pa', -linebreak=>'true', -labels=>\%labels);	Erzeugung einer Gruppe von Radiobuttons
submit	print $query->submit(-name=>'button_name', -value=>'value');	Erzeugung eines Submit-Buttons
reset	print $query->reset	Erzeugung eines Reset-Buttons
defaults	print $query->defaults('button_label')	Erzeugung eines Default-Buttons
hidden	print $query->hidden(-name=>'hidden_name', -default=>['value1', 'value2'...]);	Erzeugung eines versteckten Felds

Erzeugung von Formularelementen mit dem Modul CGI.pm

11.2.5 Zugriff auf GET-, POST- und URL-Parameter

Einer der Vorzüge des Moduls *CGI.pm* ist die komfortable Zugriffsmöglichkeit auf die an ein Skript übergebenen *GET*- und *POST*-Parameter. *CGI.pm* erkennt dabei die verwendete HTTP-Übertragungsmethode selbstständig.

Eine der Möglichkeiten, auf *GET*- und *POST*-Parameter zuzugreifen, besteht im Aufruf der Methoden *param()* des initialisierten CGI-Objekts. Je nach Aufrufart liefert diese Methode verschiedene Ergebnisse.

Im Listenkontext und ohne weitere Argumente aufgerufen gibt *param()* eine Liste der Namen aller an ein Skript übergebenen Parameter zurück.

```
@names = $q->param;
```

Mit der Anweisung

```
$anzahl = $#names;
```

kann darüber hinaus festgestellt werden ob bzw. wie viele Elemente in dieser Liste enthalten sind, d. h., ob und wie viele Parameter an das Skript übergeben wurden.

Der Wert eines einzelnen, namentlich bekannten Parameters kann mit dem folgenden Methodenaufruf ermittelt werden:

```
$tel = $q->param("Telefon");
```

Wird auf einen leeren oder nicht definierten Parameter zugegriffen, ist der Rückgabewert undefiniert. Dies kann mithilfe der Funktion *defined()* überprüft werden.

```
if( defined($q->param("Telefon")) ){
   $tel = $q->param("Telefon");
}
```

Handelt es sich bei den übertragenen Daten um diejenigen eines HTML-Elements mit Mehrfachselektion, können diese wie im nachfolgenden Beispiel an eine Liste übergeben werden:

```
@auswahl = $q->param("liste1");
```

Eine weitere Möglichkeit, auf die an ein Skript übertragenen Parameter zuzugreifen, besteht darin, alle übertragenen Parameter in einen bestimmten Namensraum zu importieren. Dies erfolgt durch Aufruf der Methode *import_names()*.

Im nachfolgenden Beispiel werden die verschiedenen Zugriffsmethoden auf die an ein Skript übertragenen Parameter eingesetzt.

```
#!C:\PERL\bin\perl.exe
# cgipm5.pl Zugriff auf übertragene Parameter
use CGI qw(:standard :html3);
my $q = new CGI;
print $q->header,
      $q->start_html(-title=>'Test');
print $q->h2('Zugriff auf übertragene Parameter');
print $q->startform($method,$action,$encoding);

print table({-border=>0,-bgcolor=>'#E0E0E0', -cellspacing=>'2',
             -cellpadding=>'2'},
  TR( td('Vorname:'),
      td($q->textfield(-name=>'vname',
            -default=>'',
            -size=>15,
            -maxlength=>50))
     ),
   TR( td('Name:'),
       td($q->textfield(-name=>'nname',
           -default=>'',
           -size=>15,
           -maxlength=>50))
      ),
    TR( td('Absenden'),
        td($q->submit(-name=>'send',-value=>'OK'))
       )
 );
```

```
print $q->endform;

my @names=$q->param;
foreach (@names) {
 print "Zugriff auf GET/POST-Parameter mit der Methode param(): $_:";
 print $q->param($_);
 print "<br>";
}
print $q->hr;
my @urlparams=$q->url_param;
foreach (@urlparams) {
 print "Zugriff auf Url-Parameter mit der Methode url_param(): $_:";
 print $q->url_param($_);
 print "<br>";
}
print $q->hr;
$q->import_names('IN');
printf "Mit der Methode import_names() importierte Variable
        (Vorname):%s<br>", $IN::vname;
printf "Mit der Methode import_names() importierte Variable
        (Nachname):%s<br>", $IN::nname;
```

Das Skript erzeugt die folgende Ausgabe:

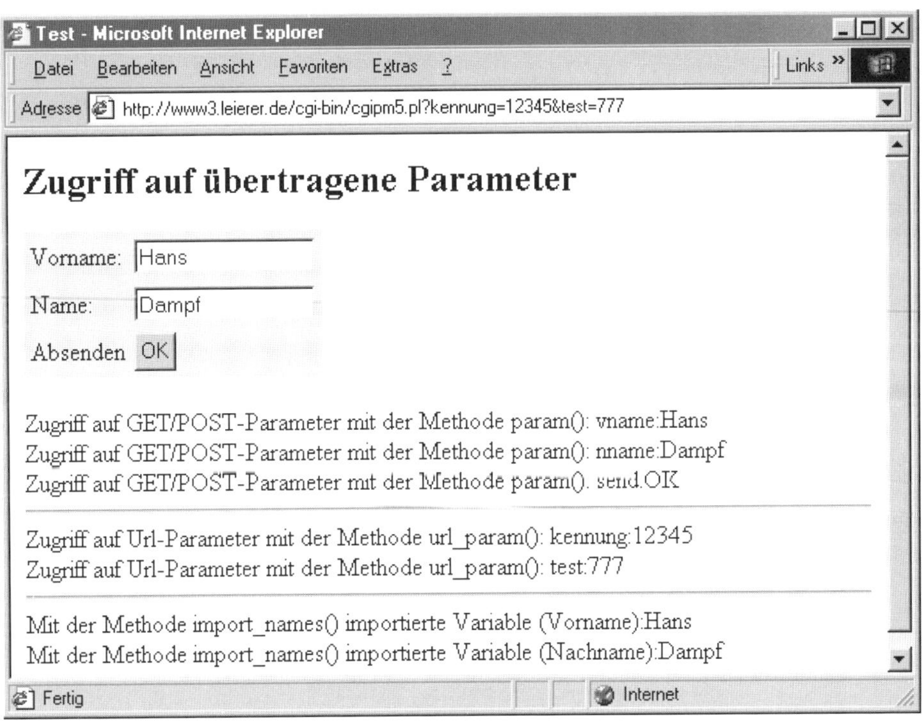

Verschiedene Zugriffsmethoden auf übertragende Parameter

11.2.6 Erzeugen von HTTP-Headern

Das Modul *CGI.pm* stellt Methoden zur Erzeugung von HTTP-Headern unterschiedlichen Typs zur Verfügung. Die wichtigsten dieser Methoden sind die Methoden *header()* und *redirect()*.

Methode	Beispiel	Beschreibung
header	print $q->header	Erzeugt einen Standard-HTTP-Header.
redirect	print $q->redirect ('http://www.irgendwo.de);	Erzeugt einen Redirection-Header.

Methoden zur Generierung von HTTP-Headern mit CGI.pm

Diesen Methoden können benannte Argumente übergeben werden. Die wichtigsten benannten Argumente sind *-type, -status, -expires* und *-cookie*:

Argument	Beispiel	Beschreibung
-type	-type=>'image/gif'	Legt einen MIME-Typ, z. B. *image/gif* fest.
-status	-status=>'402 Payment required'	Legt einen HTTP-Statuscode und eine entsprechende Meldung fest.
-expires	-expires=>'+2d'	Legt das relative oder absolute Ablaufdatum eines Dokuments fest.
-cookie	-cookie=>$cookie	Gibt ein zu übertragendes Cookie an. Die entsprechende Cookie-Variable muss mit der Methode *cookie()* erzeugt werden.
-nph	-nph=>1	Falls WAHR (1) wird ein für ein NPH-Skript benötigter Header erzeugt

Benannte Argumente von CGI.pm-Methoden

Im nachfolgenden Skript wird die Methode *redirect()* zur Umleitung des Browsers auf das Dokument *new_doc.pl* aufgerufen. Im Query-String des als Parameter angegebenen URI wird zusätzlich der Wert der Variablen *$Kennung* übertragen.

```
■ #!C:\PERL\bin\perl.exe -w
■ # redirect.pl
■ use strict;
■ use CGI;
■ my $q = new CGI;
■ my $Kennung = "100-200-300";
■ print $q->redirect("new_doc.pl?Kennung=$Kennung");
```

Im aufgerufenen Dokument wird nach dem Initialisieren des Query-Objekts *$q* durch den Aufruf der Methode *header()*, der keine weiteren Parameter übergeben werden, ein Standard-HTTP-Header erzeugt, der für die nachfolgende HTML-Ausgabe erforderlich ist.

```
■ #!C:\PERL\bin\perl.exe -w
■ # redirect.pl
■ use strict;
■ use CGI;
■ my $q = new CGI;
■ print $q->header,
■  $q->start_html('Test'),
```

```
$q->h1('Hallo');
# Zugriff auf Url-Parameter
my $Kennung=$q->url_param("Kennung");
print "Ihre Kennung: $Kennung";
print $q->end_html;
```

11.2.7 Arbeiten mit Cookies

Das Modul *CGI.pm* unterstützt die Erstellung und Verarbeitung von Netscape-kompatiblen Cookies. Ein Cookie ist ein benanntes Name-/Wert-Paar, das Client-seitig abgespeichert wird.

Cookies werden von CGI-Skripten erzeugt und im HTTP-Header an den Browser gesendet. Der Browser führt eine nach Webservern getrennte Liste von Cookies und liefert sie bei nachfolgenden Anfragen an das CGI-Skript zurück.

Cookies werden eingesetzt, um Webangebote zu personalisieren und ein an die speziellen Wünsche des Clients angepasstes Surfen und Browsen im Web zu ermöglichen. Hierzu werden die Informationen, die nicht sofort beim Verlassen der Webseite wieder verloren gehen sollen, auf dem Rechner des Client zwischengespeichert.

Cookies wurden von der Firma Netscape als merkfähige Ergänzung des zustandslosen HTTP-Protokolls entwickelt und sind seit der Version 1.1 des Netscape Navigator verfügbar. Sie sollen in erster Linie dazu beitragen, die Transparenz von Benutzer-Interaktionen im Web zu verbessern.

Was sind Cookies?

- Ein Cookie ist eine Textinformation mit einer maximalen Größe von 4.000 Byte.
- Pro Domain können maximal 20 Cookies abgespeichert werden.
- Cookies können vom Browser nur an den dafür definierten Server in das definierte Verzeichnis zurückgesendet werden.
- Ein Browser kann maximal 300 Cookies speichern.
- Vorhandene Cookies werden als Variable importiert, die den Namen des Cookie trägt.
- Die Cookie-Spezifikation von Netscape steht unter: http:// www.netscape.com/newsref/ std/cookie_spec.html.

Hierbei handelt es sich um Sammlungen von Variablen, die auf dem Rechner des Clients in Form von maximal 4 KByte großen Textdateien abgelegt werden und die dazu dienen, Informationen z. B. von einem Kontakt mit einem Webserver bis zum nächsten Kontakt mit demselben Server zwischenzuspeichern.

Da das Verfallsdatum der Cookies explizit festgelegt werden kann, ist ihre Lebensdauer sehr unterschiedlich. Manche sind nur so lange aktiv, wie der Browser geöffnet ist, andere haben eine Lebensdauer von mehreren Tagen oder Wochen.

Nachdem das Verfallsdatum eines Cookie erreicht ist, wird es vom Browser automatisch gelöscht. Ein Cookie kann nur von dem Server ausgelesen werden, der das Cookie ursprünglich angelegt hat. Zwar kann ein Webserver auch Cookies für einen anderen Server anlegen lassen, diese können dann aber auch nur von dem Server ausgelesen werden, für den die Cookies angelegt wurden.

Zur Erstellung von Netscape-kompatiblen Cookies wird unter *CGI.pm* die Methode *cookie()* verwendet:

Methode	Beispiel	Beschreibung
cookie	$cookie = $query->cookie(-name=>'sessionID', -value=>'xyz', -expires=>'+2h', -path=>'/cgi-bin/data', -domain=>'.rds.de', -secure=>1);	Erzeugt ein neues Cookie.

Die CGI.pm-Methode cookie zur Erzeugung von Cookies

Neben dem erforderlichen Name-/Wert-Paar besitzt jedes Cookie verschiedene optionale Attribute:

Attribut	Bedeutung
-name	Name des Cookies in Form eines beliebigen Strings.
-value	Wert des Cookies in Form eines beliebigen Skalarwerts, einer Array-Referenz oder auch einer Hash-Referenz.
-path	Optionaler partieller Pfad, für den das Cookie gültig ist. Standardmäßig ist der Pfad auf / gesetzt, was bedeutet, dass das Cookie an jedes CGI-Skript der Site übertragen wird.
-domain	Optionale partielle Domain, für die das Cookie gültig ist. Domain-Name, für den das Cookie gültig ist. Der Browser gibt das Cookie an jeden Host zurück, der den partiellen Host-Namen besitzt. Wird keine Domain festgelegt, gibt der Browser das Cookie nur an den Server auf dem Host zurück, von dem das Cookie stammt.
-expires	Optionales Ablaufdatum des Cookies. z. B.: +*1h* (1 Stunde ab jetzt). Wird kein Ablaufdatum festgelegt, bleibt das Cookie aktiv, bis der Benutzer Netscape beendet.
-secure	Falls WAHR (1) wird das Cookie ausschließlich in einer sicheren SSL-Session verwendet.

Attribute der Methode cookie()

Das von der Methode *cookie()* erzeugte Cookie muss in einen, z. B. mit der Methode *header()* oder der Methode *redirect()* erzeugten, HTTP-Header eingebunden werden.

```
print $query->header(-cookie=>$cookie);
```

Um mehrere Cookies zu übertragen, kann der Methode *header()* auch eine Referenz auf ein Array, das diese Cookies enthält, übergeben werden:

```
$cookie1 = $query->cookie(-name=>'name1', -value=>"xyz");
$cookie2 = $query->cookie(-name=>'name2', -value=>"abc");
print $query->header(-cookie=>[$cookie1,$cookie2]);
```

Um ein vorhandenes Cookie einzulesen, wird die Methode *cookie()* mit dem Parameter *-name*, aber ohne den Parameter *-value* aufgerufen.

Im nachfolgenden Skript wird ein Cookie mit dem Namen *C_ID* und der Lebensdauer von einem Tag angelegt und anschließend wieder ausgelesen.

```
#!C:\PERL\bin\perl.exe -w
# cookie.pl
use strict;
use CGI;
my $q = new CGI;
my $Kennung;
my $id="100-200-300-AC";
my $exp='+1d'; #Gültigkeit der Cookies
my $cook1 = $q->cookie(
        -name => 'C_ID',
        -value => $id,
        -expires => $exp);
```

```
print $q->header(-cookie=>$cook1);
# Kennung aus Cookie
if ($Kennung = $q->cookie(-name=>"C_ID")){
  print "Cookie mit folgendem Wert vorhanden: $Kennung";
}
```

Ein entsprechend konfigurierter Browser zeigt den Versuch, ein Cookie anzulegen, mit einem Sicherheitshinweis an. Diesem Hinweis können auch Details zum Verfallsdatum und zum Wert des Cookies entnommen werden. Solange das Gültigkeitsdatum des Cookies nicht überschritten ist, steht der im Cookie abgespeicherte Wert bei einem erneuten Aufruf des Skripts wieder zur Verfügung.

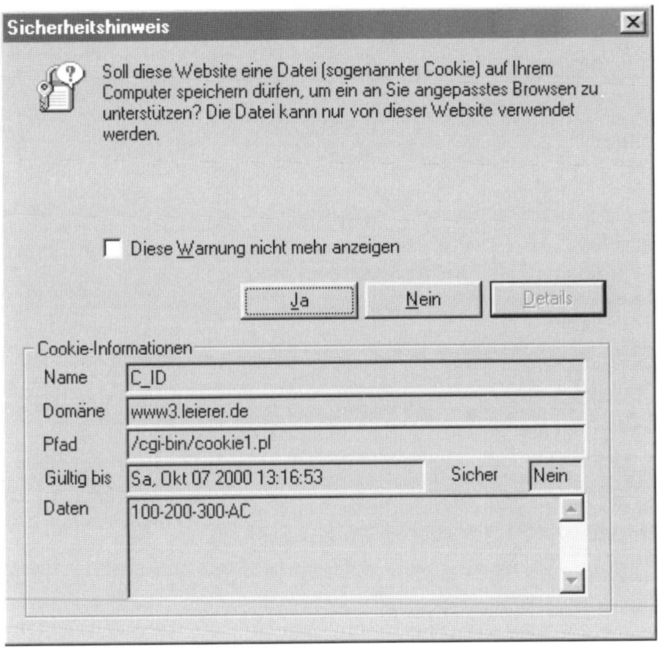

Warnung des entsprechend konfigurierten Browsers beim Anlegen eines Cookies

11.2.8 Praxis der Formularerstellung mit dem Modul CGI.pm

Im nachfolgenden Praxisbeispiel wird der Einsatz der von dem Modul *CGI.pm* bereitgestellten Methoden zur Formulargenerierung demonstriert. Der Einfachheit halber sendet das Formular die generierten Formulardaten an sich selbst.

```
#!C:\PERL\bin\perl.exe
# cgipm1.pl
use CGI qw(:standard :html3);
$hcol='#FFE000';
$dcol='#F0F0F0';
$chekcol='#E0E0E0';
$q = new CGI;
```

```
print $q->header,
      $q->start_html(-title=>'Test',
      -author=>'rds@leierer.de',
      -meta=>{'keywords'=>'cgi perl html'},
      -BGCOLOR=>'#FFFFFF');
print $q->h2('Urlaubsantrag');
print $q->startform($method,$action,$encoding);
print table({-border=>0,-bgcolor=>$dcol,-cellspacing=>'2',
             -cellpadding=>'2'},
  Tr({-align=>LEFT,-valign=>TOP},
  [
th({bgcolor=>$hcol},['','Antragsteller','Stellvertreter','gesendete
    Daten','']),
   th({bgcolor=>$hcol},'Name').td([
      $q->textfield(-name=>'my_name',
         -default=>'',
         -size=>15,
         -maxlength=>50),
      $q->textfield(-name=>'dep_name',
         -default=>'',
         -size=>15,
         -maxlength=>50),
      $q->param('my_name')."/".$q->param('dep_name')]),
   th({bgcolor=>$hcol},'Abteilung').td([
      $q->textfield(-name=>'my_abt',
         -default=>'',
         -size=>8,
         -maxlength=>8),
         $q->textfield(-name=>'dep_abt',
         -default=>'',
         -size=>8,
         -maxlength=>8),
      $q->param('my_abt')."/".$q->param('dep_abt')]),
    th({bgcolor=>$hcol},'Personal-Nr.').td([
       $q->textfield(-name=>'my_pnr',
          -default=>'',
          -size=>8,
          -maxlength=>8),
       $q->textfield(-name=>'dep_pnr',
          -default=>'',
          -size=>8,
          -maxlength=>8),
       $q->param('my_pnr')."/".$q->param('dep_pnr')]),
    th({bgcolor=>$hcol},'Urlaubsanschrift').td([
       $q->textarea(-name=>'ort',
          -default=>'',
          -rows=>3,
          -columns=>20),'',
       $q->param('ort')]),
    th({bgcolor=>$hcol},'Tel. ereichbar unter').td([
       $q->textfield(-name=>'tel',
          -default=>'',
          -size=>20,
          -maxlength=>20),'',
       $q->param('tel')]),
```

```
    th({bgcolor=>$hcol},'von Tag/Monat/Jahr').td([
      $q->scrolling_list(-name=>'from_day',
          -values=>[1..31],
          -default=>[],
          -size=>1,
          -multiple=>'false',
          -labels=>\%labels)
       .$q->scrolling_list(-name=>'from_month',
          -values=>[1..12],
          -default=>[],
          -size=>1,
          -multiple=>'false',
          -labels=>\%labels)
       .$q->scrolling_list(-name=>'from_year',
          -values=>[2000..2002],
          -default=>[],
          -size=>1,
          -multiple=>'false',
          -labels=>\%labels),'',
       $q->param('from_day')."."
       $q->param('from_month')."."
       $q->param('from_year')]),
    th({bgcolor=>$hcol},'bis Tag/Monat/Jahr').td([
     $q->scrolling_list(-name=>'to_day',
          -values=>[1..31],
          -default=>[],
          -size=>1,
          -multiple=>'false',
          -labels=>\%labels)
          .$q->scrolling_list(-name=>'to_month',
            -values=>[1..12],
            -default=>[],
            -size=>1,
            -multiple=>'false',
            -labels=>\%labels)
       .$q->scrolling_list(-name=>'to_year',
             -values=>[2000..2002],
            -default=>[],
            -size=>1,
            -multiple=>'false',
            -labels=>\%labels),'',
       $q->param('to_day')."."
       $q->param('to_month')."."
       $q->param('to_year')]),
    th({bgcolor=>$hcol},'Abgestimmt').td({bgcolor=>$chekcol,
       -align=>LEFT},[
       $q->checkbox(-name=>'check_abt',
               -checked=>'checked',
               -value=>'Ja',
               -label=>'Abteilungsleiter'),
       $q->checkbox(-name=>'check_chef',
               -checked=>'checked',
               -value=>'Ja',
               -label=>'Geschäftsleitung'),
       $q->param(check_abt)."/".$q->param(check_chef),
```

```
        $q->submit(
            -name=>'send',
            -value=>'OK')])
    ],
  )
);
print $q->endform;
```

Durch den Aufruf der Methoden des Moduls *CGI.pm* wurde der folgende HTML-Code erzeugt:

```
<!DOCTYPE HTML PUBLIC "-//IETF//DTD HTML//EN">
<HTML>
<HEAD><TITLE>Test</TITLE>
<LINK REV=MADE HREF="mailto:rds%40leierer.de">
<META NAME="keywords" CONTENT="cgi perl html">
</HEAD>
<BODY BGCOLOR="#FFFFFF"><H2>Urlaubsantrag</H2>
<FORM METHOD="POST"  ENCTYPE="application/x-www-form-urlencoded">
<TABLE CELLPADDING="2" CELLSPACING="2" BGCOLOR="#F0F0F0" BORDER="0">
<TR VALIGN="TOP" ALIGN="LEFT"><TH BGCOLOR="#FFE000"></TH>
<TH BGCOLOR="#FFE000">Antragsteller</TH>
<TH BGCOLOR="#FFE000">Stellvertreter</TH>
<TH BGCOLOR="#FFE000">gesendete Daten</TH>
<TH BGCOLOR="#FFE000"></TH></TR> <TR VALIGN="TOP" ALIGN="LEFT">
<TH BGCOLOR="#FFE000">Name</TH><TD><INPUT TYPE="text" NAME="my_name"
    VALUE="Maier" SIZE=15 MAXLENGTH=50></TD>
<TD><INPUT TYPE="text" NAME="dep_name" VALUE="Müller" SIZE=15
    MAXLENGTH=50></TD>
<TD>Maier/Müller</TD></TR> <TR VALIGN="TOP" ALIGN="LEFT">
<TH BGCOLOR="#FFE000">Abteilung</TH>
<TD><INPUT TYPE="text" NAME="my_abt" VALUE="101" SIZE=8
    MAXLENGTH=8></TD>
<TD><INPUT TYPE="text" NAME="dep_abt" VALUE="101" SIZE=8
    MAXLENGTH=8></TD>
<TD>101/101</TD></TR> <TR VALIGN="TOP" ALIGN="LEFT">
    <TH BGCOLOR="#FFE000">Personal-Nr.</TH>
<TD><INPUT TYPE="text" NAME="my_pnr" VALUE="101-123" SIZE=8
    MAXLENGTH=8></TD>
<TD><INPUT TYPE="text" NAME="dep_pnr" VALUE="101-234" SIZE=8
    MAXLENGTH=8></TD>
<TD>101-123/101-234</TD></TR> <TR VALIGN="TOP" ALIGN="LEFT">
    <TH BGCOLOR="#FFE000">Urlaubsanschrift</TH>
<TD><TEXTAREA NAME="ort" ROWS=3 COLS=20>Ap. Postal 26
Es Castell, Menorca
Espana</TEXTAREA></TD>
<TD></TD> <TD>Ap. Postal 26
Es Castell, Menorca
Espana</TD></TR>
<TR VALIGN="TOP" ALIGN="LEFT"><TH BGCOLOR="#FFE000">Tel. ereichbar
   unter</TH><TD><INPUT TYPE="text" NAME="tel" VALUE="1234-5678-1178"
   SIZE=20 MAXLENGTH=20></TD> <TD></TD> <TD>1234-5678-1178</TD></TR>
   <TR VALIGN="TOP" ALIGN="LEFT"><TH BGCOLOR="#FFE000">von Tag/Monat/
   Jahr</TH><TD><SELECT NAME="from_day" SIZE=1 MULTIPLE>
<OPTION SELECTED VALUE="1">1
```

```
■ <OPTION  VALUE="2">2<OPTION  VALUE="3">3
■ <OPTION  VALUE="4">4<OPTION  VALUE="5">5
■ <OPTION  VALUE="6">6<OPTION  VALUE="7">7
■ <OPTION  VALUE="8">8<OPTION  VALUE="9">9
■ <OPTION  VALUE="10">10<OPTION  VALUE="11">11
■ <OPTION  VALUE="12">12<OPTION  VALUE="13">13
■ <OPTION  VALUE="14">14<OPTION  VALUE="15">15
■ <OPTION  VALUE="16">16<OPTION  VALUE="17">17
■ <OPTION  VALUE="18">18<OPTION  VALUE="19">19
■ <OPTION  VALUE="20">20<OPTION  VALUE="21">21
■ <OPTION  VALUE="22">22<OPTION  VALUE="23">23
■ <OPTION  VALUE="24">24<OPTION  VALUE="25">25
■ <OPTION  VALUE="26">26<OPTION  VALUE="27">27
■ <OPTION  VALUE="28">28<OPTION  VALUE="29">29
■ <OPTION  VALUE="30">30<OPTION  VALUE="31">31
■ </SELECT>
■ <SELECT NAME="from_month" SIZE=1 MULTIPLE>
■ <OPTION  VALUE="1">1<OPTION  VALUE="2">2
■ <OPTION  VALUE="3">3<OPTION  VALUE="4">4
■ <OPTION  VALUE="5">5<OPTION  VALUE="6">6
■ <OPTION  VALUE="7">7<OPTION SELECTED VALUE="8">8
■ <OPTION  VALUE="9">9<OPTION  VALUE="10">10
■ <OPTION  VALUE="11">11<OPTION  VALUE="12">12
■ </SELECT>
■ <SELECT NAME="from_year" SIZE=1 MULTIPLE>
■ <OPTION SELECTED VALUE="2000">2000<OPTION  VALUE="2001">2001
■ <OPTION  VALUE="2002">2002
■ </SELECT></TD>
■ <TD></TD> <TD>1.8.2000</TD></TR> <TR VALIGN="TOP" ALIGN="LEFT">
     <TH BGCOLOR="#FFE000">bis Tag/Monat/Jahr</TH><TD>
     <SELECT NAME="to_day" SIZE=1 MULTIPLE>
■ <OPTION SELECTED VALUE="1">1
■ <OPTION  VALUE="2">2<OPTION  VALUE="3">3
■ <OPTION  VALUE="4">4<OPTION  VALUE="5">5
■ <OPTION  VALUE="6">6<OPTION  VALUE="7">7
■ <OPTION  VALUE="8">8<OPTION  VALUE="9">9
■ <OPTION  VALUE="10">10<OPTION  VALUE="11">11
■ <OPTION  VALUE="12">12<OPTION  VALUE="13">13
■ <OPTION  VALUE="14">14<OPTION  VALUE="15">15
■ <OPTION  VALUE="16">16<OPTION  VALUE="17">17
■ <OPTION  VALUE="18">18<OPTION  VALUE="19">19
■ <OPTION  VALUE="20">20<OPTION  VALUE="21">21
■ <OPTION  VALUE="22">22<OPTION  VALUE="23">23
■ <OPTION  VALUE="24">24<OPTION  VALUE="25">25
■ <OPTION  VALUE="26">26<OPTION  VALUE="27">27
■ <OPTION  VALUE="28">28<OPTION  VALUE="29">29
■ <OPTION  VALUE="30">30<OPTION  VALUE="31">31
■ </SELECT>
■ <SELECT NAME="to_month" SIZE=1 MULTIPLE>
■ <OPTION  VALUE="1">1<OPTION  VALUE="2">2
■ <OPTION  VALUE="3">3<OPTION  VALUE="4">4
■ <OPTION  VALUE="5">5<OPTION  VALUE="6">6
■ <OPTION  VALUE="7">7<OPTION  VALUE="8">8
■ <OPTION SELECTED VALUE="9">9<OPTION  VALUE="10">10
■ <OPTION  VALUE="11">11<OPTION  VALUE="12">12
```

```
</SELECT>
<SELECT NAME="to_year" SIZE=1 MULTIPLE>
<OPTION SELECTED VALUE="2000">2000<OPTION  VALUE="2001">2001
<OPTION  VALUE="2002">2002
</SELECT>
</TD> <TD></TD> <TD>1.9.2000</TD></TR>
<TR VALIGN="TOP" ALIGN="LEFT"><TH BGCOLOR="#FFE000">Abgestimmt</TH>
<TD ALIGN="LEFT" BGCOLOR="#E0E0E0"><INPUT TYPE="checkbox"
    NAME="check_abt" VALUE="Ja" CHECKED>Abteilungsleiter</TD>
<TD ALIGN="LEFT" BGCOLOR="#E0E0E0"><INPUT TYPE="checkbox"
    NAME="check_chef" VALUE="Ja" CHECKED>Geschäftsleitung</TD>
<TD ALIGN="LEFT" BGCOLOR="#E0E0E0">Ja/Ja</TD>
<TD ALIGN="LEFT" BGCOLOR="#E0E0E0"><INPUT TYPE="submit" NAME="send"
    VALUE="OK"></TD>
</TR></TABLE>
<INPUT TYPE="hidden" NAME=".cgifields" VALUE="check_abt">
<INPUT TYPE="hidden" NAME=".cgifields" VALUE="to_day">
<INPUT TYPE="hidden" NAME=".cgifields" VALUE="check_chef">
<INPUT TYPE="hidden" NAME=".cgifields" VALUE="from_month">
<INPUT TYPE="hidden" NAME=".cgifields" VALUE="to_month">
<INPUT TYPE="hidden" NAME=".cgifields" VALUE="from_year">
<INPUT TYPE="hidden" NAME=".cgifields" VALUE="from_day">
<INPUT TYPE="hidden" NAME=".cgifields" VALUE="to_year">
</FORM>
```

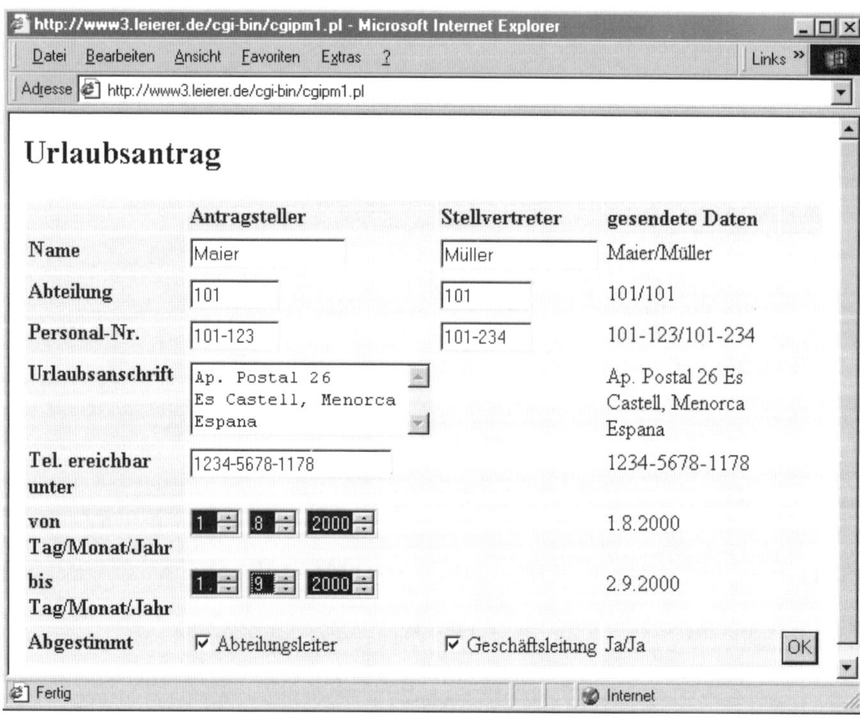

Ein einfaches Formular mit dem Modul CGI.pm

12. Dynamische Bilderzeugung mit Perl

Speziell für den Umgang mit Bilddateien steht mit dem CPAN-Modul *GD.pm* eine Schnittstelle zur Grafikbibliothek *GD* mit entsprechenden Funktionen zur Verfügung. Bei der *GD*-Bibliothek handelt es sich um ein Freewareprodukt der Firma Boutell.Com, Inc. aus Seattle, USA. Die aktuelle Version ist die Version gd 1.8.1. Im Gegensatz zu älteren Versionen unterstützt diese Version nicht mehr die Erzeugung von Bildern im GIF-Format. Der Grund hierfür liegt darin, dass die Nutzung des bei GIF-Bildern verwendeten Kompressionsalgorithmus (LZW) mit Lizenzgebühren verbunden ist, sodass das GIF-Format in einem Freewareprodukt wie *GD* nicht mehr verwendet werden kann.

Als gleichwertige Alternative verwendet die neue Version der *GD*-Bibliothek das Bildformat PNG, das derzeit allerdings noch nicht von allen Browsern unterstützt wird.

Schwerpunkte des Kapitels

- MIME-Typen für Bilddateien
- Die Grafikfunktionen des Moduls *GD.pm*
- Praxis der Bilderstellung mit dem Modul *GD.pm*

12.1 MIME-Typen für Bilddateien

Für die Bearbeitung von Bilddateien mit Perl und dem Modul *GD.pm* ist zunächst ein kurzer Hinweis darauf erforderlich, wie das HTTP-Protokoll mit unterschiedlichen Dateitypen umgeht. Der Typ der Datei, die mit HTTP übertragen wird, wird durch ihren MIME-Typ festgelegt.

MIME ist die Abkürzung von **M**ultipurpose **I**nternet **M**ail **E**xtensions. MIME-Typen bezeichnen die Art der im Internet übertragenen Dateien.

Wenn ein HTTP-Server eine Datei an einen Client sendet, bezeichnet er deren Dateiart durch den MIME-Typ in einem speziell dafür vorgesehenen Header-Feld. Der Client benötigt den MIME-Typen, damit er die übertragene Datei richtig interpretieren kann.

Verschiedene MIME-Typen
- *text/plain*, Textdatei
- *text/html*, HTML-Datei
- *image/gif*, GIF-Grafik
- *image/ief*, Image Exchange Format
- *image/png*, PNG-Grafik
- *image/jpeg*, JPEG-Grafik
- *image/tiff*, TIFF-Grafik
- *image/x-xbitmap*, X-Bitmap
- *image/x-xpixmap*, X-Pixmap

Ein MIME-Typ besteht aus einem Haupttyp und einem durch einen Slash (/) abgetrennten Subtyp. Der MIME-Typ aller HTTP-Standardseiten ist *text/html*. Bilddateien haben den MIME-Haupttyp *image* und je nach Dateiformat verschiedene Subtypen. Einige wichtige MIME-Typen sind im Kasten zusammengestellt.

Sollen Bilddateien an den HTTP-Client übertragen werden, muss der diese Dateien bezeichnende MIME-Typ in einem Header zu Beginn des Dokuments mit übertragen werden. Diesen Header können Sie mithilfe der Methode *header()* des Moduls *CGI.pm* erzeugen. Für die Bilddateien, die Sie mit dem Modul *GD.pm* erzeugen und bearbeiten, lautet der MIME-Typ, je nachdem, welches Bildformat Sie verwenden wollen, entweder *image/gif* oder *image/png*.

Um dem Browser eine Bilddatei zu übertragen, ist also zunächst im zugehörigen Bildskript mithilfe der Funktion *header()* ein entsprechender Header zu senden. Für das PNG-Format sieht das z. B. so aus:

```
$q->header("image/png");
```

12.2 Die Grafikfunktionen des Moduls GD.pm

Das CPAN-Modul *GD.pm* realisiert eine Schnittstelle zur *GD*-Grafikbibliothek.

Die Klassen von GD.pm

- *GD::Image:* Grafikprimitive
- *GD::Font:* Zeichensatzdefinitionen
- *GD::Polygon:* Polygonerstellung

Das Modul implementiert insgesamt drei Klassen. Die Klasse *GD::Image* stellt die grundlegenden Methoden zur Bilderzeugung zur Verfügung. Die Klasse *GD::Font* enthält eine Reihe von Zeichensatzdefinitionen zur Textdarstellung, während die Klasse *GD::Polygon* Methoden zur Erstellung und Manipulation von Polygonobjekten bereithält.

Die wichtigste dieser Klassen ist die Klasse *GD::Image*. Diese stellt den Konstruktor zur Erzeugung eines neuen Bildobjekts sowie eine Vielzahl von Methoden zur Manipulation von Bildobjekten zur Verfügung.

Mit dem Konstruktor *GD::Image->new()* wird ein neues Bildobjekt erzeugt:

```
$x_size=400;
$y_size=400;
$img= GD::Image->new($x_size, $y_size);
```

Dem Konstruktor sind als Argumente die Breite *$x_size* und die Höhe *$y_size* zu übergeben. Der Rückgabewert ist ein Handle *$img* für das erstellte Bildobjekt.

Die Grafikprimitive des Moduls *GD.pm* werden als Methoden eines mit *new()* erzeugten Bildobjekts aufgerufen. Beispielsweise wird mit dem folgenden Methodenaufruf ein Rechteck erzeugt:

```
$img->rectangle ($x1, $y1, $x2, $y2, $col);
```

Die Variablen *$x, $y* bezeichnen eine punktuelle Bildschirmposition, die Variablen *$x1, $y1* (linke obere Ecke) und *$x2, $y2* (rechte untere Ecke) bezeichnen die Bildschirmkoordinaten eines Rechteckbereichs. Die Variable *$col* bezeichnet einen Farbindex in einer Farbpalette.

Nachfolgend sind die wichtigsten Methoden zur Bilderzeugung und -bearbeitung mit dem Modul *GD.pm* zusammengestellt. Bei den in dieser Kurzzusammenstellung enthaltenen Beispielen bedeutet *$img* jeweils ein mit der Methode *new()* erzeugtes Bildobjekt (Handle auf eine Bilddatei). Die Variablen *$x1, $y1, $x2, $y2* und *$col* haben auch in der Zusammenstellung die oben erwähnte Bedeutung:

Funktion	Beispiel	Beschreibung
new	$img= GD::Image->new ($x_size, $y_size);	Erstellt ein Bild mit den Abmessungen *$x_size, $y_size* und gibt ein Handle *$img* zurück.
char	$img->char($font, $x, $y, $char, $col);	Zeichnet ein Zeichen *$char*.
colorAllocate	$col=$img->colorAllocate($red, $green, $blue);	Gibt einen Index *$col* für eine Farbe zurück.
colorClosest	$col=$img->colorClosest($red,$green, $blue);	Gibt den Index *$col* der nächsten Farbe zu einem RGB-Wert zurück.
colorExact	$col=$img->colorExact ($red, $green, $blue);	Gibt den Index *$col* einer definierten Farbe zurück.
colorsTotal	$anz=$img->colorsTotal;	Liefert die Anzahl *$anz* der Farben.
copyResized	$img->copyResized ($src_im, $dstX, $dstY, $srcX, $srcY, $dstW, $dstH, $srcW, $srcH);	Kopiert einen Bildausschnitt von *$src_im* (Quelle) nach *$img* (Ziel).
dashedLine	$img->dashedLine($x1, $y1, $x2, $y2, $col);	Zeichnet eine gestrichelte Linie.
fill	$img->fill($x, $y, $col);	Füllt eine Fläche mit der Farbe *$col*.
filledPolygon	$img->filledPolygon ($poly, $col);	Zeichnet ein mit der Farbe *$col* gefülltes Polygon. Das Polygon muss zuvor mit einer Polygonmethode erzeugt werden.
filledRectangle	$img->filledRectangle($x1, $y1, $x2, $y2, $col);	Zeichnet ein gefülltes Rechteck.
fillToBorder	$img->fillToBorder($x, $y, $bordercol, $col);	Füllt eine Fläche mit der Farbe *$col*, die durch die Farbe *$bordercol* abgegrenzt ist.
gif	$data=$img->gif;	Gibt Bilddaten im GIF-Format zurück.
imagecharup	$img->charup($font, $x, $y, $char, $col);	Zeichnet ein um 90° gedrehtes Zeichen *$char*.
interlace	$succ=$img->interlace ($interlace);	Aktiviert oder deaktiviert den Interlaced Modus (0 = aus, 1 = an).
line	$img->line($x1, $y1, $x2, $y2, $col);	Zeichnet eine Linie.
newFromGif	$img=newFromGif (FILEHANDLE),	Erstellt ein Bild aus einer mittels *FILEHANDLE* angegebenen GIF-Datei und gibt ein Handle *$img* zurück.
png	$data=$img->png;	Gibt Bilddaten im PNG-Format zurück.
polygon	$img->polygon($poly, $col);	Zeichnet ein Polygon mit der Zeichenfarbe *$col*. Das Polygon muss zuvor mit einer Polygonmethode erzeugt werden.
rectangle	$img->rectangle ($x1, $y1, $x2, $y2, $col);	Zeichnet ein Rechteck.
setPixel	$img->setPixel ($x, $y, $col);	Zeichnet ein einzelnes Pixel.
string	$img->string($font, $x, $y, $text, $col);	Schreibt einen Text *$text*.

Funktion	Beispiel	Beschreibung
stringup	$img->stringup($font, $x, $y, $text, $col);	Schreibt einen vertikal ausgerichteten Text *$text*.
transparent	$col_n=$img->transparent ($col);	Bestimmt eine Farbe als transparent und gibt den Index *$col_n* zurück. Wird keine Farbe *$col* angegeben, wird die aktuelle verwendet.

Die wichtigsten Grafik-Funktionen der GD-Bibliothek

12.3 Praxis der Bilderstellung mit dem Modul GD.pm

Beispiele für die Generierung von Bildern unter Verwendung der Methoden des Moduls *GD.pm* haben Sie bereits in Kapitel 9.3 (siehe S. 262) kennen gelernt. Die generelle Vorgehensweise für die Bilderstellung erfolgt gemäß den folgenden Schritten:

Zunächst wird mit der Funktion *new()* ein neues Bildobjekt erzeugt. Dieser Funktion sind die Abmessungen (Länge, Breite) des zu erstellenden Bilds zu übergeben. In einem oder mehreren weiteren Schritten werden durch Aufruf der hierfür vorgesehenen Methoden des Bildobjekts grafische Inhalte in das Bild gezeichnet.

Ist das Bild fertig gestellt, kann es entweder direkt an den Browser oder aber in eine Datei ausgegeben werden.

Als einfaches Beispiel für die Anwendung der Methoden des Moduls *GD.pm* dient das nachfolgende Skript. Dieses erzeugt innerhalb eines Bildobjekts mit den Abmessungen 400 x 400 zwei Rechteckbereiche und gibt einen Text aus.

Zunächst wird ein HTTP-Header mit dem MIME-Typ *image/png* gesendet. Mit dem Konstruktor *new()* wird ein neues Bildobjekt *$img* erstellt. Anschließend werden verschiedene Methoden dieses Bildobjekts aufgerufen.

Der Bildbereich wird mit der Farbe Gelb gefüllt. Hierzu kommt die Methode *fill()* zum Einsatz. Zum Erzeugen von Rechteckbereichen dient die Methode *rectangle()*. Die Zeichenfarbe für den Rechteckbereich ist Schwarz.

Zur Definition der Farben dient die Methode *colorAllocate()*, der der RGB-Wert der gewünschten Farbe in Form von drei Integerwerten zu übergeben ist. Mithilfe der Methode *string()* wird ein Text an einem anzugebenden Bildbereich ausgegeben. Hierzu wird der Font *gdMediumBoldFont* verwendet, der der Methode als Konstante übergeben wird.

Zum Schluss wird das Bild mit der Methode *png()* erzeugt und mit einem *print*-Befehl an den Browser gesendet.

```
#!C:\PERL\bin\perl.exe
#gd1.pl
use GD;
use CGI;
my $q=new CGI;
```

```
print $q->header(-type=>"image/png");
#
my $x_size= 400;
my $y_size= 250;
#
my $img= GD::Image->new($x_size, $y_size);
my $black=$img->colorAllocate(0,0,0);
my $yellow=$img->colorAllocate(255,255,0);
$img->fill(20,20,$yellow);
my $x1=50;
my $y1=50;
my $x2=200;
my $y2=150;
$img->rectangle ($x1, $y1, $x2, $y2, $black);
$img->rectangle ($x1+4, $y1+4, $x2-4, $y2-4, $black);
$img->string(gdMediumBoldFont, 100,90, "Hallo GD", $black);
print $img->png;
```

Das Skript erzeugt die folgende Ausgabe:

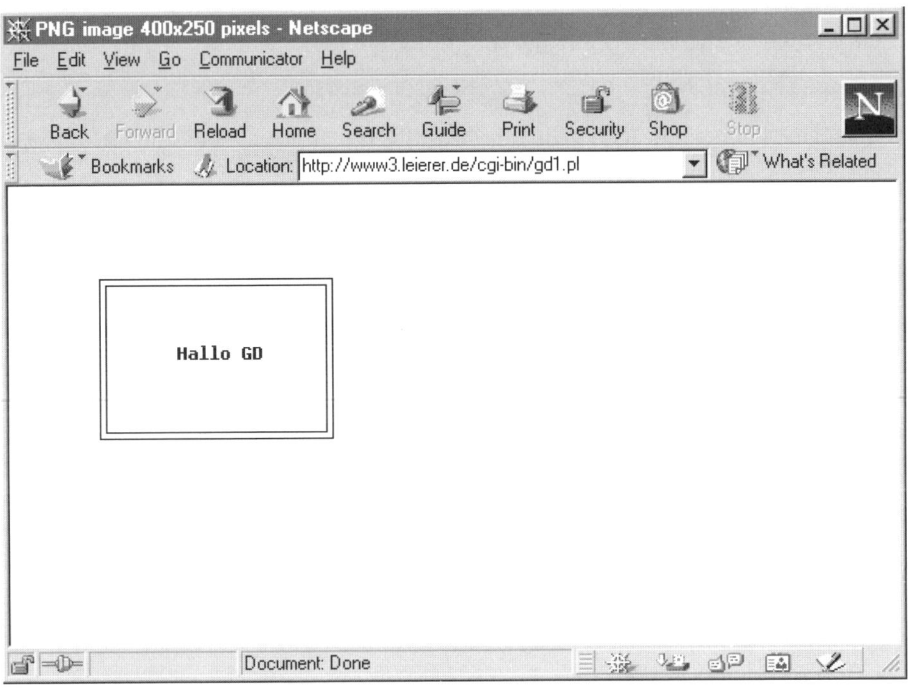

Die erste GD-Grafik

Erstellen eines Polygons

Um mit dem Modul *GD.pm* polygonale Bereiche zu erzeugen, stehen die Methoden der Klasse *GD::Polygon* zur Verfügung. Ein neues Polygonobjekt wird durch Aufruf des Konstruktors *new()* erzeugt:

```
my $poly=GD::Polygon->new();
```

Die Eckpunkte des Polygons werden mithilfe der Methode *addPt()* des Polygonobjekts festgelegt. Im Beispiel wird ein geschlossener Polygonbereich erzeugt, da der Anfangspunkt und der Endpunkt zusammenfallen.

```
$poly->addPt(30,30);
$poly->addPt(330,70);
$poly->addPt(300,140);
$poly->addPt(110,180);
$poly->addPt(30,30);
```

Um das Polygon schließlich zu erzeugen, wird die Methode *polygon()* des Bildobjekts aufgerufen:

```
$img->polygon($poly, $black);
```

Anschließend wird der Polygonbereich mit der Farbe Orange aufgefüllt. Dazu wird die Methode *fillToBorder()* verwendet. Der Methode werden als Parameter ein Koordinatenpaar im Innern des auszufüllenden Bereichs, eine Grenzfarbe sowie eine Füllfarbe übergeben. Der von der Grenzfarbe umschlossene Bereich wird dann mit der Füllfarbe aufgefüllt. Da das Polygon mit der Zeichenfarbe *$black* gezeichnet wurde, wird der Methode ebenfalls diese Farbe als Grenzfarbe vorgegeben, da das Polygon mit der Füllfarbe *$orange* ausgefüllt werden soll.

```
$img->fillToBorder(130,90, $black, $orange);
```

Abschließend werden die Eckpunkte des Polygons durch Aufrufe der Methode *string()* beschriftet. Es folgt das Skript im Zusammenhang:

```
#!C:\PERL\bin\perl.exe
# gd2.pl
use GD;
use CGI;
my $q=new CGI;
print $q->header(-type=>"image/png");
my $x_size= 400;
my $y_size= 250;
my $img= GD::Image->new($x_size, $y_size);
my $black=$img->colorAllocate(0,0,0);
my $yellow=$img->colorAllocate(255,255,0);
$orange=$img->colorAllocate(255,150,0);
$img->fill(20,20,$yellow);
# Erzeugen eines Polygons
my $poly=GD::Polygon->new();
$poly->addPt(30,30);
$poly->addPt(330,70);
$poly->addPt(300,140);
$poly->addPt(110,180);
$poly->addPt(30,30);
$img->polygon($poly, $black);
$img->fillToBorder(130,90, $black, $orange);
$img->string(gdMediumBoldFont, 130,90, "Ein Polygon", $black);
$img->string(gdMediumBoldFont, 30,10, "30/30", $black);
$img->string(gdMediumBoldFont, 340,70, "330/70", $black);
$img->string(gdMediumBoldFont, 300,150, "300/140", $black);
$img->string(gdMediumBoldFont, 110,190, "110/180", $black);
print $img->png;
```

Das Skript erzeugt die folgende Ausgabe:

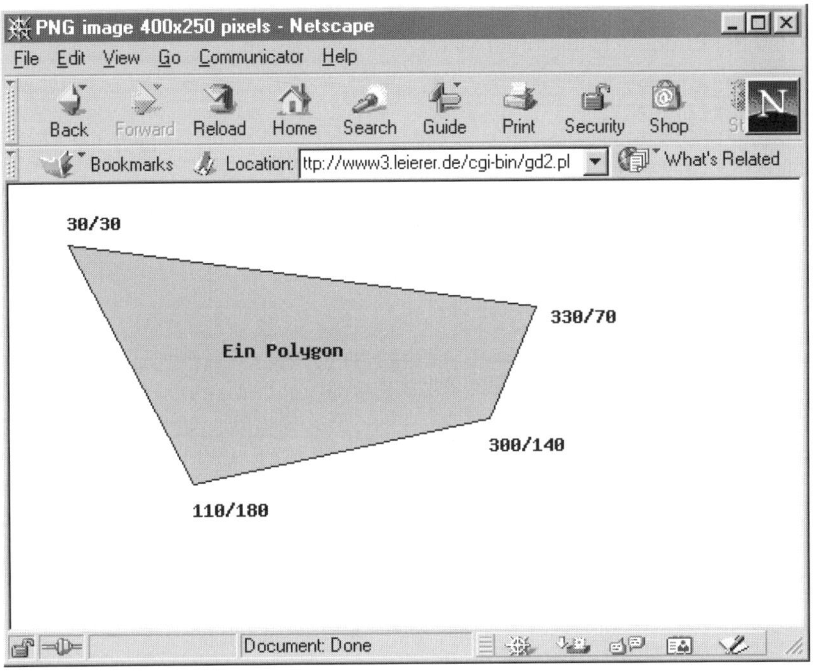

Erstellen eines Polygons

Erzeugen einer Grafikdatei

Im letzten Beispiel wird ein mit der Methode *png()* erzeugtes Bild nicht direkt an den Browser gesendet, sondern in einer Bilddatei abgespeichert:

```
■ my $png= $img->png;
■ open (PNG, ">testbild.png") || die "can't open outputfile: $!\n";
■ binmode PNG;
■ print PNG $png;
■ close PNG;
```

Anschließend wird das Bild dann mit einer Reihe von <img>-Tags mehrfach und mit unterschiedlichen Bildgrößen in eine HTML-Tabelle eingebunden:

```
■ print "<TABLE border='0' ><TR>";
■ print "<TD><img src='d:/apache/cgi-bin/bsp/testbild.png'width=400
        height=400 border='0'></TD>";
■ print "<TD valign='bottom'><img src='d:/apache/cgi-bin/bsp/
        testbild.png'width=100 height=100  border='0'><img src='
        d:/apache/cgi-bin/bsp/testbild.png'width=100 height=100
        border='0'><br><img src='d:/apache/cgi-bin/bsp/testbild.png'
        width=200 height=200  border='0'><br><img src='d:/apache/cgi-
        bin/bsp/testbild.png'width=100 height=100  border='0'>
        <img src='d:/apache/cgi-bin/bsp/testbild.png'width=100
        height=100  border='0'></TD>";
■ print "</TR></TABLE>";
```

Es folgt das für die komplette Bilddefinition dieses Beispiels erforderliche Perl-Skript:

```
■ #!C:\PERL\bin\perl.exe
■ # testbild.pl
■ use GD;
■ use CGI;
■ my $q=new CGI;
■ print $q->header(-type=>"image/png");
■ $str="Testbild";
■ $img=new GD::Image(400,400);
■ $black=$img->colorAllocate(0,0,0);
■ $gelb=$img->colorAllocate(255,255,0);
■ $green=$img->colorAllocate(0,255,0);
■ $orange=$img->colorAllocate(255,150,0);
■ $img->fill(0,0,$gelb);
■ $img->string(gdLargeFont, 180,25, $str, $black);
■ $img->stringUp(gdLargeFont, 380,220,$str, $black);
■ $img->rectangle(20,20,380,380, $black);
■ $img->rectangle(40,40,360,360, $black);
■ $img->rectangle(60,60,340,340, $black);
■ $img->line(0,0,400,400,$black);
■ $img->line(400,0,0,400,$black);
■ $img->arc(200,200,200,200,0,360, $black);
■ $img->arc(200,200,280,280,0,360, $black);
■ $img->fillToBorder(20,10, $black, $orange);
■ $img->fillToBorder(10,20, $black, $orange);
■ $img->fillToBorder(200,55, $black, $orange);
■ $img->fillToBorder(55,200, $black, $orange);
■ $img->fillToBorder(200,70, $black, $orange);
■ $img->fillToBorder(70,200, $black, $orange);
■ $img->fillToBorder(150,200, $black, $orange);
■ $img->fillToBorder(320,200, $black, $orange);
■ $img->fillToBorder(150,200, $black, $black);
■ $img->fillToBorder(250,200, $black, $black);
■ $img->fillToBorder(350,200, $black, $black);
■ $img->fillToBorder(150,300, $black, $black);
■ $img->fillToBorder(150,350, $black, $black);
■ $img->fillToBorder(150,395, $black, $black);
■ my $png= $img->png;
■ open (PNG, ">testbild.png") || die "can't open outputfile: $!\n";
■ binmode PNG;
■ print PNG $png;
■ close PNG;
■ print "<TABLE border='0' ><TR>";
■ print "<TD><img src='d:/apache/cgi-bin/bsp/testbild.png'width=400
        height=400 border='0'></TD>";
■ print "<TD valign='bottom'><img src='d:/apache/cgi-bin/bsp/testbild.
       png'width=100 height=100  border='0'><img src='d:/apache/cgi-
       bin/bsp/testbild.png'width=100 height=100  border='0'><br>
       <img src='d:/apache/cgi-bin/bsp/testbild.png'width=200
       height=200  border='0'><br><img src='d:/apache/cgi-bin/bsp/
       testbild.png'width=100 height=100  border='0'><img src='
       d:/apache/cgi-bin/bsp/testbild.png'width=100 height=100
       border='0'></TD>";
■ print "</TR></TABLE>";
```

Das Skript erzeugt die folgende Ausgabe:

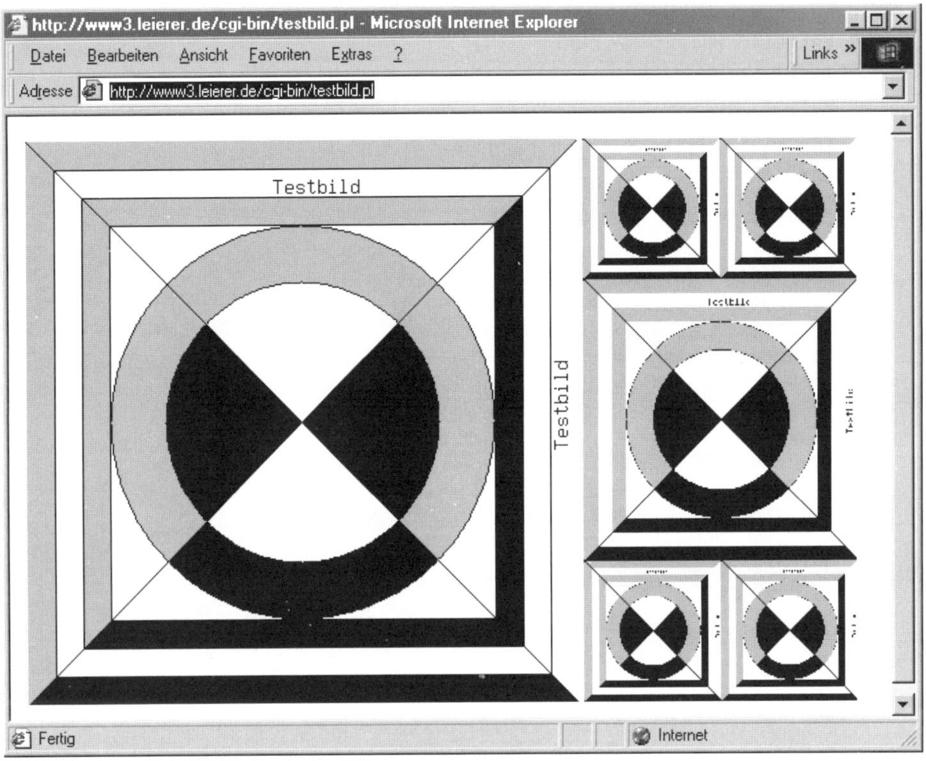

Test der GD-Grafikfunktionen

13. Das Rückgrat dynamischer Websites: Datenbanken und -zugriffe mit Perl

Im Gegensatz zu statischen Webseiten, die einen ständigen Aufwand für die Aktualisierung erfordern, werden dynamische Webseiten erst zum Zeitpunkt der Anforderung durch den Benutzer generiert. Die Webseiten liegen also nicht fertig auf dem Webserver bereit, sondern werden erst zum Zeitpunkt der Anforderung in Abhängigkeit von einer Benutzerinteraktion mit Inhalten gefüllt.

Voraussetzungen hierfür sind zum einen die durch die CGI-Schnittstelle vermittelte und durch die serverseitige Skriptsprache Perl realisierte serverseitige Aufbereitung der Dokumente und zum anderen die Verwendung einer externen Datenquelle, wie sie z. B. in Form des unter der GPL-Lizenz frei verfügbaren Datenbankservers MySQL zur Verfügung steht. Diese enthält die Informationen, die in die zu verarbeitenden Seiten zum Zeitpunkt des Seitenaufrufs eingefügt werden sollen.

Nachdem in den vorausgegangenen Kapiteln eine Einführung in die Skriptsprache Perl erfolgt ist, sollen im Folgenden der Datenbankserver MySQL und einige Grundlagen der Datenbankabfragesprache SQL erfolgen, wodurch die Grundvoraussetzungen für die Realisierung von dynamischen, datenbankgestützten Webseiten geschaffen werden.

Schwerpunkte des Kapitels

- Grundlagen der Datenbankprogrammierung
- Datenbanken und Datenbank-Managementsysteme
- Datenmodelle für die konzeptuelle Ebene
- Realisation von Datenbankzugriffen mit Perl
- SQL-Praxis mit MySQL und Perl

13.1 Grundlagen der Datenbankprogrammierung

Eine der Grundvoraussetzungen für die Realisation dynamischer Webanwendungen sind Datenbanken, aus denen der Webserver für die zu erstellenden Webseiten seine Informationen bezieht.

Einem Großteil der Leser und Leserinnen ist der Umgang mit einschlägigen PC-Datenbanken verbreiteter Office-Pakete bereits vertraut.

Ein Kennzeichen dieser Datenbanksysteme ist, dass hinter der einfach bedienbaren Oberfläche um den Preis einer geringeren Flexibilität und Leistungsfähigkeit sehr viele wesentliche Datenbanktechniken verborgen und somit ungenutzt bleiben.

Die Kenntnis einer speziellen Abfragesprache, z. B. im Falle von relationalen Datenbanken die Abfragesprache SQL, ist bei PC-Datenbanken in der Regel nicht erforderlich.

Im Vergleich dazu erscheint der Umgang mit einer vom Bedienungskomfort in der Regel eher spartanisch ausgestatteten SQL-Datenbank zunächst umständlich und unnötig kompliziert.

Um mit einem SQL-Datenbankserver brauchbare Ergebnisse zu erzielen, kann auf einige Grundbegriffe aus der Datenbanktechnologie nicht verzichtet werden. Der folgende Abschnitt gibt hier zunächst einen kurzen Überblick.

13.1.1 Datenbanken und Datenbank-Managementsysteme

Eine Datenbank ist eine entsprechend den natürlichen Zusammenhängen in der Alltagswelt strukturierte Ansammlung von Daten, die allen Benutzern eines Anwendungsbereichs aktuelle Informationen zur Verfügung stellt.

Der Zugriff auf eine Datenbank durch Benutzer oder Anwendungsprogramme erfolgt indirekt über ein **D**aten**b**ank-**M**anagement**s**ystem (DBMS) genanntes Softwaresystem, das es ermöglicht, Datenbanken zu definieren, Daten zu speichern, zu manipulieren und Anfragen an die Datenbank weiterzuleiten. Zusammen mit der Datenbank bildet das DBMS das **D**aten**b**ank**s**ystem (DBS).

Ein wesentlicher Aspekt der Organisation eines Datenbanksystems besteht darin, dass die Daten eines Anwendungsbereichs auf unterschiedliche Weise gesehen werden können. Hierbei werden in der Regel drei unterschiedliche Datenebenen unterschieden:

- Die externe Sicht erlaubt unterschiedlichen Benutzergruppen, je nach Anwendungsinteresse, unterschiedliche Sichten auf die Daten des Anwendungsbereichs.
- Die logische Gesamtsicht ermöglicht eine Zusammenschau aller Daten eines Anwendungsbereichs. Hierbei werden auf logischer Ebene, unabhängig von der EDV-spezifischen Darstellung, die einzelnen Informationseinheiten und deren gegenseitige Beziehungen beschrieben.
- Die interne Sicht der Daten, die den Anwendern i. d. R. verborgen bleibt, betrifft die EDV-spezifische Organisation der Daten auf den Speichermedien des Datenbanksystems.

Auf jeder der vorgenannten Datenebenen können die Daten des Anwendungsbereichs mithilfe so genannter Datenbeschreibungssprachen auf einem jeweils unterschiedlichen Abstraktionsniveau modelliert werden. Die zugehörigen Datenbeschreibungen werden auch Schemata genannt.

Entsprechend den drei Datenebenen unterscheidet man hierbei zwischen dem externen Schema, dem konzeptuellen Schema sowie dem internen Schema. Von besonderer Bedeutung ist hierbei das konzeptuelle Schema, das die logische Gesamtsicht der in der Datenbank zu erfassenden Objekte der Realwelt umfasst und das mit dem Datenbankentwurf erarbeitet wird.

13.1.2 Datenmodelle für die konzeptuelle Ebene

Ein weit verbreitetes Datenmodell für die konzeptuelle Ebene ist das von P. P. Chen entwickelte **E**ntity-**R**elationship-Modell (ER-Modell). Das ER-Modell analysiert die Beziehungen, die zwischen unterschiedlichen Typen von Objekten der realen Welt bestehen, und bildet diese Daten in einer an der Umgangssprache orientierten, „semantisch reichen" Beschreibung ab. Die grundlegenden Konstrukte des ER-Modells lassen sich dabei wie folgt zusammenfassen:

- Ein Entity ist ein abgrenzbares Objekt der realen Welt, das für den betrachteten Ausschnitt von Relevanz ist. Ein einfaches Beispiel für ein derartiges Entity ist ein spezieller Artikel, z. B. Trockenfutter, der vom Betreiber eines Webshops vorrätig gehalten wird. Ein Vorgang, wie beispielsweise das Bestellen eines solchen Artikels, ist ebenfalls ein Entity.
- Ein Entity-Typ repräsentiert die Menge aller Entitys, die die gleichen charakteristischen Eigenschaften besitzen. Entity-Typen eines Webshops sind also die Artikel, die Kunden oder der Warenkorb.
- Zwischen verschiedenen Entitys können Beziehung bestehen. Werden anstelle der Beziehungen zwischen Entitys die Beziehungen zwischen Entity-Typen betrachtet, entstehen Beziehungstypen. Beispielsweise existiert für die Entity-Typen *BESUCHER* und *WARENKORB* der Beziehungstyp *legt_Ware_ in_Korb*.
- Im ER-Modell besitzt jeder Entity-Typ Attribute. Ein Attribut ist eine Eigenschaft, die jedem Entity desselben Typs zukommt. In gleicher Weise können auch den Beziehungstypen Attribute zugeordnet werden. Attribute des Entity-Typs *ARTIKEL* sind z. B. Artikelnummer, Beschreibung und Preis. Jedes Attribut kann dabei Werte aus einem genau definierten Wertebereich annehmen, im Falle des Attributs *Preis* ist das die Menge der positiven rationalen Zahlen.
- Wenn ein Attribut oder eine minimale Kombination von Attributen ein Entity eines Entity-Typs eindeutig identifiziert, spricht man von einem Schlüssel. Im Falle des Entity-Typs *KUNDE* ist die Kundennummer ein solcher Schlüssel. Gibt es mehrere Schlüssel für einen Entity-Typ, wird im Allgemeinen einer von ihnen als Primärschlüssel ausgewiesen.
- Ein Entity, das durch seine eigenen Attribute allein nicht identifiziert werden kann, sondern nur unter Zuhilfenahme einer weiteren Beziehung, wird als schwaches Entity bezeichnet. Entity-Typen, die nur unter Zuhilfenahme von anderen Entity-Typen identifiziert werden können, werden analog dazu als schwache Entity-Typen bezeichnet. Beziehungstypen, an denen ein schwacher Entity-Typ teilnimmt, werden schwache Beziehungstypen genannt.

Beziehungen und Beziehungstypen des ER-Modells

Gleichartige Beziehungen zwischen Entitys werden im ER-Modell als Beziehungstypen bezeichnet. Ein wesentliches Merkmal dieser Beziehungstypen ist deren Komplexität. Es werden 1:1-Beziehungen, 1:n-Beziehungen und n:m-Beziehungen unterschieden. Die einfachste Form der Beziehung zwischen zwei Entity-Typen ist die 1:1-Beziehung. Jedem Entity des Entity-Typs 1 ist genau ein Entity des Entity-Typs 2 zugeordnet und umgekehrt.

In der realen Situationen häufig vertretene Beziehungstypen sind die 1:n-Beziehungen. Jedes Entity des Entity-Typs 1 steht in Beziehung mit beliebig vielen Entitys vom Entity-Typ 2, aber jedes Entity vom Entity-Typ 2 steht in Beziehung zu höchstens einem Entity vom Entity-Typ 1. Bei einer n:m-Beziehung sind einem Entity vom Entity-Typ 1 beliebig viele Entitys vom Entity-Typ 2 zugeordnet und umgekehrt.

Darstellung des ER-Modells

Zur Veranschaulichung der im ER-Modell erarbeiteten Datenbeschreibungen werden diese in der Regel grafisch dargestellt. Hierfür hat sich die folgende Symbolik eingebürgert:

- Entity-Typen werden durch Rechtecke repräsentiert.
- Schwache Entity-Typen werden in Form von doppelt umrahmten Rechtecken dargestellt.
- Neben dem Namen des Entity-Typs werden seine Attribute angegeben. Wenn der Platz in den Rechtecken dafür nicht ausreicht, können die Attribute auch außerhalb dargestellt werden. In diesem Fall werden die Attribute in Kreise eingetragen, die mit den zugehörigen, als Rechtecke dargestellten Entity-Typen verbunden werden.
- Beziehungstypen werden als Rauten dargestellt, die mit den zugehörigen Entity-Typen verbunden werden. Der Grad der Komplexität der Beziehungen wird auf den Verbindungslinien zwischen der als Raute dargestellten Beziehung und den in Beziehung stehenden Entity-Typen vermerkt.

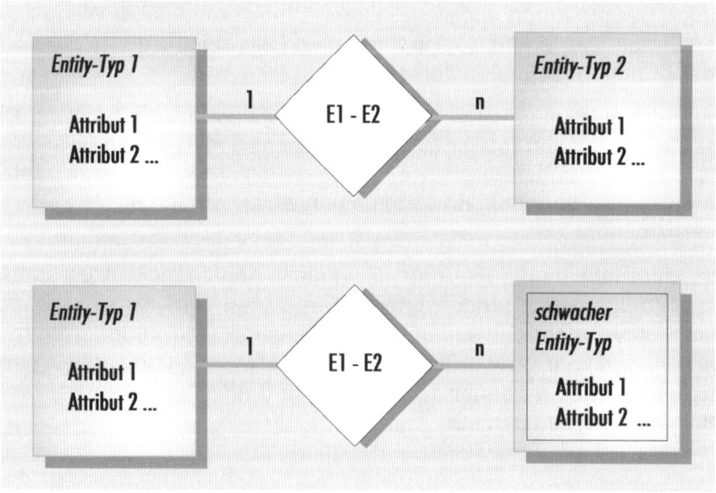

Grafische Darstellung des ER-Modells

13.1.3 Das relationale Datenmodell

Aufbauend auf der „semantisch reichen" Beschreibung des abzubildenden Ausschnitts der Realwelt (ER-Modell) wird für die softwaretechnische Umsetzung aus diesem ein „semantisch ärmeres", konzeptuelles Modell des Datenbanksystems abgeleitet. Hierbei handelt es sich um das von E. F. Codd entwickelte relationale Datenmodell. Dieses ist das derzeit bei weitem wichtigste unter den verschiedenen, von DBMS unterstützten Datenmodellen.

Im relationalen Datenmodell werden die Daten der Realwelt in Form von Relationen dargestellt. Sämtliche, im semantisch reichen ER-Modell erfassten Informationen werden im relationalen Datenmodell in Form von Relationen modelliert.

Das relationale Datenmodell erreicht seine Anschaulichkeit vor allem damit, dass jede Relation als Tabelle darstellt werden kann. Jedem Datensatz der Relation entspricht eine Zeile der Tabelle. Die Spalten der Tabelle werden nach den Attributnamen benannt.

In derselben Weise, wie alle Daten einer relationalen Datenbank in Form von Relationen dargestellt werden, ist auch das Ergebnis einer auf dieser Datenbank beruhenden Abfrage eine Relation. Diese wird auch als Ergebnisrelation bezeichnet.

Zur Durchführung einer Datenbankabfrage sind Operationen erforderlich, die es ermöglichen, Datensätze mit gewissen Eigenschaften aus einer Relation zu selektieren, durch Reduzieren von Relationen solche kleineren Grades bzw. durch Kombination vorhandener Relationen solche größeren Grades zu erzeugen. Die hierzu erforderlichen Befehle werden von der Datenbankabfragesprache SQL (**S**tructured **Q**uery **L**anguage) zur Verfügung gestellt. Diese ist speziell für die Abfrage von relationalen Datenbanken entwickelt worden und hat sich als Standardabfragesprache für Datenbanken durchgesetzt.

Um ein ER-Modell in ein relationales Datenbankschema zu überführen, ist es erforderlich, die verschiedenen Entity-Typen und Beziehungstypen in Tabellen (Relationen) umzuwandeln. Je nach Art der Entity- und Beziehungstypen sind dabei verschiedene Transformationen notwendig:

- Jeder Entity-Typ eines ER-Modells wird in eine entsprechende Tabelle des relationalen Datenmodells überführt, die die Attribute des entsprechenden Entity-Typs als Spalten mit den Attributnamen als Spaltennamen enthält. Der Name der Tabelle wird in der Regel entsprechend dem Namen des jeweiligen Entity-Typs gewählt. Aus dem Entity-Typ *ARTIKEL* wird im relationalen Datenmodell eine Tabelle *artikel* mit den Attributnamen des Entity-Typs oder entsprechenden Kurzformen dieser Namen als Spaltennamen.
- Um im relationalen Datenmodell n:m-Beziehungstypen zwischen zwei Entity-Typen abzubilden, wird eine weitere Tabelle (Relation) erforderlich. Die Primärschlüssel der beiden beteiligten Entity-Typen werden in dieser neuen Tabelle als Fremdschlüssel eingesetzt, wobei deren Kombination den Primärschlüssel der neuen Tabelle bildet. Zwischen den Tabellen, die den beteiligten Entitys entsprechen, und der neu erstellten Verknüpfungstabelle bestehen nach der durchgeführten Transformation jeweils nur noch 1:n-Beziehungen.

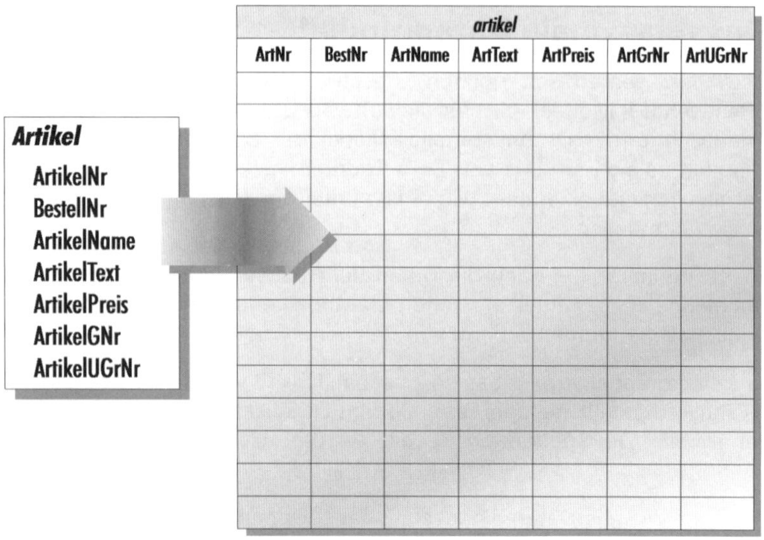

Transformation eines Entity-Typs in eine Tabelle

- Im Gegensatz zur Abbildung von m:n-Beziehungstypen muss zur Abbildung von 1:n-Beziehungstypen keine zusätzliche Tabelle (Relation) eingeführt werden. Zur Abbildung dieses Beziehungstyps ist es lediglich erforderlich, dass der Primärschlüssel der Tabelle (Relation) auf der 1-Seite als Fremdschlüssel in die Relation auf der n-Seite aufgenommen wird.
- Die Transformation von 1:1-Beziehungstypen entspricht weitgehend der von 1:n-Beziehungstypen. Hierbei kann entweder die linke Tabelle (Relation) als Fremdschlüssel in die rechte Tabelle (Relation) aufgenommen werden oder umgekehrt.
- Schwache Entity-Typen werden ebenfalls in Tabellen (Relationen) abgebildet. Diese enthalten zunächst alle Attribute der entsprechenden Entity-Typen. In die aus einem schwachen Entity-Typ hervorgehende Tabelle ist zusätzlich der Primärschlüssel des den schwachen Entity-Typ identifizierenden Owner-Typs als *Fremdschlüssel* einzufügen. Dieser zusätzlich aufgenommene Schlüssel sowie der Teilschlüssel des schwachen Entity-Typs bilden den Primärschlüssel der so entstandenen Tabelle.

13.1.4 Normalisierung von Datenbanken

Während des konzeptionellen Entwurfs einer Datenbank werden häufig einige wenige große Tabellen erstellt, die zunächst alle benötigten Informationen enthalten. Hierbei entstehen in der Regel Redundanzen (Mehrfachspeicherungen) und Inkonsistenzen (Anomalien).

Zur Gewährleistung einer redundanz- und widerspruchsfreien Informationsspeicherung wurden für relationale Datenbankschemata verschiedene Normalformen vorgeschlagen, bei deren Beachtung mögliche Datenbankanomalien vermieden werden können.

Dabei werden die Daten auf mehrere Tabellen aufgeteilt, sodass Redundanzen vermieden werden. Um den Gesamtzusammenhang der Daten zu erhalten, werden die Tabellen über Joins verknüpft.

Welche Anomalien in einer Datenbank auftreten können, können Sie am besten nachvollziehen, wenn Sie einmal gedanklich die Attribute aller Entity-Typen eines ER-Modells für einen Webshop eines Weinhändlers als Spalten in einer einzigen Tabelle, in der die Kundennummer als Primärschlüssel gewählt wird, zusammenfassen. In der Normalformenlehre würde man eine derartige Tabelle als Universal Relation bezeichnen.

Es ist nun leicht ersichtlich, dass in dieser Tabelle z. B. keine neuen Artikel und Artikelkategorien aufgenommen werden könnten, ohne dass hierfür gleichzeitig Käufer (Kunden) vorhanden wären.

Dieser für eine Datenbank nicht tragbare Zustand wird als Einfügeanomalie bezeichnet.

Eine andere Anomalie, die so genannte Löschanomalie, tritt in diesem Beispiel auf, wenn der Shop-Betreiber beispielsweise den Artikel „1998er Grantschener Wildenberg" aus seinem Sortiment streicht und deshalb auch in der Datenbank löscht. Mit dem Löschen dieses Artikels wird aber gleichzeitig auch die Information über den Kunden „Kaiser" aus Bonn aus der Datenbank gelöscht, was vom Shop-Betreiber aber nicht beabsichtigt war.

Die dritte der möglichen Anomalien, die Änderungsanomalie, tritt auf, wenn der Shop-Betreiber beschließt, den Preis für den Artikel „1999er Heilbronner Staufenberg" zu erhöhen. Da der Preis für diesen Artikel in der Datenbank mehrfach auftritt, kann es zu unbeabsichtigten Inkonsistenzen führen, wenn der Preis nicht in jedem Feld, in dem er eingetragen ist, oder versehentlich unterschiedlich geändert wird.

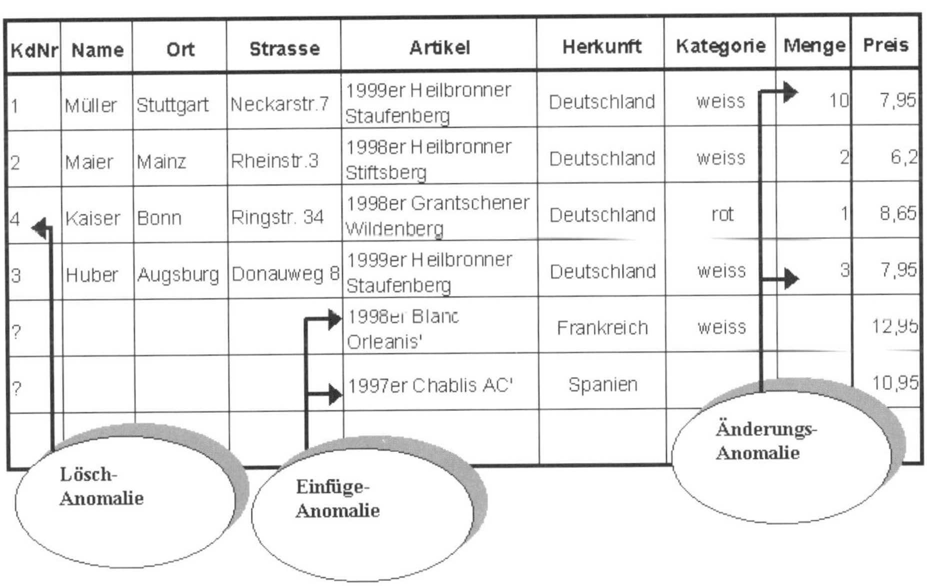

KdNr	Name	Ort	Strasse	Artikel	Herkunft	Kategorie	Menge	Preis
1	Müller	Stuttgart	Neckarstr.7	1999er Heilbronner Staufenberg	Deutschland	weiss	10	7,95
2	Maier	Mainz	Rheinstr.3	1998er Heilbronner Stiftsberg	Deutschland	weiss	2	6,2
4	Kaiser	Bonn	Ringstr. 34	1998er Grantschener Wildenberg	Deutschland	rot	1	8,65
3	Huber	Augsburg	Donauweg 8	1999er Heilbronner Staufenberg	Deutschland	weiss	3	7,95
?				1998er Blanc Orleanis'	Frankreich	weiss		12,95
?				1997er Chablis AC'	Spanien			10,95

Die verschiedenen Datenbankanomalien

Normalisieren von Datenbanken

Ziel der Normalisierung ist es, Redundanzen und Anomalien in relationalen Datenbanken zu vermeiden. Grundlage der Normalisierung sind so genannte Normalformen. Diese beziehen sich auf die Struktur einzelner Attribute und auf die Abhängigkeiten zwischen Attributen und den Schlüsseleigenschaften von Attributen. Im Verlauf der Normalisierung werden vorhandene Relationen so lange in neue Relationen zerlegt, bis die Datenbank den vorgegebenen Normalformen genügt.

Insgesamt kennt die relationale Datenbanktheorie sechs Normalformen. Von praktischer Bedeutung sind dabei vor allem die ersten drei dieser Normalformen:

- Eine Relation befindet sich in der ersten Normalform, wenn keines ihrer Attribute eine untergeordnete Relation darstellt und alle Attribute nur atomare Werte beinhalten.
- Eine Relation befindet sich in der zweiten Normalform, wenn sie sich in der ersten Normalform befindet und wenn zusätzlich kein Attribut in der Relation, das nicht zum Schlüssel gehört, nur von einem Teil des Schlüssels voll funktional abhängt. Besteht der Schlüssel einer Relation in erster Normalform nur aus einem Attribut, befindet sich die Relation automatisch auch in der zweiten Normalform. Anders formuliert: Für die zweite Normalform ist es erforderlich, dass sich eine Relation in der ersten Normalform befindet und zusätzlich alle Spalten einer Tabelle, die nicht dem Primärschlüssel angehören, von dem Primärschlüssel voll funktional abhängig sind.
- Eine Relation befindet sich in der dritten Normalform, wenn sie in der zweiten Normalform vorliegt und zusätzlich kein Nicht-Schlüsselattribut transitiv (indirekt) von einem Schlüsselkandidaten abhängt. Mit anderen Worten: Es darf zwischen Nicht-Schlüsselfeldern keine weiteren funktionalen Abhängigkeiten geben. Alle Nicht-Schlüsselfelder sind nur vom Schlüssel funktional abhängig.

Die Begriffe „funktionale Abhängigkeit" und „volle funktionale Abhängigkeit" bedeuten in diesem Zusammenhang Folgendes: Ein Attribut B ist von einer Attributmenge A1 ... An funktional abhängig, wenn es keine Tabellenzeilen mit verschiedenen Werten für B, aber denselben Attributwertkombinationen A1 ... An geben kann.

Ein Attribut B ist von einer Attributmenge A1 ... An voll funktional abhängig, wenn es funktional abhängig ist und die Attributmenge A1 ... An zudem minimal ist, d. h., dass kein Attribut *Ai* weggelassen werden darf, ohne dass die Abhängigkeit nicht mehr besteht.

Das Ziel eines Datenbankentwurfs ist in der Regel mindestens die dritte Normalform. Nur Datenbanken, die mindestens in der dritten Normalform sind, können vom Datenbanksystem fehlerfrei gehalten werden. Zwar gibt es auch in der dritten Normalform Konstellationen, die gewisse Änderungsanomalien zulassen und die durch weitere Normalformen behoben werden können. In der Praxis hat sich jedoch gezeigt, dass die Realisierung eines voll normalisierten Datenmodells sehr aufwendig ist und dabei das Selektieren der Daten aus verschiedenen Tabellen sehr zeitintensiv wird, weshalb eine über die dritte Normalform hinausgehende Normalisierung in den meisten Fällen nicht realisiert wird.

13.2 Realisation von Datenbankzugriffen mit Perl

Einer der leistungsstärksten Aspekte von Perl ist die Möglichkeit der Zusammenarbeit mit externen Datenbanken.

Hierfür stehen eine Reihe von APIs (**A**pplication **P**rogramming **I**nterfaces) zur Verfügung, mit denen der Perl-Interpreter um Zugriffsmethoden für einzelne Datenbanksysteme erweitert werden kann. Beispiele hierfür sind Module zum Anbinden der Datenbanken Oracle und Sybase.

Darüber hinaus steht mit dem CPAN-Modul *DBI.pm* ein Interface für den datenbankunabhängigen Zugriff auf alle relationalen Datenbanksysteme zur Verfügung, für die ein entsprechender Treiber vorhanden ist.

13.2.1 Das Modul DBI.pm

Bei DBI (**D**ata **B**ase **I**nterface) handelt es sich um ein Datenbankinterface, das eine Programmierschnittstelle (API, **A**pplication **P**rogramming **I**nterface) für den Zugriff auf beliebige Datenbanken unter Perl realisiert. Einzige Voraussetzung hierfür ist das Vorhandensein eines Treibers für die jeweilige Zieldatenbank.

Diese Treiber werden von den unterschiedlichen DBD(**D**ata **B**ase **D**river)-Modulen zu Verfügung gestellt. Damit stellt DBI eine Standardprogrammierschnittstelle für den Datenbankzugriff unter Perl dar, die ähnlich wie ODBC von der darunter liegenden Datenbank unabhängig ist.

Die DBI-Schnittstelle weist eine zweischichtige Architektur auf:

- DBI-Ebene
- DBD-Ebene

Auf der DBI-Ebene werden die von der jeweiligen Datenbank unabhängigen Datenbankzugriffsmethoden bereitgestellt.

Die DBD-Ebene ist für die Realisation der datenbankspezifischen Treiber zuständig. Für die Datenbank MySQL ist dieser Treiber in der Modulsammlung *Msql-Mysql-modules* als Modul *DBD::mysql* vorhanden.

Aufgrund dieser Architektur ist es möglich, Datenbankanwendungen zu entwickeln, die unabhängig von der verwendeten Zieldatenbank sind, sofern für die mit DBI realisierten Datenbankabfragen ausschließlich Standard-SQL verwendet wird.

Werden bei der Anwendungsentwicklung z. B. die auch von MySQL zur Verfügung gestellten, nicht dem SQL-Standard entsprechenden SQL-Erweiterungen verwendet, geht dies auf Kosten der Portierbarkeit der entwickelten Anwendungen.

Die aktuelle DBI-Version ist die Version 1.14 (Release-Datum: 14.06.2000).

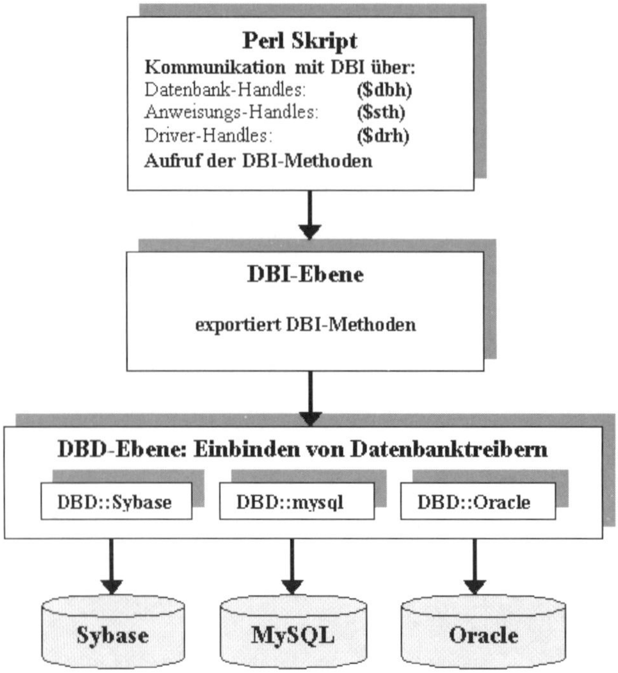

Die DBI-Architektur

Installation

Die Installation des Moduls *DBI* unterscheidet sich nicht von der Installation anderer Perl-Erweiterungen. Der Installationsablauf unter Linux ist im Kasten zusammengestellt.

Installation von DBI
- *perl Makefile.PL*
- *make*
- *make test*
- *make install*

Bei Problemen:
- *make test TEST_VERBOSE=1*

Falls beim Ausführen der Tests mit *make test* einige der durchgeführten Tests nicht erfolgreich abgeschlossen werden können, empfiehlt es sich, *make test* mit dem Parameter *TEST_VERBOSE=1* aufzurufen, was zu einer ausführlichen Erläuterung der aufgetretenen Probleme und deren möglichen Ursachen führt.

Um mithilfe der Methoden des Moduls *DBI.pm* auf eine bestimmte Datenbank zugreifen zu können, ist darüber hinaus ein auf die gewünschte Zieldatenbank abgestimmtes DBD-Modul erforderlich, das den benötigten Treiber zur Verfügung stellt.

Für den MySQL-Datenbankserver ist dies das Modul *DBD::mysql*, das in der im CPAN erhältlichen Modulsammlung *Msql-Mysql-modules* enthalten ist. Die Installation der *DBD::*-Module erfolgt dabei analog zur Installation von *DBI.pm*, d. h. durch Aufruf der Anweisungssequenz *perl Makefile.PL/ make/ make test /make install.*

Für die Installation unter Windows wird die Verwendung des **P**erl **P**ackage **M**anager (PPM) empfohlen, der Bestandteil der ActivePerl-Distribution ist und den Bezug und die automatische Installation der gewünschten Module im Onlinemodus erlaubt.

Für Diskussion von Detailproblemen empfiehlt sich der Bezug der DBI-spezifischen Mailing-Liste, die unter http://www.isc.org/dbi-lists.html oder per E-Mail unter *dbi-users-request@isc.org* abonniert werden kann.

Die DBI-Klassenmethoden

Die DBI-Klassenmethoden sind die von den einzelnen Handles unabhängigen Methoden der DBI-Klasse. Die wichtigsten dieser Methoden sind in der nachfolgenden Tabelle zusammengestellt:

Methode	Beispiel	Beschreibung
connect	$dbh = DBI->connect ("DBI:mysql:$database", $user, $password);	Herstellen einer Datenbankverbindung
available_drivers	@drivers = DBI->available_ drivers;	Rückgabe aller vorhandenen Treiber
data_sources	@sources = DBI->data_ sources($driver);	Rückgabe aller vorhandenen Datenquellen
trace	DBI->trace($trace_level);	Aktivieren des Tracing-Modus für alle Handles

Zusammenstellung wichtiger DBI-Klassenmethoden

Eine zentrale Bedeutung kommt hierbei der Methode *connect()* zu, mit der eine Verbindung zu einem Datenbankserver aufgebaut wird. Die DBI-Klassenmethode *connect()* erwartet als Argumente die Angabe einer Datenquelle (DSN, **D**ata **S**ource **N**ame), einen Benutzernamen und ein Kennwort. Sofern der Aufbau der Verbindung erfolgreich war, gibt die Methode ein Datenbank-Handle zurück.

Die Datenquelle (DSN) wird im Format:

DBI:Treibername:Datenbankname:Host-Name

angegeben. Die Angabe des Host-Namens ist optional. Falls hier nichts angegeben wird, wird als Default-Wert *localhost* angenommen.

Im folgenden Beispiel wird eine Verbindung zur MySQL-Datenbank *weinladen* unter Verwendung der DBI Klassenmethode *connect()* hergestellt:

```
#!C:\PERL\bin\perl.exe -w
# dbi1.pl  Verbindung zu einer Datenbank herstellen
use DBI;
print "Content-type: text/html\n\n";
my $db = "weinladen";
my $Driver = "mysql";
my $User="root";
my $Passw="";
my $dbh = DBI->connect("DBI:$Driver:$db", $User, $Passw) or die
"Verbindung konnte nicht hergestellt werden: $DBI::errstr\n";
```

Welche Datenbanktreiber auf Ihrem System zur Verfügung stehen, können Sie unter Verwendung der DBI-Klassenmethode *available_drivers()* mit dem folgenden Skript ermitteln:

```
#!C:\PERL\bin\perl.exe -w
# dbi2.pl  vorhandene Datenbanktreiber
use DBI;
print "Content-type: text/html\n\n";
@drivers = DBI->available_drivers;
print "vorhandene Treiber:<br>";
foreach (@drivers) {
 print "$_<br>";
}
```

Das Skript erzeugt in Abhängigkeit von den auf dem System installierten DBD-Treibern z. B. die folgende Ausgabe:

Ausgabe:

```
vorhandene Treiber:
ADO
ExampleP
ODBC
Proxy
mysql
```

In entsprechender Weise können unter Verwendung der DBI-Klassenmethode *data_sources()* die für einen bestimmten Datenbanktreiber eingerichteten Datenquellen ermittelt werden. Im nachfolgenden Beispiel erfolgt dies für den Datenbanktreiber *mysql*:

```
#!C:\PERL\bin\perl.exe -w
# dbi3.pl  vorhandene Datenquellen
use DBI;
print "Content-type: text/html\n\n";
$driver ="mysql";
@sources = DBI->data_sources($driver);
print "vorhandene Datenquellen:<br>";
foreach (@sources) {
 print "$_<br>";
}
```

Das Skript erzeugt in Abhängigkeit von den jeweils eingerichteten Datenquellen die folgende Ausgabe:

```
vorhandene Datenquellen:
DBI:mysql:apachesessions
DBI:mysql:bordershop
DBI:mysql:mysql
DBI:mysql:test
DBI:mysql:weinladen
DBI:mysql:weinladen1
```

Die Handle-Typen von DBI

Zur Interaktion mit den unterhalb der DBI-Ebene liegenden Datenbanken definiert DBI drei unterschiedliche Objekttypen, die auch als Handles bezeichnet werden:

- Treiber-Handles
- Datenbank-Handles
- Anweisungs-Handles

Die für DBI-spezifische Operationen üblicherweise verwendeten Bezeichner sind in der nachfolgenden Tabelle zusammengestellt:

Bezeichner	Beschreibung
$dbh	Datenbank-Handle
$sth	Anweisungs-Handle
$drh	Treiber-Handle
$h	Eines der vorstehenden Handles
$rc	Allgemeiner Rückgabewert (boolescher)
$rv	Allgemeiner Rückgabewert (Interger)
@ary	Rückgabewert ist eine Liste (Array)
$rows	Anzahl der verarbeiteten Datensätze
$fh	Filehandle
undef	Nullwert
\@attr	Referenz auf ein Array mit Attribut-Werten für die Übergabe an eine Methode
\$attr	Referenz auf einen Skalar mit einem Attribut-Wert für die Übergabe an eine Methode
\%attr	Referenz auf einen Hash mit Attribut-Werten für die Übergabe an eine Methode

Schreibweisen von DBI-spezifischen Bezeichnern

Treiber-Handles

Treiber-Handles stehen für die jeweils geladenen Datenbanktreiber der DBD-Ebene. Treiber-Handles haben überwiegend eine DBI-interne Bedeutung und werden bei der praktischen Arbeit selten benötigt. Die Treiber-Handles werden z. B. beim Aufruf der DBI-Klassenmethode *connect()* intern benötigt, mit der die Verbindung zu einer Datenbank hergestellt wird. Für Treiber-Handles wird üblicherweise der Bezeichner *$drh* verwendet.

Datenbank-Handles

Im Gegensatz zu den Treiber-Handles kommt den Datenbank-Handles bei der Arbeit mit DBI eine praktische Bedeutung zu. Diese sind Abkömmlinge der Treiber-Handles und repräsentieren eine bestehende Datenbankverbindung. Datenbank-Handles werden beim Herstellen einer Verbindung zu einer Datenbank durch die schon beschriebene DBI-Klassenmethode *connect()* zurückgegeben und werden für den Aufruf der Methoden eines Datenbank-Handles benötigt. Für Datenbank-Handles wird üblicherweise der Bezeichner *$dbh* verwendet.

Datenbank-Handles sind Objekte, für die verschiedene Methoden definiert sind. Diese Methoden dienen z. B. der Vorbereitung von SQL-Anweisungen, der Ausführung von SQL-Anweisungen ohne Ergebnismenge oder dem Trennen einer bestehenden Datenbankverbindung.

Die wichtigsten Methoden der Datenbank-Handles sind in der nachfolgenden Tabelle zusammengestellt:

Methode	Beispielaufruf	Beschreibung
prepare	$sth = $dbh->prepare($statement);	Bereitet eine SQL-Anweisung zur Ausführung vor.
do	$dbh->do($statement);	Bereitet eine SQL-Anweisung zur Ausführung vor und führt sie aus.
disconnect	$dbh->disconnect;	Trennt die Datenbank von einem Datenbank-Handle.
quote	$sql = $dbh->quote($string);	Quotet einen String für die Verwendung in einer SQL-Anweisung.

Methoden für Datenbank-Handles

Anweisungs-Handles

Anweisungs-Handles sind Abkömmlinge eines zugehörigen Datenbank-Handles und repräsentieren eine durchzuführende SQL-Anweisung. Für Anweisungs-Handles wird üblicherweise der Bezeichner *$sth* verwendet. Analog zu den Datenbank-Handles sind für Anweisungs-Handles verschiedene Methoden definiert. Diese Methoden dienen im Wesentlichen dem Zugriff auf durchzuführende oder durchgeführte Abfragen.

Die nachfolgende Tabelle zeigt die für die Arbeit mit DBI wichtigsten Methoden der Anweisungs-Handles:

Methode	Beispielaufruf	Beschreibung
execute	$sth->execute;	Führt eine vorbereitete SQL-Anweisung aus.
fetchrow_arrayref	$ary_ref = $sth->fetchrow_arrayref	Liest den nächsten Datensatz ein und gibt eine Referenz auf ein Array mit den Feldwerten zurück
fetchrow_array	@ary = $sth->fetchrow_array;	Liest den nächsten Datensatz ein und gibt ein Array mit den Feldwerten zurück.
fetchrow_hashref	$hash_ref = $sth->fetchrow_hashref;	Liest den nächsten Datensatz ein und gibt eine Referenz auf einen Hash mit den Feldwerten zurück.
fetchall_arrayref	$tbl_ary_ref = $sth->fetchall_arrayref;	Liest alle Datensätze ein und gibt eine Referenz auf ein Array zurück, dessen Elemente aus Array-Referenzen pro gelesenem Datensatz bestehen.
finish	$sth->finish;	Gibt ein Anweisungs-Handle frei.
rows	$rv = $sth->rows;	Gibt die Anzahl der Datensätze zurück, die von der letzten Änderungsanweisung betroffen waren.

Methoden der Anweisungs-Handles

Anweisungs-Handles werden z. B. von der Methode *prepare()* zurückgegeben, mit der eine SQL-Anweisung vorbereitet wird. Für ein Datenbank-Handle können beliebig viele Anweisungs-Handles erzeugt werden.

Im nachfolgenden Skript werden einige Anweisungs-Handles im praktischen Einsatz vorgestellt. Hierzu wird zunächst die Verbindung zu einem MySQL-Datenbankserver hergestellt:

```
my $dbh = DBI->connect("DBI:$SQL_Driver:$db", $SQL_User, $SQL_Passw)
  or die "Verbindung konnte nicht hergestellt werden: $DBI::errstr\n";
```

Dies erfolgt, wie schon beschrieben, unter Verwendung der DBI-Klassenmethode *connect()*. Diese gibt im Erfolgsfalle ein Datenbank-Handle zurück, das für die anschließenden Operationen benötigt wird.

Mithilfe der Methode *prepare()* des erzeugten Datenbank-Handles wird im Anschluss daran eine SQL-Anweisung vorbereitet. Näheres zur Verwendung der Datenbankabfragesprache SQL erfahren Sie in Kapitel 13.3 (siehe S. 378):

```
my $sth= $dbh->prepare("SELECT * FROM artikelgruppe") or die "Die
  SQL-Anweisung konnte nicht vorbereitet werden: $DBI::errstr\n";  ;
```

Von der Methode *prepare()* wird im Erfolgsfalle das Anweisungs-Handle *$sth* zurückgegeben. Dieses wird anschließend benötigt, um die Anweisung mithilfe der Methode *execute()* auszuführen:

```
$sth->execute();
```

Nachdem die Datenbankabfrage ausgeführt wurde, kann das zugehörige Anweisungs-Handle zum Zugriff auf die Ergebnismenge der Abfrage verwendet werden:

```
while (@ary = $sth->fetchrow_array) {
    foreach (@ary) {
      print "$_ ";
    }
    print "<br>";
}
```

Im Beispiel erfolgt der Zugriff mithilfe der Methode *fetchrow_array()*. Diese Methode liest den nächsten Datensatz der Ergebnismenge der durchgeführten Abfrage und weist diesen dem Array *@ary* zu. Wurden alle Datensätze der vorhandenen Ergebnismenge gelesen, gibt die Methode den Wert *undef* zurück. Um alle Datensätze einer durchgeführten Abfrage einzulesen, kann z. B. eine *while*-Schleife verwendet werden. Innerhalb der *while*-Schleife können dann die einzelnen Datenfelder mithilfe einer *foreach*-Schleife aus den von der Methode *fetchrow_array()* pro Datensatz zurückgegebenen Arrays ausgelesen werden.

Abschließend wird das nicht mehr benötigte Anweisungs-Handle *$sth* durch Aufruf der Methode *finish()* freigegeben:

```
$sth->finish;
```

Die Verbindung zum Datenbankserver wird mithilfe der Methode *disconnect()* getrennt.

```
$dbh->disconnect;
```

Das nachfolgende Skript zeigt die beschriebenen Zugriffstechniken im Zusammenhang:

```
#!C:\PERL\bin\perl.exe -w
# dbi4.pl  Anweisungs-Handles
```

```
use DBI;
print "Content-type: text/html\n\n";
my $db = "weinladen";
my $SQL_Driver = "mysql";
my $SQL_User="root";
my $SQL_Passw="";
my $dbh = DBI->connect("DBI:$SQL_Driver:$db", $SQL_User, $SQL_Passw)
  or die "Verbindung konnte nicht hergestellt werden: $DBI::errstr\n";

my $sth= $dbh->prepare("SELECT * FROM artikelgruppe") or die "Die
    SQL-Anweisung konnte nicht vorbereitet werden: $DBI::errstr\n";  ;
$sth->execute();
while (@ary = $sth->fetchrow_array) {
  foreach (@ary) {
   print "$_ ";
  }
print "<br>";
}
$sth->finish;
$dbh->disconnect;
```

Das Skript erzeugt durch Zugriff auf die Tabelle *artikelgruppe* der MySQL-Datenbank *weinshop* die nachfolgende Ausgabe. Die Tabelle *artikelgruppe* ist Bestandteil der Shop-Anwendung, die in Kapitel 14 (siehe S. 417) beschrieben wird.

Ausgabe:

```
1 Deutschland
2 Frankreich
3 Italien
4 Portugal
5 Australien
```

Methoden und Attribute für alle Handles

Eine Reihe von weiteren DBI-Methoden steht allen genannten Handles gleichermaßen zur Verfügung. Die wichtigsten dieser Methoden sind in der folgenden Tabelle zusammengestellt.

Methode	Beispielaufruf	Beschreibung
err	$err_code = $dbh->err;	Gibt den Fehlercode für die zuletzt aufgerufene Treiberfunktion zurück.
errstr	$err_string = $dbh->errstr;	Gibt die Fehlermeldung für die zuletzt aufgerufene Treiberfunktion zurück.
state	$state = $dbh->state;.	Gibt den Fehlercode im Standard-*SQLSTATE*-Format zurück.
trace	$trace = $dbh->trace($trace_ level);	Aktiviert den Tracing-Modus.
func	$result = $dbh->func (@func_args, $func_name);	Aufruf von durch den Treiber implementierten, privaten Nicht-Standardmethoden.

Methoden für alle Handles

Neben den verschiedenen Methoden verfügen Handles wie alle Objekte auch über Attribute (Eigenschaften). Diese werden z. T. von den jeweiligen Parent-Handles geerbt, können aber auch explizit festgelegt werden. In der nachfolgenden Tabelle sind einige wichtige, benutzerdefiniert festzulegende Attribute für DBI-Handles zusammengestellt:

Attribut	Beispiel	Beschreibung
Warn	$h->{Warn} = 1;	Aktiviert Warnungen.
InactiveDestroy	$h ->{InactiveDestroy} = 0;	Falls gesetzt, wird das Löschen eines inaktiven Handles verhindert.
PrintError	$h ->{PrintError} = 1;	Falls aktiviert, wird bei jedem fehlerhaften Methodenaufruf die Methode *warn("DBI::errstr")* aufgerufen. Das Skript wird jedoch weiter ausgeführt (Standardeinstellung ist 1).
RaiseError	$h ->{RaiseError} = 0;	Falls aktiviert, führt jeder fehlerhafte Methodenaufruf zum Abbruch des Skripts – verbunden mit einer Fehlermeldung (Standardeinstellung ist 0).
ChopBlanks	$h ->{ChopBlanks} = 0;	Falls aktiviert, werden führende Leerzeichen aus *Char*-Feldern fester Länge entfernt.
LongReadLen	$h ->{LongReadLen} = 0;	Festlegung der maximalen Länge von *LONG*-Feldern (Voreinstellung ist *0*, was bedeutet, dass *LONG*-Daten nicht automatisch eingelesen werden. Die Methode *fetch()* liefert dann beim Zugriff auf ein *LONG*-Feld *undef* zurück).
LongTruncOk	$h ->{LongTruncOk} = 0;	Falls 0 (Standardeinstellung), führt das Einlesen eines abgeschnittenen *LONG*-Felds zu einem Fehler.

Attribute für alle Handles

Die für die praktische Arbeit mit DBI wichtigsten dieser Attribute sind die Attribute *PrintError* und *RaiseError*, mit denen die Fehlerverarbeitung von DBI gesteuert werden kann. Diese Attribute können der DBI-Klassenmethode *connect()* als optionales viertes Argument übergeben werden.

DBI-Hilfsfunktionen

Neben den DBI-Klassenmethoden und DBI-Handle-Methoden stellt DBI eine Reihe von nützlichen Hilfsfunktionen zur Verfügung. Einige dieser Funktionen sind in der nachfolgenden Tabelle zusammengestellt:

Funktion	Beispielaufruf	Beschreibung
neat	$neat_value = DBI::neat($value, $maxlen);	Aufbereitung des angegebenen Werts für die *trace*-Ausgabe (DBI-intern)
neat_list	$neat_list = DBI::neat_list($listref, $maxlen, $field_sep);	Wie oben, für eine angegebene Liste
dump_results	$rows = DBI::dump_results($sth, $maxlen, $lsep, $fsep, $fh);	Liest alle Datensätze des angegebenen Anweisungs-Handles *$sth* und gibt diese über das Filehandle $fh aus. Die Standardeinstellung für das optionale Argument *$fh* ist *STOUT* (Standardausgabe, im CGI-Kontext ist dies der Browser).

Zusammenstellung wichtiger DBI-Hilfsfunktionen

Die für die praktische Arbeit wichtigste dieser Funktionen ist *dump_results()*, mit der alle Datensätze der Ergebnisrelation einer durchgeführten SQL-Abfrage eingelesen und auf ein anzugebendes Filehandle formatiert ausgegeben werden können.

Hierzu kann ein Zeilentrenner *($lsep*, Vorgabe ist *\n*), eine maximale Zeilenlänge *($maxlen*, Vorgabe ist 35) und ein Feldtrenner *($f_sep*, Vorgabe ist *,*) angegeben werden.

Das nachfolgende Beispiel zeigt, wie unter Verwendung der Funktion *dump_results()* das Ergebnis einer durchgeführten Abfrage auf die Standardausgabe, im CGI-Kontext ist dies der Browser, ausgegeben werden kann:

```
#!C:\PERL\bin\perl.exe -w
# dbi5.pl  DBI-Hilfsfunktionen
use DBI;
print "Content-type: text/html\n\n";
my $db = "weinladen";
my $SQL_Driver = "mysql";
my $SQL_User="root";
my $SQL_Passw="";
my $dbh = DBI->connect("DBI:$SQL_Driver:$db", $SQL_User, $SQL_Passw)
  or die "Verbindung konnte nicht hergestellt werden: $DBI::errstr\n";

my $sth= $dbh->prepare("SELECT * FROM artikelgruppe");
$sth->execute();
my $rows = DBI::dump_results($sth);
```

Ausgabe:

```
'1', 'Deutschland' '2', 'Frankreich' '3', 'Italien' '4', 'Portugal' '5', 'Australien'
5 rows
```

13.2.2 Praxisbeispiel: Eine Datenbankschnittstelle mit dem Modul DBI.pm

Im nachfolgenden Abschnitt werden die beschriebenen DBI-Methoden zur Realisierung einer Schnittstelle zu einer MySQL-Datenbank eingesetzt, wie sie in Kapitel 14 (siehe S. 417) benötigt wird.

Das Modul exportiert die Routinen *connect_db()*, *disconnect_db()*, *query_result()*, *tab_out()* und *do_query()*.

Die Routine *connect_db()* stellt die Verbindung zu einem MySQL-Datenbankserver her. Der Name der Datenbank, zu der die Verbindung hergestellt werden soll, wird der Subroutine beim Aufruf als Parameter übergeben. Die Subroutine ruft die DBI-Klassenmethode *connect()* auf. Die Fehlerbehandlung wird über die Attribute *PrintError* und *RaiseError* gesteuert, die im Hash *%err_attr* abgelegt sind. Eine Referenz auf diesen Attribut-Hash wird der Methode *connect()* als viertes Argument übergeben. Da die Fehlerbehandlung über die eigene Routine *mess_out()* erfolgen soll, werden beide Attribute auf 0 gesetzt.

```
# Attribute für die Fehlerverarbeitung
my (%err_attr)=
 ( PrintError =>0,
   RaiseError =>0
 );
#
# Verbindung zur Datenbank herstellen
sub connect_db {
my $db = $_[0];
#
# Verbindungsdaten
my $SQL_Driver = "mysql";
my $SQL_Host="localhost";
my $SQL_User="root";
my $SQL_Passw="";
#
my $dbh = DBI->connect("DBI:$SQL_Driver:$db", $SQL_User, $SQL_Passw,
\%err_attr)or mess_out("Kann keine Verbindung zum MySQL-Server
aufbauen");
return $dbh;
}
```

Die Subroutine *disconnect_db()* wird zum Beenden einer bestehenden Datenbankverbindung verwendet. Hierzu wird die DBI-Methode *disconnect()* aufgerufen. Das zugehörige Datenbank-Handle wird der Subroutine beim Aufruf als Parameter übergeben.

```
# Verbindung trennen
sub disconnect_db {
my $dbh = $_[0];
$dbh->disconnect;
return 1;
}
```

Die Subroutine *query_result()* dient dem Vorbereiten und Ausführen einer Datenbankabfrage mit Ergebnismenge. Der Subroutine werden beim Aufruf zwei Parameter übergeben. Der erste Parameter ist eine String-Variable mit der durchzuführenden SQL-Anweisung. Der zweite Parameter das Datenbank-Handle der Datenbank, auf die sich die Abfrage bezieht. Die Subroutine gibt das Anweisungs-Handle der durchgeführten Abfrage zurück. Dieses wird benötigt, um auf die Ergebnismenge der Abfrage zuzugreifen.

```
# Abfrage mit Ergebnismenge
sub query_result {
my $query = $_[0];
my $dbh = $_[1];
my $sth = $dbh->prepare($query)or mess_out("Kann Statement nicht
          vorbereiten");
$sth->execute or mess_out("Kann Abfrage nicht ausfuehren");
return $sth;
}
```

Die Subroutine do*_query()* dient dem Vorbereiten und Ausführen einer Änderungsabfrage ohne Ergebnismenge. Übergabeparameter sind wieder eine String-Variable mit der durchzuführenden SQL-Anweisung sowie das zugehörige Datenbank-Handle. Da die Abfrage keine Ergebnismenge erzeugt, wird kein Anweisungs-Handle zurückgegeben, sondern ein Skalar, der die Anzahl der von der Änderungsabfrage betroffenen Datensätze angibt.

```
■ # Abfrage ohne Ergebnismenge
■ sub do_query {
■ my $query = $_[0];
■ my $dbh = $_[1];
■ my $res = $dbh->do($query)or mess_out("Kann Abfrage nicht
          ausfuehren");
■ return $res;
■ }
```

Die Subroutine *tab_out()* dient der tabellarischen Ausgabe der Ergebnismenge der durchgeführten Datenbankabfrage. Hierzu wird eine dynamische Tabelle generiert, deren Spaltenzahl der Anzahl der Datenfelder der Ergebnismenge der durchgeführten Abfrage entspricht. Die Feldnamen der Datenfelder werden als Spaltenüberschriften verwendet.

Die Subroutine erwartet als Parameter ein Anweisungs-Handle einer durchgeführten Abfrage.

Zunächst wird zur Generierung des Tabellenkopfes der erste Datensatz der Ergebnismenge der Abfrage eingelesen. Hierzu wird die Mehode *fetchrow_hashref()* des Anweisungs-Handles *$sth* verwendet:

```
■ my $href = $sth->fetchrow_hashref;
```

Da diese Methode eine Referenz auf einen Hash mit den Abfrageergebnissen zurückgibt, muss diese Referenz dereferenziert werden:

```
■ %hash =  %$href;
```

Da aufgrund des intern verwendeten Hash-Algorithmus die Hash-Elemente in einer zufälligen Reihenfolge zurückgegeben werden, wird zunächst mithilfe der Funktionen *keys()* und *sort()* ein Array *@keys* erzeugt, das die Schlüsselwerte des Hashs in sortierter Reihenfolge enthält. Diese Technik wird im Abschnitt „Zugriff auf Schlüsselelemente mit der Funktion keys()" (siehe S. 120) erläutert.

```
■ @keys =sort (keys %hash);  # Schlüssel sortieren
```

Die Ausgabe des aus den sortierten Hash-Schlüsseln bestehenden Tabellenkopfes erfolgt dann innerhalb einer *foreach*-Schleife:

```
■ foreach $key (@keys) {
■      #Regex entfernt 1: 2: 3: aus $key
■      $key=~ tr/0-9://d;
■      print "<th bgcolor='#C0C0C0'><font size='3'><div align='center'>
              $key</font></div></th>";
■ }
```

Falls für die zu erstellende Tabelle keine alphabetische Sortierung der Datenbankfelder erwünscht ist, sondern die Sortierreihenfolge frei festgelegt werden soll, können in der SQL-Anweisung für die Feldnamen Aliasnamen verwendet werden, wobei die erwünschte Sortierreihenfolge durch einen vorgestellten Index festgelegt wird, z. B.:

```
... ArtName AS 1:Produktbezeichnung
```

Dieser Index und der nachfolgende Trenner (:) wird durch den in der *foreach*-Schleife verwendeten regulären Ausdruck vor der Ausgabe wieder entfernt:

```
#Regex entfernt 1: 2: 3: aus $key
$key=~ tr/0-9://d;
```

Im Anschluss an die Ausgabe des Tabellenkopfes erfolgt dann die Ausgabe der ersten Tabellenzeile. Auf die zugehörigen Elemente des Ergebnis-Hashs kann mit dem bereits vorliegenden Anweisungs-Handle $sth zugegriffen werden:

```
@keys =sort (keys %hash);  # Schlüssel sortieren
 foreach $key (@keys) {
     $value = $hash{$key};
     print "<td bgcolor='#E8E8E8'><font size='-1'>
              <div align='$align'>$value</font></div></td>";
 }
```

Die Ausgabe der restlichen Tabelle erfolgt dann innerhalb einer *while*-Schleife, die zur Ausgabe der ermittelten Datenfelder eines Datensatzes mit einer *foreach*-Schleife verschachtet ist. Innerhalb der *while*-Schleife werden so lange Datensätze eingelesen, bis die Methode *fetchrow_hashref()* den Wert *undef* zurückgibt und alle Datensätze der Ergebnismenge erfasst wurden.

```
while (my $href = $sth->fetchrow_hashref) {
%hash =  %$href;  # Schlüssel sortieren
@keys =sort (keys %hash);
foreach $key (@keys) {
     $value = $hash{$key};
     print "<td bgcolor='#E8E8E8'><font size='-1'>
              <div align='$align'>$value</font></div></td>";
}
```

Es folgt der Code des Moduls *db_lib.pm* im Zusammenhang:

```
# db_lib.pm  Datenbankzugriff mit Perl und DBI.pm
#
package db_lib;
use strict;
use Exporter;
use vars qw(@ISA @EXPORT $VERSION);
use DBI;
require "my_data.pl";
@ISA = qw(Exporter);
@EXPORT = qw(connect_db disconnect_db query_result tab_out do_query);
$VERSION = '1.00';

# Attribute für die Fehlerverarbeitung
my (%err_attr)=
```

```
( PrintError =>0,
  RaiseError =>0
);

# Verbindung zur Datenbank herstellen
sub connect_db {
my $db = $_[0];

# Verbindungsdaten
my $SQL_Driver = "mysql";
my $SQL_Host="localhost";
my $SQL_User="root";
my $SQL_Passw="";

#
my $dbh = DBI->connect("DBI:$SQL_Driver:$db", $SQL_User, $SQL_Passw,
          \%err_attr)or mess_out("Kann keine Verbindung zum MySQL-
          Server aufbauen");
return $dbh;
}

# Verbindung trennen
sub disconnect_db {
my $dbh = $_[0];
$dbh->disconnect;
return 1;
}

# Abfrage ohne Ergebnismenge
sub do_query {
my $query = $_[0];
my $dbh = $_[1];
my $res = $dbh->do($query)or mess_out("Kann Abfrage nicht
          ausfuehren");
return $res;
}
# Abfrage mit Ergebnismenge
sub query_result {
my $query = $_[0];
my $dbh = $_[1];
my $sth = $dbh->prepare($query)or mess_out("Kann Statement nicht
          vorbereiten");
$sth->execute or mess_out("Kann Abfrage nicht ausfuehren");
return $sth;
}

# tabellarische Ausgabe der Ergebnismenge
sub tab_out {
use strict;
my $sth = $_[0];
my $align="right";
my (%hash, @keys, $key, $value);
print "<table width=96% border=0 cellpadding='2' cellspacing='2'>";
```

```
print "<tr bgcolor=#D0D0D0>";
my $href = $sth->fetchrow_hashref;
%hash =  %$href;
# Tabellenkopf
@keys =sort (keys %hash);  # Schlüssel sortieren
foreach $key (@keys) {
  #Regex entfernt 1: 2: 3: aus $key
  $key=~ tr/0-9://d;
  print "<th bgcolor='#C0C0C0'><font size='3'>
         <div align='center'>$key</font></div></th>";
 }
print "</tr>";
# erste Tabellenzeile
print "<tr>";
@keys =sort (keys %hash);  # Schlüssel sortieren
foreach $key (@keys) {
  $value = $hash{$key};
  print "<td bgcolor='#E8E8E8'><font size='-1'>
         <div align='$align'>$value</font></div></td>";
}
print "</tr>";
# Tabellenbody Rest
print "<tr>";
while (my $href = $sth->fetchrow_hashref) {
%hash =  %$href;  # Schlüssel sortieren
@keys =sort (keys %hash);
  foreach $key (@keys) {
     $value = $hash{$key};
     print "<td bgcolor='#E8E8E8'><font size='-1'>
            <div align='$align'>$value</font></div></td>";
  }
 print "</tr>";
 }
 print "</table>";
 return 1;
}
# Ausgabe von Fehlermeldungen
sub mess out {
  my $mess = $_[0];
  die "$mess\nError $DBI::err ($DBI::errstr)\n";
}
1;
```

Ein Einsatzbeispiel

Das nachfolgende Beispiel zeigt den praktischen Einsatz der Routinen des Moduls *db_lib.pm* bei der Durchführung einer Datenbankabfrage.

Zunächst wird in einer bestehenden MySQL-Datenbank eine neue Tabelle angelegt. In die neue Tabelle werden dann drei Testdatensätze eingetragen. Einzelheiten zu den hierfür erforderlichen SQL-Anweisungen erfahren Sie im nächsten Kapitel.

```
#!C:\PERL\bin\perl.exe -w
# dbi6.pl, Anlegen einer Tabelle und Dateneingabe
```

```
use strict;
use db_lib;
my $db="demo";
my ($dbh, @q, $q, $res);
print "Content-type: text/html\n\n";
#
$dbh=connect_db($db);
#
$q="CREATE TABLE adressen (
Name VARCHAR(50) NOT NULL,
Strasse VARCHAR(50) NOT NULL,
Land CHAR(2) NOT NULL,
PLZ VARCHAR(20) NOT NULL,
Ort VARCHAR(50) NOT NULL)";
#
if ($res=do_query($q,$dbh)){
  print "Tabelle angelegt";
}
@q=(
"INSERT INTO adressen (Name, Strasse, Land, PLZ, Ort) VALUES
             ('Maier Hans','Dammweg 3','D','35498','Teststadt')",
"INSERT INTO adressen (Name, Strasse, Land, PLZ, Ort) VALUES
             ('Huber Karl','Fliederweg 7','D','45678','Igendwo')",
"INSERT INTO adressen (Name, Strasse, Land, PLZ, Ort) VALUES
             ('Müller Lisa','Sonnenblumenweg 45','D','33890',
              'Testhausen')"
);
#
my $elem;
while ($elem = shift @q) {
  my $res=do_query($elem,$dbh);
  print "Abfrage durchgeführt, betroffene Zeilen: $res<br>";
}
print "<br>Datenbankverbindung getrennt" if disconnect_db($dbh);
```

Das Skript erzeugt die folgende Ausgabe:

```
Tabelle angelegt
Abfrage durchgeführt, betroffene Zeilen: 1
Abfrage durchgeführt, betroffene Zeilen: 1
Abfrage durchgeführt, betroffene Zeilen: 1

Datenbankverbindung getrennt
```

Um den Inhalt der angelegten Tabelle anzuzeigen, kann das folgende Skript verwendet werden:

```
#!C:\PERL\bin\perl.exe -w
# dbi7.pl, Datenbankabfrage und tab. Ausgabe
use strict;
use db_lib;
my $db="demo";
```

```
my ($dbh, $q, $sth);
print "Content-type: text/html\n\n";
#
$dbh=connect_db($db);
#
$q="SELECT * FROM adressen";
if ($sth=query_result($q,$dbh)){
  print "<B>Ergebnis der Abfrage</B>:<p>";
}
tab_out($sth);
print "<br>Datenbankverbindung getrennt" if disconnect_db($dbh);
```

Das Skript erzeugt die nachfolgende Ausgabe:

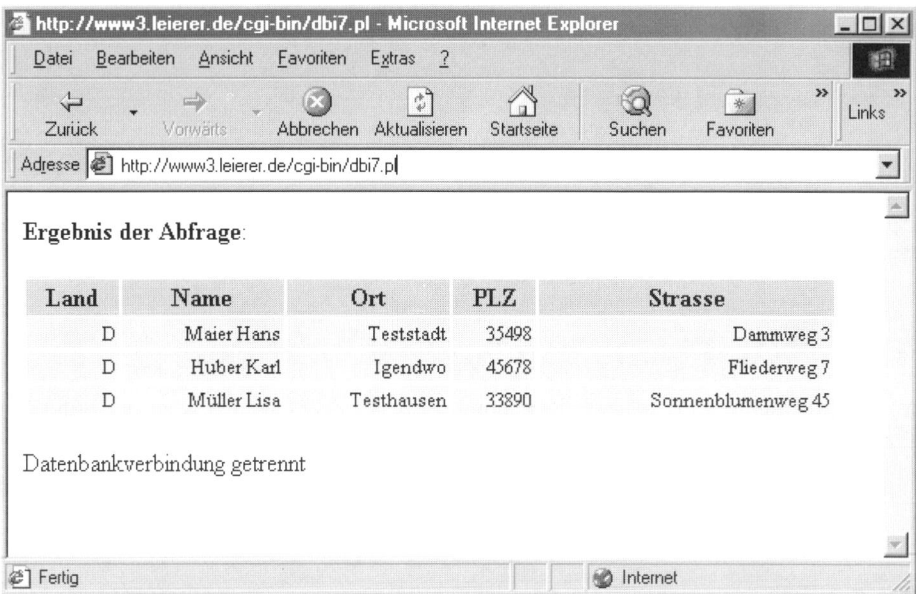

Ergebnis einer Datenbankabfrage

Wie Sie am Ergebnis der durchgeführten Abfrage sehen, weist die automatisch generierte Ergebnistabelle eine zufällige Sortierreihenfolge der Datenbankfelder auf, was in der Regel nicht erwünscht ist.

Um die Sortierreihenfolge der Datenbankfelder in der Ergebnistabelle selbst festzulegen, kann die durchzuführende SQL-Anweisung im vorstehenden Skript durch die Einführung von Aliasnamen wie folgt abgewandelt werden:

```
$q="SELECT Name AS '1:Name', Strasse AS '2:Strasse', Land AS
'3:Land', PLZ AS '4:PLZ', Ort AS '5:Ort' FROM adressen";
```

In der Ausgabetabelle erscheinen die Spalten des Abfrageergebnisses dann in der festgelegten Reihenfolge.

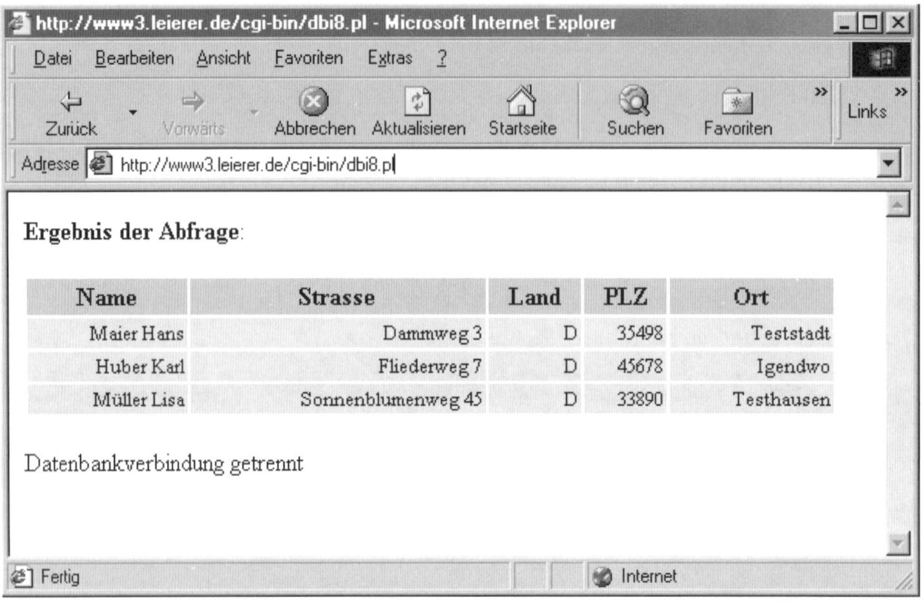

Ergebnistabelle mit festgelegter Reihenfolge der Ergebnisspalten

13.3 SQL-Praxis mit MySQL und Perl

Nachdem in den vorausgehenden Abschnitten ein kurzer Überblick über die hinter der Arbeit mit Datenbanken stehende Theorie gegeben und auch eine einfache Perl-Schnittstelle zum Zugriff auf eine MySQL-Datenbank und zur Durchführung einer Datenbankabfrage geschaffen wurde, soll nun zur praktischen Umsetzung dieser Erkenntnisse mit dem relationalen Datenbanksystem MySQL übergegangen werden.

13.3.1 Das relationale Datenbanksystem MySQL im Überblick

MySQL verwendet die Abfragesprache SQL, die in den 70er Jahren von der Firma IBM entwickelt wurde und bis heute als Standardabfragesprache für relationale Datenbanken gilt. Der Vorläufer von MySQL ist das auch heute noch verbreitete mSQL (**M**ini **SQL**).

MySQL lehnt sich weitgehend an den Standard ANSI SQL92 (Entry Level) an. Gegenüber ANSI SQL92 verfügt MySQL über einige Zusatzfunktionen (String-Vergleiche, reguläre Ausdrücke, Datumsarithmetik), die sich im Zusammenhang mit der *HAVING*-Klausel nutzen lassen. Es fehlen verschachtelte *SELECT*-Anweisungen, *Foreign Keys*, *Views*, Transaktionen, gespeicherte Prozeduren und Trigger.

MySQL beruht auf einer seit vielen Jahren erprobten Bibliothek zur Datenverwaltung mit B-Tree-Indexen. Dadurch hat der Kern des Systems, insbesondere bei Zugriffen über Schlüssel, eine hervorragende Performance.

Die folgende Zusammenstellung gibt einen Überblick über die wichtigsten Leistungsmerkmale von MySQL:

- Verwendung einer Multi-User-, Multi-Treaded-Architektur. Dies ermöglicht einen schnellen Verbindungsaufbau und erlaubt die Verwendung des gleichen Cache-Speichers durch mehrere Abfragen.
- Programmierschnittstellen (APIs) für C, C++, Eiffel, Java, Perl, PHP, Python und TCL.
- Unterstützung von über 20 Betriebssystemplattformen, u. a. Linux, UNIX, FreeBSD, Solaris, SunOS, Windows 9x und NT.
- Quellcode liegt in C und C++ vor. Eine Übersetzung ist daher mit vielen Compilern möglich.
- Unterstützte Datentypen: INTEGER-Datentypen mit 1, 2, 3, 4 und 8 Byte, *FLOAT-*, *DOUBLE-*, *CHAR-*, *VARCHAR-*, *TEXT-*, *BLOB-*, *DATE-*, *TIME-*, *DATETIME-*, *TIMESTAMP-*, *YEAR-*, *SET-* und *ENUM*-Typen.
- Sehr schnelle Implementierung von *JOINs*.
- Hoch optimierte SQL-Funktionen.
- Unterstützung von Operatoren und Funktionen im *SELECT-* und *WHERE*-Abschnitt von Abfragen.
- Volle Unterstützung der *GROUP BY-* und *ORDER BY*-Klauseln und Unterstützung von Aggregatfunktionen.
- Unterstützung von *LEFT OUTER JOIN* gemäß ANSI-SQL- und ODBC-Syntax.
- Tabellen von verschiedenen Datenbanken können in einer Abfrage verwendet werden.
- Flexibles und sicheres Privileg- und Passwortsystem mit Host-basierter Verifikation.
- ODBC-Unterstützung für Windows 9x gemäß ODBC-2.5-Standard.
- Sehr schnelle B-Tree-Tabellen mit Index-Kompression.
- 16 mögliche Indexes pro Tabelle mit maximal 256 Byte Länge.
- Unterstützung von Datensätzen mit fester und variabler Länge.
- Unterstützung von Standardwerten bei Tabellenspalten.
- Verwendung von Hash-Tabellen im Arbeitsspeicher als temporäre Tabellen.
- Unterstützung von großen Datenbanken. MySQL-Datenbanken können über 50.000.000 Datensätze enthalten.
- Volle Unterstützung des ISO-8859-1 Latin1-Zeichensatzes.
- Unterstützung von Aliasnamen für Tabellen und Spalten gemäß SQL92-Standard.
- Die Verbindung zwischen dem MySQL-Datenbankserver und den Clients erfolgt über TCP/IP-Verbindungen bzw. UNIX-Sockets oder unter Windows NT über Named Pipes.
- Möglichkeit der Ausgabe von detaillierten Informationen über Datenbanken, Tabellen und Indizes.
- Möglichkeit der Optimierung von Abfragen.

13.3.2 Installation

MySQL besteht aus dem SQL-Datenbankserver *mysqld* sowie unterschiedlichen Client-Programmen.

MySQL ist als Source- oder als Binärversion kostenfrei erhältlich und kann auf alle modernen Betriebssysteme, die POSIX-Threads und einen C++-Compiler verwenden, portiert werden. Vorteil der Binärversion ist die leichtere Installierung des Datenbankservers. Zur Quelltextversion von MySQL, die in C und C++ geschrieben ist, greift, wer den Code lesen oder sogar selbst modifizieren möchte.

> **MySQL**
> http://www.mysql.com
> erhältlich als:
> - Binärdistribution
> - Sourcecode-Distribution

Wer sich eine aktuelle MySQL-Version aus dem Netz laden will, kann zwischen einer ganzen Reihe unterschiedlicher Versionen auswählen. Die aktuelle, stabile MySQL-Version ist der Release 3.22.32. Darüber hinaus liegt eine Betaversion 3.23.22-beta vor.

So installieren Sie MySQL unter Linux

In den gängigen Linux-Distributionen (z. B. SuSE) ist MySQL bereits als Paket enthalten. Das Einspielen des MySQL-Pakets erfolgt dann unter Verwendung des entsprechenden Installations-Tools Ihrer Linux-Distribution (z. B. YaST bei SuSE). Die dabei verwendeten Installationsverzeichnisse sind bei den einzelnen Distributionen unterschiedlich und gehen aus der Dokumentation Ihrer Distribution hervor.

Bevor Sie mit dem auf diese Weise installierten MySQL-Datenbankserver arbeiten können, müssen Sie noch durch Aufruf des Skripts

```
mysql_install_db
```

die für die Verwaltung der Zugriffsrechte auf den Datenbankserver erforderlichen MySQL-Privilege-Tabellen erstellen. In welchem Verzeichnis sich dieses Skript befindet, können Sie der Dokumentation Ihrer jeweiligen Linux-Distribution entnehmen.

Installation der MySQL-Binärdistribution

Eine weitere Möglichkeit, zu einem lauffähigen MySQL-Datenbankserver zu kommen, ist die von Ihrer Linux-Distribution unabhängige Installation der MySQL-Binärdistribution. Diese Vorgehensweise hat den Vorteil, dass Sie auf die jeweils aktuelle MySQL-Version schneller updaten und das Installationsverzeichnis von MySQL selbst festlegen können.

Kopieren Sie hierzu zunächst das gepackte Archiv mit der MySQL-Binärdistribution in das Verzeichnis */usr/local*.

Entpacken Sie anschließend das gepackte Archiv mit:

```
gunzip -c mysql-VERSION-OS.tar.gz | tar xvf -
```

Hierbei wird das Installationsverzeichnis */usr/local/mysql-VERSION-OS* automatisch angelegt.

Erzeugen Sie anschließend einen symbolischen Link auf dieses Verzeichnis:

```
ln -s mysql-VERSION-OS mysql
```

Wechseln Sie zum Anlegen der Privilege-Tabellen wieder in das Installationsverzeichnis */usr/local/mysql* und rufen Sie von dort aus das Skript *mysql_install_db* auf:

```
cd mysql
scripts/mysql_install_db
```

Neukompilieren des MySQL-Sourcecodes

Eine für versierte Anwender empfohlene Möglichkeit der Installation von MySQL ist das Neukompilieren der in der MySQL-Sourcecode-Distribution enthaltenen Quellen.

Für das Übersetzen der MySQL-Quellen ist ein lauffähiger ANSI-C++-Compiler erforderlich. Sofern der GNU-C-Compiler verwendet wird, ist eine Version 2.8.1 oder neuer erforderlich. Der Ablauf der Installation verläuft dabei in ähnlicher Form, wie Sie es bereits von der Apache- bzw. PHP-Installation her kennen.

Entpacken Sie zunächst das gepackte Archiv mit der Sourcecode-Distribution im Verzeichnis */usr/local/mysql* mit dem Befehl:

Für ganz Eilige
- Installationsverzeichnis in */usr/local/mysql* anlegen
- Archiv mit Quelldateien dorthin kopieren
- Entpacken mit: *$ zcat mysql-VERSION.tar.gz | tar xvf -*
- in Verzeichnis */usr/local/mysql/mysql-<VERSION>* wechseln
- Konfigurieren der Release mithilfe des *configure*-Skripts
- Kompilieren mit *make*
- Installieren mit *make install*
- Erstellen der MySQL-Privilege-Tabellen mittels des Skripts *scripts/mysql_install_db*
- *./configure –prefix=/usr/local/mysql*

```
$  gunzip -c  mysql-VERSION.tar.gz |tar xf -
```

Es wird dabei automatisch das Unterverzeichnis */usr/local/mysql/mysql-VERSION* erstellt. Wechseln Sie anschließend in dieses Verzeichnis und nehmen Sie von dort aus mithilfe des *configure*-Skripts die MySQL-Konfiguration vor.

Anschließend werden die Quellen durch den Aufruf der folgenden Befehle übersetzt und installiert:

```
make
make install
```

Bevor mit dem MySQL-Datenbankserver gearbeitet werden kann, müssen noch die MySQL-Privilege-Tabellen erstellt werden:

```
scripts/mysql_install_db
```

Verzeichnisse und Programme

Falls Sie MySQL unter Verwendung der Installations-Tools Ihrer Linux-Distribution installiert haben, gehen die dabei verwendeten Verzeichnisse, die bei den einzelnen Distributionen unterschiedlich sind und auch von Version zu Version wechseln, aus der Dokumentation Ihrer Distribution hervor.

Falls Sie MySQL unabhängig davon in einem eigenen, z. B. dem von TCX empfohlenen Installationsverzeichnis */usr/local/mysql* installiert haben, finden Sie die für die Arbeit mit dem Datenbankserver wichtigen Dateien und Programme in den folgenden Unterverzeichnissen:

Verzeichnis	Beschreibung
.../data	Datenbankdateien und Log-Files
../bin	Datenbankprogramme und Tools
../bin	Serverprogramm
Installationsverzeichnis	Dokumentation
../share	Verschiedene zusätzliche Dateien (Spracherweiterungen)
../include	Include-Dateien
../lib	Runtime-Bibliotheken
../sql-bench	SQL-Benchmarks

Wichtige Verzeichnisse derMySQL-Installation

Im Unterverzeichnis *../bin* des von Ihnen gewählten Installationsverzeichnisses sind sämtliche MySQL-Datenbankprogramme und Tools zu finden. Die nachfolgende Tabelle gibt eine Übersicht über diese Programme und deren Funktion:

Programm	Funktion
mysql	Client-Programm für die Administration von MySQL.
mysqlaccess	Perl-Skript für die Vergabe von Rechten in MySQL.
mysqladmin	Werkzeug, um im Batch-Modus Befehle an MySQL zu übergeben.
mysql_fix_privilege_tables	*mysql_fix_privilege_tables* wird verwendet, um Zugriffsrechte auf MySQL genauer zu definieren.
mysqlbug	Tool zum Versenden von Bug-Reports an die MySQL-Entwickler. Beim Aufruf wird automatisch der Editor EMACS gestartet und es erscheint ein Fehlerberichts-Formular.
mysql_install_db	Skript zum Installieren der Datenbank *mysql*.
mysqldump	Werkzeug, um Daten aus einer Datenbank oder einzelnen Tabellen auf die Festplatte zu sichern.
mysql_setpermission	Perl-Skript zur menügesteuerten Vergabe von Rechten in der Datenbank *mysql*
mysqlimport	Werkzeug, um ASCII-Daten in eine Tabelle einzulesen
mysqlshow	Anzeige aller bereits installierten Datenbanken des MySQL-Servers

MySQL-Datenbankprogramme und -Tools

Die meisten dieser Kommandos erfordern die Angabe zusätzlicher Parameter. Um sich diese anzeigen zu lassen, können Sie die einzelnen Kommandos ohne Parameter aufrufen.

Vor dem ersten Start von MySQL müssen, wie schon erwähnt, die MySQL-Privilege-Tabellen erstellt werden. Dies erfolgt durch den Aufruf des Skripts *mysql_install_db*, das sich im Unterverzeichnis *../scripts* des von Ihnen gewählten Installationsverzeichnisses befindet. Dieses Skript erzeugt unter anderem in der Datenbank *mysql* die drei Tabellen *user, host* und *db*, in denen die Zugriffsberechtigungen für den MySQL-Datenbankserver festgelegt werden.

Um die Zugriffsberechtigungen an Ihre eigenen Bedürfnisse anzupassen, können Sie entweder vor dem Ausführen des Skripts *mysql_install_db* die entsprechenden Berechtigungen anpassen – oder auch nach der Installation des Zugriffssystems und dem Start des Datenbankservers über entsprechende SQL-Befehle. Näheres hierzu erfahren Sie im übernächsten Abschnitt.

Starten und Beenden des MySQL-Datenbankservers

Der MySQL-Datenbankserver kann mithilfe des Skripts *safe_mysqld* gestartet werden. Dieses Skript befindet sich im Unterverzeichnis */bin* Ihres Installationsverzeichnisses. Rufen Sie zum Starten des Datenbankservers aus Ihrem Installationsverzeichnis den folgenden Befehl auf:

- `bin/safe_mysqld &`

Für den Normalbetrieb wird der Datenbankserver jedoch, abhängig von der verwendeten Linux-Plattform, automatisch beim Hochfahren des Rechners über ein entsprechendes Skript im Verzeichnis *../init.d* gestartet (z. B. */sbin/init.d/mysql* bei SuSE-Linux 6.2).

Ein erster Test

Nachdem die Installation abgeschlossen ist, prüfen Sie in einem ersten Test, ob der Server ordnungsgemäß läuft. Rufen Sie hierzu das Programm mysqladmin mit dem Parameter *version* auf, z. B.:

- `bin/mysqladmin version`

Läuft der Datenbankserver, erhalten Sie beispielsweise folgende Ausgabe:

```
bin/mysqladmin  Ver 8.0 Distrib 3.22.32,
for pc-linux-gnu on i686 TCX Datakonsult AB, by Monty
Server version   3.22.32
Protocol version 10
Connection       Localhost via UNIX socket
UNIX socket      /tmp/mysql.sock
Uptime:          19 sec
Threads: 1  Questions: 1  Slow queries: 0  Opens: 6  Flush tables: 1  Open tables: 2
```

Ausgabe des Programms mysqladmin

Installation von MySQL unter Windows

Die Installation der MySQL-Binärdistribution erfolgt unter Windows weitgehend automatisch. Entpacken Sie hierzu das gepackte Archiv *mysql-3.23.xx-beta-win.zip* in einem Verzeichnis Ihrer Wahl. Starten Sie anschließend das Programm *Setup.exe*.

Zunächst müssen Sie das von Ihnen gewünschte Installationsverzeichnis sowie den Installationsmodus auswählen. Bei der Einstellung *Typical* werden alle benötigten und empfohlenen Komponenten installiert, im Modus *Compact* jedoch nur die unbedingt erforderlichen. Im *Custom*-Modus können Sie die zu installierenden Komponenten selbst bestimmen.

Alles Weitere erledigt das Setup-Programm automatisch. Nach dem erfolgreich durchgeführten Setup finden Sie in dem von Ihnen ausgewählten Installationsverzeichnis mehrere Unterverzeichnisse. Das Verzeichnis *..\bin* enthält die ausführbaren Dateien. Wechseln Sie in dieses Verzeichnis, um mit dem dort abgespeicherten Administrations-Tool *winmysqladmin.exe* die erforderliche Konfiguration von MySQL durchzuführen.

Konfiguration von MySQL

Starten Sie das Administrations-Tool *winmysqladmin.exe* im Unterverzeichnis *..\bin* des von Ihnen gewählten MySQL-Installationsverzeichnisses. In der Windows-Taskleiste nistet sich daraufhin ein kleines Ampel-Symbol ein, über das Sie ein Menü zum Schnellstart des MySQL-Datenbankservers und des Administrations-Tools erreichen können.

Falls Sie das Administrations-Tool zum ersten Mal starten und sich noch keine Initialisierungsdatei im Windows-Hauptverzeichnis befindet, öffnet sich jedoch zunächst das Fenster *WinMySQLadmin Quick Setup*.

In diesem Fenster geben Sie einen Benutzernamen und ein Passwort ein. Mit den angegebenen Daten werden später ein Benutzer in den Tabellen der MySQL-Zugriffsverwaltung sowie eine Initialisierungsdatei mit Default-Einstellungen angelegt.

Bevor Sie dieses Fenster mit *OK* schließen, öffnen Sie das Fenster des Administrations-Tools, indem Sie auf das Ampel-Symbol in der Windows-Taskleiste klicken und dort den Befehl *Show Me* auswählen. Wechseln Sie in dem am Bildschirm erscheinenden Fenster des Administrations-Tools in das Registerfeld *my.ini Setup*.

In diesem Registerfeld sind zunächst zwei Angaben zu machen. Im Eingabefeld *Base Dir* müssen Sie das Basisverzeichnis von MySQL angeben, z. B. *d:\mysql*.

Unter *mysqld file* müssen Sie den von Ihnen gewünschten Servertyp auswählen. In der Regel wird dies für Windows 9x-Systeme der Server *mysqld-opt* und für Windows NT der Server *mysqld-nt* sein.

Nachdem Sie diese Angaben gemacht haben, wechseln Sie wieder in das noch im Hintergrund verbliebene Fenster *WinMySQLadmin Quick Setup* und klicken dort auf *OK*.

Die Initialisierungsdatei *my.ini* wird jetzt mit den von Ihnen festgelegten Daten angelegt. Das Ergebnis können Sie anschließend im Editier-Fenster des Registers *my.ini Setup* begutachten und eventuell auch erforderliche Änderungen vornehmen und diese abspeichern.

Sie können nun den Datenbankserver starten, indem Sie auf das Ampel-Symbol in der Windows-Taskleiste klicken und aus dem erscheinenden Menü den Befehl *Start the Server* auswählen. Als Zeichen dafür, dass der Server jetzt läuft, wechselt das Ampel-Symbol von Rot nach Grün.

Wenn Sie anschließend über das Ampel-Symbol den Befehl *Show me* auswählen, erscheint wieder das Administrations-Tool. Im Register *Enviroment* sind jetzt Einzelheiten der durchgeführten Installation ersichtlich.

Das Sicherheits- und Zugriffssystem von MySQL

MySQL verwendet ein differenziertes Sicherheits- und Zugriffssystem, das nachfolgend näher erläutert werden soll.

Die grundlegende Funktion dieses Systems besteht darin, den unterschiedlichen Benutzern auf einem Host entsprechende Berechtigungen zur Ausführung von *CREATE-*, *SELECT-*, *INSERT-*, *UPDATE-* und *DELETE*-Befehlen zu erteilen.

Der MySQL-Datenbankserver unterscheidet nicht zwischen einzelnen Benutzern, sondern zwischen der Kombination aus Benutzer und Host. Das Sicherheitssystem regelt also auf diese Weise sehr differenziert, welcher Benutzer von welchem Host welche Rechte auf welcher Datenbank besitzt. Die zu vergebenden MySQL-User-Namen und -Passwörter haben dabei nichts mit den Linux-Benutzernamen und -Passwörtern zu tun.

Die Einstellungen des Sicherheits- und Zugriffssystems werden in den drei nachfolgend beschriebenen Tabellen *user, db* und *host* der MySQL-Systemdatenbank *mysql* abgelegt:

- Die Tabelle *user* beinhaltet alle Host-/User-Kombinationen, denen der Zugriff auf den MySQL-Server erlaubt ist. Alle Berechtigungen, die ein Benutzer in dieser Tabelle erhält, gelten für alle Datenbanken. Zusätzliche tabellenspezifische Berechtigungen können darüber hinaus für einzelne Benutzer in der Tabelle *db* festgelegt werden.
- In der Tabelle *db* wird festgelegt, welche Datenbank die jeweilige Host-/Benutzer-Kombination mit welchen Berechtigungen verwenden darf. Sie stellt *gewissermaßen* das über die Festlegungen in der Tabelle *user* hinausgehende Feintunig der Zugriffsberechtigungen dar.
- Tabelle *host*: Um zu erreichen, dass ein Benutzer von jedem Host eines Netzwerks auf den MySQL-Datenbankserver Zugriff hat, kann der Host-Eintrag in der Tabelle *db* ausgelassen werden. Stattdessen können die entsprechenden Hosts des Netzwerks in der Tabelle *host* festgelegt werden. Diese Tabelle fungiert also als Nachschlagetabelle für leere Host-Einträge in der *db*-Tabelle. Die Host- und *db*-Spalten in der Tabelle *host* können auch Platzhalter *(%)* beinhalten. Generell gelten entweder die Berechtigungen der *user*-Tabelle oder die Berechtigungen aus der *db*-Tabelle.

Nach jeder Änderung der Zugriffsrechte muss ein Reload des Datenbankservers durchgeführt werden, damit die Änderungen wirksam werden. Dies erfolgt mithilfe des folgenden Befehls:

```
$  mysqladmin reload
```

Festlegen von Zugangsberechtigungen zum MySQL-Datenbankserver

Im folgenden Beispiel wird gezeigt, wie unter Verwendung des Clients *mysql* und einigen an den Datenbankserver abgesetzten SQL-Kommandos der Benutzer *testuser* angelegt wird. Der Benutzer *testuser* bekommt das Passwort *testpasswort* zugeteilt und soll die Möglichkeit haben, sich von dem Host *localhost* und dem Host mit der IP 192.168.7.48 auf dem MySQL-Datenbankserver anzumelden.

Auf die Datenbank *testdb* soll er nur von dem Host *localhost* aus zugreifen können. Dagegen soll er die Datenbank *kursdb* von allen Hosts ansprechen können. Stellen Sie hierzu zunächst als Benutzer *root* die Verbindung zur Datenbank *mysql* her.

```
$ mysql -u root mysql
```

Sie befinden sich nun im Eingabe-Modus des Clients *mysql* und können am Prompt

```
mysql>
```

beliebige SQL-Kommandos an den Datenbankserver absetzen. Durch die Eingabe von *help* am *mysql*-Prompt können Sie sich die im Eingabe-Modus des Clients zur Verfügung stehenden Befehle anzeigen lassen.

- `mysql> help`

Setzen Sie nun die folgenden SQL-Kommandos an den Datenbankserver ab und vergessen Sie dabei nicht, jedes einzelne Kommando mit einem Semikolon abzuschließen. Den *mysql*-Eingabemodus verlassen Sie wieder durch Eingabe von *quit*.

- ```
  mysql> insert into user (host,user,password) values
  ('localhost','testuser',password('testpasswort'));
  ```
- ```
  mysql> insert into user (host, user, password) values
  ('192.168.7.48','testuser', password ('testpasswort'));
  ```
- ```
  mysql> insert into db (host, db, user, Select_priv, Insert_priv,
  Update_priv, Delete_priv, Create_priv,Drop_priv) values
  ('localhost','testdb','testuser','Y','Y','Y','Y','Y','Y');
  ```
- ```
  mysql> insert into db (host,db,user, Select_priv, Insert_priv,
  Update_priv, Delete_priv, Create_priv,Drop_priv)    values
  ('%','kursdb','testuser','Y','Y','Y','Y','Y','Y');
  ```
- `mysql> quit`

Nachdem alle zur Festlegung der gewünschten Zugangsberechtigungen erforderlichen SQL-Kommandos an den Datenbankserver abgeschickt wurden, müssen Sie mit

- `$ mysqladmin reload`

ein Reload des Servers durchführen. Erst dann werden die neuen Berechtigungen wirksam.

Festlegen der Zugangsberechtigungen unter Windows

Unter Windows können Sie zum Absetzen von SQL-Kommandos an den MySQL-Datenbankserver das Programm *MySQLManager.exe* verwenden. Dieses ist Bestandteil der Binärdistribution von MySQL für Windows und befindet sich nach der MySQL-Installation im Unterverzeichnis ..*bin* des MySQL-Installationsverzeichnisses.

Um die Zugangsberechtigungen für einen neuen Datenbankbenutzer festzulegen, starten Sie das Programm *MySQLManager.exe*.

Starten Sie hierzu das Programm und klicken Sie im Fenster *MySqlM1* auf das Verzeichnissymbol für die Datenbank *MYSQL* und anschließend noch einmal auf das Unterverzeichnissymbol *mysql*.

Wählen Sie dann aus dem Menü *Tools* den Befehl *SQL Query*. In das Editierfeld des sich jetzt öffnenden Fensters können Sie ein beliebiges SQL-Kommando schreiben und durch Anklicken des grünen Dreiecks über dem Editierfeld an den Datenbankserver senden. Im Gegensatz zu dem schon beschriebenen SQL-Client *mysql*, den Sie in einem DOS-Fenster auch unter Windows verwenden können, dürfen die mit dem Windows-SQL-Manager *MySQLManager.exe* abzusetzenden SQL-Kommandos nicht mit einem Semikolon (;) abgeschlossen werden.

Um beispielsweise einem Datenbank-User *testuser* mit dem Passwort *testpasswort* vom Host *localhost* aus den Zugriff auf den MySQL-Datenbankserver zu ermöglichen, können Sie z. B. das folgende abgekürzte SQL-Kommando absetzen:

- `GRANT ALL PRIVILEGES ON *.* to 'testuser'@localhost identified by 'testpasswort' with grant option`

13.3.3 Konventionen und Schreibweisen

Bei der Benennung der MySQL-Datenbankelemente und bei der Formulierung von SQL-Anweisungen sind die nachfolgend zusammengestellten Konventionen zu beachten:

Objekt	Maximale Länge	Erlaubte Zeichen
Datenbank	64	Alle Zeichen außer / ASCII (0) oder ASCII (255). Berücksichtigung der Groß-/Kleinschreibweise ist abhängig vom Dateisystem des verwendeten Betriebssystems.
Tabelle	64	Alle Zeichen außer / . ASCII (0) oder ASCII (255). Berücksichtigung der Groß-/Kleinschreibweise ist abhängig vom Dateisystem des verwendeten Betriebssystems.
Spalte- und Indexnamen	64	Alle Zeichen außer ASCII (0) oder ASCII (255). Groß-/Kleinschreibweise wird nicht berücksichtigt.
Alias	256	Alle Zeichen außer ASCII (0) oder ASCII (255). Groß-/Kleinschreibweise wird berücksichtigt.
SQL-Schlüsselwörter und Funktionsnamen	-	Groß-/Kleinschreibweise wird nicht berücksichtigt.

Benennung von MySQL-Datenbankobjekten

Spaltenreferenzen werden in MySQL gemäß den folgenden Konventionen angegeben:

Spaltenreferenz	Bedeutung
artname	Bezug auf die Spalte *artname* einer Tabelle.
artikel.artname	Bezug auf die Spalte *artname* der Tabelle *artikel* der aktuell geöffneten Datenbank.
weinladen.artikel.artname	Bezug auf die Spalte *artname* der Tabelle *artikel* der Datenbank *weinladen*.

Konventionen für das Referenzieren von Tabellenspalten

Zeichenfolgen werden in MySQL in einfache oder, falls nicht im ANSI-Modus gearbeitet wird, in doppelte Anführungszeichen eingeschlossen:

- `'so erkennt MySQL eine Zeichenfolge'`
- `"so auch"`

MySQL kennt verschiedene Sonderzeichen, die innerhalb von Zeichenfolgen auftreten können und denen eine besondere Bedeutung zukommt. Diese Zeichen, die auch als Escape-Sequenzen bezeichnet und durch einen vorangestellten Backslash (\) gekennzeichnet werden, sind in der nachfolgenden Tabelle zusammengestellt:

Zeichen	Beschreibung
\0	ASCII 0 (NUL).
\n	Zeilenumbruch. Entspricht ASCII CHR (13).
\t	Tabulator. Entspricht ASCII CHR (9).
\r	Wagenrücklauf. Entspricht ASCII CHR (10).
\b	Rückschritt.
\'	Einfaches Anführungszeichen.
\"	Doppeltes Anführungszeichen.
\\	Backslash-Zeichen.
\%	Prozentzeichen.
_	Unterstrich.

Zusammenstellung der Escape-Sequenzen von MySQL

Integerzahlen werden von MySQL als Folge einzelner Zahlen dargestellt. Fließkommazahlen verwenden den Punkt (.) als Dezimaltrenner. Negative Werte werden durch ein vorangestelltes Minuszeichen gekennzeichnet. Integerzahlen, die im Zusammenhang mit Fließkommazahlen verwendet werden, werden als Fließkommazahlen interpretiert.

Beispiel:

- `4711`
- `-2002`
- `-123.78`

Zur Kenzeichnung der wissenschaftlichen Notation von Fließkommazahlen wird das Zeichen *e* oder *E*, gefolgt von einem Vorzeichen (+/-) und einem ganzzahligen Exponenten, verwendet. Das Vorzeichen vor dem Exponenten ist dabei zwingend erforderlich.

Beispiel:

- `1.5687E+27`
- `456.7e-6`

MySQL unterstützt auch Zahlen in hexadezimaler Schreibweise. Diese werden im Kontext von Zahlen als Integerzahlen mit 64-Bit-Genauigkeit interpretiert. Im Kontext von Zeichenfolgen werden jeweils zwei Hexadezimal-Ziffern als ein Zeichen interpretiert.

NULL bedeutet „keine Daten" und ist nicht zu verwechseln mit der Zahl 0 oder der leeren Zeichenfolge "" bei String-Datentypen.

13.3.4 Die Datentypen von MySQL

MySQL kennt nummerische Datentypen, Datentypen für Datum und Zeit sowie String-Datentypen.

Nummerische Datentypen

Die nummerischen Datentypen von MySQL und deren Speicherbedarf sind in der nachfolgenden Tabelle zusammengestellt.

Die Abkürzungen in der Spalte *Feldtyp* haben die folgende Bedeutung: *M* steht für die maximale Anzahl der angezeigten Stellen. *U* bedeutet *Unsigned*, d. h., falls angegeben, wird das Vorzeichen vernachlässigt. *Z* steht für *Zerofill*, d. h., falls angegeben, werden fehlende Werte mit Null aufgefüllt. *D* wird bei Fließkommazahlen angegeben und legt die Anzahl der angezeigten Dezimalstellen fest.

Feldtyp	Speicherbedarf	Beschreibung
TINYINT [(M)] [U] [Z]	1 Byte	Sehr kleine Ganzzahl. Wertebereich von -128 bis 127 oder von 0 bis 255.
SMALLINT [(M)] [U] [Z]	2 Byte	Kleine Ganzzahl. Wertebereich von -32.768 bis 32.767 oder von 0 bis 65.535.
MEDIUMINT [(M)] [U] [Z]	3 Byte	Mittelgroße Ganzzahl. Wertebereich von -8.388.608 bis 8.388.607 oder von 0 bis 16.777.215.
INT[(M)] [U] [Z]	4 Byte	Normale Ganzzahl. Wertebereich von -2.147.483.648 bis 2.147.483.647 oder von 0 bis 4.294.967.295.
INTEGER		Synonym für *INT*.
BIGINT[(M)] [U] [Z]	8 Byte	Große Ganzzahl. Wertebereich von -9.223.372.036.854.775.808 bis 9.223.372.036.854.775.807 oder von 0 bis 18.446.744.073.709.551.615.
FLOAT(X)[Z]	4 Byte (X <=24)8 Byte (25 <=X <= 53)	Fließkommazahl mit Vorzeichen. Genauigkeit <=*24* für einfache, *25* bis *53* für doppelte Genauigkeit.
FLOAT[(M,D)] [Z]	4 Byte	Kleine, einfach genaue Fließkommazahl mit Vorzeichen. Wertebereich von -3.402823466E+38 bis -1.175494351E-38, 0 und 1.175494351E-38 bis 3.402823466E+38.
DOUBLE[(M,D)] [Z]	8 Byte	Normale, doppelt genaue Fließkommazahl mit Vorzeichen. Wertebereich -1.7976931348623157E+308 bis -2.2250738585072014E-308, 0 und 2.2250738585072014E-308 bis 1.7976931348623157E+308.
DOUBLE PRECISION		Synonym für *DOUBLE*.
REAL		Synonym für *DOUBLE*.
DECIMAL[(M,D)] [Z]	M Byte (D+2, falls M < D)	Ungepackte Fließkommazahl mit Vorzeichen. Zahlen werden als Zeichenkette gespeichert.
NUMERIC		Synonym für *DECIMAL*.

Die nummerischen Datentypen von MySQL

Datentypen für Datum und Zeit

Neben den nummerischen Datentypen kennt MySQL eine Reihe von Datentypen zur Behandlung von Datum und Zeit. Diese sind in der folgenden Tabelle zusammengestellt. Die Darstellung der Datums- und Zeitwerte erfolgt generell gemäß ANSI-SQL, d. h. im Format Jahr-Monat-Tag.

Feldtyp	Speicherbedarf	Beschreibung
DATE	3 Byte	Datum. Wertebereich vom 1000-01-01 bis zum 9999-12-31. Format: YYYY-MM-DD
DATETIME	8 Byte	Datum und Zeit. Wertebereich vom 1000-01-01 00:00:00 bis 9999-12-31 23:59:59. Format: YYYY-MM-DD HH:MM:SS
TIMESTAMP[(M)]	4 Byte	UNIX-Zeitstempel. Wertebereich 1970-01-01 00:00:00 bis 31.12.2036. Format: M=14:YYYYMMDDHHMMSS, M=12: YYMMDDHHMMSS, M=8: YYYYMMDD oderM=6: YYMMDD
TIME	3 Byte	Zeit. Wertebereich -838:59:59 bis 838:59:59' Format: HH:MM:SS
YEAR	1 Byte	Jahr. zwei- oder vierstellig (default). Wertebereich von 1901 bis 2155. Format: YYYY

MySQL-Datentypen für Datum und Zeit

String-Datentypen

Die nachfolgende Tabelle enthält die String-Datentypen von MySQL einschließlich deren Speicherbedarf. Datenfelder dieses Typs können neben Zeichenketten fester und variabler Länge auch beliebige andere binäre Daten, z. B. Bilder oder Tondateien, enthalten.

Feldtyp	Speicherbedarf	Beschreibung
CHAR (M)[BINARY]	M Byte, 1 <= M <= 255	Zeichenkette mit fester Länge *M*. Werte für *M* von 1 bis 255 Zeichen. Leerzeichen am Ende werden bei der Ausgabe entfernt.
VARCHAR(M)[BINARY]	L+1 Byte, L <= M and 1 <= M <= 255	Zeichenkette mit variabler Länge. Maximale Länge *M*. Werte für *M* von 1 bis 255 Zeichen. Leerzeichen am Ende werden bei der Ausgabe entfernt. Groß -und Kleinschreibung wird beim Sortieren und Selektieren nur berücksichtigt, wenn *BINARY* angegeben ist.
TINYBLOB, TINYTEXT	L+1 Byte, L < 2^8	*BLOB* oder *TEXT* mit maximal 255 Zeichen.
BLOB, TEXT	L+2 Byte, L < 2^16	*BLOB* oder *TEXT* mit maximal 65.535 Zeichen.
MEDIUMBLOB, MEDIUMTEXT	L+3 Byte, L < 2^24	*BLOB* oder *TEXT* mit maximal 16.777.215 Zeichen.
LONGBLOB, LONGTEXT	L+4 Byte, L < 2^32	*BLOB* oder *TEXT* mit maximal 4.294.967.295 Zeichen.
ENUM('value1','value2',...)	1 oder 2 Byte	Aufzählung. Maximal 65.535 Einzelwerte aus einer Liste.
SET('value1','value2',...)	1, 2, 3, 4 oder 8 Byte, je nach Größe des Sets	*SET*. Wie *ENUM*, aber mit einer Gruppe von Werten (maximal 64).

Die String-Datentypen von MySQL

13.3.5 Die Operatoren-Typen von MySQL

MySQL verwendet verschiedene Typen von Operatoren, mit denen Ausdrücke kombiniert werden können.

Arithmetische Operatoren

Arithmetische Operationen werden von MySQL unter Verwendung von ganzzahligen *BIGINT*-Werten (64 Bit) durchgeführt. Hierzu stehen die geläufigen arithmetischen Operatoren gemäß der nachfolgenden Zusammenstellung zur Verfügung:

Operator	Beschreibung	Beispiel
+	Addition	mysql> SELECT 13+15; =>28
-	Subtraktion	mysql> SELECT 13-15; =>-2
*	Multiplikation	mysql> SELECT 5*5; =>25
/	Division	mysql> SELECT 25/5; =>5 Die Division durch 0 ergibt NULL.

Zusammenstellung der arithmetischen Operatoren von MySQL

Als Beispiel für die Anwendung von arithmetischen Operatoren in einer Datenbankabfrage dient die folgende Abfrage:

```
SELECT ArtName AS '1:Produkt', ArtPreis AS 'Preis (DM)', ArtPreis *
0.16 AS 'zzgl. MwSt (DM)', ArtPreis * 1.16 AS 'Gesamt (DM)' FROM
artikel;
```

Unter Verwendung der Routinen des Moduls *db_lib.pm* (vgl. hierzu das Kapitel 13.2, S. 370) kann die Abfrage mit dem folgenden Perl-Skript durchgeführt werden:

```
#!C:\PERL\bin\perl.exe -w
# query2.pl
use strict;
use db_lib;
my $db="weinladen";
print "Content-type: text/html\n\n";
#
my $q="SELECT ArtName AS '1:Produkt', ArtPreis AS '2:Preis (DM)',
       ArtPreis * 0.16 AS '3:zzgl. MwSt (DM)',ArtPreis * 1.16 AS
       '4:Gesamt (DM)' FROM artikel";
my $dbh=connect_db($db);
my $sth=query_result($q,$dbh);
tab_out($sth);
print "<br>Datenbankverbindung getrennt" if disconnect_db($dbh);
```

Hierbei wird unter Verwendung des Multiplikationsoperators aus den Artikelpreisen eines Abfrageergebnisses die Mehrwertsteuer berechnet und angezeigt.

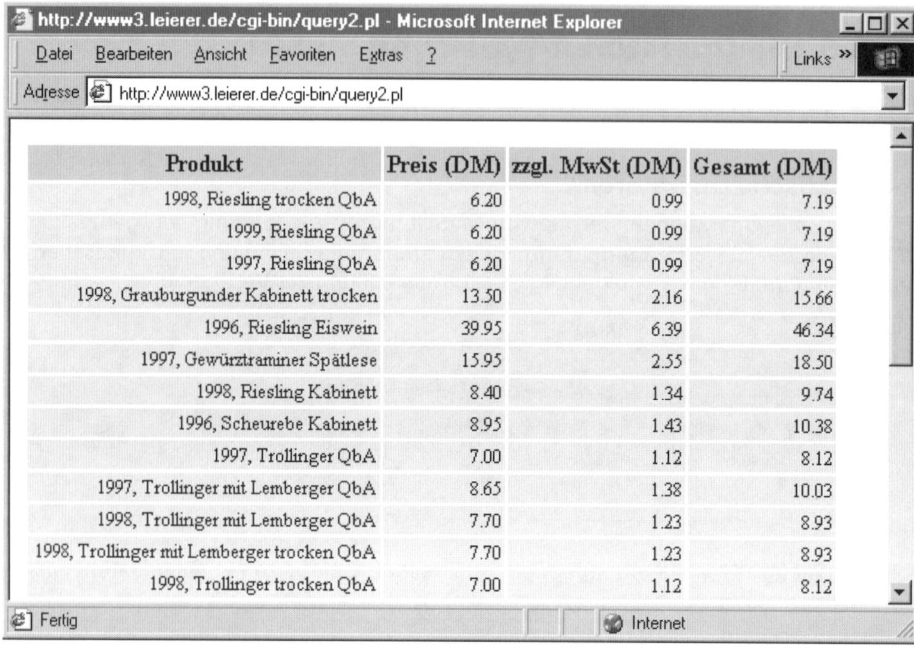

Produkt	Preis (DM)	zzgl. MwSt (DM)	Gesamt (DM)
1998, Riesling trocken QbA	6.20	0.99	7.19
1999, Riesling QbA	6.20	0.99	7.19
1997, Riesling QbA	6.20	0.99	7.19
1998, Grauburgunder Kabinett trocken	13.50	2.16	15.66
1996, Riesling Eiswein	39.95	6.39	46.34
1997, Gewürztraminer Spätlese	15.95	2.55	18.50
1998, Riesling Kabinett	8.40	1.34	9.74
1996, Scheurebe Kabinett	8.95	1.43	10.38
1997, Trollinger QbA	7.00	1.12	8.12
1997, Trollinger mit Lemberger QbA	8.65	1.38	10.03
1998, Trollinger mit Lemberger QbA	7.70	1.23	8.93
1998, Trollinger mit Lemberger trocken QbA	7.70	1.23	8.93
1998, Trollinger trocken QbA	7.00	1.12	8.12

Abfrage mit arithmetischen Operationen

Bit-Operatoren

MySQL verfügt über eine Reihe von Operationen für Bit-Manipulationen von Integer-Datentypen. Hierbei wird eine *BIGINT*-Arithmetik mit einem Maximalbereich von 64 Bit verwendet.

<table>
<tr><th>Operator</th><th>Beschreibung</th><th>Beispiel</th></tr>
<tr><td>|</td><td>bitweises ODER</td><td>mysql> SELECT 25 | 3; =>27</td></tr>
<tr><td>&</td><td>bitweises UND</td><td>mysql> SELECT 25 & 3; =>1</td></tr>
<tr><td><<</td><td>Verschieben nach links um n Bits</td><td>mysql> SELECT 4 << 2; =>16</td></tr>
<tr><td>>></td><td>Verschieben nach rechts um n Bits</td><td>mysql> SELECT 16 >> 1; =>8</td></tr>
<tr><td>BIT_COUNT(n)</td><td>Anzahl der Bits im Argument n</td><td>mysql> SELECT BIT_COUNT(254); =>7</td></tr>
</table>

Zusammenstellung der Bit-Operatoren von MySQL

Logische Operatoren

Mithilfe der logischen Operatoren von MySQL können Ausdrücke daraufhin überprüft werden, ob sie wahr oder falsch sind. Das Ergebnis dieser Bewertung ist entweder 0 (FALSE) oder 1 (TRUE). Zur Kennzeichnung der logischen Operatoren können gemäß der nachstehenden Tabelle die Symbole NOT, OR, AND und !, || sowie && alternativ verwendet werden:

Operator	Beschreibung	Beispiel
NOT !	Logisches NICHT (Negation). Gibt 1 zurück, wenn das Argument 0 ist, ansonsten 0. Jedoch: NOT NULL gibt NULL zurück	mysql> select NOT 1; => 0

Operator	Beschreibung	Beispiel
OR ||	Logisches ODER. Gibt 1 zurück, wenn eines der Argumente ungleich 0 und nicht NULL ist.	mysql> select 5 || 0; => 1
AND &&	Logisches UND. Gibt 0 zurück, wenn eines der Argumente 0 oder NULL ist, ansonsten 1.	mysql> select 5 && 0; => 0

Zusammenstellung der logischen Operatoren von MySQL

Vergleichsoperatoren

Vergleichsoperatoren dienen dem Vergleich von Zahlen und Zeichenketten hinsichtlich der Größe der Werte (Zahlen) oder der lexikalischen Reihenfolge (Zeichenketten). Des Weiteren stehen Vergleichsoperatoren für den Mustervergleich und für den Vergleich mit NULL-Werten zur Verfügung.

Das Ergebnis von Ausdrücken mit Vergleichsoperatoren ist entweder 0 (FALSE) oder 1 (TRUE).

Operator	Beschreibung	Beispiel
=	Gleich	mysql> select 8 = 5; => 0
<> !=	Ungleich	mysql> select 3 <> 3; => 0
<=	Kleiner oder gleich	mysql> select 0.5 <= 0.5; => 1
<	Kleiner als	mysql> select 2 < 12; => 1
>=	Größer oder gleich	mysql> select 2 >= 12; =>0
>	Größer als	mysql> select 2 > 12; => 0
BETWEEN	Zwischen	mysql> select 50 BETWEEN 10 AND 100; => 1
LIKE	SQL-Mustersuche	mysql> select ARTNAME1 LIKE ARTNAME2; =>0
REGEXP	Vergleich regulärer Ausdrücke	mysql> select a REGEXP b; =>1
IS NULL	WAHR, wenn Operand NULL ist	mysql> select ARTNR IS NULL; =>0

Zusammenstellung der Vergleichsoperatoren von MySQL

13.3.6 Datendefinition und -manipulation mit MySQL

Für den Einsatz von SQL ergeben sich in relationalen DBS drei grundsätzlich verschiedene Aufgabenbereiche.

- Definition von Tabellen und Wertebereichen (DDL, **D**ata **D**efinition **L**anguage)
- Verändern und Selektieren von Datensätzen in Tabellen (DML, **D**ata **M**anipulation **L**anguage)
- Zugangskontrolle zu Objekten, Transaktionssteuerung (DCL, **D**ata **C**ontrol **L**anguage)

Da MySQL in der derzeit aktuellen Version keine Transaktionssteuerung unterstützt, fehlen in MySQL auch die Befehle der letztgenannten Gruppe (DCL), sodass sich die nachfolgenden Ausführungen auf die Beschreibung von MySQL-Befehlen zur Datendefinition (DDL) und Datenmanipulation (DML) beziehen.

Datenbanken anlegen, auswählen und löschen

Eine neue Datenbank wird in MySQL mit dem Befehl *CREATE DATABASE* angelegt. Als Parameter ist der Name der Datenbank anzugeben.

Falls eine Datenbank mit den gleichen Namen schon existiert, erfolgt eine Fehlermeldung. Datenbanken werden von MySQL in Form von Verzeichnissen realisiert, die die Dateien, die den einzelnen Tabellen zugeordnet sind, enthalten.

Sie können den SQL-Befehl zum Anlegen einer Datenbank am Prompt des Linux-Clients *mysql* direkt eingeben oder wie im nachfolgenden Beispiel unter Windows unter Verwendung des Clients *MySQLManager.exe*.

Syntax von CREATE DATABASE

- *CREATE DATABASE db_name*

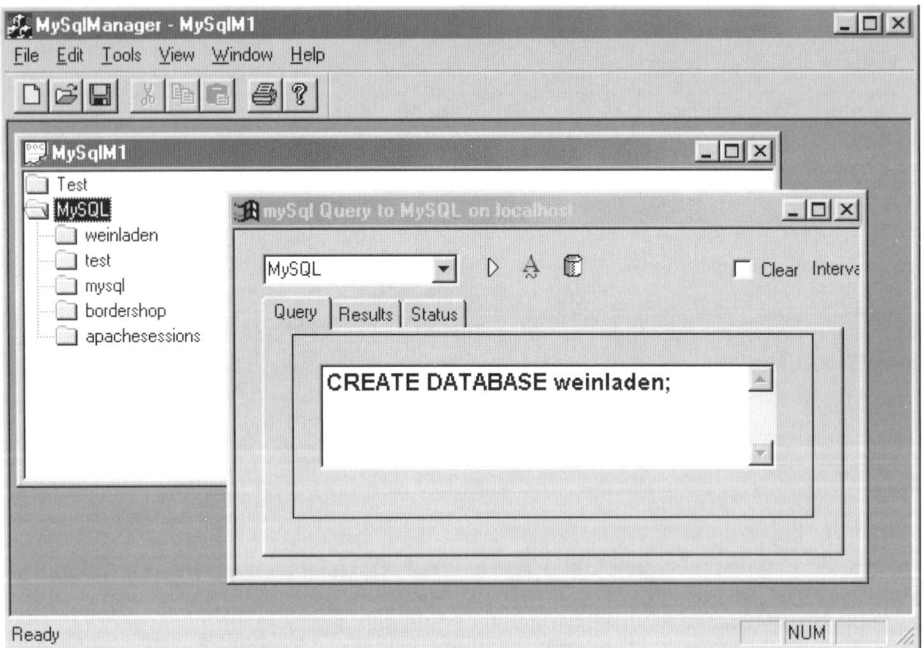

Anlegen einer neuen Datenbank mit dem MySQL-Client MySQlManager.exe

Der Befehl *DROP DATABASE* löscht alle Tabellen einer Datenbank sowie das zugehörige Verzeichnis und gibt die Anzahl der gelöschten Dateien zurück.

Syntax von DROP DATABASE

- *DROP DATABASE [IF EXISTS] db_name*

Da MySQL für jede Tabelle drei Dateien benötigt, ist der zurückgegebene Wert also dreimal so groß wie die Anzahl der gelöschten Tabellen.

Das Schlüsselwort *IF EXISTS* kann verwendet werden, um zu verhindern, dass der Versuch, eine nicht vorhandene Datenbank zu löschen, zu einem Fehler führt.

Syntax von USE

- *USE db_name*

Mit dem Befehl *USE* legen Sie fest, dass die angegebene Datenbank die Standarddatenbank ist. Alle folgenden Abfragen beziehen sich dann auf diese Datenbank.

Anlegen und Verändern von Tabellen

Nachdem eine neue MySQL-Datenbank angelegt oder eine schon bestehende ausgewählt wurde, kann mit dem Befehl *CREATE TABLE* eine neue Tabelle in dieser Datenbank erzeugt werden.

Die Dateien einer MySQL-Tabelle

- *tbl_name.frm* – Tabellendefinition
- *tbl_name.ISD* – Daten-File
- *tbl_name.ISM* – Index-File

MySQL benötigt für jede Tabelle drei Dateien, die im Verzeichnis der Datenbank abgelegt werden. Die Datei *tbl_name.frm* enthält sämtliche Angaben zur Tabellenstruktur. Die Datei *tbl_name.ISD* enthält die Daten. Die Datei *tbl_name.ISM* enthält die Indizes der Tabelle.

Syntax von CREATE TABLE

```
CREATE [TEMPORARY] TABLE [IF NOT EXISTS]
        tbl_name [(create_definition,...)]
        [table_options] [select_statement]
create_definition:
col_name type [NOT NULL | NULL] [DEFAULT default_value]
                [AUTO_INCREMENT] [PRIMARY KEY] [reference_definition]
oder  PRIMARY KEY (index_col_name,...)
oder  KEY [index_name] (index_col_name,...)
oder  INDEX [index_name] (index_col_name,...)
oder  UNIQUE [INDEX] [index_name]
                        (index_col_name,...)
oder  [CONSTRAINT symbol] FOREIGN KEY
                index_name (index_col_name,...)
                        [reference_definition]
oder  CHECK (expr)
reference_definition:
    REFERENCES tbl_name [(index_col_name,...)]
            [MATCH FULL | MATCH PARTIAL]
            [ON DELETE reference_option]
            [ON UPDATE reference_option]
reference_option:
    RESTRICT | CASCADE | SET NULL | NOACTION | SET DEFAULT
table_options:
        TYPE = {ISAM | MYISAM | HEAP}
oder    AUTO_INCREMENT = #
oder    AVG_ROW_LENGTH = #
oder    CHECKSUM = {0 | 1}
oder    COMMENT = "string"
oder    MAX_ROWS = #
oder    MIN_ROWS = #
oder    PACK_KEYS = {0 | 1}
oder    PASSWORD = "string"
oder    DELAY_KEY_WRITE = {0 | 1}
oder    ROW_FORMAT= { default | dynamic | static | compressed }
select_statement:
        [IGNORE | REPLACE] SELECT ...
(Ein gültiges SELECT-Statement)
```

Das Attribut *AUTO_INCREMENT* bedeutet, dass der Inhalt eines Felds vom Typ *INTEGER* nach dem Einfügen eines neuen Datensatzes automatisch um 1 erhöht wird. Im Gegensatz zu verschiedenen anderen DBS steht der entsprechende Feldwert beim Löschen des Datensatzes wieder zur Verfügung. Pro Tabelle kann das Attribut *AUTO_INCREMENT* nur einmal vergeben werden.

Mit dem Attribut *PRIMARY KEY* wird ein eindeutiger Primärschlüssel festgelegt. Jede Tabelle kann maximal einen Primärschlüssel enthalten. Ein Primärschlüssel kann aus bis zu 32 Spalten zusammengesetzt sein. Die Spalten eines Primärschlüssels müssen als *NOT NULL* definiert werden.

Mit dem Attribut *UNIQUE KEY* wird ein Schlüssel festgelegt. Ein Schlüssel kann nur eindeutige Werte besitzen. Sofern kein Primärschlüssel definiert wurde, wird der erste, mit *UNIQUE KEY* festgelegte Schlüssel als Primärschlüssel festgelegt.

Mit dem Attribut *INDEX* wird ein Index festgelegt. Wird beim Definieren eines Index kein Name für diesen Index angegeben, wird der mit einem Suffix versehene Name des ersten Felds verwendet. *TEXT*- und *BLOB*-Felder können nicht indiziert werden.

MySQL unterstützt derzeit noch keine Fremdschlüssel. Die *FOREIGN KEY-*, *CHECK*- und *REFERENCES*-Klauseln, die lediglich aus Kompatibilitätsgründen vorhanden sind, haben daher keine Wirkung auf die Tabellendefinition.

Praxisbeispiel: Anlegen von Tabellen

Im folgenden Beispiel werden in einer bereits existierenden Datenbank drei neue Tabellen mit dem Namen *artikel*, *artikelgruppe* und *artikelugruppe* angelegt, die auch in den folgenden Abschnitten für die Durchführung von Abfragen benötigt werden. Als Datenbank kann die im vorherigen Beispiel angelegte Datenbank *weinladen* verwendet werden.

Die Tabelle *artikel* enthält die Spalte *ArtNr* vom Typ *INT* als Primärschlüssel und sechs weitere Spalten für die Beschreibung der Artikel.

Der Inhalt des Felds *ArtNr* soll nach dem Einfügen eines neuen Datensatzes automatisch um 1 erhöht werden, was durch Angabe des Attributs *AUTO_INCREMENT* erreicht wird.

```
CREATE TABLE artikel (
ArtNr INT NOT NULL AUTO_INCREMENT PRIMARY KEY,
BestNr VARCHAR(10)  NOT NULL,
ArtName VARCHAR(100) NOT NULL,
ArtText MEDIUMTEXT NOT NULL,
ArtPreis DECIMAL(8,2) NOT NULL,
ArtGrNr  INT NOT NULL,
ArtUGrNr INT NOT NULL
);
```

In entsprechender Weise enthält die Tabelle *artikelgruppe* eine Spalte *ArtGrNr* als Primärschlüssel sowie eine weitere Spalte *ArtGruppe*, die die Artikelgruppennamen enthält.

```
CREATE TABLE artikelgruppe (
ArtGrNr INT NOT NULL AUTO_INCREMENT PRIMARY KEY,
```

```
ArtGruppe VARCHAR(25) NOT NULL
);
```

Die Tabelle *artikelugruppe* enthält die Spalte *ArtUGrNr* als Primärschlüssel, die Spalte *ArtGrNr* zum Herstellen einer Verknüpfung zur Tabelle *artikelgruppe* sowie eine weitere Spalte *ArtUGruppe*, die die Artikeluntergruppennamen enthält.

```
CREATE TABLE artikelugruppe (
ArtUGrNr INT NOT NULL AUTO_INCREMENT PRIMARY KEY,
ArtUGruppe VARCHAR(25) NOT NULL,
ArtGrNr INT NOT NULL
);
```

Sie können die vorstehend aufgeführten SQL-Befehle unter Linux direkt am Prompt des Clients *mysql* bzw. unter Windows unter Verwendung des Clients *MySQLManager.exe* eingeben.

Unter Verwendung der Routinen des Moduls *db_lib.pm* (vgl. hierzu das Kapitel 13.2, S. 370) können Sie die Tabellen auch mit dem nachfolgenden Perl-Skript anlegen.

Hierzu werden die zum Anlegen der Tabellen erforderlichen SQL-Kommandos in dem Array *@q* abgelegt und dann innerhalb einer *while*-Schleife elementweise mit der Routine *do_query()* abgearbeitet:

```
#!C:\PERL\bin\perl.exe -w
# query5.pl  Anlegen von Tabellen
use strict;
use db_lib;
my $db="weinladen";
print "Content-type: text/html\n\n";
#
my @q=(
"CREATE TABLE artikel (
ArtNr INT NOT NULL AUTO_INCREMENT PRIMARY KEY,
BestNr VARCHAR(10)  NOT NULL,
ArtName VARCHAR(100) NOT NULL,
ArtText MEDIUMTEXT NOT NULL,
ArtPreis DECIMAL(8,2) NOT NULL,
ArtGrNr  INT NOT NULL,
ArtUGrNr INT NOT NULL)",
"CREATE TABLE artikelgruppe (
ArtGrNr INT NOT NULL AUTO_INCREMENT PRIMARY KEY,
ArtGruppe VARCHAR(25) NOT NULL)",
"CREATE TABLE artikelugruppe (
ArtUGrNr INT NOT NULL AUTO_INCREMENT PRIMARY KEY,
ArtUGruppe VARCHAR(25) NOT NULL,
ArtGrNr INT NOT NULL)"
);
my $dbh=connect_db($db);
my $elem;
while ($elem = shift @q) {
  my $res=do_query($elem,$dbh);
  print "Abfrage durchgeführt, betroffene Zeilen: $res<br>";
}
print "<br>Datenbankverbindung getrennt" if disconnect_db($dbh);
```

Tabelle aus einer SELECT-Abfrage generieren

Mit dem SQL-Befehl *CREATE TABLE ... SELECT* (ab MySQL-Version 3.23) können Sie auf einfache Weise eine neue Tabelle aus dem Ergebnis einer Abfrage mit *SELECT* generieren.

Mit dem folgenden SQL-Kommando wird der Inhalt der Tabelle *artikel* in die neue Tabelle *artikel1* kopiert:

```
CREATE TABLE artikel1 SELECT * FROM artikel
```

Anstatt den gesamten Inhalt der Tabelle *artikel* in die neue Tabelle zu übernehmen, können Sie bei *SELECT* auch eine differenzierte Auswahlbedingung angeben. Näheres hierzu erfahren Sie bei der Beschreibung des *SELECT*-Befehls (siehe S. 405).

Das Perl-Skript, das die obige Abfrage realisiert, sieht folgendermaßen aus.

```
#!C:\PERL\bin\perl.exe -w
# query3.pl  Tabelle kopieren
use strict;
use db_lib;
my $db="weinladen";
print "Content-type: text/html\n\n";
#
my $q="CREATE TABLE artikel1 SELECT * FROM artikel";
my $dbh=connect_db($db);
my $res=do_query($q,$dbh);
print "Abfrage durchgeführt, betroffene Zeilen: $res<br>";
print "<br>Datenbankverbindung getrennt" if disconnect_db($dbh);
```

Tabellen löschen

Mit dem Befehl *DROP TABLE* können eine oder mehrere Tabellen aus einer Datenbank entfernt werden.

Syntax von DROP TABLE

- *DROP TABLE [IF EXISTS] tbl_name [, tbl_name,...]*

Das Schlüsselwort *IF EXISTS* verhindert einen Laufzeitfehler, wenn versucht wird, eine nicht existente Tabelle zu entfernen.

Die drei im vorherigen Beispiel angelegten Tabellen können mit dem folgenden Perl-Skript wieder gelöscht werden. Hierzu werden wiederum die Routinen aus dem Modul *db_lib.pm* verwendet.

```
#!C:\PERL\bin\perl.exe -w
# query6.pl  Löschen von Tabellen
use strict;
use db_lib;
my $db="weinladen";
print "Content-type: text/html\n\n";
#
my @q=(
  "DROP TABLE artikel",
  "DROP TABLE artikelgruppe",
  "DROP TABLE artikelugruppe"
);
```

```
my $dbh=connect_db($db);
my $elem;
while ($elem = shift @q) {
  my $res=do_query($elem,$dbh);
  print "Abfrage durchgeführt, betroffene Zeilen: $res<br>";
}
print "<br>Datenbankverbindung getrennt" if disconnect_db($dbh);
```

Optimieren von Tabellen

Der Befehl *OPTIMIZE TABLE* kann zur Optimierung einer Tabelle verwendet werden, wenn in dieser viele Löschvorgänge stattgefunden haben und auf diese Weise in der Tabelle ungenutzte Bereiche entstanden sind.

Syntax von OPTIMIZE TABLE

- *OPTIMIZE TABLE tbl_name*

Ändern der Struktur einer Tabelle

Mit dem Befehl *ALTER TABLE* kann die Struktur einer vorhandenen Tabelle nachträglich verändert werden. Der Einsatz dieses Befehls wird z. B. erforderlich, wenn Sie einer Tabelle einen Index oder eine neue Spalte hinzufügen wollen.

Syntax von ALTER TABLE

ALTER [IGNORE] TABLE tbl_name alter_spec
[, alter_spec ...]

alter_specification:

- *ADD [COLUMN] create_definition [FIRST | AFTER column_name]*
- *ADD INDEX [index_name] (index_col_name,...)*
- *ADD PRIMARY KEY (index_col_name,...)*
- *ADD UNIQUE [index_name] (index_col_name,...)*
- *ALTER [COLUMN] col_name {SET DEFAULT literal | DROP DEFAULT}*
- *CHANGE [COLUMN] old_col_namecreate_definition*
- *MODIFY [COLUMN] create_definition*
- *DROP [COLUMN] col_name*
- *DROP PRIMARY KEY*
- *DROP INDEX index name*
- *RENAME [AS] new_tbl_name*
- *table_options*

Der folgende SQL-Befehl fügt zur Definition der Tabelle *artikel1* die Spalte *ArtBemerk* nach der schon vorhandenen Spalte *ArtText* hinzu:

```
ALTER TABLE artikel ADD ArtBemerk VARCHAR(50) AFTER
ArtText;
```

Das dazugehörige Perl-Skript unter Verwendung der Routinen des Moduls *db_lib.pm* lautet:

```
#!C:\PERL\bin\perl.exe -w
# query7.pl  Hinzufügen von Spalten
use strict;
use db_lib;
```

```
my $db="weinladen";
print "Content-type: text/html\n\n";
#
my $q="ALTER TABLE artikel1 ADD ArtBemerk VARCHAR(50) AFTER ArtText";
my $dbh=connect_db($db);
my $res=do_query($q,$dbh);
print "Abfrage durchgeführt, betroffene Zeilen: $res<br>";
print "<br>Datenbankverbindung getrennt" if disconnect_db($dbh);
```

Mit dem SQL_Befehl

```
ALTER TABLE artikel1 RENAME AS artikel_neu;
```

wird die vorhandene Tabelle *artikel1* in *artikel_neu* umbenannt.

Index festlegen und löschen

Normalerweise werden Indizes beim Anlegen einer Tabelle mit dem Befehl *CREATE TABLE* festgelegt. Falls dies nicht erfolgt ist, kann ein Index mit dem Befehl *CREATE INDEX* nachträglich zu einer existierenden Tabelle hinzugefügt werden.

Syntax von CREATE INDEX
- *CREATE [UNIQUE] INDEX index_name ON tbl_name (col_name[(length)],...)*

Um für eine vorhandene Spalte nachträglich einen Index zu definieren, ist es erforderlich, dass die entsprechende Spalte als *NOT NULL* vereinbart ist. Sofern dies nicht der Fall ist, kann mit dem Befehl *ALTER TABLE* eine entsprechende Änderung erfolgen. Mit dem anschließenden Befehl *CREATE UNIQUE INDEX* kann für diese Spalte dann ein eindeutiger Index erstellt werden:

Syntax von DROP INDEX
- *DROP INDEX index_name ON tbl_name*

```
ALTER TABLE artikel1 MODIFY ArtName VARCHAR(100) NOT NULL;
CREATE UNIQUE INDEX ind_artnam ON artikel1 (ArtName);
```

Mit dem Befehl *DROP INDEX* kann ein vorhandener Index aus einer Tabellendefinition entfernt werden.

Bearbeiten von Datensätzen

MySQL unterstützt Befehle zur Eingabe, zum Verändern und zum Löschen von Datensätzen.

Mithilfe des Befehls *INSERT* können neue Datensätze in eine anzugebende Tabelle *tbl_name* eingefügt werden. MySQL kennt drei verschiedene Syntaxformen des *INSERT*-Befehls. Die Syntaxform *INSERT ... VALUES (Ausdruck)* fügt neue Datensätze unter Verwendung der bei *VALUES* angegebenen Werte ein. Die Syntaxform *INSERT ... SELECT* realisiert die Eingabe von Datensätzen über eine Unterabfrage mit einem *SELECT*-Befehl zur Auswahl von Datensätzen aus einer anderen Tabelle.

Mit *col_name* oder mit der *SET*-Klausel kann angegeben werden, auf welche Spalten sich die Eingabe bezieht. Alle Felder, denen kein Wert zugewiesen wird, werden auf ihren Default-Wert zurückgesetzt.

Syntax von INSERT

- *INSERT [LOW_PRIORITY | DELAYED] [IGNORE]*
  [INTO] tbl_name [(col_name,...)]
  VALUES (expression,...),(...),...
- *INSERT [LOW_PRIORITY | DELAYED] [IGNORE]*
  [INTO] tbl_name [(col_name,...)]
  SELECT ...
- *INSERT [LOW_PRIORITY | DELAYED] [IGNORE]*
  [INTO] tbl_name
  SET col_name=expression, col_name=expression, ...

Das Schlüsselwort *LOW_PRIORITY* bewirkt, dass die Ausführung von *INSERT* so lange verzögert wird, bis keine Abfrage mehr stattfindet.

Praxisbeispiel: Einfügen von Datensätzen in eine Tabelle

Um in die in einem der vorhergehenden Beispiele (siehe S. 396) angelegte Tabelle *artikel* einen Datensatz einzufügen, ist der folgende SQL-Befehl geeignet. Den SQL-Befehl können Sie am Prompt des Clients *mysql* oder unter Verwendung des mit der Windows-Version von MySQL mitgelieferten Tools *MySqlManager.exe* direkt eingeben:

```
INSERT INTO artikel (BestNr, ArtName, ArtText, ArtPreis, ArtGrNr,
             ArtUGrNr) VALUES (
'DE-WE-101',
'1998, Riesling trocken QbA',
'Heilbronner Staufenberg, trockener herber Weißwein, für Diabetiker
              geeignet, Deutschland, Württemberg, Weiß, 1.0 l',
6.20,
1,
1)
```

Komfortabler ist es jedoch, hierzu ein Perl-Skript zu verwenden. Mit dem nachstehenden Skript fügen Sie unter Verwendung entsprechend aufgebauter SQL-Statements drei neue Datensätze in die Tabelle *artikel* ein:

```
#!C:\PERL\bin\perl.exe -w
# query8.pl  Einfügen von Datensätzen
use strict;
usc db_lib;
my $db="weinladen";
print "Content-type: text/html\n\n";
#
my @q=(
"INSERT INTO artikel (BestNr, ArtName, ArtText, ArtPreis, ArtGrNr,
        ArtUGrNr) VALUES (
'DE-WE-101',
'1998, Riesling trocken QbA',
'Heilbronner Staufenberg, trockener herber Weißwein, für Diabetiker
        geeignet, Deutschland, Württemberg, Weiß, 1.0 l',
6.20,
1,
1
)",
"INSERT INTO artikel (BestNr, ArtName, ArtText, ArtPreis, ArtGrNr,
        ArtUGrNr) VALUES (
```

```
'DE-WE-102',
'1999, Riesling QbA',
'Heilbronner Staufenberg, milder Weißwein, nach Quitte und Pfirsich duftend / Deutschland / Württemberg, Weiß, 1.0 l',
6.20,
1,
1
)",
"INSERT INTO artikel (BestNr, ArtName, ArtText, ArtPreis, ArtGrNr, ArtUGrNr) VALUES (
'DE-WE-103',
'1997, Riesling QbA',
'Heilbronner Stiftsberg, lieblicher, junger Riesling mit leichtem Pfirsichblütenbouquet / Deutschland / Württemberg, Weiß, 1.0 l',
6.20,
1,
1
)");
my $dbh=connect_db($db);
my $elem;
while ($elem = shift @q) {
  my $res=do_query($elem,$dbh);
  print "Abfrage durchgeführt, betroffene Zeilen: $res<br>";
}
print "<br>Datenbankverbindung getrennt" if disconnect_db($dbh);
```

Alternativ zum Befehl *INSERT* können Sie zum Einfügen von Datensätzen in eine Tabelle den Befehl *REPLACE* verwenden. Der SQL-Befehl *REPLACE* arbeitet genauso wie *INSERT* – mit der Ausnahme, dass ein alter Eintrag in der Tabelle, der denselben Wert hat wie ein neuer Eintrag in einem Schlüssel, aus der Tabelle gelöscht wird, bevor ein neuer Eintrag eingefügt wird.

Wenn Sie versuchen, mit dem Befehl *INSERT* einen Datensatz in eine Tabelle einzufügen, der in einem Schlüsselfeld einen Wert enthält, der in der Tabelle schon vorhanden ist, wird dies von MySQL mit einer Fehlermeldung quittiert. Wenn Sie dagegen mit dem Befehl *REPLACE* arbeiten, wird der identische alte Eintrag vor dem Eintrag des neuen Werts aus der Tabelle gelöscht.

Syntax von REPLACE

- *REPLACE [LOW_PRIORITY | DELAYED]*
  [INTO] tbl_name [(col_name,...)]
  VALUES (expression,...)
- *REPLACE [LOW_PRIORITY | DELAYED]*
  [INTO] tbl_name [(col_name,...)]
  SELECT ...
- *REPLACE [LOW_PRIORITY | DELAYED]*
  [INTO] tbl_name
  SET col_name=expression, col_name=expression, ...

Einlesen von Daten aus einer Textdatei

Mithilfe des Befehls *LOAD DATA INFILE* können Daten aus einer Textdatei in eine MySQL-Tabelle eingelesen werden. Dieser Befehl ist besonders effektiv, wenn es darum geht, große Datenmengen in eine MySQL-Tabelle einzulesen.

Syntax von LOAD DATA INFILE

LOAD DATA [LOW_PRIORITY] [LOCAL] INFILE
'file_name.txt' [REPLACE | IGNORE]
INTO TABLE tbl_name
[FIELDS
[TERMINATED BY '\t']
[OPTIONALLY] ENCLOSED BY '']
[ESCAPED BY '\\']]
[LINES TERMINATED BY '\n']
[IGNORE number LINES]
[(col_name,...)]

Der folgende SQL-Befehl liest Daten aus der Datei *Insert_Wein_Data.sql* in die Tabelle *artikel* ein:

```
#!C:\PERL\bin\perl.exe -w
# query9.pl Einlesen von Daten aus einer Textdatei
use strict;
use db_lib;
my $db="weinladen";
#
print "Content-type: text/html\n\n";
my $q="LOAD DATA LOCAL INFILE
'd:/apache/www3_docs/Insert_Wein_Data.sql'
      INTO TABLE artikel FIELDS TERMINATED
   BY
'#'(BestNr, ArtName, ArtText, ArtPreis, ArtGrNr, ArtUGrNr)";
#
my $dbh=connect_db($db);
my $res=do_query($q,$dbh);
print "Abfrage durchgeführt, betroffene Zeilen: $res<br>";
print "<br>Datenbankverbindung getrennt" if disconnect_db($dbh);
```

Die Daten werden in der Datei *Insert_Wein_Data.sql* durch das Zeichen # getrennt und mit einem Zeilenumbruch *(\n)* am Zeilenende erwartet. Durch das Schlüsselwort *LOCAL* wird angegeben, dass sich die Datendatei auf dem Client-Host im angegebenen Verzeichnis befindet.

Die Datendatei hat also den folgenden Aufbau:

DE-WE-101#1998/ Riesling trocken QbA#Heilbronner Staufenberg-trockener herber Weißwein- für Diabetiker geeignet- Deutschland- Württemberg/ Weiß/ 1.0 l#6.20#1#1

DE-WE-102#1999/ Riesling QbA#Heilbronner Staufenberg-milder Weißwein- nach Quitte und Pfirsich duftend / Deutschland / Württemberg/ Weiß/ 1.0 l#6.20#1#1

DE-WE-103#1997/ Riesling QbA#Heilbronner Stiftsberg- lieblicher junger Riesling mit leichtem Pfirsichblütenbouquet / Deutschland / Württemberg/ Weiß/ 1.0 l#6.20#1#1

DE-WE-104#1998/ Grauburgunder Kabinett trocken#Lauffener Katzenbeißer- säurebetonter herber Weißwein nach Ananas und grünen Bohnen erinnernd / Deutschland / Württemberg/ Weiß/ 0.75 l#13.50#1#1

DE-WE-105#1996/ Riesling Eiswein#Lauffener Katzenbeiser- süßer oeliger Wein nach Honig und Aprikosen schmeckend mit dezenter Säure / Deutschland / Württemberg/ Weiß/ 0.33 l#39.95#1#1

....

Verändern von Werten in Tabellenspalten

Mithilfe des Befehls *UPDATE* können Werte in Tabellenfeldern verändert werden. Mit der Klausel *SET* wird angegeben, welche Spalten modifiziert werden sollen.

Syntax von UPDATE

- *UPDATE [LOW_PRIORITY] tbl_name SET col_name1=expr1, col_name2 =expr2,*
- *[WHERE where_definition] [LIMIT #]*

Mit der *WHERE*-Klausel können die Datensätze spezifiziert werden, die verändert werden sollen, ansonsten werden alle Datensätze geändert.

Mit dem folgenden Perl-Skript wird für den Datensatz in der Tabelle *artikel* mit der Artikel-Nr. 3 (*ArtNr=3*) der Preis (*ArtPreis*) auf DM 12,99 umgeändert:

```
#!C:\PERL\bin\perl.exe -w
# query11.pl  Update von Datenbankfeldern
use strict;
use db_lib;
my $db="weinladen";
#
print "Content-type: text/html\n\n";
my $q="UPDATE artikel SET ArtPreis=12.99 WHERE ArtNr=3";
#
my $dbh=connect_db($db);
my $res=do_query($q,$dbh);
print "Abfrage durchgeführt, betroffene Zeilen: $res<br>";
print "<br>Datenbankverbindung getrennt" if disconnect_db($dbh);
```

Löschen von Datensätzen

Mithilfe des Befehls *DELETE* können in einer Tabelle mit dem Namen *tbl_name* alle in einer *WHERE*-Klausel spezifizierten Datensätze gelöscht werden. Fehlt die *WHERE*-Klausel, werden alle Datensätze der Tabelle gelöscht.

Die Syntax von DELETE

- *DELETE [LOW_PRIORITY] FROM tbl_name*
- *[WHERE where_definition] [LIMIT rows]*

Mit dem folgenden Perl-Skript wird aus der Tabelle *artikel* der Datensatz mit der Artikelnummer 2 gelöscht:

```
#!C:\PERL\bin\perl.exe -w
# query10.pl Löschen von Datensätzen
use strict;
use db_lib;
my $db="weinladen";
#
print "Content-type: text/html\n\n";
my $q="DELETE FROM artikel WHERE ArtNr=2";
#
my $dbh=connect_db($db);
my $res=do_query($q,$dbh);
print "Abfrage durchgeführt, betroffene Zeilen: $res<br>";
print "<br>Datenbankverbindung getrennt" if disconnect_db($dbh);
```

Auswahl von Datensätzen

Der Befehl *SELECT* ist das wichtigste SQL-Statement für die Arbeit mit relationalen Datenbanken. Der *SELECT*-Befehl dient der Formulierung von Auswahlabfragen. Mithilfe von *SELECT* kann aus einer oder mehrerer Basistabellen eine so genannte Ergebnisrelation gebildet werden.

Mit der *FROM*-Klausel werden die Tabellen angegeben, aus denen die Datensätze selektiert werden sollen. Falls mehr als eine Tabelle angegeben wird, dann wird ein *JOIN* ausgeführt.

Die *WHERE*-Klausel dient der Angabe der Suchbedingung, über die die Datensätze aus den *FROM*-Tabellen zur Bildung der Ergebnisrelation ausgewählt werden sollen.

Die *ORDER BY*- und *GROUP BY*-Klauseln dienen der Sortierung und Gruppierung der Ergebnisrelation. Mithilfe von *ORDER BY* kann eine aufsteigende (*ASC*) oder absteigende (*DESC*) Sortierung der Ausgabe der Zeilen der Ergebnisrelation bezogen auf eine anzugebende Spalte erreicht werden.

GROUP BY fasst die Zeilen der Ergebnisrelation nach Gruppen zusammen, in denen jeweils der Wert der angegebenen Spalte gleich ist.

Syntax von SELECT

```
SELECT [STRAIGHT_JOIN] [SQL_SMALL_RESULT] [SQL_BIG_RESULT]
  [HIGH_PRIORITY] [DISTINCT | DISTINCTROW | ALL]
  select_expression,...
  [INTO {OUTFILE | DUMPFILE} 'file_name' export_options]
  [FROM table_references
    [WHERE where_definition]
    [GROUP BY col_name,...]
    [HAVING where_definition]
    [ORDER BY {unsigned_integer | col_name | formula} [ASC | DESC] ,...]
    [LIMIT [offset,] rows]
    [PROCEDURE procedure_name] ]
```

Die einzelnen Klauseln müssen in der im Syntaxschema angegebenen Reihenfolge angegeben werden. Die *HAVING*-Klausel muss nach der angegebenen *GROUP BY*-Klausel und vor der *ORDER BY*-Klausel stehen.

Die *HAVING*-Klausel ist mit einer *WHERE*-Klausel zu vergleichen, bezieht sich jedoch auf die durch die *GROUP BY*-Klausel erzeugten Gruppen.

Die Angabe von *STRAIGHT_JOIN* bewirkt, dass die Tabellen exakt in der in der *FROM*-Klausel angegebenen Reihenfolge verknüpft werden.

SELECT ... INTO OUTFILE 'file_name' bewirkt die Ausgabe der Ergebnisrelation in die durch *'file_name'* angegebene Datei. Die angegebenen Dateien werden neu angelegt. Vorhandene Dateien können nicht überschrieben werden.

Mit der folgenden Abfrage werden aus der Tabelle *artikel* alle Datensätze ermittelt, die im Feld *ArtPreis* einen Wert größer als 25 enthalten:

```
SELECT * FROM artikel WHERE ArtPreis > 50
```

Das zugehörige Perl-Skript, mit dem das Ergebnis der Auswahlabfrage tabellarisch ausgegeben wird, lautet:

```
#!C:\PERL\bin\perl.exe -w
# query12.pl  Abfragen mit SELECT
use strict;
use db_lib;
my $db="weinladen";
#
print "Content-type: text/html\n\n";
my $q="SELECT * FROM artikel WHERE ArtPreis > 25";
#
my $dbh=connect_db($db);
my $sth=query_result($q,$dbh);
tab_out($sth);
print "<br>Datenbankverbindung getrennt" if disconnect_db($dbh);
```

Das Ergebnis der Abfrage zeigt die nachstehende Abbildung.

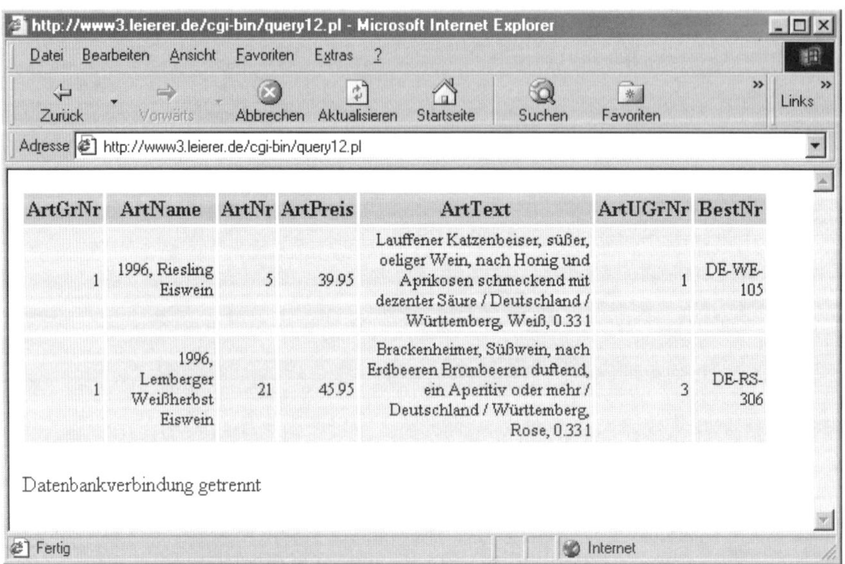

ArtGrNr	ArtName	ArtNr	ArtPreis	ArtText	ArtUGrNr	BestNr
1	1996, Riesling Eiswein	5	39.95	Lauffener Katzenbeiser, süßer, oeliger Wein, nach Honig und Aprikosen schmeckend mit dezenter Säure / Deutschland / Württemberg, Weiß, 0.33 l	1	DE-WE-105
1	1996, Lemberger Weißherbst Eiswein	21	45.95	Brackenheimer, Süßwein, nach Erdbeeren Brombeeren duftend, ein Aperitiv oder mehr / Deutschland / Württemberg, Rose, 0.33 l	3	DE-RS-306

Einfache Auswahlabfrage mit SELECT

In einer weiteren Abfrage, die sich auf die gleiche Tabelle bezieht, werden die Datensätze mit der *GROUP BY*-Klausel entsprechend den ausgewiesenen Artikelgruppen (Herkunftsland) gruppiert und auf die gebildeten Gruppen die Aggregatfunktion *AVG()*, die den Mittelwert der Spaltenwerte berechnet, angewandt:

```
SELECT ArtGrNr, AVG(ArtPreis) FROM artikel GROUP BY ArtGrNr
```

Wichtig ist hierbei, dass die in der *select-expression* (siehe Syntaxschema) angegebenen Spaltenreferenzen, mit Ausnahme der in der Aggregatfunktion angegebenen, mit den Spaltenreferenzen übereinstimmen müssen, die auch in der *GROUP BY*-Klausel angegeben wurden.

Im nachfolgenden Perl-Skript, das die Abfrage durchführt und das Ergebnis tabellarisch ausgibt, wurde die Abfrage noch dahingehend modifiziert, dass das Ergebnis der Aggregatfunktion *AVG()* mithilfe der Funktion *TRUNCATE()* auf zwei Nachkommastellen gekürzt wurde und zusätzlich Aliasnamen für die Spaltenbezeichner eingeführt wurden. Das Skript verwendet wieder die Routinen des schon bekannten Moduls *db_lib.pm*.

```
#!C:\PERL\bin\perl.exe -w
# query13.pl  Abfragen mit SELECT
use strict;
use db_lib;
my $db="weinladen";
#
print "Content-type: text/html\n\n";
my $q="SELECT ArtGrNr AS '1:Herkunft (DE/FR)',
TRUNCATE(AVG(ArtPreis),2)AS '2:Preis (Mittelwert in DM)' FROM artikel
GROUP BY ArtGrNr";
#
my $dbh=connect_db($db);
my $sth=query_result($q,$dbh);
tab_out($sth);
print "<br>Datenbankverbindung getrennt" if disconnect_db($dbh);
```

Das Ergebnis dieser Abfrage zeigt die folgende Abbildung:

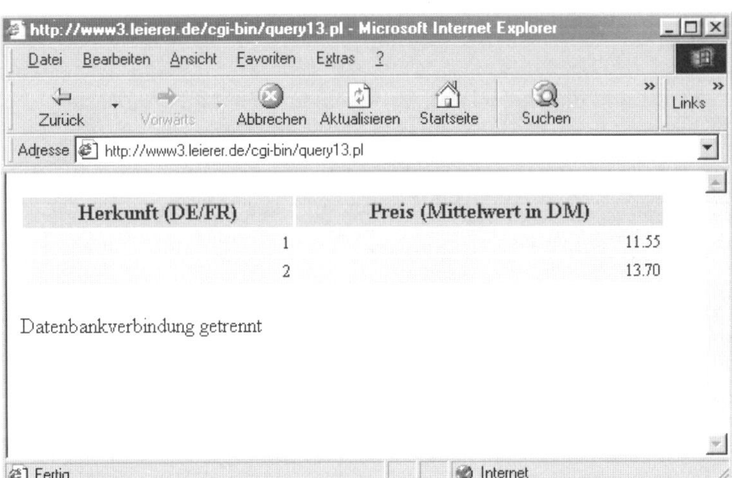

Auswahlabfrage mit der GROUP BY-Klausel

Verknüpfen von Tabellen (Join)

Abfragen beziehen sich in den seltensten Fällen auf eine Tabelle. Um in einer Auswahlabfrage einen Bezug zu mehreren Tabellen herzustellen, werden diese in der *FROM*-Klausel des *SELECT*-Befehls durch Komma getrennt angegeben. Hierdurch entsteht ein Verbund (Join) von Tabellen.

Syntax eines einfachen Join

- *SELECT field1, field2, field3, field4, ... FROM tab1, tab2*
- *WHERE tab1.key_field=tab2.key_keyfield;*

Mit einem Join werden diejenigen Datensätze aus zwei Relationen kombiniert, die bzgl. jeweils eines Felds aus beiden Relationen einem vorgegebenen Vergleich genügen. Dieser Vergleich wird durch die *WHERE*-Klausel als Verbundbedingung festgelegt.

Anstelle eines Kommas (,) kann für denselben Zweck auch die *JOIN*-Klausel verwendet werden. Diese erlaubt neben einfachen Joins auch noch weitere Join-Varianten:

- Mit dem *NATURAL JOIN* werden die Datensätze aus zwei Relationen so kombiniert, dass jeweils die Werte der Attribute gleichen Namens aus beiden Relationen übereinstimmen. Im Ergebnis sind diese Attribute nur einmal vorhanden.
- Der *INNER JOIN* (Exklusionsverknüpfung) kombiniert Datensätze der ersten Tabelle nur mit passenden Datensätzen der zweiten Tabelle. *OUTER JOINS* umfassen mehr Datensätze als *INNER JOINS*, da auch Datensätze mit in die Ergebnismenge aufgenommen werden, zu denen es in der zweiten Tabelle keinen passenden Datensatz gibt (Inklusionsverknüpfung). Bei einem *LEFT OUTER JOIN* bleiben alle Zeilen der linken (ersten) Tabelle in der Ergebnismenge erhalten, unabhängig davon, ob es dazu passende Datensätze in der rechten Tabelle gibt. Die Spalten der linken Tabelle, für die es keine passenden Datensätze der rechten Tabelle gibt, werden mit Nullwerten aufgefüllt.
- Bei einem *RIGHT OUTER JOIN* bleiben dagegen alle Zeilen der rechten (zweiten) Tabelle in der Ergebnisrelation erhalten. MySQL kennt zwar keinen eigenen Befehl für den *RIGHT OUTER JOIN*, durch Vertauschen der Reihenfolge der in der *FROM*-Klausel referenzierten Tabellen kann ein *RIGHT OUTER JOIN* jedoch jederzeit realisiert werden.

Im nachfolgenden Kasten sind die verschiedenen Syntaxformen zur Formulierung von Joins aufgeführt:

Syntaxformen von Joins in einer Abfrage mit SELECT

- *table_reference, table_reference* (einfache Form)
- *table_reference [CROSS] JOIN table_reference*
- *table_reference INNER JOIN table_reference*
- *table_reference STRAIGHT_JOIN table_reference*
- *table_reference LEFT [OUTER] JOIN table_reference ON conditional_expr*
- *table_reference LEFT [OUTER] JOIN table_reference USING (column_list)*
- *table_reference NATURAL LEFT [OUTER] JOIN table_reference*

Praxisbeispiel: Einfacher Verbund aus drei Tabellen

Die folgende Abfrage erzeugt einen einfachen Verbund der Tabellen *artikel, artikelgruppe* und *artikelugruppe*. Die Tabelle *artikel* enthält die Artikeldaten eines Weinhändlers, die Tabelle *artikelgruppe* die Bezeichnung der Artikelgruppe (Herkunftsland) und die Tabelle *artikelugruppe* die der Artikeluntergruppe (Weinart), auf die sich die Spalten *ArtGrNr* und *ArtUGrNr* der Tabelle *artikel* beziehen. Zur Reduzierung des Schreibaufwands bei der Angabe der Verbundbedingung werden für die Tabellen *artikel, artikelgruppe* und *artikelugruppe* die Aliasnamen *A, B* und *C* eingeführt.

Der Verbund wird mit der folgenden Abfrage hergestellt:

```
SELECT ArtName, ArtText, BestNr, ArtPreis, ArtGruppe, ArtUGruppe FROM
artikel AS A, artikelgruppe AS B, artikelugruppe AS C WHERE
A.ArtGrNr=B.ArtGrNr AND A.ArtUGrNr=C.ArtUGrNr ;
```

Das nachfolgende Perl-Skript realisiert eine entsprechende Abfrage unter Verwendung der Routinen des Moduls *db_lib.pm* und gibt das Ergebnis tabellarisch aus.

In diesem Skript wird durch eine zusätzliche *WHERE*-Klausel verlangt, dass nur Produkte mit einem höheren Preis als DM 12 angezeigt werden. Da anstelle der Feldnamen der Tabellen *artikel, artikelgruppe* und *artikelugruppe* in der Ergebnistabelle aussagekräftigere Spaltenüberschriften ausgegeben werden sollen, werden in der Abfrage zusätzlich die Aliasnamen *Herkunft, Weinart, Produkt, Beschreibung* und *Preis* eingeführt.

```
#!C:\PERL\bin\perl.exe -w
# query14.pl  Join
use strict;
use db_lib;
my $db="weinladen";
#
print "Content-type: text/html\n\n";
my $q="SELECT ArtName AS '3:Produkt',ArtText AS '4:Beschreibung',
     BestNr,ArtPreis AS '5:Preis (DM)', ArtGruppe AS '1:Herkunft',
     ArtUGruppe AS '2:Weinart' FROM artikel AS A, artikelgruppe AS B,
     artikelugruppe AS C WHERE A.ArtGrNr=B.ArtGrNr AND A.ArtUGrNr=C.
     ArtUGrNr AND ArtPreis >12";
#
my $dbh=connect_db($db);
my $sth=query_result($q,$dbh);
tab_out($sth);
print "<br>Datenbankverbindung getrennt" if disconnect_db($dbh);
```

Das Ergebnis der Abfrage, deren Ergebnisrelation den gewünschten Verbund der Tabellen *artikel, artikelgruppe* und *artikelugruppe* darstellt, zeigt die folgende Abbildung:

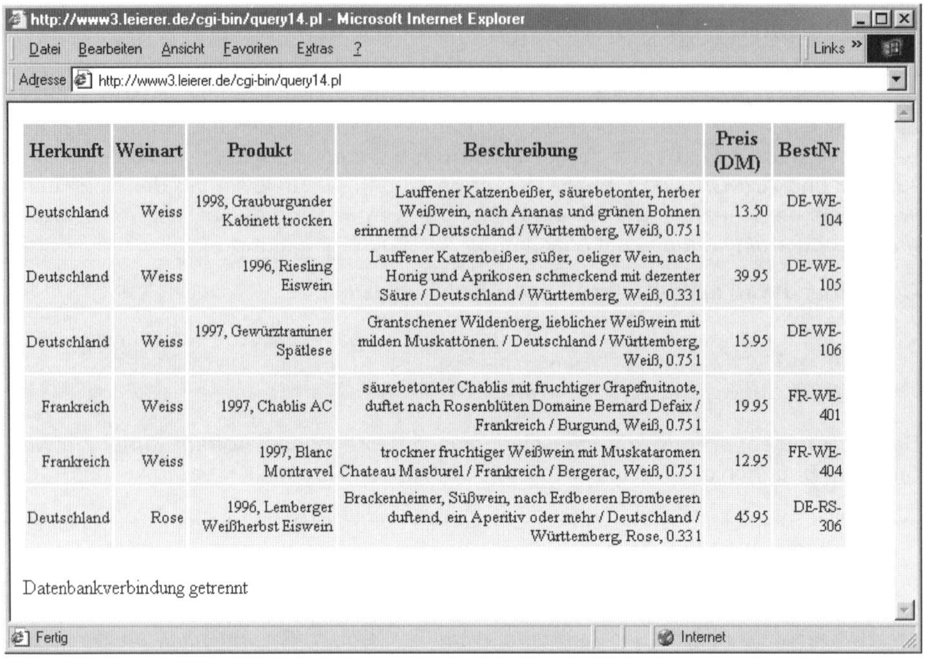

Herkunft	Weinart	Produkt	Beschreibung	Preis (DM)	BestNr
Deutschland	Weiss	1998, Grauburgunder Kabinett trocken	Lauffener Katzenbeißer, säurebetonter, herber Weißwein, nach Ananas und grünen Bohnen erinnernd / Deutschland / Württemberg, Weiß, 0.75 l	13.50	DE-WE-104
Deutschland	Weiss	1996, Riesling Eiswein	Lauffener Katzenbeißer, süßer, oeliger Wein, nach Honig und Aprikosen schmeckend mit dezenter Säure / Deutschland / Württemberg, Weiß, 0.33 l	39.95	DE-WE-105
Deutschland	Weiss	1997, Gewürztraminer Spätlese	Grantschener Wildenberg, lieblicher Weißwein mit milden Muskattönen. / Deutschland / Württemberg, Weiß, 0.75 l	15.95	DE-WE-106
Frankreich	Weiss	1997, Chablis AC	säurebetonter Chablis mit fruchtiger Grapefruitnote, duftet nach Rosenblüten Domaine Bernard Defaix / Frankreich / Burgund, Weiß, 0.75 l	19.95	FR-WE-401
Frankreich	Weiss	1997, Blanc Montravel	trockner fruchtiger Weißwein mit Muskataromen Chateau Masburel / Frankreich / Bergerac, Weiß, 0.75 l	12.95	FR-WE-404
Deutschland	Rose	1996, Lemberger Weißherbst Eiswein	Brackenheimer, Süßwein, nach Erdbeeren Brombeeren duftend, ein Aperitiv oder mehr / Deutschland / Württemberg, Rose, 0.33 l	45.95	DE-RS-306

Datenbankverbindung getrennt

Auswahlabfrage durch Verbund (Join) von drei Tabellen

Praxisbeispiel: LEFT OUTER JOIN aus zwei Tabellen

Um eine Ergebnisrelation zu erzeugen, die alle Datensätze der Tabelle *artikel* anzeigt und in der Spalte *ArtUGruppe* (Weinart) ausweist, ob ein Artikel zur Artikeluntergruppe 2 oder 3 (Weinart: rot oder rose) gehört und – falls das nicht der Fall ist – das Feld freilässt, kann ein *LEFT OUTER JOIN* aus den Tabellen *artikel* und *artikelugruppe* erzeugt werden:

```
SELECT ArtName, ArtText, BestNr, ArtPreis, ArtUGruppe FROM artikel AS
    A LEFT OUTER JOIN artikelugruppe AS C ON A.ArtUGrNr = C.ArtUGrNr
    AND (C.ArtUGrNr=2 OR C.ArtUGrNr=3)
```

Das folgende Perl-Skript realisiert diese Abfrage unter Verwendung der Routinen des Moduls *db_lib.pm*, wobei hier noch als zusätzliche Bedingung verlangt wird, dass die angezeigten Weine billiger als DM 7 sein sollen:

```
#!C:\PERL\bin\perl.exe -w
# query15.pl  Left Outer Join
use strict;
use db_lib;
my $db="weinladen";
#
print "Content-type: text/html\n\n";
#
my $q="SELECT ArtName AS '3:Produkt',ArtText AS
    '4:Beschreibung',BestNr,ArtPreis AS '5:Preis (DM)', ArtUGruppe AS
    '2:Weinart' FROM artikel AS A LEFT OUTER JOIN artikelugruppe AS C
    ON A.ArtUGrNr=C.ArtUGrNr AND (C.ArtUGrNr=2 OR C.ArtUGrNr=3) WHERE
    ArtPreis < 7";
```

```
#
my $dbh=connect_db($db);
my $sth=query_result($q,$dbh);
tab_out($sth);
print "<br>Datenbankverbindung getrennt" if disconnect_db($dbh);
```

Das Ergebnis dieser Abfrage sehen Sie in der nachstehenden Abbildung:

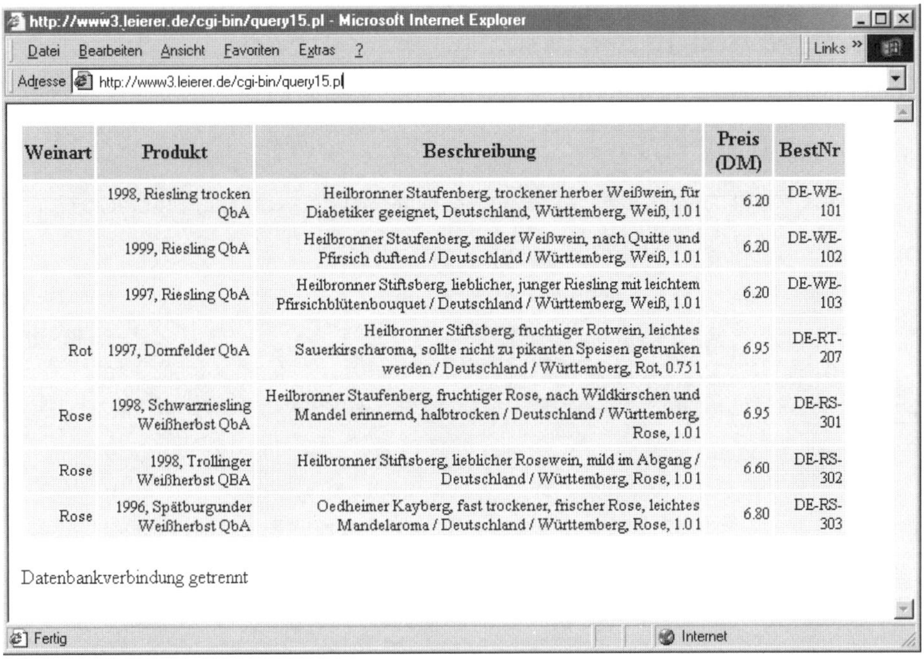

Weinart	Produkt	Beschreibung	Preis (DM)	BestNr
	1998, Riesling trocken QbA	Heilbronner Staufenberg, trockener herber Weißwein, für Diabetiker geeignet, Deutschland, Württemberg, Weiß, 1.0 l	6.20	DE-WE-101
	1999, Riesling QbA	Heilbronner Staufenberg, milder Weißwein, nach Quitte und Pfirsich duftend / Deutschland / Württemberg, Weiß, 1.0 l	6.20	DE-WE-102
	1997, Riesling QbA	Heilbronner Stiftsberg, lieblicher, junger Riesling mit leichtem Pfirsichblütenbouquet / Deutschland / Württemberg, Weiß, 1.0 l	6.20	DE-WE-103
Rot	1997, Dornfelder QbA	Heilbronner Stiftsberg, fruchtiger Rotwein, leichtes Sauerkirscharoma, sollte nicht zu pikanten Speisen getrunken werden / Deutschland / Württemberg, Rot, 0.75 l	6.95	DE-RT-207
Rose	1998, Schwarzriesling Weißherbst QbA	Heilbronner Staufenberg, fruchtiger Rose, nach Wildkirschen und Mandel erinnernd, halbtrocken / Deutschland / Württemberg, Rose, 1.0 l	6.95	DE-RS-301
Rose	1998, Trollinger Weißherbst QBA	Heilbronner Stiftsberg, lieblicher Rosewein, mild im Abgang / Deutschland / Württemberg, Rose, 1.0 l	6.60	DE-RS-302
Rose	1996, Spätburgunder Weißherbst QbA	Oedheimer Kayberg, fast trockener, frischer Rose, leichtes Mandelaroma / Deutschland / Württemberg, Rose, 1.0 l	6.80	DE-RS-303

Datenbankverbindung getrennt

Auswahlabfrage mit LEFT OUTER JOIN

Informationen über Datenbanken und Tabellen

MySQL stellt eine Reihe von Anweisungen zur Verfügung, mit denen Informationen über Datenbanken, Tabellen und Abfragen ermittelt werden können.

Mit dem Befehl *SHOW* können Informationen über Datenbanken und Tabellen angezeigt werden. Im nachfolgenden Kasten sind die verschiedenen Syntaxformen dieses Befehls zusammengestellt:

Syntax von SHOW

- *SHOW DATABASES [LIKE wild]*
- *SHOW TABLES [FROM db_name] [LIKE wild]*
- *SHOW COLUMNS FROM tbl_name [FROM db_name] [LIKE wild]*
- *SHOW INDEX FROM tbl_name [FROM db_name]*
- *SHOW STATUS*
- *SHOW VARIABLES [LIKE wild]*
- *SHOW [FULL] PROCESSLIST*
- *SHOW TABLE STATUS [FROM db_name] [LIKE wild]*
- *SHOW GRANTS FOR user*

Im nachfolgenden Perl-Skript wird der Befehl *SHOW* verwendet, um Informationen über die in den vorausgegangenen Abfragen verwendete Tabelle *artikel* anzuzeigen:

```
#!C:\PERL\bin\perl.exe -w
# query16.pl  Show
use strict;
use db_lib;
my $db="weinladen";
#
print "Content-type: text/html\n\n";
my $q="SHOW COLUMNS FROM artikel";
#
my $dbh=connect_db($db);
my $sth=query_result($q,$dbh);
tab_out($sth);
print "<br>Datenbankverbindung getrennt" if disconnect_db($dbh);
```

Das Skript erzeugt die folgende Ausgabe:

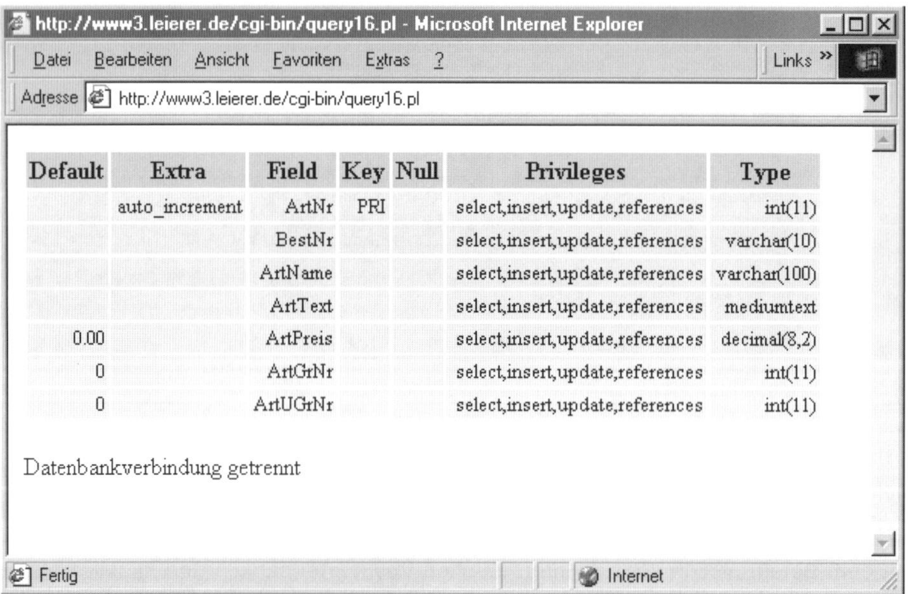

Default	Extra	Field	Key	Null	Privileges	Type
	auto_increment	ArtNr	PRI		select,insert,update,references	int(11)
		BestNr			select,insert,update,references	varchar(10)
		ArtName			select,insert,update,references	varchar(100)
		ArtText			select,insert,update,references	mediumtext
0.00		ArtPreis			select,insert,update,references	decimal(8,2)
0		ArtGrNr			select,insert,update,references	int(11)
0		ArtUGrNr			select,insert,update,references	int(11)

Datenbankverbindung getrennt

Anzeige von Tabelleninformationen mit SHOW

Mithilfe des Befehls *DESCRIBE* können, ähnlich wie mit *SHOW*, Informationen über die Spalten einer Tabelle ermittelt werden. Der Parameter *col_name*, der den Spaltennamen spezifiziert, kann Wildcards enthalten.

Syntax von DESCRIBE
- *{DESCRIBE | DESC} tbl_name {col_name | wild}*

Der Befehl *EXPLAIN* bewirkt eine Ausgabe von Informationen über eine Auswahlabfrage mit *SELECT*, z. B. welche und in welcher Reihenfolge Tabellen ausgelesen werden, und dient zur Optimierung von Abfrageergebnissen.

Syntax von EXPLAIN
- *EXPLAIN tbl_name*
- *EXPLAIN SELECT select_options*

Die erste der im Syntaxschema angegebenen Syntaxformen ist ein Synonym für die Befehle *DESCRIBE tbl_name* oder *SHOW COLUMNS FROM tbl_name*. Wird *EXPLAIN* dagegen entsprechend der zweiten Syntaxform im Zusammenhang mit einer Auswahlabfrage einem *SELECT*-Befehl vorangestellt, liefert der Befehl verschiedene Informationen, die es erlauben, die *SELECT*-Abfrage zu optimieren.

In der nachfolgenden Tabelle sind die von *EXPLAIN* zurückgegebenen Informationen zusammengestellt. Wie effizient eine Abfrage durchgeführt wird, lässt sich vor allem an den Angaben im Feld *rows* abschätzen, da hier die Anzahl der Datensätze angegeben wird, die zur Bearbeitung der Abfrage gelesen werden müssen. Bei mehreren *Tabellen* sind die Werte zu multiplizieren. Bei der Optimierung einer Abfrage wird man, sofern möglich, durch Hinzufügen von Indizes versuchen, diese Werte zu minimieren.

Wert	Bedeutung
table	Die Tabelle, auf die sich die Angaben beziehen.
type	Verbund-Typ. Mögliche Typen mit abnehmender Effizienz sind: *system, const, eq_ref, ref, range, index, ALL*.
possible_keys	Gibt an, welche Indizes für die Abfrage verwendet werden können. Wenn diese Spalte leer ist, sollte überprüft werden, ob in der *WHERE*-Klausel der Abfrage Spalten referenziert werden, die indiziert werden könnten.
key	Gibt an, welcher Schlüssel von MySQL aktuell verwendet wird. *NULL* bedeutet, dass kein Index verwendet wird.
key_len	Gibt die Länge des aktuell verwendeten Schlüssels an.
ref	Gibt an, welche Spalten mit dem Schlüssel verwendet werden, um Datensätze aus der Tabelle auszuwählen.
rows	Gibt an, wie viele Spalten MySQL überprüfen muss, um die Abfrage auszuführen.
Extra	Der Eintrag *Only index* bedeutet, dass zur Bearbeitung der Abfrage nur in Indizes gelesen wird, was bedeutend schneller ist, als in der gesamten Tabelle zu suchen. Der Eintrag *where used* bedeutet, dass eine *WHERE*-Klausel zur Ermittlung des Abfrageergebnisses benutzt wird.

Zusammenstellung der von dem Befehl EXPLAIN zurückgegebenen Informationen

Das folgende Beispiel verwendet den Befehl *EXPLAIN* zur Ausgabe von Informationen über die Auswahlabfrage:

```
EXPLAIN SELECT ArtName, ArtText, BestNr, ArtPreis, ArtGruppe,
ArtUGruppe FROM artikel AS A,
artikelgruppe AS B,
artikelugruppe AS C
WHERE A.ArtGrNr=B.ArtGrNr AND A.ArtUGrNr=C.ArtUGrNr
AND ArtPreis >12
```

Zur Durchführung der Abfrage und zur tabellarischen Ausgabe des Ergebnisses wird das folgende Perl-Skript verwendet:

```
#!C:\PERL\bin\perl.exe -w
# query17.pl  Explain
use strict;
use db_lib;
my $db="weinladen";
#
print "Content-type: text/html\n\n";
```

```
■ my $q="EXPLAIN SELECT ArtName,ArtText,BestNr,ArtPreis,ArtGruppe,
         ArtUGruppe FROM artikel AS A, artikelgruppe AS B,
         artikelugruppe AS C WHERE A.ArtGrNr=B.ArtGrNr AND
         A.ArtUGrNr=C.ArtUGrNr AND ArtPreis >12";
■ #
■ my $dbh=connect_db($db);
■ my $sth=query_result($q,$dbh);
■ tab_out($sth);
■ print "<br>Datenbankverbindung getrennt" if disconnect_db($dbh);
```

Das Skript erzeugt die folgende Ausgabe:

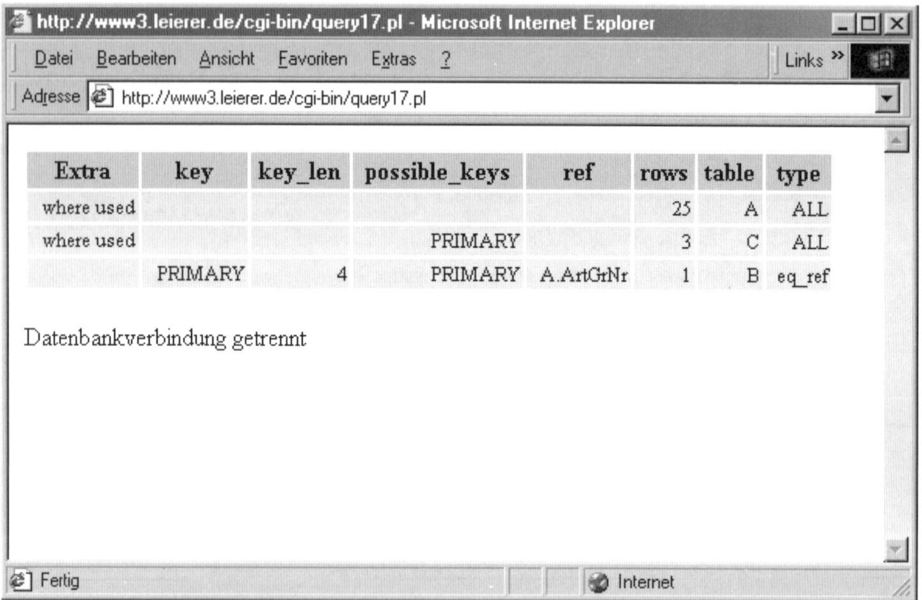

Extra	key	key_len	possible_keys	ref	rows	table	type
where used					25	A	ALL
where used			PRIMARY		3	C	ALL
	PRIMARY	4	PRIMARY	A.ArtGrNr	1	B	eq_ref

Die vom Befehl EXPLAIN ausgegebenen Informationen zur Optimierung einer Abfrage

Festlegen von Optionen

Mithilfe des Befehls *SET* können verschiedene Optionen festgelegt werden. Diese beziehen sich sowohl auf den Client als auch auf den Server. Bei der Benennung des Befehls kann auf das Wort *OPTION* verzichtet werden. In zukünftigen MySQL-Versionen wird der Befehl ausschließlich SET heißen.

Syntax von SET

SET [OPTION] SQL_VALUE_OPTION= value, ...

Die verschiedenen möglichen Optionen sind in der nachfolgenden Tabelle zusammengestellt:

Option	Beschreibung
CHARACTER SET character_ set_name | DEFAULT	Angabe des Charakter-Sets. Die einzige, neben dem Standardzeichensatz (*DEFAULT*) einstellbare Option ist derzeit *cp1251_koi8*.

Option	Beschreibung
PASSWORD = PASSWORD('passwort')	Setzt das Passwort für den momentanen User.
SQL_BIG_TABLES = 0 | 1	Falls aktiviert, werden Tabellen vorrangig auf der Festplatte gespeichert.
SQL_BIG_SELECTS = 0 | 1	Falls aktiviert, werden Auswahlabfragen mit langen Laufzeiten vorzeitig abgebrochen. Der Standardwert ist 0.
SQL_LOW_PRIORITY_ UPDATES = 0 | 1	Falls aktiviert, werden Auswahlabfragen mit *SELECT* mit hoher Priorität vor *INSERT-*, *UPDATE-* und *DELETE*-Befehlen abgearbeitet.
SQL_SELECT_LIMIT = value | DEFAULT	Maximale Zahl von Datensätzen für eine Auswahlabfrage. *DEFAULT* bedeutet keine Begrenzung.
SQL_LOG_OFF = 0 | 1	Falls aktiviert, werden keine Einträge in die Standard-Logdatei geschrieben.
SQL_LOG_UPDATE = 0 | 1	Falls aktiviert, werden Einträge in das Update-Log geschrieben.
TIMESTAMP = timestamp_ value | DEFAULT	Setzt den UNIX-Zeitstempel für den Client.
LAST_INSERT_ID = #	Setzt den Wert, der von der Funktion *LAST_INSERT_ID()* zurückgegeben wird.

Zusammenstellung der Optionen des Befehls SET

Zugangskontrolle zu Datenbankobjekten

Mit den Befehlen *GRANT* und *REVOKE* können die Zugriffsrechte auf die Datenbanken des Datenbankservers gesteuert werden. Mithilfe von *GRANT* werden Rechte erteilt. *REVOKE* hebt vorhandene Rechte wieder auf.

Syntax von GRANT und REVOKE

- *GRANT priv_type [(column_list)] [, priv_type [(column_list)] ...]*
  *ON {tbl_name | * | *.* | db_name.*}*
  TO user_name [IDENTIFIED BY 'password']
  [, user_name [IDENTIFIED BY 'password'] ...]
  [WITH GRANT OPTION]
- *REVOKE priv_type [(column_list)] [, priv_type [(column_list)] ...]*
  *ON {tbl_name | * | *.* | db_name.*}*
  FROM user_name [, user_name ...]

Mithilfe des Befehls *LOCK TABLES* kann eine Tabelle für den Prozess gesperrt werden, der gerade auf die Tabelle zugreift. *UNLOCK TABLES* gibt die Tabelle wieder für andere Prozesse frei. Alle Tabellen, die gesperrt sind, werden automatisch wieder freigegeben, wenn der zugreifende Prozess eine andere Tabelle sperrt oder die Verbindung zum Server löst. Die *READ-* und *WRITE*-Klauseln haben die folgende Bedeutung: Ein *WRITE*-Lock sperrt andere Prozesse für Lese- und Schreibvorgänge, ein *READ*-Lock ermöglicht jedoch anderen Prozessen noch Lesevorgänge.

Syntax von LOCK und UNLOCK TABLES

- *LOCK TABLES tbl_name [AS alias] {READ | [LOW_PRIORITY] WRITE}*
  [, tbl_name {READ | [LOW_PRIORITY] WRITE}.]
- *UNLOCK TABLES*

Systemfunktionen

MySQL stellt eine Reihe von Befehlen zur Steuerung von Systemfunktionen zur Verfügung. Die wichtigsten dieser Befehle sind nachfolgend zusammengestellt:

Syntax von FLUSH
- *FLUSH flush_option [,flush_option]*

Der Befehl *FLUSH* löscht den internen MySQL-Cache. Voraussetzung für die Ausführung von *FLUSH* ist das *RELOAD*-Privileg.

Die möglichen Werte für den erforderlichen Parameter *flush_option* sind in der nachfolgenden Tabelle zusammengestellt:

Parameter	Bedeutung
HOSTS	Leert den Host-Cache.
LOGS	Leert die Logdateien.
PRIVILEGES	Lädt die Berechtigungstabellen neu.
STATUS	Neuinitialisieren der Statusvariablen.
TABLES	Schließt geöffnete Tabellen im Tabellen-Cache.

Mögliche Werte des Parameters flush-option

Mit dem Befehl *KILL* können laufende Prozesse beendet werden. Zum Beenden von Prozessen (mit Ausnahme der eigenen) ist das *PROCESS*-Recht erforderlich.

Syntax von KILL
- *KILL thread_id*

14. Eine E-Commerce-Anwendung mit Perl und MySQL

In den folgenden Abschnitten wird die Entwicklung einer datenbankgestützten Shop-Anwendung unter Verwendung der Datenbank MySQL und einem mit Perl realisierten Webinterface vorgestellt. Der Zugriff auf die MySQL-Datenbank erfolgt mithilfe des CPAN-Moduls *DBI.pm*.

Schwerpunkte des Kapitels

- ER-Modell einer Shop-Anwendung
- Realisation einer Shop-Datenbank
- Die Programmstruktur einer Shop-Anwendung
- Das Webinterface einer Shop-Anwendung

Die Shop-Anwendung, die zunächst unter Windows unter Verwendung von ActivePerl, Version 5.6.0.613, entwickelt wurde, ist ohne Änderung auch unter Linux mit Perl 5.6.0 lauffähig. Je nach der verwendeten Perl-Version ist die *She-Bang*-Zeile in der ersten Zeile der Skripte (z. B. *#!C:\PERL\bin\perl.exe* oder *#!/usr/bin/perl*) entsprechend anzupassen.

14.1 ER-Modell der Shop-Anwendung

Als erster Schritt zur Entwicklung der Shop-Anwendung wird ein ER-Modell erstellt. Was unter einem ER-Modell zu verstehen ist, wurde bereits in Kapitel 13.1.2 (siehe S. 355) dargestellt.

Hierzu werden zunächst alle Entity-Typen, d. h. alle Objekte und Vorgänge des abzubildenden Realitätsausschnitts erfasst.

Die wichtigsten Entitys, mit denen ein Webshop beschrieben werden kann, sind im Kasten rechts zusammengefasst.

Entity-Typen der Shop-Anwendung

- *BESUCHER*
- *KUNDE*
- *ARTIKEL*
- *ARTIKELGRUPPE*
- *ARTIKELUNTERGRUPPE*
- *WAREN IM KORB*
- *BESTELLTE ARTIKEL*
- *AUFTRAG*

Die ersten beiden abgegrenzten Entitys sind der *BESUCHER* und der *KUNDE*. Hier stellt sich zunächst die Frage, wieso zwischen diesen beiden Entitys überhaupt unterschieden wird, obwohl es sich doch offensichtlich um ein und dieselbe Person handelt?

Der Unterschied liegt in den unterschiedlichen Attributen, mit denen beide Entity-Typen beschrieben werden können. Sieht man von der IP-Adresse ab, die ein Webshop-Besucher als unsichtbare Spur hinterlässt, ist von diesem vorläufig nichts weiter bekannt als der Zeitpunkt, zu dem er den Shop betreten hat. Möglicherweise tätigt der Besucher keine Bestellung oder verlässt auch noch vorzeitig während des *Bestellvorgangs* den Webshop, ohne seine Identität preiszugeben, sodass keine weiteren Informationen über ihn bekannt werden.

Tätigt der Webshop-Besucher dagegen eine Bestellung und übermittelt diese auch tatsächlich an den Betreiber des Shops, wird aus dem Besucher ein Kunde. In einem realen Geschäft, etwa einem Möbelgeschäft, ist das im Grunde auch nicht anders. Zum Kunden wird der Besucher des Möbelgeschäfts erst dann, wenn er dort, meistens im Zusammenhang mit einem getätigten Kauf, namentlich bekannt geworden ist und in einer Kundendatei geführt werden kann.

Eine weitere abgrenzbare Einheit in einem Webshop ist der Warenkorb. Da es in diesem Zusammenhang weniger um den Korb selbst als um die in ihm befindlichen Waren geht, bezeichnet man diesen Entity-Typ besser als *WAREN_IM_KORB*.

Diesem Entity-Typ kommen Attribute zu, die auch Entitys des Typs *ARTIKEL* beschreiben, darüber hinaus aber auch noch weitere Attribute, die die Tatsache beschreiben, dass der Artikel vom Kunden ausgewählt und in den Warenkorb gelegt wurde.

Ähnlich verhält es sich mit dem abgrenzbaren Entity-Typ *BESTELLTE ARTIKEL*. Während die Artikel im Warenkorb zwar vom Kunden ausgewählt, aber noch nicht bestellt wurden – die ausgesuchten Waren können ja jederzeit wieder zurückgelegt werden oder der Warenkorb kann insgesamt aufgegeben (verlassen) werden –, kommt den Entitys dieses Typs ein weiteres wesentliches Attribut zu, nämlich vom Kunden tatsächlich bestellt worden zu sein.

Bietet der Webshop, was in aller Regel der Fall ist, einen Katalog mit Produktkategorien an, kommen noch weitere Entity-Typen hinzu, z. B. die Entity-Typen *ARTIKELGRUPPE* und *ARTIKELUNTERGRUPPE*.

Zuordnung von Attributen

Als Nächstes werden die Attribute erfasst, mit denen die einzelnen Entity-Typen beschrieben werden können.

Im Falle der Entity *KUNDE* sind dies beispielsweise die Kunden-Nr., Name, Anschrift (PLZ, Ort, Straße), Verbindungsdaten (Telefon, Fax-E-Mail), Kreditkarten (Kreditkartengesellschaft, Kreditkarten-Nummer, Ablaufdatum) und Bankdaten (Name der Bank, Bankleitzahl, Konto-Nr.).

Attribute des Entity-Typs KUNDE

- Kunden-Nr
- Name
- Anschrift
- Verbindungsdaten (Tel., Fax, E-Mail)
- Kreditkartendaten
- Bankdaten

Attribute des Entity-Typs *BESUCHER* sind die Besucher-Kennung und beispielsweise Datum und Uhrzeit des Besuchs.

Attribute des Entity-Typs BESUCHER

- Kennung
- Datum
- Uhrzeit

Attribute des Entity-Typs *ARTIKEL* sind die Artikelnummer, die Bestellnummer, der Artikelname, die Artikelbeschreibung, der Preis, die Artikelgruppen- und die Artikel-Untergruppen-Nr.

Attribute des Entity-Typs *ARTIKELGRUPPE* sind die Artikelgruppen-Nr. und der Name der Artikelgruppe.

Für den Entity-Typ *ARTIKELUNTERGRUPPE* sind dies die Artikel-Untergruppen-Nr. und der Name der Untergruppe.

Attribute des Entity-Typs *AUFTRAG* sind beispielsweise die Auftragsnummer, das Auftragsdatum, die Kundennummer und die Auftragssumme.

Attribute des Entity-Typs ARTIKEL

- Artikel-Nr.
- Bestell-Nr.
- Artikelname
- Artikel-Beschreibung
- Artikel-Preis
- Artikelgruppen-Nr.
- Artikel-Untergruppen-Nr.

Schwieriger wird es mit dem Entity-Typ *WAREN_IM_KORB*. Ein wesentliches Attribut dieses Entity-Typs ist die Kennnummer des Besuchers, der den Warenkorb führt.

Ein weiteres Attribut, das diesen Entity-Typ kennzeichnet, ist das Datum, an dem die Artikel ausgesucht wurden.

Attribute des Entity-Typs WARENKORB

- ImKorb-Nr.
- Datum
- Besucher-Nr.
- Artikel-Nr.
- Artikel-Menge

Weitere Attribute des Entity-Typs *WAREN_IM_KORB* sind Artikelnummer und Artikelmenge der ausgewählten Artikel. Als Schlüsselattribut könnte zudem noch für jede Ware im Korb eine eindeutige Nummer vergeben werden.

Beziehungen zwischen den Entity-Typen

Nachdem alle Entity-Typen und deren Attribute identifiziert sind, werden die Beziehungen analysiert, die zwischen den einzelnen Entity-Typen bestehen.

Beispielsweise handelt es sich bei der Beziehung zwischen dem Entity-Typ *KUNDE* und dem Entity-Typ *AUFTRAG* um eine 1:n-Beziehung, d. h., ein Kunde vergibt mehrere Aufträge, aber umgekehrt ist ein bestimmter Auftrag immer nur einem ganz bestimmten Kunden zugeordnet.

Ebenso verhält es sich mit der Beziehung zwischen den Entity-Typen *ARTIKELGRUPPE* und *ARTIKEL*. Da viele Artikel zu einer Artikelgruppe gehören, aber ein bestimmter Artikel nur zu einer Artikelgruppe gehören kann, handelt es sich um eine 1:n-Beziehung.

Die einzige 1:1-Beziehung, die in dem konzeptuellen Modell des Webshops auftritt, ist die Beziehung zwischen den Entity-Typen *WAREN_IM_KORB* und *BESTELLTE ARTIKEL*. Sollte sich der Besucher des Webshops dazu entscheiden, zum Kunden zu werden und eine Bestellung abzugeben, wird jeder Artikel im Warenkorb zu einem bestellten Artikel. Einem Entity des Typs *WAREN_IM_KORB* ist also genau ein Entity des Typs *BESTELLTE ARTIKEL* zugeordnet und umgekehrt.

Die einzelnen, in einem Webshop abgegrenzten Entity-Typen und deren Beziehungen können, wie aus der folgenden Abbildung für einige dieser Entity-Typen und deren Beziehungen sehr anschaulich hervorgeht, in ER-Diagrammen dargestellt werden.

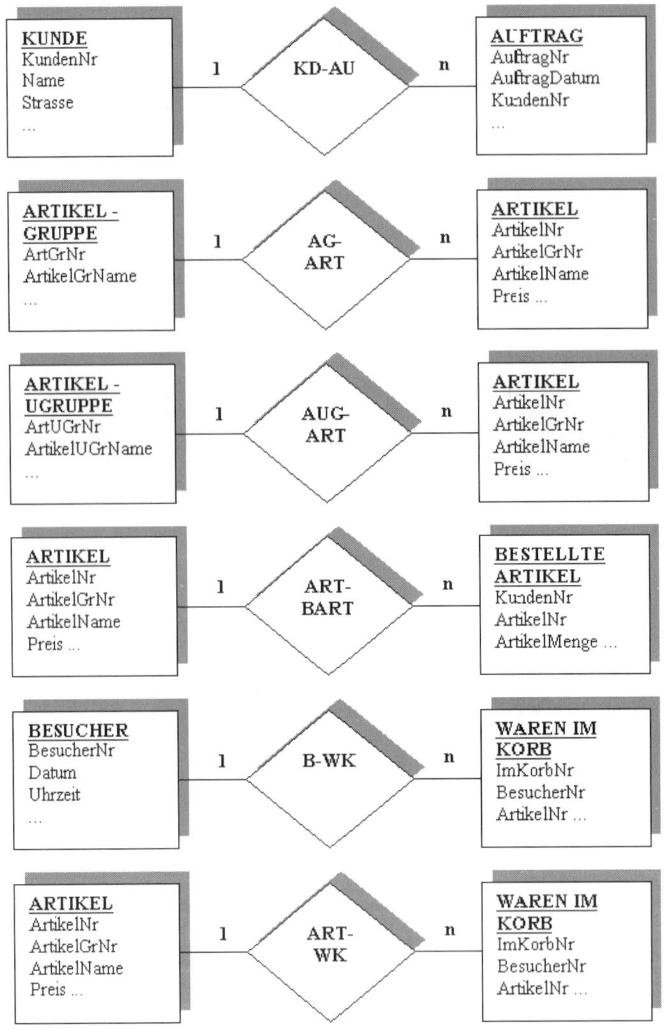

Grafische Darstellung der Beziehungen zwischen den einzelnen Entity-Typen des Webshops

Das konzeptuelle Modell des Webshops im Überblick

Im Anschluss an die Analyse der Einzelbeziehungen zwischen den Entity-Typen werden diese zu einem, das gesamte konzeptuelle Modell des Webshops beschreibenden ER-Diagramm zusammengefügt.

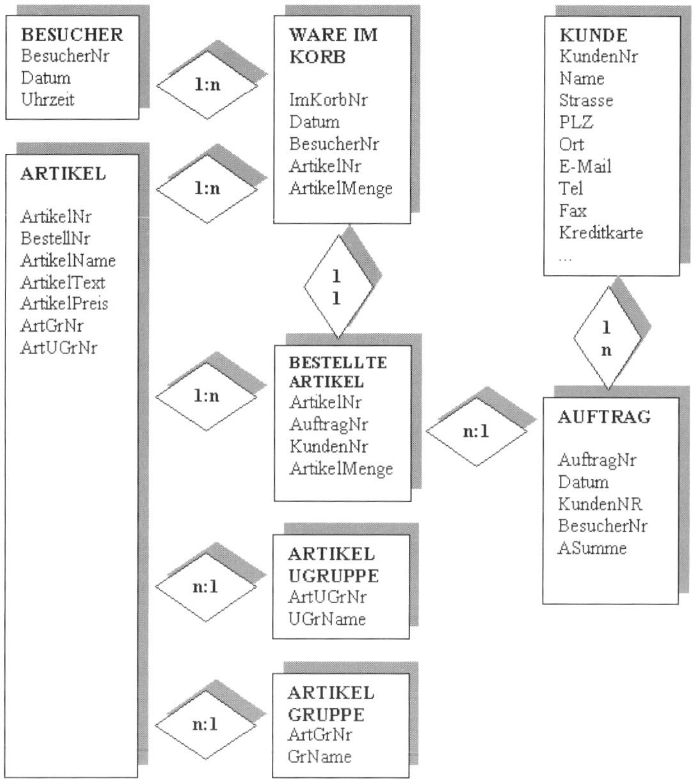

Konzeptuelles Modell des Webshops in ER-Darstellung

14.2 Realisation der Shop-Datenbank

Nachdem die grundsätzlichen Überlegungen zum Design der Shop-Datenbank angestellt wurden, wird aus dem erstellten ER-Modell ein relationales Datenbankmodell entwickelt. Die hierfür erforderliche prinzipielle Vorgehensweise, bei der sämtliche im ER-Modell erfassten Informationen in Form von Relationen modelliert werden, wurde bereits in Kapitel 13.1.3 (siehe S. 357) beschrieben.

Bei der Transformation des ER-Modells in ein relationales Datenbankmodell werden insgesamt acht Tabellen erforderlich, die in der nachfolgenden Übersicht einschließlich der in diesem Modell möglichen Beziehungen dargestellt sind.

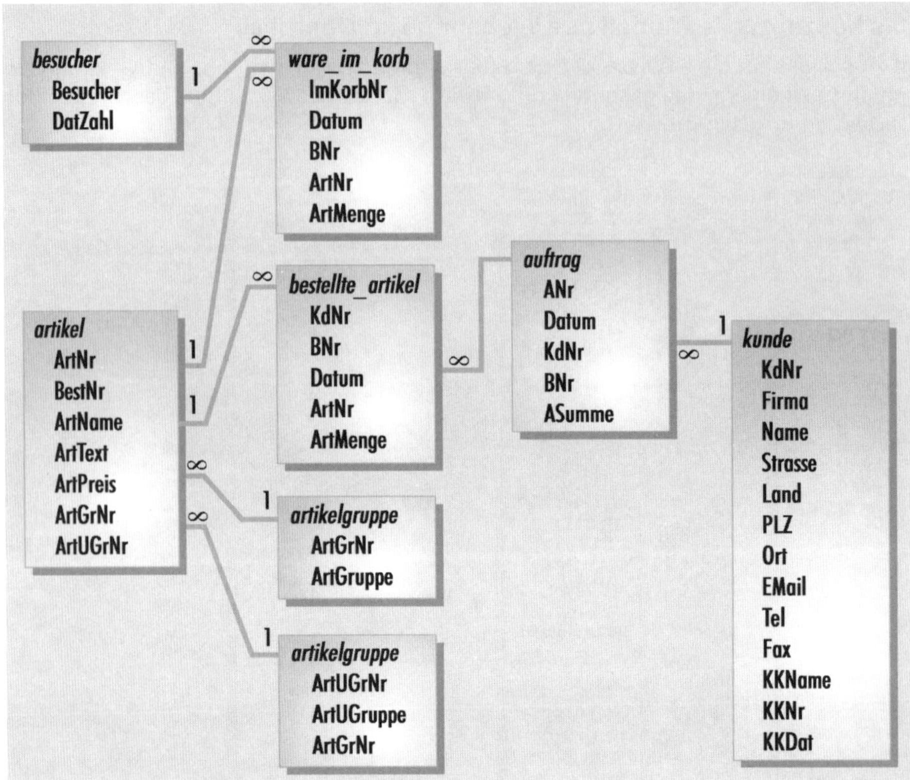

Das Design der Shop-Datenbank

14.2.1 Einrichten der Shop-Datenbank

Um die Shop-Datenbank gemäß dem entwickelten relationalen Datenmodell einzurichten, ist es zunächst erforderlich, auf dem verwendeten Datenbankserver eine neue Datenbank anzulegen. Nachfolgend wird für diese Datenbank, entsprechend dem gewählten Beispiel einer Internetweinhandlung, der Name *weinladen* verwendet.

Falls Sie direkten Zugriff zu dem MySQL-Server haben, erfolgt das Anlegen der Datenbank, wie im Abschnitt „Datenbanken anlegen, auswählen und löschen" (siehe S. 394) beschrieben, mit dem Client *mysql* oder unter Windows mit dem Client *MySqlManager.exe.*

Um die Datenbank auf einem entfernten Server einzurichten, können Sie auch eines der gängigen Webadministrations-Tools für MySQL, z. B. myAdmin oder phpMyAdmin, verwenden.

Anlegen der Tabellen

Die für die Shop-Datenbank erforderlichen Tabellen werden am bequemsten mit einem Perl-Skript angelegt.

Das Skript lädt die in dem Array *@q* abgelegten SQL-Befehle zum Anlegen der erforderlichen Tabellen innerhalb einer *while*-Schleife durch Aufruf der Funktion *do_query()* ab, die von dem Modul *db_lib.pm* zur Verfügung gestellt wird:

```
#!C:\PERL\bin\perl.exe -w
# create_shop.pl Anlegen der Shop-Tabellen
use strict;
use db_lib;
my $db="weinladen";
print "Content-type: text/html\n\n";
#
my @q=(
"CREATE TABLE kunden (
KdNr INT NOT NULL AUTO_INCREMENT PRIMARY KEY,
Firma VARCHAR(50),
Name VARCHAR(50) NOT NULL,
Strasse VARCHAR(50) NOT NULL,
Land CHAR(2) NOT NULL,
PLZ VARCHAR(20) NOT NULL,
Ort VARCHAR(50) NOT NULL,
EMail VARCHAR(50) NOT NULL,
Tel VARCHAR(50),
Fax VARCHAR(50),
Zahlung VARCHAR(50) NOT NULL,
KKName VARCHAR(50),
KKNr VARCHAR(50),
KKDat VARCHAR(50),
Bank VARCHAR(50),
BLZ INT(8),
Konto VARCHAR(10)
)",
"CREATE TABLE warenkorb (
ImKorbNr INT NOT NULL AUTO_INCREMENT PRIMARY KEY,
Datum VARCHAR(50) NOT NULL,
BNr VARCHAR(50) NOT NULL,
ArtNr VARCHAR(25) NOT NULL,
ArtMenge INT(3) NOT NULL
)",
"CREATE TABLE auftrag (
ANr INT NOT NULL AUTO_INCREMENT PRIMARY KEY,
Datum VARCHAR(50) NOT NULL,
KdNr INT NOT NULL,
BNr VARCHAR(50) NOT NULL,
ASumme DECIMAL(8,2) NOT NULL
)",
"CREATE TABLE bestelliste (
KdNr INT NOT NULL,
BNr VARCHAR(50) NOT NULL,
ANr INT NOT NULL,
Datum VARCHAR(50) NOT NULL,
ArtNr INT NOT NULL,
ArtMenge INT NOT NULL,
ArtSumme DECIMAL(8,2) NOT NULL
)",
```

```
"CREATE TABLE besucher (
Besucher VARCHAR(50) NOT NULL,
DatZahl INT(4) NOT NULL
)",
"CREATE TABLE artikel (
ArtNr INT NOT NULL AUTO_INCREMENT PRIMARY KEY,
BestNr VARCHAR(10)  NOT NULL,
ArtName VARCHAR(100) NOT NULL,
ArtText MEDIUMTEXT NOT NULL,
ArtPreis DECIMAL(8,2) NOT NULL,
ArtGrNr  INT NOT NULL,
ArtUGrNr INT NOT NULL
)",
"CREATE TABLE artikelgruppe (
ArtGrNr INT NOT NULL AUTO_INCREMENT PRIMARY KEY,
ArtGruppe VARCHAR(25) NOT NULL
)",
"CREATE TABLE artikelugruppe (
ArtUGrNr INT NOT NULL AUTO_INCREMENT PRIMARY KEY,
ArtUGruppe VARCHAR(25) NOT NULL,
ArtGrNr INT NOT NULL
)"
);
#
my $dbh=connect_db($db);
my $elem;
while ($elem = shift @q) {
  my $res=do_query($elem,$dbh);
  print "Abfrage durchgeführt, betroffene Zeilen: $res<br>";
}
print "<br>Datenbankverbindung getrennt" if disconnect_db($dbh);
```

In der mit dem vorstehenden Skript angelegten Tabelle *kunden* ist die Spalte *KdNr*, die die Kundennummer enthält, der Primärschlüssel. Zusätzlich erhält diese Spalte das Attribut *AUTO_INCREMENT*, d. h., der Inhalt der Felder dieser Spalte wird beim Hinzufügen eines neuen Datensatzes aus dem Eintrag des vorherigen Datensatzes durch Erhöhen um 1 automatisch erzeugt.

Entsprechende Primärschlüssel sind in der Tabelle *warenkorb* die Spalte *ImKorbNr*, in der Tabelle *artikelgruppe* die Spalte *ArtGrNr*, in der Tabelle *artikelugruppe* die Spalte *ArtUGrNr*, in der Tabelle *artikel* die Spalte *ArtNr* und in der Tabelle *auftrag* die Spalte *ANr*. Für verschiedene Spalten der erwähnten Tabellen wird das Attribut *NOT_NULL* vereinbart, d. h., dass in den Feldern der entsprechenden Spalten auf jeden Fall Eingaben erforderlich sind.

14.2.2 Eingabe von Daten in die Shop-Datenbank

Um mit der Shop-Datenbank arbeiten zu können, sind in den Tabellen *artikel*, *artikelgruppe* und *artikelugruppe* einige Datensätze erforderlich. Für die Eingabe eines Testdatensatzes in die Shop-Datenbank ist auf der Buch-CD im Verzeichnis *Shop/Datenbank* das Perl-Skript *insert_data.pl* vorhanden. Dieses Skript führt die zur Eingabe der Testdaten erforderlichen SQL-Befehle unter Verwendung der Routinen des Moduls *db_lib.pm* aus:

```
#!C:\PERL\bin\perl.exe -w
# insert_data.pl Einlesen eines Test-Datensatzes
use strict;
use db_lib;
my $db="weinladen";
print "Content-type: text/html\n\n";
#
my @q=(
"INSERT INTO artikelgruppe (ArtGruppe) VALUES (
  'Deutschland'
)",
"INSERT INTO artikelgruppe (ArtGruppe) VALUES (
  'Frankreich'
)",
"INSERT INTO artikelgruppe (ArtGruppe) VALUES (
  'Italien'
)",
"INSERT INTO artikelgruppe (ArtGruppe) VALUES (
  'Portugal'
)",
"INSERT INTO artikelgruppe (ArtGruppe) VALUES (
  'Australien'
)",
"INSERT INTO artikelugruppe (ArtUGruppe,ArtGrNr) VALUES (
  'Weiss',
  1
)",
"INSERT INTO artikelugruppe (ArtUGruppe,ArtGrNr) VALUES (
  'Rot',
  2
)",
"INSERT INTO artikelugruppe (ArtUGruppe,ArtGrNr) VALUES (
  'Rose',
 3
)",
"INSERT INTO artikel (BestNr, ArtName, ArtText, ArtPreis, ArtGrNr,
       ArtUGrNr) VALUES (
'DE-WE-101',
'1998, Riesling trocken QbA',
'Heilbronner Staufenberg, trockener herber Weißwein, für Diabetiker
        geeignet, Deutschland, Württemberg, Weiß, 1.0 l',
6.20,
1,
1
)",
"INSERT INTO artikel (BestNr, ArtName, ArtText, ArtPreis, ArtGrNr,
        ArtUGrNr) VALUES (
'DE-WE-102',
'1999, Riesling QbA',
'Heilbronner Staufenberg, milder Weißwein, nach Quitte und Pfirsich
        duftend / Deutschland / Württemberg, Weiß, 1.0 l',
6.20,
1,
1
)",
```

```
# usw ....
);
# Ende Daten
my $dbh=connect_db($db);
my $elem;
while ($elem = shift @q) {
  my $res=do_query($elem,$dbh);
  print "Abfrage durchgeführt, betroffene Zeilen: $res<br>";
}
print "<br>Datenbankverbindung getrennt" if disconnect_db($dbh);
```

Nachdem Sie diese Vorarbeiten erledigt haben, sollte auf Ihrem MySQL-Datenbankserver eine Datenbank *weinladen* mit den in der nachstehenden Abbildung angezeigten Tabellen vorhanden sein.

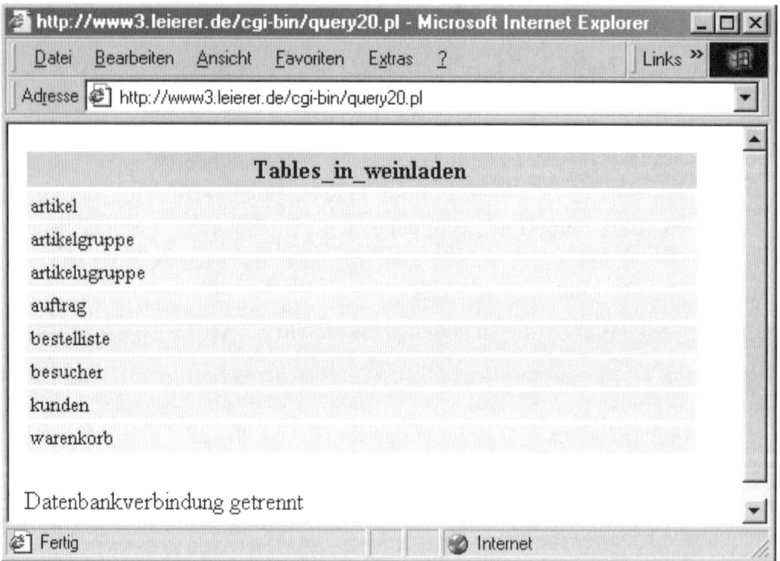

Tabellen der Datenbank weinladen

Die Struktur dieser Tabellen können Sie sich mit dem folgenden Skript ausgeben lassen:

```
#!C:\PERL\bin\perl.exe -w
# query19.pl  Struktur der Shop-Tabellen
use strict;
use db_lib;
my $db="weinladen";
#
print "Content-type: text/html\n\n";
my @q=(
"SHOW COLUMNS FROM artikel",
"SHOW COLUMNS FROM artikelgruppe",
"SHOW COLUMNS FROM artikelugruppe",
"SHOW COLUMNS FROM warenkorb",
"SHOW COLUMNS FROM besucher",
"SHOW COLUMNS FROM kunden",
"SHOW COLUMNS FROM bestellung",
```

```
"SHOW COLUMNS FROM auftrag");
my $dbh=connect_db($db);
my $elem;
while ($elem = shift @q) {
  my $sth=query_result($elem,$dbh);
  print "<br>";
  print "$elem<br>";
  tab_out($sth);
}
print "<br>Datenbankverbindung getrennt" if disconnect_db($dbh);
```

Das Skript erzeugt die nachfolgende Ausgabe:

SHOW COLUMNS FROM artikel

Default	Extra	Field	Key	Null	Privileges	Type
	auto_increment	ArtNr	PRI		select,insert,update,references	int(11)
		BestNr			select,insert,update,references	varchar(10)
		ArtName			select,insert,update,references	varchar(100)
		ArtText			select,insert,update,references	mediumtext
0.00		ArtPreis			select,insert,update,references	decimal(8,2)
0		ArtGrNr			select,insert,update,references	int(11)
0		ArtUGrNr			select,insert,update,references	int(11)

SHOW COLUMNS FROM artikelgruppe

Default	Extra	Field	Key	Null	Privileges	Type
	auto_increment	ArtGrNr	PRI		select,insert,update,references	int(11)
		ArtGruppe			select,insert,update,references	varchar(25)

SHOW COLUMNS FROM artikelugruppe

Default	Extra	Field	Key	Null	Privileges	Type
	auto_increment	ArtUGrNr	PRI		select,insert,update,references	int(11)
		ArtUGruppe			select,insert,update,references	varchar(25)
0		ArtGrNr			select,insert,update,references	int(11)

SHOW COLUMNS FROM warenkorb

Default	Extra	Field	Key	Null	Privileges	Type
	auto_increment	ImKorbNr	PRI		select,insert,update,references	int(11)
		Datum			select,insert,update,references	varchar(50)
		BNr			select,insert,update,references	varchar(50)
		ArtNr			select,insert,update,references	varchar(25)
0		ArtMenge			select,insert,update,references	int(3)

SHOW COLUMNS FROM besucher

Default	Extra	Field	Key	Null	Privileges	Type
		Besucher			select,insert,update,references	varchar(50)
0		DatZahl			select,insert,update,references	int(4)

SHOW COLUMNS FROM kunden

Default	Extra	Field	Key	Null	Privileges	Type
	auto_increment	KdNr	PRI		select,insert,update,references	int(11)
		Firma		YES	select,insert,update,references	varchar(50)
		Name			select,insert,update,references	varchar(50)
		Strasse			select,insert,update,references	varchar(50)
		Land			select,insert,update,references	char(2)
		PLZ			select,insert,update,references	varchar(20)
		Ort			select,insert,update,references	varchar(50)
		EMail			select,insert,update,references	varchar(50)
		Tel		YES	select,insert,update,references	varchar(50)
		Fax		YES	select,insert,update,references	varchar(50)
		Zahlung			select,insert,update,references	varchar(50)
		KKName		YES	select,insert,update,references	varchar(50)
		KKNr		YES	select,insert,update,references	varchar(50)
		KKDat		YES	select,insert,update,references	varchar(50)
		Bank		YES	select,insert,update,references	varchar(50)
		BLZ		YES	select,insert,update,references	int(8)
		Konto		YES	select,insert,update,references	varchar(10)

14.3 Die Struktur der Shop-Anwendung

Die Webshop-Anwendung wird durch eine Reihe von Skripten realisiert, deren Funktion in den nachfolgenden Abschnitten erläutert wird und deren struktureller Zusammenhang in der nachfolgenden Übersicht dargestellt ist.

Die Perl-Skripte sind in dieser Übersicht als Rechtecke, die Verbindung zwischen den Skripten durch entsprechende Pfeile dargestellt.

Die einzelnen Skripte greifen auf Tabellen der dem Webshop zugrunde liegenden Datenbank zu, die in der Übersicht ebenfalls dargestellt sind. Die verwendeten Abkürzungen sind im nebenstehenden Kasten erläutert.

Bedeutung der Abkürzungen

- ID: Tabelle *besucher*
- A: Tabelle *artikel*
- AG: Tabelle *Artikelgruppe*
- UG: Tabelle *artugruppe*
- KO: Tabelle *warenkorb*
- KU: Tabelle *kunde*
- AU: Tabelle *auftrag*
- BL: Tabelle *bestellte_artikel*

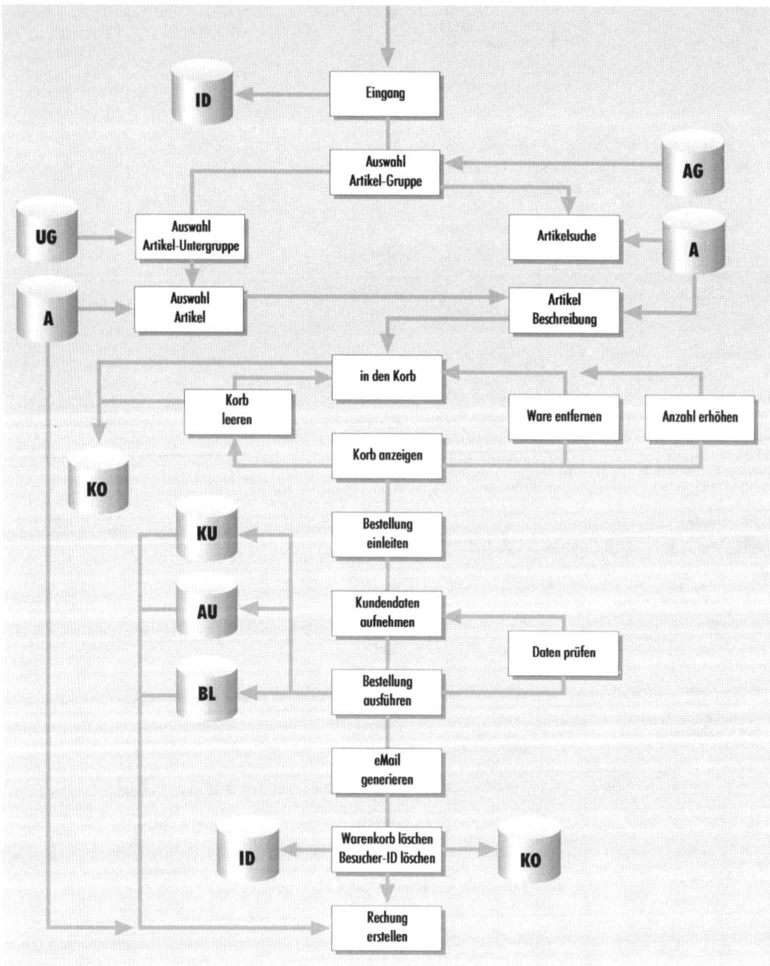

Die Programmstruktur des Webshops

14.3.1 Das Session-Management der Shop-Anwendung

Da es sich bei HTTP um ein verbindungsloses Protokoll handelt, was bedeutet, dass Server und Client nach jedem Kommando den Prozess beenden und im weiteren Verlauf des Kommunikationsprozesses für jedes weitere Kommando einen erneuten Prozess starten, wobei zwischen verschiedenen Anfragen desselben Clients keine Beziehung besteht, ergibt sich die Notwendigkeit einer Session-Verwaltung.

Das bedeutet, dass bei der Realisation einer umfangreicheren Webanwendung, innerhalb derer sich der Client auf mehreren, vom HTTP-Server angeforderten Seiten bewegt, durch geeignete Maßnahmen dafür gesorgt werden muss, dass *unterschiedliche* Anfragen desselben Clients über einen gewissen Zeitraum hinweg miteinander in Beziehung gesetzt werden und der Zustand von Variablen erhalten bleibt.

Im Wesentlichen geht es also darum, den Zustand von Variablen so zu sichern und weiterzugeben, dass sie bei einem späteren Aufruf desselben Skripts und in den von diesem Skript aufgerufenen weiteren Skripten weiterverwendet werden können.

Hierzu kommen verschiedene Möglichkeiten in Frage:

- Weitergabe der Zustandsinformation im URL-Pfad mittels *PATH_INFO*
- Weitergabe der Zustandsinformation im Query-String des URL
- Weitergabe der Zustandsinformation durch versteckte Eingabefelder (Hidden-Felder) eines Formulars
- Clientseitiges Abspeichern von Zustandsinformationen in Cookies
- Serverseitiges Abspeichern von Zustandsinformationen einer Datenbank in Verbindung mit Client-seitiger Speicherung einer zugehörigen Kennung mittels Cookies

Eine weitere Methode der Zustandserhaltung, die die oben erwähnten Techniken integriert, kann mithilfe des CPAN-Moduls *Apache::Session* realisiert werden.

Ein auf dem Modul *Apache::Session* basierendes Session-Management wurde in Kapitel 10.3 beispielhaft dargestellt und dürfte vor allem für professionelle Anwendungen eine ausgesprochen tragfähige Lösung darstellen. Hierbei wird von dem Modul *HTML::Embperl* in Zusammenarbeit mit dem Modul *Apache::Session* automatisch die für die Behandlung von Sessions erforderliche Session-ID erstellt. Zur Client-seitigen Zustandserfassung werden Cookies verwendet. Die serverseitige Speicherung der Anwender- und Seitendaten kann im einfachsten Fall in einer Textdatei, aber auch in einer serverseitigen Datenbanktabelle erfolgen. Im letzteren Fall kann die serverseitige Datenhaltung unter Verwendung von *Apache::Session::DBIStore* z. B. in einer MySQL-Tabelle erfolgen.

In der vorliegenden Shop-Anwendung wird auf die Kombination einer Datenbanklösung mit einer Cookie-Lösung zurückgegriffen. Die für jeden Shop-Besucher generierte, einmalige und diesen identifizierende Benutzerkennung, die zwischen den einzelnen Seiten im Query-String des diese Seiten referenzierenden URI transportiert wird, wird in der Shop-Datenbank auf dem MySQL-Datenbankserver verwaltet und bei entsprechender Konfiguration – und wenn der Client dies erlaubt – zusätzlich als Cookie auf dem Rechner des Clients abgespeichert.

14.3.2 Die Datenbankschnittstelle der Shop-Anwendung

Die Datenbankschnittstelle des Shop-Systems wird durch das in Kapitel 13.2 (siehe S. 370) beschriebene Modul *db_lib.pm* realisiert.

Die in den nachfolgenden Abschnitten beschriebenen Skripte weisen bezüglich des Datenbank-Handlings einen einheitlichen Aufbau auf.

Zunächst wird das Modul *db_lib.pm* mittels *use* eingebunden. Das Modul exportiert die Subroutinen *connect_db()*, *disconnect_db()*, *query_result()*, *tab_out()* und *do_query()*.

```
use db_lib;
```

Mithilfe der Subroutine *connect_db()* wird die Verbindung zum Datenbankserver hergestellt. Die Variable *$globs::db*, die den Namen der zu öffnenden Datenbank angibt, ist in der Datei *my_data.pl* festgelegt.

```
$dbh=connect_db($globs::db);
```

Durchzuführende Abfragen werden einer String-Variablen *$qry* zugewiesen, z. B.:

```
$qry="SELECT * FROM kunden WHERE KdNr='$KID'";
```

Zur Durchführung einer Auswahlabfrage mit Ergebnismenge wird die Subroutine *query_result()* aufgerufen. Dieser Funktion werden die Variable *$qry* mit dem durchzuführenden SQL-Statement sowie ein gültiges Datenbank-Handle *$dbh* als Parameter übergeben. Der Rückgabewert dieser Funktion ist ein Statement-Handle *$sth*, das zur Gewinnung der Ergebnismenge benötigt wird.

```
$sth=query_result($qry,$dbh);
```

Mithilfe der Methode *fetchrow_hashref* eines Statement-Handles *$sth* wird ein Datensatz einer durchgeführten Abfrage eingelesen. Der Rückgabewert dieser Methode ist eine Referenz auf einen Hash, der aus Wertepaaren mit Feldname und Feldwert der Datenbankfelder des eingelesenen Datensatzes besteht.

```
my $href = $sth->fetchrow_hashref
```

Auf den Wert eines Datenbankfelds kann dann z. B. mit den folgenden Anweisungen zugegriffen werden:

```
%hash =  %$href;
print $hash{ArtGrNr};
```

Die Generierung von dynamischen Ausgaben aller Datensätze einer durchgeführten Abfrage erfolgt in der Regel innerhalb eines verschachtelten Konstrukts von *while*- und *foreach*-Schleife gemäß dem folgenden Schema:

```
while (my $href = $sth->fetchrow_hashref) {
%hash =  %$href;
@keys =sort (keys %hash);
```

```
foreach $key (@keys) {
      $value = $hash{$key};
      print $value;
  }
}
```

Gesteuert durch die äußere *while*-Schleife werden dabei alle Datensätze einer durchgeführten Abfrage der Reihe nach eingelesen. Die jeweils zurückgegebene Hash-Referenz wird dereferenziert und dem Ergebnis-Hash %hash zugewiesen.

Die Schlüssel dieses Hashs können mittels der Funktion *keys* sortiert und einem Array *@keys* zugewiesen werden.

Die innere *foreach*-Schleife dient dem Zugriff auf die einzelnen Datenbankfelder eines Datensatzes. Hierzu werden dann die im Array *@keys* vorhandenen sortierten Schlüssel des Ergebnis-Hashs *%hash* verwendet.

Änderungsabfragen ohne Ergebnismenge, also z. B. Aktualisierungen von Tabellen oder Löschen von Datensätzen, werden durch Aufruf der Subroutine *do_query()* ausgeführt. Diese Subroutine gibt als Rückgabewert die Anzahl der von der Änderungsabfrage betroffenen Datensätze zurück.

```
$res=do_query($qry,$dbh);
```

Wenn alle Datenbankoperationen erledigt sind, wird die Verbindung zum Datenbankserver durch Aufruf der Subroutine *disconnect_db()* mit dem aktuellen Datenbank-Handle als Übergabeparameter getrennt.

```
disconnect_db($dbh);
```

Da die hier sowie in Kapitel 13.2 (siehe S. 370) beschriebenen Datenbankzugriffsmethoden in fast allen, in den nachfolgenen Abschnitten beschriebenen Shop-Skripten zum Einsatz kommen, werden sie dort nicht mehr gesondert erläutert.

14.4 Das Webinterface der Shop-Anwendung

Der Webshop arbeitet mit einem datenbankgestützten Session-Management, d. h., die im Verlauf der über mehrere Seiten hinweg verlaufenden Benutzertransaktion generierten Daten werden auf dem MySQL-Datenbankserver verwaltet, wobei die den Benutzer identifizierende Kennung zwischen den einzelnen Seiten der Anwendung im Query-String des die Seite referenzierenden URI übertragen wird.

14.4.1 Die Konfiguration des Shop-Systems

Die Konfiguration des Shop-Systems erfolgt in der Datei *my_data.pl*. Diese Datei wird in allen anderen Shop-Skripten mithilfe einer *require()*-Anweisung eingebunden:

```
require "my_data.pl";
```

In der Datei *my_data.pl* sind sämtliche Angaben zum Shop, die auch in der Kopfzeile der Shop-Seiten erscheinen, festzulegen. Des Weiteren müssen hier die Verbindungsdaten zum MySQL-Server sowie das Veröffentlichungsverzeichnis des Webservers angegeben werden.

In der Datei wird mit der Anweisung

```
package globs;
```

ein eigener Namensraum *globs* vereinbart. Auf die in der Datei *my_data.pl* festgelegten Variablen kann dann z. B. mit:

```
$globs::SQL_User
```

zugegriffen werden.

Die Variable *$keep* bezieht sich auf die Behandlung des Warenkorbs. Falls *$keep* auf FALSE gesetzt wird (Standardeinstellung), wird der Inhalt des Warenkorbs nach jedem Verlassen des Shop-Systems gelöscht, egal ob eine Bestellung erfolgt ist oder nicht. Wenn *$keep* auf TRUE gesetzt ist, wird der Inhalt des Warenkorbs für *$keep_time* Tage vorgehalten, wenn das Shop-System mit einem gefüllten Warenkorb, aber ohne eine entsprechende Bestellung zu tätigen, verlassen wurde.

```
# my_data.pl
# Initialisierungsdatei
#
package globs;
 $Firma ="WeinLaden";
 $Strasse="Teststrasse 1";
 $Ort    ="Teststadt";
 $Land   ="D";
 $PLZ     ="91500";
 $Tel   ="08844-8181";
 $HTTP     ="www.weinladen.de/";
 $EMail   ="info\@weinladen.de";
 $MWS = 16 / 100;

# Verbindungsdaten
$SQL_Driver = "mysql";
$SQL_Host="localhost";
$SQL_User="root";
$SQL_Passw="";
$db="weinladen";
$Server="www3.leierer.de";

# Warenkorb
 #$keep = FALSE;       #Warenkorb wird bei Verlassen gelöscht
 $keep = TRUE;        #Zustandserhaltung des Warenkorbs mit Cookies
 $keep_time=1;        #Dauer der Erhaltung des Warenkorbs in Tagen
 $cookie_exp='+1d';   #Gültigkeit der Cookies für Session-Verwaltung

# Pfade
  $Basis_R="/perl-shop";        #rel. Pfad zum Skriptverzeichnis
```

```
$Basis_B="/weinshop/bilder"; #Verzeichnis für Produkt-Abbildungen
$ap_base="/";        #Verz f. Java-Applets (Hover-Schaltflächen)

# Farben
$Chbl="#6699FF";
$Cdbl="#0000A0";
$blk="#000000";
$red="#FF0000";
1;
```

14.4.2 Das Shop-Menü

Das Shop-Menü wird durch die Funktion *ShopMenue()* realisiert. Im einfachsten Fall handelt es sich hierbei um eine Hyperlink-Lösung mit Bitmaps entsprechend dem nachfolgenden Listing:

```
# Shop-Menü mit Bitmaps
sub ShopMenue {
my $Kennung = $_[0];
print "<a href='$globs::Basis_R/eingang.pl?Kennung=$Kennung'>
       <img border='0' src='$globs::Basis_B/katalog.bmp'></a>";
print "<a href='$globs::Basis_R/korb_inhalt.pl?Kennung=$Kennung'>
       <img border='0' src='$globs::Basis_B/warenkorb.bmp'></a>";
print "<a href='$globs::Basis_R/bestellen.pl?Kennung=$Kennung'>
       <img border='0' src='$globs::Basis_B/bestellung.bmp'></a>";
print "<a href='$globs::Basis_R/eingang.pl?Kennung=$Kennung'>
       <img border='0' src='$globs::Basis_B/eingang.bmp'></a>";
print "<a href='$globs::Basis_R/ausgang.pl?Kennung=$Kennung'>
       <img border='0' src='$globs::Basis_B/ausgang.bmp'></a>";
print "<p><br></p>";
}
```

Der Funktion wird die Variable *$Kennung* mit der aktuellen Benutzerkennung übergeben. Die Benutzerkennung wird zur Formulierung der entsprechenden Links des Menüsystems benötigt. Die Bitmaps für die Menüeinträge werden in dem durch die Variable *$globs::Basis_B* relativ zum Veröffentlichungsverzeichnis Ihres Webservers festgelegten Verzeichnis erwartet. Der Inhalt dieser Variablen ist in der Datei *my_data.pl* festgelegt.

Sofern die Klassen *fphover.class* und *fphoverx.class* zur Verfügung stehen – diese sind Bestandteil von MS-FrontPage –, kann unter Verwendung des entsprechenden Java-Applets auch eine optisch anspruchsvollere Lösung gewählt werden.

Das folgende Listing zeigt die entsprechende Lösung. Sicherlich sind für das Shop-Menü auch noch andere Lösungen denkbar, die entsprechend den eigenen Vorstellungen gestaltet werden können.

```
# Shop-Menü mit Hover-Schaltflächen
sub ShopMenue {
  my $Kennung = $_[0];
```

```
my ($elem, $key);
my %item_arr =
 ("Katalog"=>"eingang.pl",
 "Warenkorb"=>"korb_inhalt.pl",
 "Bestellung"=>"bestellen.pl",
 "Eingang"=>"eingang.pl",
 "Ausgang"=>"ausgang.pl");

 foreach $key (keys %item_arr) {
    my $elem = $item_arr{$key};
    hover($elem,$key,$Kennung);
 }
 print "<p>";
}
sub hover {
  my $link= $_[0];
  my $item= $_[1];
  my $Kennung= $_[2];

print "<applet code='fphover.class' codebase='$globs::ap_base'
       width='120' height='24'><param name='color' value='#FFE000'>
  <param name='hovercolor' value='#FF2000'>
  <param name='textcolor' value='#000000'>
  <param name='text' value=$item>
  <param name='effect' value='glow'>
  <param name='url' valuetype='ref' value=\"$globs::Basis_R/
        $link?Kennung=$Kennung\">
  <param name='target' value='_self'>
</applet>";
}
```

Beide beschriebenen Funktionen werden von dem Modul *shop_lib.pm* exportiert. Jeweils die Funktion mit dem Namen *ShopMenue()* wird von den übrigen Shop-Skripten aufgerufen, d. h., Sie müssen der Funktion, mit der Sie arbeiten wollen, den Namen *ShopMenue()* geben. Wenn Sie mit der Hover-Lösung arbeiten wollen, müssen sich die beiden Java-Klassen *fphover.class* und *fphoverx.class* in Ihrem Shop-Verzeichnis befinden.

Wenn Sie mit der Bitmap-Lösung arbeiten wollen, werden die erforderlichen Bitmaps *eingang.bmp, ausgang.bmp, warenkorb.bmp, bestellung.bmp* und *katalog.bmp* im Unterverzeichnis *../bilder* Ihres Shop-Verzeichnisses erwartet.

14.4.3 Realisation des Session-Managements

Das Skript *eingang.pl* steuert das im Shop realisierte Session-Management. Die zentrale Funktion dieses Skripts ist die Funktion *get_id(),* die für die Vergabe und das Abspeichern der Benutzerkennung in der Datenbank des Servers und eventuell für das Setzen eines Cookies auf dem Client-Rechner verantwortlich ist. Die Funktion wird von dem Modul *shop_lib.pm* exportiert, das eine Reihe von Hilfsfunktionen für das Shop-System enthält.

Das prinzipielle Ablaufschema der Funktion *get_id()* ist in der Abbildung dargestellt.

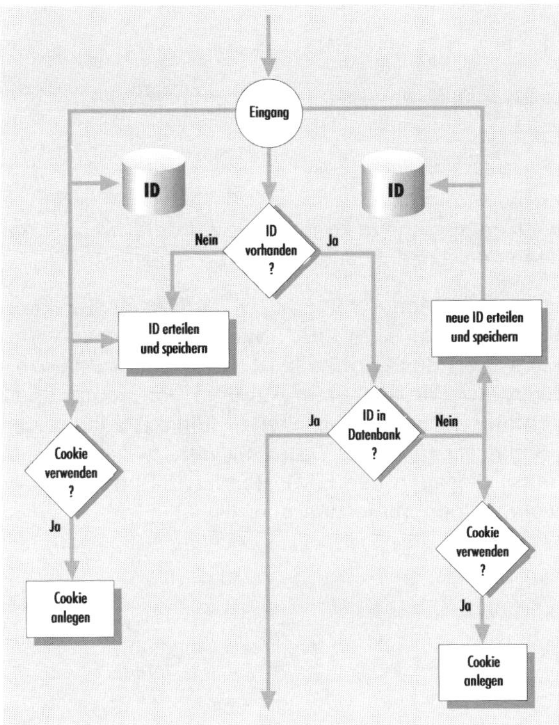

Vergabe der Benutzer-ID durch die Funktion get_id()

Zunächst wird geprüft, ob der Besucher schon eine Kennung hat. Dies könnte zum Beispiel der Fall sein, wenn bei einem vormaligen Shop-Besuch ein Warenkorb aufgegeben wurde, ohne eine Bestellung zu tätigen. Wenn dies nicht der Fall ist, wird eine neue Benutzerkennung sowie ein dazugehöriges Datum im Format „Tage seit Jahresbeginn“ erzeugt und in der Tabelle *besucher* abgespeichert. Die Benutzerkennung wird mithilfe der Funktion *make_id()* erzeugt, die vom Modul *shop_lib.pm* zur Verfügung gestellt wird.

```
sub make_id() {
  my($id, $md5, $rand, $digest);
  $md5 = new MD5;
  $md5->add(int(rand(time())));
  $id = unpack("H*", $md5->digest());
  return $id;
}
```

In dieser Funktion wird die Kennung unter Verwendung des CPAN-Moduls *MD5* mithilfe des MD5 Message-Digest-Algorithmus, der eine von der aktuellen Systemzeit getriggerte Zufallszahl als Basis verwendet, berechnet.

Das Datum wird von der Funktion *doy()* erzeugt. Diese wird ebenfalls von dem Modul *shop_lib.pm* exportiert und gibt die Nummer des Tags im Jahr zurück.

```
sub doy() {
 (my $day, my $month, my $year) = (localtime)[3,4,5];
 my $y= $year+1900;
 my $m= $month+1;
 my $d= $day;
 my $doy= Day_of_Year($y,$m,$d);
}
```

Falls der Shop über die Variable *$keep* entsprechend konfiguriert wurde, wird auf dem Client-Rechner zusätzlich ein Cookie mit der Lebensdauer *$keep_time* gesetzt.

Für die Erzeugung des Cookies ist die im Modul *shop_lib.pm* enthaltene Funktion *make_cookie()* zuständig. Diese arbeitet mit der vom CPAN-Modul *CGI.pm* zur Verfügung gestellten Funktion *Cookie()*. Als Wert des Cookies wird die erzeugte Benutzerkennung *$id* abgespeichert. Diese wird der Funktion beim Aufruf als Parameter übergeben. Ein weiterer Übergabeparameter ist die vorgesehene Gültigkeitsdauer des Cookies, die als globale Variable *$cookie_exp* in der Datei *my_data.pl* definiert ist. Damit das Cookie wirksam wird, muss dieses in den HTTP-Header, z. B. mithilfe der Methode *redirect()* des Moduls *CGI.pm*, aufgenommen werden.

```
sub make_cookie() {
my $id = $_[0];
my $exp = $_[1];
my $cook = new CGI::Cookie(
         -name => "C_ID",
         -value => $id,
         -expires=>$exp);
return $cook;
}
```

Das Shop-System funktioniert zwar prinzipiell ohne Cookies, falls der Client jedoch Cookies erlaubt, ergibt sich darüber hinaus für ihn die Möglichkeit, dass er einen vorzeitig verlassenen Warenkorb bei einem erneuten Besuch wieder vorfindet.

Nachdem eine Kennung erteilt und in der Tabelle *besucher* abgespeichert wurde, erfolgt ein erneuter Durchgang durch die Kennungsprüfung, die aber jetzt zu dem Ergebnis führt, dass eine Kennung vorhanden ist. Im Falle einer bei dieser Prüfung erkannten Kennung wird als Nächstes geprüft, ob diese schon in der Tabelle *besucher* erfasst ist. Falls dies nicht der Fall ist, war die Kennung ungültig und eine neue – sowie gegebenenfalls verbunden mit dem Setzen eines Cookies – wird erteilt.

Falls die Benutzerkennung in der Tabelle *besucher* gefunden wurde, kann der Client die Eingangstür des Shops passieren und wird zum Skript *auswahl_gruppe.pl* weitergeleitet, das für die Auswahl der Artikelgruppe zuständig ist. Hier zunächst der Code der Funktion *get_id()*:

```
# Benutzerkennung verwalten
sub get_id
{
  my (%hash, $anz, $DatumZ);
  my $id = $_[0];
  my $dbh = $_[1];
```

```
my $q = $_[2];
my $cookie;
my ($sth, $res,$qry);
#
$anz=0;
if ($id) {
   $qry="SELECT * FROM besucher WHERE  Besucher='$id'";
   $sth=query_result($qry,$dbh);
   while (my $href = $sth->fetchrow_hashref) {
      %hash =  %$href;
      $anz++;
   }
   if ($anz == 0) {
      $id=make_id();
      if ($globs::keep) {
        $cookie = make_cookie($id,$globs::cookie_exp);
      }
      $DatumZ=doy();
      $qry="INSERT INTO besucher VALUES ('$id','$DatumZ')";
      $res=do_query($qry,$dbh);
print $q->redirect(-cookie=>$cookie,-uri=>"$ENV{SCRIPT_NAME}?
      Kennung=$id");
      }
 }
 if (!$id) {
    $id=make_id();
    if ($globs::keep) {
      $cookie = make_cookie($id,$globs::cookie_exp);
    }
    $DatumZ=doy();
    $qry="INSERT INTO besucher VALUES ('$id','$DatumZ')";
    $res=do_query($qry,$dbh);
print
$q->redirect(-cookie=>$cookie,-uri=>"$ENV{SCRIPT_NAME}?Kennung=$id");
 }
 return $id;
}
```

Im Skript *eingang.pl* wird zunächst anhand der Einträge im Datenbankfeld *DatZahl* geprüft, ob sich in der Tabelle *besucher* Benutzerkennungen befinden, die älter sind, als dies durch die Variable *$keep_time* vorgegeben ist. Sofern dies der Fall ist, werden die Kennungen gelöscht. Hierzu dient das folgende SQL-Kommando:

```
DELETE FROM besucher
WHERE DatZahl < $heute-$globs::keep_time
```

In entsprechender Weise erfolgt dies mit den Einträgen in der Tabelle *warenkorb*. Hierzu werden zunächst alle Datensätze der Tabelle gelesen und, falls das Datum eines Eintrags älter ist als durch die Variable *$keep_time* vorgegeben, ebenso wie zuvor bei den Einträgen in der Tabelle *besucher* gelöscht:

```
$qry="SELECT ImKorbNr,Datum FROM warenkorb";
$sth=query_result($qry,$dbh);
```

```
while (my $href = $sth->fetchrow_hashref) {
  %hash =  %$href;
  my $WImKorbNr=$hash{ImKorbNr};
  my $WDatum=$hash{Datum};
  if ($WDatum < $heute-$globs::keep_time) {
      $qry="DELETE FROM warenkorb WHERE ImKorbNr = $WImKorbNr";
      $res=do_query($qry,$dbh);
  }
}
```

Im Anschluss daran wird geprüft, ob auf dem Client-Rechner ein Cookie mit einer Benutzerkennung vorhanden ist, und – sofern dies der Fall ist – als neue Kennung übernommen.

```
# Kennung aus Cookie
 if (defined (my $C_ID = cookie(-name => 'C_ID'))) {
#Cookie gesetzt?
   $Kennung= $C_ID;
 }
```

Falls kein Cookie mit einer Kennung gefunden wird, wird eine neue Kennung durch Aufruf der Funktion *get_id()* erzeugt:

```
$Kennung=get_id($Kennung, $dbh, $q);
```

Anschließend wird durch Aufruf der Methode *redirect()* des Query-Objekts der *Location*-Header gesendet, mit dem der Client-Browser aufgefordert wird, das Skript *auswahl_gruppe.pl* mit der zuvor erzeugten oder aus dem Cookie übernommenen Benutzerkennung *$Kennung* im Query-String anzufordern.

```
print $q
   ->redirect("$globs::Basis_R/auswahl_gruppe.pl?Kennung=$Kennung");
```

Der Code des Skripts *eingang.pl* lautet im Zusammenhang:

```
#!/usr/bin/perl -w
# eingang.pl
use strict;
use DBI;
use CGI qw(:standard);
use MD5;
use Date::Calc qw(:all);
use shop_lib qw(get_id doy datum);
use db_lib;
require "my_data.pl";
my ($dbh, $res, $sth, $qry);
my $q = new CGI;
my %hash;
# Zugriff auf Url-Parameter
my $Kennung=$q->url_param("Kennung");
my $heute=doy();
$qry="DELETE FROM besucher WHERE DatZahl < $heute-$globs::keep_time";
$dbh=connect_db($globs::db);
$res=do_query($qry,$dbh);
#
```

```
$qry="SELECT ImKorbNr,Datum FROM warenkorb";
$sth=query_result($qry,$dbh);
while (my $href = $sth->fetchrow_hashref) {
  %hash =  %$href;
  my $WImKorbNr=$hash{ImKorbNr};
  my $WDatum=$hash{Datum};
  if ($WDatum < $heute-$globs::keep_time) {
      $qry="DELETE FROM warenkorb WHERE ImKorbNr = $WImKorbNr";
      $res=do_query($qry,$dbh);
  }
}
# Kennung aus Cookie
 if (defined (my $C_ID = cookie(-name => 'C_ID')))
   {  #Cookie gesetzt?
   $Kennung= $C_ID;
 }
$Kennung=get_id($Kennung, $dbh, $q);
#
disconnect_db($dbh);
print $q->redirect("$globs::Basis_R/auswahl_gruppe.pl?
Kennung=$Kennung");
```

14.4.4 Der Katalog des Shop-Systems

Im Webshop sind zur Auswahl der angebotenen Artikel die zwei Katalogebenen „Artikelgruppe" und „Artikel-Untergruppe" realisiert. Des Weiteren kann über eine Stichwortsuche der gewünschte Artikel direkt im Katalog gesucht werden.

Für die Auswahl der Artikelgruppe bzw. Artikel-Untergruppe ist das Skript *auswahl_gruppe.pl* zuständig. Das Skript zeigt einen Aufbau, wie er auch für alle anderen Skripte des Shop-Systems typisch ist:

Zunächst werden die benötigten Module sowie die Konfigurationsdatei *my_data.pl* eingebunden. Anschließend wird mit der Anweisung

```
my $q = new CGI;
```

ein neues Query-Objekt *$q* erzeugt und ein HTTP-Header, gefolgt von einer Skriptspezifischen Überschrift, gesendet:

```
print $q->header,
 $q->start_html('auswahl_gruppe.pl'),
 $q->h1('Der Wein-Laden');
```

Anschließend werden die an das Skript via Query-String übergebenen Parameter dekodiert und zugewiesen.

```
my $Kennung=$q->url_param("Kennung");
```

Danach folgt der Aufruf des Shop-Menüs. Dieses wird durch die von dem Modul *shop_lib.pm* exportierte Subroutine *ShopMenue()* realisiert:

```
ShopMenue($Kennung);
```

Anschließend wird die Verbindung zum Datenbankserver aufgebaut:

```
$dbh=connect_db($globs::db);
```

Durch die Befehle

```
$qry="SELECT * FROM artikelgruppe";
$sth=query_result($qry,$dbh);
```

und

```
$qry="SELECT * FROM artikelugruppe";
$sth1=query_result($qry,$dbh);
```

werden die Tabellen *artikelgruppe* und *artikelugruppe* der Shop-Datenbank abgefragt. Unter Verwendung der zurückgegebenen Statement-Handles *$sth* und *$sth1* der Abfrage werden dann in einem Formular zwei dynamische HTML-Auswahllisten erzeugt, die die Katalogeinträge für die Artikelgruppe und die Artikel-Untergruppe enthalten:

```
# Kategorien (Herkunftsland)
print "<form action='artikel.pl?Kennung=$Kennung' method=post>";
print "<select name='artgr'>";
while (my $href = $sth->fetchrow_hashref) {
  %hash = %$href;
  print "<option value='$hash{ArtGrNr}'>$hash{ArtGruppe}\n";
}
print "</select></td>";
#
# Unterkategorie (Farbe)
print "<td width=20% valign=top>";
print "<b>Weinart</b><p>";
print "<select name='artugr'>";
while (my $href = $sth1->fetchrow_hashref) {
  %hash = %$href;
  print "<option value='$hash{ArtUGrNr}'>$hash{ArtUGruppe}\n";
}
print "</select>";
print " <input type=submit value='OK'>";
print "</td></form>";
```

Der Kernalgorithmus für die Erzeugung der dynamischen Auswahllisten steckt jeweils in einer *while*-Schleife, und zwar wird für alle Datenbankeinträge in der Tabelle *artikelgruppe* bzw. *artikelugruppe* der Shop-Datenbank einem *<option>*-Attribut des *HTML-<SELECT>*-Konstrukts als Wert eine Artikelgruppennummer *$hash{ArtGrNr}*, bzw. Artikel-Untergruppennummer *$hash{ArtUGrNr}* und als zugehöriger *Listeneintrag* der Name *$hash{ArtGruppe}* der Artikelgruppe bzw. im Falle der Artikel-Untergruppe der Name *$hash{ArtUGruppe}* zugewiesen.

Das Formular sendet die generierten Daten, d. h. die ausgewählte Artikelgruppe und Artikel-Untergruppe, via HTTP-*POST* an das Skript *artikel.pl*, das die weitere Verarbeitung vornimmt. Die von diesem Skript benötigte Benutzerkennung *$Kennung* wird im Query-String übertragen.

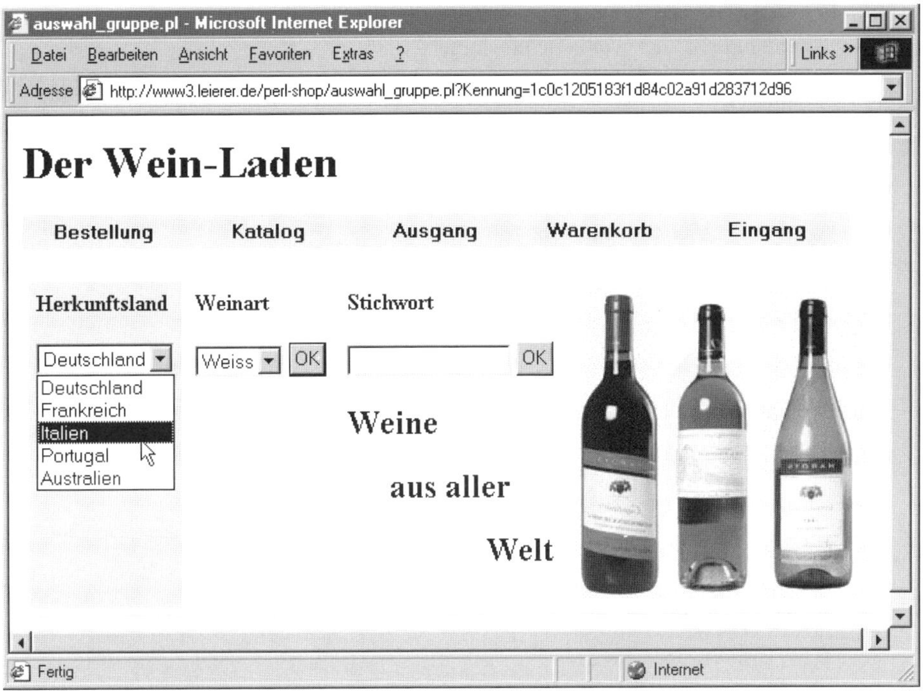

Auswahl der Artikelgruppe und Artikel-Untergruppe über eine Auswahlliste

Bei dem vorliegenden Beispiel eines Webshops für internationale Weine wurde als Artikelgruppe das Herkunftsland und als Artikel-Untergruppe die Weinart gewählt.

Alternativ erlaubt das Katalogsystem eine direkte Suche von Artikeln über Stichwörter. Hierzu enthält das Skript noch eine weitere HTML-Formulardefinition, die ein Eingabefeld für einen Such-String realisiert. Die Daten dieses zweiten Formulars werden an das Skript *artikelsuche.pl* übertragen, das die Stichwortsuche im Katalog des Shops realisiert.

Es folgt der Code des Skripts *auswahl_gruppe.pl* im Zusammenhang:

```
#!/usr/bin/perl -w
#
use strict;
use DBI;
use CGI;
use shop_lib qw(get_id ShopMenue);
use db_lib;
require "my_data.pl";
my $q = new CGI;
my ($dbh, $res, $sth, $sth1, $qry);
# Header ausgeben
print $q->header,
 $q->start_html('auswahl_gruppe.pl'),
 $q->h1('Der Wein-Laden');
```

```
# Zugriff auf Url-Parameter
my $Kennung=$q->url_param("Kennung");
# Shop-Menue aufrufen
ShopMenue($Kennung);
my %hash;
#Datenbankzugriff
$dbh=connect_db($globs::db);
$qry="SELECT * FROM artikelgruppe";
$sth=query_result($qry,$dbh);
#
$qry="SELECT * FROM artikelugruppe";
$sth1=query_result($qry,$dbh);
#
print "<table width ='96%' border=0 cellpadding=5 cellspacing=5>";
print"<tr><td width = 20% valign=top bgcolor=#FFE000>";
print "<b>Herkunftsland</b><p>";
# Kategorien (Herkunftsland)
print "<form action='artikel.pl?Kennung=$Kennung' method=post>";
print "<select name='artgr'>";
while (my $href = $sth->fetchrow_hashref) {
  %hash =  %$href;
  print "<option value='$hash{ArtGrNr}'>$hash{ArtGruppe}\n";
}
print "</select></td>";
# Unterkategorie (Farbe)
print "<td width=20% valign=top>";
print "<b>Weinart</b><p>";
print "<select name='artugr'>";
while (my $href = $sth1->fetchrow_hashref) {
  %hash =  %$href;
  print "<option value='$hash{ArtUGrNr}'>$hash{ArtUGruppe}\n";
}
print "</select>";
print " <input type=submit value='OK'>";
print "</td></form>";
# Stichwortsuche
print "<td width=20% valign=top>";
print "<b>Stichwort</b><p>";
print "<form method='POST' action='artikelsuche.pl?Kennung=$Kennung'>
  <input type='text' name='suchstr' size='15'> 
         <input type='submit' value='OK' name='B1'></form>";
print "<H2><div align='left'><B>Weine</B></div></H2>";
print "<H2><div align='center'>aus aller</div></H2>";
print "<H2><div align='right'>Welt</div></H2>";
print "</td>";
print "<td align=right>";
print "<img src='$globs::Basis_B/wein1.gif'>";
print "<img src='$globs::Basis_B/wein2.gif'>";
print "<img src='$globs::Basis_B/wein3.gif'>";
print "</td></tr>";
print "<tr bgcolor=#FFE000>";
print "<td></td>";
print "<td></td>";
print "<td></td>";
```

```
print "<td></td></tr></table>";
disconnect_db($dbh);
print $q->end_html;
```

Die Artikelübersicht

Nach der Auswahl der Artikelgruppe und der Artikel-Untergruppe wird das Skript *artikel.pl* angesprungen. Dieses Skript erzeugt eine Seite, auf der für die getroffene Auswahl eine Übersicht der hierzu in der Shop-Datenbank vorhandenen Artikel angezeigt wird.

Anzeige der lieferbaren Artikel einer Artikel-Untergruppe. Die Links führen zu Detailbeschreibungen

Um diese Übersicht zu erstellen, wird unter Bezug auf die Tabelle *artikel* der Shop-Datenbank die folgende Abfrage durchgeführt:

```
SELECT * FROM artikel WHERE ArtGrNr=$AGN
 AND ArtUGrNr=$AUGN ORDER BY ArtText
```

Die Parameter der in der *WHERE*-Klausel dieser Abfrage angegebenen Suchbedingung, die die Nummern der ausgewählten Artikelgruppe bzw. der Artikel-Untergruppe enthalten, wurden dem Skript via HTTP-*POST* von den HTML-Auswahlelementen *artgr* und *artugr* übertragen. Diese werden mit den folgenden Anweisungen in einen separaten Namensraum *IN* des Skripts *artikel.pl* importiert und den Variablen *$AGN* und *$AUGN* zugewiesen.

```
# alle übergebenen Post-Parameter in Namensraum IN importieren
$q->import_names('IN');
my $AGN=$IN::artgr;
my $AUGN=$IN::artugr;
```

Das Ergebnis dieser Abfrage wird anschließend tabellarisch ausgegeben. Innerhalb einer *while*-Schleife werden dabei Hyperlinks erzeugt, die auf die ausgewählten Artikel verweisen:

```
# tabellarische Ausgabe
print "<table width=96% border=0 cellpadding='2' cellspacing='2'>";
print "<tr bgcolor='#F0F0F0'>";
print "<th>Bestell-Nr</th>";
print "<th>Artikel (zur Detailbeschreibung bitte anklicken)</th>";
print "</tr>";
print "<tr>";
while (my $href = $sth->fetchrow_hashref) {
  %hash =  %$href;
  print "<td><font size='-1'><div align = 'left'>$hash{BestNr}
         </font></div></td>";
  print "<td><font size='-1'><div align='left'><a  href =
 '$globs::Basis_R/beschreibung.pl?A_ArtNr=$hash{ArtNr}
  &Kennung=$Kennung'>$hash{ArtName}</a></font></div></td>";
  print "</tr>";
 }
print "</table>";
```

Es folgt das Listing des Skripts *artikel.pl* im Zusammenhang:

```
#!/usr/bin/perl -w
# artikel.pl
use strict;
use DBI;
use CGI;
use shop_lib qw(get_id ShopMenue);

require "my_data.pl";
my $q = new CGI;
my $Kennung;
my %hash;

# Header ausgeben
print $q->header,
 $q->start_html('Katalog-Artikel'),
 $q->h1('Der Wein-Laden');

# Zugriff auf Url-Parameter
$Kennung=$q->url_param("Kennung");

# alle übergebenen Post-Parameter in Namensraum IN importieren
$q->import_names('IN');
my $AGN=$IN::artgr;
my $AUGN=$IN::artugr;

# Shop-Menue aufrufen
ShopMenue($Kennung);
print $q->h3('Diese Artikel haben wir für Sie vorrätig:');
#Datenbankzugriff
```

```
my $dbh = DBI->connect( "DBI:$globs::SQL_Driver:$globs::db",
          $globs::SQL_User, $globs::SQL_Passw) ||
     die "Kann keine Verbindung zum MySQL-Server aufbauen:
     $DBI::errstr\n";

my $sth = $dbh->prepare("SELECT * FROM artikel WHERE ArtGrNr=$AGN AND
          ArtUGrNr=$AUGN ORDER BY ArtText") ||
     die "Kann Statement nicht vorbereiten: $DBI::errstr\n";
$sth->execute ||
     die "Kann Abfrage nicht ausfuehren: $DBI::errstr\n";
# tabellarische Ausgabe
print "<table width=96% border=0 cellpadding='2' cellspacing='2'>";
print "<tr bgcolor='#F0F0F0'>";
print "<th>Bestell-Nr</th>";
print "<th>Artikel (zur Detailbeschreibung bitte anklicken)</th>";
print "</tr>";
print "<tr>";
while (my $href = $sth->fetchrow_hashref) {
  %hash =  %$href;
  print "<td><font size='-1'><div align = 'left'>
         $hash{BestNr}</font></div></td>";
  print "<td><font size='-1'><div align='left'><a  href =
        '$globs::Basis_R/beschreibung.pl?A_ArtNr=$hash{ArtNr}&Kennung
        =$Kennung'>$hash{ArtName}</a></font></div></td>";
  print "</tr>";
 }
print "</table>";
disconnect_db($dbh);
print $q->end_html;
```

Die Stichwortsuche

Alternativ zur Auswahl der im Shop angebotenen Artikel über die Artikelgruppe und die Artikel-Untergruppe kann auch eine Stichwortsuche durchgeführt werden. Hierzu kann im zugehörigen Texteingabefeld der Seite *auswahl_gruppe.pl* ein Such-String eingegeben werden, auf dessen Grundlage die Stichwortsuche durchgeführt wird. Da nicht auf exakte Übereinstimmung geprüft wird, ist hierbei auch die Eingabe eines Teils des gesuchten Artikelnamens möglich. Falls kein Such-String angegeben wird, werden alle Artikel der Shop-Datenbank in alphabetischer Reihenfolge angezeigt. Die Eingabe *Troll* führt z. B. zu der auf Seite 446 gezeigten Ausgabe.

Die Stichwortsuche wird durch die folgende Abfrage realisiert:

```
SELECT DISTINCT * FROM artikel WHERE ArtName
LIKE '%$suchstr%' ORDER BY ArtName"
```

Diese erzeugt aus der Tabelle *artikel* der Shop-Datenbank eine Ergebnisrelation, die alle Artikel enthält, die der in der zugehörigen *WHERE*-Klausel formulierten Bedingung entsprechen.

Anschließend werden die gefundenen Datensätze analog zum Skript *artikel.pl* in Form von Hyperlinks ausgegeben. Es folgt das Skript *artikelsuche.pl* im Zusammenhang.

Anzeige vorhandener Artikel nach einer Stichwortsuche

```
#!/usr/bin/perl -w
# artikelsuche.pl
use strict;
use DBI;
use CGI;
use shop_lib qw(get_id ShopMenue);
use db_lib;
require "my_data.pl";
my $q = new CGI;
my ($dbh, $res, $sth, $qry);
my %hash;
# Header ausgeben
print $q->header,
 $q->start_html('Suchergebnis'),
 $q->h1('Der Wein-Laden');
# Zugriff auf Url-Parameter
my $Kennung=$q->url_param("Kennung");
# alle übergebenen Post-Parameter in Namensraum IN importieren
$q->import_names('IN');
my $suchstr=$IN::suchstr;
#
ShopMenue($Kennung);
#
#Datenbankzugriff
$dbh=connect_db($globs::db);
```

```
■ $qry="SELECT DISTINCT * FROM artikel WHERE ArtName LIKE '%$suchstr%'
       ORDER BY ArtName";
■ $sth=query_result($qry,$dbh);
■ #
■ print $q->h4('die folgenden Artikel wurden gefunden:');
■ # tabellarische Ausgabe
■ print "<table width=96% border=0 cellpadding='2' cellspacing='2'>";
■ print "<tr bgcolor='#F0F0F0'>";
■ print "<th>Bestell-Nr</th>";
■ print "<th>Artikel (zur Detailbeschreibung bitte anklicken)</th>";
■ print "</tr>";
■ print "<tr>";
■ while (my $href = $sth->fetchrow_hashref) {
■   %hash =  %$href;
■   print "<td><font size='-1'><div align = 'left'>
          $hash{BestNr}</font></div></td>";
■   print "<td><font size='-1'><div align='left'><a  href =
         '$globs::Basis_R/beschreibung.pl?A_ArtNr=$hash{ArtNr}&Kennung
         =$Kennung'>$hash{ArtName}</a></font></div></td>";
■   print "</tr>";
■  }
■ print "</table>";
■ disconnect_db($dbh);
■ print $q->end_html;
```

Die Detailbeschreibung

Die Suche im Katalog des Shop-Systems führt schließlich zu Detailbeschreibungen der ausgewählten Artikel, in denen alle Produktmerkmale aufgeführt werden können und in denen auch Produktabbildungen vorhanden sind. Über ein entsprechendes Formular kann das ausgewählte Produkt in der gewünschten Menge dem Warenkorb hinzugefügt werden.

Im zugehörigen Skript *beschreibung.pl* wird aus der Tabelle *artikel* über eine entsprechend formulierte Abfrage

```
■ SELECT * FROM artikel WHERE ArtNr=$IN::A_ArtNr
```

der zu der verlangten Artikelnummer passende Datensatz ausgewählt. Anschließend erfolgt eine Formulardefinition mit einem Eingabefeld für die gewünschte Artikelmenge sowie zwei versteckten Eingabefeldern zur Übertragung der Artikel-Nr. und des Datums an das weiterverarbeitende Skript *inden_korb.pl*, das diese Daten in der Tabelle *warenkorb* der Shop-Datenbank abspeichert. Das Datum wird später für die Prüfung benötigt, ob der Inhalt eines verlassenen Warenkorbs gelöscht werden kann.

```
■ # Eingabe der Artikelmenge
■ print $q->h4('Detailbeschreibung');
■ print $q->startform(-method=>'POST',-action=>'inden_korb.pl');
■ print $q->textfield(-name=>'ArtMenge',-size=>'2',-value=>'1'),
■ " Stück zum Warenkorb ";
■ print $q->hidden('Kennung',$Kennung);
■ my $DatumZ=doy();
```

```
print $q->hidden('Datum',$DatumZ);
print $q->hidden('ArtNr',$hash{ArtNr});
print $q->submit('OK','hinzufügen');
print $q->endform();
```

Die Detailbeschreibung eines Produkts

Im Anschluss an das Formular folgt eine Tabelle, die der Anzeige der Artikeldaten dient.

Es folgt der gesamte Code des Skripts *beschreibung.pl*, in dem die Datenbankabfrage für die Detailanzeige der Produkte und die Erfassung der zu bestellenden Artikelmenge erfolgt:

```
#!/usr/bin/perl -w
# beschreibung.pl
use strict;
use DBI;
use CGI;
use shop_lib qw(doy datum ShopMenue);
use db_lib;
require "my_data.pl";

my $q = new CGI;
my $Kennung;
my %hash;
my ($dbh, $res, $sth, $qry);
# Header ausgeben
```

```
print $q->header,
 $q->start_html('Artikel-Beschreibung'),
 $q->h1('Der Wein-Laden');

# alle übergebenen Post-Parameter in Namensraum IN importieren
$q->import_names('IN');

# Zugriff auf Url-Parameter
$Kennung=$q->url_param("Kennung");

# Shop-Menue aufrufen
ShopMenue($Kennung);
#Datenbankzugriff
$dbh=connect_db($globs::db);
$qry="SELECT * FROM artikel WHERE ArtNr=$IN::A_ArtNr";
$sth=query_result($qry,$dbh);
while (my $href = $sth->fetchrow_hashref) {
  %hash =  %$href;
}
# Eingabe der Artikelmenge
my $DatumZ=doy();
print $q->h4('Detailbeschreibung'),
$q->startform(-method=>'POST',-action=>'inden_korb.pl'),
$q->textfield(-name=>'ArtMenge',-size=>'2',-value=>'1'),
" Stück zum Warenkorb ",
$q->hidden('Kennung',$Kennung),
$q->hidden('Datum',$DatumZ),
$q->hidden('ArtNr',$hash{ArtNr}),
$q->submit('OK','hinzufügen'),
$q->endform();

# Anzeige der Detaildaten
print "<table width=93% border='0' cellpadding='2' cellspacing='0'>";
print "<tr><th colspan='3'><b><div align='left'>Artikel: $hash
      {ArtName}</div></b></th>";
print "<td></td><td></td><td rowspan='6' align='right'
      valign='top'>";
print "<img src='$globs::Basis_B/$hash{ArtNr}.gif'></td></tr>";
print "<tr><td>Bestell-Nr: </td><td>";
print "$hash{BestNr}";
print "</td><td></td></tr><tr><td>Artikel: </td><td>";
print "$hash{ArtName}";
print "</td><td></td></tr><tr><td>Preis: </td><td>";
print "$hash{ArtPreis} DM";
print "</td><td></td></tr>";
if ($hash{ArtText}) {
  print "<tr><td colspan=2><u>Beschreibung:</u></td></tr>";
}
print "<tr><td colspan=2>";
print "$hash{ArtText}";
print "</td></tr></table>";
disconnect_db($dbh);
print $q->end_html;
```

Verwaltung der Produktabbildungen

Die zu den einzelnen Artikeln gehörigen Abbildungen werden nicht in der Shop-Datenbank abgelegt, sondern sind in einem speziell dafür eingerichteten Verzeichnis des Webservers gespeichert. In der Datenbank werden lediglich die Verweise auf die Produktabbildungen verwaltet.

Der Zugriff auf die Produktabbildungen erfolgt über die Dateinamen, die entsprechend den Artikelnummern der abgebildeten Artikel gewählt werden. Die Abbildungen, deren Dateinamen sich dementsprechend aus der Artikelnummer und der Extension *.gif* (oder ein anderes zu verwendendes Grafikdateiformat) zusammensetzen, werden im Skript *beschreibung.pl* über einen <img>-Tag in das zu erstellende Dokument eingebunden. Die zugehörige Anweisung wird über einen *print*-Befehl an den Browser gesendet:

```
print "<img src='$globs::Basis_B/$hash{ArtNr}.gif'>";
```

14.4.6 Der Warenkorb des Shop-Systems

Dem Warenkorb kommt innerhalb eines Shop-Systems eine zentrale Bedeutung zu. Der Warenkorb soll während des Aufenthalts im Shop mit den ausgesuchten Artikeln gefüllt, aber auch jederzeit korrigiert, kontrolliert oder auch wieder ganz gelöscht werden können. In dem hier beschriebenen Shop-System basiert der Warenkorb auf einer Datenbanklösung, d. h., die Bezüge auf die ausgewählten Artikel werden in der Tabelle *warenkorb* der Shop-Datenbank verwaltet.

Das Skript *inden_korb.pl* speichert mit dem folgenden SQL-Befehl

```
INSERT INTO warenkorb VALUES
('$ImKorbNr','$IN::Datum','$IN::Kennung','$IN::ArtNr','$IN::ArtMenge'
)
```

für jeden ausgewählten Artikel die Inhalte der Variablen *$Datum, $IN::Kennung, $IN::ArtNr* und *$IN::ArtMenge* in den entsprechenden Datenbankfeldern der Tabelle *warenkorb*. Die angegebene Variable *$ImKorbNr* enthält keinen vorbelegten Wert, da dieser aufgrund der Felddefinition *AUTO_INCREMENT* des Tabellenfelds *ImKorbNr* von MySQL automatisch inkrementiert wird.

Die abgespeicherten Variablen wurden dem Skript via HTTP-*POST* aus dem Formular der zuletzt aufgerufenen Seite *beschreibung.pl* übertragen. Im aktuellen Skript wurde diese mit der Anweisung

```
$q->import_names('IN');
```

in den Namensraum *IN* dieses Skripts importiert, sodass auf die entsprechenden Werte über die Variablen *$IN::Datum, $IN::Kennung, $IN::ArtNr* und *$IN::ArtMenge* zugegriffen werden kann.

Die nachstehende Abbildung zeigt die Tabelle *warenkorb* mit einigen Beispieleinträgen, wie sie beim Füllen eines Warenkorbs abgespeichert werden.

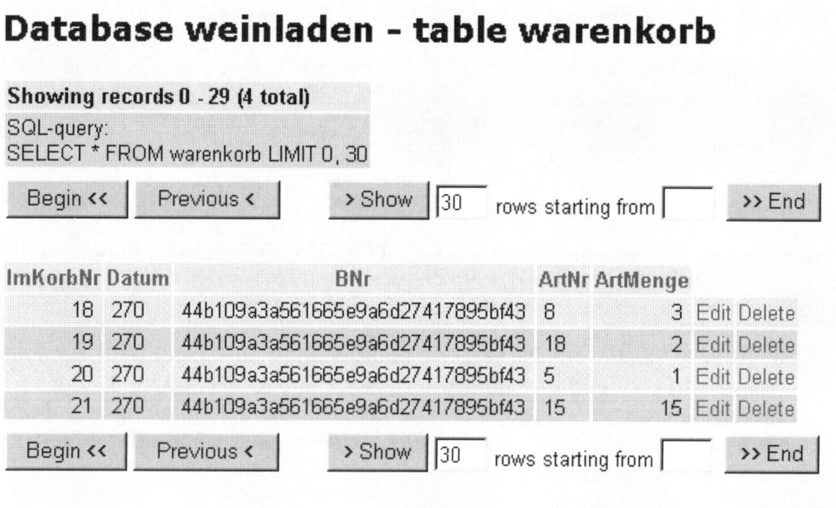

Database weinladen - table warenkorb

Showing records 0 - 29 (4 total)
SQL-query:
SELECT * FROM warenkorb LIMIT 0, 30

Begin << | Previous < | > Show 30 rows starting from | >> End

ImKorbNr	Datum	BNr	ArtNr	ArtMenge		
18	270	44b109a3a561665e9a6d27417895bf43	8	3	Edit	Delete
19	270	44b109a3a561665e9a6d27417895bf43	18	2	Edit	Delete
20	270	44b109a3a561665e9a6d27417895bf43	5	1	Edit	Delete
21	270	44b109a3a561665e9a6d27417895bf43	15	15	Edit	Delete

Begin << | Previous < | > Show 30 rows starting from | >> End

Der Warenkorb des Shop-Systems wird von der Tabelle warenkorb verwaltet

Nachdem ein Datensatz für eine vom Kunden getroffene Auswahl abgespeichert wurde, wird durch Aufruf der Methode *redirect()* des Query-Objekts *$q* ein *Location*-Header ausgegeben, mithilfe dessen der Client-Browser angewiesen wird, eine Umleitung auf die Seite *eingang.pl* durch Anforderung des entsprechenden URI auszulösen:

```
print $q->redirect
      ("$globs::Basis_R/eingang.pl?Kennung=$IN::Kennung");
```

Im Query-String dieses URI wird mittels der HTTP-Methode *GET* die Besucherkennung *$IN::Kennung* des Shop-Besuchers übertragen. Der Shop-Besucher kann nun erneut im Katalog des Shop-Systems blättern und weitere Artikel auswählen.

Es folgt das Skript *inden_korb.pl* im Zusammenhang:

```
#!/usr/bin/perl -w
# inden_korb.pl
use strict;
use DBI;
use CGI;
use shop_lib qw(doy datum ShopMenue);
use db_lib;
require "my_data.pl";
my $q = new CGI;
my ($Kennung, %hash, $ImKorbNr);
my ($dbh, $res, $qry);
# alle übergebenen Post-Parameter in Namensraum IN importieren
$q->import_names('IN');
#Datenbankzugriff
$dbh=connect_db($globs::db);
$qry="INSERT INTO warenkorb VALUES
```

```
('$ImKorbNr','$IN::Datum','$IN::Kennung','$IN::ArtNr',
        '$IN::ArtMenge')";
$res=do_query($qry,$dbh);
disconnect_db($dbh);
print $q->redirect("$globs::Basis_R/eingang.pl?Kennung=$IN:
        :Kennung");
```

Anzeige des Warenkorb-Inhalts

Der aktuelle Inhalt des Warenkorbs kann in jeder Programmsituation des Shop-Systems durch Aufruf des Menüs *Warenkorb* im Hauptmenü des Shops angezeigt werden. Hierzu wird zunächst das Skript *korb_inhalt.pl* angefordert.

In diesem Skript wird nach dem Parsen der übergebenen URL-Parameter zunächst wieder die Verbindung zur Shop-Datenbank hergestellt und anschließend die Funktion *read_korb()* aufgerufen, deren Aufgabe darin besteht, für die aktuell gültige Kennung, die der Funktion als Parameter übergeben wird, eine Abfrage der Shop-Datenbank zur Ermittlung des Korbinhalts durchzuführen:

```
#!/usr/bin/perl -w
# korb_inhalt.pl

use strict;
use DBI;
use CGI;
use shop_lib qw(get_id ShopMenue read_korb);
use db_lib;
require "my_data.pl";
my $q = new CGI;
my $dbh;
# Header ausgeben
print $q->header,
 $q->start_html('Inhalt Warenkorb'),
 $q->h1('Der Wein-Laden');

# Zugriff auf Url-Parameter
my $Kennung=$q->url_param("Kennung");
$dbh=connect_db($globs::db);
ShopMenue($Kennung);
print $q->h4('Inhalt Warenkorb');
read_korb($dbh, $Kennung);
disconnect_db($dbh);
print $q->end_html;
```

Die Funktion *read_korb()* wird von dem Modul *shop_lib.pm* exportiert. Innerhalb dieser Funktion wird zunächst durch die Auswertung der Ergebnisrelation des SQL-Kommandos

```
SELECT * FROM warenkorb WHERE BNr='$Kennung'
```

geprüft, ob überhaupt Einträge in der Tabelle *warenkorb* vorliegen:

```
my $anz=0;
my @arr;
```

```
while (@arr = $sth->fetchrow_array) {
  $anz++;
}
if ($anz == 0) {
   print "Der Warenkorb ist leer <br><br>";
} else { ...
```

Sofern dies der Fall ist, wird ein zweiter *SELECT*-Befehl an den Datenbankserver abgesetzt, dessen Ergebnisrelation einen Join der Tabellen *warenkorb* und *artikel* realisiert. In der Tabelle *warenkorb* sind ja nur die Artikelnummern abgespeichert, die übrigen Angaben zu dem jeweiligen Artikel müssen über diese Nummer aus der Tabelle *artikel* beschafft werden:

```
SELECT W.ArtNr AS '1:ArtikelNr', ArtName As '2:Bezeichnung', ArtMenge
       AS '3:Menge',ArtPreis AS '4:Preis', ArtPreis*0.16 AS '5:MwSt',
       ArtMenge*ArtPreis*1.16 AS '6:Betrag'
FROM warenkorb as W, artikel as A
WHERE W.ArtNr=A.ArtNr AND W.BNr='$Kennung'
ORDER BY A.ArtNr
```

Die in der *WHERE*-Klausel des *SELECT*-Befehls formulierte Verbundbedingung bezieht sich auf die in beiden Tabellen vorhandene Artikelnummer. Die nachgeschaltete Auswahlbedingung

```
  ... AND W.BNr='$Kennung
```

ist die aktuelle Kennung des Shop-Besuchers.

Für die anhand dieses *SELECT*-Befehls aus den Tabellen *warenkorb* und *artikel* auszuwählenden Datenbankfelder werden Aliasnamen in der Form '*1:ArtikelNr*' oder '*2:Bezeichnung*' eingeführt.

Der Grund hierfür liegt darin, dass die Feldnamen bzw. deren Aliasnamen bei der tabellarischen Ausgabe der Ergebnisrelationen als Spaltenüberschriften verwendet werden und somit aussagekräftigere Namen erforderlich sind. Über die vorgestellten Nummern kann zudem eine Sortierung der Spalten in der für die tabellarische Ausgabe des Abfrageergebnisses verantwortlichen Subroutine *tab_out()* erfolgen.

Durch Aufruf der Funktion *tab_out()* wird dann die Ergebnisrelation dieser Abfrage im Browser tabellarisch dargestellt.

Eine weitere Abfrage der Tabellen *warenkorb* und *artikel* wird erforderlich, um die Gesamtsumme der im Warenkorb befindlichen Waren zu ermitteln:

```
SELECT SUM (ArtMenge*ArtPreis*1.16) AS 'Gesamt' FROM warenkorb AS W,
       artikel AS A
WHERE  W.ArtNr=A.ArtNr
AND W.BNr='$Kennung' GROUP BY W.BNr
```

Hierbei wird mithilfe der *GROUP BY*-Klausel eine Gruppierung des Abfrageergebnisses für die bei allen Einträgen identische Benutzerkennung *BNR* durchgeführt und für diese erzeugte Gruppierung der Ausdruck *ArtMenge*ArtPreis*1.16* durch Anwendung der Aggregatfunktion *SUM()* aufsummiert. Das Ergebnis dieser Abfrage stellt also die Gesamtsumme des Inhalts des Warenkorbs inklusive Mehrwertsteuer dar.

Mit der Anweisung

```
$erg = $hash{'Gesamt'};
```

wird diese Gesamtsumme aus dem Ergebnis-Hash der Abfrage ausgelesen, der Variablen *$erg* zugewiesen und unterhalb der Tabelle mit dem Warenkorb-Inhalt ausgegeben.

Da die ermittelte Gesamtsumme auch im Kontext des die Funktion *read_korb()* aufrufenden Skripts benötigt wird, wird die Variable *$erg* darüber hinaus zum Rückgabewert dieser Funktion gemacht

Der Inhalt des Warenkorbs wird angezeigt

Es folgt der Code der Funktion *read_korb.pl* im Zusammenhang:

```
# Warenkorn lesen
sub read_korb {
  my $dbh = $_[0];
  my $Kennung = $_[1];
  my $erg;
  my ($sth, $sth2, $qry);
print "Sie können die gewählte Artikelmenge mit der Schaltfläche [+]
       korrigieren. Mit [-] können Sie den Artikel aus dem Warenkorb
       entfernen<br> ";
$qry="SELECT * FROM warenkorb WHERE BNr='$Kennung'";
$sth=query_result($qry,$dbh);
my $anz=0;
my @arr;
while (@arr = $sth->fetchrow_array) {
```

```
  $anz++;
}
if ($anz == 0) {
   print "Der Warenkorb ist leer <br><br>";
} else {
$qry="SELECT W.ArtNr AS '1:ArtikelNr',ArtName As
      '2:Bezeichnung',ArtMenge AS '3:Menge',ArtPreis AS
      '4:Preis',ArtPreis*0.16 AS '5:MwSt',ArtMenge*ArtPreis*1.16 AS
      '6:Betrag' FROM warenkorb as W,artikel as A WHERE
       W.ArtNr=A.ArtNr AND W.BNr='$Kennung' ORDER BY A.ArtNr";
$sth=query_result($qry,$dbh);
# tabellarische Ausgabe
korb_out($sth, $Kennung);
# Gesamtsumme ermitteln
$qry="SELECT SUM(ArtMenge*ArtPreis*1.16) AS 'Gesamt' FROM warenkorb
      AS W,artikel AS A WHERE W.ArtNr=A.ArtNr AND W.BNr='$Kennung'
      GROUP BY W.BNr";
$sth2=query_result($qry,$dbh);
my $href = $sth2->fetchrow_hashref;
my %hash =  %$href;
$erg = $hash{'Gesamt'};
}
print "<table width=96% border=0>";
print "<tr><td width=85%><div align='right'> <B>Gesamt</B></div>
       </td><td><B><div align='right'>$erg</div></B></td><td><B>
       DM</B></TD></tr></table>";
return $erg;
}
```

Funktion zur tabellarischen Ausgabe des Warenkorbs

Für die tabellarische Ausgabe des Warenkorbs wird die Funktion *korb_out()* verwendet. Diese Funktion wird ebenfalls von dem Modul *shop_lib.pm* exportiert.

Die Funktion basiert im Wesentlichen auf der in Kapitel 13.2 beschriebenen Funktion *tab_out()* des Moduls *db_lib.pm,* wurde aber für die Shop-Anwendung zur Anzeige des Warenkorb-Inhalts dahingehend modifiziert, dass in der generierten Tabelle des Abfrageergebnisses für jeden Datensatz, also in jeder Tabellenzeile, zusätzlich zwei Schaltflächen *[+]* und *[-]* generiert werden. Beim Anklicken der Schaltfläche *[+]* wird das Skript *anzahl_neu.pl* aufgerufen, mit dem die im Warenkorb vorhandene Anzahl eines bestimmten Artikels verändert werden kann. Mit der Schaltfläche *[-]* kann in entsprechender Weise durch Aufruf des Skripts *entfernen.pl* ein Artikel aus dem Warenkorb entfernt werden.

Die Schaltflächen werden, wie hier für die *[+]*-Schaltfläche gezeigt, in Form von HTML-Formularen realisiert, die nur aus den Schaltflächen selbst bestehen und die in den entsprechenden Zellen der Ausgabetabelle untergebracht sind.

```
print "<FORM ACTION='anzahl_neu.pl' METHOD='POST'>";
print "<input type='hidden' name='ArtNr'
       value=$hash{'1:ArtikelNr'}>";
print "<input type='hidden' name='ArtName'
       value=$hash{'2:Bezeichnung'}>";
print "<input type='hidden' name='Anzahl' value=$hash{'3:Menge'}>";
```

```
print "<input type='hidden' name='Kennung' value='$Kennung'>";
print "<input type='SUBMIT' NAME='SUBMIT' value='+'>";
print "</td>";
print "</form>";
```

Für die *[+]*-Schaltfläche ist das weiterverarbeitende Skript das Skript *anzahl_neu.pl*, dem mittels der HTTP-Methode *POST* die zur Weiterverarbeitung benötigten Werte für die Artikelnummer, Artikel-Bezeichnung, Artikelmenge sowie die Besucherkennung übertragen werden. Diese Werte werden dabei dem Ergebnis-Hash *%hash* der durchgeführten Datenbankabfrage entnommen.

Es folgt der Code der Funktion *korb_out()* im Zusammenhang:

```
# Tabellarische Ausgabe Warenkorb
sub korb_out {
use strict;
my $sth = $_[0];
my $Kennung = $_[1];
my (@keys, %hash, $key, $value);
print "<table width=96% border=0 cellpadding='2' cellspacing='2'>";
print "<tr bgcolor=#D0D0D0>";
my $href = $sth->fetchrow_hashref;
%hash =  %$href;
# Tabellenkopf
@keys =sort (keys %hash);  # Schlüssel sortieren
foreach $key (@keys) {
  #Regex entfernt 1: 2: 3: aus $key
  $key=~ tr/0-9://d;
  print "<th bgcolor='#E8E8E8'><font size='-1'>
         <div align='right'>$key</font></div></th>";
 }
print "<th>";print "+";
print "</th>";
print "<th>";print "-";
print "</th>";
print "</tr>";
# erste Tabellenzeile
print "<tr>";
@keys =sort (keys %hash);  # Schlüssel sortieren
foreach $key (@keys) {
  $value = $hash{$key};
  print "<td bgcolor='#E8E8E8'><font size='-1'>
         <div align='right'>$value</font></div></td>";
}
print "<td bgcolor='#E8E8E8'>";
print "<FORM ACTION='anzahl_neu.pl' METHOD='POST'>";
print "<input type='hidden' name='ArtNr'
      value=$hash{'1:ArtikelNr'}>";
print "<input type='hidden' name='ArtName'
      value=$hash{'2:Bezeichnung'}>";
print "<input type='hidden' name='Anzahl' value=$hash{'3:Menge'}>";
print "<input type='hidden' name='Kennung' value='$Kennung'>";
print "<input type='SUBMIT' NAME='SUBMIT' value='+'>";
print "</td>";
```

```
print "</form>";
print "<td bgcolor='#E8E8E8'>";
#
print "<FORM ACTION='entfernen.pl' METHOD='POST'>";
print "<input type='hidden' name='ArtNr'
      value=$hash{'1:ArtikelNr'}>";
print "<input type='hidden' name='Kennung' value=$Kennung>";
print "<input type='SUBMIT' NAME='SUBMIT' value='-'>";
print "</td>";
print "</form>";
print "</tr>";
# Tabellenbody Rest
print "<tr>";
while (my $href = $sth->fetchrow_hashref) {
%hash =  %$href;  # Schlüssel sortieren
@keys =sort (keys %hash);
  foreach $key (@keys) {
     $value = $hash{$key};
     print "<td bgcolor='#E8E8E8'><font size='-1'>
            <div align='right'>$value</font></div></td>";
  }
print "<td bgcolor='#E8E8E8'>";
print "<FORM ACTION='anzahl_neu.pl' METHOD='POST'>";
print "<input type='hidden' name='ArtNr'
      value=$hash{'1:ArtikelNr'}>";
print "<input type='hidden' name='ArtName'
      value=$hash{'2:Bezeichnung'}>";
print "<input type='hidden' name='Anzahl' value=$hash{'3:Menge'}>";
print "<input type='hidden' name='Kennung' value=$Kennung>";
print "<input type='SUBMIT' NAME='SUBMIT' value='+'>";
print "</td>";
print "</form>";
print "<td bgcolor='#E8E8E8'>";
#
print "<FORM ACTION='entfernen.pl' METHOD='POST'>";
print "<input type='hidden' name='ArtNr'
      value=$hash{'1:ArtikelNr'}>";
print "<input type='hidden' name='Kennung' value=$Kennung>";
print "<input type='SUBMIT' NAME='SUBMIT' value='-'>";
print "</td>";
print "</form>";
print "</tr>";
 }
 print "</table>";
 return 1;
}
```

Änderung der Artikelmenge im Warenkorb

Zur Korrektur der Menge eines Artikels im Warenkorb kann über die Schaltfläche *[+]* die Seite *anzahl_neu.pl* aufgerufen werden, die ein hierfür vorgesehenes Eingabefeld zur Anzeige bringt.

Korrigieren der Artikelmenge im Warenkorb

Im zugehörigen Skript wird ein HTML-Formular definiert, das die im Eingabefeld eingegebene, geänderte Artikelmenge *$anz_neu* sowie die an versteckte Eingabefelder gebundenen Variablen *$IN::ArtNr, IN::Kennung* und *IN::Anzahl* mittels der HTTP-Methode *POST* an das Skript *anzok.pl* überträgt, das seinerseits die erforderlichen Änderungen in der Tabelle *warenkorb* der Shop-Datenbank vornimmt.

```
#!/usr/bin/perl -w
# anzahl_neu.pl
use strict;
use CGI;
use DBI;
use shop_lib qw(get_id ShopMenue);
use db_lib;
require "my_data.pl";
my $q = new CGI;
my %hash;
my ($dbh, $sth, $qry);
# Header ausgeben
print $q->header,
 $q->start_html('Artikelmenge korrigieren'),
 $q->h1('Der Wein-Laden');

# alle übergebenen Post-Parameter in Namensraum IN importieren
$q->import_names('IN');
# Shop-Menue aufrufen
```

```
ShopMenue($IN::Kennung);
print $q->h4('Artikelmenge korrigieren');
#Datenbankzugriff
$dbh=connect_db($globs::db);
$qry="SELECT * FROM artikel WHERE ArtNr='$IN::ArtNr'";
$sth=query_result($qry,$dbh);
print "Geben Sie im Eingabefeld die neue Menge für den nachstehenden
      Artikel ein:<br> ";
my $href = $sth->fetchrow_hashref;
%hash =  %$href;
my $ArtName=$hash{ArtName};
print "$ArtName";
#
print $q->startform(-method=>'POST',-action=>'anzok.pl'),
$q->textfield(-name=>'anz_neu',-size=>'2',-value=>
    $IN::Anzahl)," ",
$q->hidden('ArtNr',$IN::ArtNr),
$q->hidden('Kennung',$IN::Kennung),
$q->hidden('anz_neu',$IN::Anzahl),
$q->submit('OK','neue Menge'),
$q->endform();
disconnect_db($dbh);
print $q->end_html;
```

Zur Änderung der Artikelmenge in der Tabelle *warenkorb* der Shop-Datenbank wird das Skript *anzok.pl* aufgerufen. Die Änderung der Artikelmenge wird durch das folgende SQL-Kommando bewerkstelligt:

```
UPDATE warenkorb set ArtMenge = '$IN::anz_neu'
WHERE ArtNr='$IN::ArtNr' AND BNr = '$IN::Kennung'
```

Der zugehörige Perl-Code lautet wie folgt:

```
#!/usr/bin/perl -w
# anzok.pl
use strict;
use DBI;
use CGI;
use shop_lib qw(get_id ShopMenue);
use db_lib;
require "my_data.pl";
my $q = new CGI;
my ($dbh, $res, $qry);
# alle übergebenen Post-Parameter in Namensraum IN importieren
$q->import_names('IN');
#Datenbankzugriff
$dbh=connect_db($globs::db);
$qry="UPDATE warenkorb set ArtMenge='$IN::anz_neu' WHERE
      ArtNr='$IN::ArtNr' AND BNr='$IN::Kennung'";
$res=do_query($qry,$dbh);
disconnect_db($dbh);
print $q->redirect
      ("$globs::Basis_R/korb_inhalt.pl?Kennung=$IN::Kennung");
```

Mit dem Aufruf der Methode *redirect()* des Query-Objekts *$q* wird der Client-Browser anschließend angewiesen, wieder die Seite *korb_inhalt.pl* mit den nunmehr geänderten Daten des Warenkorbs anzufordern.

14.4.7 Die Bestellung

Die Abwicklung der Bestellung kann in mehrere Schritte unterteilt werden. Nach der abschließenden Prüfung des Inhalts des Warenkorbs durch den Kunden wird dieser aufgefordert, den Bestellvorgang einzuleiten. Es folgt dann die Erfassung der Kundendaten, die Prüfung dieser Daten auf Vollständigkeit und ihre Ablage in der Datenbank des Shop-Systems.

Um den Shop-Betreiber auf den Eingang einer Bestellung aufmerksam zu machen, wird automatisch eine an ihn gerichtete E-Mail mit den Einzelheiten des Auftrags generiert. Als Auftragsbestätigung für den Kunden wird eine auf dem Auftrag basierende Rechnung erstellt und im Client-Browser dargestellt. Die Rechnung kann vom Kunden anschließend über das Menü *Drucken* des Browsers ausgedruckt werden.

Die Bestellung wird vom Kunden durch Anklicken der dafür vorgesehenen Schaltfläche auf der Seite *bestellen.pl* eingeleitet.

Einleiten der Bestellung

Das Skript, das diese Seite generiert, enthält zwei HTML-Formulardefinitionen für die Realisierung der benötigten Schaltflächen und zur Übertragung der Daten mit der HTTP-Methode *POST* an die weiterverarbeitenden Skripte:

```
#!/usr/bin/perl -w
# bestellen.pl
use strict;
use DBI;
use CGI;
use shop_lib qw(get_id ShopMenue read_korb);
use db_lib;
require "my_data.pl";
my $q = new CGI;
my $dbh;
my $Gesamt;
# Header ausgeben
print $q->header,
  $q->start_html('Bestellen'),
  $q->h1('Der Wein-Laden');

# Zugriff auf Url-Parameter
my $Kennung=$q->url_param("Kennung");
# Datenbankzugriff
$dbh=connect_db($globs::db);
ShopMenue($Kennung);
print $q->h4('Bestellung');
$Gesamt=read_korb($dbh, $Kennung);
print "<p>";
print "<table border='0'>";
print "<tr><td valign='top'>";
print "<b>Wollen Sie jetzt Ihre Bestellung abgeben?</b>";
print "</td><td>";
#
print $q->startform(-method=>'POST',-action=>'kundendaten.pl'),
$q->hidden('Kennung',$Kennung),
$q->hidden('Gesamt',$Gesamt),
$q->submit('OK','Ja'),
$q->endform();
print "</td><td>";
print $q->startform(-method=>'POST',   -action=>
      "korb_inhalt.pl?Kennung=$Kennung"),
$q->hidden('Gesamt',$Gesamt),
$q->submit('OK','Nein'),
$q->endform();
print "</td></tr></table>";
disconnect_db($dbh);
print $q->end_html;
```

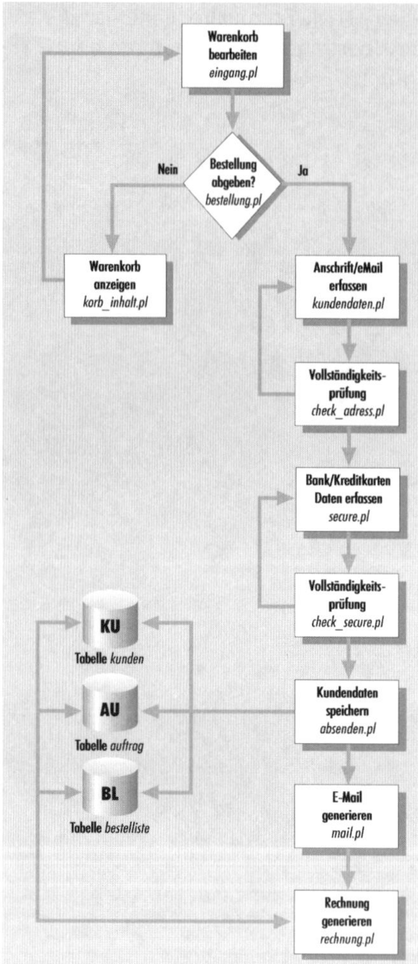

Der Ablauf des Bestellvorgangs

Erfassen und Prüfen der Kundendaten

Das Erfassen und Prüfen der Kundendaten erfolgt mithilfe der Skripte *kundendaten.pl, chek_adress.pl, secure.pl* sowie *chek secure.pl.*

Im Skript k*undendaten.pl* werden Anschrift und Kommunikationsverbindungen des Kunden erfasst. Das HTML-Formular besteht aus insgesamt neun Eingabefeldern, eine Gruppe von drei logisch zusammengehörigen Optionsschaltflächen, drei versteckten Eingabefeldern sowie einer Schaltfläche zum Absenden der Daten. Nach dem Anklicken dieser Schaltfläche werden die Daten mit der HTTP-Methode *POST* an das Skript *chek_adress.pl* übertragen, das die Überprüfung der Vollständigkeit der eingegebenen Daten übernimmt.

Die HTML-Eingabefelder werden jeweils durch Aufruf der *textfield()*-Methode des Query-Objekts *$q* erzeugt. Zur Erzeugung der Optionsschaltflächen-Gruppe wird die Methode *radio_group()* desselben Objekts aufgerufen. Die Beschriftungen und Werte dieser Optionsschaltflächen-Gruppe werden im Hash *%labels* definiert:

```
my %labels =('BANK'=>'Bankeinzug','KREDIT'=>
      'Kreditkarte','NACHN'=>'Nachnahme');
```

Die versteckten Eingabefelder werden mit der Methode *hidden()* des Query-Objekts *$q* erzeugt und dienen der Weitergabe der aktuellen Inhalte der Variablen *$Gesamt* (Gesamtsumme der Bestellung), *$Datum* (Tag der Bestellung) und *$Kennung* (Besucher-Kennung).

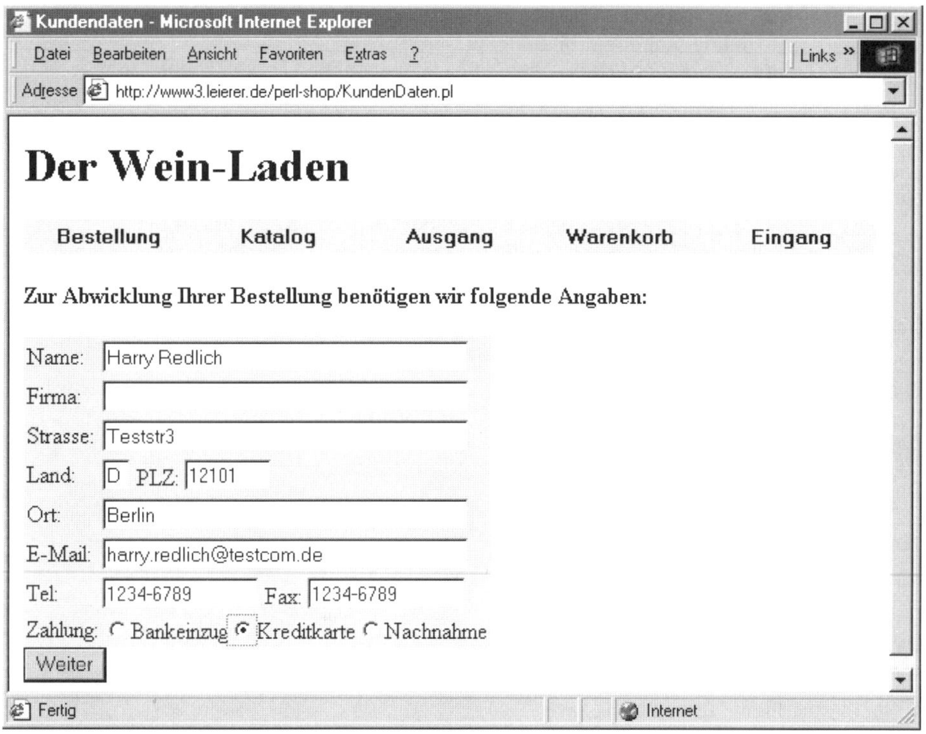

Eingabe der Kundendaten

Nachfolgend der Code des Skripts *kundendaten.pl*:

```
#!/usr/bin/perl -w
# kundendaten.pl
use strict;
use CGI;
use shop_lib qw(get_id ShopMenue read_korb);
require "my_data.pl";
my $q = new CGI;
```

```
my %labels =('BANK'=>'Bankeinzug','KREDIT'=>
      'Kreditkarte','NACHN'=>'Nachnahme');
# Header ausgeben
print $q->header,
 $q->start_html('Kundendaten'),
 $q->h1('Der Wein-Laden');

# alle übergebenen Post-Parameter in Namensraum IN importieren
$q->import_names('IN');
my $Kennung=$IN::Kennung;
my $Gesamt=$IN::Gesamt;
my $Datum=localtime();
ShopMenue($Kennung);
print $q->h4('Zur Abwicklung Ihrer Bestellung benötigen wir
      folgende Angaben:');
print $q->startform(-method=>'POST', -action=>'chek_adress.pl'),
"<table bgcolor=#FFE000 cellpadding='1' cellspacing='1'>",
"<tr><td>Name:</td><td>",
$q->textfield(-name=>'EName',-size=>'35'),
"</td></tr><tr><td>Firma:</td><td>",
$q->textfield(-name=>'EFirma',-size=>'35'),
"</td></tr><tr><td>Strasse:</td><td>",
$q->textfield(-name=>'EStrasse',-size=>'35'),
"<tr><td>Land:</td><td>",
$q->textfield(-name=>'ELand',-size=>'1'),
" PLZ: ",
$q->textfield(-name=>'EPLZ',-size=>'7'),
"<tr><td>Ort:</td><td>",
$q->textfield(-name=>'EOrt',-size=>'35'),
"<tr><td>E-Mail:</td><td>",
$q->textfield(-name=>'EEMail',-size=>'35'),
"<tr><td>Tel:</td><td>",
$q->textfield(-name=>'ETel',-size=>'14'),
" Fax: ",
$q->textfield(-name=>'EFax',-size=>'14'),
"<tr><td>Zahlung:</td><td>",
$q->radio_group(-name=>'EZahlung',
    values=>['BANK','KREDIT','NACHN'],-labels=>\%labels),
"</td></tr>",
$q->hidden('Gesamt',$Gesamt),
$q->hidden('Datum',$Datum),
$q->hidden('BNr',$Kennung),
"</table>",
$q->submit('OK','Weiter'),
$q->endform();
print $q->end_html;
```

Prüfen der Kundendaten

Nachdem der Kunde die erforderlichen Angaben (Name, Anschrift, Zahlungsmodalitäten) über die zugehörigen Formulare an den Server gesendet hat, werden die Daten auf Vollständigkeit geprüft. Diese Aufgabe wird von dem Skript *chek_adress.pl* übernommen.

Die Prüfung auf Vollständigkeit erfolgt mit mehreren *if*-Blöcken entsprechend dem nachfolgenden Beispiel für die Prüfung der Anschrift:

```
if (!$IN::EStrasse  || !$IN::EOrt || !$IN::ELand || !$IN::EPLZ ) {
    ShopMenue($IN::BNr);
    print "$msg1 Sie haben eine unvollständige Anschrift angegeben
          <br>$msg2";
    exit;
}
```

Falls erforderliche Daten fehlen, folgt eine Meldung mit der Aufforderung, die Daten zu ergänzen.

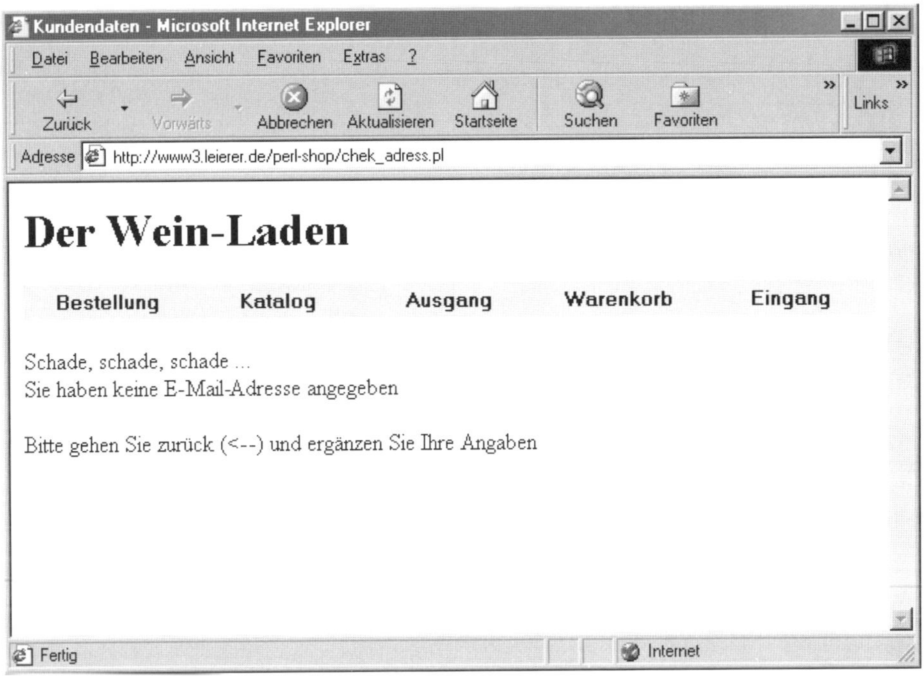

Die Daten waren unvollständig

Falls alle erforderlichen Angaben vorhanden sind, werden diese dem Kunden nochmals zur Prüfung angezeigt.

Da alle an das Skript *chek_adress.pl* zur Prüfung übertragenen Daten von den weiterverarbeitenden Skripten benötigt werden, werden diese mithilfe von versteckten Eingabefeldern an das Folgeskript *secure.pl* übertragen.

Hierzu wird eine Formulardefinition erforderlich, die mit den Methoden *startform()*, *hidden()* *submit()* und *endform()* eines mithilfe des Moduls *CGI.pm* erzeugten Query-Objekts *$q* realisiert wird. Das von diesem Formular aufgerufene Skript heißt *secure.pl*. Die Datenübertragung erfolgt mit der HTTP-Methode *POST*.

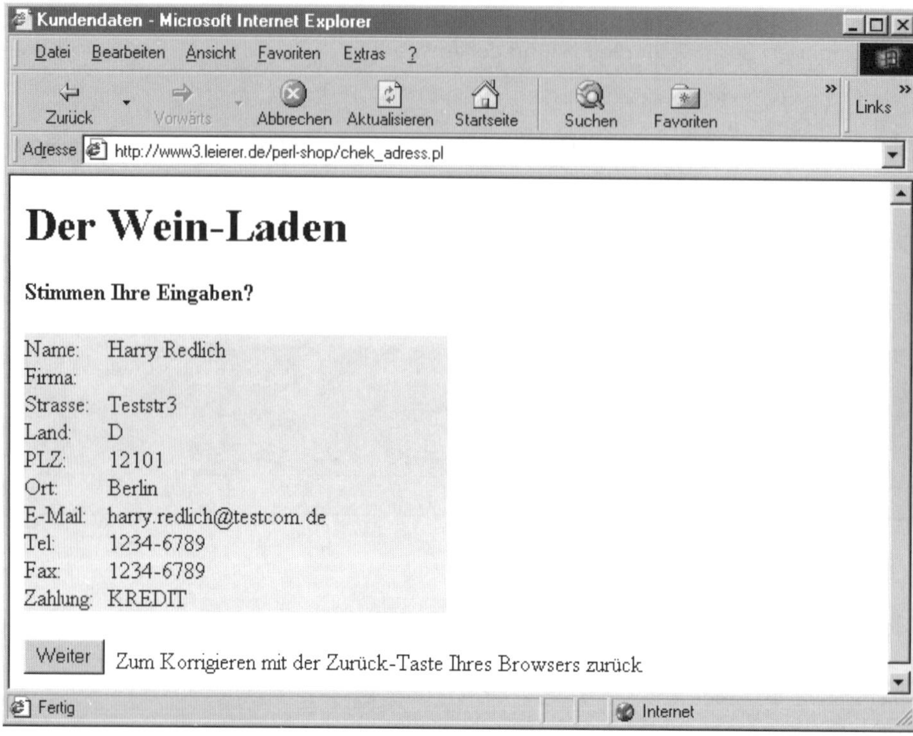

Die Daten waren vollständig, die abschließende Prüfung der Daten erfolgt durch den Kunden

Es folgt der Code des Skripts *chek_adress.pl*:

```
#!/usr/bin/perl -w
# chek_adress.pl
use strict;
use CGI;
use shop_lib qw(get_id ShopMenue read_korb);
require "my_data.pl";
my $q = new CGI;
# Header ausgeben
print $q->header,
$q->start_html('Kundendaten'),
$q->h1('Der Wein-Laden'),
$q->h4('Stimmen Ihre Daten?');

# alle übergebenen Post-Parameter in Namensraum IN importieren
$q->import_names('IN');
my $msg1 ="Schade, schade, schade ...<br>";
my $msg2 ="<br>Bitte gehen Sie zurück (<--) und ergänzen Sie Ihre
    Angaben";
if (!$IN::EName) {
  ShopMenue($IN::BNr); print "<p><br></p>";
  print "$msg1 Sie haben keinen Namen  angegeben<br>$msg2";
  exit;
}
```

```
if (!$IN::EStrasse  || !$IN::EOrt || !$IN::ELand || !$IN::EPLZ ) {
    ShopMenue($IN::BNr);
    print "$msg1 Sie haben eine unvollständige Anschrift
         angegeben<br>$msg2";
    exit;
}
if (!$IN::EEMail) {
 ShopMenue($IN::BNr);
 print "$msg1 Sie haben keine E-Mail-Adresse angegeben<br>$msg2";
 exit;
}
#Ausgabe der Daten
print "<TABLE width=50% cellpadding='' cellspacing=''
      bgcolor=#FFE000>
<TR><TH width=20%></TH><TH></TH></TR></TR>
<TR><TD>Name:</TD><TD>$IN::EName</TD></TR>
<TR><TD>Firma:</TD><TD>$IN::EFirma</TD></TR>
<TR><TD>Strasse:</TD><TD>$IN::EStrasse</TD></TR>
<TR><TD>Land:</TD><TD>$IN::ELand</TD></TR>
<TR><TD>PLZ:</TD><TD>$IN::EPLZ</TD></TR>
<TR><TD>Ort:</TD><TD>$IN::EOrt</TD></TR>
<TR><TD>E-Mail:</TD><TD>$IN::EEMail</TD></TR>
<TR><TD>Tel:</TD><TD>$IN::ETel</TD></TR>
<TR><TD>Fax:</TD><TD>$IN::EFax</TD></TR>
<TR><TD>Zahlung:</TD><TD>$IN::EZahlung</TD></TR>
</TABLE>";
#
print $q->startform(-method=>'POST', -action=>'secure.pl'),
$q->hidden('EName',$IN::EName),
$q->hidden('EFirma',$IN::EFirma),
$q->hidden('EStrasse',$IN::EStrasse),
$q->hidden('ELand',$IN::ELand),
$q->hidden('EPLZ',$IN::EPLZ),
$q->hidden('EOrt',$IN::EOrt),
$q->hidden('EEMail',$IN::EEMail),
$q->hidden('ETel',$IN::ETel),
$q->hidden('EFax',$IN::EFax),
$q->hidden('EZahlung',$IN::EZahlung),
$q->hidden('Gesamt',$IN::Gesamt),
$q->hidden('Datum',$IN::Datum),
$q->hidden('BNr',$IN::BNr),
$q->submit('OK','Weiter'),
"  Zum Korrigieren mit der Zurück-Taste Ihres Browsers
     zurück",
$q->endform;
print $q->end_html;
```

Erfassen der Bank- und Kreditkartendaten

Nachdem die Kundenanschrift sowie die Kommunikationsverbindungen des Kunden erfasst und auf Vollständigkeit überprüft wurden, werden, sofern als Zahlungsweise *BANK* oder *KREDIT* angegeben wurde, die zugehörigen Daten erfasst. Dies erfolgt mithilfe des Skripts *secure.pl*.

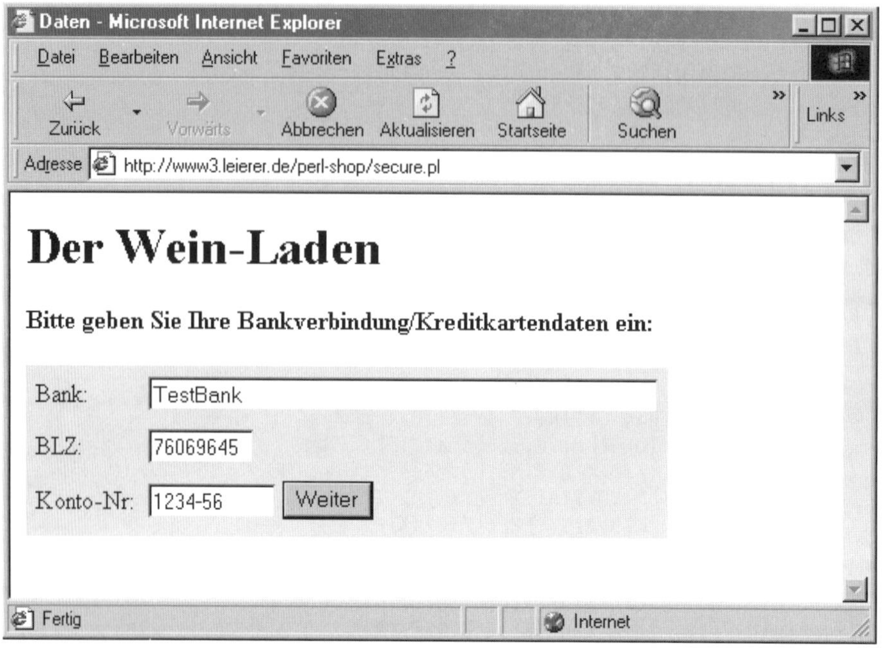

Erfassen der Bank-/Kreditkartendaten

In diesem Skript werden je nach der angegebenen Zahlungsweise in drei unterschiedlichen *if*-Blöcken entsprechende Formulare zur Eingabe der erforderlichen Daten generiert. Das folgende Beispiel zeigt den Block für die Zahlungsweise *BANK*:

```
if ($Zahlung eq 'BANK'){
 print $q->startform(-method=>'POST',-action=>'chek_secure.pl'),
 "<tr><td>Bank:</td><td>",
 $q->textfield(-name=>'Bank',-size=>'45'),
 "</td></tr><tr><td>BLZ:</td><td>",
 $q->textfield(-name=>'BLZ',-size=>'8'),
 "</td></tr><tr><td>Konto-Nr:</td><td>",
 $q->textfield(-name=>'Konto',-size=>'10')," ",
 $q->submit('OK','Weiter'),
 "</td></tr>";
 }
```

Da wie beim vorhergehenden Skript alle an das aktuelle Skript *secure.pl* übertragenen Daten von den weiterverarbeitenden Skripten benötigt werden, werden diese wieder mithilfe von versteckten Eingabefeldern an das Folgeskript *chek_secure.pl* weitergereicht.

Es folgt der Code des Skripts *secure.pl*:

```
#!/usr/bin/perl -w
# secure.pl
use strict;
use CGI;
use shop_lib qw(get_id ShopMenue read_korb );
```

```
require "my_data.pl";
my $q = new CGI;
# Header ausgeben
print $q->header,
$q->start_html('Daten'),
$q->h1('Der Wein-Laden');

# alle übergebenen Post-Parameter in Namensraum IN importieren
$q->import_names('IN');
my $Zahlung =  $IN::EZahlung;
print "<table bgcolor=#FFE000 cellpadding='3' cellspacing='3'>";
#
if ($Zahlung eq 'BANK'){
 print $q->h4('Bitte geben Sie Ihre Bankverbindung ein:'),
 $q->startform(-method=>'POST',-action=>'chek_secure.pl'),
 "<tr><td>Bank:</td><td>",
 $q->textfield(-name=>'Bank',-size=>'45'),
 "</td></tr><tr><td>BLZ:</td><td>",
 $q->textfield(-name=>'BLZ',-size=>'8'),
 "</td></tr><tr><td>Konto-Nr:</td><td>",
 $q->textfield(-name=>'Konto',-size=>'10')," ",
 $q->submit('OK','Weiter'),
 "</td></tr>";
 }
 if ($Zahlung eq 'KREDIT') {
 print $q->h4('Bitte geben Sie Ihre Kreditkartendaten ein:'),
 $q->startform(-method=>'POST',-action=>'chek_secure.pl'),
 "<tr><td>Name der Kreditkarte:</td><td>",
 $q->textfield(-name=>'EKKName',-size=>'20'),
 "</td></tr><tr><td>Karten-Nr.</td><td>",
 $q->textfield(-name=>'EKKNr',-size=>'20'),
 "</td></tr><tr><td>gültig bis:</td><td>",
 $q->textfield(-name=>'EKKDat',-size=>'10')," ",
 $q->submit('OK','Weiter'),
 "</td></tr>";
 }
if ($Zahlung eq 'NACHN') {
 print $q->startform(-method=>'POST',-action=>'chek_secure.pl'),
 "<tr><td></td><td>",
 $q->h4('Lieferung per Nachname'),
 $q->submit('OK','Weiter'),
 "</td></tr><tr>";
}
print $q->hidden('Gesamt',$IN::Gesamt),
$q->hidden('Datum',$IN::Datum),
$q->hidden('BNr',$IN::BNr),
$q->hidden('EName',$IN::EName),
$q->hidden('EFirma',$IN::EFirma),
$q->hidden('EStrasse',$IN::EStrasse),
$q->hidden('ELand',$IN::ELand),
$q->hidden('EPLZ',$IN::EPLZ),
$q->hidden('EOrt',$IN::EOrt),
$q->hidden('EEMail',$IN::EEMail),
$q->hidden('ETel',$IN::ETel),
```

```
$q->hidden('EFax',$IN::EFax),
$q->hidden('EZahlung',$IN::EZahlung),
"<tr><td></td></table>",
$q->endform();
print $q->end_html;
```

Überprüfung der Bank- und Kreditkartendaten

Das Skript *chek_secure.pl* entspricht im Aufbau dem Skript *chek_adress.pl*. Mithilfe von *if*-Konstrukten werden, wie hier am Beispiel der Zahlungsweise *KREDIT* gezeigt, die Bedingungen für die vollständige Eingabe der erforderlichen Daten überprüft.

```
if ($IN::EZahlung eq "KREDIT" && !$IN::EKKName || $IN::EZahlung eq
"KREDIT" && !$IN::EKKNr || $IN::EZahlung eq "KREDIT" && !$IN::EKKDat)
 {
   ShopMenue($IN::BNr);
   print "$msg1 Ihre Kreditkartendaten sind unvollständig<br>$msg2";
   exit;
  }
```

Sofern Daten unvollständig sind, erfolgt eine entsprechende Meldung, die zum Ergänzen der Angaben auffordert. Zur Weitergabe der bisher erhobenen Kundendaten an das Folgeskript *absenden.pl* wird ein Formular mit versteckten Eingabefeldern definiert. Nachfolgend der Code des Skripts *chek_secure*.pl:

```
#!/usr/bin/perl -w
# chek_secure.pl
use strict;
use CGI;
use shop_lib qw(get_id ShopMenue read_korb);
require "my_data.pl";
my $q = new CGI;
# Header ausgeben
print $q->header,
$q->start_html('Kundendaten'),
$q->h1('Der Wein-Laden');

# alle übergebenen Post-Parameter in Namensraum IN importieren
$q->import_names('IN');
my $msg1 ="Schade, schade, schade ...<br>";
my $msg2 ="<br>Bitte gehen Sie zurück (<--) und ergänzen Sie Ihre
           Angaben";
if ($IN::EZahlung eq "KREDIT" && !$IN::EKKName || $IN::EZahlung eq
           "KREDIT" && !$IN::EKKNr || $IN::EZahlung eq "KREDIT" &&
            !$IN::EKKDat) {
  ShopMenue($IN::BNr);
  print "$msg1 Ihre Kreditkartendaten sind unvollständig<br>$msg2";
  exit;
}
if ($IN::EZahlung eq "BANK" && !$IN::Bank || $IN::EZahlung eq "BANK"
&& !$IN::BLZ || $IN::EZahlung eq "BANK" && !$IN::Konto) {
  ShopMenue($IN::BNr);
  print "$msg1 Ihre Angaben zur Bankverbindung sind
         unvollständig<br>$msg2";
```

```
  exit;
}
if ($IN::EZahlung eq "BANK" || $IN::EZahlung eq "KREDIT") {
  print $q->h4('Stimmen Ihre Daten?');
  print "<TABLE width=50% cellpadding='2' cellspacing='2'
        bgcolor=#FFE000>
 <TR><TH width=20%></TH><TH></TH></TR></TR>
 <TR><TD>Zahlungsweise:</TD><TD>$IN::EZahlung</TD></TR>
 <TR><TD>Kreditkartengesellschaft:</TD><TD>$IN::EKKName</TD></TR>
 <TR><TD>gültig bis:</TD><TD>$IN::EKKDat</TD></TR>
 <TR><TD>Kreditkarten-Nr:</TD><TD>$IN::EKKNr</TD></TR>
 <TR><TD>BLZ:</TD><TD>$IN::BLZ</TD></TR>
 <TR><TD>Bank:</TD><TD>$IN::Bank</TD></TR>
 <TR><TD>Konto-Nr:</TD><TD>$IN::Konto</TD></TR>
 </TABLE>";
}
if ($IN::EZahlung eq "NACHN") {
  print $q->h4('Wir liefern per Nachnahme an die folgende Adresse:');
  print "<TABLE width=50% cellpadding='2' cellspacing='2'
        bgcolor=#FFE000>
 <TR><TH width=20%></TH><TH></TH></TR></TR>
 <TR><TD>Name:</TD><TD>$IN::EName</TD></TR>
 <TR><TD>Firma:</TD><TD>$IN::EFirma</TD></TR>
 <TR><TD>Strasse:</TD><TD>$IN::EStrasse</TD></TR>
 <TR><TD>Ort:</TD><TD>$IN::ELand $IN::EPLZ $IN::EOrt</TD></TR>
 </TABLE>";
}
print $q->startform(-method=>'POST', -action=>'absenden.pl'),
$q->hidden('EName',$IN::EName),
$q->hidden('EFirma',$IN::EFirma),
$q->hidden('EStrasse',$IN::EStrasse),
$q->hidden('ELand',$IN::ELand),
$q->hidden('EPLZ',$IN::EPLZ),
$q->hidden('EOrt',$IN::EOrt),
$q->hidden('EEMail',$IN::EEMail),
$q->hidden('ETel',$IN::ETel),
$q->hidden('EFax',$IN::EFax),
$q->hidden('EZahlung',$IN::EZahlung),
$q->hidden('Gesamt',$IN::Gesamt),
$q->hidden('Datum',$IN::Datum),
$q->hidden('BNr',$IN::BNr),
$q->hidden('EKKName',$IN::EKKName),
$q->hidden('EKKDat',$IN::EKKDat),
$q->hidden('EKKNr',$IN::EKKNr),
$q->hidden('Bank',$IN::Bank),
$q->hidden('BLZ',$IN::BLZ),
$q->hidden('Konto',$IN::Konto),
$q->submit('OK','Bestellung absenden'),
"  Zum Korrigieren mit der Zurück-Taste Ihres Browsers
      zurück",
$q->endform;
print $q->end_html;
```

Abspeichern der Kundendaten

Nachdem die erforderlichen Daten vollständig sind, werden diese in den Tabellen *kunden*, *auftrag* und *bestelliste* der Shop-Datenbank abgespeichert. Diese Aufgabe übernimmt das Skript *absenden.pl*.

Nach dem Initialisieren der globalen Variablen und der benötigten Objektvariablen wird dann die Verbindung zum Datenbankserver hergestellt.

Mit dem SQL-Befehl

```
INSERT INTO kunden VALUES (
'$KdNr','$EFirma','$EName','$EStrasse','$ELand','$EPLZ',
'$EOrt','$EEMail','$ETel','$EFax','$EZahlung','$EKKName',
'$EKKNr','$EKKDat','$Bank','$BLZ','$Konto')
```

werden die aus den Formularen *kundendaten.pl* und *secure.pl* stammenden Daten in der Tabelle *kunden* der Shop-Datenbank abgespeichert. Die Variable *$KdNr* ist hierbei zunächst noch mit keinem Wert belegt. Da das Datenbankfeld *KdNr* der Tabelle *kunden* mit dem Attribut *auto_increment* angelegt wurde, entsteht die zugehörige Kundennummer automatisch beim Abspeichern eines Datensatzes in der Tabelle und kann durch einen anschließenden *SELECT*-Befehl aus der Tabelle ausgelesen werden:

```
SELECT KdNr FROM kunden WHERE Name='$EName' AND Strasse='$EStrasse'
AND Ort='$EOrt'
```

Die auf diese Weise ermittelte Kundennummer wird zusammen mit dem Datum, der Benutzerkennung und der Auftragsumme in der Tabelle *auftrag* abgespeichert:

```
INSERT INTO auftrag VALUES ( '$ANr', '$Datum', '$KKdNr', '$BNr',
'$Gesamt')
```

Der Wert für die Auftragsnummer entsteht wiederum erst beim Abspeichern des Datensatzes und wird anschließend mit dem folgenden *SELECT*-Befehl ermittelt:

```
SELECT ANr FROM auftrag WHERE BNr='$BNr'
AND Datum='$Datum' AND KdNr='$KKdNr'
```

Anschließend wird der aktuelle Inhalt des Warenkorbs ausgelesen

```
SELECT * FROM warenkorb WHERE BNr='$BNr'
```

und innerhalb einer *while*-Schleife für alle Artikel des Warenkorbs zusammen mit den aus der Tabelle *artikel* ermittelten Daten

```
SELECT * FROM artikel WHERE ArtNr='$KoArtNr'
```

und der schon ermittelten Kunden- und Auftragsnummer, dem Bestelldatum sowie dem Bestellwert *$Summe[$i]* eines Artikels in der Tabelle *bestelliste* der Shop-Datenbank abgespeichert:

```
INSERT INTO bestelliste VALUES ('$KKdNr', '$BNr', '$AuANr', '$Datum',
'$AArtNr', '$KoArtMenge', '$Summe[$i]')
```

Diese Tabelle dient einerseits zur Rechnungsstellung, andererseits kann diese Tabelle vom Shop-Betreiber für Zwecke der Lagerhaltung verwendet werden.

Nachdem alle erforderlichen Tabellen der Shop-Datenbank abgeglichen wurden, wird der Inhalt der Tabellen *warenkorb* und *besucher* gelöscht.

```
DELETE FROM warenkorb WHERE BNr='$BNr'
DELETE FROM besucher WHERE Besucher='$BNr'
```

Sofern ein Cookie mit der Benutzerkennung auf dem Rechner des Clients gespeichert war, wird dieses ebenfalls gelöscht:

```
if (my $C_ID = cookie(-name => 'C_ID')) {  #Cookie gesetzt?
   $cookie = make_cookie();  # Cookie löschen
}
```

Durch den Aufruf der Methode *redirect()* des Query-Objekts *$q* wird der Client-Browser anschließend angewiesen, den angegebenen URI vom HTTP-Server anzufordern.

```
print $q->redirect(-cookie=>$cookie,-
uri=>"$globs::Basis_R/mail.pl?KID=$KKdNr&AID=$AuANr&EZA=$EZahlung&EKN
=$EKKName&BID=$BNr");
```

Es folgt der Code des Skripts *absenden.pl* im Zusammenhang:

```
#!/usr/bin/perl -w
# absenden.pl
use strict;
use DBI;
use CGI qw(:standard);
use shop_lib qw(get_id ShopMenue make_cookie);
use db_lib;
require "my_data.pl";
my $q = new CGI;
my ($i,$cookie, @Summe, %hash);
my ($dbh, $res, $sth, $sth1, $qry);
# alle übergebenen Post-Parameter in Namensraum IN importieren
$q >import_names('IN');
my $EName=$IN::EName;
my $EFirma=$IN::EFirma;
my $EStrasse=$IN::EStrasse;
my $ELand=$IN::ELand;
my $EPLZ=$IN::EPLZ;
my $EOrt=$IN::EOrt;
my $EEMail=$IN::EEMail;
my $ETel=$IN::ETel;
my $EFax=$IN::EFax;
my $EZahlung=$IN::EZahlung;

my $EKKName=$IN::EKKName;
my $EKKNr=$IN::EKKNr;
my $EKKDat=$IN::EKKDat;

```

```
my $Bank=$IN::Bank;
my $BLZ=$IN::BLZ;
my $Konto=$IN::Konto;

my $Gesamt=$IN::Gesamt;
my $Datum=$IN::Datum;
my $BNr=$IN::BNr;
my $KdNr;

#Datenbankzugriff
$dbh=connect_db($globs::db);
$qry="INSERT INTO kunden VALUES (
'$KdNr','$EFirma','$EName','$EStrasse','$ELand','$EPLZ',
'$EOrt','$EEMail','$ETel','$EFax','$EZahlung','$EKKName',
'$EKKNr','$EKKDat','$Bank','$BLZ','$Konto')";
$res=do_query($qry,$dbh);
#
$qry="SELECT KdNr FROM kunden WHERE Name='$EName' AND
      Strasse='$EStrasse' AND Ort='$EOrt'";
$sth=query_result($qry,$dbh);
my $href = $sth->fetchrow_hashref;
%hash =  %$href;
my $KKdNr=$hash{KdNr};
my $ANr;
$qry="INSERT INTO auftrag VALUES (
'$ANr','$Datum','$KKdNr','$BNr','$Gesamt')";
$res=do_query($qry,$dbh);
#
$qry="SELECT ANr FROM auftrag WHERE BNr='$BNr' AND Datum='$Datum' AND
      KdNr='$KKdNr'";
$sth=query_result($qry,$dbh);
$href = $sth->fetchrow_hashref;
%hash =  %$href;
my $AuANr = $hash{ANr};
$qry="SELECT * FROM warenkorb WHERE BNr='$BNr'";
$sth=query_result($qry,$dbh);
while ($href = $sth->fetchrow_hashref) {
  %hash =  %$href;
  my $KoArtNr = $hash{ArtNr};
  my $KoArtMenge = $hash{ArtMenge};
  #
  $qry="SELECT * FROM artikel WHERE ArtNr='$KoArtNr'";
  $sth1=query_result($qry,$dbh);
  while ($href = $sth1->fetchrow_hashref) {
       %hash =  %$href;
       my $AArtPreis = $hash{ArtPreis};
       my $AArtNr = $hash{ArtNr};
       $Summe[$i]=(($KoArtMenge * $AArtPreis) +($KoArtMenge *
              $AArtPreis * $globs::MWS));
       $qry="INSERT INTO bestelliste VALUES ('$KKdNr','$BNr'
           ,'$AuANr', '$Datum','$AArtNr','$KoArtMenge','$Summe[$i]')";
       $res=do_query($qry,$dbh);
```

```
■        $i++;
■    }
■ }
■ $qry="DELETE FROM warenkorb WHERE BNr='$BNr'";
■ $res=do_query($qry,$dbh);
■ #
■ $qry="DELETE FROM besucher WHERE Besucher='$BNr'";
■ $res=do_query($qry,$dbh);
■ if (my $C_ID = cookie(-name => 'C_ID')) {  #Cookie gesetzt?
■     $cookie = make_cookie();  # Cookie löschen
■ }
■ disconnect_db($dbh);
■ print $q->redirect(-cookie=>$cookie, -uri=>"$globs::Basis_R/mail.pl?
        KID=$KKdNr&AID=$AuANr&EZA=$EZahlung&EKN=$EKKName&BID=$BNr");
```

Generierung des Mail-Auftrags an den Shop-Betreiber

Nachdem die Bestellung des Kunden aufgenommen und in der Shop-Datenbank abgespeichert wurde, wird der Betreiber des Shops per E-Mail auf den eingegangenen Auftrag aufmerksam gemacht. Hierzu wird eine automatische E-Mail generiert, die alle für die Abwicklung der Bestellung erforderlichen Daten enthält.

Mit dem folgenden SQL-Kommando wird zunächst eine Abfrage der Tabellen *kunden* und *auftrag* durchgeführt.

```
■ SELECT K.KdNr, Firma, Name, Strasse, Land, PLZ, Ort, EMail, Tel, Fax,
        Zahlung, KKName, KKNr, KKDat, Bank, BLZ, Konto, Datum, ASumme
        AS 'Gesamtauftragssumme' FROM kunden AS K, auftrag AS A WHERE
        A.KdNr=K.KdNr AND A.KdNr ='$K_KdNr'
```

Diese Abfrage liefert als Ergebnis die Anschrift und weitere kundenbezogene Daten (Kommunikationsverbindungen, Zahlungsmodalitäten etc.) des Kunden, der die aktuelle Bestellung aufgegeben hat.

Die Ergebnisrelation dieser Abfrage wird mithilfe der Funktion *str_out()* in die Zeichenfolge *$KUND* umgewandelt, die Bestandteil der später zu versendenden E-Mail werden soll.

```
■ my $KUND=str_out($sth);
```

Mit einer weiteren Abfrage der Tabellen *bestelliste* und *artikel* wird eine Ergebnisrelation als Verbund beider Tabellen erzeugt, die die einzelnen Posten der Bestellung des Kunden – jeweils unter Angabe von Artikelnummer, Artikelname, Preis, Menge, Bestellwert – enthält.

```
■ SELECT A.ArtNr, ArtName, ArtPreis, ArtMenge, ArtSumme FROM
        bestelliste AS B, artikel AS A WHERE B.ArtNr=A.ArtNr
■ AND B.ANr='$A_ANr'
```

Aus der Ergebnisrelation dieser Abfrage wird, wiederum mithilfe der Funktion *str_out()*, die Zeichenfolge *$BEST* erzeugt.

Aus den Strings *$KUND* und *$BEST* sowie den Titelzeilen *$TITEL* und *$LINE* wird anschließend der Inhalt der zu versendenden E-Mail zusammengestellt.

Die E-Mail wird an die E-Mail-Adresse des Shop-Betreibers gesendet, die in der globalen Variablen *$ globs::EMail* enthalten ist. Der Inhalt dieser globalen Variablen wird in der Datei *my_data.pl* festgelegt.

Unter Linux kann dies unter Verwendung des Programms sendmail mit den folgenden Anweisungen erfolgen:

```
open (MAIL, "| /usr/bin/mail $globs::EMail");
print MAIL "$TITEL$LINE$KUND$BEST\n";
close MAIL;
```

Das Versenden der Mail unter Windows setzt voraus, dass auf dem System ein SMTP-Server installiert ist. Falls Sie zu Testzwecken das Shop-System auf einem Windows-Rechner ohne installierten SMTP-Server betreiben, müssen Sie die oben aufgeführten Anweisungen auskommentieren, da sonst ein Laufzeitfehler entsteht.

Abschließend wird der Client-Browser durch Senden eines *Location*-Headers angewiesen, den im Header angegebenen URI anzufordern:

```
print $q->redirect("$globs::Basis_R/rechnung.pl?
        KID=$K_KdNr&AN=$A_ANr&ZA=$EZahlung&KN=$EKKName&ID=$BNr");
```

Dieser URI verweist auf das Skript *rechnung.pl*, mit dem die für den Kunden vorgesehene Auftragsbestätigung und Rechnung generiert wird.

Die von dem Skript *mail.pl* benötigte Funktion *str_out()* dient zur Erzeugung einer Zeichenfolge aus den Elementen der Ergebnisrelation einer durchgeführten SQL-Abfrage.

Hierzu werden die einzelnen Elemente der Ergebnisrelation, deren Handle der Funktion als Parameter zu übergeben ist, innerhalb einer mit einer *foreach*-Schleife verschachtelten *while*-Schleife einer String-Variablen *$str* zugewiesen. Damit diese String-Variable nicht bei jedem Schleifendurchlauf überschrieben wird, wird durch Verwendung des String-Verkettungsoperators . bei jedem Schleifendurchlauf der Variablen *$str* der neue Inhalt der Variablen *$str* hinzugefügt.

Nachdem der gesamte Inhalt der Ergebnisrelation ausgelesen wurde, wird der auf diese Weise aufaddierte Gesamt-String von der Funktion als Rückgabewert zurückgegeben.

Es folgt der Code des Skripts *mail.pl* im Zusammenhang:

```
#!/usr/bin/perl -w
# mail.pl
use strict;
use DBI;
use CGI;
use shop_lib qw(get_id ShopMenue);
use db_lib;

require "my_data.pl";
my $q = new CGI;
my $Kennung;
my %hash;
my ($dbh, $sth, $qry);
```

```
# Zugriff auf Url-Parameter
my $K_KdNr=$q->url_param("KID");
my $A_ANr=$q->url_param("AID");
my $EZahlung=$q->url_param("EZA");
my $EKKName=$q->url_param("EKN");
my $BNr=$q->url_param("BID");
# alle übergebenen Post-Parameter in Namensraum IN importieren
$q->import_names('IN');

#Datenbankzugriff
$dbh=connect_db($globs::db);
$qry="SELECT K.KdNr, Firma, Name, Strasse, Land, PLZ, Ort, EMail,
      Tel, Fax, Zahlung, KKName,KKNr,KKDat,Bank,BLZ,Konto,Datum,ASumme
      AS 'Gesamtauftragssumme' FROM kunden AS K, auftrag AS A WHERE
      A.KdNr=K.KdNr AND A.KdNr ='$K_KdNr'";
$sth=query_result($qry,$dbh);
my $KUND=str_out($sth);
#
$qry="SELECT A.ArtNr, ArtName, ArtPreis, ArtMenge, ArtSumme FROM
      bestelliste AS B, artikel AS A WHERE B.ArtNr=A.ArtNr AND
      B.ANr='$A_ANr'";
$sth=query_result($qry,$dbh);
my $BEST=str_out($sth);
my $TITEL="Bestellung\n";
my $LINE="----------\n";
open (MAIL, "| /usr/bin/mail $globs::EMail");
print MAIL "$TITEL$LINE$KUND$BEST\n";
close MAIL;
disconnect_db($dbh);
print $q->redirect("$globs::Basis_R/rechnung.pl?KID=$K_KdNr&AN=$A_ANr
       &ZA=$EZahlung&KN=$EKKName&ID=$BNr");

sub str_out {
my $sth=$_[0];
my $str;
while (my $href = $sth->fetchrow_hashref) {
    %hash =  %$href;
    foreach my $key (sort keys %hash) {
       $str=$str.$key.": ".$hash{$key}."\n";
    }
}
return $str."\n";
} #str_out
```

14.4.8 Generierung der Rechnung für den Kunden

Als Abschluss des Bestellvorgangs wird aus den erfassten Daten der eingegangenen Bestellung eine Rechnung generiert, die vom Kunden ausgedruckt werden kann und die zugleich als Auftragsbestätigung dient.

Zunächst werden die an das Skript im Query-String übertragenen URL-Parameter dekodiert und mit *my()* deklarierten Variablen zugewiesen:

```
# alle übergebenen Post-Parameter in Namensraum IN importieren
$q->import_names('IN');
# Zugriff auf Url-Parameter
my $KID=$q->url_param("KID");
my $AN=$q->url_param("AN");
my $ZA=$q->url_param("ZA");
my $KN=$q->url_param("KN");
my $ID=$q->url_param("ID");
```

Nach dem Herstellen der Datenbankverbindung werden mit der Abfrage

```
SELECT * FROM kunden WHERE KdNr='$KID'
```

zunächst in der Tabelle *kunden* die zu der aktuellen Kundennummer gehörenden Kundendaten ermittelt. In einer *while*-Schleife werden die gefundenen Datendankfelder in den Ergebnis-Hash *%hash* eingelesen.

```
while (my $href = $sth->fetchrow_hashref) {
  %hash = %$href;
}
```

Die Daten des Kunden werden zur Generierung der Rechnungsanschrift benötigt.

Die anschließende Generierung der Rechnung basiert auf der nachfolgenden Abfrage, die als Ergebnisrelation einen Verbund der Tabellen *bestelliste* und *artikel* erstellt.

```
SELECT A.ArtNr AS 'Artikelnr', ArtName AS 'Artikel', ArtPreis AS
        'Preis', ArtPreis*0.16 AS 'MwSt', ArtMenge As 'Menge',
        ArtSumme As 'Summe' FROM bestelliste AS A, artikel AS B WHERE
        A.ArtNr=B.ArtNr AND KdNr=$KID AND ANr=$AN
```

Die in der *WHERE*-Klausel dieser Abfrage angegebene Verbundbedingung ist die in beiden Tabellen gemeinsame Artikelnummer. Als weitere Selektionsbedingung wird die Kundennummer und die Auftragsnummer angegeben:

Nach dem Senden des SQL-Befehls an den Datenbankserver wird die Ergebnisrelation der Abfrage mithilfe der schon beschriebenen Funktion *tab1_out()* in tabellarischer Form ausgegeben.

Eine weitere Abfrage dient der Ermittlung der Gesamtauftragsumme:

```
SELECT Sum(ArtSumme) AS 'Gesamt' FROM bestelliste AS A, artikel AS B
        WHERE A.ArtNr=B.ArtNr AND KdNr=$KID AND ANr=$AN GROUP BY ANr
```

Diese wird durch Anwendung der Aggregatfunktion *SUM()* auf die mittels der *GROUP BY*-Klausel nach der gemeinsamen Auftragsnummer gruppierten Artikelsummen ermittelt. Das Ergebnis dieser Abfrage wird mit den folgenden Anweisungen aus dem Ergebnis-Hash *%hash* ausgelesen und der Variablen *$erg* zugewiesen:

```
my $href = $sth->fetchrow_hashref;
%hash = %$href;
my $erg = $hash{'Gesamt'};
```

Um dem Kunden zu ermöglichen, zu einem späteren Zeitpunkt das Dokument jederzeit wieder erreichen zu können, wird mit dem folgenden Befehl

```
print "<a href=\"/$globs::Basis_R/rechnung.pl?KID
      =$KID&AN=$AN&ZA=$ZA&KN=$KN\"><FONT SIZE='-1'>
      $globs::Server/$globs::Basis_R/rechnung.pl?
      KID=$KID&AN=$AN&ZA=$ZA&KN=$KN</A></FONT>";
```

ein Hyperlink erzeugt, der den kompletten URI zur erneuten Anforderung des Dokuments vom HTTP-Server enthält. Es folgt das Skript *rechnung.pl* im Zusammenhang:

```
#!/usr/bin/perl -w
#
use strict;
use DBI;
use CGI;
use shop_lib qw(get_id ShopMenue);
use db_lib;

require "my_data.pl";
my $q = new CGI;
my %hash;
my ($dbh, $sth, $qry);
# Header ausgeben
print $q->header,
$q->start_html('Rechnung'),
$q->h1('Der Wein-Laden');
#
my ($KdNr, $Firma, $Name, $Strasse, $Land, $PLZ, $Ort, $EMail, $Tel,
   $Fax, $Zahlung, $KKName, $KKNr, $KKDat, $Bank, $BLZ, $Konto);
# alle übergebenen Post-Parameter in Namensraum IN importieren
$q->import_names('IN');
# Zugriff auf Url-Parameter
my $KID=$q->url_param("KID");
my $AN=$q->url_param("AN");
my $ZA=$q->url_param("ZA");
my $KN=$q->url_param("KN");
my $ID=$q->url_param("ID");

# Shop-Menue aufrufen
ShopMenue($ID);
# Datenbankzugriff
$dbh=connect_db($globs::db);
$qry="SELECT * FROM kunden WHERE KdNr='$KID'";
$sth=query_result($qry,$dbh);
while (my $href = $sth->fetchrow_hashref) {
  %hash =  %$href;
}
print "<p><br>Auftragsbestätigung /Rechnung</b><br>";
if ($hash{Firma}) {
  print "<b>Firma:<br></b>";
  print "$hash{Firma}<br>";
} else {
print "<b>Herr / Frau </b><br>";
}
print "$hash{Name}<br>";
print "$hash{Strasse}<br>";
```

```
■ print "$hash{Land}-$hash{PLZ} $hash{Ort} <br>";
■ if ($Tel) {
■  print "Tel: $hash{Tel}<br>";
■ }
■ if ($Fax) {
■  print "Fax: $hash{Fax}<br>";
■ }
■ if ($EMail) {
■  print "E-Mail: $hash{EMail}<br>";
■  }
■ print "<p>";
■ my $qry="SELECT A.ArtNr AS 'Artikelnr', ArtName AS 'Artikel',
        ArtPreis AS 'Preis',ArtPreis*0.16 AS 'MwSt',ArtMenge As
        'Menge',ArtSumme As 'Summe' FROM bestelliste AS A, artikel AS
        B WHERE A.ArtNr=B.ArtNr AND KdNr=$KID AND ANr=$AN";
■ my $sth=query_result($qry,$dbh);
■ #
■ print "<p>Sehr geehrte Frau /sehr geehrter Herr $hash{Name},</p>";
■ print "<p>wir liefern Ihnen gemäß Ihrem Auftrag die nachstehenden
      Artikel.<br>";
■ print "Wir bedanken uns für Ihren Auftrag.</p>";
■ print "<p>Ihr WeinLaden-Team</p><p>";
■ #
■ tab_out($sth);
■ my $qry="SELECT Sum(ArtSumme)AS 'Gesamt' FROM bestelliste AS A,
        artikel AS B WHERE A.ArtNr=B.ArtNr AND KdNr=$KID AND ANr=$AN
        GROUP BY ANr";
■ my $sth=query_result($qry,$dbh);
■ #
■ my $href = $sth->fetchrow_hashref;
■ %hash =  %$href;
■ my $erg = $hash{'Gesamt'};
■ print "<table width=96% border=0 cellpadding='2' cellspacing='2'>";
■ print "<tr><td width=85%><div align='right'> <B>Gesamt:</B>
      </div></td><td><B><div align='right'>DM $erg</div></B></td>
      </tr></table>";
■ print "<br><br>";
■ print "Falls Sie Rückfragen haben, setzen Sie sich mit uns in
      Verbindung<br>";
■ print "<a href=\"mailto:$globs::EMail\">$globs::EMail</a>";
■ print " oder telefonisch unter: ";
■ print "$globs::Tel<br>Bitte geben Sie bei Rückfragen diese Auftrag-
      Nr. an:";
■ print " $AN";
■ disconnect_db($dbh);
■ print "<p>Dieses Dokument können Sie über den folgenden Link wieder
      erreichen:<br>";
■ $globs::Basis_R=~ s/^\///;
■ print "<a href=\"/$globs::Basis_R/rechnung.pl?KID=$KID&AN
      =$AN&ZA=$ZA&KN=$KN\"><FONT SIZE='-1'>$globs::Server/
      $globs::Basis_R/rechnung.pl?
      KID=$KID&AN=$AN&ZA=$ZA&KN=$KN</A></FONT>";
■ print $q->end_html;
```

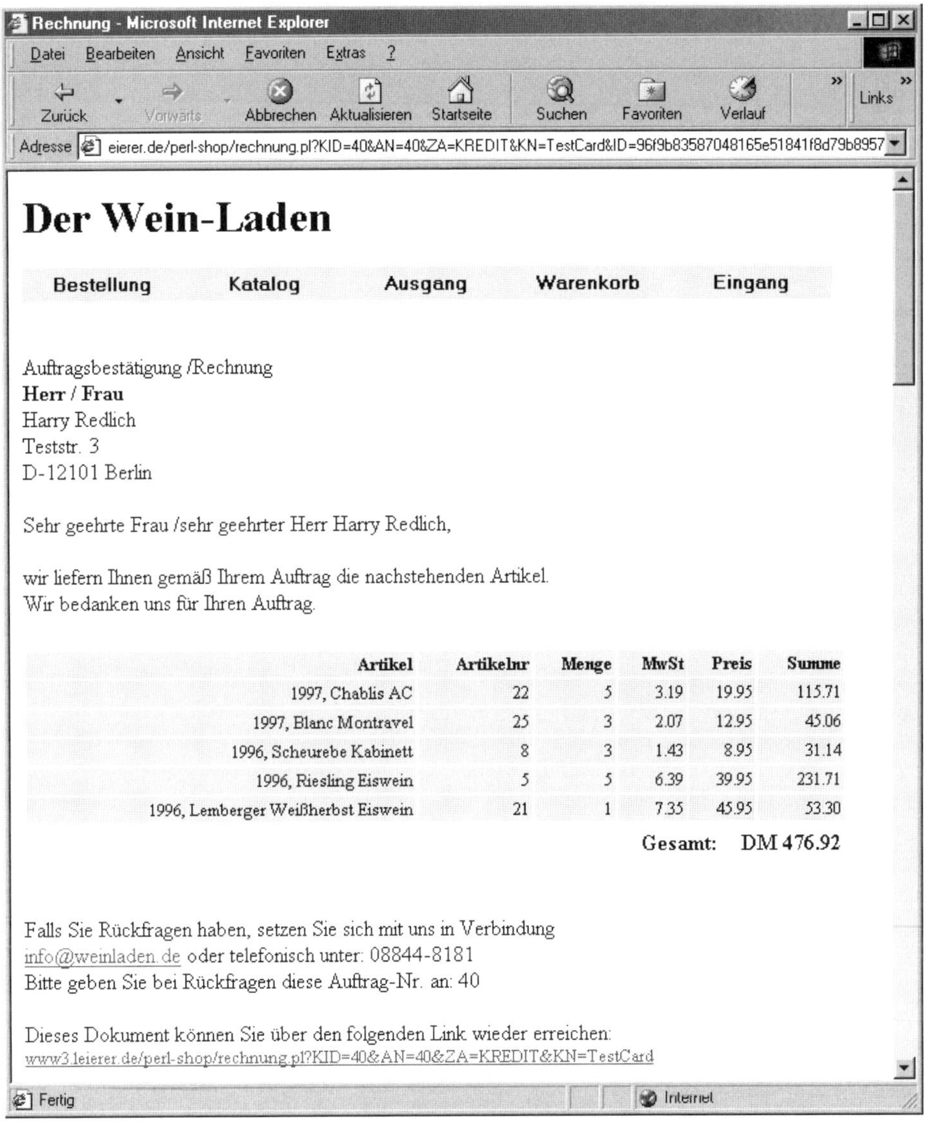

Der Wein-Laden

Bestellung **Katalog** **Ausgang** **Warenkorb** **Eingang**

Auftragsbestätigung /Rechnung
Herr / Frau
Harry Redlich
Teststr. 3
D-12101 Berlin

Sehr geehrte Frau /sehr geehrter Herr Harry Redlich,

wir liefern Ihnen gemäß Ihrem Auftrag die nachstehenden Artikel.
Wir bedanken uns für Ihren Auftrag.

Artikel	Artikelnr	Menge	MwSt	Preis	Summe
1997, Chablis AC	22	5	3.19	19.95	115.71
1997, Blanc Montravel	25	3	2.07	12.95	45.06
1996, Scheurebe Kabinett	8	3	1.43	8.95	31.14
1996, Riesling Eiswein	5	5	6.39	39.95	231.71
1996, Lemberger Weißherbst Eiswein	21	1	7.35	45.95	53.30
				Gesamt:	**DM 476.92**

Falls Sie Rückfragen haben, setzen Sie sich mit uns in Verbindung
info@weinladen.de oder telefonisch unter: 08844-8181
Bitte geben Sie bei Rückfragen diese Auftrag-Nr. an: 40

Dieses Dokument können Sie über den folgenden Link wieder erreichen:
www3.leierer.de/perl-shop/rechnung.pl?KID=40&AN=40&ZA=KREDIT&KN=TestCard

Auftragsbestätigung/Rechnung

15. Anhang

15.1 Statuscodes einer HTTP-Response

Code	Meldung	Bedeutung
200	OK	Die angeforderte Methode wurde erfolgreich ausgeführt und eine gültige Antwort befindet sich im Rest der Response-Mitteilung.
201	Created	Die Meldung bestätigt die Erzeugung neuer Seiten beim Server. Zusätzlich wird mit dem Header *URI* der URL der neuen Seite zurückgeliefert.
202	Accepted	Können Methoden nicht sofort vom Server ausgeführt werden, wird mit diesem Status die spätere Ausführung zugesichert.
203	Provisional Information	Falls die Methoden *GET* oder *HEAD* von einem Proxy ausgeführt werden, kann dieser weitere Informationen in den Headern vermerken.
204	No Content	Die angeforderte Methode wurde erfolgreich ausgeführt. Da jedoch keine Antwort im Rest der Response-Mitteilung enthalten ist, braucht der Browser die aktuelle Darstellung nicht zu ändern.
300	Multiple Choices	Der Server kann die angeforderte Information aus unterschiedlichen Dateien lesen. Der Client muss die Datei aus einer Liste möglicher Dateien auswählen.
301	Moved Permanently	Die angeforderte Seite wurde an einen anderen Ort verschoben. Der neue URL ist in *URI* und *Location* vermerkt.
302	Moved Temporarily	Die angeforderte Seite ist nur zeitweise an anderer Stelle zu finden. Der Client sollte keine Links ändern.
304	Not Modified	Falls bei *GET* der Header *If-Modified-Since* angegeben war, liefert der Server diesen Statuscode, falls die betreffende Seite nach dem im Header angegebenen Datum nicht mehr verändert wurde.
400	Bad Request	Die Anforderung war syntaktisch falsch und kann nicht ausgeführt werden.
401	Unauthorized	Die angeforderte Datei wird erst nach Angabe eines Passworts gesendet. Der Server fordert den Client mit dem Header *WWW-Authenticate* auf, ein bestimmtes Verfahren für Passwörter zu verwenden.
403	Forbidden	Der Server verweigert die Ausführung ohne weitere Angabe von Gründen.
404	Not Found	Der Server kann die Methode nicht ausführen, weil der URL nicht gefunden wurde.
405	Method Not Allowed	Die angeforderte Methode ist für die angegebene Seite nicht zulässig. Im Antwort-Header *Allow* werden die zulässigen Methoden zurückgeliefert.
406	None Acceptable	Der Server sendet die angeforderte Information nicht, da der Client mit den Headern *Accept* und *Accept-Encoding* mitteilte, dass er sie nicht verarbeiten kann.
408	Request Timeout	Die Anforderung wurde vom Client nicht innerhalb einer gewissen Zeitspanne vervollständigt und die Ausführung der Methode daher nicht begonnen.

Code	Meldung	Bedeutung
409	Conflict	Konflikt. Zum Beispiel bei der *PUT*-Methode, wenn durch die Ausführung andere, neuere Änderungen überschrieben würden.
410	Gone	Die angeforderte Seite wurde entfernt und der Server hat keine Informationen über einen neuen Ort.
500	Internal Server Error	Beim Server gab es einen internen Fehler.
501	Not Implemented	Die angeforderte Methode kann vom Server nicht ausgeführt werden, weil sie ihm unbekannt ist.
502	Bad Gateway	Der Server musste zur Abarbeitung der Methode auf ein Gateway oder einen anderen Server zugreifen und erhielt dabei eine Fehlermeldung.
503	Service Unavailable	Der Server kann die Methode wegen Überlastung nicht ausführen. Im *Retry-After*-Header wird angeben, wann die Methode ausgeführt werden kann.
504	Gateway Timeout	Der Server musste zur Abarbeitung der Methode auf ein Gateway oder einen anderen Server zugreifen und erhielt dabei keine Antwort.

15.2 Apache-Konfigurationsoptionen

Installationsoptionen

Option	Bedeutung
–help, -h	Ausgabe des Hilfetextes
–show-layout	Ausgabe des Layouts sämtlicher Installationspfade
–with-layout=[F:]ID	Layout-ID verwenden
–prefix=PREFIX	Hauptverzeichnis für von der Hardwarearchitektur unabhängige Dateien *[/usr/local/apache*]
–exec-prefix=EPREFIX	Hauptverzeichnis für alle von der Hardwarearchitektur abhängigen Dateien
–bindir=DIR	Verzeichnis für Benutzerprogramme *[usr/local/apache/bin]*
–sbindir=DIR	Verzeichnis für Programme des System-Administrators [*usr/local/apache/bin*]
–libexecdir=DIR	Verzeichnis für ausführbare Programme *[/usr/local/apache/libexec]*
–mandir=DIR	Verzeichnis für das Manual *[/usr/local/apache/man*]
–sysconfdir=DIR	Verzeichnis für die Konfigurationsdateien *[/usr/local/apache/conf]*
–datadir=DIR	Verzeichnis für read-only-Dateien *[/usr/local/apache*]
–includedir=DIR	Verzeichnis für Include-Dateien *[/usr/local/apache/include]*
–localstatedir=DIR	Verzeichnis für veränderbare Dateien *[/usr/local/apache]*
–runtimedir=DIR	Verzeichnis für zur Laufzeit des Apache veränderbare Dateien (z. B. Lock-Datei *[/usr/local/apache/logs]*
–logfiledir=DIR	Verzeichnis für Logfiles *[/usr/local/apache/logs]*
–proxycachedir=DIR	Verzeichnis für den Proxy-Cache *[/usr/local/apache/proxy]*

Zusammenstellung der Installationsoptionen

Konfigurationsoptionen

Option	Bedeutung
–enable-rule=NAME	Aktiviert eine plattformabhängige Konfigurationseinstellung (Rule) mit der Bezeichnung *NAME*.
–disable-rule=NAME	Deaktiviert eine plattformabhängige Konfigurationseinstellung (Rule) mit der Bezeichnung *NAME*. Mögliche Einstellungen sind: *[DEV_RANDOM=default] [EXPAT=default] [IRIXN32=yes] [IRIXNIS=no] [PARANOID=no] [SHARED_CHAIN=de] [SHARED_CORE=default] [SOCKS4=no] [SOCKS5=no] [ANTHSREGEX=default]*.
–add-module=FILE	Hiermit lässt sich „on-the-fly" ein Zusatzmodul installieren und aktivieren.
–activate-module=FILE	Aktivierung eines bereits installierten Zusatzmoduls.
–permute-module=N1:N2	Austausch eines Zusatzmoduls „on-the-fly" durch ein anderes.
–enable-module=NAME –disable-module=NAME	Aktiviert oder deaktiviert das Zusatzmodul *NAME*. Die folgenden Module stehen zur Verfügung und werden standardmäßig eingebunden (=*yes*) oder nicht (=*no*): *[access=yes] [actions=yes][alias=yes] [asis=yes] [auth=yes] [auth_anon=no] [auth_db=no] [auth_dbm=no] [auth_digest=no] [autoindex=yes] [cern_meta=no] [cgi=yes] [digest=no] [dir=yes] [env=yes] [example=no] [expires=no] [headers=no] [imap=yes] [include=yes] [info=no] [log_agent=no] [log_config=yes] log_referer=no]* *[negotiation=yes] [proxy=no] [rewrite=no] [setenvif=yes] [so=no] [speling=no] [status=yes] [unique_id=no] [userdir=yes] [usertrack=no] [vhost_alias=no] [mime=yes] [mime_magic=no] [mmap_static=no]*
–enable-shared=NAME	Aktiviert spätere Übersetzung eines Zusatzmoduls *NAME* als DSO (Shared Object).
–disable-shared=NAME	Deaktiviert spätere Übersetzung eines Zusatzmoduls *NAME* als DSO (Shared Object).
–with-perl=FILE	Pfad zum zusätzlichen Perl-Interpreter.
–without-support	Support-Programme (*htdigest, dbmmanage* etc.) werden nicht übersetzt und installiert.
–without-confadjust	Deaktiviert User-/Situation-Einstellungen in *config*.

Zusammenstellung der Konfigurationsoptionen

SuEXEC-Optionen

Option	Bedeutung
–enable-suexec	Wenn angegeben, wird *suEXEC* übersetzt und installiert.
–suexec-caller=NAME	Legt den *suEXEC*-User-Namen fest, unter dem der Apache-Prozess läuft [*www*].
–suexec-docroot=DIR	Legt das *suEXEC*-Root-Verzeichnis fest [*PREFIX/share/htdocs*].
–suexec-logfile=FILE	Legt die *suEXEC*-Logdatei fest [*PREFIX/var/log/suexec_log*].
–suexec-userdir=DIR	Legt das *suEXEC*-User-Verzeichnis fest [*public_html*].

Zusammenstellung der SuEXEC-Optionen

15.3 Priorität und Assoziativität der Perl-Operatoren (absteigend)

<table>
<tr><th>Operator</th><th>Beschreibung</th><th>Assoziativität</th></tr>
<tr><td>( ) [ ] {}</td><td>Funktionsaufruf, Feldindex</td><td>l-r</td></tr>
<tr><td>++ --</td><td>Inkrement, Dekrement</td><td>keine</td></tr>
<tr><td>! ~ -</td><td>Logisches und bitweises Nicht, unäres Minus</td><td>r-l</td></tr>
<tr><td>**</td><td>Exponentation</td><td>r-l</td></tr>
<tr><td>=~ !~</td><td>Übereinstimmend, nicht übereinstimmend</td><td>l-r</td></tr>
<tr><td>* / % x</td><td>Mult., Div., Modulo, Wiederholung Zeichenkette</td><td>l-r</td></tr>
<tr><td>+ - .</td><td>Add., Sub., Verbinden Zeichenkette</td><td>l-r</td></tr>
<tr><td><< >></td><td>bitweises Verschieben</td><td>l-r</td></tr>
<tr><td>-r -w -x -o ...</td><td>Operatoren für Dateitest</td><td>keine</td></tr>
<tr><td>< <= > >= lt le gt ge</td><td>Vergleiche Zahlen und Zeichenketten</td><td>keine</td></tr>
<tr><td>== != <=> eq ne cmp</td><td>Nummerischer und Zeichenketten-Vergleich</td><td>keine</td></tr>
<tr><td>&</td><td>bitweises UND</td><td>l-r</td></tr>
<tr><td>| ^</td><td>bitweises und exklusives ODER</td><td>l-r</td></tr>
<tr><td>&&</td><td>Logisches UND</td><td>l-r</td></tr>
<tr><td>||</td><td>Logisches ODER</td><td>l-r</td></tr>
<tr><td>..</td><td>Bereichsoperartor</td><td>keine</td></tr>
<tr><td>?:</td><td>Ternärer Operator</td><td>r-l</td></tr>
<tr><td>= += -= *= /= %=</td><td>Zuweisung</td><td>l-r</td></tr>
<tr><td>, (Komma)</td><td>Kommaoperator</td><td>l-r</td></tr>
</table>

Prioritäten der Perl-Operatoren

15.4 Reguläre Ausdrücke gemäß dem POSIX-Standard

In der nachfolgenden Tabelle sind die wichtigsten Bildungsgesetze regulärer Ausdrücke nach dem POSIX-Standard zusammengestellt. Die angegebenen Beispiele beziehen sich auf das folgende Testprogramm:

- `$_="123456789ABCDE^][#*+-aaaaabbcde";`
- `while (/[abc]/g) { print $&;}`

Regulärer Ausdruck	Bedeutung	Beispiel	Passende Zeichenkette
c	Das Zeichen *c*, wobei *c* kein Sonderzeichen sein darf.	A	A
\ c	Das Zeichen *c*, wobei c jedes Zeichen sein darf außer (,), {, }, 1, 2, 3, 4, 5, 6, 7, 8 und 9. Sinnvoll ist ein regulärer Ausdruck der Form \ *c*, wenn c ein Sonderzeichen ist. \ *c* steht dann für das Zeichen *c*. Sonderzeichen verlieren durch einen vorangestellten Backslash ihre Sonderbedeutung.	\^	^

Regulärer Ausdruck	Bedeutung	Beispiel	Passende Zeichenkette
.	Ein beliebiges Zeichen.	.	123456789AB CDE^][#*+-aaaa abbcde
[s]	Eines der Zeichen, die in der Zeichenkette *s* enthalten sind. Wenn eines der Zeichen die schließende eckige Klammer *]* sein soll, muss diese an erster Stelle stehen.	[]ab]	]aaaaabb
	Wenn eines der Zeichen der Bindestrich - sein soll, muss dieser an erster oder an letzter Stelle stehen.	[ab-]	-aaaaabb
	Wenn eines der Zeichen das Zeichen ^ sein soll, darf dieses an beliebiger Stelle stehen – außer an erster.	[a^b]	^aaaaabb
[c1-c2]	Ein beliebiges Zeichen aus dem Bereich von *c1* bis *c2*, gemäß der EBCDIC-Sortierreihenfolge (Grenzen *c1* und *c2* eingeschlossen). *c1* muss in der EBCDIC- Sortierreihenfolge vor *c2* stehen. Ist dies nicht der Fall, gibt Perl eine Fehlermeldung aus.	[a-e]	aaaaabbcde
[^s]	Eines der Zeichen, die nicht in der Zeichenkette *s* enthalten sind.	[^][#*+-]	123456789ABC DE^aaaaabbcde
[^c1-c2]	Ein beliebiges Zeichen, das nicht im Bereich von *c1* bis *c2* liegt.	[^a-e]	123456789AB CDE^][#*+-
r*	Null-, ein- oder mehrmals der reguläre Ausdruck *r*.	[a-e]*	aaaaabbcde
rx	(Verkettung) Aufeinanderfolge einer zum regulären Ausdruck *r* passenden Zeichenkette und einer zum regulären Ausdruck *x* passenden Zeichenkette. *r* und *x* dürfen beliebige reguläre Ausdrücke sein.	[ab]c	bc
^r	Eine zum regulären Ausdruck *r* passende Zeichenkette am Zeilenanfang, d. h. direkt nach einem Neue-Zeile-Zeichen oder am Dateianfang.	^123	123
r$	Eine zum regulären Ausdruck *r* passende Zeichenkette am Zeilenende.	de$	de

Konstruktionsprinzipien von regulären Ausdrücken nach dem POSIX-Standard

Sonderzeichen in regulären Ausdrücken

Sonderzeichen	Das links stehende Zeichen ist ein Sonderzeichen,
\	wenn ihm kein Backslash \ vorangestellt ist.
.[	wenn ihm kein Backslash \ vorangestellt ist und es nicht in eckigen Klammern [...] steht.
*	wenn ihm kein Backslash \ vorangestellt ist, es nicht in eckigen Klammern [ ] steht, es nicht das erste Zeichen eines Musters ist und es nicht nach) steht.
$	wenn es das letzte Zeichen eines Musters ist.
^	wenn es das erste Zeichen eines Musters oder das erste Zeichen in eckigen Klammern [ ] ist.
-	wenn es in eckigen Klammern steht, aber nicht an erster oder letzter Stelle.
Begrenzungszeichen, z. B. /.../	wenn ihm kein Backslash \ vorangestellt ist.
[.[=[:	Die links stehenden Zeichenpaare sind Sonderzeichen, wenn sie innerhalb eines Ausdrucks in eckigen Klammern [ ] vorkommen. Sie müssen mit dem äquivalenten Zeichenpaar .], =] oder :] abgeschlossen werden.

Sonderzeichen in regulären Ausdrücken

15.5 Priorität von Operatoren in regulären Ausdrücken

Operator	Priorität
[. .] [= =] [: :]	1 (höchste Priorität)
\<Zeichen>	2
[ ]	3
( )	4
* ? + \{m,n\}	5
Verkettung	6
^ $	7
|	8 (niedrigste Priorität)

Priorität von Operatoren in regulären Ausdrücken

15.6 Zusammenstellung der Funktionen des Moduls Date::Calc

Die nachfolgende Tabelle enthält eine Zusammenstellung der Funktionen des Moduls *Date::Calc*. Es wurden die folgenden Variablenbezeichner verwendet: *$Y* (Jahr), *$M* (Monat), *$W* (Woche) *$D* (Tag), *$DOY* (Tag des Jahres), *$DOW* (Tag der Woche), *$dat* (Datum).

Funktion	Syntax	Erklärung
Add_Delta_Days	($Y, $M, $D) =Add_Delta_Days ($Y, $M, $D, $Dd);	Berechnet aus Anfangsdatum und Offset in Tagen ein neues Datum.
Add_Delta_DHMS	($Y, $M, $D, $h, $min, $sec) =Add_Delta_DHMS ($Y, $M, $D, $h, $min, $sec, $Dd, $Dh, $Dm, $Ds);	Berechnet aus einem Datum und einer Uhrzeit und Tages-, Stunden-, Minuten- und Sekunden-Offsets ein neues Datum.
Add_Delta_YMD	($Y, $M, $D) =Add_Delta_YMD ($Y, $M, $D, $Dy, $Dm, $Dd);	Berechnet mit Jahr-, Monat- und Tag-Offsets ein neues Datum.
Business_to_Standard	($Y, $M, $D) = Business_to_Standard ($Y, $W, $DOW);	Wandelt ein Datum in Geschäftsnotation (Jahr, Woche, Wochentag) in Standardnotation (Jahr, Monat, Tag des Monats) um.
Calendar	$str = Calendar ($Y, $M);	Gibt einen Kalender des angegebenen Monats für das angegebene Jahr zurück.
check_business_date	if (check_business_date ($Y, $W, $DOW))	Gibt WAHR zurück, wenn die drei übergebenen Werte *$Y*, *$W* und der Wochentag *$DOW* ein gültiges Datum darstellen.
check_date	if (check_date ($Y, $M, $D))	Gibt WAHR zurück, wenn die drei übergebenen Werte *$Y*, *$M* und *$D* ein gültiges Datum darstellen.

Funktion	Syntax	Erklärung
Compress	$dat = Compress ($Y, $M, $D);	Kodiert ein Datum in 16 Bit und gibt diesen Wert zurück.
Compressed_to_Text	$str = Compressed_to_Text ($dat);	Liefert einen String fester Länge (neun Zeichen) zurück, der die Textdarstellung des komprimierten Datums *$dat* enthält.
Date_to_Days	$Ds = Date_to_Days ($Y, $M, $D);	Gibt die Zahl der Tage des angegebenen Datums seit dem 1. 1. des Jahres 1 n. Chr. zurück.
Date_to_Text	$str = Date_to_Text ($Y, $M, $D);	Liefert einen String mit der Textdarstellung des angegebenen Datums.
Date_to_Text_Long	$str = Date_to_Text_Long ($Y, $M, $D);	Liefert einen String mit der Textdarstellung des angegebenen Datums.
Day_of_Week	$DOW = Day_of_Week ($Y, $M, $D);	Gibt die Zahl des Wochentags des angegebenen Datums zurück. (Montag = 1).
Day_of_Week_Abbreviation	$str = Day_of_Week_ Abbreviation ($DOW);	Gibt eine Abkürzung des angegebenen Wochentags zurück.
Day_of_Week_to_Text	$str = Day_of_Week_to_Text ($DOW);	Gibt den Namen zur Nummer des übergebenen Wochentags zurück.
Day_of_Year	$DOY = Day_of_Year ($Y, $M, $D);	Gibt die Zahl des Tags des angegebenen Datums im angegebenen Jahr zurück.
Days_in_Month	$Ds = Days_in_Month ($Y, $M);	Gibt die Anzahl der Tage des Monats *$M* im Jahr *$Y* zurück.
Days_in_Year	$Ds = Days_in_Year ($Y, $M);	Gibt die Summe der Tage für die Monate des jeweiligen Jahres *$Y* zurück.
Decode_Date_EU	if (($Y, $M, $D) = Decode_Date_EU ($str))	Untersucht den übergebenen String auf ein eingebettetes Datum.
Decode_Date_US	if (($Y, $M, $D) = Decode_Date_US ($str))	Wie oben, amerikanische Reihenfolge.
Decode_Day_of_Week	if ($DOW = Decode_Day_of_Week ($str))	Wandelt einen String mit dem Namen eines Wochentags in eine Zahl (1 ... 7) um.
Decode_Language	if ($lg = Decode_Language ($str))	Wandelt einen String mit dem Namen einer unterstützten Sprache in eine Zahl (1 ... 6) um. Englisch = 1, Französisch = 2, Deutsch = 3, Spanisch = 4, Portugiesisch = 5, Niederländisch = 6.
Decode_Month	if ($M = Decode_Month ($str))	Wandelt einen String mit dem Namen eines Monats in eine Zahl (1 ... 12) um.
Delta_Days	$Dd = Delta_Days ($Y1, $M1, $D1, $Y2, $M2, $D2);	Berechnet die Differenz in Tagen zwischen zwei angegebenen Daten.
Delta_DHMS	($Dd, $Dh, $Dm, $Ds) = Delta_DHMS ($Y1, $M1, $D1, $h1, $min1, $sec1, $Y2, $M2, $D2, $h2, $min2, $sec2);	Berechnet die Differenz zwischen zwei angegebenen Daten in Tagen, Stunden, Minuten und Sekunden.

Funktion	Syntax	Erklärung
Easter_Sunday	($Y, $M, $D) = Easter_Sunday ($Y);	Berechnet das Datum des Ostersonntags für die Jahre 1583 bis 2299 nach der Gauss'schen Regel.
Language	$lg = Language (); $oldlang = Language ($newlang);	Ermittelt, welche Sprache aktiv ist. Wechselt zur angegebenen Sprache.
Language_to_Text	$str = Language_to_Text ($lg);	Gibt den zugehörigen Namen der unterstützten Sprachen zurück.
Languages	$max_lang = Languages ();	Gibt die Anzahl der unterstützter Sprachen zurück.
leap_year	if (leap_year ($Y))	Gibt WAHR zurück, wenn das angegebene Jahr *$Y* ein Schaltjahr ist.
Monday_of_Week	($Y, $M, $D) = Monday_of_Week ($W, $Y);	Gibt das Datum des ersten Wochentags (Montag) der angegebenen Woche zurück.
Month_to_Text	$str = Month_to_Text ($M);	Gibt den Namen zur Nummer des übergebenen Monats zurück.
Now	($h, $min, $sec) = Now ();	Gibt eine Teilmenge der durch die Funktion *System_Clock()* gelieferten Werte zurück.
Nth_Weekday_of_Month_Year	if (($Y, $M, $D) = Nth_Weekday_of_Month_Year ($Y, $M, $DOW, $n))	Berechnet das Datum des n-ten Wochentags *$DOW* im Monat *$M* im Jahr *$Y*.
Parse_Date	if (($Y, $M, $D) = Parse_Date ($str))	Parsen von Datumsangaben (z. B. vom UNIX-Befehl *date* oder von E-Mail-Headern).
Standard_to_Business	($Y, $W, $DOW) =Standard_to_Business ($Y, $M, $D);	Wandelt ein in Standardnotation angegebenes Datum (Jahr, Monat, Tag des Monats) in Geschäftsnotation (Jahr, Woche, Wochentag) um.
System_Clock	($Y, $M, $D, $h, $min, $sec, $DOY, $DOW, $dst) = System_Clock ();	Gibt die von der Systemuhr gelieferten Informationen zurück.
Today	($Y, $M, $D) = Today ();	Gibt eine Teilmenge der durch die Funktion *System_Clock()* ermittelten Werte zurück.
Today_and_Now	($Y, $M, $D, $h, $min, $sec) = Today_and_Now ();	Gibt eine Teilmenge der durch die Funktion *System_Clock()* ermittelten Werte zurück.
Uncompress	if (($century, $Y, $M, $D) = Uncompress ($dat))	Dekodiert Datumsangaben, die mit der Funktion *Compress()* kodiert wurden.
Week_Number	$W = Week_Number ($Y, $M, $D);	Gibt die Nummer der Woche des angegebenen Datums zurück.
Week_of_Year	($W, $Y) = Week_of_Year ($Y, $M, $D);	Gibt die Nummer der Woche und das Jahr des gegebenen Datums zurück.
Weeks_in_Year	$w = Weeks_in_Year ($Y);	Gibt die Anzahl der Wochen des Jahres *$Y* zurück.

15.7 Optionen der HTML::Embperl-Runtime-Konfiguration

Option	Bedeutung
EMBPERL_FILESMATCH	Falls vorhanden, werden von *Embperl* nur Dateien bearbeitet, die dem angegebenen regulären Ausdruck entsprechen. Alle anderen Dateien werden an den Standard-Apache-Handler weitergereicht (nur unter *mod_perl*).
EMBPERL_ALLOW	Falls vorhanden, werden von *Embperl* nur Dateien bearbeitet, die dem angegebenen regulären Ausdruck entsprechen. Die Bearbeitung anderer Dateien wird mit dem Fehlercode *FORBIDDEN* verweigert.
EMBPERL_PATH	Durch Semikolon (unter UNIX auch Doppelpunkte) getrennte Liste von Verzeichnissen, die *Embperl* durchsucht, wenn eine Datei verarbeitet werden soll und die Datei keine Pfadangaben enthält.
EMBPERL_ COMPARTMENT	Namen des Compartments für die Opcode-Maske.
EMBPERL_ESCMODE	Anfangswert für *$escmode*.
EMBPERL_LOG	Pfad für die *Embperl*-Logdatei.
EMBPERL_PACKAGE	Name des *packages* in dem der Code ausgeführt wird. Wenn kein *package* angegeben ist, erzeugt *Embperl* für jede Datei einen eindeutigen *Package*-Namen.
EMBPERL_VIRTLOG	URI, unter dem die *Embperl*-Logdatei mittels des Browsers abgerufen werden kann. Gesperrt, wenn *EMBPERL_VIRTLOG* nicht gesetzt ist.
EMBPERL_OPTIONS	Mit diesen Optionen kann das Verhalten von *Embperl* beeinflusst werden. Um mehrere Optionen anzugeben, sind die Werte zu addieren.
optDisableVarCleanup = 1	*Cleanup* wird nicht nach jedem Request ausgeführt.
optDisableEmbperlErrorPage = 2	Führt dazu, dass *Embperl* im Fehlerfall nicht seine eigene Fehlerseite anzeigt. Fehler werden lediglich in die Logdatei geschrieben. Ohne diese Option sendet *Embperl* seine eigene Fehlerseite, die alle Fehler, die aufgetreten sind, anzeigt. Nur falls *optReturnError* nicht gesetzt ist.
optReturnError = 262144	Falls gesetzt, sendet *Embperl* keine Fehlerseite, sondern liefert den Fehlercode an Apache oder das aufrufende Programm zurück.
optSafeNamespace = 4	Veranlasst *Embperl*, den Code in einem sicheren Namensraum auszuführen.
optOpcodeMask = 8	Veranlasst *Embperl*, eine Operator-Maske anzuwenden. Dadurch ist es möglich, bestimmte, unsichere Opcodes zu sperren.
optRawInput = 16	Veranlasst *Embperl* den Quellentext unangetastet zu lassen, lediglich Return-Zeichen werden entfernt, da Perl 5.004 diese nicht akzeptiert. Diese Option sollte gesetzt werden, wenn der Quelltext mit einem ASCII-Editor geschrieben wird.
optEarlyHttpHeader = 64	Normalerweise werden die HTTP-Header von *Embperl* gesendet, nachdem die Anfrage bearbeitet wurde. Dieses Flag führt dazu, dass sie noch vor der Ausführung des Dokuments gesendet werden.
optDisableChdir = 128	Ohne diese Option setzt *Embperl* das aktuelle Verzeichnis entsprechend dem Verzeichnis, in dem das ausgeführte Skript steht. Dies ermöglicht es, innerhalb des Dokuments relative Pfadnamen zu benutzen. Da der Verzeichniswechsel einige Zeit in Anspruch nimmt, kann er mit dieser Option verhindert werden.

Option	Bedeutung
optDisableFormData = 256	Diese Option verhindert das Setzen von *%fdat* und *@Z<>ffld*. *Embperl* ignoriert die gesendeten Formulardaten vollständig.
optDisableHtmlScan = 512	Falls gesetzt, verhindert diese Option das Bearbeiten aller HTML-Tags vollständig. *Embperl* sucht dann nur noch nach *<[+/-/!/$ ... $/!/-/+]>*-Blöcken.
optDisableInputScan = 1024	Verhindert die Bearbeitung aller Eingabe-Tags (<INPUT>, <TEXTAREA>, <OPTION>).
optDisableTableScan = 2048	Verhindert die Bearbeitung aller Tabellen-Tags (<TABLE>, <TH>, <TR>, <TD>, <MENU>, <OL>, <SELECT>, <UL>).
optDisableMetaScan = 4096	Verhindert die Bearbeitung aller Meta-Tags (<META HTTP-EQUIV>).
optAllFormData = 8192	Diese Option veranlasst *Embperl*, alle Formularfelder in *%fdat* und *@ffld* einzufügen, auch wenn sie leer sind. Leere Formularfelder werden als leere Zeichenkette eingefügt.
optRedirectStdout = 16384	Leitet die Standardausgabe vor jeder Anfrage auf den Ausgabestrom um und setzt sie anschließend zurück. Falls die Option gesetzt ist, kann die Funktion *print()* benutzt werden, um Ausgaben vorzunehmen. Ansonsten sind Ausgaben nur mittels eines *[+ ... +]*-Blocks oder durch Ausgeben auf das Datei-Handle *OUT* möglich.
optUndefToEmptyValue = 32768	Wenn *Embperl* für ein Eingabefeld keinen Wert in *%fdat* findet, bleibt der HTML-Tag unverändert. Mit dieser Option behandelt *Embperl* das Feld so, als wäre in *%fdat* für dieses Feld eine leere Zeichenkette gegeben, d. h., wenn kein *VALUE*-Attribut vorhanden ist, fügt *Embperl* eine leere Zeichenkette ("") ein.
optNoHiddenEmptyValue = 65536	Mit dieser Option erzeugt *Embperl* beim Meta-Kommando *Hidden* keine *Hidden*-Felder für leere Zeichenketten.
optAllowZeroFilesize = 131072	Dokumente der Dateilänge *Null* führen normalerweise zum Fehler *NOT_FOUND (404)*.Mit dieser Option liefert *Embperl* ein leeres Dokument zurück.
optKeepSrcInMemory = 524288	Veranlasst *Embperl*, den Quellcode des Dokuments im Speicher zu halten.
optKeepSpaces = 1048576= 0x100000	Verhindert das Entfernen von Leerzeilen und Zwischenräumen.
optOpenLogEarly = 2097152	Veranlasst *Embperl*, die Logdatei zu öffnen, sobald es geladen wird.
optUncloseWarn = 4194304	Verhindert, dass *Embperl* am Dateiende eine Warnung über nicht abgeschlossene *if*, *while*, *table*, usw. ausgibt.
EMBPERL_DEBUG	Gibt an, welche Informationen in die Logdatei geschrieben werden. Um mehrere Optionen anzugeben, sind die Werte zu addieren.
dbgStd = 1	Minimale Informationen.
dbgMem = 2	Speicherverwaltung.
dbgEval = 4	Zeigt den Code und das Resultat beim Ausführen von Perl.
dbgCmd = 8	Schreibt alle ausgeführten Meta-Kommandos und HTML-Tags in die Logdatei.
dbgEnv = 16,	Listet alle Umgebungsvariablen.
dbgForm = 32	Listet die an das Dokument gesandten Formulardaten.
dbgTab = 64	Zeigt die Bearbeitung von dynamischen Tabellen an.
dbgInput = 128	Zeigt die Bearbeitung von Eingabefeldern an.
dbgFlushOutput = 256	Führt nach jeder Ausgabe *flush* aus.
dbgFlushLog = 512	Führt *flush* nach jedem Schreiben in die Logdatei aus.

Option	Bedeutung
dbgAllCmds = 1024	Schreibt alle Meta-Kommandos und HTML-Tags, unabhängig davon, ob sie ausgeführt werden oder nicht, in die Logdatei. Mit dem Pluszeichen wird gekennzeichnet, dass *Embperl* den Befehl ausführt.
dbgSource = 2048	Schreibt jeweils den nächsten Teil des Quellcodes, der ausgeführt wird, in die Logdatei.
dbgFunc = 4096	Nur verfügbar, falls *Embperl* mit *-DEPDEBUGALL* übersetzt wurde. Falls gesetzt, werden alle internen Funktionsaufrufe in die Logdatei geschrieben.
dbgLogLink = 8192	Fügt auf jeder Seite einen Link ein, der dazu benutzt werden kann, die Logdatei für diese Anfrage anzuzeigen.
dbgDefEval = 16384	Erzeugt einen Eintrag in der Logdatei, wenn neuer Perl-Code übersetzt wird.
dbgHeadersIn = 262144	Schreibt alle HTTP-Header in die Logdatei.
dbgShowCleanup = 524288	Gibt jede Variable, die am Ende der Anfrage aufgeräumt wird, sowie deren Wert aus.
dbgProfile = 1048576	Falls gesetzt, wird für jede Zeile des Quellcodes die seit dem Start der Anfrage vergangene Zeit ausgegeben.
dbgSession = 2097152	Logging des Empfangens und Sendens von Session-Cookies.
dbgImport = 4194304	Protokolliert den Import von Funktionen in andere *packages*.
EMBPERL_INPUT_FUNC	Ermöglicht, statt den Quellentext aus einer Datei (oder einem Skalar) zu lesen, eine angegebene Funktion aufzurufen, die den Quelltext bereitstellt.
EMBPERL_OUTPUT_ FUNC	Angabe einer Ausgabefunktion.
EMBPERL_MAILHOST	Rechner, der von der *MailFormTo ($MailTo, $Subject, $Return Field)*-Funktion als SMTP-Server genutzt wird. Default ist *localhost*.
EMBPERL_MAILFROM	E-Mail-Adresse des Absenders, die von der *MailFormTo ($MailTo, $Subject, $ReturnField)*-Funktion genutzt wird. Default ist *www-server@server_name*.
EMBPERL_MAILDEBUG	Debug-einstellung für *Net::SMTP*. Default ist 0.
EMBPERL_MAIL_ ERRORS_TO	Falls eine E-Mail-Adresse angegeben ist, wird beim Auftreten eines Fehlers eine E-Mail mit den Fehlermeldungen an diese Adresse versandt.
EMBPERL_SESSION_ CLASSES	Angabe der Klassen für *Object Store* und *Lock Manager* des Moduls *Apache::Session*.
EMBPERL_SESSION_ ARGS	Liste von zusätzlichen Parametern für die Klasse *Apache::Session*.
FMBPERL SESSION_ HANDLER_ CLASS	Klasse für das Session-Handling von *Embperl* durchführt. Default ist *HTML::Embperl::Session*.
EMBPERL_COOKIE_ NAME	Namen des Cookies, das *Embperl* benutzt, um die Session-ID zu senden. Default ist *EMBPERL_UID*.
EMBPERL_COOKIE_ DOMAIN	Domain des Cookies, das *Embperl* benutzt, um die Session-ID zu senden. Default ist keine Domain.
EMBPERL_COOKIE_ PATH	Pfad des Cookies, das *Embperl* benutzt, um die Session-ID zu senden. Default ist kein Pfad.
EMBPERL_COOKIE_ EXPIRES	Ablaufzeitpunkt des Cookies, das *Embperl* benutzt, um die Session-ID zu senden. Default ist kein Ablaufzeitpunkt.

15.8 Funktionen zur Abfrage der CGI-Umgebungsvariablen mit dem Modul CGI.pm

Funktion	Bedeutung
accept()	Gibt eine Liste aller vom Webclient akzeptierten MIME-Typen zurück.
raw_cookie()	Gibt den Inhalt der Variablen *HTTP_COOKIE* zurück.
user_agent()	Liefert die Variable *HTTP_USER_AGENT* zurück.
path_info()	Gibt zusätzliche Pfadinformationen zurück.
path_translated()	Gibt die in einen absoluten Pfad umgewandelten Pfadinformationen zurück.
remote_host()	Gibt den Namen oder dessen IP-Adresse eines entfernten Hosts zurück.
script_name()	Gibt den Namen des Skripts zurück.
referer()	Gibt den URL der vor der aktuellen Seite aufgerufenen Seite zurück.
auth_type()	Gibt die für dieses Skript verwendete Autorisierungs-/Verifikationsmethode zurück.
server_name()	Gibt den Namen des Servers zurück. In der Regel ist dies der Host-Name des Rechners.
virtual_host()	Gibt bei virtuellen Hosts den Namen des Hosts zurück, auf den der Webclient zugreifen wollte.
server_software()	Gibt die Serversoftware und die Versionsnummer zurück.
remote_user()	Gibt bei einem geschützten Skript den Autorisierungs-/Verifikationsnamen zurück.
user_name()	Gibt, falls ermittelbar, den Namen des Webclients zurück.
request_method()	Gibt die verwendete HTTP-Methode zurück, mit der auf das aktuelle Skript zugegriffen wurde.

Funktionen zur Abfrage der CGI-Umgebungsvariablen mit dem Modul CGI.pm

15.9 Die Funktionen von MySQL

15.9.1 Zusammenstellung der Aggregatfunktionen von MySQL

COUNTAVGMINMAXSUMSTDSTDDEVBIT_ORBIT_AND

Funktion	Beschreibung
COUNT(Ausdruck)	Gibt die Anzahl der Felder einer Spalte der Ergebnisrelation einer Abfrage zurück, die nicht NULL sind.
COUNT(*)	Gibt die Anzahl der Felder einer Spalte der Ergebnisrelation einer Abfrage zurück, unabhängig davon, ob diese Nullwerte enthalten oder nicht.
AVG(Ausdruck)	Gibt den Mittelwert eines Abfrageergebnisses zurück.
MIN(Ausdruck)	Gibt den kleinsten Wert eines Abfrageergebnisses zurück.
MAX(Ausdruck)	Gibt den größten Wert eines Abfrageergebnisses zurück.
SUM(Ausdruck)	Gibt die Summe eines Abfrageergebnisses zurück.
STD(Ausdruck) STDDEV(Ausdruck)	Gibt die Standardabweichung eines Abfrageergebnisses zurück.
BIT_OR(Ausdruck)	Gibt eine bitweise ODER-Verknüpfung aller Bits in *Ausdruck* zurück.
BIT_AND(Ausdruck)	Gibt eine bitweise UND-Verknüpfung aller Bits in *Ausdruck* zurück.

15.9.2 Zusammenstellung der mathematischen Funktionen von MySQL

Funktion	Beschreibung
-	Minus. Wechselt das Vorzeichen des Arguments.
ABS(X)	Gibt den Absolutwert des Arguments zurück.
SIGN(X)	Gibt das Vorzeichen (-1, 0, 1) des Arguments zurück.
MOD(N,M) %	Modulus. Gibt den Rest der Ganzzahldivision zurück.
FLOOR(X)	Gibt die größte Ganzzahl zurück, die kleiner oder gleich dem Argument ist.
CEILING(X)	Gibt die kleinste Ganzzahl zurück, die größer oder gleich dem Argument ist.
ROUND(X)	Rundet das Argument zu einer Ganzzahl.
ROUND(X,D)	Rundet das Argument zu einer Dezimalzahl mit *D* Nachkommastellen.
EXP(X)	Gibt die Potenz des Arguments zur Basis e zurück.
LOG(X)	Gibt den natürlichen Logarithmus des Arguments zurück.
LOG10(X)	Gibt den dekadischen Logarithmus des Arguments zurück.
POW(X,Y) POWER(X,Y)	Gibt die Potenz des Arguments zurück.
SQRT(X)	Gibt die Quadratwurzel des Arguments zurück.
PI()	Gibt den Wert von *PI* zurück.
COS(X)	Gibt den Kosinus des im Bogenmaß angegebenen Arguments zurück.
SIN(X)	Gibt den Sinus des im Bogenmaß angegebenen Arguments zurück.
TAN(X)	Gibt den Tangens des im Bogenmaß angegebenen Arguments zurück.
ACOS(X)	Gibt den Arcuskosinus des Arguments zurück.
ASIN(X)	Gibt den Arcussinus des Arguments zurück.
ATAN(X)	Gibt den Arcustangens des Arguments zurück.
ATAN2(X,Y)	Gibt den Arcustangens des Quotienten (*Y/X*) zweier Argumente zurück.
COT(X)	Gibt den Kotangens des Arguments zurück.
RAND() RAND(N)	Gibt eine Zufallszahl zurück. Optional kann für den Zufallszahlengenerator ein Startwert *N* angegeben werden.
LEAST(X,Y,...)	Gibt den kleinsten Wert einer Argumentenliste zurück.
GREATEST(X,Y,...)	Gibt den größten Wert einer Argumentenliste zurück.
DEGREES(X)	Rechnet das in Radiant angegebene Argument in Grad um.
RADIANS(X)	Rechnet das in Grad angegebene Argument in Radiant um.
TRUNCATE(X,D)	Kürzt eine Dezimalzahl auf *D* Dezimalstellen.

15.9.3 Zusammenstellung der Datums- und Zeitfunktionen von MySQL

Funktion	Beschreibung
DAYOFWEEK(date)	Tag der Woche (Sonntag = 1).
WEEKDAY(date)	Tag der Woche (Montag = 1).
DAYOFMONTH(date)	Gibt den Tag des Monats zurück.
DAYOFYEAR(date)	Gibt den Tag des Jahres zurück.
MONTH(date)	Gibt den Monat zurück.

Funktion	Beschreibung
DAYNAME(date)	Gibt den Wochentag zurück.
MONTHNAME(date)	Gibt den Monatsnamen zurück.
QUARTER(date)	Gibt das Quartal zurück.
WEEK(date)	Gibt die Woche zurück.
WEEK(date,first)	Gibt die Woche zurück (Sonntag = 0).
YEAR(date)	Gibt das Jahr zurück.
HOUR(time)	Gibt die Stunde zurück.
MINUTE(time)	Gibt die Minute zurück.
SECOND(time)	Gibt die Sekunde zurück.
PERIOD_ADD(P,N)	Addiert *N* Monate zur Periode *P*. Die Periode wird im Format *YYYYMM* angegeben.
PERIOD_DIFF(P1,P2)	Gibt die Differenz zwischen zwei Perioden zurück.
DATE_ADD(date,INTERVAL expr type)	Führt eine Datumsberechnung durch (Addition).
DATE_SUB(date,INTERVAL expr type)	Führt eine Datumsberechnung durch (Subtraktion).
ADDDATE(date,INTERVAL expr type)	Führt eine Datumsberechnung durch (Addition).
SUBDATE(date,INTERVAL expr type)	Führt eine Datumsberechnung durch (Subtraktion).
TO_DAYS(date)	Gibt die Zahl der Jahre seit dem Jahr 0 zurück.
FROM_DAYS(N)	Ermittelt ein Datum aus der Zahl *N* der Tage.
DATE_FORMAT(date,format)	Gibt ein formatiertes Datum zurück.
TIME_FORMAT(time,format)	Gibt eine formatierte Zeit zurück.
CURDATE()	Gibt das aktuelle Datum zurück.
CURRENT_DATE	Gibt das aktuelle Datum zurück.
CURTIME()	Gibt die aktuelle Zeit zurück.
CURRENT_TIME	Gibt die aktuelle Zeit zurück.
NOW()	Gibt das aktuelle Datum und die aktuelle Zeit zurück.
SYSDATE()	Gibt das aktuelle Datum und die aktuelle Zeit zurück.
CURRENT_TIMESTAMP	Gibt das aktuelle Datum und die aktuelle Zeit zurück.
UNIX_TIMESTAMP()	Gibt den aktuellen UNIX-Zeitstempel zurück.
UNIX_TIMESTAMP(date)	Gibt den aktuellen UNIX-Zeitstempel für ein Datum zurück.
FROM_UNIXTIME(unix_timestamp)	Gibt das einem UNIX-Zeitstempel entsprechende Datum zurück.
FROM_UNIXTIME(unix_timestamp,format)	Gibt das einem UNIX-Zeitstempel entsprechende Datum formatiert zurück.
SEC_TO_TIME(seconds)	Gibt die angegebenen Sekunden im Format hh:mm:ss zurück.
TIME_TO_SEC(time)	Gibt eine Zeitangabe in Sekunden zurück.

15.9.4 Zusammenstellung der Formatzeichen für Datums- und Zeitfunktionen

Formatzeichen	Bedeutung
%M	Monatsname (*Januay...December*)
%W	Wochentagname (*Sunday...Saturday*)
%D	Tag des Monats mit Suffix (*1st, 2nd, 3rd* etc.)
%Y	Jahr, nummerisch, vier Stellen

Formatzeichen	Bedeutung
%y	Jahr, nummerisch, zwei Stellen
%a	Abgekürzter Wochentagname (*Sun...Sat*)
%d	Tag des Monats, nummerisch (*00...31*)
%e	Tag des Monats, nummerisch (*0...31*)
%m	Monat, nummerisch (*01... 12*)
%c	Monat, nummerisch (*1... 12*)
%b	Abgekürzter Monatsname (*Jan...Dec*)
%j	Tag des Jahres (*001...366*)
%H	Stunde (*00...23*)
%k	Stunde (*0...23*)
%h	Stunde (*01... 12*)
%l	Stunde (*1... 12*)
%i	Minuten, nummerisch (*00...59*)
%r	Zeit, 12-Stunden (*hh:mm:ss [AP]M*)
%T	Zeit, 24-Stunden (*hh:mm:ss*)
%S	Sekunde (*00...59*)
%s	Sekunde (*0...59*)
%p	AM oder PM
%w	Tag der Woche (*0* = Sonntag *6* = Samstag)
%U	Woche im Jahr (*0...53*). Sonntag wird als erster Tag der Woche gerechnet.
%u	Woche im Jahr (*0...53*). Montag wird als erster Tag der Woche gerechnet-
%%	Das Prozentzeichen

15.9.5 Zusammenstellung der Zeichenkettenfunktionen von MySQL

Funktion	Bedeutung
ASCII(str)	Gibt den ASCII-Code des ersten Zeichens des Arguments *str* zurück.
CONV (N,from_base,to_base)	Wandelt Zahlen zwischen verschiedenen Zahlensystemen um.
BIN(N)	Gibt die Zahl *N* als Binärzahl zurück.
OCT(N)	Gibt die Zahl *N* als Oktalzahl zurück.
HEX(N)	Gibt die Zahl *N* als Hexadezimalzahl zurück.
CHAR(N,...)CHAR()	Wandelt die als Argumente angegebenen Integerzahlen in die *entsprechenden* Zeichen des ASCII-Codes um.
CONCAT(str1,str2,...)	Verknüpft die als Argumente angegebenen Strings zu einem Gesamt-String.
LENGTH(str)	Gibt die Länge der Zeichenkette *str* zurück.
CHAR_LENGTH(str)	Gibt die Länge der Zeichenkette *str* zurück.
CHARACTER_LENGTH (str)	Gibt die Länge der Zeichenkette *str* zurück.
LOCATE (substr,str)POSITION (substr IN str)	Gibt die Position des ersten Auftretens des Teil-Strings *substr* in der Zeichenkette *str* zurück.
INSTR(str,substr)	Gibt die Position des ersten Auftretens des Teil-Strings *substr* in der Zeichenkette *str* zurück.

Funktion	Bedeutung
LPAD(str,len,padstr)	Fügt den String *padstr* links an den String *str* an. Gibt *len* Zeichen zurück.
RPAD(str,len,padstr)	Fügt den String *padstr* rechts an den String *str* an. Gibt *len* Zeichen zurück.
LEFT(str,len)	Gibt die linken *len* Zeichen des Strings *str* zurück.
RIGHT(str,len)	Gibt die rechten *len* Zeichen des Strings *str* zurück.
SUBSTRING (str,pos,len) SUBSTRING (str FROM pos FOR len) MID (str,pos,len)	Gibt *len* Zeichen von dem String *str* ab der Position *pos* zurück.
SUBSTRING (str,pos) SUBSTRING (str FROM pos)	Gibt einen Substring von *str* ab der Position *pos* zurück.
SUBSTRING_INDEX (str,delim,count)	Gibt den linken (falls *count* positiv) bzw. rechten (falls *count* negativ) Teil von *str* zurück, nachdem ein Trennzeichen *delim count*-mal aufgetreten ist.
LTRIM(str)	Entfernt führende Leerzeichen.
RTRIM(str)	Entfernt Leerzeichen am (rechten) Ende des Strings.
TRIM ([[BOTH | LEADING | TRAILING] [remstr] FROM] str)	Entfernt den Prefix/Suffix *remstr* entweder am Anfang (*LEADING*), am Ende (*TRAILING*) oder auf beiden Seiten (*BOTH*) der Zeichenkette *str*.
SOUNDEX(str)	Gibt die Lautfolge zurück.
SPACE(N)	Gibt einen String mit *N* Leerzeichen zurück.
REPLACE (str,from_str,to_str)	Ersetzt im String *str* alle Vorkommen von *from_str* mit *to_str*.
REPEAT(str,count)	Wiederholt den String *str count*-mal.
REVERSE(str)	Gibt die umgekehrte Zeichenkette zurück.
INSERT (str,pos,len,newstr)	Überschreibt im String *str* ab der Position *pos len* Zeichen aus dem String *newst*.
ELT(N,str1,str2,str3,...)	Gibt den *N*-ten String aus der angegebenen Parameterliste zurück.
FIELD (str,str1,str2,str3,...)	Gibt die Position (Index) des Strings *str* in der angegebenen Parameterliste zurück.
FIND_IN_SET (str,strlist)	Gibt die Position (Index) des Strings *str* in der angegebenen Liste zurück.
LCASE(str)LOWER(str)	Wandelt in Kleinbuchstaben um.
UCASE(str)UPPER(str)	Wandelt in Großbuchstaben um.
LOAD_FILE (file_name)	Liest den Inhalt einer Datei und gibt diesen als String zurück.

15.10 Zusammenstellung der Praxis-Beispiele

Die nachfolgende Tabelle enthält eine Zusammenstellung der im Textteil beschriebenen Praxis-Beispiele und der dabei eingesetzten Perl-Sprachelemente.

Anwendung	Eingesetzte Perl-Sprachelemente	Seite
Dekodierung von über die CGI-Schnittstelle übertragenen *GET*- und *POST*-Daten	Hash-Variablen, reguläre Ausdrücke	S. 62
Operationen mit Strings – eine interaktive Demonstration auf einer Webseite	String-Operatoren, String-Funktionen	S. 84
Verarbeitung von skalaren Variablen in einer CGI-Anwendung	skalare Variablen, String-Zerlegung mit *split()*	S. 94
Webschnittstelle zu einer Kundendatei	Arrays, Dateien, Referenzen	S. 107
Globale Sprachsteuerung für eine Website	Hashes, Dateien, Referenzen	S. 125

Anwendung	Eingesetzte Perl-Sprachelemente	Seite
Kalkulationsmodell für Ihre Geschäfts-Website	nummerische Operatoren	S. 144
Checkliste für eine Kundendienst-Seite	bedingte Verzweigungen	S. 156
Automatische Generierung einer HTML-Tabelle	*foreach*-Schleife	S. 160
Automatische Auswertung einer Website mit regulären Ausdrücken	reguläre Ausdrücke	S. 168
Universelle Funktion zur Ausgabe von HTML-Tabellen	Subroutinen, reguläre Ausdrücke, *for*-Schleife	S. 176
Komplexe Datenstruktur zum Aufbau einer Mitarbeiterverwaltung	Referenzen auf anonyme Strukturen	S. 185
Textbasierter Zugriffszähler für eine Website	Arbeiten mit Perl-Dateien, Prozess-Synchronisation	S. 199
Erstellung eines dynamischen Menüs	Perl-Verzeichnisfunktionen	S. 206
Aktiver Webkalender mit Hyperlink-Struktur	Datums- und Zeitfunktionen, Klasse *Date::Calc*	S. 221
Biorhythmus-Berechnungen	mathematische Funktionen, *GD*-Grafikbibliothek	S. 229
Komplexe Datenstruktur für eine Mitarbeiterverwaltung mit C-ähnlichen Strukturen	Klasse *Class::Strukt*, Klasse *Data::Dumper*	S. 259
Computerspiel mit grafischen Objekten	OOP, *GD*-Grafikbibliothek	S. 262
Template für eine dynamische Tabelle	Modul *HTML::Template*	S. 277
Dynamische Tabelle mit Template-Schleifen	Modul *HTML::Template*	S. 279
Dynamische Tabelle mit verschachtelten Templates	Modul *HTML::Template*	S. 281
Automatische Tabellen-Generierung	Modul *HTML::Embperl*	S. 300
Senden von Cookies	Modul *HTML::Embperl*	S. 304
Auswertung von Formularen	Modul *HTML::Embperl*	S. 307
Benutzerbezogenes Session-Management	Modul *HTML::Embperl*	S. 316
Seitenbezogenes Session-Management am Beispiel eines Zugriffszählers und einer *Webstatistik*	Modul *HTML::Embperl*	S. 321
Formulardefinition und HTML-Ausgabe mit dem Modul *CGI.pm*	Modul *CGI.pm*	S. 337
Erstellung einer Grafik (Polygon)	Modul *GD.pm*	S. 347
Grafikausgabe in eine Datei	Modul *GD.pm*	S. 349
Programmierung einer Datenbankschnittstelle	Modul *DBI.pm*, MySQL	S. 370
Durchführung einer Datenbankabfrage (Anlegen von Tabellen, Dateneingabe, Auswahlabfrage mit *SELECT*)	Modul *DBI.pm*, MySQL	S. 375
Anlegen von MySQL-Tabellen mit einem Perl-Skript	Modul *DBI.pm*, MySQL	S. 396
Dateneingabe in MySQL-Tabellen mit einem Perl-Skript	Modul *DBI.pm*, MySQL	S. 401
Auswahlabfrage mit drei verknüpften Tabellen	Modul *DBI.pm*, MySQL	S. 409
Auswahlabfrage mit *Left Outer Join*	Modul *DBI.pm*, MySQL	S. 410
Webshop (Internetweinhandlung)	Modul *DBI.pm*, MySQL	S. 417

Stichwortverzeichnis

- $ res. Variable 134
- $!, res. Variable 136
- $", res. Variable 134
- $', res. Variable 135
- $$, res. Variable 135
- $&, res. Variable 135
- $(, res. Variable 135
- $), res. Variable 135
- $, , res. Variable 134
- $., res. Variable 134
- $/, res. Variable 134
- $?, res. Variable 136
- $@, res. Variable 136
- $], res. Variable 134
- $^D, res. Variable 134
- $^F, res. Variable 134
- $^I, res. Variable 134
- $^O, res. Variable 134
- $^P, res. Variable 134
- $^T, res. Variable 134
- $^W, res Variable 134
- $^X, res. Variable 134
- $_, res. Variable 131
- $`, res. Variable 135
- $|, res. Variable 134
- $+, res. Variable 135
- $<, res. Variable 135
- $<n>, res. Variable 135
- $>, res. Variable 135
- $0, res. Variable 134
- $1, res. Variable 135
- $ARGV, res. Variable 134
- $BASETIME, res. Variable 134
- $CHILD_ERROR, res. Variable 136
- $DEBUGGING, res. Variable 134
- $EFFECTIVE_GROUP_ID, res. Variable 135
- $EFFECTIVE_USER_ID, res. Variable 135
- $EGID, res. Variable 135
- $EUID 135
- $EVAL_ERROR, res. Variable 136
- $EXECUTABLE_NAME, res. Variable 134
- $GID, res. Variable 135
- $INPLACE_EDIT, res. Variable 134
- $INPUT_LINE_NR, res. Variable 134
- $INPUT_RECORD_ SEPARATOR, res. Variable 134
- $LAST_PAREN_MATCH, res. Variable 135
- $LIST_SEPARATOR, res. Variable 134
- $MATCH, res. Variable 135
- $OS_ERROR,$ERRNO, res. Variable 136
- $OSNAME, res. Variable 134
- $OUTPUT_AUTOFLUSH, res. Variable 134
- $OUTPUT_FIELD_ SEPARATOR, res. Variable 134
- $OUTPUT_RECORD_ SEPARATOR, res. Variable 134
- $PERL_VERSION, res. Variable 134
- $PERLDB, res. Variable 134
- $POSTMATCH, res. Variable 135
- $PREMATCH, res. Variable 135
- $PROCESS_ID, res. Variable 135
- $PROGRAM_NAME, res. Variable 134
- $REAL_GROUP_ID, res. Variable 135
- $REAL_USER_ID, res. Variable 135
- $SYSTEM_FD_MAX, res. Variable 134
- $UID 135
- $WARNING, res. Variable 134
- %ENV, res. Variable 132
- @_, res. Variable 132
- @ARGV, res. Variable 132
- 2000Datenbank
  - Definition 354

A

- abs 225
- ActivePerl
  - Binärdistribution 17
  - Installation 18
  - Systemvoraussetzungen 17
- Aggregatfunktion (MySQL)
  - AVG 494
  - BIT_AND 494
  - BIT_OR 494
  - COUNT 494
  - MAX 494
  - MIN 494
  - STD 494
  - STDDEV 494
  - SUM 494
- Anwendungsschicht 73
- Apache-Module
  - mod_access 32
  - mod_actions 32
  - mod_alias 32
  - mod_asis 32
  - mod_auth 32
  - mod_auth_anon 32

mod_auth_db 32
mod_auth_dbm 32
mod_auth_digest 32
mod_autoindex 32
mod_cern_meta 32
mod_cgi 32
mod_digest 32
mod_dir 32
mod_env 32
mod_example 32
mod_expires 32
mod_headers 32
mod_imap 32
mod_include 32
mod_info 32
mod_log_agent 32
mod_log_config 32
mod_log_referer 32
mod_mime 32
mod_mime_magic 32
mod_negotiation 32
mod_perl 34, 47
mod_proxy 32
mod_rewrite 32
mod_setenvif 32
mod_so 32
mod_speling 32
mod_ssl 47
mod_status 32
mod_unique_id 32
mod_userdir 32
mod_usertrack 32
Apache-Software-Foundation 26
Apache-Webserver
beenden 28
CGI konfiguriern 54
DNS-Eintrag festlegen 28
Dokumentation 50
Entstehung 26
Handler cgi-script 54
httpd.conf 28
Installation Linux 26
Installation Windows 29
Konfiguration Linux 28
Konfiguration Mod-Perl 36
Konfiguration SSL 43
Konfiguration Windows 30
mod_perl 34
neu übersetzen 27
Onlinedokumentation 28
Servernamen 28
Serverzertifikat 43
SSL 42
Standardinstallationsverzeichnis 27
starten 28
Startseite 28
Arrays
Anzahl der Elemente 100
Arbeitstechniken 99
Ausführungskontext 106
Definition 97
dereferenzieren 181
Element am Ende hinzufügen 103
Elemente am Anfang entfernen 102
Elemente am Anfang hinzufügen 102
Heterogenität 98
höchster Index 100
in String umwandeln 110
Index 98
komplexe Operationen 104
letztes Element entfernen 103
Löcher 99
Matrix-Strukturen erzeugen 182
modifizieren mit map() 106
res. Array @ISA 253
skalarer Kontext 100
sortieren 104
suchen nach Elementen 105
Teile ersetzen/entfernen 103
undefinierte Elemente 99
Variable $#arr 100
von Arrays 99
Zugriff auf Elemente 101
Assoziative Arrays *Siehe* Hashes
atan2 225
Ausführungskontext
Listenkontext 106
skalarer Kontext 106
AUTH_TYPE 58
AutoConf-Style Interface (APACI) 27

B

Bilderzeugung
Ausgabe in Datei 349
Methoden 345
mit GD.pm 344
Polygon 347
Bio-Rhythmus-Berechnung 229
bless() 247

C

CGI
- Angriffe auf Server ... 66
- Aufbereitung von Formulardaten ... 84
- Ausgabe der Umgebungsvariablen ... 59
- AUTH_TYPE ... 58
- CONTENT_LENGTH ... 58
- CONTENT_TYPE ... 58
- Datenübertragung mit GET ... 55, 325
- Datenübertragung mit POST ... 56, 325
- Datenübertragung über PATH_INFO ... 56
- Dekodierung GET/POST-Daten ... 62
- Einsatzmöglichkeiten ... 325
- Formulardaten parsen ... 109
- Funktionsweise ... 55
- GATEWAY_INTERFACE ... 58
- HTTP_ACCEPT ... 58
- HTTP_REFERER ... 58
- HTTP_USER_AGENT ... 58
- HTTP-Header ... 57
- Konfiguration ... 54
- Modul CGI.pm ... 325
- PATH_INFO ... 58
- PATH_TRANSLATED ... 58
- QUERY_STRING ... 58
- Query-String ... 55, 326
- REMOTE_ADDR ... 58
- REMOTE_HOST ... 58
- REMOTE_IDENT ... 58
- REMOTE_USER ... 58
- REQUEST_METHOD ... 58
- SCRIPT_NAME ... 58
- Server Error 500 ... 88
- SERVER_NAME ... 58
- SERVER_PORT ... 58
- SERVER_PROTOCOL ... 58
- SERVER_SOFTWARE ... 58
- Sicherheitsrisiko ... 65
- Spezifikation ... 53f
- Umgebungsvariablen ... 58
- Umgebungsvariablen-Hash %ENV ... 59
- unsichere Skripte ... 67
- URL-Encoding-Verfahren ... 56

CGI.pm
- benannte Argumente ... 334
- Browser umleiten ... 334
- checkbox() ... 330
- checkbox_group() ... 330
- defaults() ... 330
- endform() ... 330
- filefield() ... 330
- Formulare ... 330, 337
- hidden() ... 330
- HTML-Aufrufkonventionen ... 330
- HTML-Ausgabe ... 328
- HTML-Kurzformen ... 329
- HTTP-Header erzeugen ... 334
- HTTP-Standard-Header generieren ... 328
- isindex() ... 330
- Konstruktor new() ... 327
- Methode cookie() ... 335
- Methode header() ... 334
- Methode import_names() ... 332
- Methode param() ... 331
- Methode redirect() ... 334
- Methoden zur Formularerzeugung ... 330
- MIME-Typ senden ... 344
- objektorientierte Verwendung ... 327
- Parameter importieren ... 332
- password_field() ... 330
- popup_menu() ... 330
- Query-Objekt erzeugen ... 327
- radio_group() ... 330
- reset() ... 330
- scrolling_list() ... 330
- startform() ... 330
- submit() ... 330
- textarea() ... 330
- textfield() ... 330
- Zugriff auf GET/POST-Parameter ... 331

chdir() ... 206
chmod() ... 199
chomp(), String-Funktion ... 21
chown() ... 199
close() ... 196
closedir() ... 206
Common Gateway Interface ... 11
CONTENT_LENGTH ... 58
CONTENT_TYPE ... 58
Cookies
- Definition ... 335
- mit CGI.pm ... 335
- mit HTML-Embperl ... 304
- Verwendung in Webshop ... 436

cos ... 225

D

Datei
- Dateizeiger positionieren ... 195
- Definition ... 189

Eigenschaften 197
einbinden mit require() 239
Filehandle 189
Funktionen 199
lesen im Listenkontext 192
lesen von STDOUT eines Programms 193
öffnen 190
schließen 196
sperren mit flock() 200
systemnahes Öffnen 194
Übersicht über Dateioperationen 197
Verzeichnisse 203

Datenbank
Abfragesprache 357
Anomalien 359
Auswahlabfrage 405
Datenebenen 354
DBMS 354
ER-Modell 355
externe Sicht 354
funktionale Abhängigkeit 360
interne Sicht 354
logische Gesamtsicht 354
Normalisieren 358, 360
Perl-API 361
Relation 357
relationales Datenmodell 357
Schemata 355
Schnittstelle für Perl 370
SQL 357
Zugriffe mit Perl 361

Datum
Ausgabe mit gmtime() 216
Ausgabe mit localtime() 214
Differenz 217
Ermitteln des Zeitstempels 216
Kalender 219
Modul Date-Calc 217
Timestamp 213
UNIX-Epoche 213
Wochentag 218

Datumsfunktionen
Add_Delta_Days() 488
Add_Delta_DHMS() 488
Add_Delta_YMD() 488
Business_to_Standard() 488
Calendar() 488
check_business_date() 488
check_date() 488
Compress() 488
Compressed_to_Text() 488
Date_to_Days() 488
Date_to_Text() 488
Date_to_Text_Long() 488
Day_of_Week() 488
Day_of_Week_Abbreviation() 488
Day_of_Week_to_Text() 488
Day_of_Year() 488
Days_in_Year() 488
Decode_Date_EU() 488
Decode_Date_US() 488
Decode_Day_of_Week() 488
Decode_Language() 488
Decode_Month() 488
Delta_Days() 488
Delta_DHMS() 488
Easter_Sunday() 488
Language() 488
Language_to_Text() 488
Languages() 488
leap_year() 488
Monday_of_Week() 488
Month_to_Text() 488
Now() 488
Nth_Weekday_of_Month_Year() 488
Parse_Date() 488
Standard_to_Business() 488
System_Clock() 488
Today() 488
Uncompress() 488
Week_Number() 488
Week_of_Year() 488
Weeks_in_Year() 488

Days_in_Month() 488
db_lib.pm 370

DBI.pm
Architektur 361
Datenbanktreiber 364
Datenquelle (DSN) 363
Handle-Typen 365
Hilfsfunktionen 369
Installation 362
Klassenmethoden 363
Methoden der Datenbank-Handles 366
Methoden für alle Handles 368
Methoden für Anweisungs-Handles 366
MySQL-Treiber 361

DBM-Dateien
DB_File 123
GDBM_File 123
NDBM_File 123
persistente Hashes 122

SDBM_File ... 123
verschiedene Implementationen ... 122
delete(), Hash-Funktion ... 121
DNS ... 76
Dokumentation
Apache-Webserver ... 50
mod_perl ... 50
mod_ssl ... 50
Domain Name Service ... 76

E

each(), Hash-Funktion ... 120
English.pm ... 131
ER-Modell
Attribut ... 355
Begriffe ... 355
Beziehungstypen ... 356
Entity ... 355
Entity-Typ ... 355
grafische Darstellung ... 356
Schlüssel ... 355
schwache Entitys ... 355
Transformation ... 357
Webshop ... 417
eval(), Perl-Funktion ... 92
exists(), Hash-Funktion ... 121
exp ... 225

F

Fcntl.pm, Zugriffskonstanten ... 123
Fehlercodes
$CHILD_ERROR, res. Variable ... 136
$EVAL_ERROR, res. Variable ... 136
$OS_ERROR,$ERRNO, res. Variable ... 136
Filehandle
Definition ... 189
in Subroutinen ... 196
STDIN ... 189
STERR ... 189
STOUT ... 189
flock() ... 200
foreach()-Schleife ... 160
Formularelemente mit CGI.pm
checkbox() ... 330
checkbox_group() ... 330
defaults() ... 330
endform() ... 330
filefield() ... 330
hidden() ... 330
isindex() ... 330
password_field() ... 330
popup_menu() ... 330
radio_group() ... 330
reset() ... 330
scrolling_list() ... 330
startform() ... 330
submit() ... 330
textarea() ... 330
textfield() ... 330
for-Schleife ... 159
FTP ... 79
Funktionen
Datum und Zeit ... 213
Kalender ... 213
mathematische ... 225
POSIX-Modul ... 226

G

GATEWAY_INTERFACE ... 58
GD.pm
Bildausgabe in Datei ... 349
Biorhythmus ... 229
Farben zuweisen ... 346
Grafikfunktionen ... 344
Methoden zur Bilderzeugung ... 345
Polygonobjekt ... 347
gmtime() ... 216
GNU C-Compiler ... 27
Grafik-Methode (GD)
char() ... 345
colorAllocate() ... 345
colorClosest() ... 345
colorExact() ... 345
colorsTotal() ... 345
copyResized() ... 345
dashedLine() ... 345
fill() ... 345
filledPolygon() ... 345
filledRectangle() ... 345
fillToBorder() ... 345
gif() ... 345
imagecharup() ... 345
interlace() ... 345
line() ... 345
new() ... 345
newFromGif() ... 345
png() ... 345

polygon() 345
rectangle() 345
setPixel() 345
string() 345
stringup() 345
transparent() 345
grep() 112
grep(), Array-Funktion 105

H

Hashes
Anbinden an DBM-Dateien 122
Definition 84, 116
dereferenzieren 183
Elemente löschen mit delete() 121
Existenz von Elementen, exists() 121
Hash-Verfahren 118
key/value-Paar hinzufügen/entfernen 118
persistent machen 123
sortieren 120
Umgebungsvariablen in %ENV 120
unsortierte Hash-Tables 118
Zugriff auf Elemente 119
Zugriff auf Schlüssel 120
Zugriff mit each() 120
Zugriffstechniken 118
HERE-Dokument 20
hex 225
HTML-Embperl
$cnt 306
$col 306
$escmode 306
$maxcol 306
$maxrow 306
$req_rec 306
$row 306
%CLEANUP 306
%ENV 306
%fdat 306
%http_headers_out 306
%idat 306
%mdat 306
%udat 306
@ffld 306
@param 306
als CGI-Programm 288
Bedingungen 292
Cookies 304
dynamische Tabellen 298
einbetten von Perl-Code 288
Formulare 307
HTML-Tags 298
HTTP-Header senden 303
Installation 286
Konfiguration 287
LOG 306
Meta-Kommandos 291
OUT 306
Schleifen 293
Session-Management 310
Subroutinen 297
Variablen 291
versteckte Eingabefelder 295
vordefinierte Variablen 306
HTML-Template 272
alternative Blöcke 285
Bedingungen 284
Blöcke mit UNLESS 285
dynamische Tabelle 277
Methoden 272
Schleifen 276
Tags 275
Textersatz 275
verschachtelte Templates 281
HTTP
DELETE 79
GET 78
HEAD 78
Header 57, 79
LINK 79
Methoden 79
POST 79
Protokoll 78
PUT 78
Request 78
Statuscodes 79
UNLINK 79
HTTP_ACCEPT 58
HTTP_REFERER 58
HTTP_USER_AGENT 58
HTTP-Header mit CGI.pm 334

I

if() 156
Inkrementierungsoperator 91
Installation
Perl, Linux 14
Perl, Windows 17

int 225
Internet
  Adressierungsmechanismus 74
  Anwendungsschicht 73
  Datagramme 76
  DENIC 75
  Domain 74
  Domain Name Service 76
  Domain-Vergabe 75
  FTP 79
  HTTP 78
  HTTP-Statuscodes 79
  IMAP 80
  Internetschicht 72
  IP 73
  IP-Adresse 74
  IP-Datenpaket 77
  Netz-Zugangsschicht 72
  POP 80
  Port-Nummer 77
  Protokolle 71
  reservierte Port-Nummern 77
  SMTP 80
  Sockets 77
  TCP 76
  TCP/IP 71
  Telnet 80
  Transport-Schicht 73
  URL 78
Internetschicht 72
IP-Adresse 74
IP-Protokoll 73

J

JOIN
  Definition 408
  einfacher JOIN 408
  INNER JOIN 408
  OUTER JOIN 408
join(), Perl-Funktion 110

K

keys(), Hash-Funktion 120
Klassen
  Ausgabe mit Data-Dumper 261
  Class-Struct 258
  Data-Dumper 261
  komplexe Datenstrukturen 258
  Konstruktor 246
  Mehrfachvererbung 255
  UNIVERSAL 255
  Vererbung mit @ISA 253
Konkatenationsoperator 90
Kontrollstrukturen
  Anweisungsblock 154
  bedingte Verzweigungen 155
  Bedingungen 155
  Schleifen 157

L

length() 87
link() 199
Linux, Zugriffsrechte auf Dateien 22
Listen *Siehe* Arrays
  Ausführungskontext 106
  Definition 98
  sortieren 104
Listenkontext 106
Literale 140
local(), Variable 139
localtime() 214
log 225

M

map(), Array-Funktion 106
Mathematische Funktionen
  abs() 225
  atan2() 225
  cos() 225
  exp() 225
  hex() 225
  int() 225
  log() 225
  oct() 225
  rand() 225
  sin() 225
  sqrt() 225
  srand() 225
MIME-Typ 57
  Bilddateien 343
  Definition 343
mkdir() 199
Mod-Perl
  Binärdistribution, Windows 46
  Dokumentation 50
  Handler konfigurieren 36
  Installation, Linux 34
  Testlauf 37

Modul
einbinden mit use() 238
Export-Mechanismus 240
reserviertes Array @ISA 239
Schnittstelle definieren 239
Versionskontrolle 239
my(), Variable 138
my_cgi_lib.pm 62
MySQL
Binärdistribution 380
Datentypen 388
Informationen über Tabellen 411
Installation unter Linux 380
Installation unter Windows 383
Neukompilieren 381
Operatoren 391
Schreibweisen 387
Sonderzeichen 387
Starten und Beenden 383
Systemfunktionen 416
Tabelle user 385
Überblick 378
Zahlen 388
Zugangsberechtigungen festlegen 385
Zugriffssystem 384

N

Namensraum
aktueller 235
festlegen 235
main 238
wechseln 237
NCSA-Server 26
Netcraft 26
Netzwerkklassen 74
Netz-Zugangsschicht 72

O

oct 225
OOP
Akzessor-Methoden 250
Begriffe 245
Grafikobjekte mit GD.pm 262
Konstruktor 246
Konzepte 244
Mehrfachvererbung 255
Objekte 247
Objektmethoden 248
Vererbung 253
open() 190
opendir() 203
OpenSSL
Installation 42
US-Export-/Importbestimmungen 41
Verschlüsselungsalgorithmen 40
Operatoren
<> 107
=~ 112
arithmetische 142
Backslash-Operator 180
Bit 144
cmp 93
Dateitest 197
Diamond-Operator 107
eq 93
ge 93
gt 93
le 93
logische 143
lt 93
ne 93
nummerische 142
Pfeiloperator 182
reguläre Ausdrücke 166
String-Vergleich 143
Substitution 167
Transliteration 166
Zuweisung REGEX 112

P

package() 235
PATH_INFO 58
PATH_TRANSLATED 58
Pattern-Matching, Optionen 166
Perl
ActivePerl 17
Arrays 97
Binärdistribution, Windows 46
Dateien 189
Datenbankzugriff 361
Default-Variable $_ 131
Dokumentation 51
einbinden in HTML 285
Hashes 115
Installation, Linux 14
Installation, Windows 17
integrierte Funktionen 213
Klassen 244
Konfiguration 14

Kontrollstrukturen 153
Listen 83
Manpages 82
mathematische Funktionen 225
Modulkonzept 235
Namensraum 137, 235
objektorientierte Programmierweise 243
Operatoren 141
package 137
Pragma 20
Programmierstil 82
Referenzen 180
reservierte Variablen 131
Sicherheit 68
Strings 84
Subroutinen 172
Symboltabelle 137
Taint-Modus 68
Variablen 83
Zeichenketten 141

POP 80
pop(), Array-Funktion 103
POSIX-Modul, mathematische Funktionen ... 227
Pragma
Definition 20
use English 21
use locale 93
use strict 20
push(), Array-Funktion 103

Q

Quantifikatoren
* 163
*? 163
? 163
?? 163
{n,} 163
{n,}? 163
{n,m} 163
{n,m}? 163
{n} 163
{n}? 163
+ 163
+? 163
greedy 164
non-greedy 164
QUERY_STRING 58
quoted strings 141

R

readdir() 204
Referenzen
anonyme 184
auf anonyme Hashes 185
auf Hashes 183
auf Listen und Arrays 181
auf Skalare 180
auf Subroutinen 183
Definition 180
komplexe Datenstrukturen 185
Übersicht 185
Reguläre Ausdrücke
$LAST_PAREN_MATCH 135
$MATCH 135
$POSTMATCH 135
$PREMATCH 135
Beispiele 165
Definition 162
Metazeichen 163
Pattern-Matching-Operator 166
Quantifikatoren 163
reservierte Variablen 135
Substitution 167
Symbole für Zeichenklassen 164
Transliteration 166
Zuweisungsoperator 166
REMOTE_ADDR 59
REMOTE_HOST 59
REMOTE_IDENT 59
REMOTE_USER 59
rename() 199
REQUEST_METHOD 59
require() 239
Reservierte Variablen
$' 135
$! 136
$" 134
$" 134
$$ 135
$& 135
$(..... 135
$) 135
$, ... 134
$. 134
$/ 134
$? 136
$@ 136

$] 134
$^D 134
$^F 134
$^I 134
$^O 134
$^P 134
$^T 134
$^W 134
$^X 134
$_ 131
$` 135
$| 134
$+ 135
$< 135
$<n> 135
$> 135
$0 133
$1,$2, usw. 135
$ARGV 134
$BASETIME 134
$CHILD_ERROR 136
$DEBUGGING 134
$EFFECTIVE_GROUP_ID 135
$EFFECTIVE_USER_ID 135
$EGID 135
$EUID 135
$EVAL_ERROR 136
$EXECUTABLE_NAME 134
$GID 135
$INPLACE_EDIT 134
$INPUT_LINE_NR 134
$INPUT_RECORD_ SEPARATOR 134
$LAST_PAREN_MATCH 135
$LIST_SEPARATOR 134
$MATCH 135
$OS_ERROR,$ERRNO 136
$OSNAME 134
$OUTPUT_AUTOFLUSH 134
$OUTPUT_FIELD_ SEPARATOR 134
$OUTPUT_RECORD_ SEPARATOR 134
$PERL_VERSION 134
$PERLDB 134
$POSTMATCH 135
$PREMATCH 135
$PROCESS_ID 135
$PROGRAM_NAME 134
$REAL_GROUP_ID 135
$REAL_USER_ID 135
$SYSTEM_FD_MAX 134
$UID 135
$WARNING 134
%ENV 59, 132
@_ 132
@ARGV 132
Ein-/Ausgabesteuerung 134
Fehlercodes 136
für Suchmuster 135
Prozess-/Benutzer-/Gruppen-ID 135
Systeminformationen 134
reverse() 90
Rob McCool 26

S

s///, Operator 167
Schleifen
for 159
foreach 160
SCRIPT_NAME 59
seek() 195
SERVER_NAME 59
SERVER_PORT 59
SERVER_PROTOCOL 59
SERVER_SOFTWARE 59
Sessions
Apache-Session-DBI-Store 313
Konfiguration für DBI-Store 313
mit HTML-Embperl 310
Synchronisation für Speicherzugriffe 312
unter HTML-Embperl 315
shift(), Array-Funktion 102
sin 225
Skalare dereferenzieren 181
SMTP 80
Sockets, Definition 77
sort(), Array-Funktion 104, 146
splice(), Array-Funktion 103
split(), Perl-Funktion 96, 111, 146
sprintf() 149
SQL
CREATE DATABASE 394
CREATE TABLE 395
Datenbank anlegen 394
Datenbank löschen 394
Datensätze auswählen 405
Datensätze bearbeiten 400
Datensätze löschen 404
DESCRIBE 412
DROP TABLE 398
Einlesen aus Textdatei 403
EXPLAIN 412
GRANT 415

GROUP BY-Klausel ... 407
Having-Klausel ... 406
Index festlegen ... 396, 400
Index löschen ... 400
INSERT ... 400
optimieren von Tabellen ... 399
Optionen festlegen ... 414
Primärschlüssel festlegen ... 396
REVOKE ... 415
SELECT ... 405
SET ... 414
SHOW ... 411
Sperren von Tabellen ... 415
Tabelle anlegen ... 395
Tabelle löschen ... 398
Tabellenstruktur ändern ... 399
Überblick ... 393
Update von Feldern ... 404
Verknüpfen von Tabellen ... 408
Zugangskontrolle ... 415
sqrt ... 225
srand ... 225
SSL
Apache-Patch ... 42
Apache-Webserver ... 41
Brute-Force-Angriffe ... 40
Dokumentation ... 50
Funktionsweise ... 40
MD5 ... 40
OpenSSL ... 41
praktischer Einsatz ... 45
Serverzertifikat ... 43
Sitzungsschlüssel ... 40
Umgebungsvariable HTTPS ... 62
Standarditerator $_ ... 132
STDERR ... 189
STDIN ... 189
STDOUT ... 189
String-Operationen, praktischer Einsatz ... 85
Strings
inkrementieren ... 91
Konkatenationsoperator ... 90
Länge ... 87
Quoting ... 88
rechnen mit eval() ... 92
Sonderzeichen interpolieren ... 88
Teil-Strings ... 90
umdrehen ... 90
umwandeln ... 89
vergleichen ... 92
verknüpfen ... 90
wiederholen ... 89
x-Operator ... 89
zerlegen ... 93
zerlegen mit split() ... 96
zerlegen mit unpack() ... 93
String-Vergleich
cmp ... 93
eq ... 93
ge ... 93
gt ... 93
le ... 93
lt ... 93
ne ... 93
Subroutinen
Definition ... 172
mehrere Rückgabewerte ... 175
Parameterübergabe ... 172
referenzieren ... 183
Syntaxformen ... 173
variable Anzahl von Argumenten ... 174
Verwendung von Filehandles ... 196
Substitution
Definition ... 167
Optionen ... 167
substr() ... 90
Suchalgorithmus mit grep() ... 112
Symboltabelle, Zugriff ... 137
symlink() ... 199
sysopen() ... 194

T

Taint-Modus
Dekontamination ... 69
Funktionsweise ... 68
TCP ... 76
TCP/IP ... 71
Telnet ... 80
Templates
HTML-Template ... 272
verschachteln ... 281
time() ... 216
Today_and_Now() ... 488
Top-Level-Domain ... 75
tr///, Operator ... 166
Transliteration ... 166
Transport-Schicht ... 73

U

Umgebungsvariablen
auslesen 59
AUTH_TYPE 58
CONTENT_LENGTH 56, 58
CONTENT_TYPE 58
GATEWAY_INTERFACE 58
HTTP_ACCEPT 58
HTTP_REFERER 58
HTTP_USER_AGENT 58
HTTPS 62
MOD_PERL 38
PATH_INFO 57f
PATH_TRANSLATED 57f
QUERY_STRING 58
REMOTE_ADDR 58
REMOTE_HOST 58
REMOTE_IDENT 58
REMOTE_USER 58
REQUEST_METHOD 58
SCRIPT_NAME 58
SERVER_NAME 58
SERVER_PORT 58
SERVER_PROTOCOL 58
SERVER_SOFTWARE 58
unless() 156
unlink() 199
unpack(), Perl-Funktion 93
unshift(), Array-Funktion 102
URL-Encoding-Verfahren 56
use() 238
utime() 199

V

values(), Hash-Funktion 119
Variablen
Arrays 83
Default-Variable $_ 131
globale 235
Gültigkeitsbereiche 137
Hashes 84
Interpolation in Strings 88
Langformen für reservierte Variablen 131
lokale mit local() 139
lokale mit my() 138
Namensraum 235
reservierte 131
reservierte Array-Variable @_ 132
reservierte Array-Variable @ARGV 132
reservierte Hash-Variable %ENV 132
Skalare 83
Symboltabelle 236
Unterschiede zu anderen Programmiersprachen 84
Vererbung
@ISA 253
Datenelemente 253
Mehrfachvererbung 255
Methoden 253
Verschlüsselungsalgorithmus MD5 ..... 40, 304
Verzeichnis
aktuelles 206
lesen mit readdir() 204
öffnen mit opendir() 203
schließen mit closedir() 206
wechseln mit chdir() 206

W

Wall, Larry 13
Webshop
Bestellung 460
Cookies 436
Datenbank einrichten 422
Datenbankdesign 421
Datenbankschnittstelle 430
Dateneingabe 424
ER-Modell 417
Katalog 439
Konfiguration 431
Mail-Auftrag 475
Menü 433
Produktabbildungen 450
Programmstruktur 428
Prüfung der Kundendaten 462
Rechnung 477
Session-Management 429, 434
Stichwortsuche 445
Warenkorb 450
Webinterface 431
while()-Schleife 158
Whitespaces 96
Windows
Apache starten 32
Datei-Hosts 31
DNS-Name festlegen 31
Perl/Mod-Perl/Apache-Binärdistribution 46
Ping-Statistik 31
Standalone-System 31
Winsock-Update 30

Z

Zahlen
  Definition ... 140
  formatieren mit sprintf() ... 149
Zeichenfolgen ... *Siehe* Strings
  ersetzen mit s/// ... 167
Zeichenketten
  Darstellung von Sonderzeichen ... 141
  Definition ... 141
Zeichenklasse (REGEX) ... 164
Zeit, Ermitteln des Zeitstempels ... 216
Zugriffskonstanten
  Modul Fcntl.pm ... 123
  O_APPEND ... 123
Zugriffskonstanten
  O_CREAT ... 123
  O_RDONLY ... 123
  O_RDWR ... 123
  O_WRONLY ... 123
Zugriffsrechte
  ändern mit chmod() ... 23
  executable (x) ... 22
  festlegen ... 22
  group (g) ... 22
  Oktalzahl ... 22
  other (o) ... 22
  readable (r) ... 22
  user (u) ... 22
  writeable (w) ... 22